Philippi

Band I

Die erste christliche Gemeinde Europas

von

Peter Pilhofer

J.C.B. Mohr (Paul Siebeck) Tübingen

Die Deutsche Bibliothek – CIP-Einheitsaufnahme

Pilhofer, Peter:
Philippi / von Peter Pilhofer. – Tübingen : Mohr.

Bd. 1. Die erste christliche Gemeinde Europas. – 1995
  (Wissenschaftliche Untersuchungen zum Neuen Testament ; 87)
  ISBN 3-16-146479-6
NE: GT

© 1995 J.C.B. Mohr (Paul Siebeck) Tübingen.

Das Buch wurde von Computersatz Staiger in Pfäffingen gesetzt, von Gulde-Druck in Tübingen auf alterungsbeständiges Werkdruckpapier der Papierfabrik Weissenstein in Pforzheim gedruckt und von der Großbuchbinderei Heinr. Koch in Tübingen gebunden.

ISSN 0582-0286

Wissenschaftliche Untersuchungen
zum Neuen Testament

Herausgegeben von
Martin Hengel und Otfried Hofius

87

στην αγαπημένη μου σύζυγο Σίβυλλη

Vorwort

Die vorliegende Untersuchung hätte nicht ohne vielfältige Hilfe geschrieben werden können. Mein Dank gilt zuvörderst der Ministerin für Wissenschaft und Forschung des Landes Nordrhein-Westfalen, die mein Projekt »*Sozialgeschichte des frühen Christentums in Makedonien. I. Die Gemeinde von Philippi*« mit dem Bennigsen-Foerder-Preis ausgezeichnet hat. Dadurch wurde es mir möglich, Hilfskräfte anzustellen, ohne die die Materialfülle nicht hätte bewältigt werden können. Herr Otmar Kampert hat als wissenschaftliche Hilfskraft die literarischen Zeugnisse abgegrenzt und übersetzt; ihm bin ich auch für zahlreiche fruchtbare Gespräche zu Dank verpflichtet. Frau Dagmar Labow hat als studentische Hilfskraft mehr als 1000 Inschriften dem Ibycus einverleibt und unendliche Verbesserungen in immer neuen Anläufen hinzugefügt. Die schiere Menge der Texte wäre ohne ihre Hilfe nicht zu verarbeiten gewesen.

In Griechenland gilt mein Dank zunächst dem Deutschen Archäologischen Institut in Athen, das meine Forschungen über Jahre unterstützt hat; insbesondere Herr Dr. Goette und Frau Dr. Kreilinger sind hier zu nennen. Sodann dem früheren Direktor der École française in Athen, Herrn Professor Dr. Olivier Picard, der meinem Vorhaben sogar auf Aufforderung hin keinen Stein in den Weg gelegt hat. Schließlich dem Rektor der Universität Lausanne, Herrn Professor Dr. Pierre Ducrey, der selbst ein Recueil des inscriptions grecques et latines de Philippes[1] für die École française in Athen vorbereitet und den Neuling auf diesem Gebiet dennoch hat gewähren lassen. Möchte sich meine bescheidene Sammlung der Inschriften von Philippi für das umfassende Projekt der École française in Athen als nützliche Vorarbeit erweisen.

In Makedonien gebührt mein Dank den zuständigen archäologischen Behörden, also vor allem der Εφορεία Βυζαντινών Αρχαιοτήτων und der Εφορεία Προϊστορικών και Κλασσικών Αρχαιοτήτων in Kavala. Allen in diesen Ämtern Arbeitenden, die meine Forschungen unterstützt haben, möchte ich für ihre Hilfe auch an dieser Stelle meinen herzlichen Dank aussprechen.

Besonderen Dank schulde ich sodann den zahlreichen freundlichen Wächtern in den Museen und in den archäologischen Stätten, in Philippi selbst, in

---

[1] Vgl. PIERRE DUCREY: Le recueil des inscriptions grecques et latines de Philippes de Macédoine: État des questions, Πρακτικά του Η´ Διεθνούς Συνεδρίου Ελληνικής και Λατινικής Επιγραφικής, Αθήνα, 3–9 Οκτωβρίου 1982, Τόμος Β´, Athen 1987 [1992], S. 155–157.

Kavala, in Serres und in Drama, die meine Arbeit erleichtert haben. Namentlich nennen möchte ich den früheren αρχιφύλακας in Philippi, Herrn Γρηγόριος Εξουζίδης, und seinen Kollegen, Herrn Γεώργιος Αμανατίδης.

Ganz besonderen Dank schulde ich Herrn Professor Dr. Γεώργιος Γούναρης in Thessaloniki. Seine Kenntnis der christlichen Denkmäler in Philippi ist schier unerschöpflich. Er hat mich eingeladen, archäologische Arbeit aus erster Hand zu erleben (1991, 1992 und 1993 durfte ich an den von ihm geleiteten Ausgrabungen der Universität Thessaloniki in Philippi teilnehmen), und mir dadurch wertvolle Einblicke ermöglicht. Er hat mir auch bei der Beschaffung von in Deutschland nicht erhältlicher Literatur geholfen. Im Unterschied zu vielen seiner Kollegen ist Γούναρης der Auffassung, daß man seine Funde publizieren soll, statt sie jahre- und jahrzehntelang der Forschung vorzuenthalten. Auch hat er mir erlaubt, zwei lateinische Inschriften, die bei seinen Ausgrabungen gefunden wurden, in meinen Katalog aufzunehmen, noch bevor er sie selbst publiziert hat. Dieses Beispiel spricht für sich und bedarf keines weiteren Kommentars von meiner Seite.

Danken möchte ich in Thessaloniki auch Herrn Professor Dr. Γεώργιος Βελένης, der so freundlich war, mehrere Inschriften mit mir zu besprechen, und mir zwei schier unlösbare Probleme lösen half. Bei einer Exkursion mit Studierenden im Herbst 1994 hat er uns nicht nur die laufenden Ausgrabungen auf der Αγορά von Thessaloniki gezeigt, sondern auch die Ergebnisse der Kampagne von 1994 in Philippi mit uns diskutiert. Allen TeilnehmerInnen der Exkursion wird er in lebhafter Erinnerung bleiben.

Βασιλική Πουλιούδη war so freundlich, mir Einsicht in ihre unpublizierte Tesi di Laurea (Universität Perugia) mit dem Titel »Filippi, secondo la documentazione epigrafica« aus dem Jahr 1991/92 zu gewähren. Dafür danke ich ihr auch an dieser Stelle.

Für seine Hilfe beim Korrekturlesen und insbesondere für manchen nützlichen Verbesserungsvorschlag danke ich meinem Kollegen Dr. Reinhold Hülsewiesche: Das Lesen immer neuer Stapel von Inschriften ist auch für einen Philosophen kein reines Vergnügen. Unter den Korrekturlesern möchte ich besonders noch meinem Schwiegervater, Wolfgang Fauer, und meinem früheren Münsteraner – jetzt Hamburger – Kollegen, Christoph Goßmann, für ihre Geduld und Gründlichkeit danken.

Last but not least danke ich den Gutachtern der Evangelisch-Theologischen Fakultät der Westfälischen Wilhelms-Universität in Münster, Herrn Professor Dr. Dietrich-Alex Koch und Herrn Professor Dr. Alfred Suhl, daß sie nicht nur die Arbeit als Habilitationsschrift über die akademischen Hürden gebracht, sondern auch bis zuletzt durch weiterführende Hinweise gefördert haben. Herrn Koch bin ich auch als sein Assistent für jahrelange fruchtbare Arbeitsgemeinschaft zu Dank verpflichtet.

Herrn Professor Dr. Martin Hengel danke ich für die Aufnahme der Arbeit in die *Wissenschaftlichen Untersuchungen zum Neuen Testament,* Herrn Georg Siebeck insbesondere auch für die Bereitschaft, den umfangreichen Band II in sein Verlagsprogramm aufzunehmen. Für die praktische Betreuung im Verlag J.C.B. Mohr bin ich Herrn Rudolf Pflug zu Dank verpflichtet.

Dem Vorwurf, daß ich mich mehr mit der Hermeneutik des Philipperbriefes als mit Traubenverkäufern und Kassierern von Silberhändlern der *Colonia Iulia Augusta Philippensis* hätte befassen sollen, sehe ich mit Gelassenheit entgegen und verweise statt einer Verteidigung auf Platon:

νὴ τοὺς θεούς,
ἀτεχνῶς γε ἀεὶ σκυτέας τε καὶ κναφέας
καὶ μαγείρους λέγων καὶ ἰατρούς
οὐδὲν παύῃ,
ὡς περὶ τούτων ἡμῖν ὄντα τὸν λόγον.[1]

Höpingen, den 4. April 1995   Peter Pilhofer

---

[1] Platon: Gorgias 491a.1–3.

Inhaltsverzeichnis

Einleitung

Erstes Kapitel

Philippi im ersten Jahrhundert

Zweites Kapitel
Paulus

Drittes Kapitel
Lukas

Viertes Kapitel

Polykarp

Fünftes Kapitel

Zur Geschichte der christlichen Gemeinde in Philippi

Literaturverzeichnis

Verzeichnis der Karten

Abkürzungen

Die Abkürzungen sind soweit wie möglich dem Abkürzungsverzeichnis der TRE von Siegfried Schwertner[1] entnommen.

Die einschlägigen *Kommentare* zum Philipperbrief, zur Apostelgeschichte und zum Brief des Polykarp werden in der Regel nur mit dem Verfassernamen zitiert; die bibliographischen Details kann man unschwer im Literaturverzeichnis ermitteln.

Die benutzten *Landkarten* sind unter einer eigenen Rubrik im Literaturverzeichnis zusammengestellt (vgl. unten S. 260).

Über Schwertner hinaus werden die folgenden Abkürzungen verwendet:

AAA	Αρχαιολογικά Ανάλεκτα εξ Αθηνών – Athens Annals of Archaeology
ΑΔ	Αρχαιολογικόν Δελτίον
AE	Αρχαιολογική Εφημερίς
AÉ	L'Année Épigraphique
ΑΕΜΘ	Το αρχαιολογικό έργο στη Μακεδονία και Θράκη
AR	Archaeological Reports
Bauer	Walter Bauer: Griechisch-deutsches Wörterbuch zu den Schriften des Neuen Testaments und der frühchristlichen Literatur, 6., völlig neu bearbeitete Auflage, herausgegeben von Kurt Aland und Barbara Aland, Berlin/New York 1988.
Bornemann/Risch	Eduard Bornemann/Ernst Risch: Griechische Grammatik, Frankfurt am Main/Berlin/München 1973.
BÉ	Bulletin Épigraphique
Canon[2]	Luci Berkowitz/Karl A. Squitier [Hg.]: *THESAURUS LINGUAE GRAECAE. Canon of Greek Authors and Works,* New York/Oxford ³1990.
CCET	Corpus Cultus Equitis Thracii
Collart	Paul Collart: Philippes, ville de Macédoine, depuis ses origines jusqu'à la fin de l'époque romaine [zwei Bände], Paris 1937.
Collart/Ducrey	Paul Collart/Pierre Ducrey: Philippes I. Les reliefs rupestres, BCH Suppl. 2, Athen/Paris 1975.
Detschew	Dimiter Detschew: Die thrakischen Sprachreste, Österreichische Akademie der Wissenschaften. Phil. hist. Klasse, Schriften der Balkankommis-

---

[1] Theologische Realenzyklopädie. Abkürzungsverzeichnis, zusammengestellt von Siegfried Schwertner, Berlin/New York 1976, ²1994.

[2] Gelegentlich verweise ich auf dieses Buch auch als Canon of Greek Authors and Works.

sion. Linguistische Abteilung XIV, 2. Auflage mit Bibliographie 1955–1974 von Živka Velkova, Wien 1976.

Δήμιτσας | Μαργαρίτης Δήμιτσας: Η Μακεδονία εν λίθοις φθεγγομένοις και μνημείοις σωζομένοις ήτοι πνευματική και αρχαιολογική παράστασις της Μακεδονίας εν συλλογή 1409 ελληνικών και 189 λατινικών επιγραφών και εν απεικονίσει των σπουδαιοτέρων μνημείων, Athen 1896 (Nachdr. in zwei Bänden, Thessaloniki 1988).

Feissel | Denis Feissel: Recueil des inscriptions chrétiennes de Macédoine de IIIᵉ au VIᵉ siècle, BCH Suppl. 8, Athen/Paris 1983.

Glare | P.G.W. Glare [Hg.]: Oxford Latin Dictionary, Oxford 1982 (Nachdr. 1985).

Γούναρης | Γεώργιος Γ. Γούναρης: Το Βαλανείο και τα Βόρεια Προσκτίσματα του Οκταγώνου των Φιλίππων, Βιβλιοθήκη της εν Αθήναις Αρχαιολογικής Εταιρείας 112, Athen 1990.

Hammond I | Nicholas Geoffrey Lemprière Hammond: A history of Macedonia, Volume I: Historical geography and prehistory, Oxford 1972 (Nachdr. New York 1981).

Hammond II | Nicholas Geoffrey Lemprière Hammond/Guy Thompson Griffith: A history of Macedonia, Volume II: 550–336 B.C., Oxford 1979.

Hammond III | Nicholas Geoffrey Lemprière Hammond/Frank William Walbank: A history of Macedonia, Volume III: 336–167 B.C., Oxford 1988.

Hammond, Atlas | Nicholas G.L. Hammond [Hg.]: Atlas of the Greek and Roman World in Antiquity, Park Ridge/New Jersey 1981.

Heuzey/Daumet[1] | Léon Heuzey/H. Daumet: Mission archéologique de Macédoine, [Bd. I] Texte, [Bd. II] Planches, Paris 1876.

IBulg | Inscriptiones Graecae in Bulgaria repertae ed. Georgius Mihailov, Bd. I–IV, Serdicae 1956–1966.

IEph | Die Inschriften von Ephesos (vgl. das Literaturverzeichnis)

IGSK | Inschriften Griechischer Städte aus Kleinasien

IKor | Die Inschriften von Korinth (vgl. das Literaturverzeichnis)

IMXA | Ίδρυμα Μελετών Χερσονήσου του Αίμου

Kajanto | Iiro Kajanto: The Latin Cognomina, Commentationes Humanarum Litterarum XXXVI 2, Helsinki 1965.

Kalléris | Jean N. Kalléris: Les anciens Macédoniens. Étude linguistique et historique, Tome I. Tome II 1, CIFA 81, Athen 1954 und 1976 (ergänzter Nachdr. 1988).

Κανατσούλης | Δ. Κανατσούλης: Μακεδονική προσωπογραφία. (Από του 148 π.Χ. μέχρι των χρόνων του Μ. Κωνσταντίνου), Ελληνικά. Περιοδικόν σύγγραμμα Εταιρείας Μακεδονικών Σπουδών. Παράρτημα 8, Thessaloniki 1955 (mit einem Nachtrag: ders.: Συμπλήρωμα, Thessaloniki 1967).

---

[1] Gelegentlich einfach als »Heuzey« zitiert.

Καφταντζής   Γιώργος Β. Καφταντζής: Ιστορία της πόλεως Σερρών και της περιφερείας της (από τους προϊστορικούς χρόνους μέχρι σήμερα), Τόμος I: Μύθοι, επιγραφές, νομίσματα, Athen 1967. Τόμος II: Γεωλογία, γεωγραφία, ιστορική γεωγραφία. Προϊστορικοί και πρώτοι ιστορικοί χρόνοι. Μακεδονική και ρωμαϊκή περίοδος, Serres 1972.

Kazarow   Gawril I. Kazarow: Die Denkmäler des Thrakischen Reitergottes in Bulgarien (Textband und Tafelband), Dissertationes Pannonicae, Ser. II, Fasc. 14, Budapest bzw. Leipzig 1938.

Lampe   G.W.H. Lampe [Hg.]: A Patristic Greek Lexicon, Oxford 1961 (Nachdr. 1978).

Λαζαρίδης   Δημήτριος Λαζαρίδης: Φίλιπποι – Ρωμαϊκή αποικία, Ancient Greek Cities 20, Athen 1973.

Lemerle   Paul Lemerle: Philippes et la Macédoine orientale à l'époque chrétienne et byzantine. Recherches d'histoire et d'archéologie, [Bd. 1] Texte, [Bd. 2] Album, BEFAR 158, Paris 1945.

LSJ   Henry George Liddell/Robert Scott/Henry Stuart Jones [Hg.]: A Greek-English Lexicon (mit einem Supplement ed. by E.A. Barber), Oxford 1968 (Nachdr. 1977).

Mason   Hugh J. Mason: Greek Terms for Roman Institutions. A Lexicon and Analysis, American Studies in Papyrology 13, Toronto 1974.

ΠΑΕ   Πρακτικά της εν Αθήναις Αρχαιολογικής Εταιρείας

Papazoglou   Fanoula Papazoglou: Les villes de macédoine à l'époque romaine, BCH Suppl. 16, Athen/Paris 1988.

PHI   Packard Humanities Institute (CD-ROMs #5.3 und #6)[1]

Σαμσάρης   Δημήτριος Κ. Σαμσάρης: Ιστορική γεωγραφία της Ανατολικής Μακεδονίας κατά την αρχαιότητα, Μακεδονική Βιβλιοθήκη 49, Thessaloniki 1976.

Samsaris   Dimitrios C. Samsaris: La vallée du Bas-Strymon à l'époque impériale. Contribution épigraphique à la topographie, l'onomastique, l'histoire et aux cultes de la province romaine de Macédoine, Δωδώνη 18 (1989), S. 203–382.

Sarikakis   Théodore Chr. Sarikakis: Des soldats Macédoniens dans l'armée romaine, in: Αρχαία Μακεδονία II (s. dort), S. 431–464.

Šašel Kos   Marietta Šašel Kos: Inscriptiones latinae in Graecia repertae. Additamenta ad CIL III, Epigrafia e antichità 5, Faenza 1979.

Schulze   Wilhelm Schulze: Zur Geschichte lateinischer Eigennamen, Berlin/Zürich/Dublin ²1966 (Nachdr. 1991).

SEG   Supplementum Epigraphicum Graecum

---

[1] Die CD-ROM #5.3 enthält »(1) Latin Texts« und »(2) Bible Versions«. Sie ist 1991 erschienen. Das Copyright liegt bei The Packard Humanities Institute. Die CD-ROM #6 enthält »(1) Inscriptions (Cornell, Ohio, IAS)«, »(2) Papyri (Duke, Michigan)« und »(3) Coptic Texts«; sie ist ebenfalls 1991 erschienen, und das Copyright liegt bei The Packard Humanities Institute. Vgl. dazu die folgende Anmerkung.

SIG[3]   Sylloge inscriptionum graecarum

Solin/Salomies Heikki Solin/Olli Salomies: Repertorium nominum gentilium et cogno-
                minum Latinorum, AlOm, Reihe A, Bd. 80, Hildesheim/Zürich/New York
                [2]1994 (1. Aufl. 1988).

Souter   Alexander Souter: A Glossary of Later Latin to 600 A.D., Oxford 1949
                (Nachdr. 1964).

ThLL   Thesaurus Linguae Latinae editus auctoritate et consilio Academiarum
                quinque Germanicarum Berolinensis Gottingensis Lipsiensis Monacensis
                Vindobonensis (später: editus iussu et auctoritate consilii ab Academiis
                Societatibusque diversarum nationum electi), Leipzig 1900ff.

TLG   Thesaurus Linguae Graecae (CD-ROM)[1]

---

[1] Während der meisten Zeit habe ich mit der CD-ROM #C gearbeitet; erst ab Ende Mai 1993 konnte ich die neue Version #D benutzen, die immerhin ungefähr ein Drittel mehr an Text enthält. (»TLG CD ROM C contained roughly 42 million words of text; the D disk contains approximately 57 million words of text« teilte der Direktor des TLG, Theodore F. Brunner, am 6. 5. 1993 mit.) Ich gebe aber in jedem Fall an, auf welcher CD-ROM meine Ergebnisse basieren.

Ich weise ausdrücklich darauf hin, daß ich zur Arbeit sowohl mit den TLG-CD-ROMs als auch mit den oben genannten PHI-CD-ROMs einen *Ibycus Personal Computer* benutze. Bei zweifelhaften Fällen ist die genaue Fragestellung (search pattern etc.) spezifiziert.

Ich halte es für überaus bedenklich, wenn Behauptungen wie z.B. »... konnte mit Hilfe des »Ibykus«-Computerprogramms, das die gesamte erhaltene antike griechische Literatur erfaßt, ... der Nachweis erbracht werden ...« (OTTO BETZ/RAINER RIESNER: Jesus, Qumran und der Vatikan. Klarstellungen, Gießen/Basel und Freiburg/Basel/Wien 1993; Zitat S. 149) publiziert werden; denn der *Ibycus Personal Computer* ist ein Computer, der von sich aus gar nichts »erfaßt«, sondern wie alle Computer nur das, was man ihm vorsetzt. Eine CD-ROM, welche die genannte Behauptung RIESNERS erfüllt, existiert nirgendwo. Die damals allein verfügbare CD-ROM #C blieb hinter der RIESNERschen Behauptung sehr weit zurück. Es ist daher unerläßlich, anzugeben, welche Textbasis man benutzt, mit welcher Software man darauf zugreift, und gegebenenfalls, welches die genaue Fragestellung ist.

Zur Zitierweise

Bei der Namensform antiker Autoren wird Einheitlichkeit nicht angestrebt. Vielmehr werden allgemein bekannte Namen in der gebräuchlichen Form zitiert (also Herodot, nicht Herodotos; Josephus, nicht Iosephos; Tertullian, nicht Tertullianus). Entlegenere Autoren werden beim ersten Vorkommen mit der korrekten Namensform zitiert (z.B. Nonius Marcellus), im folgenden dann, soweit möglich, mit einer verkürzten Namensform (z.B. Nonius).

Griechische Texte werden durchweg vereinheitlicht: Das *Iota adscriptum* wird subskribiert, das Sigma erscheint je nach Stellung im Wort als σ oder als ς, und doppeltes ϱ wird ohne *Spiritus* geschrieben. Entsprechend wird mit lateinischen Texten verfahren: Zwischen u und v wird stets unterschieden, nicht aber zwischen i und j. Großschreibung wird nur bei Namen oder am Anfang eines Textes angewandt, nicht aber beim Satzanfang.

Moderne Werke werden beim ersten Vorkommen ganz zitiert, danach wird darauf innerhalb desselben Paragraphen stets mit aaO. bzw. aaO. (Anm. x) verwiesen. Eine Ausnahme bilden die im Verzeichnis der Abkürzungen (s. o. S. XIX–XXII) zusammengestellten häufiger benutzten Werke.

Neugriechische Publikationen werden von mir nach den heute geltenden Regeln (d.h. μονοτονικό: gänzlich ohne Spiritus und für alle Akzente einheitlich den Akut) auch dann zitiert, wenn sie selbst noch die früheren Gepflogenheiten widerspiegeln.

Innerhalb von Zitaten sind Zufügungen von mir in eckige Klammern (… […] …) eingeschlossen.

Für die Inschriften gelten die folgenden Regeln:

Vol(tinia)	Auflösung der Abkürzung VOL auf dem Stein
V[ol(tinia)]	Ergänzung eines V zu VOL und Auflösung der Abkürzung
me<n>ses	Ergänzung eines schon ursprünglich auf dem Stein fehlenden Buchstaben
μητϱ{ϱ}ί{ι}	Tilgung von auf dem Stein irrtümlich gesetzten Buchstaben

[[ab imp(eratore) Domitiano Caes(are) Aug(usto) Germ(anico)…]] Doppelte eckige Klammern bezeichnen Buchstaben, die ursprünglich auf dem Stein gestanden haben, später jedoch absichtlich getilgt wurden (Rasur).

Ṿol(tinia)	Unsicher gelesene Buchstaben

Zur näheren Erläuterung vgl. unten die Einleitung, S. 13.

Einleitung

1. Die Entdeckung einer Forschungslücke

Die Stadt Philippi hat in den letzten Jahren und Jahrzehnten nicht im Mittelpunkt der Diskussion gestanden. Dies gilt nicht nur für die neutestamentliche Wissenschaft und die Patristik, dies gilt in fast demselben Ausmaß auch für die Alte Geschichte speziell und die Altertumskunde ganz allgemein. Dieser Sachverhalt wurde mir bewußt, als ich im Sommersemester 1989 an der Vorbereitung einer Exkursion nach Griechenland arbeitete. Ziel dieser Reise war es, die Städte kennenzulernen, die der Apostel Paulus in Griechenland besucht hat. Die Lehrveranstaltung zu dieser Exkursion war in der Weise konzipiert, daß wir alle in Frage kommenden Städte hinsichtlich ihrer Geschichte und der archäologischen Erforschung diskutierten. Dabei zeigte sich, daß es ganz beträchtliche Unterschiede gibt, was den Umfang einschlägiger Sekundärliteratur betrifft. Vergleicht man Philippi etwa mit Korinth, so kann man die Lage in bezug auf Philippi nur als desolat bezeichnen.[1] Die letzte und so gut wie einzige umfangreichere Monographie – von dem Archäologen Paul Collart verfaßt[2] – ist heute mehr als ein halbes Jahrhundert alt. Die jahrzehntelangen Ausgrabungen, die in Philippi seit Ende des Zweiten Weltkriegs durchgeführt wurden (und noch andauern), sind bisher einerseits nur verstreut publiziert, machen andrerseits aber die 1937 bzw. 1945 erschienenen Darstellungen von Collart und Lemerle revisionsbedürftig.

Erschwerend kommt hinzu, daß auch im Hinblick auf die französischen Ausgrabungen von 1914 bis 1937 abschließende Publikationen so gut wie nicht vorliegen. Der damalige Direktor der Französischen Schule in Athen stellte

---

[1] Die Literatur zu Korinth findet man jetzt verzeichnet bei DONALD W. ENGELS: Roman Corinth. An Alternative Model for the Classical City, Chicago und London 1990. Seit dem Erscheinen dieser Monographie ist allein von neutestamentlicher Seite schon wieder eine ganze Reihe von Studien zu Korinth erschienen.

[2] PAUL COLLART: Philippes, ville de Macédoine, depuis ses origines jusqu'à la fin de l'époque romaine [zwei Bände], Paris 1937. Die Publikation COLLARTS bildet in gewisser Weise den krönenden Abschluß der Arbeiten der École française in Philippi. Wenige Jahre später erschien noch: PAUL LEMERLE: Philippes et la Macédoine orientale à l'époque chrétienne et byzantine. Recherches d'histoire et d'archéologie, [Bd. 1] Texte, [Bd. 2] Album, BEFAR 158, Paris 1945; hier wird aber nur die spätere Geschichte Philippis thematisiert. Seit COLLART und LEMERLE sind zwar noch einige kleinere Monographien erschienen, aber keine umfassende Darstellung.

beim Ende der Ausgrabungstätigkeit 1938 fest: »Une publication spéciale, quelque temps envisagée, a dû, pour divers motifs d'ordre financier ou autres, être écartée ... .«[3] Ersatzweise wird der Leser auf die Monographien von Collart und Lemerle verwiesen; darüber hinaus werden Einzelstudien angekündigt: »Quelques autres viendront s'y ajouter par la suite, concernant notamment les thermes du sud par M. M. Feyel [nie erschienen], les temples du forum par M. E. Lapalus [nie erschienen], le théâtre ou les sculptures rupestres par M. P. Collart[4], le marché romain, les inscriptions et le temple macédoniens par M. J. Coupry [nie erschienen].«[5] Sieben Jahre später heißt es bei Lemerle: »La plupart des monuments romains dégagés à Philippes attendent encore une publication définitive, en particulier le forum (par P. Collart), le marché (par J. Coupry) et les thermes (par M. Feyel). Mais on attend surtout avec grand intérêt l'étude et la publication, par J. Coupry, d'un petit temple et d'importantes inscriptions de la fin du IVe et du IIIe siècle, qu'il a mis au jour sur la terrasse qui domine le forum: cette heureuse découverte éclairera utilement l'histoire, jusqu'à maintenant si peu connue, de Philippes et de la région voisine durant la domination macédonienne [nie erschienen].«[6] Dieses Programm wird weitere dreißig Jahre später anläßlich des Erscheinens der Publikation der Felsreliefs vom damaligen Direktor der Französischen Schule in Athen, Pierre Amandry, im wesentlichen wiederholt.[7]

Die Lage wird dadurch noch verschärft, daß nicht einmal die Inschriften von Philippi in einem *Corpus* gesammelt vorliegen. Was die lateinischen Inschriften angeht, so ist zwar ein kleiner Teil im CIL III veröffentlicht[8], der 1979 erschienene Band mit »Additamenta« zu CIL III[9] spart die Inschriften von Philippi jedoch bewußt aus. Die Herausgeberin begründet dies mit Hinweis auf die bevorstehende Publikation seitens der École française: »Quoniam P. Ducrey in sylloga, quam praeparat (quaeque supplementum BCH brevi edetur) omnes inscriptiones Latinas et Graecas Philipporum et viciniae publici iuris faciet, eas quoque omisi exceptis Cavallae (Neapoli) repertis, cum sero certior facta essem

---

[3] R. DEMANGEL: Note sur les fouilles françaises de Philippes, BCH 62 (1938), S. 1–3; hier S. 2.

[4] Von diesem Projekt ist ein Teil erschienen: PAUL COLLART/PIERRE DUCREY: Philippes I. Les reliefs rupestres, BCH Suppl. 2, Athen/Paris 1975.

[5] DEMANGEL, aaO., S. 2f.

[6] PAUL LEMERLE, aaO., S. 9, Anm. 4.

[7] PIERRE AMANDRY schreibt im Vorwort des oben (Anm. 4) zitierten Buches von COLLART und DUCREY: »Au programme figurent aussi la publication de l'hérôon macédonien, celle du forum, celle du marché situé au Sud du forum, celle des thermes« (aaO., S. VI), aber nichts davon ist seither erschienen.

[8] Corpus Inscriptionum Latinarum III 1 (1873), S. 120–127; dabei handelt es sich um insgesamt etwas über siebzig Inschriften. Neues Material ist nachgetragen in CIL III 2 und in den Supplementbänden zu CIL III.

[9] MARIETTA ŠAŠEL KOS: Inscriptiones latinae in Graecia repertae. Additamenta ad CIL III, Epigrafia e antichità 5, Faenza 1979.

eum etiam has in syllogen recepturum esse.«[10] Von den wenigen Nummern aus Kavala abgesehen ist der Benutzer für die lateinischen Inschriften mithin noch immer auf den letzten Supplementband zum CIL III aus dem Jahr 1902 angewiesen.[11]

Noch schlechter steht es mit den griechischen Inschriften. Nachdem zuerst Heuzey 1876 in seiner grundlegenden Sammlung von Inschriften auch das ihm zugängliche griechische Material publiziert hatte[12], ist seither nur noch das *Corpus* von Δήμιτσας[13] erschienen. Alle in diesem Jahrhundert gefundenen griechischen Inschriften (soweit sie überhaupt veröffentlicht sind) muß der Benutzer daher mühsam aus weit verstreuten Aufsätzen zusammensuchen.

Eine Ausnahme bilden lediglich die christlichen Inschriften aus Philippi – sie sind fast ausschließlich in griechischer Sprache –, die in dem Repertorium von Feissel gesammelt sind.[14]

---

[10] AaO., S. 5. ŠAŠEL KOS konnte damals natürlich nicht ahnen, wie lange die französische Publikation noch auf sich warten lassen würde. Der Band ist heute (Ende März 1995) – d.h. sechzehn Jahre später – nicht nur noch nicht erschienen, sondern für die absehbare Zukunft auch nicht zu erwarten (dazu vgl. unten).

Nicht nachvollziehbar ist die Entscheidung der Herausgeberin, was die in Kavala gefundenen lateinischen Inschriften angeht. Denn erstens war Kavala – damals Neapolis – in römischer Zeit höchstwahrscheinlich Bestandteil des Territoriums der *Colonia Iulia Augusta Philippensis,* und die Inschriften aus Kavala gehören schon deswegen zu Philippi. Zweitens aber steht bei nicht wenigen in Kavala gefundenen Steinen zu vermuten, daß sie erst in neuerer Zeit von Philippi und Umgebung dorthin verschleppt worden sind. Nichts spricht also dafür, ausgerechnet die Inschriften aus Kavala zu berücksichtigen, wenn man aus grundsätzlichen Erwägungen Inschriften von Philippi nicht zu behandeln gedenkt.

[11] CIL III, Supplementum, Pars posterior (1902).

[12] LÉON HEUZEY/H. DAUMET: Mission archéologique de Macédoine, Paris 1876.

[13] Μαργαρίτης Δήμιτσας: Η Μακεδονία εν λίθοις φθεγγομένοις και μνημείοις σωζομένοις ήτοι πνευματική και αρχαιολογική παράστασις της Μακεδονίας εν συλλογή 1409 ελληνικών και 189 λατινικών επιγραφών και εν απεικονίσει των σπουδαιοτέρων μνημείων, Athen 1896.

Das unentbehrliche Werk ist meines Wissens zweimal nachgedruckt worden. Zunächst in Chicago (1980 in zwei Bänden), dann in Thessaloniki (als Nummer 1 der Reihe Αρχείο ιστορικών μελέτων, ebenfalls in zwei Bänden, Thessaloniki 1988). Ich zitiere grundsätzlich nach dem Nachdruck aus Thessaloniki (der unter anderem den Vorteil hat, unvergleichlich viel billiger zu sein als der aus Chicago).

Nur am Rande sei hier schon auf das Zahlenverhältnis hingewiesen, das man aus dem Titel des Werkes ablesen kann: Δήμιτσας kannte – für ganz Makedonien – 1409 griechische und nur 189 lateinische Inschriften. Dabei ist der Löwenanteil seines lateinischen Materials ohnehin aus dem Territorium von Philippi. Man sieht daraus, daß die Zahl der lateinischen Inschriften in Makedonien abgesehen von Philippi verschwindend gering ist, und das ist bis heute so geblieben, wie etwa die Ausgabe der Inschriften von Thessaloniki von CHARLES EDSON (IG X 2,1) exemplarisch zeigt. In Philippi dagegen überwiegen die lateinischen Inschriften bei weitem.

[14] DENIS FEISSEL: Recueil des inscriptions chrétiennes de Macédoine de IIIe au VIe siècle, BCH Suppl. 8, Athen/Paris 1983. FEISSEL bietet das bis Anfang der achtziger Jahre publizierte christliche Material vollständig. Es handelt sich um insgesamt 36 Nummern (FEISSEL Nr. 217–252; S. 182–211). Seither sind allerdings bereits mehr als 10 weitere christliche Inschriften veröffentlicht worden.

Diese Lage wirkt sich nachteilig auf alle mit Philippi befaßten Disziplinen aus. Ich will dies an einem neutestamentlichen Beispiel demonstrieren. Literatur zum Philipperbrief etwa ist in reichem Maße vorhanden. Soweit hier aber Philippi in den Blick genommen wird – die römische Kolonie und die Menschen, die in ihr wohnten, als Paulus seinen Brief an die von ihm gegründete Gemeinde in Philippi schrieb –, beruft man sich im wesentlichen auf Collart aus dem Jahr 1937. Das bedeutet: *Der Ertrag eines halben Jahrhunderts archäologischer und historischer Forschung wird schlicht nicht zur Kenntnis genommen.* Wie sollte auch jemand, der etwa einen Kommentar zum Philipperbrief schreibt, diesen Ertrag für seine Arbeit fruchtbar machen, wo doch noch nicht einmal die Inschriften aus Philippi gesammelt vorliegen, mithin jede gesicherte Grundlage für über Collart und Lemerle hinausführende Forschungen einfach nicht zur Verfügung steht? Ein Blick in einen beliebigen Kommentar zum Philipperbrief bestätigt das. Ich wähle den unlängst erschienenen Kommentar von Peter O'Brien[15] als Beispiel: Der Verfasser bietet in seiner »Introduction« einen Abschnitt mit der Überschrift: »Philippi: The City and its People« (S. 4), wo auf knapp drei Seiten die Stadt und das religiöse Leben der Menschen in Philippi behandelt werden. Diese Darstellung beruht im wesentlichen auf Collart und fällt in Teilen noch hinter diesen zurück.[16] Dieses Buch ist aber mitnichten eine Ausnahme; in *dieser* Hinsicht kann es vielmehr als durchaus repräsentativ gelten.

Dies gilt nun nicht nur im Hinblick auf den theologischen Bereich der Forschung. Auch der Althistoriker etwa bedürfte dringend eines *Corpus* der Inschriften aus Philippi. Auch er kann in der Regel nicht Aufsatz für Aufsatz nach Material aus Philippi durchforsten. Sowohl aus theologischer als auch aus historischer Sicht liegt hier also eine *Forschungslücke* vor.

Um hier Abhilfe zu schaffen, bedarf es erstens einer *Sammlung der Inschriften,* die im Territorium von Philippi gefunden wurden (diese Aufgabe wird unten im zweiten Abschnitt dieser Einleitung genauer diskutiert). Der Katalog der Inschriften von Philippi, der den zweiten Band der vorliegenden Arbeit bildet, ist die unabdingbare Grundlage für jedes Forschungsvorhaben, das über den Stand von Collart und Lemerle hinauskommen will.

Zweitens müssen die *literarischen Zeugnisse,* die sich mit Philippi und seinem Territorium befassen, gesammelt und ausgewertet werden (vgl. dazu genauer unten den dritten Abschnitt).

---

[15] PETER T. O'BRIEN: The Epistle to the Philippians. A Commentary on the Greek Text, The New International Greek Testament Commentary, Grand Rapids 1991.

[16] In der Bibliographie auf S. 3 wird als einzige über COLLART hinausführende Arbeit das anregende Buch von LILIAN PORTEFAIX genannt, auf das ich weiter unten ausführlicher zu sprechen komme. Für die religiöse Lage beruft sich O'BRIEN auf einen überaus problematischen Aufsatz von CHARLES PICARD (aus dem Jahr 1922!), der durch die Monographie von COLLART überholt ist (vgl. O'BRIEN, S. 3 und S. 5).

Mittlerweile ist ein weiterer Kommentar zum Philipperbrief erschienen: ULRICH B. MÜLLER: Der Brief des Paulus an die Philipper, ThHK 11/1, Leipzig 1993. Hier taucht COLLART nicht einmal im Literaturverzeichnis (S. XIII) auf.

Schließlich muß drittens eine Sichtung und Interpretation der *archäologischen Befunde,* die sich seit dem Zweiten Weltkrieg ergeben haben, erfolgen (siehe dazu im einzelnen unten den vierten Abschnitt).

Die Basis für alle drei Arbeitsschritte ist eine möglichst vollständige *Bibliographie* aller historischen, archäologischen, numismatischen und epigraphischen Titel, die sich mit Philippi befassen. Auf diese Weise wird eine völlig neue Grundlage für die Erforschung Philippis geschaffen, die das halbe Jahrhundert von Collart und Lemerle bis heute überbrückt: Meine Bibliographie umfaßt alle einschlägigen[17] Arbeiten, die mir bis März 1995 bekannt geworden sind. Der Katalog der Inschriften bringt alle bis Ende 1995 publizierten Texte. Auch wer sich (anders als ich selbst) nicht speziell für die frühe christliche Gemeinde in Philippi interessiert, kann auf dieser neugeschaffenen Basis eigene Forschungen betreiben.

Mein eigenes Anliegen jedoch geht dahin, dieses reiche Material für die Geschichte der christlichen Gemeinde in Philippi fruchtbar zu machen. Zu diesem Zweck entwerfe ich im *Ersten Kapitel* zunächst ein Bild der Stadt Philippi und ihrer Bewohner am Vorabend der ersten paulinischen Mission. Das *Zweite Kapitel* ist Paulus gewidmet. Hier wird der Philipperbrief zum ersten Mal auf dem Hintergrund dieses neuen Materials aus Philippi gelesen. Im *Dritten Kapitel* wird die einschlägige Passage der Apostelgeschichte mit den lokalgeschichtlichen Daten konfrontiert und mit andern Stationen der paulinischen Mission in Kleinasien und Makedonien/Achaia verglichen. Das *Vierte Kapitel* versucht, diese lokalgeschichtlichen Daten für die Interpretation der Korrespondenz zwischen dem Bischof Polykarp von Smyrna und der Gemeinde in Philippi nutzbar zu machen. Das *Fünfte Kapitel* schließlich trägt die Informationen zur Geschichte der Gemeinde in Philippi in den ersten hundert Jahren zusammen.

Nach diesem Überblick über den Aufbau der vorliegenden Arbeit wende ich mich nun zunächst dem Katalog der Inschriften zu (Abschnitt 2), um sodann kurz das Problem der literarischen Zeugnisse zu diskutieren (Abschnitt 3). Im Abschnitt 4 gebe ich eine Zusammenstellung der wichtigsten archäologischen Ergebnisse seit dem Zweiten Weltkrieg. Der abschließende 5. Abschnitt stellt kleinere und größere Arbeiten vor, die seit der Zeit von Collart und Lemerle von theologischer Seite erschienen bzw. für ein theologisches Publikum konzipiert sind, d.h. solche Arbeiten, die versuchen, die lokalen Gegebenheiten in Philippi für das Verständnis der frühchristlichen Texte nutzbar zu machen.

---

[17] Ich habe daher auch solche historischen, archäologischen, numismatischen und epigraphischen Titel aufgenommen, die in meiner eigenen Untersuchung nicht ausdrücklich genannt und diskutiert werden, sofern sie wesentlich zur Erhellung von lokalen Gegebenheiten beitragen. Lediglich im theologischen Bereich habe ich mich auf die tatsächlich zitierten Titel beschränkt.

2. Die Sammlung der Inschriften von Philippi

Grundlegende Voraussetzung für Forschungen, die über den Stand von Collart und Lemerle hinausführen, ist eine Sammlung der Inschriften aus Philippi. Nachdem, wie oben dargestellt, in dem entsprechenden Ergänzungsband des CIL die einschlägigen Materialien weitgehend ausgespart blieben und ein Erscheinen des entsprechenden Faszikels der IG noch nicht einmal in Aussicht genommen ist, verbleiben nach meiner Kenntnis zwei Projekte, die mit den Inschriften aus Philippi befaßt sind. Dabei handelt es sich zum einen um ein griechisches, zum anderen um ein französisch-schweizerisches Unternehmen.

In Griechenland ist es das Κέντρο Ελληνικής και Ρωμαϊκής Αρχαιότητος (KEPA), das sich mit dem epigraphischen Material aus Makedonien befaßt. Hier wird eine mehrbändige Sammlung aller Inschriften aus Makedonien vorbereitet. Der erste Band, der die Inschriften aus Obermakedonien enthält, ist im Jahr 1985 erschienen:

Θ. Ριζάκης/Γ. Τουράτσογλου:

Επιγραφές Άνω Μακεδονίας (Ελίμεια, Εορδαία, Νότια Λυγκηστίς, Ορεστίς).

Τόμος Α': Κατάλογος επιγραφών, Athen 1985.

Dies ist das erste *Corpus* von Inschriften, das seit dem Werk von Δήμιτσας in Griechenland erschienen ist. Die Fortsetzung der Reihe jedoch läßt auf sich warten. Weder ist der zu dem obigen Teil I angekündigte Teil II mit den Kommentaren zu dem Material aus Obermakedonien erschienen, noch ist der zweite Band über Beroia in naher Zukunft zu erwarten. Da das Projekt bei KEPA von West nach Ost fortschreitet, kann man sich vorstellen, wie lang es dauern wird, bis in Athen Ostmakedonien und insbesondere Philippi in Angriff genommen werden können. Kein Wissenschaftler, der sich für die Geschichte Philippis interessiert, kann auf das Erscheinen des entsprechenden Bandes in dieser Reihe warten.[18]

Das französisch-schweizerische Projekt wird seit langem von der École française in Athen angekündigt. Ich zitiere als Beispiel aus dem Vorwort des damaligen Direktors der École française, Pierre Amandry, zu der Monographie von Collart/Ducrey[19]:

---

[18] Immerhin existiert bei KEPA schon ein Archiv von Inschriften, in dem das gesamte Material aus Makedonien einmal vereinigt werden soll. Wie ich mich bei meinem Besuch im September 1990 überzeugen konnte, befindet sich die Sammlung der Inschriften aus Philippi jedoch erst am Anfang.

Die Vorbereitungen für die Inschriften der τρίτη μερίς haben begonnen: »Preparation of the *corpus* of inscriptions of the Third Macedonian *Meris* has recently been undertaken by M.B. Hatzopoulos and L. Gounaropoulou as a joint project of the National Hellenic Research Foundation and the Ministry of Culture« (ARGYRO B. TATAKI: Ancient Beroea. Prosopography and Society, Μελετήματα 8, Athen 1988, S. 39, Anm. 2).

[19] PAUL COLLART/PIERRE DUCREY: Philippes I. Les reliefs rupestres, BCH Suppl. 2, Athen/ Paris 1975; das Vorwort von PIERRE AMANDRY findet sich auf den Seiten V–VI, die zitierte Passage ebd.

»Mais, parmi les textes et les monuments découverts dans les fouilles de l'École française à Philippes, il en est encore qui sont demeurés inédits, ou qui méritent une étude plus poussée. La publication des reliefs rupestres de l'acropole comble une de ces lacunes. Viendra ensuite la publication d'un Corpus des inscriptions grecques et latines, par Paul Collart et Pierre Ducrey.«

Das hier angekündigte Werk wurde nach dem Tod von Paul Collart von Pierre Ducrey in der Tat in Angriff genommen. Er hat darüber beim achten Epigraphikerkongreß 1982 in Athen berichtet; diese Ausführungen liegen nun – zehn Jahre später – auch im Druck vor.[20]

Trotz des schon vor zehn Jahren weit fortgeschrittenen Stadiums steht ein Erscheinen dieses Werkes in absehbarer Zeit nicht zu erwarten, wie mir Pierre Ducrey auf meine Anfrage freundlicherweise mitteilte.[21]

Rebus sic stantibus habe ich mich entschlossen, selbst einen Katalog aller Inschriften aus Philippi anzulegen. Diese Sammlung, die dem vorliegenden ersten Band als Band II nachfolgen wird, beansprucht nicht, ein *Corpus inscriptionum Philipporum* zu sein. Dem traditionellen Konzept eines *Corpus* hat Reinhold Merkelbach schon vor Jahren eine endgültige Absage erteilt:

»Es ist Zeit, zu einfacheren Plänen zurückzukehren. Schwierige Aufgaben werden im allgemeinen dadurch lösbar, dass man sie in mehrere Schritte zerlegt. Es wird dem Fortschritt unserer Disziplin dienen, wenn man den Begriff ›Repertorium‹ einführt und damit Veröffentlichungen bezeichnet, welche in der einen oder anderen Weise die Anforderungen nicht erfüllen, welche man an ein ideales Corpus stellen würde. Das Repertorium sollte eine Veröffentlichung sein, welche den viel bescheideneren Zweck hat, die Inschriften den Benützern erst einmal gesammelt und übersichtlich zur Verfügung zu stellen. Wenn das Repertorium veröffentlicht ist, wird eine Diskussion über die Texte folgen; dabei werden sich Verbesserungen und neue Einsichten ergeben, mit deren Hilfe später (quasi) definitive Editionen (Corpora) erst möglich werden.

Das Streben nach dem Vollkommenen hat die epigraphischen Studien geradezu in eine Sackgasse geführt. Während im vorigen Jahrhundert A. Boeckh und W. Dittenberger ihre Hauptaufgabe darin sahen, Sammeleditionen zu veröffentlichen und das reiche neue Material den Mitforschern bequem benützbar und schnell zur Verfügung zu stellen, haben die grossen Epigraphiker unseres Jahrhunderts – M. Holleaux, A. Wilhelm und L. Robert – in viel geringerem Mass Inschriftensammlungen publiziert. Die Veröffentlichung einzelner neugefundener Texte (bei der man gelegentlich nahezu definitive Leistungen vollbringen kann) wird überbewertet, allein schon aus der Freude am Neuen. Aber die neuen Texte gehen in der Vielzahl der Veröffentlichungen auch wieder unter, und sie erhalten ihren vollen Wert in der Regel auch nur innerhalb der Serie der schon bekannten Zeugnisse. Das Resultat ist, dass durch die Fülle der einzeln veröffentlichten neuen Texte und das Fehlen von Sammelausgaben die Epigraphik ein unübersichtliches Gebiet geworden ist.

---

[20] PIERRE DUCREY: Le recueil des inscriptions grecques et latines de Philippes de Macédoine: État des questions, Πρακτικά του Η´ Διεθνούς Συνεδρίου Ελληνικής και Λατινικής Επιγραφικής, Αθήνα, 3–9 Οκτωβρίου 1982, Τόμος Β´, Athen 1987 [1992], S. 155–157.

[21] Die Verzögerung beruht auf Problemen, die mit dem reichen unpublizierten Material aus Philippi zusammenhängen. Da sich diese Probleme nach menschlichem Ermessen nicht kurzfristig lösen lassen, ist mit einer Publikation seitens der Schweizer Gelehrten vorerst nicht zu rechnen.

Die grosse Mehrzahl der Altertumsforscher zieht es daher nicht ohne Grund vor, dieses Gelände zu vermeiden.

Wir wollen also versuchen, einen Ausweg aus der Sackgasse zu eröffnen, indem wir nicht mehr die Vollkommenheit des ›Corpus‹ erstreben, sondern nur noch die Nützlichkeit des Repertoriums. Das Corpus ist im Grunde ein statischer Begriff; aber die Wissenschaft befindet sich schon prinzipiell in stetiger Veränderung. Darum plädieren wir für eine ›dynamische‹ Epigraphik, für ein Editions-System, welches prinzipiell den Weg der Verbesserung offen hält; und ›gut‹ soll für uns nicht dasjenige sein, was ein für allemal und für immer gut ist, sondern vielmehr dasjenige, was heute und morgen gut funktioniert, indem es uns voran bringt. Wenn es dann übermorgen nicht mehr gut funktioniert, dann soll es durch etwas Anderes ersetzt werden.«[22]

Obwohl Merkelbach diese Bemerkungen einem Band der Reihe *Die Inschriften von Ephesos* vorangestellt hat, könnten seine Sätze zu einem nicht geringen Teil auch gerade im Hinblick auf Philippi formuliert sein.

Auch hier ist es so, daß der eine oder andere Text nach seiner Publikation eine Flut von weiterer Literatur auslöste, während das Gros der Inschriften – soweit bisher veröffentlicht – kaum Beachtung gefunden hat. Als Beispiel sei der Brief Alexanders des Großen an die Stadt Philippi genannt.

Obwohl diese Inschrift bereits in den dreißiger Jahren dieses Jahrhunderts entdeckt worden war – Collart stellte 1937 ihr Erscheinen als offenbar demnächst bevorstehend in Aussicht[23] –, dauerte es bis in die achtziger Jahre, ehe sie publiziert wurde. Hier liegt mithin einer der Fälle vor, wo eine Inschrift schon vor ihrer Publikation eine Reihe von Spekulationen und Hypothesen in Gang setzte. So schreibt z.B. Griffith in den siebziger Jahren:»An unpublished inscription of Philippi reveals the city in negotiation with Alexander the Great; but neither the subject of the negotiation (territorial) nor its method (by an embassy) allows us to see whether Philippi was or was not fully independent at the time.«[24] In einer Anmerkung zur Stelle fügt er hinzu:»Collart 179, wrote of the inscription as if its publication was to be expected shortly, but I have been unable to find it. My best thanks are due to C. F. Edson (who tells me that he too is not aware of its having been published), for having most kindly sent me his transcription of it, taken from his epigraphical notebooks of the year 1938.«[25]

Ganz erstaunlich breit war das Echo, das der Brief Alexanders nach seiner Publikation durch Vatin auslöste.[26] Anderen Inschriften, zum Teil seit Jahrzehnten bekannt, blieb solche Resonanz verwehrt. Dies kann man nicht in allen Fällen mit der etwa geringeren Bedeutung des Inhalts erklären. Ich nenne etwa eine Weihinschrift für Pluton – Κυρίῳ Πλούτωνι – mit einem Relief, das unter

---

[22] CHRISTOPH BÖRKER und REINHOLD MERKELBACH [Hg.]: Die Inschriften von Ephesos, Teil II, Nr. 101–599 (Repertorium), IGSK 12, Bonn 1979, S. VII–VIII.

[23] »Nous devons ces renseignements à l'amicale obligeance de J. Coupry, qui a trouvé ces textes importants et en prépare la publication ...« (COLLART, S. 179, Anm. 3).

[24] GRIFFITH in: NICHOLAS GEOFFREY LEMPRIÈRE HAMMOND/GUY THOMPSON GRIFFITH: A history of Macedonia, Volume II: 550–336 B.C., Oxford 1979, S. 359.

[25] AaO., S. 359, Anm. 2.

[26] CLAUDE VATIN: Lettre adressée à la cité de Philippes par les ambassadeurs auprès d'Alexandre, in: Πρακτικά του Η´ Διεθνούς Συνεδρίου Ελληνικής και Λατινικής Επιγραφικής, Τόμος Α´, Athen 1984, S. 259–270.

anderen Pluton und Persephone, auf Thronen sitzend, darstellt – wo wären die Arbeiten, die sich mit diesem überaus interessanten Stein befaßten?[27] Oder ein unlängst bekannt gewordener Altar mit der Aufschrift Θεῷ Ὑπογαίῳ: Obwohl diese Inschrift fast genauso lang bekannt ist wie der Brief des Alexander, ist es mir nicht gelungen, irgendeine Arbeit dazu ausfindig zu machen.[28] Genauso steht es mit der großen Mehrheit der Inschriften von Philippi: Sie sind über viele, zum Teil schwer erhältliche Zeitschriften und Festschriften verstreut publiziert und haben bisher kaum oder gar keine Beachtung gefunden.

Ziel meiner Bemühungen ist es daher, die Inschriften von Philippi »erst einmal gesammelt und übersichtlich zu Verfügung zu stellen«. Mein Katalog will nicht mehr sein als ein nützliches Arbeitsinstrument; eine bescheidene Vorarbeit, aufgrund derer später vielleicht jemand ein anspruchsvolleres Repertorium oder gar ein umfassendes *Corpus* erstellen kann.

Die leitenden Gesichtspunkte meiner Edition sind folgende: Was die chronologische Abgrenzung angeht, so sind alle Inschriften einschließlich der christlichen berücksichtigt (nicht mehr aber die protobulgarischen Inschriften aus dem 10. Jahrhundert[29]). Schwerer fiel die Entscheidung im Blick auf die geographische Abgrenzung. Nach Osten hin ist der Verlauf der Grenze weitgehend unstrittig. Nicht ganz so einfach ist die Grenze im Süden zu ziehen: Neapolis (das heutige Καβάλα) als Hafen der *Colonia* gehört unstreitig dazu, doch der Rest der Küste wird mindestens in klassischer und hellenistischer Zeit zu Thasos gerechnet. Wie die Dinge in römischer Zeit liegen, läßt sich nicht ohne weiteres sagen. Dieser Bereich wurde daher nicht berücksichtigt. Nach dem Westen hin ist die Grenze zum Territorium von Amphipolis einigermaßen deutlich zu markieren. Erhebliche Probleme tauchen allerdings im Nordwesten auf. Hier wird wie überall nach dem Prinzip verfahren, lieber eine Inschrift zu viel als eine zu wenig aufzunehmen.[30]

Für die (umfangreiche) Liste der seither zu dieser Inschrift publizierten Literatur verweise ich der Einfachheit halber auf die Bibliographie bei dieser Inschrift Nummer 160a/G481. Trotz oder gerade wegen der in diesem Fall verzeichneten Fülle bin ich mir ziemlich sicher, nicht alle einschlägigen Publikationen erfaßt zu haben.

[27] Inschrift Nummer 527/G208. Dort ist auch die bisher erschienene Literatur verzeichnet. Angesichts der Tatsache, daß dieser Stein vor nunmehr hundert Jahren (im Jahr 1893) erstmals publiziert wurde, ist die Literaturliste doch außerordentlich schmal!

[28] Inschrift Nummer 092/G496. Die Inschrift wurde im Αρχαιολογικό Δελτίο, Band 33 (1978), erschienen im Jahr 1985, also ein Jahr später als der oben Anm. 26 genannte Aufsatz VATINs, publiziert. Sieht man von der Notiz im SEG XXXV (1985) [1988] 761 ab, so wird diese Inschrift – soweit ich sehe – nur in der Monographie von PORTEFAIX erwähnt.

[29] Die protobulgarischen Inschriften sind zuletzt behandelt von J.[EAN] KARAYANNO-P[O]ULOS: L'inscription protobulgare de Direkler, Comité National Grec des Études du Sud-Est Européen. Centre d'Études du Sud-Est Européen, No. 19, Athen 1986 (hier findet sich S. 9ff. auch eine Diskussion der älteren Literatur zum Thema).

[30] Zu den verschiedenen Abgrenzungen des Territoriums der *Colonia Iulia Augusta Philippensis* durch PERDRIZET, COLLART und PAPAZOGLOU vgl. unten im ersten Paragraphen des Ersten Kapitels.

Die Reihenfolge der Inschriften orientiert sich soweit wie möglich am jeweiligen Fundort (falls die Inschrift heute noch existiert, ist auch der gegenwärtige Aufbewahrungsort – der mit dem ursprünglichen Fundort bekanntlich häufig nicht übereinstimmt – und gegebenenfalls die Inventarisierungsnummer mit angegeben). Hinsichtlich der Anordnung folge ich dem Vorbild Heuzeys, der ebenfalls in Kavala beginnt und dann nach Norden fortschreitet. Im Gegensatz zu Heuzey stelle ich aber die Inschriften aus der östlichen Region des Pangaion zusammen mit den anderen Inschriften aus diesem Gebirge an den Schluß, d.h. die Reihenfolge orientiert sich in etwa am Verlauf der *Via Egnatia:* Ich beginne in Kavala, wende mich mit der *Via Egnatia* nach Norden in Richtung Philippi und umgehe das Pangaiongebirge – im Unterschied zu den heute meist benutzten Straßen – ebenfalls im Norden (vgl. dazu die Karte 2; die Numerierung der Orte schreitet parallel zu ihrem Vorkommen im Inschriftenkatalog fort).

Diese Anordnung hat gewiß eine Reihe von Nachteilen; insbesondere für diejenigen Benutzer, die mit den geographischen Gegebenheiten nicht vertraut sind, ergeben sich zunächst Schwierigkeiten. Die beigegebene Karte ermöglicht jedoch eine rasche Orientierung über die einzelnen Fundstellen. Auf der anderen Seite sollte man die Vorteile einer solchen Anordnung gegenüber der zumeist üblichen Anordnung nach Gattungen nicht unterschätzen: Schon beim Durchblättern des Materials kann man auf diese Weise höchst aufschlußreiche Beobachtungen machen, etwa die, daß die Inschriften vom *forum* in Philippi so gut wie ausschließlich lateinisch sind, wohingegen etwa auf der Akropolis (z.B. im Iseion) auch griechische Texte begegnen, oder die, daß der Grad der »Latinisierung« abnimmt, je weiter man sich von der Stadt entfernt, oder die, daß in manchen Heiligtümern nicht nur die lateinische Sprache, sondern auch die lateinischen Namen dominieren (so etwa im Heiligtum des Silvanus auf der Akropolis), während in anderen Heiligtümern (übrigens zur gleichen Zeit) nicht nur auch griechische Texte und griechische Namen vorkommen, sondern insbesondere thrakische Namen an der Tagesordnung sind (so beispielsweise bei den Verehrern des Ἥρως Αὐλωνείτης im Pangaiongebirge). Dergleichen Beobachtungen kann man nicht machen, wenn man das Material nach Gattungen geordnet vor sich hat; deshalb habe ich die geographische Anordnung vorgezogen.

Es folgen zwei Anhänge. *Anhang 1* bietet die von Μερτζίδης gefälschten Inschriften (sie dürfen aus historischen Gründen nicht fehlen). Sie haben einerseits mehr als ein Menschenalter für nachhaltige Verwirrung gesorgt; andererseits findet sich unter diesen Fälschungen auch der eine oder andere Text, der Anspruch auf Echtheit erheben kann, so z.B. eine Ehreninschrift für einen Purpurfärber aus Thyateira, ein für Neutestamentler natürlich besonders interessanter Text:

Τὸν πρῶτον ἐκ τῶν πορ-
φυροβάφ[ων ᾿Αν]τίοχον Λύκου
Θυατειρ[ιν]ὸν εὐεργέτην
καὶ [...] ἡ πόλις ἐτ[ίμησε].[31]

Erst durch einen Aufsatz von Louis Robert kam man dem Fälscher auf die Spur.[32] Ich gehe von dem Prinzip aus, daß alle Inschriften, die nur durch Μερτζίδης bezeugt sind, bis zum Erweis des Gegenteils als Fälschungen zu gelten haben, und habe alle diese Texte in den Anhang verwiesen. Gibt es jedoch ein von Μερτζίδης unabhängiges Zeugnis, so sind die Inschriften (wie alle anderen auch) unter ihrem Fundort eingeordnet.

Anhang 2 bringt Inschriften, die – obwohl außerhalb des Territoriums der *Colonia Iulia Augusta Philippensis* gefunden – in einem Katalog der Inschriften von Philippi nicht fehlen dürfen, weil in ihnen Menschen aus Philippi erwähnt werden. Hier habe ich Vollständigkeit zwar angestrebt, aber wohl schwerlich erreicht.

Zuversichtlicher bin ich, was die Inschriften aus Philippi selbst angeht: Ich habe mich bemüht, alle publizierten Inschriften aus dem Territorium der *Colonia Iulia Augusta Philippensis* zu ermitteln. Zu diesem Zweck habe ich alle einschlägigen Sammlungen, vor allem Heuzey und CIL III mit den Supplementbänden, dann auch Δήμιτσας usw. sowie sämtliche Jahrgänge aller in Frage kommenden Zeitschriften (vor allem BCH, AÉ, BÉ, SEG, sodann AΔ, AE, AAA und AEMΘ) durchgesehen. Auch die in der Monographie von Collart als demnächst (d.h. in BCH 1938) erscheinend angekündigten Inschriften (die größtenteils bis heute nicht publiziert sind) wurden, soweit das möglich war, berücksichtigt. Damit liegt hier das gesamte publizierte Material zum ersten Mal gesammelt vor.

Es war mein Bestreben, möglichst viele der hier gebotenen Inschriften selbst in Augenschein zu nehmen. Zu diesem Zweck unternahm ich mehrere Reisen in die πρώτη μερὶς τῆς Μακεδονίας, so in den Jahren 1979, 1981, 1989, 1990, 1991 (zweimal), 1992, 1993 und 1994.[33] Wenn ich trotzdem nicht

---

[31] Nummer 697/M580; ich versuche unten S. 177–182 den Nachweis zu führen, daß es sich hier in der Tat um eine echte Inschrift handelt.
Die von Μερτζίδης gefälschten Inschriften sind in zwei Werken veröffentlicht: (1) Σταύρος Μερτζίδης: Αι χώραι του παρελθόντος και αι εσφαλμέναι τοποθετήσεις των. Έρευναι και μελέται τοπογραφικαί υπό αρχαιολογικό-γεωγραφικό-ιστορικήν έποψιν, Athen 1885. (Dieses Buch ist in deutschen Bibliotheken nicht nachweisbar. Bei LOUIS ROBERT (vgl. die folgende Anm.) fand ich die Notiz, er habe dieses Buch »à la bibliothèque de l'Institut archéologique allemand de Stamboul« exzerpiert (S. 1290, Anm. 9). Dem Deutschen Archäologischen Institut in Istanbul bin ich für die Beschaffung dieses seltenen Werkes zu großem Dank verpflichtet.)
(2) Σταύρος Μερτζίδης: Οι Φίλιπποι. Έρευναι και μελέται χωρογραφικαί υπό αρχαιολογικήν, γεωγραφικήν, ιστορικήν, θρησκευτικήν και εθνολογικήν έποψιν, Konstantinopel 1897. (»In westdeutschen Bibliotheken nicht nachweisbar.« Vorhanden ist dieses zweite Werk in der Bibliothek der Französischen Schule in Athen und in der Universitätsbibliothek in Athen.)

[32] LOUIS ROBERT: Hellenica V, Inscriptions de Philippes publiées par Mertzidès, Revue de Philologie 13 (1939), S. 136–150 (Nachdr. in: DERS.: Opera minora selecta II, Amsterdam 1969, S. 1289–1303).

[33] Die Reisen in den Jahren 1990, 1991 und 1992 konnte ich zum großen Teil aus Mitteln des Bennigsen-Foerder-Preises finanzieren, mit dem mein Forschungsprojekt über zwei Jahre

alle Texte am Original selbst habe überprüfen können, so hat dies unterschiedliche Gründe:

(1) Zahlreiche Inschriften sind heute nicht mehr auffindbar und müssen als verschollen gelten (dies ist in der Regel bei den betreffenden Texten vermerkt).

(2) Für etliche der publizierten Inschriften konnte ich bei den zuständigen Behörden, d.h. vor allem der Εφορεία Προϊστορικών και Κλασσικών Αρχαιοτήτων in Kavala (Direktorin: Frau Dr. Χάϊδω Κουκούλη-Χρυσανθάκη) und der 12η Εφορεία Βυζαντινών Αρχαιοτήτων in Kavala (Direktor: Professor Dr. Χαράλαμπος Μπακιρτζής) keine Genehmigung[34] bekommen. (Dies wird in allen einschlägigen Fällen ausdrücklich angegeben.)

(3) Bei einigen Inschriften war der Fundort zu schwer zu erreichen bzw. erschien mir der dazu erforderliche Aufwand nicht zu verantworten (insbesondere dann, wenn gute Photographien bereits vorlagen).

(4) In ganz wenigen Fällen konnte ich trotz der vorhandenen Genehmigung die Steine nicht in Augenschein nehmen, weil es dazu angesichts des enormen Gewichts der einschlägigen Blöcke umfangreicher maschineller Hilfe bedurft hätte (dies betrifft vor allem einige der lateinischen Inschriften, die auf dem jüdischen Friedhof in Thessaloniki gefunden wurden).

Abschließend noch einige Erläuterungen zum Format: Jede Inschrift wird – wenn möglich – bereits in der *Überschrift* datiert (für die Jahrhunderte nach Christus benutze ich der Einfachheit halber die römischen Zahlzeichen I, II, III usw. ohne weitere Kennzeichnung; Inschriften aus vorchristlicher Zeit dagegen sind ausdrücklich mit einem »v. Chr.« versehen). Die Überschrift enthält weiterhin Informationen zur Gattung der Inschrift und gegebenenfalls zu den in ihr erwähnten Namen. Es folgt eine Liste der mir erreichbaren Literatur, welche die betreffende Inschrift diskutiert. Die *Beschreibung* nennt zunächst den Fundort und gibt sodann Auskunft über die Fundumstände (falls

---

durch die Ministerin für Wissenschaft und Forschung des Landes Nordrhein-Westfalen gefördert wurde. Dafür möchte ich auch an dieser Stelle allen Beteiligten danken.

Auf mehreren Reisen hat mich meine Frau begleitet, der ich Hunderte von ausgezeichneten Photographien verdanke; an der Exkursion auf den Spuren des Paulus im Jahr 1989 hat mein Bruder Georg Pilhofer teilgenommen und für mich geduldig Inschriften und Landschaften photographiert; bei meiner Reise im Jahr 1992 schließlich hat freundlicherweise mein Münsteraner Kollege Hermann Köhler das Photographieren übernommen (seine Kunst zu loben, hieße Eulen nach Athen tragen). Allen drei PhotographInnen danke ich auch an dieser Stelle sehr herzlich.

[34] Die einschlägigen griechischen Bestimmungen sehen vor, daß man für jedes einzelne Objekt, welches man studieren will, einen Antrag mit Nachweis der bereits erfolgten Publikation stellen muß. Trotz dieses Nachweises konnte ich in etlichen Fällen *keine Genehmigung* bekommen. Dies ist dann bei den betreffenden Inschriften jeweils vermerkt.

Trotz vorhandener Genehmigung (Άδεια μελέτης επιγραφών στον κ. P. Pilhofer vom 16. Juli 1993, Aktenzeichen 2378 des Υπουργείο Πολιτισμού. Εφορεία Προϊστορικών & Κλασ[σ]ικών Αρχαιοτήτων Καβάλας) war die Direktorin der klassischen Ephorie in Kavala, Frau Dr. Χάϊδω Κουκούλη-Χρυσανθάκη, am 24. September 1993 nicht bereit, mir die neuen Inschriften aus Kipia (samt einigen weiteren) zugänglich zu machen. *Difficile est satiram non scribere.*

sich diese ermitteln ließen). Die Maße[35] werden in den allermeisten Fällen nach der Literatur gegeben (im Zweifel ist der Gewährsmann ausdrücklich zitiert, dem die Maße entnommen sind). Die Angabe des gegenwärtigen Aufbewahrungsortes samt der Inventarisierungsnummer (falls vorhanden) schließt die Beschreibung ab.

Überall da, wo eine *Dia-Nummer* erwähnt ist, habe ich den *Text* der Inschrift am Original selbst und an einer (oder mehreren) Photographie(n) überprüft.

Der *Text* wird nach den Zeilen des Originals wiedergegeben. Dabei bediene ich mich der üblichen Klammern: Die runden Klammern dienen dazu, Abkürzungen aufzulösen, z.B. *VOL* auf dem Stein erscheint im Text als *Vol(tinia)*, d.h. »aus der Tribus Voltinia«. Die eckigen Klammern ergänzen Buchstaben, die ursprünglich auf dem Stein gestanden haben, jetzt aber weggebrochen oder unleserlich sind, z.B. *V...* auf dem Stein erscheint im Text als *V[ol(tinia)]*. In spitzen Klammern dagegen sind Buchstaben hinzugefügt, die im Original niemals zu finden waren, die aber auch nicht der bloßen Auflösung einer Abkürzung dienen, z.B. *me<n>ses nove<m>*. Die geschweiften Klammern werden benutzt, um überflüssige Buchstaben als Fehler des Originals zu kennzeichnen, z.B. μητϱ{ϱ}ί{ι}. Doppelte eckige Klammern schließlich bezeichnen Buchstaben, die ursprünglich auf dem Stein gestanden haben, später jedoch absichtlich getilgt wurden (Rasur; etwa bei der *damnatio memoriae*), z.B. [[*ab imp(eratore) Domitiano Caes(are) Aug(usto) Germ(anico)*]]. Unsicher gelesene Buchstaben werden durch einen Punkt als solche gekennzeichnet, z.B. *Ṿol(tinia)*, fehlende Buchstaben, die nicht rekonstruiert werden können, durch [...] (läßt sich die Zahl der fehlenden Buchstaben mit einiger Plausibilität ermitteln, verwende ich statt [...] [- - -], bei zwei fehlenden Buchstaben also [- -], bei dreien [- - -] usw.).[36]

Über abweichende Lesungen gibt der *Apparat* Auskunft. Hier sind *variae lectiones* aller seriösen Herausgeber nach Möglichkeit vollständig verzeichnet (also beispielsweise des CIL; nicht aber die Lesungen von Μεϱτζίδης!).

Auf den Apparat folgt eine *Übersetzung* des Textes. Ich habe mich bemüht, alle Texte, die nicht zu fragmentarisch sind, ins Deutsche zu übertragen, um denjenigen Benutzern, die nicht Epigraphiker sind, den Zugang zu erleichtern.[37]

---

[35] Alle Größenangaben verstehen sich – soweit nicht ausdrücklich anders angegeben – in Metern.

[36] Was die thrakischen Namen betrifft, bin ich nicht konsequent verfahren. Es ist heute üblich (so z.B. im SEG), dergleichen nichtgriechische Namen ohne Spiritus und Akzente wiederzugeben, also z.B. Αυλουποϱις (DETSCHEW, S. 37f.; in Philippi in der Inschrift 050/G648); und vieles spräche dafür, generell so zu verfahren. Dennoch konnte ich mich nicht dazu entschließen, nur aus Gründen der Einheitlichkeit Spiritus und Akzente überall (beispielsweise bei bekannten Namen wie Μάντα) wegzulassen.

[37] Die Rohfassung eines Teils der Übersetzungen hat mein Mitarbeiter Otmar Kampert erarbeitet, dem ich auch an dieser Stelle für seine engagierte Arbeit danke. Selbstverständlich bin für etwa stehengebliebene Fehler allein ich verantwortlich. Ich tröste mich mit dem Gedanken,

Den Abschluß bildet der *Kommentar.* Er ist so knapp wie möglich gehalten und versucht, die nötigen Informationen zum Verständnis der Inschrift zu geben. So werden beispielsweise die thrakischen Namen diskutiert, da sie in der Regel dem Benutzer nicht vertraut sein werden, nicht aber die griechischen, die sich allgemeiner Bekanntheit erfreuen. Wo bereits Kommentare vorlagen – dies betrifft vor allem die von den französischen Gelehrten publizierten Texte –, habe ich diese dankbar benutzt. Ich war dabei bemüht, nicht die Diskussion, sondern lediglich die Ergebnisse mitzuteilen. Jeder, der Genaueres wissen will, kann anhand der Literatur die originale Publikation bzw. Kommentierung sofort ermitteln. Ausführlicher ist der Kommentar nur in solchen Fällen gehalten, wo die Sache es erforderte, wie etwa bei einer heiß umstrittenen lateinischen Inschrift in griechischen Buchstaben[38], oder bei der berühmten Schauspielerinschrift aus Drama, der schon Theodor Mommsen zwei Aufsätze gewidmet hat[39], oder bei den *diplomata militaria,* deren Verständnis eben doch einiges an Voraussetzungen erfordert, die außer wenigen Spezialisten kaum ein Benutzer dieses Katalogs mitbringen dürfte.[40]

3. Die literarischen Zeugnisse

Selbst ein Repertorium im oben (S. 7f.) von Merkelbach definierten Sinn kann ohne die gleichzeitige Sammlung und Interpretation der literarischen Zeugnisse nicht geschrieben werden. Ich hatte daher anfangs die Absicht, auch eine Sammlung der literarischen Zeugnisse über Philippi vorzulegen. Die Grundlage dafür ist dank der CD-ROM des *Thesaurus Linguae Graecae* heute in weniger als einer Stunde zu legen, was die griechischen Texte – die den Löwenanteil ausmachen – angeht. Mit Hilfe der PHI-CD-ROM #5.3 ist auch ein großer Teil der lateinischen Literatur verfügbar. Wenn diese literarischen Zeugnisse in der vorliegenden Arbeit trotzdem noch nicht enthalten sind, so hat dies vor allem drei Gründe:

(1) Fast das gesamte wesentliche Material ist schon in der Monographie von Collart verarbeitet.[41]

---

daß selbst eine schlechte Übersetzung besser ist als gar keine. Trotz aller Bedenken wollte ich auf die Beigabe der Übersetzung nicht verzichten; denn immer weniger Menschen lernen das Lateinische und das Griechische so, daß sie es lesen können; ihnen bliebe die Benutzung des Katalogs daher von vornherein verwehrt.

[38] Nummer 048/L304. Hier konnte ich es nicht dabei bewenden lassen, Ergebnisse mitzuteilen, da es gesicherte Ergebnisse m.E. noch nicht gibt; es mußten in diesem Fall daher auch die Argumente referiert werden.

[39] Nummer 476/L092. Vgl. THEODOR MOMMSEN: Schauspielerinschrift von Philippi, Hermes 3 (1869), S. 461–465 und DERS.: Schauspielerinschrift von Philippi, Hermes 17 (1882), S. 495–496.

[40] Meine Sammlung enthält zwei Militärdiplome, 030/L523 aus Kavala und 705/L503 aus Moesien (im Anhang 2).

[41] Es ist dort aber für denjenigen, der selbständige Forschungen über Philippi anstellen will,

(2) Eine präsentable Übersetzung und angemessene Kommentierung all der in Frage kommenden Texte – sie reichen von Pindar bis hin zu Himerios – hätte den Abschluß der vorliegenden Arbeit über Gebühr verzögert.

(3) Der durch die Inschriften ohnehin schon stark strapazierte Rahmen dieser Arbeit wäre vollends gesprengt worden.

Nichtsdestoweniger halte ich es nach wie vor für wünschenswert, eine vollständige Sammlung der literarischen Zeugnisse samt Übersetzung und Kommentar anzustreben: Sie würde den Katalog der Inschriften in willkommener Weise ergänzen.[42] Ob aber meine eigene Sammlung jemals so weit fortschreiten wird, daß ich sie veröffentlichen kann, ist im Moment nicht abzusehen.

4. Die archäologischen Befunde

Die klassischen Monographien von Collart und Lemerle bieten den archäologischen Befund bis Ende der dreißiger Jahre.[43] Nach der durch den Zweiten Weltkrieg bedingten Pause begann eine neue Phase der Erforschung der Stadt Philippi, die bis heute noch nicht abgeschlossen ist. Diese Phase wird im Gegensatz zu der Zeit vor dem Zweiten Weltkrieg, in der die École française die Verantwortung für die Ausgrabungen innehatte, von griechischen Archäologen getragen.

a) Die Stadt Philippi (Karte 1 und Karte 8)

In der Stadt selbst war es vor allem Στυλιανός Πελεκανίδης, Professor an der Universität Thessaloniki, der durch vieljährige Grabungskampagnen seit Mitte der fünfziger Jahre das Bild nicht nur des christlichen Philippi entscheidend geprägt hat. Die Ausgrabung der *Basilika extra muros* – im östlichen Friedhof vor dem Neapolistor gelegen – brachte neben einer Reihe von leider noch nicht publizierten älteren Inschriften[44] auch etliche christliche Texte ans

---

nicht eben leicht handhabbar. Eine chronologische Liste der Autoren etwa, die etwas zu Philippi bieten, ist aus COLLART so ohne weiteres nicht zu erheben, von weitergehenden Wünschen ganz zu schweigen.

[42] Eine auf die Inschriften selbst aufbauende und weithin ausschließlich auf diesen beruhende Auswertung wäre eine Prosopographie – ebenfalls ein dringendes Desiderat. Ich habe für die Zwecke dieser Arbeit damit begonnen, eine solche zu erstellen.

[43] Einen ausführlichen Überblick über die Erforschung Philippis bis in die Mitte der dreißiger Jahre gibt COLLART in seiner Introduction: »L'exploration du site: Voyageurs et fouilles« (S. 1–36). Nachträge für die Jahre von 1937 bis 1945 bietet LEMERLE, S. 8f., Anm. 2. Ich gehe im folgenden schwerpunktmäßig auf die neueren Funde aus römischer Zeit ein, berücksichtige aber auch die klassische, hellenistische und frühchristliche Zeit. Die prähistorische (Dikili-Tasch!) und die byzantinische Epoche bleiben jedoch ausgeblendet.

[44] Auf diese älteren Inschriften, die als Bauteile für die Errichtung sowohl der Kirche als auch der Gräber in ihr verwendet wurden, weist der Ausgräber nur nebenbei hin, wenn er etwa sagt: Προσέτι δεν είχον [sc. οι χριστιανοί] και επαρκείς οικονομικάς δυνατότητας και, ως

Tageslicht, darunter die bisher einzigen christlichen Inschriften aus Philippi in lateinischer Sprache. Sie dürften zu den ältesten christlichen Dokumenten der Stadt gehören.[45]

α) Die Basilika extra muros (Πελεκανίδης)

Bei der *Basilika extra muros* handelt es sich um eine Friedhofskirche; es liegt eine dreischiffige Basilika mit einem (nur teilweise ausgegrabenen)[46] Atrium, Emporen für die Frauen (γυναικωνίτης) und verschiedenen Anbauten im Norden vor. Die älteste Phase dieser Kirche wird von Πελεκανίδης in das vierte Jahrhundert datiert.[47]

β) Das Oktogon (Πελεκανίδης)

Nach Abschluß der Grabungen in der *Basilika extra muros* im Jahr 1957 entschloß sich die Αρχαιολογική Εταιρεία in Athen, ein neues Projekt in Philippi zu finanzieren. Πελεκανίδης berichtet darüber:»Towards the east of the Roman Forum, where the basilica B ... stands ..., I had observed certain marble architectural parts which indicated that other Christian buildings might exist in the area, in addition to the two basilicas [sc. Basilika A nördlich und Basilika B südlich des Forums] already excavated.«[48] Dieses Projekt begann 1958; neun

μαρτυρούν τα προχείρως χρησιμοποιηθέντα ως βατήρες, βαθμίδες, γείσα κ.α. παλαιότερα μάρμαρα, τα οποία είναι γυμνά παντός διακόσμου και συχνά φέρουν λατινικάς επιτυμβίους επιγραφάς (Στυλιανός Πελεκανίδης: Η έξω των τειχών παλαιοχριστιανική βασιλική των Φιλίππων, AE 1955 (1961), S. 114–179; wieder abgedruckt in: DERS.: Studien zur frühchristlichen und byzantinischen Archäologie, IMXA 174, Thessaloniki 1977, S. 333–394 (danach hier zitiert); hier S. 389).

[45] Πελεκανίδης publiziert in dem genannten Aufsatz insgesamt dreizehn christliche Inschriften, davon sind elf griechisch und zwei lateinisch. Die vorchristlichen Inschriften, die bei der Erforschung der *Basilika extra muros* gefunden wurden (sie sind zum Teil noch *in situ),* hat Πελεκανίδης leider nicht veröffentlicht. Dasselbe Verfahren wurde später von ihm auch im Fall des Oktogon angewandt, und die Gruppe seiner Schüler, die nun die endgültige Publikation der Oktogongrabung nach dem Tod ihres Lehrers übernommen hat, scheint diesem Beispiel folgen zu wollen; das bedeutet, daß all die von Πελεκανίδης gefundenen vorchristlichen Inschriften auf unabsehbare Zeit für die Forschung nicht zugänglich sein werden.

[46] Das Atrium befindet sich zum Teil unter einer Straße des heutigen Dorfes Κρηνίδες und konnte daher nicht ganz freigelegt werden.

[47] Εκ των όσων μέχρι τούδε ελέχθησαν δικαιούμεθα, νομίζω, να καθορίσωμεν ως χρόνον της ιδρύσεως της εκτός των τειχών βασιλικής των Φιλίππων το πρώτον ήμισυ του 4ου αιώνος (S. 391). Diese bei der ersten Publikation der Grabung geäußerte Auffassung hat Πελεκανίδης später modifiziert; das Bauwerk sei in die Mitte des vierten Jahrhunderts zu datieren: ... η πρώτη ίδρυσή του χρονολογείται στα μέσα του 4ου αιώνα, στη βασιλεία του Κωνσταντίου Β′ (337–361), heißt es jetzt (Στυλιανός Πελεκανίδης: Οι Φίλιπποι και τα χριστιανικά μνημεία τους, in: Μακεδονία – Θεσσαλονίκη. Αφιέρωμα τεσσαρακονταετηρίδος [sc. της Εταιρείας Μακεδονικών Σπουδών], Thessaloniki 1980, S. 101–125; hier S. 120).

[48] STYLIANOS PELEKANIDIS: Excavations in Philippi, Balkan Studies 8,1 (1967), S. 123–126; wieder abgedruckt in: DERS.: Studien zur frühchristlichen und byzantinischen Archäologie, IMXA 174, Thessaloniki 1977, S. 395–399 (danach hier zitiert); hier S. 395.

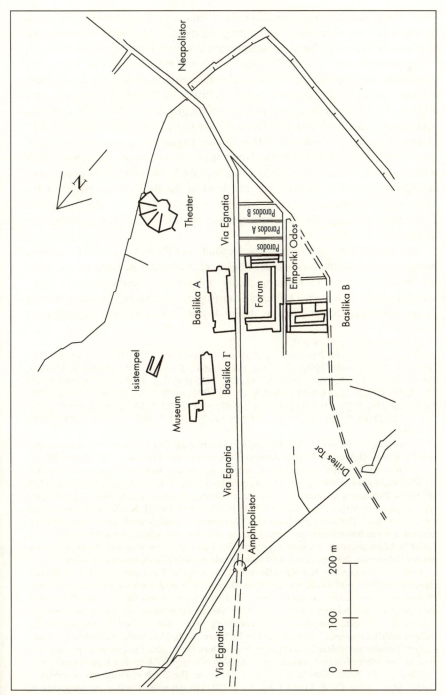

Karte 1: Das Straßennetz der Stadt Philippi

Jahre später zieht der Ausgräber Zwischenbilanz: »In the course of eight years, during which the excavation was in progress three or four weeks annually, the site became one of the largest contemporary excavation fields in Greece«[49].

Das Grabungsfeld umfaßt die erste, zweite und dritte *insula,* vom Forum aus gerechnet. Im Zuge der bis 1979 durchgeführten einundzwanzig Kampagnen wurden hier ein Bad *(balneum),* eine frühchristliche Basilika (die Basilika des Paulus), das Oktogon (in zwei Bauphasen: Oktogon A und Oktogon B) mit verschiedenen Anbauten und der Bischofspalast (Episkopeion) freigelegt. Abgesehen von den jährlichen Berichten in dem Organ der Αρχαιολογική Εται‐ ρεία[50] ist von der abschließenden Publikation erst ein Band erschienen. Diese wurde nach dem Tode von Πελεκανίδης im Jahr 1980 von einer Gruppe seiner Schüler in Angriff genommen und erscheint in der Βιβλιοθήκη της εν Αθή‐ ναις Αρχαιολογικής Εταιρείας. Bisher liegt der Band aus der Feder von Γεώργιος Γούναρης über das *balneum* und die nördlichen Vorbauten des Oktogons vor.[51]

Das wohl älteste gottesdienstliche Gebäude der Philipper, das Πελεκανίδης zutage förderte, ist die *Basilika des Paulus,* eine einschiffige Basilika mit Apsis im Osten. Sie steht im Zusammenhang mit einem »makedonischen« Kammergrab, das von seinem Entdecker, Δημήτριος Λαζαρίδης, in die Mitte des dritten Jahrhunderts vor Christus datiert wurde.[52] In dem Grab fand sich ein

---

[49] Πελεκανίδης, aaO., S. 395.

[50] Πρακτικά της εν Αθήναις Αρχαιολογικής Εταιρείας 1958 [1965], S. 84–89; 1959 [1965], S. 49–58; 1960 [1966], S. 76–94; 1961 [1964], S. 69–80; 1962 [1966], S. 169–178; 1963 [1966], S. 81–88; 1964 [1966], S. 172–178; 1966 [1968], S. 47–58; 1967 [1969], S. 70– 82; 1968 [1970], S. 72–79; 1969 [1971], S. 42–53; 1970 [1972], S. 55–65; 1971 [1973], S. 72– 85; 1972 [1974], S. 73–85; 1973 [1975], S. 55–69; 1974 [1976], S. 65–72; 1975 [1977], S. 91– 102; 1976 [1978], S. 115–129; 1977 [1980], S. 66–74; 1978 [1980], S. 64–72; 1979 [1981], S. 90–99.

[51] Γεώργιος Γ. Γούναρης: Το Βαλανείο και τα Βόρεια Προσκτίσματα του Οκταγώνου των Φιλίππων, Βιβλιοθήκη της εν Αθήναις Αρχαιολογικής Εταιρείας 112, Athen 1990.

[52] Ich setze das »makedonische« in Anführungszeichen, weil die Hypothesen von Λα‐ ζαρίδης nicht unangefochten sind. Das erste Problem besteht darin, daß bis heute (Ende März 1995) eine Publikation des Kammergrabes nicht vorliegt, obwohl es schon 1964 entdeckt wurde (vgl. Δημήτριος Λαζαρίδης, ΑΔ 19 (1964) Β΄3 Χρονικά [1967], S. 372–375). Die im Jahr 1992 begonnenen Tiefgrabungen unter dem Oktogon, die deutlich unter das Niveau des Kammergrabes vorgedrungen sind und dort eindeutig hellenistische Schichten erreicht haben (4. Jh. v. Chr.?), könnten für die zeitliche Ansetzung des Kammergrabes neue Anhaltspunkte liefern. Bis zur Publikation der Ergebnisse wird man hier sinnvollerweise Zurückhaltung üben.

In der Dissertation von BERTHILD GOSSEL (Makedonische Kammergräber, Diss. phil. München, Berlin 1980) wird das Kammergrab aus Philippi nicht berücksichtigt. Dem Leser bleibt es überlassen zu entscheiden, woran das liegt: »Die vorliegende Arbeit hat sich zum Ziel gesetzt, die makedonischen Kammergräber … in ihrer Vielfalt zu erfassen, zu ordnen und ihre Geschichte zu schreiben. Grundlage der Untersuchung ist der Katalog [mit 43 Kammergräbern; Philippi fehlt!]. Er erstrebt Vollständigkeit im Erfassen aller in Makedonien gefundenen und ausreichend bekannt gemachten bzw. zugänglichen Gräber« (S. 3). Fällt Philippi deswegen aus, weil es nicht ausreichend bekannt gemacht ist – oder weil es kein *makedonisches* Kammergrab ist?

Über GOSSEL hinaus führt jetzt STELLA G. MILLER: The Tomb of Lyson and Kallikles: A Painted Macedonian Tomb, Mainz 1993, wo S. 104–116 ein neuer Katalog von insgesamt 82

Marmorsarkophag mit der Inschrift Εὐηφένης Ἐξηκέστου[53]; dieser Εὐηφένης war vielleicht ein Priester der Kabiren. Unter den Grabbeigaben befand
sich auch ein goldener Kranz. Die kultische Verehrung des Εὐηφένης wurde
an dieser Stelle durch einen christlichen Kult abgelöst[54]: Das Kammergrab
stand mit allen an dieser Stelle errichteten Kirchen, der Basilika des Paulus,
dem Oktogon A und dem Oktogon B, in enger Verbindung; dies hatte eindeutig
religiöse Gründe. Die kultische Verehrung des Märtyrers Paulus hat kontinuierlich »bis zur Zerstörung des Oktogons im neunten Jahrhundert« bestanden.[55]
  Für die zeitliche Ansetzung der *Basilika des Paulus* gibt es einen epigraphischen Anhaltspunkt. In einer Mosaikinschrift im Fußboden der Kirche[56] wird
ein Bischof namens Porphyrios genannt, welcher an der Synode in Serdica (342/
343) teilgenommen hat und deswegen ungefähr datiert werden kann. Πελεκανίδης vertritt die Auffassung, daß die Kirche μετά τη σχετική ελευθερία
που δόθηκε στους χριστιανούς ύστερα από τους διωγμούς του Διοκλητιανού από τον Γαλέριο το 311 ή το αργότερο αμέσως μετά το Ἐδικτο των
Μεδιολάνων το 313 (»nach der bedingten Freiheit, welche den Christen nach
der Verfolgung durch Diokletian im Jahr 311 von Galerius eingeräumt wurde,
oder spätestens nach dem Edikt von Mailand im Jahr 313«) zu datieren ist.[57] Ist
dies richtig, so haben wir hier die bisher älteste Kirche Philippis vor uns.

---

makedonischen Kammergräbern geboten wird, der als Nummer 23 (auf S. 111) auch das hier
diskutierte aus Philippi enthält.
  Zu den makedonischen Kammergräbern vgl. zuletzt die (posthum erschienene) Übersicht
aus der Feder von MANOLIS ANDRONICOS: The »Macedonian Tombs«, in: Macedonia. From
Philip II to the Roman Conquest, Princeton 1994, S. 145–190.
[53] Nummer 327/G478.
[54] Γούναρης ist im Gegensatz zu Πελεκανίδης, der den Namen der Basilika von dem Apostel Paulus herleiten will, der Auffassung, daß die Basilika nicht nach dem Apostel und Gründer
der Gemeinde, sondern nach einem philippischen Märtyrer gleichen Namens benannt ist. »Es ist
nicht auszuschließen, daß die Knochen, die in der Erde oberhalb des Grabes gefunden wurden,
die Knochen dieses Märtyrers Paulus sind. Gewiß liegt hier ein Fall von Kulttradition vor, das
heißt, die kultische Verehrung des Heros Εὐηφένης wurde abgelöst von der christlichen Verehrung des Märtyrers Paulus, die ihrerseits kontinuierlich bis zur Zerstörung des Oktogons im
neunten Jahrhundert bestanden hat.« (Zitat aus dem Vortragsmanuskript »Zum christlichen Kult
in Philippi«, S. 6f.; der Vortrag wurde am 25. Juni 1991 in Münster gehalten).
  Eine genaue Darstellung der Fundumstände der Knochen, die Γούναρης dem Märtyrer Paulus zuweist, findet sich in seiner Monographie, S. 56–57.
[55] Vgl. das in der vorigen Anm. zitierte Manuskript aus der Feder von Γούναρης, S. 7, dem
ich oben im Text erneut gefolgt bin. Eine ausführliche Darstellung in der Monographie, S. 55–
57: Προφανώς πρόκειται για επικάλυψη λατρείας (sopraposizione) στον ίδιο τόπο, την
ειδωλολατρική δηλαδή παραλατρεία του ήρωα διαδέχτηκε η χριστιανική λατρεία του
μάρτυρα (S. 57; vgl. auch die deutsche Zusammenfassung, S. 89).
[56] Nummer 329/G472 (die Inschrift befindet sich jetzt im Museum in Philippi, *in situ* ist
eine Kopie angebracht worden). Die Inschrift bietet auch den Namen der Kirche: ... τῆς
βασιλικῆς Παύλου, heißt es in Z. 2–3.
[57] In dem zusammenfassenden Aufsatz über die christlichen Denkmäler in Philippi, aaO.
(Anm. 47), S. 110.

An der Stelle der *Basilika des Paulus* wurde im letzten Viertel des vierten oder am Anfang des fünften Jahrhunderts das *Oktogon* errichtet[58]. Dabei handelte es sich zunächst (Oktogon A) um ein freistehendes Oktogon, das dann später – wohl Mitte des fünften Jahrhunderts[59] – in ein in einen quadratischen Grundriß einbeschriebenes Oktogon umgebaut wurde (Oktogon B).

Die Grabungen in diesem Bereich, der im Westen durch das Forum, im Norden durch die sogenannte *Via Egnatia* und im Süden durch die Εμπορική οδός begrenzt wird, sind heute so gut wie abgeschlossen. Die definitive Publikation des Oktogons selbst sowie des Episkopeions steht noch aus. Außer der oben genannten Inschrift des Bischofs Πορφύριος ist nur noch die eine oder andere christliche Inschrift publiziert; die älteren in diesem Grabungsabschnitt gefundenen Texte sind der Forschung auf absehbare Zeit nicht zugänglich (mit Ausnahme der erwähnten Inschrift des Εὐηφένης aus dem Kammergrab).

Für die Zwecke der vorliegenden Arbeit muß es genügen, die Ergebnisse der Grabungen von Πελεκανίδης zu skizzieren, soweit sie für die frühere Zeit von Bedeutung sind. In dieser Hinsicht am wichtigsten sind die neuen Erkenntnisse in bezug auf das *Straßennetz* von Philippi (vgl. dazu die Karte 1). Durch die französischen Grabungen bis zum Zweiten Weltkrieg war nur die sogenannte *Via Egnatia* entlang der N-Seite des Forums und ein kleines Stück der Εμπορική οδός im Süden des Forums freigelegt worden; hinzu kamen zwei Querstraßen unter dem Niveau der Basilika B.[60] Diese ersten Anfänge sind durch die Grabungen von Πελεκανίδης und neuerdings durch Γούναρης und Βελένης entscheidend erweitert worden.[61] Die *Via Egnatia* kann man heute über das Forum hinaus entlang der Exedra zu beiden Seiten des prachtvollen Eingangs der Stoa, die zum Oktogon führt, und vorbei an dem Episkopeion bis an das Ende

---

[58] Πελεκανίδης, aaO., S. 112.

[59] Πελεκανίδης, aaO., S. 113.

[60] Vgl. dazu das Urteil COLLARTS: »Nous ne possédons pas le plan d'ensemble de Philippes à l'époque romaine, avec ses rues et ses maisons« (S. 328). Vgl. dazu auch Λαζαρίδης, S. 41f. Seinen Angaben zufolge weist die *Via Egnatia* eine Breite von ungefähr sechs Metern auf (S. 41, 181), wohingegen die Εμπορική οδός neun Meter breit ist (S. 41, 182). Die beiden Querstraßen im S der Εμπορική οδός sind jeweils 3,30m breit (S. 41, 183). Die westliche dieser Querstraßen trennt die Palästra von dem Macellum, die östliche das Macellum von der folgenden *insula,* in der 1992 neue Grabungen der Εφορεία Βυζαντινών Αρχαιοτήτων in Kavala stattfanden. Alle vier genannten Straßen sind mit einem Abwasserkanal versehen.

[61] Eine erste Übersicht über die neuen Ergebnisse bezüglich des Straßennetzes im Zentrum der Stadt östlich des Forums bei Στυλιανός Πελεκανίδης: Συμπεράσματα από την ανασκαφή του Οκταγώνου των Φιλίππων σχετικά με τα μνημεία και την τοπογραφία της πόλης, in: Η Καβάλα και η περιοχή της. Α' τοπικό συμπόσιο (s. dort), S. 149–158; hier S. 151–153. Hier findet sich S. 152 auch die Information, daß die Querstraßen in diesem Bereich 3,50m breit sind – also 0,20m breiter als die in der vorigen Anmerkung besprochenen Querstraßen im S des Forums. Diese Querstraßen wurden, wie das Pflaster zeigt, im Gegensatz zur *Via Egnatia* und zur Εμπορική οδός nicht von Wagen befahren (es fehlen die tief eingegrabenen Spurrillen, die bei den beiden genannten Straßen deutlich erkennbar sind). Alle diese Querstraßen sind mit unterirdischen Abwasserkanälen versehen, die in den Kanal der Εμπορική οδός münden (aaO., S. 153).

des neuen Grabungsabschnitts von Γούναρης und Βελένης verfolgen. Noch nicht ausgegraben ist der *cardo* (Querstraße, gr. πάροδος), der das Forum von dem Oktogon-Komplex trennt. Im Oktogon-Bereich selbst liegen drei weitere *cardines:* die später in die dreischiffige Stoa umgebaute πάροδος ohne Nummer, sowie Πάροδος Α zwischen *balneum* und Episkopeion und Πάροδος Β zwischen dem Episkopeion und dem neuen Grabungsabschnitt, von dem unten noch die Rede sein wird. In diesem neuen Grabungsabschnitt wurde bisher die Πάροδος Γ in ihrer gesamten Länge freigelegt. Im Süden des Oktogon-Komplexes wurde die Fortsetzung der Εμπορική οδός ausgegraben, die zunächst parallel zur *Via Egnatia* verläuft und sich nach der Einmündung der Πάροδος Β in einem stumpfen Winkel auf die *Via Egnatia* zu bewegt. Diese Richtung behält die Εμπορική οδός dann auch im neuen Grabungsabschnitt der Universität Thessaloniki bei. Darüber hinaus wurde noch eine völlig neue Straße entdeckt, die im SO-Eck des Oktogon-Komplexes (da, wo die Πάροδος Β in die Εμπορική οδός einmündet) im spitzen Winkel Richtung SW abbiegt. Von dieser Straße zweigt weiter südwestlich vermutlich eine Parallele zur *Via Egnatia* und zur Εμπορική οδός ab, die den Komplex des Macellum und der Palästra nach Süden hin abschließt; sie endet schließlich beim dritten Stadttor. Γούναρης und Βελένης zufolge haben wir es bei dieser neu entdeckten Straße geradezu mit einer Hauptverkehrsader der Stadt zu tun; sie führt ihnen zufolge (vgl. ihre Abb. 1 auf S. 410 in AEMΘ 5 (1991) [1994]) vorbei an dem Haus mit Bad im Süden des Forums zu einem neu postulierten vierten Stadttor.

Schon vor der Ausgrabung des Anfangs dieser Straße südlich des Oktogons hatte Λαζαρίδης die These vertreten: Οι δύο είσοδοι της νότιας πλευράς της παλαίστρας επιτρέπουν την εικασία πως ένας τρίτος σημαντικός δρόμος, πιθανά παράλληλος προς τις δύο κύριες αρτηρίες του οικισμού, περνούσε κατά μήκος της νότιας πλευράς της παλαίστρας και της αγοράς, χωρίζοντας τις οικοδομές αυτές από τα οικοδομικά τετράγωνα που θα υπήρχαν κατά μήκος της νότιας παρυφής του δρόμου. Η προέκτασή του προς δυσμάς φέρει στην περιοχή της δεύτερης γνωστής πύλης του δυτικού τείχους, της »πύλης των ελών« [d.i. das dritte Stadttor] (S. 41f., 184; Übersetzung: »Die zwei Eingänge an der südlichen Seite der Palästra erlauben die Vermutung, daß eine dritte bedeutende Straße – wahrscheinlich parallel zu den beiden Hauptstraßen des Ortes – entlang der südlichen Seite der Palästra und des *Macellum* verlief und auf diese Weise diese Gebäude von den *Insulae* im Süden dieser Straße trennte. Nach Westen zu führte diese Straße in die Gegend des zweiten auf dieser Seite bekannten Stadttors, des »Tors beim Sumpf« [d.i. das dritte Stadttor]«). Seit der Ausgrabung der Fortsetzung dieser Straße nach Nordosten hat diese Vermutung erheblich an Wahrscheinlichkeit gewo nen.

Dank der neuen griechischen Grabungen ist somit der Verlauf des Straßennetzes mindestens im Zentrum der Stadt für die römische Zeit festgelegt.[62]

---

[62] Eine Grabung der Εφορεία Βυζαντινών Αρχαιοτήτων im Jahr 1990 förderte eine steil die Akropolis hinaufführende Straße im S des Museums zutage, die damit ein nördliches Pendant zu den genannten Πάροδοι im Süden der *Egnatia* darstellt. Möglicherweise führt diese Straße zu den Wohngebäuden auf der Akropolis, die Collart erwähnt: »Ces hauts quartiers pour-

Neben dem Straßennetz ist dann vor allem noch das *Bad im Norden des Oktogons* zu nennen. Diese Anlage geht in jedem Fall in die Zeit nicht nur vor dem Oktogon, sondern auch vor der Basilika des Paulus zurück. Πελεκανίδης selbst hat in den Berichten über die Ausgrabung des Bades[63] keine Datierung vorgeschlagen. In der abschließenden Publikation datiert Γούναρης das *balneum* in die zweite Hälfte des ersten Jahrhunderts vor Christus.[64] Damit ist dieses *balneum* das einzige bisher ausgegrabene Gebäude, das auf die Zeit des Augustus zurückgeht. Der von den Franzosen ausgegrabene Forumskomplex stammt – zumindest in seiner jetzigen Form – aus dem zweiten Jahrhundert nach Christus; Rückschlüsse auf die Zeit davor sind ohne weiteres nicht möglich. Dies gilt nicht nur für das Forum selbst, sondern auch für das gesamte Ensemble der um das Forum herum gruppierten Gebäude; dazu sind sogar – das hat Sève unlängst gezeigt[65] – die Bauten jenseits der modernen Fahrstraße unter der Basilika A zu zählen. Keines dieser Gebäude reicht in seinem ausgegrabenen Zustand in die frühe römische Zeit zurück.[66]

Das *balneum* hat seine ursprüngliche Gestalt bis ins sechste Jahrhundert behalten; damals erst wurde es umgebaut, damit es von Männern und Frauen gleichzeitig benutzt werden konnte.[67] Von diesen Umbaumaßnahmen abgesehen – der Besucher kann sich den ursprünglichen Zustand ohne Mühe vergegenwärtigen – haben wir also ein Bauwerk der allerersten römischen Zeit vor uns. Es handelt sich insofern um das einzige bisher ausgegrabene Gebäude, das schon zur Zeit der Gründung der christlichen Gemeinde *in der jetzigen Form*

---

raient être divisés en trois secteurs. Sur le versant occidental, une pente longue et pierreuse, aujourd'hui entièrement dénudée, s'élève, raide et régulière, jusqu'au sommet. Il y subsiste quelques murs apparents, rares vestiges du habitations qui s'y étageaient, dans une situation privilégiée« (S. 369). Die nördliche Fortsetzung dieser Straße ist heute durch das Museum überbaut: Τμήμα πλακόστρωτου δρόμου αποκαλύφθηκε στις δυτικές κλιτύς του λόφου της ακρόπολης, στο χώρο που κατέλαβε το Μουσείο (Λαζαρίδης, S. 42, 186).

[63] Στυλιανός Πελεκανίδνς, ΠΑΕ 1961 [1964], S. 73–77; ΠΑΕ 1962 [1966], S. 169–173; ΠΑΕ 1963 [1966], S. 83–86; ΠΑΕ 1964 [1966], S. 176–177.

[64] Η ίδρυσή του πρέπει να τοποθετηθεί στο β΄ μισό του 1ου π.Χ. αι. και συμπίπτει με την επανίδρυση της αποικίας από τον Οκταβιανό Αύγουστου (30 π.Χ.), sagt Γούναρης, S. 38.

[65] MICHEL SÈVE/PATRICK WEBER: Le côté nord du forum de Philippes, BCH 110 (1986), S. 531–581.

[66] Eine Inschrift im O-Tempel geht allerdings auf ein Gebäude aus der ersten Hälfte des ersten Jahrhunderts nach Christus zurück. Leider ist dieser interessante Text noch nicht publiziert. Er wird in der Monographie von MICHEL SÈVE über das römische Forum aufgenommen werden. Die Arbeit soll der freundlichen Mitteilung SÈVES zufolge demnächst erscheinen.

[67] Ουσιαστικές αλλαγές έγιναν στα μέσα του 6ου αι. οπότε το Οκτάγωνο μετατρέπεται σε εγγεγραμμένο και το λουτρό γίνεται δίδυμο για τη σύγχρονη εξυπηρέτηση και των δύο φύλων (Γούναρης, S. 38). Interessant ist in diesem Zusammenhang auch die Vermutung, das Bad, das ursprünglich natürlich städtisch war, sei später in den Besitz der christlichen Gemeinde übergegangen: Πάντως ενώ αρχικά είχε ιδρυθεί ως αστικό λουτρό, αργότερα ενσωματώθηκε στο συγκρότημα του Οκταγώνου και πέρασε μάλλον στη διαχείριση της Εκκλησίας των Φιλίππων για την εξυπηρέτηση των φτωχών μελών της χριστιανικής κοινότητας (ebd.).

bestand: Dieses Bad hätte also schon der Apostel Paulus selbst benutzen kön-nen.[68]

Wie die restliche Fläche des Oktogonkomplexes im ersten Jahrhundert aus-sah, ist dagegen nicht so leicht festzustellen. Mit Sicherheit bestand damals be-reits das Kammergrab, das gewiß in die vorchristliche Zeit zurückreicht, auch wenn es sich nicht – wie Λαζαρίδης annimmt – um ein Monument aus helleni-stischer Zeit handeln sollte. Aufschluß über diesen Fragenkomplex werden die Nachgrabungen geben, die im Sommer 1992 durchgeführt wurden und bis auf das hellenistische Niveau unter dem Oktogon hinabreichten. Diese Schnitte wurden insbesondere im Bereich des Kammergrabes und in der südlich davon gelegenen Basilika angelegt. Wenn die Ergebnisse einmal publiziert sein wer-den, wird man sich ein klareres Bild dieses Bereiches in der vorchristlichen Zeit machen können.

Ähnlich verhält es sich auch mit dem Episkopeion, welches den Raum zwi-schen der Πάροδος A und der Πάροδος B einnimmt.[69] Bezüglich der Form und der Funktion der Gebäude, die die Stelle des Episkopeions einnahmen, fin-den sich in den einschlägigen Publikationen nur summarische Hinweise.[70]

Fragt man nach dem Erscheinungsbild der Stadt Philippi im ersten Jahr-hundert, so erhält man im Bereich des Oktogon vorläufig zwei gesicherte Re-sultate: zum einen das Straßennetz und zum anderen das Balneum.

---

[68] Leider sind im Zusammenhang mit dem *balneum* keine Inschriften zutage gekommen. Die einzige Inschrift aus Philippi, die sich auf ein Bad bezieht, hat mit der ausgegrabenen Anla-ge nichts zu tun (Bauinschrift des *Sermo Turpilius Vetidius*, Nummer 026/L123). Da das von Γούναρης publizierte *balneum* ohnehin für eine Stadt von der Größe Philippis viel zu klein ist, muß mit einer oder mehreren weiteren Anlagen dieser Art gerechnet werden, die noch der Ent-deckung harren: Οπωσδήποτε το Βαλανείο αυτό δεν θα ήταν το μοναδικό συγκρότημα λουτρών στους Φιλίππους. Οι μεγάλες Θέρμες, κατά την άποψή μας, πρέπει να ανα-ζητηθούν Ν-ΝΔ από την Αγορά, στην περιοχή όπου το ρωμαϊκό Γυμνάσιο και τα δημόσια αποχωρητήρια (Γούναρης, S. 38).

[69] Einen Überblick über die Ergebnisse der Grabungen im Episkopeion bietet Χαράλαμπος Μπακιρτζής: Το επισκοπείον των Φιλίππων, in: Η Καβάλα και η περιοχή της. Β' τοπικό συμπόσιο (s. dort), S. 149–157. In diesem Aufsatz findet sich S. 152–153 ein Plan des Episko-peions, auf dem die römischen Bestandteile deutlich markiert sind. Eine grundlegend andere Deutung des archäologischen Befundes bietet WOLFGANG MÜLLER-WIENER: Bischofsresiden-zen des 4.–7. Jhs. im östlichen Mittelmeer-Raum, Actes du XIᵉ congrès international d'ar-chéologie chrétienne. Lyon, Vienne, Grenoble, Genève et Aoste (21–28 septembre 1986) I, SAC 41, Rom 1989, S. 651–709: »Diese Insula – dem Ausgräber folgend – als *Episkopeion* zu be-zeichnen, erscheint angesichts dieses Raumgefüges nicht möglich; einleuchtender ist es, hier Wirtschafts- und Lagerräume sowie Wohnungen des Personals anzusetzen, während die bi-schöfliche Residenz eher in den westlich der Kirche liegenden Raumgruppen zu suchen ist – er-schlossen durch die repräsentative innere Säulenportikus, von der aus sowohl das Atrium der Kirche wie ein größerer Innenhof (?) westlich der Portikus mitsamt den umliegenden Räumen und schließlich auch das östlich der Portikus gelegene Bad zu erreichen waren« (S. 663).

[70] In dem in der vorigen Anm. zitierten Überblick sagt Μπακιρτζής lediglich: Πριν από την ίδρυση του επισκοπείου υπήρχε στη θέση αυτή αρχαιότερο κτήριο πειόσχημης μορφής, ανοικτού προς Α. Παρόμοιας μορφής οικοδομήματα νομίζω ότι περιέβαλλαν το ελληνιστικό ηρώον επίσης από τη βόρεια και δυτική πλευρά (aaO., S. 150). Vgl. Στυλιανός Πελεκανίδης: Ανασκαφαί Φιλίππων, ΠΑΕ 1969 [1971], S. 42–53; hier S. 44 und 45.

24 *Einleitung*

γ) *Grabungen der Universität Thessaloniki (Γούναρης)*

Die neueste Phase der archäologischen Erforschung der Stadt Philippi beginnt im Jahr 1988. In diesem Jahr nahm die Abteilung Christliche Archäologie der Universität Thessaloniki unter der Leitung von Γεώργιος Γούναρης ein anspruchsvolles Ausgrabungsprogramm in Angriff. Das Ziel dieses Programms ist die Ausgrabung, Restaurierung und Erforschung der Privathäuser der Stadt. Diese Ausgrabung schließt sich im Osten an den von Πελεκανίδης erforschten Oktogonkomplex an. Es handelt sich hier um die vierte *insula* östlich des Forums, die durch die Πάροδος B vom Episkopeion getrennt ist. Diese Ausgrabung wurde im Jahr 1988 begonnen und 1989, 1991, 1992, 1993 und 1994 fortgesetzt. Bereits im Jahr 1991 wurde das Gelände zwischen Πάροδος B und Γ nach Osten hin überschritten. Bis 1993 wurde die vierte *insula* völlig freigelegt; mit der Ausgrabung der fünften *insula* wurde im September 1993 begonnen; außerdem wurde das Pendant zur vierten *insula* im Süden der Εμπορική οδός 1993 in Angriff genommen. Γούναρης hat zusammen mit Βελένης an verschiedenen Stellen erste Ergebnisse publiziert[71] und bereitet nun die endgültige Veröffentlichung des ersten Abschnitts dieses Grabungskomplexes vor.

Die Bedeutung dieser Grabung liegt vor allem in der Tatsache, daß hier zum ersten Mal in Philippi Wohngebäude erforscht werden; zumeist wendet sich das Interesse der Archäologen ja zunächst den öffentlichen Bauten zu. Die Tätigkeit der École française zwischen den beiden Weltkriegen hatte sich auf die öffentlichen Gebäude rund ums Forum konzentriert (Tempel, Bema, Bibliothek usw.). Dabei waren auch die ersten beiden großen Kirchen von Philippi, die Basilika A im Norden des Forums und die Basilika B im Süden des Forums, eingehend untersucht worden. Daran schloß sich die Grabung von Στύλιανος Πελεκανίδης an, der zunächst die *Basilika extra muros,* danach die Basilika des Paulus und die verschiedenen Phasen des Oktogons ans Licht brachte. Auch die (zufällige) Entdeckung der Basilika beim Museum gehört in diesen Bereich. Die neuen Grabungen von Γούναρης und Βελένης unterscheiden sich von all diesen Aktivitäten dadurch, daß hier erstmals ein Komplex von Privathäusern Gegenstand der Forschung ist.

Auf die Ergebnisse dieser Grabung braucht in dieser Arbeit im einzelnen nicht eingegangen zu werden, weil auch die bisher früheste greifbare Phase dieses Wohnkomplexes erst in die spätere Kaiserzeit fällt.

---

[71] Γεώργιος Γ. Γούναρης: Τα ευρήματα της νέας πανεπιστημιακής ανασκαφής στους Φιλίππους κατά το 1988, in: Χριστιανική Θεσσαλονίκη. Από του Αποστόλου Παύλου μέχρι και της Κωνσταντινείου εποχής, Β' επιστημονικό συμπόσιο, Thessaloniki 1990, S. 157–167; DERS.: Τα ευρήματα της πανεπιστημιακής ανασκαφής Φιλίππων κατά το 1988, ΑΕΜΘ 2 (1988) [1991], S. 395–408; DERS. zusammen mit Γεώργιος Μ. Βελένης: Πανεπιστημιακή ανασκαφή Φιλίππων 1989, ΑΕΜΘ 3 (1989) [1992], S. 451–463; DIES.: Πανεπιστημιακή ανασκαφή Φιλίππων, ΑΕΜΘ 4 (1990) [1993], S. 477–486; DIES.: Πανεπιστημιακή ανασκαφή Φιλίππων 1991, ΑΕΜΘ 5 (1991) [1994], S. 409–424.

δ) Die Basilika beim Museum

Neben dem soeben in groben Zügen besprochenen Projekt der Universität Thessaloniki ist eine weitere Grabung aus dem Bereich der christlichen Archäologie zu nennen, die schon seit vielen Jahren andauert: die Erforschung der Basilika Γ, der sogenannten Basilika beim Museum. Dieses Gebäude wurde zufällig entdeckt, als an dieser Stelle das Museum errichtet werden sollte (das Museum mußte dann weiter nach Westen verlegt werden). Die Basilika Γ liegt im Westen der Basilika A und stammt aus etwa der gleichen Zeit wie diese (um 500). Es handelt sich um ein dreischiffiges Gebäude mit einem später hinzugefügten Querschiff. Besonders eindrucksvoll ist hier der gut erhaltene Aufgang zur Frauenempore (γυναικωνίτης). Eine zusammenfassende Publikation liegt noch nicht vor, die Grabung ist nicht abgeschlossen, sondern wird Jahr für Jahr fortgeführt.[72]

ε) Der Αγρός Παυλίδη

Ein weiterer christlicher Komplex befindet sich im heutigen Κρηνίδες, d.h. in der östlichen Nekropole der antiken Stadt, in etwa 300m südlich der *Basilika extra muros*; er wird nach dem Besitzer des Feldes (αγρός) Παυλίδη genannt. Leider sind die Funde nur sehr summarisch bekanntgemacht, so z.B. die Mosaikinschrift des Andreas[73]. Wie mir der Ausgräber dieses Bereiches, Herr Χαράλαμπος Πέννας, freundlicherweise mitteilte, werden mehrere in einer unterirdischen Grabanlage gefundene Inschriften, darunter auch ein längerer Text, der für die Prosopographie der christliche Gemeinde von großem Interesse ist, demnächst veröffentlicht.

ζ) Die Nekropolen

Damit komme ich zu den kleineren Funden, d.h. zu solchen, die nicht im Zuge systematischer Ausgrabungen gemacht worden sind. Im östlichen Friedhof – im heutigen Ort Κρηνίδες und in seiner Umgebung – wurde vor allem eine stattliche Zahl von Inschriften gefunden (siehe den Katalog der Inschriften). Sodann ist eine ganze Reihe von Grabmonumenten vor allem aus römischer und christlicher Zeit zu nennen: Στυλιανός Πελεκανίδης grub zwei Kammergräber aus christlicher Zeit aus, deren eines mit Wandmalereien geschmückt ist.[74]

---

[72] Vgl. dazu zuletzt: Ευτυχία Κουρκουτίδου-Νικολαΐδου: Η ανασκαφή στη βασιλική του Μουσείου Φιλίππων, ΑΕΜΘ 2 (1988) [1991], S. 409–419. Dies.: Η βασιλική του Μουσείου Φιλίππων. Τα βόρεια προσκτίσματα, ΑΕΜΘ 3 (1989) [1992], S. 465–473. Dies.: Η θέση του διακονικού στη βασιλική του Μουσείου Φιλίππων, ΑΕΜΘ 5 (1991) [1994], S. 399–407.
[73] Nummer 125/G485.
[74] Στυλιανός Πελεκανίδης: Παλαιοχριστιανικός τάφος εν Φιλίπποις, in: Tortulae. Stu-

Ganz in der Nähe der *Basilika extra muros,* 20m südöstlich, fand Χαράλαμπος Μπακιρτζής ein weiteres christliches Gebäude, das er zunächst für eine Kirche hielt. Aus der mündlichen Überlieferung über diesen (unpublizierten) Komplex berichtet Abrahamsen: »In recent years, the Ephoria of Byzantine Antiquities in Northern Greece has uncovered the apse of yet another basilica … . This apse is even larger than that of Extra-Muros and dates to the fourth century, a dating established by a funerary inscription from the site, written in Homeric style but contemporary letter forms, which testifies to the deceased man's faith in Christ. Another important find from this basilica was a large mosaic inscription associated with a tomb dating to the sixth century. This inscription lists the various titles of the deceased man, who seems to have been a patron of this church, as well as the names of the bishops who were his contemporaries.«[75]

Unter den kleineren Grabungen verdienen auch die im Westen der antiken Stadt Aufmerksamkeit. Eine leider noch so gut wie überhaupt nicht publizierte (Not-?)Grabung fand Anfang der siebziger Jahre bei der (heutigen) Taufkapelle der Lydia statt. (Zur Lage des Geländes vgl. die Karte 7; wir befinden uns außerhalb des Amphipolistors, unmittelbar vor der Brücke, auf welcher die *Via Egnatia* den Fluß überquert.) Vermutlich verlief die Sache in ähnlicher Weise wie beim Bau des Museums: Beim Ausschachten für das Fundament des modernen Gebäudes fand man antike Reste, wie das in den modernen Dörfern Κρηνίδες und Λυδία überhaupt an der Tagesordnung ist; so mußten die Bauarbeiten unterbrochen, und das Gebäude – im Fall der Basilika Γ das Museum, hier die zu errichtende Kirche – mußte an anderer Stelle gebaut werden.

Wie aus einer späteren Notiz im Αρχαιολογικόν Δελτίον hervorgeht (dazu siehe unten), wurde diese Grabung im Jahr 1970 begonnen. Ob sie in den darauffolgenden Jahren fortgesetzt wurde, geht aus den mehr als spärlichen Hinweisen freilich nicht hervor. Immerhin findet sich für die Grabungsperiode 1973 die Mitteilung, wonach die Grabungen fortgesetzt wurden; genannt wird insbesondere die Tholos; allgemein ist von Grabdenkmälern die Rede: Στην περιοχή του Νέου Βαπτιστηρίου της κοινότητος Λυδίας συνεχίστηκε με τη συνεργασία της αρχαιολόγου Αλκμήνης Σταυρίδη, ως επιστημονικής βοηθού, η ανασκαφή που είχε αρχίσει το καλοκαίρι του 1970 η Επιμε-

---

dien zu altchristlichen und byzantinischen Monumenten, RQ.S 30, Freiburg 1966, S. 223–228; wieder abgedruckt in: DERS.: Studien zur frühchristlichen und byzantinischen Archäologie, IMXA 174, Thessaloniki 1977, S. 67–74 (danach hier zitiert). In diesem Grab befindet sich auch die Inschrift 099/G542. Die Anlage wird von Πελεκανίδης in die Mitte des vierten Jahrhunderts datiert (aaO., S. 70f.).

[75] Die einzige gedruckte Nachricht aus der Feder von Χαράλαμπος Μπακιρτζής findet sich ΑΔ 35 (1980) Β´2 Χρονικά [1988], S. 443. Hier heißt es u.a.: Eines der Gräber enthielt τα οστά … του πρεσβυτέρου Δανιήλ και της συμβίας του Ασπιλίας, όπως συνάγεται από την επιτύμβια ψηφιδωτή επιγραφή.

ABRAHAMSEN (VALERIE ANN ABRAHAMSEN: The Rock Reliefs and the Cult of Diana at Philippi, Diss. Harvard Divinity School, Cambridge (Mass.) 1986, S. 150) stützt sich auf eine »onsite lecture, 1980« von Μπακιρτζής und fügt hinzu: »to my knowledge, none of this material has been published« (S. 150, Anm. 57).

λήτρια Αρχαιοτήτων Μαίρη Σιγανίδου. Συμπληρώθηκε σε ορισμένα σημεία η ανασκαφή της θόλου και των άλλων ταφικών μνημείων, που είχαν βρεθεί στην τομή του 1970, και βρέθηκαν ορισμένα θραύσματα αρχιτεκτονικών γλυπτών, που προέρχονται κυρίως από τη θόλο, και άλλα επιτύμβια μνημεία[76]. (Übersetzung:»In der Gegend des neuen Baptisteriums der Gemeinde Lydia wurde mit Hilfe der Archäologin Alkmene Stauridi als wissenschaftiicher Assistentin die Grabung fortgesetzt, die im Sommer 1970 die Kuratorin der Altertümer Mary Siganidou begonnen hatte. An einigen Stellen wurde die Ausgrabung der Tholos und der anderen Grabmonumente vervollständigt, die 1970 ans Licht gekommen waren; dabei wurden Bruchstücke von Architekturgliedern gefunden, die in der Hauptsache von der Tholos stammen, daneben aber auch andere Grabmonumente.«)

Demnach wurde 1973 eine Grabung fortgesetzt, die im Jahr 1970 begonnen hatte. Leider wird über die dabei ans Licht gebrachten Inschriften überhaupt kein Wort verloren (sie befinden sich zum Teil jedenfalls noch *in situ* und sind so wenigstens dem Touristen – wenngleich nicht dem Epigraphiker – zugänglich!). Keinen Zweifel läßt die Mitteilung jedoch daran, daß es sich um einen Teil des westlichen Friedhofs der Stadt Philippi handelt, der hier ausgegraben wurde. Man verrät daher kein Geheimnis, wenn man feststellt, daß es sich bei den *in situ* befindlichen Inschriften um Grabinschriften handelt.

Fest steht zumindest das Ende der Grabungen in diesem Bereich: Ολοκληρώθηκε φέτος η έρευνα στην ανασκαφική τομή με το κυκλικό οικοδόμημα. Διαμορφώθηκε η περιοχή με τους τάφους και συμπληρώθηκε η ανασκαφή της θόλου. Στο εσωτερικό του κυκλικού κτιρίου αποκαλύφτηκαν δύο κάθετοι μεταξύ τους σε σχήμα σταυρού τοίχοι heißt es im Hinblick auf die Kampagne im Jahr 1975.[77] (Übersetzung:»Heuer wurde die Untersuchung in dem Bereich des runden Gebäudes vollendet. Dabei kam ein Ensemble von Gräbern zum Vorschein; die Ausgrabung der Tholos wurde beendet. Im Innern dieses runden Gebäudes wurden zwei Mauern entdeckt, die kreuzförmig angeordnet sind.«)

Dem fügt Κουκούλη-Χρυσανθάκη noch einen wichtigen Hinweis zur Datierung bei: Τα ελάχιστα όστρακα που βρέθηκαν είναι ρωμαϊκών χρόνων, 1ου-2ου αι. μ.Χ. Στις εργασίες καθαρισμού και διαμόρφωσης των παρειών της ανασκαφικής τομής, βρέθηκε στη νοτιοδυτική γωνία της τομής ενεπίγραφη σαρκοφάγος συλημένη.[78] (Übersetzung:»Die sehr wenigen Tonscherben, die gefunden wurden, stammen aus der römischen Zeit, [näherhin aus] dem ersten bis zweiten Jahrhundert n. Chr. Bei den Arbeiten zur Reinigung und Verschönerung der Ränder des Grabungsgeländes wurde im südwestlichen Eck des Geländes ein geplünderter Sarkophag mit Inschrift gefunden.«) Wenigstens eine Inschrift auf einem Sarkophag wird also erwähnt, wenngleich der Text nicht bekanntgemacht wird.

Aus den spärlichen Mitteilungen über diese Grabung geht aber immerhin so viel hervor, daß es sich um einen Friedhof aus römischer Zeit handelt. Da die (nicht publizierten) Inschriften für Datierungszwecke nicht herangezogen werden dürfen, muß man sich an die von Κουκούλη-Χρυσανθάκη genannten Ostraka halten; diesen zufolge gehört das ausgegrabene Ensemble in das 1./2. Jahrhundert unserer Zeitrechnung. Ein Blick auf das ausgegrabene Gelände genügt, um zu erkennen, daß es sich hier nur um einen (kleinen) Teil eines größeren Friedhofs handelt, der sich im Westen genauso an der *Via Egnatia* entlang

---

[76] Χ. Κουκούλη-Χρυσανθάκη, ΑΔ 29 (1973–1974) Β΄3 Χρονικά [1980], S. 786.
[77] Χ. Κουκούλη-Χρυσανθάκη, ΑΔ 30 (1975) Β΄2 Χρονικά [1983], S. 285.
[78] Ebd.

hinzog, wie dies im Osten auf mehr als zwei Kilometern Länge der Fall ist. Nachdem auch weiter nördlich entlang der Straße nach Drama zahlreiche Gräber gefunden wurden[79], muß man im Westen der Stadt mit einer fast ebenso ausgedehnten Nekropole wie im Osten rechnen.

Dies ist deshalb ein überaus wichtiger Befund, weil damit die Collartsche Theorie bezüglich des *pomerium* der Stadt (vgl. dazu unten im Ersten Kapitel, § 1,2) erledigt ist: In keinem *pomerium* kann eine größere Anzahl von Gräbern, geschweige denn ein Friedhof von solchen Ausmaßen, wie er sich nun auch für den westlichen Bereich abzeichnet, gelegen haben. Ist aber die Collartsche *pomerium*-Theorie erledigt, dann kann der Bogen, der sich noch weiter außerhalb im Westen der Stadt befand, unmöglich das Ende eben dieses *pomerium* markiert haben. (Zur Lage des Bogenmonuments und zum Umfang des von Collart postulierten *pomerium* im Westen der Stadt vgl. Karte 7.) Umgekehrt bestehen dann von daher keinerlei Einwände mehr gegen die Darstellung der Apostelgeschichte, wonach sich die Juden der Stadt am Sabbat außerhalb des Tores am Fluß zu versammeln pflegten. Man hat schon lange erkannt, daß damit das (genauer gesagt: *ein*) westliche(s) Stadttor gemeint sein muß; hier fließt der Fluß ja in der Tat nahe vorüber, und die *Via Egnatia* mußte mittels einer Brücke (im Westen des soeben diskutierten Ausgrabungsgeländes) über diesen Fluß geführt werden (die Substruktion der Brücke ist noch *in situ*).

η) *Das Theater*

An kleineren Grabungen in Philippi selbst ist sodann noch das seit 1952 (mit längeren Unterbrechungen zwischen 1962 und 1974 und zwischen 1976 und 1984) laufende Projekt im Theater zu nennen.[80] Neben einigen neuen Inschriften[81] erbrachten diese Grabungen insbesondere über die französischen Publikationen hinausführende Ergebnisse hinsichtlich der Geschichte des Bauwerks. Paul Collart hatte in seiner Publikation des Theaters[82] im wesentlichen drei Bauphasen rekonstruiert: Die Anlage des Theaters (Phase I) geht auf die Zeit

---

[79] Vgl. dazu den zusammenfassenden Bericht von Πέννας, wo von insgesamt 103 Gräbern, davon 59 in Λυδία und 44 in Κρηνίδες, die Rede ist (X.I. Πέννας: Παλαιοχριστιανικές ταφές στους Φιλίππους, in: Η Καβάλα και η περιοχή της. Α΄ τοπικό συμπόσιο (s. dort), S. 437–444).

[80] Vgl. dazu die Berichte ΑΔ 16 (1960) Χρονικά [1962], S. 218; ΑΔ 17 (1961/62) Β΄ Χρονικά [1963], S. 240; ΑΔ 30 (1975) Β΄2 Χρονικά [1983], S. 284; ΑΔ 31 (1976) Β΄2 Χρονικά [1984], S. 299.301.302 (= Abb. 7); ΑΔ 39 (1984) Β΄ Χρονικά [1989], S. 270; ΑΔ 40 (1985) [Β΄] Χρονικά [1990], S. 262f.; ΑΔ 41 (1986) [Β΄] Χρονικά [1990], S. 176f. und ΑΔ 42 (1987) Β΄2 Χρονικά [1992], S. 442f., sowie den Aufsatz: Χρυσηίς Σαμίου/Γιώργος Αθανασιάδης: Αρχαιολογικές και αναστηλωτικές εργασίες στο θέατρο των Φιλίππων, ΑΕΜΘ 1 (1987) [1988], S. 353–362.

[81] Es handelt sich hier um die Nummern 154/L600 (1961/62 gefunden); 155/L639 (1986 gefunden) und 156/L564 (1987 gefunden).

[82] PAUL COLLART: Le théâtre de Philippes, BCH 52 (1928), S. 74–124. Er modifiziert die Phasen, die als erster J. CHARBONNEAUX rekonstruiert hatte (CRAI 1923, S. 274–276).

Philipps II. zurück (4. Jh. v. Chr.), Collarts zweite Phase fällt in die Mitte des 2. Jh. n. Chr., und eine dritte Phase wird in die Mitte des 3. Jh. n. Chr. datiert. Über den von den französischen Archäologen ausgegrabenen Bereich der *ima cavea* (»unterer Rang«) hinaus wurde mittlerweile der östliche Teil der *summa cavea* (»oberer Rang«) ausgegraben[83], welche die vier zentralen Kerkides der *ima cavea* fortsetzt. Die drei Treppen, die diese vier Kerkides voneinander trennen, führen im Norden aus dem Koilon hinaus auf den Berg. Den Abschluß der *summa cavea* bildet ein mit einem Gewölbe gedeckter Umgang, der aus insgesamt fünfzehn Räumen besteht.[84] Dieser Umgang wird in die zweite Hälfte des zweiten Jahrhunderts datiert. Das Theater wurde bis zum Ende des vierten bzw. zum Anfang des fünften Jahrhunderts benutzt, wie die Keramik- und Münzfunde von 1987 zeigen.[85]

b) Die Ebene von Philippi (vgl. Karte 2)

Unter den kleineren Grabungen verdienen zwei im Norden Philippis durchgeführte Erwähnung. Beide Funde wurden in der Nähe von Κεφαλάρι (auf Karte 2 die Nr. 14), einem ungefähr 8km nördlich von Philippi gelegenen Dorf, gemacht. Dabei handelt es sich zunächst um ein Stück der Wasserleitung, welche die Wasserversorgung der antiken Stadt sicherstellte.[86]

Diese Wasserleitung wurde im Juli 1989 zufällig gefunden, als hier ein Schlachthof errichtet werden sollte. Die Ausgräberin berichtet: Ο αγωγός αποκαλύφτηκε εξωτερικά σε μήκος 44,50 μ. και ενδεχόμενα προεκτείνεται μέχρι την περίφραξη του χώρου των Σφαγείων Δράμας-Καβάλας, δηλαδή κατά 17,50 μ. επιπλέον (S. 475;

---

[83] Το κάτω διάζωμα διαιρείται από εφτά κλίμακες σε οχτώ κερκίδες, ενώ το άνω διάζωμα, που αντιστοιχεί οτις 4 μόνο κεντρικές κερκίδες του κάτω, χωρίζεται με τρεις κλίμακες, που εκτεινόμενες μέσω του διαδρόμου, οδηγούν έξω από το χώρο του κοίλου, στην πλαγιά του βουνού (Σαμίου/Αθανασιάδης, S. 353). Die Errichtung der *summa cavea* hatte statische Probleme zur Folge, die durch den Bau von Bögen im Osten (zwischen Theater und Stadtmauer) behoben wurden (aaO., S. 357). In diesem Bereich wurden in den letzten Jahren umfangreiche Restaurations- und Sanierungsarbeiten durchgeführt.

[84] Αν και έχει ανασκαφεί το ανατολικό μόνο μισό τμήμα του, φαίνεται ότι αποτελείται από δεκαπέντε τουλάχιστον διαμερίσματα, ότι υπάρχουν δηλ. άλλα εφτά προς τα δυτικά, εφόσον ο χώρος Α, που βρίσκεται ακριβώς στο κέντρο, είναι ο όγδοος από ανατολικά. Αυτά τα διαμερίσματα χωρίζονται με χοντρούς μεσότοιχους, που φέρουν ανοίγματα για τη μεταξύ τους επικοινωνία (Σαμίου/Αθανασιάδης, S. 355).

[85] Άρα η διάρκεια της ζωής του [sc. του καμαροσκεπή διαδρόμου] είναι περίπου δυόμισυ αιώνες, αφού στο τέλος του 4ου μ.Χ. αι. με τις αρχές του 5ου αι. μ.Χ. εγκαταλείπεται, όπως μαρτυρούν η νεότερη κεραμική και τα νομίσματα του Αρκαδίου και του Θεοδοσίου του Α', που βρέθηκαν επίσης στην περιοχή αυτή (Σαμίου/Αθανασιάδης, S. 356, vgl. auch S. 358).

[86] Λυδία Κρανιώτη: Αρχαίος αγωγός στο Κεφαλάρι Δράμας, ΑΕΜΘ 3 (1989) [1992], S. 475–482. Interessant ist die Tatsache, daß die Stadt Kavala heute aus eben diesen Quellen von Κεφαλάρι ihr Wasser bezieht: το γεγονός ότι και σήμερα η πόλη της Καβάλας υδροδοτείται από τις πηγές του Κεφαλαριού (S. 477). Vf.in berichtet auch von weiteren erhaltenen Stücken der antiken Wasserleitung zwischen Κεφαλάρι und Philippi.

Übersetzung:»Die Wasserleitung wurde auf einer Länge von 44,5m freigelegt; sie erstreckt sich aber noch weitere 17,5m jenseits des Zaunes, welcher das Gelände des Schlachthofs Drama-Kavala begrenzt«).

Die am Hang der Akropolis von Philippi noch heute vorhandene Wasserleitung ist die Fortsetzung dieser in Κεφαλάρι neu gefundenen Leitung: Ο μνημειακός κτιστός αγωγός, που διατρέχει τη βορειοδυτική-δυτική πλευρά του λόφου των Φιλίππων και καταλήγει στη δεξαμενή ... είναι ο κεντρικός αγωγός του υδραγωγείου των Φιλίππων. (Übersetzung:»Die bemerkenswerte Wasserleitung, die den südwestlich-westlichen Abhang der Akropolis von Philippi entlang verläuft und in einem Reservoir mündet, ist die zentrale Leitung der Wasserversorgung von Philippi.«) Und: Το περίφημο υδραγωγείο των Φιλίππων είναι ένα από τα σημαντικότερα δημόσια έργα, που έγιναν στην πόλη κατά το 2ο αι. μ.Χ., την εποχή των Αντωνίνων, και εξασφάλιζε με δευτερεύον δίκτυο την ύδρευση της πόλης (S. 478; Übersetzung: »Die vorzügliche Wasserleitung von Philippi ist eines der bedeutendsten öffentlichen Bauwerke aus der Zeit des zweiten Jahrhunderts n. Chr., [näherhin] der Epoche der Antonine; mit Hilfe des sekundären Netzes stellte sie die Wasserversorgung der Stadt sicher«).

Sodann wurde im Norden des Dorfes Κεφαλάρι, östlich von Άγιος Αθανάσιος (auf Karte 2 die Nr. 15), bei den Quellen des Flusses, der an Philippi vorbeifließt, ein größeres Gebäude aus der spätrömisch-frühchristlichen Zeit ausgegraben. Die Bedeutung dieses ebenfalls zufälligen Fundes liegt darin, daß unsere Informationen bezüglich des Lebens auf dem Lande der *Colonia Iulia Augusta Philippensis* sonst überaus spärlich sind: Hier nun kam ein beachtlicher Teil (ausgegrabene Fläche ca. 15 × 20m) eines antiken Gutes ans Licht, von dem zwei Stockwerke archäologisch nachweisbar sind: Im unteren Stock befanden sich drei ansehnliche Weinkeltern, während der obere Stock mit prächtigen Mosaiken geschmückt war.[87]

Die Mosaiken konnten zum Teil wiederhergestellt werden und sind jetzt im Museum in Philippi (vor dem Gebäude) zu bewundern, vgl. den Bericht über die Rekonstruktion von Μπακιρτζής.[88]

Die Keltern sind von unterschiedlicher Größe, die mittlere und größte Kelter B mißt 6,90 x 4,80m (S. 39; vgl. auch den Plan Εικ. 3 ebd.). Es handelt sich eindeutig um Weinkeltern, wie Vf.in S. 41 eingehend begründet; einer der genannten Gründe geht dahin, daß diese Gegend für den Anbau von Oliven nicht geeignet ist, die Anlage mithin nicht für die Verarbeitung von Oliven errichtet worden sein kann. Umgekehrt hielt sich der Weinanbau in dieser Gegend bis zum Beginn dieses Jahrhunderts: Αντιθέτως, μαρτυρίαι παλαιών κατοίκων των γειτονικών χωρίων αναφέρουν ότι η περιοχή ήτο αμπελότοπος μέχρι το 1920, οπότε πολλαί καλλιέργειαι μετεβλήθησαν εις καπ-

---

[87] Ευτυχία Κουρκουτίδου-Νικολαΐδου: Ληνοί εις τας πηγάς Βοϊράνης, ΑΕ 1973 Χρονικά, S. 36–49. DIES. gibt ΑΔ 27 (1972) Β´2 Χρονικά [1977], S. 574 einen kurzen Bericht über diese Ausgrabung. Ob sie fortgesetzt wurde, geht daraus jedoch nicht hervor. Eine Inschrift (421/G770) nennt auf einem πίθος den Namen Andreas: Möglicherweise hieß der Besitzer des Gutes in frühchristlicher Zeit so.

[88] Χαράλαμπος Μπακιρτζής: Έκθεση παλαιοχριστιανικών αρχαιοτήτων στο Μουσείο Φιλίππων, ΑΑΑ 13 (1980) [1981/82], S. 90–98; hier S. 96–98 und Abb. 8 und 9. Das größere der wiederhergestellten Mosaike mißt 6,20 × 4,23m; die Räume im ersten Stock des Gutes waren also von beträchtlicher Größe!

νοϰαλλιεϱγείας, αι οποίαι με την σειϱάν των ητόνησαν ϰαι εγϰατελείφθησαν (S. 41;
Übersetzung:»Umgekehrt bezeugen ältere Einwohner der umliegenden Weiler, daß diese
Gegend bis zum Jahr 1920 eine Weingegend gewesen sei; damals [erst] seien viele Fel-
der in Tabakpflanzungen umgewandelt worden. [Im Zuge der Krise des makedonischen
Tabakanbaus] seien diese ihrerseits dann [später] aufgegeben worden«).

So bilden diese Weinkeltern ein eindrucksvolles archäologisches Zeugnis für
die Wichtigkeit des Weinanbaus in der Ebene von Philippi.

c) Das Pangaiongebirge

Mit besonderer Intensität hatte man sich von Anfang an der Erforschung des
Pangaiongebirges zugewandt. Dies ist auch nicht verwunderlich, wenn man in
Betracht zieht, daß schon Herodot und seine Zeitgenossen der besonderen Fas-
zination dieses Gebirges erlagen.[89] Nachdem bereits Heuzey erste Inschriften
aus der östlichen Hälfte des Pangaiongebirges veröffentlicht und daran weitgehende Schlußfolgerungen geknüpft hatte[90], war es um die Jahrhundertwende
vor allem Paul Perdrizet, der das einschlägige Material gesammelt und mono-
graphisch ausgewertet hatte.[91] Später hat Salač neue Inschriften aus dieser Region publiziert[92], bevor dann in den dreißiger Jahren Μπαϰαλάϰης und Collart
die denkwürdige Inschrift über den Kauf des Weinbergs der almopianischen
Göttin entdeckten.[93]

Einer großangelegten Erforschung des Gebirgsstocks durch zwei deutsche
Gelehrte, die insbesondere den Spuren des antiken Bergbaus im Pangaion nach-
gingen, wurde nach sehr verheißungsvollen Anfängen[94] von den zuständigen
griechischen Behörden die weitere Genehmigung versagt.[95] Dies ist umso be-

---

[89] Herodot kommt an verschiedenen Stellen seines Werkes auf diese Gegend zu sprechen.
So insbesondere in Buch VII 111ff., wo er von den Satrern berichtet.

[90] HEUZEY beginnt seine Sammlung der Inschriften in Kavala (Nr. 1–5) und unternimmt
von dort aus einen Exkurs ins Pangaiongebirge (Nr. 6–10; S. 26–32). Ich bin seinem Beispiel in
meiner Sammlung zwar in bezug auf Kavala gefolgt, stelle aber die Inschriften des Pangaiongebirges an den Schluß.

[91] Die vielen zumeist in BCH veröffentlichten Einzelstudien (vgl. die Liste im Literaturverzeichnis) fanden ihren krönenden Abschluß in der Monographie: PAUL PERDRIZET: Cultes et
mythes du Pangée, Annales de l'est, publiées par la faculté des lettres de l'université de Nancy,
24ᵉ année, fascicule 1, Paris/Nancy 1910.

[92] A. SALAČ: Inscriptions du Pangée, de la région Drama-Cavalla et de Philippes, BCH 47
(1923), S. 49–96.

[93] Es handelt sich um die Inschrift 602/G647 (dort sind auch die einschlägigen Literaturhin-
weise zu finden).

[94] HEINZ JOSEF UNGER/EWALD SCHÜTZ: Ein Gebirge und sein Bergbau: Mythos und Wirklichkeit, Pangaion 1, o.O. 1980. DIES.: Wanderungen im Pangaion, Pangaion 2, Landshut 1981.

[95] UNGER und SCHÜTZ berichten darüber in der Einleitung von Pangaion 2 (s. d. vorige
Anm.) folgendes:»Im Jahre 1980 sollten die 1976 begonnenen Untersuchungen der Erzlager-
stätten, des antiken Bergbaus und der antiken Verhüttung im Pangaion fortgesetzt werden. Als
wir am 15.5.1980 bei Frau Dr. Koukouli-Chrysanthaki im Museum Kavala vorsprachen, wurde
uns mitgeteilt, daß wir keine Arbeitsgenehmigung für das Pangaion bekämen. Begründet wurde

dauerlicher, als aus den konkurrierenden griechischen Plänen offenbar bisher nichts geworden ist. Jedenfalls ist bis heute nicht eine einschlägige Zeile publiziert worden. Jeder, der einmal auf den Spuren von Unger und Schütz wandelte, kann dies nur zutiefst bedauern, denn gerade was etwa die von ihnen skizzierten Bergbauwege angeht, wäre noch viel zu tun.

Trotz einiger einzelner Grabungen ist es immer noch nicht gelungen, die Rolle des Pangaiongebirges für die uns interessierende Gegend im Rahmen der hellenistischen bzw. der römischen Epoche genauer zu erfassen. Die unlängst publizierte Ausgrabung des Tumulus von Νικήσιανη (Karte 2, Nr. 52)[96] hat zwar für *diesen* Raum (d.h. den östlichen Bereich des Pangaion) und *diese* Zeit (Ende des 4./Anfang des 3. Jh. v. Chr.) interessante Ergebnisse gebracht – inwiefern diese jedoch verallgemeinert werden können, ist mangels vergleichbarer Befunde durchaus ungewiß. So schreiben die Herausgeber der abschließenden Publikation:

»Thirty years after the excavation of the tumulus, the archaeological picture of the area around Nikisiani remains unclear. The more recent finds are fragmentary in nature and are not sufficient to shed further light on the settlements of the area, or the origins and customs of the inhabitants. This also accounts for the tumulus remaining an isolated discovery, so that we can only conjecture as to the identity and function of the occupants of the tombs: it is not certain whether they were a family of military or administrative functionaries, who came from Lower Macedonia and lived here because they were connected with the working of the mines, as representatives of the Macedonian kings, or whether they were locals who were trying to imitate the Macedonian aristocracy.«[97]

Insbesondere für die uns in dieser Arbeit interessierende frühe Kaiserzeit lassen sich aus den neuen Funden so gut wie keine Folgerungen ziehen. Wir sind nach wie vor auf den epigraphischen Befund angewiesen, wenn es um die Rolle des Pangaiongebirges im Rahmen des Territoriums[98] der *Colonia Iulia Augusta Philippensis* geht.

---

diese Ablehnung mit der Bildung einer griechischen Arbeitsgruppe, die den Gebirgsstock systematisch untersuchen sollte.« (Einleitung, S. 9).

[96] Die Grabung in Νικήσιανη wurde von dem damaligen Ephoros der klassischen Ephorie Kavala, Δημήτριος Λαζαρίδης, in den Jahren 1959–1963 durchgeführt und nach dessen Tod aufgrund seiner Aufzeichnungen als Gemeinschaftswerk zweier Archäologen veröffentlicht: Δημήτρης Λαζαρίδης/Κατερίνα Ρωμιοπούλου/Γιάννης Τουράτσογλου: Ο Τύμβος της Νικήσιανης, Βιβλιοθήκη της εν Αθήναις Αρχαιολογικής Εταιρείας 121, Athen 1992.

[97] AaO., S. 68 (im Rahmen des englischen Summary).

[98] Außerhalb des Territoriums von Philippi im westlichen Teil des Pangaiongebirges liegt der Fundort von Felszeichnungen, die in ihrer Datierung noch umstritten sind. Vgl. dazu Νίκος Κ. Μουτσόπουλος: Τα ακιδογραφήματα του Παγγαίου, Athen 1969 und Χρήστος Γ. Παπουτσάκης: Νέες απόψεις για τις βραχογραφίες στο Μακεδονικό χώρο, in: Αρχαία Μακεδονία II (s. dort), S. 359–370. Der Fundort Νέα Φυλή liegt zwischen Μικρό Σούλι und Παλαιοκώμη (vgl. die Karte Νομός Σερρών, zur Lage von Παλαιοκώμη auch hier die Karte 2) und fällt in das Territorium von Amphipolis.

Von Interesse ist hier insbesondere der Zusammenhang mit dem Thrakischen Reiter, der leider in der Publikation mehr angedeutet als näher ausgeführt bzw. begründet wird: πρέπει ακόμα να τονίσουμε την ομοιότητα με τον Θράκα Ήρωα Ιππέα που η παρουσία του

Dieser epigraphische Befund ist – von interessanten Einzelstücken abgesehen – vor allem durch die seit dem Ende der sechziger Jahre in Kipia (griech. τα Κηπιά) betriebenen Grabungen vermehrt worden. Bei Kipia (der Ort liegt im SO des Pangaiongebirges, einige Kilometer westlich von Ελευθερούπολις, vgl. dazu die Karte 2) wurde das erste Heiligtum des Thrakischen Reiters auf makedonischem Boden ausgegraben. Dieser Ausgrabung kommt damit eine weit über das Pangaiongebirge bzw. das Territorium von Philippi hinausreichende Bedeutung zu. Die hier verehrte Gottheit trägt den Namen ῝Ηρως Αὐλωνείτης. Das Heiligtum selbst reicht in die hellenistische Zeit zurück, erlebte aber gerade in der frühen Kaiserzeit eine hohe Blüte. So wurden dort neben griechischen auch interessante lateinische Inschriften gefunden. Leider sind bisher die Ausgrabungen nur im Ansatz, die Inschriften nur zum Teil publiziert.[99] Aber schon das jetzt (Ende März 1995) zugängliche Material erlaubt den Schluß, daß der Kult des ῝Ηρως Αὐλωνείτης für die *Colonia Iulia Augusta Philippensis* von erheblicher Bedeutung war.

Dies wird bestätigt durch den Fund einer Münze auf der Agora in Thasos. Dem kurzen Bericht von Olivier Picard[100] ist zu entnehmen, daß die Münze auf der Vorderseite eine Abbildung des Kaisers samt der Widmung

---

μεταφυτεύεται στον Κλασσικό Ελληνισμό και λατρεύεται ως ημίθεος. Οι ομοιότητες στοιχείων της εικονογραφίας του με τους ιππείς μας θα πρέπει να εξεταστούν (Παπουτσάκης, S. 363; Übersetzung:»Es gilt zudem noch hinzuzufügen den Hinweis auf die Ähnlichkeit mit dem thrakischen Reiterheros, der auch in der klassischen und hellenistischen Epoche als Halbgott verehrt wurde. Die ikonographischen Ähnlichkeiten dieses thrakischen Reiterheros mit unseren Reitern bedürfen noch der Untersuchung«). Er datiert die Zeichnungen aus dem Pangaion από το τέλος της Χαλκής Εποχής για να φτάσει ίσως ως τούς πρώτους Χριστιανικούς χρόνους (S. 367; Übersetzung:»vom Ende der Bronzezeit bis wahrscheinlich in die ersten christlichen Jahre«).

[99] Neben den Berichten im ΑΔ sind hier die folgenden Arbeiten zu nennen: Χάιδω Κουκούλη: Ιερόν Θρακός ήρωος Αυλωνείτου, ΑΑΑ 2 (1969), S. 191–194. Χάιδω Κουκούλη-Χρυσανθάκη/Δήμητρα Μαλαμίδου: Το ιερό του Ήρωα Αυλωνείτη στο Παγγαίο, ΑΕΜΘ 3 (1989) [1992], S. 553–567. Dies.: Το ιερό του ήρωα Αυλωνείτη στο Παγγαίο (ΙΙ), ΑΕΜΘ 4 (1990) [1993], S. 503–511. Zum übrigen Material in der Umgebung ist zu vergleichen: Δημήτριος Κ. Σαμσάρης: Η λατρεία του «θράκα ιππέα» στην κάτω κοιλάδα του Στρυμόνα κατά τη ρωμαϊκή εποχή, in: ders.: Έρευνες στην ιστορία, την τοπογραφία και τις λατρείες των ρωμαϊκών επαρχιών Μακεδονίας και Θράκης, Thessaloniki 1984, S. 43–57. Ganz in der Nähe des Heiligtums des ῝Ηρως Αὐλωνείτης in Kipia wurde eine frühchristliche Basilika entdeckt: Χαράλαμπος Μπακιρτζής: Ανασκαφή παλαιοχριστιανικής βασιλικής στα Κηπιά του Παγγαίου, ΑΕΜΘ 2 (1988) [1991], S. 433–441. Ch. Bakirtzis: A propos de la destruction de la Basilique paléochrétienne de Kipia (Pangée), »Appendice« in: Jean Karayannopoulos: Les Slaves en Macédoine. La prétendue interruption des communications entre Constantinople et Thessalonique du 7ème au 9ème siècle, Comité National Grec des Études du Sud-Est Européen, Centre d'Études du Sud-Est Européen, Athen 1989. Χαράλαμπος Μπακιρτζής: Δύο παλαιοχριστιανικές επιγραφές από τα Κηπιά Παγγαίου, in: Αφιέρωμα εις τον Κωνσταντίνον Βαβούσκον, Band 5, Thessaloniki 1992, S. 277–282.

[100] Olivier Picard: Ανασκαφές της Γαλλικής Αρχαιολογικής Σχολής στο Θάσο το 1988, ΑΕΜΘ 2 (1988) [1991], S. 387–394; hier S. 389 mit Abb. 10. Vgl. auch ders.: Images des dieux sur les monnaies grecques, MEFRA 103 (1991), S. 223–233; hier S. 222–223.

DIVO AUGUSTO

trägt, auf der Rückseite dagegen neben der Aufschrift

R(es) P(ublica) C(oloniae) P(hilippensis)

das Bild eines Thrakischen Reiters mit der Legende

HEROI AULONITE.

Mit dieser Münze dokumentiert die Stadt Philippi also ihre Verbundenheit nicht mit irgendeinem Thrakischen Reiter, sondern speziell mit dem Ἥρως Αὐλωνείτης.

Anhang: Thessaloniki

Aus der weiteren Umgebung ist hier abschließend noch ein überaus bedeutsamer Fund zu nennen, der die Zahl der Inschriften aus Philippi ganz beträchtlich erhöht hat; dabei handelt es sich merkwürdigerweise um einen Fund aus Thessaloniki. Im Jahr 1943 wurde auf Anweisung der deutschen Besatzungsbehörden der östlich der Stadtmauer gelegene jüdische Friedhof zerstört.[101] Die dadurch gewonnenen Steine sollten als Baumaterial verwendet werden. Dabei war schon lange bekannt, daß diese jüdischen Grabsteine zum Teil antike Inschriften aufweisen.[102] Deswegen setzte sich Νικόλαος Παππαδάκης, Professor für altgriechische Philologie an der Universität Thessaloniki und Διευθυντής Ἱστορικῶν Μνημείων καὶ Ἀρχαιολογίας, dafür ein, wenigstens die antiken Steine zu retten, was offenbar (jedenfalls teilweise) gelang.[103]

Auf diese Weise wurden eine Reihe von griechischen, lateinischen und hebräischen Inschriften vor der Vernichtung bewahrt. Die griechischen Inschriften sind vollständig publiziert durch Καλλιπολίτης und Λαζαρίδης (vgl. Anm. 102). Die lateinischen Inschriften wurden von Φώτιος Πέτσας unter

---

[101] Zur Lage dieses jüdischen Friedhofs vgl. die Karte bei EDSON, IG X 2,1: Thessalonica. Urbs vetus (nach S. 316). Der jüdische Friedhof trägt die Nummer 4.

[102] Vgl. die Literaturangaben bei B. Καλλιπολίτης/Δ. Λαζαρίδης: Ἀρχαίαι ἐπιγραφαί Θεσσαλονίκης, Thessaloniki 1946, S. 5, Anm. 1.

[103] Καλλιπολίτης und Λαζαρίδης haben ihr Buch (vgl. die vorige Anm.) εἰς τὴν μνήμην τοῦ σοφοῦ Διδασκάλου Νικολάου Παππαδάκι gewidmet ... κυρίως συντελέσαντος ... εἰς τὴν διάσωσιν τοῦ ἀρχαίου ὑλικοῦ τῶν ἑβραϊκῶν νεκροταφείων Θεσσαλονίκης, ἐξ ὧν προέρχονται καὶ αἱ ἐνταῦθα δημοσιευόμεναι ἐπιγραφαί (so das Widmungsblatt des Buches o. S.; Übersetzung: »dem Andenken an den weisen Lehrer Nikolaos Pappadakes, ... welcher das Verdienst hat, daß die antiken Steine von den jüdischen Friedhöfen in Thessaloniki gerettet wurden; dieses Material ist die Basis für die hier publizierten Inschriften«). Beim Wiederabdruck dieser Studie in dem Sammelband über Thessaloniki: Θεσσαλονίκην Φιλίππου Βασίλισσαν. Μελέτες για την Ἀρχαία Θεσσαλονίκη, Thessaloniki 1985, wurde auf diese Widmung leider verzichtet. Ich zitiere die Studie von Καλλιπολίτης und Λαζαρίδης nach dem Original, das z.B. in der Bibliothek der American School of Classical Studies in Athen vorhanden ist.

dem irreführenden Titel Λατινικαί επιγραφαί εκ Θεσσαλονίκης[104] herausgegeben. Irreführend ist der Titel deshalb, weil schon eine sehr flüchtige Durchsicht dieses Materials zeigt – und Πέτσας selbst stellt dies in seinem Kommentar auch deutlich heraus –, daß mindestens der größte Teil dieser Inschriften zwar in Thessaloniki gefunden wurde, aber aus Philippi stammt. Die hebräischen Inschriften sind – soweit ich dies ermitteln konnte – bisher noch nicht publiziert worden. Dies ist aus mehreren Gründen sehr zu bedauern; denn aus diesen hebräischen Inschriften würden sich ja nicht nur wertvolle Daten hinsichtlich der Geschichte der Juden in Thessaloniki ergeben, sondern auch in dem einen oder anderen Fall Hinweise bezüglich der Zeit, in der diese (z.T. tonnenschweren) Steine aus Philippi (und anderswoher) zum jüdischen Friedhof nach Thessaloniki gebracht wurden.

Von den lateinischen Inschriften sind sechsundzwanzig Nummern in meine Sammlung übernommen; bei ihnen ist die Herkunft aus Philippi zum Teil sicher, zum Teil so gut wie sicher. Hinzu kommt ein eindeutiger Fall einer griechischen Inschrift. Bei weiteren griechischen Inschriften ist eine Herkunft aus Philippi zumindest diskutabel.[105]

5. Neue (theologische) Literatur zum Thema

Die theologische Literatur hat seit jeher meist mit einer gewissen Verzögerung auf die Erforschung des Gebiets von Philippi reagiert. So hat beispielsweise Heinrich August Wilhelm Meyer seinem Kommentar zum Philipperbrief[106] eine Einleitung vorausgeschickt, in der er zunächst in § 1 »Die Philipper-Gemeinde« behandelt. Hinsichtlich der »Ruinen« beruft er sich dabei auf den Bericht Cousinérys.[107] Nachdem dann die ungleich materialreichere Studie Heuzeys erschienen war, die erstmals auch eine Sammlung aller damals bekannten Inschriften aus Philippi bot, diente er als archäologischer Gewährsmann der neutestamentlichen Forscher.[108]

---

[104] Φώτιος Μ. Πέτσας: Λατινικαί επιγραφαί εκ Θεσσαλονίκης, AE 1950–1951, S. 52–79; auch diese Studie ist αφιερωμένη εις την μνήμην του Νικολάου Παππαδάκι (S. 52, Anm. *).

[105] Hier sei nur das Problem angedeutet: Bei einigen der griechischen Inschriften ist die Herkunft aus Thessaloniki klar, bei anderen möglich. Es verbleibt aber ein beträchtlicher Rest, der bei Edson in der Sammlung der Inschriften aus Thessaloniki (IG X 2,1) entweder mit einem Stern versehen (und damit als möglicherweise nicht aus Thessaloniki stammend gekennzeichnet) ist oder völlig fehlt (offenbar deshalb, weil Edson die Herkunft aus Thessaloniki für unwahrscheinlich hielt). Einige dieser Stücke mögen auch aus Philippi stammen.

[106] Heinrich August Wilhelm Meyer: Kritisch exegetisches Handbuch über die Briefe an die Philipper, Kolosser und an Philemon, KEK 9, Göttingen ²1859.

[107] M.E.M. Cousinéry: Voyage dans la Macédoine [zwei Bände], Paris 1831.

[108] Léon Heuzey/H. Daumet: Mission archéologique de Macédoine, [Bd. I] Texte, [Bd. II] Planches, Paris 1876.

Seit einem halben Jahrhundert ist das Werk Heuzeys durch die Monographien von Collart und Lemerle[109] überholt, und sie werden seither in (fast) allen einschlägigen Arbeiten zumindest genannt. Ich will hier nicht untersuchen, inwiefern sie darüber hinaus auch wirklich berücksichtigt werden; häufig hat man den Eindruck, die beiden Arbeiten führten ein Schattendasein im jeweiligen Literaturverzeichnis. Das ist insbesondere im Hinblick auf Lemerle zu bedauern, der auf immerhin sechsundzwanzig Seiten einen ausführlichen Kommentar zu Apg 16,8–40 bietet, den zu berücksichtigen manchem Actakommentar gut angestanden hätte;[110] denn auch die eine oder andere rein neutestamentliche Diskussion bei Lemerle stellt so gut wie alles in den Schatten, was von theologischer Seite dazu geschrieben wurde.[111]

Nachdem die neueren archäologischen und epigraphischen Arbeiten im vorigen Abschnitt zusammengestellt worden sind, geht es mir hier darum, die neutestamentlichen Beiträge kurz zu würdigen. Ich beschränke mich dabei auf solche Werke, die wie die vorliegende Arbeit versuchen, die lokalgeschichtlichen Ergebnisse in Philippi für die Interpretation der einschlägigen frühchristlichen Texte fruchtbar zu machen.

a) Elliger: Paulus in Griechenland

Der erste Versuch, die Ergebnisse der neuen Ausgrabungen für Theologen aufzuarbeiten, stammt von Winfried Elliger.[112] Die Fragen, die Elligers Buch beantworten will, sind folgende: »Wie sah es in den Städten Griechenlands aus zur Zeit, als Paulus sie besucht hat? Was ist durch den Spaten der Ausgräber davon wieder ans Licht gekommen? Welche literarischen Quellen können das Bild dieser Städte vervollständigen? Und vor allem: In welchem Verhältnis stehen die neutestamentlichen Angaben über Philippi, Thessaloniki, Athen und Korinth zu dem, was wir sonst über diese Städte wissen?«[113] Wie ist dieses Programm nun im Fall der *Colonia Iulia Augusta Philippensis* verwirklicht?

---

[109] PAUL COLLART: Philippes, ville de Macédoine, depuis ses origines jusqu'à la fin de l'époque romaine [zwei Bände], Paris 1937 und PAUL LEMERLE: Philippes et la Macédoine orientale à l'époque chrétienne et byzantine. Recherches d'histoire et d'archéologie, [Bd. 1] Texte, [Bd. 2] Album, BEFAR 158, Paris 1945.

[110] LEMERLE, S. 15–41.

[111] Ich nenne als Beispiel das bei LEMERLE (S. 21, Anm. 1) gesammelte Material zur Konjektur in Apg 16,12 – in keinem der von mir benutzten Kommentare vermochte ich auch nur einen Bruchteil der hier gebotenen Materialfülle zu finden!

[112] WINFRIED ELLIGER: Paulus in Griechenland. Philippi, Thessaloniki, Athen, Korinth, SBS 92/93, Stuttgart 1978 (Nachdr. außerhalb der Reihe 1987). Der Nachdruck ist vom Verlag leider nicht als solcher gekennzeichnet, so daß dem Leser der Eindruck vermittelt wird, ein Buch auf dem Stand von 1987 in Händen zu halten (das ist selbst dem Rezensenten der ThLZ so gegangen: KARL MATTHIAE, ThLZ 113 (1988), Sp. 441–442). Die einzige Hinzufügung beim Neudruck findet sich S. 259 (ein Nachtrag zum Literaturverzeichnis mit vier Nummern!).

[113] So im Vorwort des Buches, S. 7.

Elliger beginnt das Philippikapitel mit einem ersten Abschnitt zum Thema »Der Übergang nach Europa« (S. 23-29), der m.E. den Übergang als *Übergang nach Makedonien* völlig verkennt (dazu siehe unten im Dritten Kapitel, § 1). Es folgt ein Exkurs über Amphipolis (S. 29-32), der den Vf. als nicht sehr gut informiert erweist: Amphipolis liegt nicht »etwa 25 Kilometer landeinwärts« (S. 29), sondern allenfalls 5km. Die einzige für Amphipolis angeführte Monographie von Broneer stammt aus dem Jahr 1941, die wichtige zusammenfassende Studie von Λαζαρίδης dagegen ist noch nicht einmal im Literaturverzeichnis genannt.[114] Die eindrucksvollen Mauern des Nordabschnitts (bis zu 7m hoch erhalten!) werden mit keinem Wort erwähnt.

Wesentlich besser informiert zeigt sich Elliger, was die neuere Literatur zu Philippi selbst angeht. Hier werden neben Collart und Lemerle auch Λαζαρίδης und sogar Collart/Ducrey genannt.

Aber auch hier sind Lücken erkennbar: Der zweite Band von Kalléris erschien 1976, trotzdem wird im Nachdruck von 1987, S. 33, Anm. 16 behauptet: »*Kalléris* wird in dem noch nicht erschienenen 2. Band seines Werkes über die alten Makedonen … Religion, politische und soziale Einrichtungen in Makedonien sowie die historischen Zeugnisse untersuchen.« In Anm. 24 (S. 37) versucht Elliger, die Literatur über »die jüngsten Ausgrabungen in Philippi« zusammenzustellen: Diese Liste spiegelt aber lediglich den Stand der Dinge von 1970, nicht jedoch von 1978 wider[115]; es fehlen die Berichte ΠΑΕ 1969 [1971]; 1970 [1972]; 1971 [1973]; 1972 [1974]; 1973 [1975]; 1974 [1976]; 1975 [1977] (die folgenden waren bei der Drucklegung des Buches von Elliger wohl noch nicht greifbar). D.h. es fehlen die Ergebnisse von sieben Grabungskampagnen – was im Hinblick auf den Oktogonbereich ein gewaltiges Manko darstellt! Anschaulich wird dies an Elligers Abb. 11, die den Stand der Grabung im Jahr 1960 markiert – in Wirklichkeit war 1978 bereits der gesamte Oktogonkomplex – also ein Vielfaches des auf der Abb. dargestellten Areals – ausgegraben.

Im Abschnitt »Die römische Kolonie« bietet Elliger eine gute Skizze der Neugründung der Stadt und räumt energisch mit (bis heute) tradierten Vorurteilen auf. So betont er, daß Philippi »keine ausgesprochene Militärkolonie« war; vielmehr habe die Stadt ihren »ländlichen Charakter … auch in späterer Zeit bewahrt«: »Gerade dieser doppelte Charakter von Veteranenkolonie und Bürgerkolonie ist für Philippi bezeichnend.«[116]

Schon beim Erscheinen des Buches überholt war der Abschnitt über die *Via Egnatia:* Weder die zusammenfassende Studie zu den Milliarien aus der Feder Collarts[117] noch der

---

[114] Das Buch von BRONEER befaßt sich ausschließlich mit dem Löwendenkmal (OSCAR BRONEER: The Lion Monument at Amphipolis, Cambridge (Mass.) 1941). Maßgeblich ist heute die (in Teilen schon wieder überholte) Studie von Λαζαρίδης (Δ. Λαζαρίδης: Αμφίπολις και Άργιλος, Ancient Greek Cities 13, Athen 1972). Selbst das schon einigermaßen betagte Werk von PAPASTAVRU (JOHANNES PAPASTAVRU: Amphipolis. Geschichte und Prosopographie, mit Beiträgen von C.F. LEHMANN-HAUPT und ARTHUR STEIN, Klio.B 37, Leipzig 1936) wird von ELLIGER nicht genannt.

[115] Dem Käufer des Buches, der – vom Verlag hinters Licht geführt – meint, ein Buch auf dem Stand von 1987 erworben zu haben, fehlen also die Ergebnisse von 17 Jahren intensiver Forschung.

[116] Der Abschnitt über die römische Kolonie findet sich S. 40–45; das Zitat S. 43.

[117] PAUL COLLART: Les milliaires de la Via Egnatia, BCH 100 (1976), S. 177–200.

Bericht über das neue Milliarium aus Thessaloniki, das das Rätselraten hinsichtlich des Namens der Straße (vgl. Elliger, S. 46, Anm. 38) erübrigt, sind dem Verfasser bekannt.[118] Auch die Ausführungen zur προσευχή (S. 47–50) sind nicht überzeugend; Vf. beruft sich auf Collarts *pomerium*-Theorie (vgl. dazu unten im Ersten Kapitel, § 1,2), nennt aber auch die Einwände Lemerles (S. 50, Anm. 47), freilich ohne sie zu widerlegen! Die Quellen liefern das Wasser für die Waschungen – die dann 2km von diesen Quellen entfernt stattfanden (S. 48)? Die *pomerium*-Grenze ist auf keinen Fall identisch mit der »Territorialgrenze« (S. 49) – das Territorium der *Colonia Iulia Augusta Philippensis* endet doch nicht an Collarts πύλη (die übrigens keinesfalls, wie S. 48 behauptet, bei »den Ausgrabungen« »gefunden«, sondern schon von Heuzey beschrieben wurde!).

Eindrucksvoll sind die Ausführungen unter der Überschrift »Die Beamten von Philippi«[119]. Hier wird nicht nur klar und energisch für die Konjektur in Apg 16,12 (dazu vgl. im einzelnen unten das Dritte Kapitel, § 2) argumentiert, sondern auch mit den in vielen Darstellungen umhergeisternden *praetores* Schluß gemacht. Bemerkenswerte Beobachtungen enthält der folgende Abschnitt über die Anklage[120]. Ein anschauliches Bild wird von den mannigfachen Kulten und religiösen Gemeinschaften, die sich in Philippi nachweisen lassen, gezeichnet.[121]

Zusammenfassend kann man daher ohne Übertreibung sagen, daß Elliger in bezug auf Philippi Pionierarbeit geleistet hat. Er ist der erste, der die neuen archäologischen und historischen Ergebnisse mit den neutestamentlichen Texten konfrontiert; meine Einzelkritik soll nicht davon ablenken, daß jeder, der auf diesem Gebiet arbeitet, seinen Weg gern durch die Schneise beginnt, die Elliger geschlagen hat.

b) Abrahamsen

Abrahamsen formuliert ihr Anliegen am Schluß ihres Buches folgendermaßen: »In New Testament studies, the total environment of a given city or region which appears in the New Testament should be a major concern, especially if that city were visited by St. Paul.«[122] Das Besondere ihres Ansatzes sieht sie

---

[118] C. Romiopoulou: Un nouveau milliaire de la Via Egnatia, BCH 98 (1974), S. 813–816 mit Abb. 1–2; wieder abgedruckt in: Θεσσαλονίκην Φιλίππου Βασίλισσαν. Μελέτες για την Αρχαία Θεσσαλονίκη, Thessaloniki 1985, S. 532–535.

[119] AaO., S. 51–55.

[120] AaO., S. 55–57.

[121] AaO., S. 62–67. Weniger geglückt ist die Darstellung des ὕψιστος θεός (S. 67–69); hier sind gerade die einschlägigen Belege aus Makedonien und Thrakien nicht hinlänglich gewürdigt, vgl. dazu unten im Kapitel 3 den Paragraphen 5: Die Diener des θεὸς ὕψιστος.

[122] Valerie Ann Abrahamsen: The Rock Reliefs and the Cult of Diana at Philippi, Diss. Harvard Divinity School, Cambridge (Mass.) 1986; hier S. 202. Über den Rahmen ihrer Dissertation hinaus führt ihr Aufsatz über Porphyrios (dies.: Bishop Porphyrios and the City of Philippi in the Early Fourth Century, VigChr 43 (1989), S. 80–85; vgl. auch die Zusammenfassung ihrer Dissertation (dies.: Christianity and the Rock Reliefs at Philippi, BA 51 (1988), S. 46–56) und den Aufsatz über die Frauen in Philippi (dies.: Women at Philippi: The Pagan and the Christian Evidence, Journal of Feminist Studies in Religion 3 (1987), S. 17–30).

selbst darin, daß ihre Studie »will be the first comprehensive study of the Diana reliefs and Philippi by an American, a New Testament scholar, and a woman. This will result in different interpretations of the evidence than have previously been put forward.«[123]

Abrahamsen zieht durchweg auch das epigraphische Material heran. Ich gehe daher im folgenden der für mich besonders interessanten Frage nach, wie sie das tut.

Die erste Inschrift, die sie zitiert (S. 5, Anm. 11; es handelt sich um die beinahe identischen Texte 229/L342 und 230/L343 vom Forum), läßt Schlimmes befürchten: In der Übersetzung wird der Geehrte statt als *L. Modius Laetus Rufinianus* als *L. Modio Laeto Rufiniano* bezeichnet, weil Vf.in anscheinend nicht in der Lage ist, den Dativ in einen Nominativ umzusetzen. Auch die Übersetzung der Inschrift 227/L337, die Vf.in S. 26, Anm. 3 bietet, spottet jeder Beschreibung. Die Übersetzung der Inschrift des *Quintus Mofius Euhemerus* (132/L303 vom Neapolistor) kann man nur als Katastrophe bezeichnen: »The House of Q. Mofius Euhemerus, physician, put up this sacrifice ...«, beginnt der Text, und mit »as decreed by the senator« endet er (S. 43, Anm. 53). Das Haus, das hier zum Subjekt wird, steht im Lateinischen im Genitiv und ist abhängig von *ob honorem: ob honorem divinae domus* aber bedeutet: »zur Ehre des kaiserlichen (»göttlichen«) Hauses« – und hat mit dem Haus des *Quintus Mofius Euhemerus* absolut nichts zu tun! Nicht der Senator faßt den Beschluß, sondern der Rat als ganzer: *decreto decurionum* heißt: »auf Beschluß des Rates« (allenfalls: »auf Beschluß der Senatoren«).

Bei der Silvanusinschrift 163/L002 (S. 48) von der Akropolis werden die Abkürzungen entweder gar nicht (*P. Hostilius P. L. Philadelphus* statt *P(ublius) Hostilius P(ubli) l(ibertus) Philadelphus,* d.h. Publius Hostilius Philadelphus, der Freigelassene des Publius) oder verkehrt (z.B. *sac(erdos) Urbano* anstelle des einzig möglichen *sac(erdote) Urbano,* d.h. »unter dem Priester Urbanus« oder: »als Urbanus Priester war«) aufgelöst; die Übersetzung ist auch hier nicht frei von Fehlern *(petram inferior(em)* heißt nicht »the small rock«!). Auch die drei weiteren Silvanusinschriften 164/L001, 165/L003 und 166/L004 enthalten Fehler (S. 48f.), besonders kraß 165/L003, wo der Text lauten soll: »List Popili« (*sic*), was Vf.in übersetzt mit »List of Common People« (S. 49 mit Anm. 65). In Wirklichkeit muß man ergänzen *[Cal]list(us) Popili(us)* – so schon bei Heuzey! (Ein lateinisches Wort »List«, das braucht nicht eigens betont zu werden, existiert überhaupt nicht!)

Weitgehende Schlüsse zieht Abrahamsen aus der falschen Lesart einer Inschrift auf der Akropolis (189/L026): Statt *Deo magno Ri[ncal]e[o]* liest sie *Deo magno Re[g]e*

---

[123] AaO., S. XIf. Sie fügt dem sogleich hinzu: »Second, in contrast to all previous major works on Philippi, mine is in English and thus accessible to English-speaking scholars, unlike its predecessors in French, modern Greek, and even Russian. Moreover, except for Collart-Ducrey, Reliefs [im Original unterstrichen], mine will be the most recent work on the topic since the 1940's.« (ebd.). Ob es English-speaking scholars gibt, die nur Englisch lesen, mag hier auf sich beruhen. Aber die Behauptung, es handle sich um die erste Arbeit seit den vierziger Jahren, kann man nicht ernsthaft aufrechterhalten. ABRAHAMSEN hat hier offensichtlich nicht hinlänglich recherchiert: Man vermißt bei ihr die Monographie von Λαζαρίδης (die 1973 erschien; ABRAHAMSEN scheint nur den Führer aus der Feder von Λαζαρίδης, der 1956 gedruckt wurde, zu kennen; vgl. S. 215) und den Beitrag ELLIGERS (WINFRIED ELLIGER: Paulus in Griechenland. Philippi, Thessaloniki, Athen, Korinth, SBS 92/93, Stuttgart 1978 [Nachdr. außerhalb der Reihe 1987]).

nach Picard[124]; flugs stellt sie (aufgrund des *rege*!) »a connection with a legendary king in Thracian history, Rhesos« (S. 66) her, der durch Träume heile – also liege auch hier eine Heilung vor. Ein geradezu haarsträubendes Verfahren, da diese Inschrift weder etwas mit Rhesos zu tun hat, noch eine Heilung voraussetzt.[125]

Auf geradezu abenteuerliche Weise versucht Abrahamsen, Zeugnisse für den Mithraskult in Philippi zu konstruieren (S. 66f.). Die beiden angeführten Inschriften sind schon bei Collart (S. 426 mit Anm. 3) eindeutig als nicht mithraisch erwiesen: »Ainsi, disparaissent de ces inscriptions les épithètes *Rex* et *Patrius Invictus* qu'on y avait, hypothétiquement, restituées …« sagt Collart (S. 426) klipp und klar. Abrahamsen weist auf die betreffende Stelle bei Collart hin – aber sie behauptet unverdrossen: »A few inscriptions … could refer to Mithras« (S. 67). Was soll man dazu sagen?[126] Im folgenden Absatz heißt es dann überraschenderweise: »To date, no true Mithraic sanctuary has been found in or near Philippi – – no definitive inscriptions, no Mithras cave shrines, no statuary.« (ebd.).

Besonders kraß ist die Verwendung zweier Inschriften auf S. 82. Die Inschrift IG X 2,1, Nr. 260 aus Thessaloniki wird nach einem Aufsatz aus dem Jahr 1900 zitiert: Der überholte Text bietet ἱέρεια statt Ἱερεία, statt οὖσα sodann θύσα und statt Εὐεία, dem Namen der Priesterin, εὐεία. Es ergibt sich somit Ἱερεία θύσα εὐεία – auch ein Gräzist vom Schlage eines Wilamowitz-Moellendorff könnte sich darauf nur vermittelst mehrerer Konjekturen einen Reim machen! Im gleichen Atemzug wird das (korrekt zitierte) *sacerdot[i] Aug(ustae)* in 226/L344 dahingehend interpretiert, daß hier eine Priesterin des Augustus (!) gemeint sei.

Zum Schluß ihrer Untersuchung setzt Abrahamsen ihrer Inschrifteninterpretation die Krone auf (S. 200f.). Um die These zu belegen, »that paganism thrived in the region even around the time of Theodosius« (S. 200), müssen die beiden Inschriften 071/G437 und 083/G066 herhalten. Die weit verbreitete Formel εἰ δέ τις τολμήσι ἕτερον σκήνωμα καταθέσθαι, δώσει τῷ ἱερωτάτῳ ταμείῳ χρυσοῦ λίτραν μίαν (071/G437, Z. 10–16 und fast gleichlautend auch 083/G066, Z. 11–15), d.h.: »Wenn aber einer es wagt, eine andere Leiche hier niederzulegen, soll er dem heiligsten Fiscus ein Pfund Gold (als Strafe) bezahlen«, wird völlig falsch übersetzt mit: »Whoever dares to place (here) another body *should give a very fine offering of one liter of gold*« (S. 200 und S. 201; meine Hervorhebung) und im Sinne einer Weihgabe an heidnische Götter verstanden: »the formulation about the *offering of gold* is found in pagan examples« (S. 201; meine Hervorhebung; im Original ist stattdessen das »is« hervorgehoben).

Die mangelhafte Interpretation des epigraphischen Materials fällt jedem Kundigen auf, der einen Blick in die Arbeit Abrahamsens wirft. Darüber hinaus wird kein Versuch gemacht, dieses (und anderes) Material für die Interpretation der christlichen Texte aus dem NT – also des Philipperbriefs und der Apostelgeschichte – und dem zweiten Jahrhundert (also des Polykarpbriefs) fruchtbar zu machen. Insofern unterscheidet sich die Arbeit Abrahamsens von dem vor-

---

[124] CH. PICARD: Les dieux de la colonie de Philippes vers le Ier siècle de notre ère, d'après les ex-voto rupestres, RHR 86 (1922), S. 117–201; hier S. 146ff. Die Publikation PICARDS wird noch des öfteren zitiert, ist aber eindeutig überholt.

[125] Die Formel *ex imperio* läßt mitnichten auf eine vorausgegangene Heilung schließen; das »as the expression ›ex imperio‹ might suggest« (S. 66) entbehrt jedes Zusammenhangs mit der These, daß Rhesos »came to be known as a hero who healed through dreams« (ebd.).

[126] Die erste Inschrift ist 169/L007, wo *D(omino) Rinc(aleo)* und nicht *D(eo) p(atrio) in(vi)c(to)* zu lesen ist, vgl. auch COLLART, S. 426.

liegenden Versuch; sie kann (anders als etwa Elliger) auch nicht als Vorgängerin für die vorliegende Arbeit gelten; dazu sind sowohl Zielsetzung als auch Durchführung zu unterschiedlich.

c) Portefaix

Lilian Portefaix beschreibt ihren Ansatz wie folgt:»The purpose of the present study, based on the ›reception theory‹ of literary texts held by W. Iser and H.R. Jauss, is to achieve as valid as possible a reconstruction of first-century women's understanding of the Christian message.«[127] Zu diesem Zweck bedarf es der Rekonstruktion der »various backgrounds [der Rezipienten] from surviving archaeological, epigraphical and literary sources«[128]. Gerade die letzteren führt Portefaix in einem bewunderungswürdigen Umfang an, um die Lebensbedingungen der Frauen in Philippi im ersten Jahrhundert zu erhellen.[129] Darauf ist jedoch in diesem Zusammenhang nicht einzugehen, da es mir nicht speziell um die Rolle der Frau in Philippi geht. Von Bedeutung ist dagegen das dritte Kapitel mit der Überschrift »Philippi at the Time of the Rise of Christianity«.[130] Vergleicht man die bei Portefaix gebotenen Informationen mit denen bei Abrahamsen, so muß man sagen, daß sie ungleich solider sind; dies gilt nicht nur für die epigraphischen, sondern für die historischen Daten überhaupt.

Bei der Lektüre des Buches begegnet man nur gelegentlichen Ungenauigkeiten. So liest man beispielsweise bezüglich der Nekropolen:»In Philippi ... the burial places were situated far outside the town where the tombstones bordered the Via Egnatia.« (S. 64). Wie die Funde von Gräbern unmittelbar außerhalb des Neapolistors zeigen, begann der Friedhof gleich jenseits des Wasserlaufs vor dem Stadttor; ähnlich verhält es sich auch vor dem Amphipolistor im Westen.

Die Frage bezüglich der Ära, die in den Inschriften verwendet wird, ist nicht so leicht zu erledigen, wie Portefaix meint:»Latin was the official language and its [sc. Philippi's] chronology dated from 148 B.C., the year when Macedonia became a Roman province.« (ebd.). In einer Anm. zur Stelle sagt Vf.in:»This is now commonly accepted. Against it Perdrizet gives the year 30 B.C. as the starting point« (S. 64, Anm. 56). Ich kann die Frage der Ära hier nicht erörtern, aber es gibt keinen Zweifel daran, daß mindestens die eine oder andere Inschrift mit 30 bzw. 31 v. Chr. rechnet (so auch Feissel, vgl. 360/G436).

Widersprüchlich ist die Haltung der Vf.in bezüglich der Collartschen *pomerium*-Theorie (vgl. dazu unten im Ersten Kapitel, § 1,2 und Karte 7). Diese wird zunächst unhinterfragt übernommen (S. 62 mit Anm. 32-34; S. 64 mit Anm. 53; so auch im Plan auf S. XIX aus Λαζαρίδης: 22 Pomerium); später wird die jüdische Gebetsstätte inmitten dieses *pomerium* lokalisiert:»Today, a likely site in close connection with a little river outside the wall of the ancient Philippi is commemorated by a church devoted the Lydia« (S. 73, Anm. 145): Diese likely site aber liegt dann in »an area of uncultivated land without houses ..., according to Roman custom« (S. 62)!

---

[127] LILIAN PORTEFAIX: Sisters Rejoice. Paul's Letter to the Philippians and Luke-Acts as Seen by First-century Philippian Women, CB.NT 20, Uppsala 1988; hier S. V im Abstract.
[128] So im Abschnitt über »Method and Course of the Study«, S. 5.
[129] AaO., S. 9–58.
[130] AaO., S. 59–74.

Nach diesem grundlegenden dritten Kapitel wendet sich Vf.in im vierten
Kapitel den »Deities of Importance to Women in Philippi« zu.[131] Hier werden
Diana, Dionysos und Isis untersucht. Im Falle der *Diana* hebt Vf.in vor allem
deren Rolle für das Leben im Jenseits hervor: Einige Felsreliefs lassen sich dahingehend interpretieren »that Philippian women identified themselves with the
divine huntress in the hope of their being identified with her after death ...«;
»... from archaeological parallels we may assume that it was the subject of deification after death that was depicted in these rock carvings. Thus, they may
show women identifying themselves with Diana in order to become sharers of
her independent life – a way of living unattainable to them in this mortal
life.«[132] Dies ist eine völlig neue Interpretation einiger der menschlichen Figuren in den Felsreliefs, die gerade für die theologischen Fragen von höchstem
Interesse sind, da sie Einblick in die »vorchristliche Eschatologie« der Philipper ermöglicht.

Was sodann *Dionysos* betrifft, ist die These der Vf.in, daß gerade diese Gottheit für die Frauen in Philippi von Bedeutung war, einigermaßen überraschend.
Ohne Zweifel ist der Kult des Dionysos in unserer Region auch in römischer
Zeit von überaus großer Bedeutung. Gerade das Pangaiongebirge – Portefaix
weist immer wieder darauf hin – ist von alters her mit Dionysos verbunden.
Und wie stark der Einfluß dieses Gottes noch in römischer Zeit war, zeigen die
einschlägigen Inschriften der *Colonia Iulia Augusta Philippensis* zur Genüge;
eine Schlüsselstellung kommt hier der berühmten Inschrift aus Doxato zu.[133]
Was sich aus den epigraphischen Zeugnissen aber *nicht* ergibt, ist eine besondere Rolle von Frauen. Vf.in hat alle Mühe, diese aus allgemeinen Überlegungen
zu rekonstruieren. Für die vorliegende Arbeit jedoch ist solche Konstruktion
zum Glück entbehrlich: Da ich mich nicht auf die Rolle der Frau beschränke,
kann ich die epigraphischen Zeugnisse aus Philippi ohne Probleme heranziehen, und auch diese erweisen sich im Hinblick auf die »vorchristliche Eschatologie« der Philipper als außerordentlich ergiebig (vgl. dazu unten im Ersten Kapitel, § 4,2c).

Ähnlich verhält es sich schließlich auch im Fall der *Isis*. Vf.in räumt selbst
ein: »Although Isis held such a predominant position in the colony there are
hardly any traces of that Philippian women participated in her cult.«[134] Auch
hier ergeben sich die Schwierigkeiten für Portefaix nicht aus einem Mangel an
Material: Der »Fehler« des (durchaus vorhandenen!) Materials liegt nur darin,
daß hier die Frauen keine besondere Rolle spielen.

Die folgenden Kapitel bilden den zweiten Teil der Studie: »The New Testament Texts as Seen by Philippian Women«.

---

[131] Dieses vierte Kapitel ist wesentlich ausführlicher gehalten: aaO., S. 75–128.

[132] AaO., S. 94 und S. 96.

[133] Es handelt sich um die Inschrift 439/L078, die auch bei PORTEFAIX zitiert und interpretiert wird (S. 105f.).

[134] AaO., S. 115.

Im fünften Kapitel werden zunächst »Methodological Remarks on the Perspective of Audience« (S. 131ff.) geboten. Hier heißt es: »No traces of Lydia's house or of her name are to be found in Philippi; a highly fragmented Latin inscription with the surviving letters (pu)RPURARI (CIL 3, 664) (Wikenhauser 1921, 411)[135] gives evidence only for the existence of a trade in purple within the colony. Therefore, it is safer to consider Lydia as a fictitious figure, hiding a germ of historical truth, rather than an entirely authentic person; Luke could scarcely have made up the story of Lydia altogether if he could claim to be considered as reliable in the eyes of recipients familiar with the Philippian church.« (S. 132, Anm. 4). Dies ist nun allerdings ein wunderliches Kriterium, daß weder Haus noch Name der Lydia sich in Philippi gefunden haben. Man hat auch – um eine ungleich wichtigere Figur des Urchristentums zu nennen – weder Haus noch Name des Paulus in Tarsos oder sonstwo gefunden; aber käme ein vernünftiger Mensch auf die Idee, es für »safer« zu halten, »to consider« Paul »as a fictitious figure«? Wenn dies das Kriterium wäre, würde nicht nur antike Geschichte über weite Strecken nur noch aus fiktiven Figuren bestehen.

Dieser zweite Teil zerfällt in drei Kapitel: Das sechste Kapitel behandelt den paulinischen Philipperbrief, das siebte Kapitel das lukanische Doppelwerk mit Schwerpunkt Apg 16, und im achten Kapitel schließlich (»Pagan Philippian Women and Christianity«) bietet Portefaix die Quintessenz ihrer Arbeit.[136]

Das Kapitel über den Philipperbrief beginnt mit der Feststellung: »The letter to the Philippians is practically the only historical source for our knowledge of their church in its initial stage. The Philippian episode in Acts (16: 11-40) can hardly be used as a reliable source, even if it contains a germ of historical truth, since the section must be seen as having been written with the predominant purpose of showing Paul's heroic role in the progress of Christianity« (S. 135), die mich einigermaßen ratlos macht. Daß einer solchen Kennerin des Materials zu Apg 16 nichts anderes einfällt, ist erstaunlich!

Ich gehe auf die anregenden Ausführungen zum Philipperbrief hier nicht im einzelnen ein, da sie in meinem Pauluskapitel ohnehin immer wieder zur Sprache kommen.

Abschließend ist zunächst ohne jede Einschränkung zu betonen, daß das Buch von Lilian Portefaix für jeden an Philippi Interessierten einen wesentlichen Fortschritt bringt. Hier wird über die von Elliger geschlagene Schneise hinaus ein beträchtliches Terrain erschlossen, und dies nicht nur ohne die bei Abrahamsen auf Schritt und Tritt zu beobachtenden Unzulänglichkeiten, sondern bei zusätzlicher Diskussion einer erheblichen Menge literarischen Materials. Kein an den Menschen in Philippi interessierter Leser wird das Buch Portefaix' ohne beträchtlichen Gewinn aus der Hand legen.

Die schon im Titel – Sisters Rejoice – programmatisch zum Ausdruck gebrachte Beschränkung auf die *Frauen* in Philippi bringt aber nun – und das ist vielleicht auch einem der *brethren*[137] zu bemerken gestattet – erhebliche Pro-

---

[135] Es handelt sich um die Inschrift 646/L035, die unter Hinweis auf WIKENHAUSER zitiert wird (ALFRED WIKENHAUSER: Die Apostelgeschichte und ihr Geschichtswert, NTA 8,3–5, Münster 1921). Die einschlägige griechische Inschrift (697/M580) ist sogar PORTEFAIX entgangen – bei WIKENHAUSER konnte sie sie freilich auch nicht finden.

[136] AaO., S. 175: »As suggested by the title, this final chapter presents the quintessence of the present work and can be seen as a concluding summary to the book.«

[137] Vgl. die Widmung im Buch von PORTEFAIX: »Dedicated to all the brethren« (S. VII).

bleme mit sich, da das epigraphische Material aus Philippi eben nicht in jedem
Fall speziell in bezug auf Frauen so viel hergibt, wie das wünschenswert wäre.

Das grundlegende Problem der Darstellung von Portefaix ist die Tatsache,
daß sie im Hinblick auf die *Colonia Iulia Augusta Philippensis* im wesentlichen
auf den bei Collart gebotenen Daten beruht. Dies ist insbesondere in bezug auf
das epigraphische Material zu konstatieren; Portefaix steht diesbezüglich auf
dem Stand von 1937 – dem Erscheinungsjahr der Monographie Collarts –,
nicht auf dem von 1988. Dies ist kein Vorwurf an die Adresse der Verfasserin,
die große Mühe auf die Interpretation dieses Materials verwandt hat; aber in
dieser Hinsicht ist ihr Werk ein Paradebeispiel für den oben beklagten Zustand:
*Der Ertrag eines halben Jahrhunderts archäologischer und historischer For-
schung wird schlicht nicht zur Kenntnis genommen.*[138] Über diesen beklagens-
werten Zustand kann man nur hinauskommen, wenn man vor Beginn der Untersuchung das gesamte publizierte epigraphische und archäologische Material
zusammenstellt. Dieser Versuch wird im Rahmen der vorliegenden Arbeit erstmals seit der Monographie Collarts aus dem Jahr 1937 unternommen.

d) Kleinere Arbeiten

Der Beitrag von William A. McDonald ist überaus knapp gehalten und voller
Fehler. Er sollte daher der verdienten Vergessenheit nicht entrissen werden.[139]

Ernst Lichtenstein hat seinem Aufsatz über Philippi den Untertitel »Eine historisch-theologische Betrachtung über den Eintritt des Christentums in die
abendländische Welt« mit auf den Weg gegeben.[140] Hier geht es ausschließlich
um die historischen Daten.

In dieser Arbeit begegnen nun leider krasse Mißgriffe wie der folgende: »Paulus fand
schon bei seinem Einzug durch das Neapolis-Tor von Philippi am südlichen Torturm die
Propagandainschrift der ägyptischen Gottheit: ›Isis regina pro salute civitatis‹« (S. 4).
Sieht man einmal von der Tatsache ab, daß diese Inschrift viel zu spät ist (132/L303 gehört in das dritte Jahrhundert!), als daß Paulus sie gesehen haben könnte – die Zitierweise
spottet allein schon jeder Beschreibung. Auf dem Stein steht *Isidi Reg(inae) sac(rum)*,
d.h. nicht Isis wird für das Heil der Stadt Philippi tätig, wie Lichtenstein insinuiert, sondern der Isis (Dativ!) wird etwas geweiht! Der Genitiv *civitatis* findet sich überhaupt

---

[138] Vgl. oben S. 4. Nur zufällig kommt Vf.in einmal auf eine neuere Inschrift zu sprechen,
so etwa auf den Altar mit der Aufschrift Θεῷ Ὑπογαίῳ (092/G496); vgl. o. Anm. 28.

[139] WILLIAM A. McDONALD: Archaeology and St. Paul's Journeys in Greek Lands, BA 3
(1940), S. 18–24; hier S. 20–21. Der Vf. verwechselt beispielsweise das Pangaion- mit dem
Symbolon-Gebirge (S. 20). Die *Via Egnatia* führt nicht von Philippi nach Neapolis: »It was at
Philippi that the missionaries reached the great Via Egnatia which connected the East with
Rome …« (ebd.). Anscheinend führt sie nach des Vf.s Meinung von Philippi aus direkt weiter
nach Osten, Neapolis im Süden liegen lassend!

[140] ERNST LICHTENSTEIN: Philippi. Eine historisch-theologische Betrachtung über den Eintritt des Christentums in die abendländische Welt, in: Lebenskräfte in der abendländischen Geistesgeschichte (Dank- und Erinnerungsgabe an Walter Goetz), Marburg/Lahn 1948, S. 1–21.

nicht (auf dem Stein steht vielmehr: *pro salute col(oniae) Iul(iae) Aug(ustae) Philippien(sis);* tätig wird ein *Quintus Mofius Euhemerus*).

Auf S. 8 wird behauptet:»Philippi wurde nach 42 und als Traditionsstätte des cäsarianischen Sieges Hauptstadt und Verwaltungssitz der ersten mazedonischen Region.« Man ist versucht, in die Gattung der Gegendarstellung zu verfallen: Zu keiner Zeit war Philippi Hauptstadt bzw. Verwaltungssitz der πρώτη μερίς!

Schließlich wird der nur in dem pseudoignatianischen Philipperbrief (14,1) genannte ἐπίσκοπος Βιτάλιος kurzerhand für historisch erklärt:»Ein halbes Jahrhundert nach Paulus findet der Antiochener Märtyrerbischof Ignatius, der in Banden durch Philippi nach Rom geführt wird, die christliche Liebe der Philipper Gemeinde und ihres Bischofs Vitalis lebendig wie je.« (S. 21).

Was die historischen Daten angeht, kann die Arbeit Lichtensteins daher nur mit allergrößter Vorsicht zu Rate gezogen werden.

In der Tradition von William A. McDonald sieht sich Paul E. Davies, dessen Aufsatz ebenfalls im *Biblical Archaeologist* erschienen ist.[141] Im Gegensatz zu seinem Vorgänger beschränkt er sich jedoch auf Makedonien. Verglichen mit jenem ist die Solidität der Informationen wesentlich höher. Davies bemüht sich redlich, in kurzer Form einen Überblick über die Ergebnisse der französischen Grabungen zu bieten. Er beruft sich dabei auf Lemerle (Collart dagegen scheint er nicht zu kennen) und auf eine ältere Arbeit von Λαζαρίδης.[142]

Die gebotenen Informationen sind im allgemeinen zutreffend. Nur gelegentlich begegnen Schnitzer: So soll das Theater 50.000 Menschen Platz geboten haben (S. 100), was Unsinn ist. Selbst das sehr viel größere Theater in Epidauros hat nur etwas mehr als 12.000, aber nie und nimmer 50.000 Plätze. Vom »Temple of Silvanus« wird behauptet: »constructed A. D. 20–30« (S. 101). Woher weiß der Verfasser das? Ich kenne schlechterdings keinen epigraphischen oder archäologischen Beleg für diese Behauptung. Ähnlich erratisch heißt es in bezug auf die beiden Tempel am Forum:»At the NE corner of the forum was the Temple of Faustia, still beautiful with its broken columns, and on the NW corner another Temple, the Temple of Antonia or Antoninus Pius with its Corinthian columns« (S. 96). Im O-Tempel ist in der einschlägigen Inschrift nicht von einer *Faustia,* sondern von *Faustina Augusta,* der Frau des Antoninus Pius, die Rede (vgl. den Kommentar zu 231/L341), und beim W-Tempel wird nicht »Antonia or Antoninus«, sondern *divus Antoninus,* d.h. der verstorbene Antoninus Pius, erwähnt (201/L305).

Im Bereich des Macellum ersteht ein völlig neuer Tempel:»Recently in this area they have excavated what appears to have been a temple from possibly 400 B. C., and by the inscription it was dedicated to Apollo and Artemis« (S. 97). Die einschlägige Inschrift[143]

---

[141] PAUL E. DAVIES: The Macedonian Scene of Paul's Journeys, BA 26 (1963), S. 91–106. DAVIES weist in seiner ersten Anm. (S. 91, Anm. 1) auf seinen Vorgänger mit den Worten hin: »Twenty-three years ago, William A. McDonald covered similar ground … . Since that time, new work at Philippi and new publications on Philippi and the Lion of Amphipolis warrant a new treatment of the subject.«

[142] Es handelt sich dabei um Δημήτριος Λαζαρίδης: Οι Φίλιπποι, Thessaloniki 1956; vgl. DAVIES, S. 99, Anm. 2.

[143] Es handelt sich um die Inschrift 246/G599. Vgl. die Beschreibung zu dieser Inschrift, wo der Ausgräber Λαζαρίδης dahingehend zitiert wird, daß dies vielleicht/wahrscheinlich (πιθανώς) die Stelle ist, wo in hellenistischer Zeit ein Gebäude (οικοδομή) gestanden haben könnte! Die Angabe 400 B. C. ist in jedem Fall verfehlt.

befindet sich an einem Gebäude aus römischer Zeit; von einem Tempel kann keine Rede sein.

Davies ist der erste, der die Stadttore von Philippi im Hinblick auf die Stelle Apg 16,13 diskutiert und dabei alle drei Tore in Betracht zieht (S. 102, Anm. 4). Doch er bleibt bei der traditionellen Theorie, daß hier an das westliche Tor – bei ihm Krenides Gate genannt – zu denken sei.

Paul E. Davies informiert ausführlicher und besser als sein Vorgänger William McDonald; als solide Quelle aber kann auch er nicht gelten.

Der Beitrag von Herbert Ulonska[144] ist hier nur insofern zu diskutieren, als er sich auf die lokalgeschichtlichen Gegebenheiten bezieht.

Merkwürdigerweise erwähnt Ulonska die beiden Vorgängerinnen mit keinem Wort. Hauptgewährsmann ist offenbar Elliger (vgl. S. 316, Anm. 11). Von einer 350jährigen Geschichte Philippis kann freilich keine Rede sein (S. 316): Als Paulus Philippi betritt, hat die Stadt eine mindestens 400jährige Geschichte hinter sich. Auf der *Via Egnatia* sind es von Philippi nach Amphipolis gut 50km, aber bei weitem nicht »70 km« (ebd.). Daß Philippi kulturell zu Thrakien gehört (S. 317), ist eine viel zu weit gehende Behauptung, die weder für die hellenistische noch für die römische Zeit aufrecht erhalten werden kann. Nach der Schlacht von Actium wurde Philippi keineswegs »erneut mit Veteranen besiedelt« (S. 317, Anm. 15); zwar wurden bei der Gründung der ersten römischen Kolonie durch Quintus Paquius Rufus, den Legaten des Antonius, entlassene Soldaten in Philippi angesiedelt (vgl. die Darstellung bei Collart, S. 223ff. und 233ff. und die dort gegebenen Belege), aber im Zuge der »Neugründung« der Kolonie durch Augustus wurden auch Anhänger des Antonius – Bauern aus Italien, und nicht Veteranen –, die ihr Land den Veteranen des Augustus überlassen mußten, nach Philippi gebracht (Dio Cassius LI 4,6; vgl. Collart, S. 235ff.). Den Kaiserkult braucht man nicht zu »vermuten« (S. 317), er ist von Anfang an epigraphisch bezeugt. Man kann daher sagen, daß Ulonska weder auf die einschlägigen neutestamentlichen Studien noch auf historische oder archäologische Ergebnisse Bezug nimmt – Collart, Lemerle, Λαζαρίδης werden noch nicht einmal genannt. Ulonskas lokalgeschichtliche Hinweise sind mehr zufälliger Art und können leicht in die Irre führen.

Die letzte größere Darstellung, die mir bekannt ist, findet sich im Anchor Bible Dictionary[145]. Wie das Literaturverzeichnis zeigt, hat Holland L. Hendrix, der Verfasser des Artikels, auch neuere Literatur in größerem Umfang herangezogen.[146] Hendrix gibt zunächst einen historischen Überblick mit manchen recht wunderlichen Aussagen.

Gerne wüßte man, woher Vf. die folgende präzise Angabe bezieht: »Within a few years after Augustus' defeat of Antony at the battle of Actium (30 B.C.E.), as many as 500 more Roman soldiers – mostly veterans of Antony's praetorian guard who had lost

---

[144] HERBERT ULONSKA: Gesetz und Beschneidung. Überlegungen zu einem paulinischen Ablösungskonflikt, in: Jesu Rede von Gott und ihre Nachgeschichte im frühen Christentum. Beiträge zur Verkündigung Jesu und zum Kerygma der Kirche (FS Willi Marxsen), Gütersloh 1989, S. 314–331.

[145] HOLLAND L. HENDRIX: Art. Philippi (Place), The Anchor Bible Dictionary 5 (1992), S. 313–317.

[146] Die für die Auswahl dieser Literatur (S. 317) leitenden Kriterien bleiben dem Benutzer allerdings verborgen.

their claims to land in Italy – received allotments and accompanying privileges in Philippi« (S. 314). Absurd ist die Behauptung, Philippi wäre »in honor of Augustus' daughter« *Colonia Iulia Augusta Philippensis* genannt worden (ebd.). Die geographischen Vorstellungen sind teilweise verkehrt: »the colony of Philippi embraced an area … extending from the Pangaion mountain range in the north to the colony's seaport of Neapolis in the S« (ebd.). Weder bildet das Pangaiongebirge die nördliche (!) Grenze des Territoriums, noch liegt Neapolis im Süden dieses Gebirges!

Als zweiter Abschnitt folgt eine Skizze des thrakischen Einflusses auf Philippi, bevor Vf. sich im dritten Abschnitt dem hellenistischen Philippi zuwendet[147], der eher zufällige Lesefrüchte aneinanderreiht. Wichtig für unseren Zusammenhang ist sodann »Early Roman Philippi«[148].

Die *pomerium*-Theorie von Collart (vgl. dazu unten im Ersten Kapitel, § 1,2 und Karte 7) wird ohne Einschränkung übernommen. Das Haus mit Bad wird – entgegen den neueren französischen Forschungen – immer noch als »Roman bath complex« tradiert (S. 315). Die fünf Inschriften, die in diesem Gebäude ans Licht kamen, werden als die einzigen behandelt, so daß der Eindruck entsteht, der Kult des *Liber Pater* sei neben dem der ägyptischen Götter der wichtigste (und einzige!) in der frühen römischen Zeit gewesen!

Ich breche meine Rezension hier ab. Zusammenfassend kann man sagen, daß der Benutzer des Anchor Bible Dictionary in bezug auf Philippi zwar mehr Informationen findet als in jedem anderen neueren Lexikon – aber manches ist durchaus mit Vorsicht zu genießen.

e) Lukas Bormann

Während ich den vorliegenden Band druckfertig mache, erscheint die Dissertation von Lukas Bormann.[149] Beide Arbeiten sind parallel zueinander entstanden, d.h. unabhängig voneinander. Bormann schreibt darüber in seinem Vorwort: »Wir haben die Manuskripte ausgetauscht und sind beide der Meinung, daß die Arbeiten sich gut ergänzen.«[150] Dies gilt insbesondere für die Darstellung der (von Bormann so genannten) »religionsgeschichtlichen Perspektive«.[151] Er betont hier besonders stark den Kaiserkult, der in meiner Arbeit im folgenden so gut wie keine Rolle spielt. Auch wenn man die Bedeutung des Kaiserkultes stärker herausstreichen kann als ich das tue – darüber könnte man diskutieren –, halte ich es für verfehlt, so einseitig die römische Per-

---

[147] HENDRIX, aaO., S. 314f.
[148] HENDRIX, aaO., S. 315.
[149] LUKAS BORMANN: Philippi. Stadt und Christengemeinde zur Zeit des Paulus, NT.S 78, Leiden/New York/Köln 1995. Herr BORMANN war so freundlich, mir sein Manuskript bereits im Jahr 1994, d.h. vor der Drucklegung, zur Verfügung zu stellen. Dafür danke ich ihm auch an dieser Stelle sehr herzlich.
[150] LUKAS BORMANN, aaO., S. XI.
[151] LUKAS BORMANN, aaO., S. 30ff.

spektive zu betonen, wie das bei Bormann der Fall ist.[152] Bei ihm wird der römische Bevölkerungsteil und dessen Einfluß auf die religiösen Gegebenheiten bei weitem überschätzt. Daß auch im ersten Jahrhundert (zahlenmäßig) v.a. Thraker und Griechen im Territorium der *Colonia Iulia Augusta Philippensis* leben, gerät völlig in Vergessenheit. Diese Menschen haben möglicherweise auch dem Kaiserkult gehuldigt – aber haben sie deswegen ihre πάτρια vergessen, will sagen Bendis, den Thrakischen Reiter, Dionysos usw.?[153]

Im Unterschied zu manchen unserer auf den vorigen Seiten kritisierten Vorgänger zieht Bormann das epigraphische Material auf solide Weise heran. Allerdings ist das von ihm interpretierte Material ergänzungsbedürftig, da er die neueren Funde zu wenig berücksichtigt. Nicht nur die seit Collart (etwa im AΔ, in den AAA und im AEMΘ) publizierten Inschriften, sondern insbesondere die neuen archäologischen Ergebnisse werden bei Bormann zu wenig bzw. gar nicht berücksichtigt.

---

[152] Vgl. etwa seine zusammenfassenden Bemerkungen S. 66f.

[153] Die Verehrung etwa des Thrakischen Reiters in Kipia ist eine kontinuierliche: Sie reicht von der hellenistischen bis in die späte Kaiserzeit. Ich betone das, weil BORMANN so sehr (m.E. *zu* sehr) auf die positive Bezeugung rekurriert. Im übrigen – das nur am Rande – ist gerade die Bezeugung des von BORMANN so betonten Kaiserkults in der Zeit vor Paulus mehr als mager.

Erstes Kapitel

Philippi im ersten Jahrhundert

Einleitung

Die zahlreichen neuen archäologischen Ergebnisse seit dem Zweiten Weltkrieg lassen die klassischen Monographien von Collart und Lemerle[1] fast durchweg als ergänzungs- und in Teilen auch als revisionsbedürftig erscheinen. Auch die mittlerweile zwanzig Jahre alte Darstellung von Λαζαρίδης[2] kann diese empfindlichen Lücken nur teilweise schließen.

Da eine neue Gesamtdarstellung meines Wissens in der nächsten Zeit nicht zu erwarten ist[3], versuche ich in diesem Kapitel, wenigstens eine erste Schneise zu schlagen, indem ich das Material für das erste Jahrhundert zusammenstelle.

Dabei gehe ich so vor, daß ich in einem ersten Paragraphen die Stadt Philippi selbst und ihr Territorium diskutiere. Der Umfang des Territoriums ist zuletzt von Fanoula Papazoglou einer eingehenden Untersuchung gewürdigt worden[4], die ich an einigen Stellen leicht modifiziere. Für das *pomerium* haben die neuen Ausgrabungen Fakten geschaffen, die die einschlägige Theorie Collarts erledigen.

---

[1] PAUL COLLART: Philippes, ville de Macédoine, depuis ses origines jusqu'à la fin de l'époque romaine [zwei Bände], Paris 1937. PAUL LEMERLE: Philippes et la Macédoine orientale à l'époque chrétienne et byzantine. Recherches d'histoire et d'archéologie, [Bd. 1] Texte, [Bd. 2] Album, BEFAR 158, Paris 1945.

[2] Δημήτριος Λαζαρίδης: Φίλιπποι – Ρωμαϊκή αποικία, Ancient Greek Cities 20, Athen 1973.

[3] In Vorbereitung befinden sich zwei größere Arbeiten über einzelne Komplexe in Philippi, nämlich über das Episkopeion von Χαράλαμπος Μπακιρτζής (das ist der zweite Band der Publikation der Oktogongrabung; erschienen ist bisher als erster Band: Γεώργιος Γ. Γούναρης: Το Βαλανείο και τα Βόρεια Προσκτίσματα του Οκταγώνου των Φιλίππων, Βιβλιοθήκη της εν Αθήναις Αρχαιολογικής Εταιρείας 112, Athen 1990) sowie über das römische Forum von MICHEL SÈVE. Leider konnte ich für meine Arbeit keines der beiden Bücher mehr verwenden; insbesondere das Buch von SÈVE wäre für mich von großem Interesse gewesen, enthält es doch unter anderem auch eine Reihe von bisher unpublizierten Inschriften vom Forum, darunter auch solche aus dem ersten Jahrhundert.

Eine Monographie im Stil von COLLART oder von LEMERLE dagegen ist nach meiner Kenntnis nirgendwo in Arbeit.

[4] FANOULA PAPAZOGLOU: Le territoire de la colonie de Philippes, BCH 106 (1982), S. 89–106.

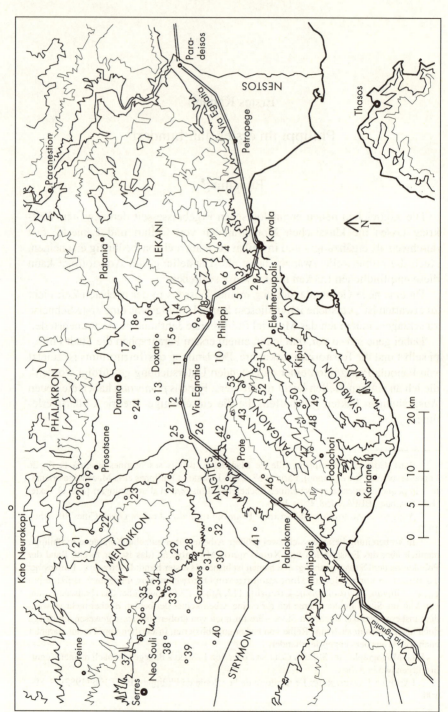

Karte 2: Das Territorium der Colonia Iulia Augusta Philippensis

Legende zu Karte 2: Das Territorium der Colonia Iulia Augusta Philippensis

Νομός Καβάλας
1 Λεύκη
  Kavala
  [Βασιλάκη]
2 Αμυγδαλεώνας
3 Κουδούνια
4 Παλαιά Καβάλα
5 Άγιος Αθανάσιος
6 Πολύστυλον
7 Φίλιπποι
8 Κρηνίδες
  Philippi
9 Λυδία

Νομός Δράμας
10 Καλαμών
11 Καλαμπάκι
12 Μαυρολεύκη
13 Κουδούνια
14 Κεφαλάρι
15 Άγιος Αθανάσιος
16 Κύρα
  Doxato
17 Χωριστή
18 Αδριανή
  Drama
  Platania
  Prosotsane
19 Κοκκινόγεια
20 Γραμμένη
21 Μικρόπολις
22 Χαριτωμένη
23 Καλή Βρύση
  Neurokopi
24 Αργυρούπολις
25 Φωτολίβος

Νομός Σερρών
26 Συμβολή
27 Αλιστράτη
28 (Νέα) Ζίχνη
29 Αναστασία
30 Νέα Πέτρα
31 Θολός
  Gazoros
32 Τούμπα
33 Δαφνούδι
34 Μέταλλα
35 Εμμανουήλ Παππάς
36 Άγιο Πνεύμα
  Neo Souli
37 Οινούσσα
38 Χρυσόν
39 Νέος Σκοπός
40 Παραλίμνιον
41 Δραβήσκος

Pangaiongebirge
42 Κορμίστα
43 Μονή Εικοσιφοινίσσης
44 Κρηνίς
45 Αγγίστα
  Prote
46 Ροδολίβος
  Podochori
47 [Trita]
48 Μεσορόπη
49 Μουσθένη
50 [Samokov]
  Kipia
  Eleutheroupolis
51 Παλαιοχώρι
52 Νικήσιανη
53 Γεωργιανή

Im zweiten Paragraphen diskutiere ich die Wirtschaft der Kolonie. Trotz der allgegenwärtigen Rede von der Militärkolonie war das Leben in Philippi von der Landwirtschaft geprägt. Aber auch als Zentrum des Handels war die Stadt von Bedeutung.

Ein dritter Paragraph behandelt sodann die Bewohner der *Colonia Iulia Augusta Philippensis*. Da eine Prosopographie für Philippi[5] noch nicht vorliegt, kann ich hier nur erste (vorsichtige) Schlüsse aus dem epigraphischen Material ziehen. Wie die Namen zeigen, hält sich das thrakische Bevölkerungselement bis in die spätere Kaiserzeit.

Der vierte Paragraph schließlich thematisiert das religiöse Leben der *Colonia Iulia Augusta Philippensis*.

§ 1 Die *Colonia Iulia Augusta Philippensis*

1. Das Territorium

Paul Collart sagt über Philippi: »Philippes n'était pas une grande ville; cela eût été contraire au caractère essentiellement rural de la Macédoine«[1]. Wer sich mit Philippi beschäftigt, muß sich daher zuerst und vor allem auch mit dem Territorium dieser Stadt befassen. Zudem ist die möglichst genaue Bestimmung des Territoriums der *Colonia Iulia Augusta Philippensis* von immenser Bedeutung für die Inschriften: Einerseits sollen in dem dieser Arbeit als Band II folgenden Katalog der Inschriften von Philippi natürlich nur solche Inschriften aufgenommen werden, die aus dem Territorium von Philippi stammen, andrerseits kann man in vielen strittigen Regionen die Ausdehnung eben dieses Territoriums nur aufgrund von Inschriften festlegen. Dabei ist von vornherein keineswegs klar, daß die Grenzen dieses Territoriums ein für allemal verbindlich festgelegt wurden. Vielmehr geht aus einer in Thasos gefundenen Inschrift hervor, daß noch in der zweiten Hälfte des ersten Jahrhunderts die Grenzen des Territoriums keineswegs unstrittig waren.[2]

Es ist außerdem damit zu rechnen, daß die Besiedelung der Ebene von Philippi durch römische Bauern nicht mit einem Schlag erfolgte; vielmehr wird man dafür einen längeren Zeitraum ansetzen.

Im folgenden werden die wichtigsten Vorschläge zur Abgrenzung des Territoriums vorgestellt und diskutiert; es sind dies die Beiträge von Perdrizet, Collart, Λαζαρίδης und Papazoglou.

---

[5] Wünschenswert wäre eine Prosopographie im Stil von ARGYRO B. TATAKI: Ancient Beroea. Prosopography and Society, Μελετήματα 8, Athen 1988.

[1] COLLART, S. 274.

[2] Es handelt sich um die Inschrift 711/G736. Diese gibt den Text eines Briefes des Statthalters der Provinz Thracia, *Venuleius Pataecius* (zur Zeit des Kaisers Vespasianus), wieder, welcher sich mit Grenzstreitigkeiten zwischen Thasos und der *Colonia Iulia Augusta Philippensis* befaßt. Zur Stabilität der Grenzen des Territoriums vgl. auch Λαζαρίδης, S. 3.

a) Perdrizet (Karte 3)

Der erste, der sich mit der Bestimmung des Territoriums von Philippi beschäftigte, war Paul Perdrizet.[3] Ihm zufolge bildet der Nestos die östliche Grenze des Territoriums; im Süden reicht es bis zum Meer; im Westen ist der Verlauf nicht überall ganz deutlich zu erkennen: Im wesentlichen verläuft die Grenze von Galepsos (beim heutigen Καριανή; auf Karte 3: Kariane) vom Südwesten in nördliche bzw. nordwestliche Richtung über das Pangaiongebirge bis fast nach Serres. Im Norden schließlich reicht das Territorium bis zum Boz-Dağ (heute Φαλακρόν Ὄρος).

Eine Einschränkung dieser großräumigen Abgrenzung nimmt Perdrizet lediglich im NO vor: Das Tal, das die Ebene von Drama mit dem Nestos verbindet, zählt ihm zufolge nicht zum Territorium der Kolonie. Die bei Πλατανιά gefundene Inschrift 510/G213 – die Perdrizet selbst erstmals veröffentlicht – zeigt ihm zufolge, daß dieses Gebiet zu der Provinz *Thracia,* nicht zur Provinz *Macedonia* (und schon gar nicht zum Territorium von Philippi) gehört.[4]

Diese Region im NO ist die einzige Stelle, wo nicht der Nestos selbst die Grenze bildet. Allerdings läßt sich für den Bereich im S von Παρανέστιον ein epigraphischer Beweis nicht führen: »Si les inscriptions nous font défaut pour cette région encore inexplorée, du moins avons-nous l'attestation formelle de Strabon, d'après lequel le territoire de Philippes commençait à l'embouchure du Nestos.«[5]

Im Süden gehört jedenfalls Neapolis (das heutige Kavala, vgl. Karte 3) zum Territorium der *Colonia Iulia Augusta Philippensis.* »La colonie en effet touchait à la mer. C'était même une des raisons de son importance.«[6] Gerade Reisende nach Kleinasien, die es eilig hatten, verließen die *Via Egnatia* in Neapolis, um mit dem Schiff nach Alexandria Troas überzusetzen; Perdrizet verweist hier insbesondere auf das Beispiel des Paulus.[7] »La ville antique à laquelle a succédé Cavala, Néopolis, était le port de Philippes et faisait partie intégrante de la colonie.«[8]

---

[3] Paul Perdrizet: Voyage dans la Macédoine première [III], BCH 21 (1897), S. 514–543; hier S. 536–543: §4. – Le territoire de la Colonia Augusta Iulia Philippi.

[4] Zur Interpretation Perdrizets vgl. den Kommentar zu 510/G213. Perdrizet hat diese Inschrift aaO., S. 533–536 veröffentlicht.

[5] Perdrizet, aaO., S. 539. In Anm. 3 zur Stelle verweist Perdrizet auf Strabon VII 44.

[6] Ebd.

[7] Perdrizet, aaO., S. 540. Interessant ist der Vergleich, den er mit seiner eigenen Zeit – Ende des 19. Jh.s – zieht: »Encore aujourd'hui, Cavala entretient des rapports actifs avec la côte d'Asie; c'est de Smyrne qu'elle fait venir notamment les fruits que ni les falaises qui l'environnent, ni les villages de l'intérieur, uniquement occupés de la culture du tabac, ne pourraient lui donner« (ebd). Schon in der Antike gab es Beziehungen zwischen Smyrna und Philippi, wie zum einen der Briefwechsel zwischen der christlichen Gemeinde in Philippi und dem Bischof Polykarp von Smyrna, zum andern eine unpublizierte Inschrift aus dem Museum in Philippi beweist.

[8] Ebd.

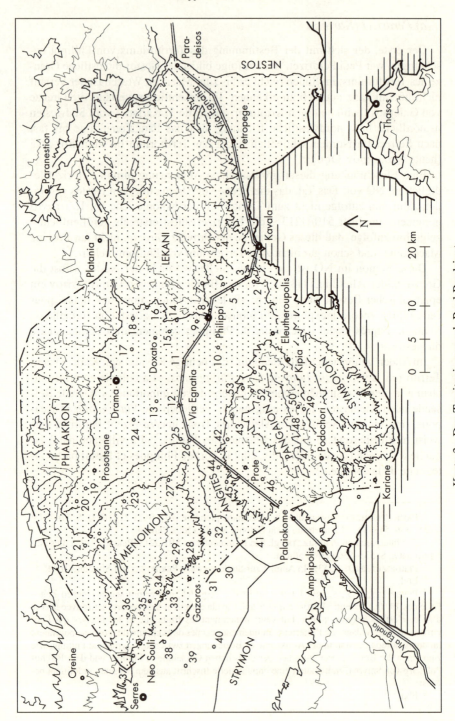

Karte 3: Das Territorium nach Paul Perdrizet

Was die Küste im W von Neapolis angeht, bezieht sich Perdrizet zum einen auf das Zeugnis Strabons (VII 41), zum andern auf eine lateinische Inschrift aus Καριανή[9]: »Notons seulement que, parmi les inscriptions de Karien, la seule peut-être qui soit du temps de l'Empire est une inscription latine«.[10]

Über den Grenzverlauf im W zwischen dem südwestlichen Punkt Καριανή und dem nordwestlichen Punkt bei Νέο Σούλι gibt Perdrizet keine Auskunft. Er führt die Inschrift 559/L152 aus Νέο Σούλι als Beleg dafür an, daß dieses Gebiet in der Gegend von Serres Bestandteil des Territoriums der *Colonia Iulia Augusta Philippensis* ist.[11]

Die Perdrizetsche Abgrenzung des Territoriums bietet das Maximum an Gebiet, das jemals für die *Colonia Iulia Augusta Philippensis* in Anschlag gebracht worden ist, wenn man einmal von Mommsen absieht, der den Grenzverlauf im einzelnen zwar nicht diskutiert, im Westen aber noch großzügiger als Perdrizet verfährt: »Coniunxi autem hoc capite inscriptiones Latinas repertas inter Strymonem et Nestum cum ad Philippos ipsos tum Neapoli, quae hodie est Kavala, et Sirris, hodie Seres, et Drabesci, quae iam dicitur Drama, cum ex ipsis titulis appareat universum hunc agrum posteriore certe tempore Philippensium fuisse.«[12]

b) Collart (Karte 4)

Aufgrund eines wesentlich reicheren epigraphischen Materials hat dann – eine Generation nach Paul Perdrizet – Paul Collart einen neuen Versuch zur Definition des Territoriums von Philippi unternommen.[13]

Um die Grenzen des Territoriums zu bestimmen, betrachtet Collart die »inscriptions relatives à la colonie romaine de Philippes« (im Tafelband, Pl. XX–

---

[9] Ich habe diese Inschrift nicht in meinen Katalog der Inschriften von Philippi aufgenommen, da Καριανή m.E. außerhalb des Territoriums der Kolonie liegt (anders verfuhr ich mit 643/G762, wo mir die Herkunft aus Καριανή nicht sicher belegt zu sein scheint: Diese Inschrift habe ich daher trotzdem aufgenommen). Die Inschrift wurde von PERDRIZET selbst veröffentlicht (PAUL PERDRIZET: Voyage dans la Macédoine première [I], BCH 18 (1894), S. 416–445; hier S. 444, Nr. 8); sie lautet:

Fusc[us]	Fuscus,
M(arci) Bu-	(der Sklave) des Marcus Bu-
reni	r[r]enus,
miser	der unglückliche,
ann(orum) XVI	sechzehn Jahre alt,
h(ic) s(itus) e(st).	liegt hier begraben.

(Vgl. zu dieser Inschrift auch Δήμιτσας, der sie als Nr. 919 aufgenommen hat; PAPAZOGLOU erwähnt in ihrem unten Anm. 26 zitierten Aufsatz diese Inschrift S. 89, Anm. 2. Bei Κανατσούλης ist unser *Fuscus* übersehen. In Philippi kommt das *cognomen* Fuscus gelegentlich vor, vgl. die Liste im Kommentar bei 164/L001, Z. 28.)

[10] Ebd.

[11] PERDRIZET, S. 541f. Vgl. den Kommentar zu dieser Inschrift 559/L152 aus Νέο Σούλι.

[12] CIL III 1, S. 120.

[13] COLLART, S. 274–285.

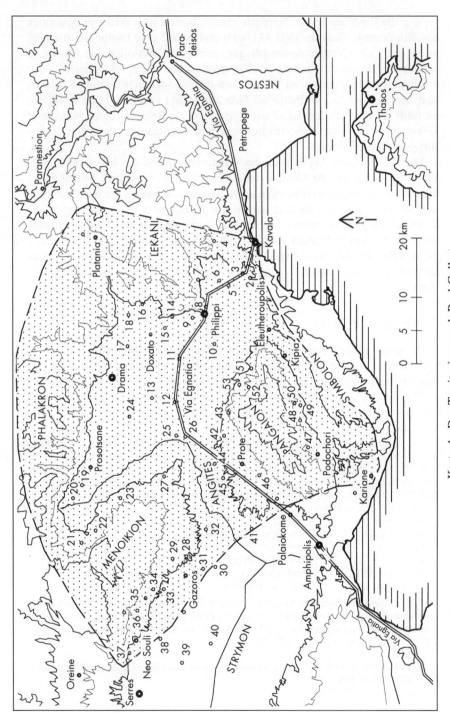

Karte 4: Das Territorium nach Paul Collart

XIV). Was zunächst die *nördliche* Grenze angeht, so stimmt Collart Perdrizet zu: »On ne saurait douter que la barrière presque infranchissable du Boz-Dagh [d.i. das Φαλακρόν Ὄρος], qui culmine à plus de 2.000 mètres, n'ait constitué la limite septentrionale de la colonie. Cette limite devait suivre les crêtes escarpées qui, vers l'ouest, encerclent le vallon de Proussotchani, et, vers l'est, séparant la plaine de Drama de la vallée supérieure du Nestos, dominent presque symétriquement le vallon de Platania.«[14]

Collart unterscheidet sich allerdings von Perdrizet, was die *östliche* Begrenzung des Territoriums von Philippi angeht: Er interpretiert die Inschrift aus Πλατανιά dahingehend, daß hier sehr wohl Funktionen der *Colonia Iulia Augusta Philippensis* gemeint seien, der Fundort mithin im Territorium der Stadt Philippi zu liegen komme: »Non seulement notre inscription ne fournit aucun indice permettant de séparer du territoire colonial de Philippes le vallon où elle fut découverte, mais on y trouverait plutôt la preuve du contraire.«[15] Im übrigen bemißt Collart das Territorium im Osten nicht so großzügig wie Perdrizet. Dieser will den Nestos sowohl als Grenze zwischen den Provinzen *Macedonia* und *Thracia* als auch als Grenze der *Colonia Iulia Augusta Philippensis* betrachten. Dagegen spricht nach Collart folgendes: »Mais de l'autre côté du défilé d'Akontisma, dans la plaine d'alluvions du Nestos comme dans l'impénétrable massif de montagnes compris entre Philippes et le fleuve, aucune découverte archéologique n'a révélé, jusqu'ici, la présence des colons romains.«[16]

Der Collartsche Grenzverlauf im Süden weicht ebenfalls erheblich von dem Perdrizetschen ab: Hier habe das Territorium mitnichten das Meer erreicht, mit Ausnahme einer einzigen Stelle: »Sur un seul point, essentiel, il touchait à la mer: au delà de la chaîne du Symbolon, que franchissait la Via Egnatia, et à l'endroit précis où la route rejoignait la côte, Philippes possédait la ville de Néapolis, qui lui servait de port; à Cavalla, qui en occupe aujourd'hui l'emplacement, on a retrouvé, en grand nombre, des inscriptions relatives à la colonie; par là, celle-ci entretenait des rapports actifs avec la côte d'Asie, comme le montrent les voyages de l'apôtre Paul.«[17] Von dieser einen Ausnahme abgesehen reicht das Gebiet von Philippi nur bis zum Symbolongebirge. Was jen-

---

[14] AaO., S. 279. Der Boz-Dağ (Φαλακρόν Ὄρος) erreicht laut Karte des Νομός Δράμας eine Höhe von 2.232m und überragt damit selbst das Pangaion-Gebirge (1.956m laut Karte des Νομός Καβάλας). Das Dorf Proussotchani heißt heute Προσοτσάνη. Platania heißt heute noch genauso (Πλατανιά).

[15] AaO., S. 281. Zur COLLARTschen Interpretation der Inschrift 510/G213 vgl. S. 279–282. COLLART weist darüber hinaus auf in Πλατανιά gefundene Münzen hin (S. 281f.): »un denier d'argent d'Antonin le Pieux, daté de 148, et surtout un exemplaire bien conservé de cette monnaie coloniale de Philippes qui porte, au droit, une Victoire ailée, avec la légende *VIC AVG,* au revers, trois enseignes militaires, avec la légende *COHOR PRAE.*«

[16] AaO., S. 283. Das antike Akontisma liegt südlich des Dorfes Λεύκη (Karte 2, Nr. 1) an der *Via Egnatia,* vgl. dazu genauer Χάϊδω Κουκούλη-Χρυσανθάκη: Via Egnatia – Ακόντισμα, AAA 5 (1972), S. 474–485 mit Karte Abb. 8.

[17] AaO., S. 282f.

seits davon zum Meer hin liegt, gehört Collart zufolge nicht zur *Colonia Iulia Augusta Philippensis.*

Identisch sind der Collartsche und der Perdrizetsche Grenzverlauf dann wieder im Westen: »La frontière occidentale de la colonie tracée par P. Perdrizet est très certainement exacte: quittant la côte près de Galepsos, elle suivait, à l'ouest du Pangée, les hautes collines qui limitent la vallée du Strymon et rejoignait, à travers le seuil rocheux d'Angista, les crêtes qui encerclent le vallon de Proussotchani, au point où nous l'avions laissée.«[18]

c) Λαζαρίδης *(Karte 5)*

Einen neuen Anlauf zur Fixierung des Territoriums der *Colonia Iulia Augusta Philippensis* unternimmt Λαζαρίδης, der gleich eingangs betont, daß diese Festlegung nicht überall mit Sicherheit vorzunehmen sei; hinzu komme, daß die Grenzen auch nicht unabänderlich waren.[19] In diesem Zusammenhang verweist Λαζαρίδης auf den Brief des *L. Venuleius Pataecius* aus der Zeit des Vespasianus: Dieser behandelt Grenzprobleme zwischen Philippi und Thasos und zeigt, daß die Grenzen der *Colonia Iulia Augusta Philippensis* in der zweiten Hälfte des ersten Jahrhunderts noch nicht unveränderlich waren.[20]

Hinsichtlich der östlichen Grenze unterstreicht Λαζαρίδης die Argumentation Collarts: Bis heute (1973) seien keine lateinischen Inschriften im Bereich östlich von Kavala gefunden worden, die auf römische Siedler hinweisen. Eine neue Inschrift aus Πετροπηγή (vgl. Karte 3) zeige darüber hinaus, daß dieses bergige Gebiet thrakisch war.

---

[18] AaO., S. 284. Das antike Galepsos liegt COLLART zufolge im Raum des modernen Dorfes Καριανή (vgl. Karte 2: Kariane und COLLART, Pl. XV). Beim heutigen Ποδοχώρι im Süden des Pangaion ist der Grenzverlauf durch die Felsinschrift 601/L230 festgelegt (vgl. den Kommentar zu dieser Inschrift).

[19] Τα όρια της ρωμαϊκής αποικίας των Φιλίππων ούτε είναι απολύτως γνωστά, υποθέτω δε πως δεν έμειναν και σταθερά, αλλά πολύ πιθανά άλλαξαν σε ορισμένες εποχές. … Με την αύξηση του πληθυσμού η ρωμαϊκή αποικία μπορούσε εύκολα να επεκταθή έξω και μακρυά από τα τείχη της ελληνικής πόλης που διαδέχτηκε. Ρωμαίοι άποικοι εγκαταστάθηκαν στην πεδιάδα των Φιλίππων ως τις πλαγιές των βουνών που την περιβάλλουν, ιδρύοντας οικισμούς, ακόμη και πέρα από τα γύρω βουνά όπου υπήρχε κατάλληλη για καλλιέργεια γη (Λαζαρίδης, S. 3, 9.10; Übersetzung:»Die Grenzen der römischen Kolonie Philippi sind weder absolut bekannt, noch sind sie [zu allen Zeiten] konstant geblieben; vielmehr ist es sehr wahrscheinlich, daß sie sich in verschiedenen Epochen geändert haben. … Mit der Vermehrung der Bevölkerung konnte die römische Kolonie sich leicht ausdehnen, weit über die Mauern der griechischen Stadt hinaus, deren Nachfolgesiedlung sie war. Römische Siedler ließen sich in der Ebene von Philippi nieder bis hin zu den Hängen der Berge, die sie [sc. die Ebene] umgibt; sie gründeten Siedlungen auch jenseits der Berge, wo geeignetes Ackerland vorhanden war«).

[20] Zu der Inschrift 711/G736 vgl. oben, Anm. 2. Λαζαρίδης, S. 3, 11: … δείχνει πως κατά το β΄ μισό του 1ου μ.Χ. αιώνος, τα όρια της αποικίας δεν ήταν σταθερά.

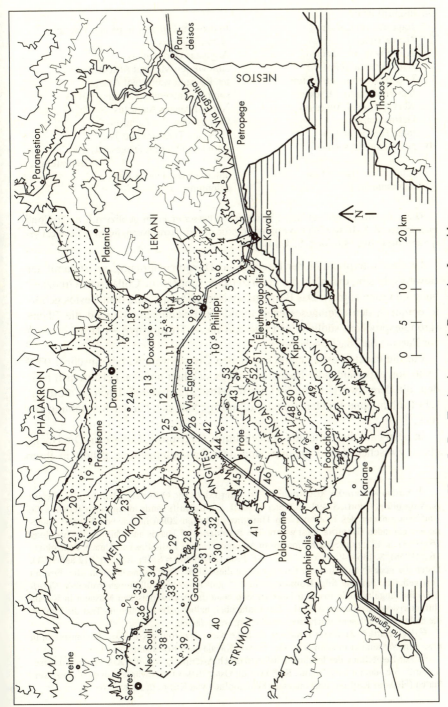

Karte 5: Das Territorium nach Demetrios Lazarides

Die Inschrift lautet:

Imp(eratore) Caesare	In dem Jahr, in dem Imperator Caesar
Nerva Traiano	Nerva Traianus
A[u]g(usto) Germanico	Augustus Germanicus
[I]III Articuleio Pae-	zum vierten Mal und Articuleius Pae-
5 to co(n)s(ulibus) ex auctori-	tus Konsuln waren, auf Anwei-
tate imp(eratoris) Caesaris	sung des Imperator Caesar
Nervae Traiani Aug(usti)	Nerva Traianus Augustus
Germanici. fines	Germanicus. Die Grenzen
inter Thracas et Tha-	zwischen Thrakern und Tha-
10 sios. terminus secun-	siern (sind hiermit festgesetzt). Zweiter
	Grenzstein
[d]us infra v[i]cum Rha-	unterhalb des Dorfes Rha-
delonium [...]	delonium ...

Diese Inschrift wurde unlängst in neuer, verbesserter Form publiziert.[21] Λαζαρίδης interpretiert Z. 8–10 wie folgt: ο ορεινός όγκος ανήκε στους αυτόχθονες Θράκες, ενώ η πεδιάδα στους Θασίους (S. 4, 14).

Ist diese Interpretation der Inschrift aus Πετροπηγή richtig, so ist damit der Beweis erbracht, daß nicht die Perdrizetsche, sondern die Collartsche Grenzziehung im Osten zutrifft: Das Bergland zwischen Philippi und dem Nestos gehörte demnach den alteingesessenen thrakischen Stämmen, während die Ebene (grob gesprochen: südlich der Linie Kavala → Πετροπηγή → Παράδεισος) zur Peraia von Thasos gehörte.[22]

Für die exakte Festlegung der östlichen Grenze wäre nun die Inschrift 036/L646 von entscheidender Bedeutung, da es sich hier um eine Felsinschrift handelt, die dem Zweck dient, die Grenze selbst zu markieren. Doch ist diese Inschrift nicht ohne Probleme, und Λαζαρίδης hält sich bei der Beurteilung zurück.[23]

In bezug auf die südliche Grenze stimmt Λαζαρίδης Collart zu: Die Hochebene zwischen dem Pangaion- und dem Symbolongebirge gehört in ihrer

---

[21] Χάϊδω Κουκούλη-Χρυσανθάκη: Τα »μέταλλα« της Θασιακής Περαίας, in: Μνήμη Δ. Λαζαρίδη (s. dort), S. 493–532; hier S. 503ff. Die Inschrift wurde in einzelnen Teilen in die Umfassungsmauer des Friedhofs von Πετροπηγή (knapp 20km östlich von Kavala) eingemauert gefunden (DAPHNE HEREWARD: The Boundaries of Thasos and Philippi, Archaeology 16 (1963), S. 133; DIES.: Inscriptions from Amorgos, Hagios Eustratios and Thrace, Palaeologia 16.2 (1968), S. 136–149; hier S. 148f. = AÉ 1968 [1970] 469 = ŠAŠEL KOS, Nr. 212 auf S. 91). Durch die neue Publikation von Κουκούλη ist diese ältere Textfassung überholt (die oben im Text gebotene Fassung folgt Κουκούλη; in Z. 5 gibt Κουκούλη allerdings irrtümlich *Co(n)-s(uli)* im Singular). Die Inschrift befindet sich heute im Archäologischen Museum in Kavala (Inventarisierungsnummer Λ 1381). Der Einfachheit halber habe ich oben im Text die Punkte, die nicht sicher gelesene Buchstaben markieren, weggelassen.

[22] Vgl. Karte 5. Zu dieser Linie vgl. auch die Karte des Νομός Καβάλας. Sie entspricht in etwa dem Verlauf der modernen Straße, die von Kavala nach Konstantinopel führt.

[23] Zur Beurteilung der Inschrift 036/L646 durch Λαζαρίδης vgl. den Kommentar zu dieser Inschrift. Sie stammt aus Παλαιά Καβάλα; im Osten dieses Ortes würde also die Grenze verlaufen (Παλαιά Καβάλα liegt ungefähr 8km nördlich von Καβάλα; Karte 2, Nr. 4).

ganzen Länge zum Territorium Philippis, nicht aber das Symbolongebirge selbst.[24]

In Anlehnung an Collart, aber im einzelnen wesentlich differenzierter, ist auch der westliche Grenzverlauf angegeben, über den Λαζαρίδης sich jedoch nicht weiter äußert[25]. Im Norden dagegen ergeben sich keine Änderungen im Vergleich zu Collart.

d) Papazoglou (Karte 6)

Die letzte ausführliche Äußerung zum Territorium der *Colonia Iulia Augusta Philippensis* stammt von Fanoula Papazoglou, die diesem Problem einen eigenen Aufsatz gewidmet hat.[26]

Was die nördliche Grenze angeht, stimmt Papazoglou ihren Vorgängern Perdrizet, Collart und Λαζαρίδης zu:»La frontière Nord et Nord-Est du territoire de la colonie de Philippes suivait la crête des montagnes qui bordent les vallons de Prousotchani [Προσοτσάνη] et Platania [Πλατανιά].«[27] Hinsichtlich des strittigen Gebietes im Nordosten stimmt sie Perdrizet und nicht Collart zu. Die Inschrift aus Πλατανιά belege, daß hier das Territorium einer thrakischen Stadt beginne, deren βουλευτής der in 5l0/G213 genannte Dentoupes gewesen sei:»Mais, même si nous admettions la datation de celle-ci au IIIe siècle, ce qui est loin d'être certain, l'omission du gentilice impérial *Aurelius,* que les nouveaux citoyens ajoutaient régulièrement à leur nom indigène, du moins dans les premières décennies après 212 [dem Datum der *Constitutio Antoniniana],* serait inexplicable dans la nomenclature d'un membre de plein droit d'une communauté romaine, à plus forte raison d'un membre de la curie municipale d'une

---

[24] Είναι επίσης πολύ πιθανό πως και η πιερική κοιλάδα, στα νότια του Παγγαίου, αποτελούσε έδαφος της αποικίας καθώς στα δυτικά όρια της κοιλάδος βρέθηκαν λατινικές επιγραφές στην περιοχή των συγχρόνων Κοινοτήτων Καρυανής και Ποδοχωρίου (Λαζαρίδης, S. 4, 18; Übersetzung: »Es ist ebenfalls sehr wahrscheinlich, daß die pierische Ebene, im Süden des Pangaiongebirges gelegen, Bestandteil des Territoriums der Kolonie war, da an der westlichen Grenze dieser Ebene lateinische Inschriften in der Gegend der heutigen Gemeinden Karyane und Podochori gefunden wurden«). Er fügt hinzu, daß am anderen Ausgang der Hochebene, bei Kipia, im Heiligtum des Ήρως Αὐλωνείτης, ebenfalls zahlreiche Inschriften gefunden worden sind (ebd.).

[25] Man muß ihn daher der Karte Fig. 9 entnehmen. Die Inschrift 559/L152 aus Νέο Σούλι nimmt Λαζαρίδης im Sinne von Perdrizet als Indikator, daß dieses Gebiet Bestandteil des Territoriums der Kolonie Philippi sei: Οκτώ χιλιόμετρα έξω από την πόλη των Σερρών βρέθηκε λατινική επιγραφή που αναφέρει τους Φιλίππους και που δείχνει την έκταση αυτής της εξάπλωσης (S. 19, 77).

[26] Fanoula Papazoglou: Le territoire de la colonie de Philippes, BCH 106 (1982), S. 89–106; vgl. auch die Monographie derselben Vf.in, S. 408–411, wo sich eine Zusammenfassung findet.

Zuvor hatte sich Σαμσάρης zu unserem Thema geäußert (S. 80–83). Da er aber im wesentlichen die Position Collarts vertritt, bedarf es in diesem Fall keines eigenen Referats.

[27] AaO., S. 96.

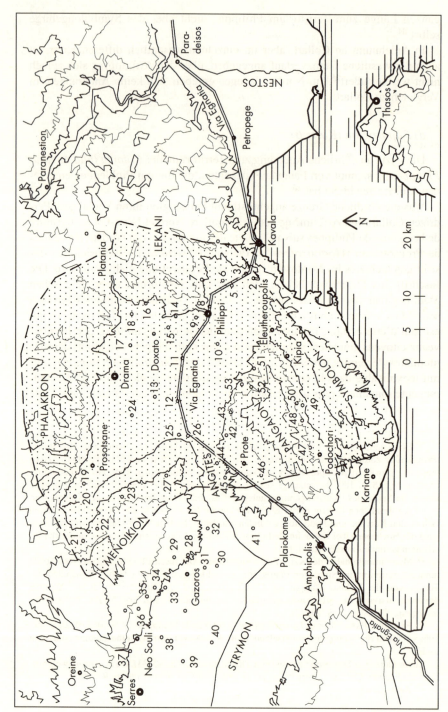

Karte 6: Das Territorium nach Fanoula Papazoglou

colonie.«[28] Daraus ergibt sich nach Papazoglou, daß Dentoupes nur βουλευτής einer nicht-römischen Stadt oder eines nicht-römischen *vicus* gewesen sein kann. Sie hält es für das Gegebene, ersteres anzunehmen.[29]

Für die Festlegung der östlichen Grenze sind Papazoglou zufolge zwei Inschriften von entscheidender Bedeutung, nämlich zum einen der Brief des *L. Venuleius Pataecius* (711/G736) aus Thasos, zum anderen die oben schon zitierte Inschrift aus Πετροπηγή. Aus der Inschrift 711/G736 zieht sie folgende Schlüsse: »Si, comme il y a tout lieu de croire, le service de poste que les Thasiens étaient tenus d'assurer sur leur territoire n'était autre chose que le *cursus publicus* sur la *via Egnatia,* il résulte du passage cité [711/G736, Z. 5] que la Pérée thasienne était traversée par la route romaine, ce qui revient à dire que le territoire thasien dépassait au Nord le tracé de celle-ci et que, par conséquent, la frontière thraco-macédonienne dans ce secteur correspondait à cette époque à celle qui séparait les territoires de Thasos et de Philippes.«[30] Dazu kommt die Information, die die Inschrift aus Πετροπηγή bietet: »Mais l'information que nous venons de tirer de la lettre de Venuleius Pataec[i]us sur l'extension du territoire thasien à l'intérieur, invite plutôt à admettre que Pétropigi [Πετροπηγή] se trouvait effectivement sur la frontière thraco-thasienne et que le territoire thasien s'étendait au Nord jusqu'à la bordure montagneuse de la plaine où il touchait à la Thrace proprement dite.«[31]

Was die südliche Grenze des Territoriums der *Colonia Iulia Augusta Philippensis* angeht, so hält Papazoglou es nicht für möglich, eine sichere Entscheidung zwischen den Thesen Perdrizets und Collarts zu treffen: »Sur la frontière méridionale, l'appartenance administrative du littoral qui s'étend entre Galepsos et Néapolis au pied du mont Symbolon est une question qui ne peut être résolue avec certitude.«[32]

Der diesbezüglich in die Debatte eingeführte Text aus Strabon (F 41) läßt sowohl die Interpretation Perdrizets als auch die Interpretation Collarts zu. Immerhin räumt Papazoglou ein: »L'opinion de Collart semble plus logique et

---

[28] AaO., S. 96f.

[29] AaO., S. 97. Für die zweite Alternative plädiert Λαζαρίδης in seiner Monographie: Είναι γνωστό πως κατώτεροι τοπικοί άρχοντες υπήρχαν και στις κώμες, και αναφέρονται σε αναθηματική επιγραφή κώμης αντιστράτηγος και φορολόγος (Λαζαρίδης, S. 14, 58; Übersetzung: »Es ist bekannt, daß weniger bedeutende Amtsträger auch in den Dörfern vorhanden waren, und als solche werden in einer Ehreninschrift aus einem Dorf ein ἀντιστράτηγος und ein φορολόγος in der Tat genannt«).

[30] AaO., S. 94. An diesem Punkt verstehe ich die Argumentation PAPAZOGLOUS nicht ganz: Wenn Philippi und Thasos eine gemeinsame Grenze haben, dann verläuft diese ersichtlich im Osten von Neapolis: Wie kann PAPAZOGLOU dann aber den Status von Neapolis als Bestandteil des Territoriums von Philippi bezweifeln (dazu s.u.)? Die Alternative wäre doch die, daß Neapolis noch immer oder jetzt erneut (wie im 5. Jh. v. Chr.) zum Territorium von Thasos gehörte — eine ersichtlich absurde Alternative, wenn man die in Neapolis gefundenen Inschriften in Betracht zieht!

[31] AaO., S. 95.

[32] AaO., S. 103.

trouve, provisoirement du moins, un *argumentum ex silentio* dans l'absence de trace épigraphique indiquant un lien quelconque entre cette région et la colonie. Mais Collart a laissé ouverte la question du statut des villes côtières – Galepsos et Oisymé.«[33] Anders ist es im Fall von Neapolis – hier ist Collart der Auffassung, daß diese Stadt Bestandteil des Territoriums von Philippi ist, aber Papazoglou hält dies nicht für sicher.[34]

Radikal unterscheidet sich Papazoglou von Perdrizet und Collart in bezug auf die westliche Grenze des Territoriums der *Colonia Iulia Augusta Philippensis*. Gerade die nordwestliche Begrenzung, die Perdrizet und Collart aus der Inschrift 559/L152 ableiten, ist verfehlt: Die Herkunft dieses Steines aus Νέο Σούλι ist nicht gesichert: »En effet, la borne n'a pas été retrouvée *in situ*.«[35] (Παπαγεωργίου, der die Inschrift 559/L152 veröffentlicht, macht überhaupt keine näheren Angaben zum Fundort des Steines.[36]) Ein zweites Argument kommt hinzu: Im benachbarten Οινούσσα (Karte 2, Nr. 37), 2km nordwestlich von Νέο Σούλι gelegen, fand sich die Inschrift des *Rufinus* (562/L154), der ausdrücklich neben seiner Tribusangabe »aus der Tribus Voltinia« noch die Herkunft aus Philippi erwähnt: *Philipp(is):* »L'indication de l'*origo* sur le territoire de la patrie n'est pas usitée. Aussi, si nous étions sûr que la pierre n'a pas été apportée d'ailleurs, nous aurions une preuve que le site antique d'Oinoussa ne faisait pas partie de la colonie.«[37] Eine weitere lateinische Inschrift aus Οινούσσα (563/L514) weist keine Verbindung nach Philippi auf. Damit ergibt sich: »A l'exception des deux inscriptions latines d'Oinoussa que nous venons de mentionner, l'épigraphie de la région qui s'étend à l'Est et au Sud du village de Soubaskeuï [Νέο Σούλι] jusqu'au seuil de l'Angistès est rédigée en langue grecque et ne comporte aucun élément qui indiquerait son appartenance à la colonie.«[38]

Mit all dem ist aber Papazoglous stärkstes Argument überhaupt noch nicht berührt: der Status der Stadt Gazoros. Neue Inschriften zeigen nämlich, daß die antike Stadt, bei dem heute gleichnamigen Dorf Γάζωρος gelegen, eine »ville autonome«[39] war. Damit ist der Weg von Αγγίστα (Karte 2, Nr. 45) nach Νέο

---

[33] Ebd.

[34] AaO., S. 103–105.

[35] AaO., S. 101.

[36] Falsch ist die Behauptung bei PAPAZOGLOU, S. 101, Anm. 55: »Cf. P. PAPAGEORGIU, *Byz Zeit* 3 (1894), p. 301: ›ἐν τῷ χωρίῳ Σουμπασκιοῖ ἐντετειχισμένη εἰς τὸ σχολεῖον αὐτοῦ, ἐπὶ τῆς κρήνης τοῦ ὁποίου ὑπάρχει ἀνάγλυφον παριστῶν Πήγασον ζωηρὸν ... καὶ ἱππέα ὑφ' οὗ φαίνονται δύο γυναικεῖαι κεφαλαί‹« (Übersetzung: »in dem Dorf Soubaskiö, eingemauert in der Schule, in deren Brunnen existiert ein Relief, welches den Pegasos ausdrucksvoll darstellt ... sowie einen Reiter, unterhalb dessen zwei Frauenköpfe erscheinen«). Dieses Zitat stammt nicht von Παπαγεωργίου, wie PAPAZOGLOU angibt, sondern es findet sich bei Δήμιτσας (S. 671, Nr. 825), der allerdings Σουμπασίκιοη statt Σουμπασκιοῖ schreibt. Vielleicht geht diese Angabe auf den Gewährsmann von Δήμιτσας, Γ. Αστεριάδης (Κωνσταντινούπολις vom 12. 9. 1890) zurück [mir nicht zugänglich].

[37] Ebd.

[38] AaO., S. 101f.

[39] AaO., S. 100.

Σούλι versperrt. Mit anderen Städten zusammen bildet Gazoros im 2. Jh. eine Pentapolis, wie eine am Amphipolistor in Philippi gefundene Inschrift (349/ G161; aus dem Jahr 202) beweist: »En tant que membre de la Pentapole qui embrassait entre autres communautés la cité de Serrès, Gazoros ne pouvait faire partie du territoire de Philippes.«[40]

Im Westen verläuft die Grenze nach Papazoglou also zwischen Ποδοχώρι und Παλαιοκώμι, welches zum Stadtgebiet von Amphipolis gehört, nach Norden Richtung Σταθμός Αγγίστης bei Αγγίστα (Karte 2, Nr. 45), »qui constitue la limite naturelle entre la plaine de Drama et la vallon de Prousotchani, d'un côté, et la plaine de Serrès, de l'autre.«[41] Alles, was westlich dieser Linie von Perdrizet, Collart und Λαζαρίδης dem Territorium der Kolonie zugerechnet wird, gehört laut Papazoglou nicht dazu.

Eine neue Publikation, die nach dem Aufsatz von Papazoglou zum Territorium von Philippi erschienen ist, vermag vielleicht den nördlichen und nordöstlichen Grenzverlauf genauer zu fixieren: Κώστας Τριανταφυλλίδης hat drei thrakische Festungen des Νομός Δράμας beschrieben, eine in Ξηροπόταμος (zwischen Drama und Prosotsane, s. Karte 2), ungefähr 6km nordwestlich Dramas gelegen, eine im Norden des Dorfes Αδριανή (Karte 2, Nr. 18), ungefähr 10km östlich von Drama, und schließlich eine 2km östlich des Dorfes Πλατανιά, das in diesem Paragraphen schon mehrfach erwähnt wurde.[42] Diese Festungen liegen alle am Fuß der Gebirge, die die Ebene von Philippi umgeben (die beiden erstgenannten am Fuß des Φαλακρόν Όρος, die letztere am Fuß der Όρη Λεκάνης), und weisen verschiedene Gemeinsamkeiten auf. Τριανταφυλλίδης ist der Auffassung, daß es sich um Festungen autonomer Thraker handelt, die im 4. Jh. v. Chr. gegründet worden seien.

Bemerkenswerterweise läßt sich nun bei allen drei Festungen eine weitere Phase konstatieren, die durch den Gebrauch von Mörtel charakterisiert ist.[43] Diese Phase weist Τριανταφυλλίδης der römischen Zeit zu, als diese Festungen das Territorium der *Colonia Iulia Augusta Philippensis* umgaben. In einem Fall läßt der Fund einer Münze des Antoninus Pius auf das 2. Jh. n. Chr. schließen.[44] Sollten sich in späteren Jahren durch Ausgrabungen in den drei Festun-

---

[40] AaO., S. 100f.

[41] AaO., S. 100. Prousotchani = Προσοτσάνη (Karte 6: Prosotsane).

[42] Κώστας Τριανταφυλλίδης: Τα θρακικά κάστρα του νομού Δράμας, in: Μνήμη Δ. Λαζαρίδη (s. dort), S. 589–596. Vgl. auch Διαμαντής Τριαντάφυλλος: Ανασκαφές στο φρούριο της Καλύβας, ΑΕΜΘ 2 (1988) [1991], S. 443–458. In der letztgenannten Festung beim Dorf Πλατανιά hat 1988 auch eine erste Grabung stattgefunden (Κατερίνα Περιστέρη: Πρώτη ανασκαφική έρευνα στην «Ακρόπολη» Πλατανιάς Δράμας, ΑΕΜΘ 4 (1990) [1993], S. 469–476).

[43] Παντού υπάρχει αυτή η δεύτερη φάση κατασκευών ή συντηρήσεων με χρήση κονιάματος (aaO., S. 590; Übersetzung: »Überall existiert diese zweite Bau- bzw. Reparaturphase, [welche charakterisiert ist] durch den Gebrauch von Mörtel«).

[44] Τριανταφυλλίδης, aaO., S. 590 mit Anm. 3. Die Ausführungen des Vf.s sind mir an dieser Stelle nicht ganz verständlich. Heißt es im Text S. 590: Αν και δεν μπορούμε να το [sc. το κάστρο της Πλατανιάς] χρονολογήσουμε, νομισματικά δεδομένα μας επιτρέπουν να

gen die Vermutungen des Vf.s bestätigen und insbesondere sich eine Nutzung der Baulichkeiten für die römische Zeit erweisen lassen, so könnte man auf diese Weise eine präzisere Grenzlinie für den N und den NO festlegen.

e) Ergebnis

Die nördliche Grenze des Territoriums der *Colonia Iulia Augusta Philippensis,* das ist unstrittig, bildet der Boz-Dağ (heute Φαλακρόν Ὄρος). Was die Sammlung der Inschriften angeht, habe ich diese Grenze nur in einem einzigen Fall überschritten.[45] Eine eindrucksvolle Bestätigung dafür, daß diese Grenzziehung im Norden sachgemäß ist, bildet die Tatsache, daß in den 100 Jahren seit Paul Perdrizet nicht eine einzige Inschrift nördlich des Boz-Dağ (Φαλακρόν Ὄρος) gefunden wurde, die einen Zusammenhang mit Philippi aufweist.

Das umstrittene Problem der Zugehörigkeit der Inschrift 510/G213 aus Πλατανιά löse ich salomonisch: Ich nehme diesen Text in meinen Katalog auf, um dem Leser ein eigenes Urteil zu ermöglichen, obwohl ich selbst deutlich der Papazoglouschen Position zuneige. Da aus dem Tal östlich von Πλατανιά bis nach Παρανέστιον weitere Inschriften nicht erhalten sind, ist die Frage, ob dieses Tal zum Territorium der *Colonia Iulia Augusta Philippensis* gehört oder nicht, für meine Sammlung der Inschriften ohne Belang.[46]

Was den Grenzverlauf im Osten angeht, so läßt sich nach den neuen Inschriftenfunden die Maximallösung Perdrizets nicht mehr halten; vielmehr ist das Gebirge zwischen der Ebene von Philippi und dem Nestos (Ὄρη Λεκάνης) in römischer Zeit thrakisch, die sich im Süden daran anschließende Ebene gehört zu Thasos. Der genaue Verlauf dieser östlichen Grenze wird möglicherweise durch die Felsinschrift von Παλαιά Καβάλα markiert (036/L646).

Im Süden nehme ich Neapolis zum Territorium von Philippi. Die zahlreichen lateinischen Inschriften, die dort gefunden wurden, sprechen sehr dafür, daß

πιστεύουμε ὅτι ὑπῆρχε ἤδη στον 2ο π.[= προ!]Χ. αἰῶνα (Übersetzung: »Wenn wir auch nicht in der Lage sind, es [sc. das Kastron von Platania] zu datieren, so erlauben uns doch die numismatischen Befunde anzunehmen, daß es schon im zweiten Jahrhundert vor Christus existierte«). In der zugehörigen Anm. 3 ist dagegen von einer Münze des Antoninus Pius die Rede. Für diese wird auf ΑΔ 1968 Β'2 Χρονικά, S. 428 verwiesen. Zwar ist in ΑΔ 22 (1967[!]) Β'2 Χρονικά [1969], S. 428 in der Tat von Funden aus Πλατανιά die Rede – eine Münze aus der Zeit des Antoninus allerdings ist nicht darunter!

[45] Es handelt sich um die Weihinschrift für Pluton aus dem zweiten Jahrhundert (527/ G208). Die Inschrift stammt aus Νευροκόπι; die Frage ist nur, ob aus dem (Κάτω) Νευροκόπι des Νομός Δράμας (vgl. Karte 2) oder aus dem Ἄνω Νευροκόπι (= Nicopolis ad Nestum). MIHAILOV ist der Ansicht, das letztere sei der Fall; er hat die Inschrift daher in sein Corpus aufgenommen (IBulg IV 2343). Angesichts der Entfernung von Nicopolis ad Nestum bis Serres scheint mir dies weniger wahrscheinlich (vgl. im einzelnen bei 527/G208), und ich nehme diese Inschrift als aus dem Φαλακρόν Ὄρος stammend daher in meinen Katalog auf.

[46] Die Gegend um Παρανέστιον ist in jüngster Zeit durch Τριαντάφυλλος erforscht worden, vgl. Διαμαντής Τριαντάφυλλος: Ἀρχαιολογικές ἐργασίες στην Παρανέστια περιοχή, AEMΘ 4 (1990) [1993], S. 627–637 und DERS.: Ἀνασκαφές στο φρούριο της Καλύβας, AEMΘ 2 (1988) [1991], S. 443–458.

diese Stadt in der Tat zu Philippi gehört hat. Die bei Papazoglou unentschieden gebliebene Alternative, ob der Rest der Küste zum Territorium gehört hat, wie Perdrizet annimmt, oder nicht (so Collart), kann ich auf sich beruhen lassen, zumal lateinische Inschriften[47] südlich des Symbolongebirges bisher nicht gefunden wurden.

Hinsichtlich des westlichen Grenzverlaufs schließlich bestehen im südlichen Abschnitt keine Probleme, da die Felsinschrift 601/L230 beim heutigen Dorf Ποδοχώρι diese Grenze ausdrücklich markiert. Damit ist klar, daß der größere Teil des Pangaiongebirges Bestandteil des Territoriums der *Colonia Iulia Augusta Philippensis* ist. Die Probleme betreffen den nördlichen Abschnitt dieser westlichen Grenze. In diesem Gebiet verfahre ich pragmatisch: Ich nehme alle Inschriften bis hin nach Serres (diese aber nicht mehr) auf, um dem Leser ein eigenes Urteil zu ermöglichen. Eine Durchsicht der Texte ergibt, daß die einschlägigen Inschriften sich ziemlich deutlich von dem unterscheiden, was man sonst aus Philippi kennt. Dies ist m.E. ein Indiz dafür, daß die Papazoglousche Theorie hinsichtlich des »pierre errante« 559/L152 zutrifft.

2. Das pomerium (Karte 7)

Eine besondere Theorie hinsichtlich des *pomerium* von Philippi hat Collart entwickelt. Bevor ich diese darstelle, ist es angebracht, kurz den Begriff *pomerium* selbst zu erläutern.

Unter *pomerium* versteht man zunächst die sakrale Stadtgrenze, die normalerweise bei der Gründung einer Stadt festgelegt wird. Der dabei befolgte Ritus wurde auch auf Kolonien angewandt: »Nach Anlage und Füllung der Opfergrube, des *mundus,* mit Ernteanteil und heimatlichen Erdschollen ... erfolgt der symbolische Grenzfurchenzug – *primigenius sulcus* ... – durch einen von einem weißen Rindergespann – der Stier außen, die Kuh innen ... rechts herum gezogenen Bronzepflug, so daß dabei alle Schollen nach innen stürzten ... .«[48] Die dabei entstehende Linie ist das *pomerium.* Probleme ergeben sich, wenn eine schon bestehende Stadt wie Philippi in eine Kolonie verwandelt wird: »Es liegt auf der Hand, daß die symbolische Handlung der Furchung nun nicht innerhalb der Mauern, sondern nur außerhalb derselben stattfinden konnte«[49]; die Linie des *pomerium* liegt dann also außerhalb der Stadtmauern. In diesem Fall betrachtet man »den ganzen zu Verteidigungzwecken schon vorher unbebauten und unbearbeiteten Raum beiderseits der Mauern als zum«[50] *pomerium* gehörig

---

[47] Es wurden hier übrigens auch keinerlei griechische Inschriften gefunden, die einen erkennbaren Zusammenhang mit der *Colonia Iulia Augusta Philippensis* aufgewiesen hätten. Daher läßt sich das Problem beim gegenwärtigen Stand der Dinge nicht lösen.

[48] ALBRECHT V. BLUMENTHAL: Art. Pomerium, PRE XXI 2 (1952), Sp. 1867–1876; hier Sp. 1868, Z. 29–38.

[49] BLUMENTHAL, aaO., Sp. 1869, Z. 26–29.

[50] BLUMENTHAL, aaO., Sp. 1869, Z. 44–47.

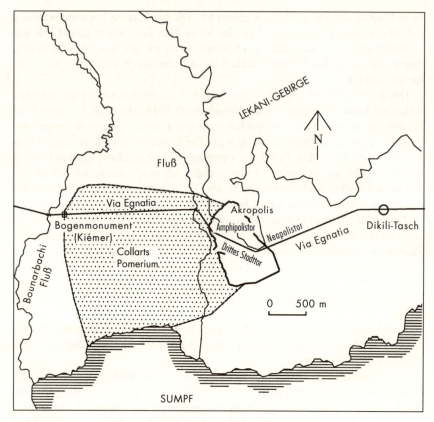

Karte 7: Die Stadt und ihre Umgebung

und nennt diese Fläche selbst auch *pomerium*. Das Spezifikum des so verstandenen *pomerium* liegt nun darin, daß diese Fläche weder bebaut noch beackert werden darf (vgl. Livius I 44,5: *hoc spatium, quod neque habitari neque arari fas erat ... pomerium Romani appellarunt).*

Nach dieser Klärung des Begriffs versuche ich nun, die besondere Theorie darzustellen, die Collart im Hinblick auf das *pomerium* der *Colonia Iulia Augusta Philippensis* entwickelt hat.

Er geht von der Feststellung aus, daß die *Via Egnatia* zwischen dem Neapolis- und dem Amphipolis-Tor die Rolle des *decumanus maximus* spiele. »Sans doute la portion de cette voie comprise entre les remparts n'excédait-elle pas six à huit cents mètres de longueur; Philippes demeurait une petite ville. Mais près de cinq kilomètres séparaient les points extrêmes du territoire urbain qui en dépendait directement«[51]; dieses nämlich reiche von dem Bogenmonument

---

[51] COLLART, S. 319.

im Westen der Stadt bis hin zu dem prähistorischen Hügel von Dikili-Tasch im Osten.[52]

Dem Bogenmonument kommt dabei nach Collart eine ganz besondere Bedeutung zu: Es markiere nämlich die Grenze des *pomerium* im Westen.[53] Dieses Bogenmonument ist zuerst 1860 von Perrot, später dann 1876 von Heuzey beschrieben worden.[54] Zur Zeit von Collart (in den dreißiger Jahren dieses Jahrhunderts) ist von diesem Monument nicht mehr viel übrig: »il s'est, depuis, complètement écroulé et n'a pas fait l'objet de nouvelles recherches.«[55]

Für die Bestimmung der Funktion des Bogenmonuments wäre die auf ihm angebrachte Inschrift von großer Bedeutung: »On a pu constater aussi que, sur la face occidentale, une grande inscription occupait autrefois la frise et une partie de l'architrave; elle était composée de lettres de bronze fixées sur la pierre au moyen de crampons; mais les trous laissés par ceux-ci sont trop peu nombreux pour qu'on puisse espérer retrouver, en quelque endroit, le dessin des caractères.«[56] Da diese Hoffnung sich zerschlägt, mag es wohl sein, daß die Funktion dieses Bogenmonuments überhaupt nicht mehr erhellt werden kann.

Heuzey hatte die Funktion des Bogens dahingehend bestimmt, daß es sich um ein Monument zur Erinnerung an die Schlacht bei Philippi handele. Diese Auffassung lehnt Collart entschieden ab: »Il est en effet reconnu aujourd'hui qu'en dépit de l'appellation usuelle, l'idée de triomphe ne s'associait qu'exceptionnellement à l'érection d'un arc; elle eût ici paru singulièrement déplacée, s'appliquant à l'une des rencontres les plus sanglantes des Guerres Civiles.«[57]

Man muß sich daher Collart zufolge nach einer anderen Funktion für das Bogenmonument umsehen: »Il est donc certain qu'à Philippes, comme ailleurs plus explicitement, l'arc était le témoin du statut accordé à la ville et qu'il avait été le premier édifice public de la colonie.«[58] Und damit ist Collart beim ent-

---

[52] Zu den prähistorischen Funden in Dikili-Tasch vgl. jetzt die zusammenfassende Publikation von RENÉ TREUIL: Dikili Tash. Village préhistorique de Macédoine orientale, Tome I: Fouilles de Jean Deshayes (1961–1975), Vol. 1, BCH Suppl. 24, Athen/Paris 1992.

[53] Ebd.

[54] G. PERROT: Daton, Néopolis, les ruines de Philippes, RAr 1,2 (1860), S. 45–52.67–77; hier S. 52 mit Plan auf S. 45; HEUZEY, S. 117ff. mit Plan A.

[55] COLLART, S. 320. Er fügt hinzu:»Aussi, mieux que dans son aspect actuel, en retrouvera-t-on l'image dans les dessins qui illustrent la *Mission de Macédoine* [d.h. das Buch von Heuzey]« (ebd.). Heute ist von diesem Monument nichts mehr vorhanden. Trotz ausgiebiger Suche war es mir im Jahr 1991 nicht möglich, auch nur die geringste Spur davon zu entdecken. Auch MICHEL SÈVE – ein sehr viel besserer Kenner Philippis als ich – hat die Stelle nicht finden können (mündliche Mitteilung vom 21. August 1992).

[56] COLLART, S. 320f.

[57] COLLART, S. 321.

[58] COLLART, S. 321f. Dafür spricht nach COLLART die Ausführung des Bogenmonuments, die es nicht erlaube, es »plus tard que le Ier siècle de notre ère« zu datieren (S. 322). Hinzu komme aber noch ein weiteres Argument:»Et s'il est, d'autre part, mentionné, comme nous le croyons, dans le livre des Actes des Apôtres, à l'occasion du premier passage de Paul à Philippes, nous aurions là une preuve de son existence en 49 après J.-C.« (ebd.). Zu dieser Folgerung vgl. die Diskussion unten, im Dritten Kapitel, § 3 Das dritte Stadttor.

scheidenden Punkt angelangt: »Il était de règle que l'arc colonial fût édifié aux abords d'une cité sur la principale route d'accès, au point précis où cette route coupait la ligne de *pomerium*.«[59] Das Bogenmonument in Philippi, unter welchem die *Via Egnatia* Richtung Amphipolis hindurchführt, markiere also die Grenze des *pomerium*. Dabei sei es gar nicht ungewöhnlich, so fügt Collart hinzu, wenn die Grenze des *pomerium* nicht unmittelbar vor der Stadtmauer liege. So sei es z.B. in Aosta und in Gerasa so, daß die Grenze des *pomerium* 400m außerhalb der Stadtmauern verlaufe. In Philippi allerdings betrage diese Entfernung 2km. Trotzdem sei daran festzuhalten, daß das Bogenmonument die Grenze des *pomerium* markiere.

Collart stützt sich hier auf Ergebnisse von A.L. Frothingham, der in zwei Aufsätzen der Bedeutung solcher Bögen nachgegangen war.

In einem ersten Aufsatz[60] hatte Frothingham solche Bögen diskutiert, die die Grenze des *pomerium* markieren. Diesem Aufsatz sind auch die obigen Daten über Aosta und Gerasa entnommen (S. 226). Hier heißt es bezüglich des Standortes dieser Bögen: »L'arc communal était, le plus ordinairement, à cheval sur la grande route, au point où elle allait pénétrer en ville« (S. 225). »L'arc se plaçait, en règle générale, exactement sur la *ligne du pomoerium* d'une colonie romaine« (ebd.).

Bemerkenswerterweise kommt Frothingham in diesem Zusammenhang jedoch nicht auf Philippi zu sprechen. Den Bogen in Philippi diskutiert er vielmehr in einem zweiten Aufsatz[61], in welchem eine ganz andere Gruppe von Bögen besprochen wird, nämlich solche, die die Grenze eines Territoriums markieren. Hier heißt es in bezug auf Philippi: »At a distance of about two kilometres from Philippi, the main Roman highway through Macedonia, the Via Egnatia, is spanned by a simple early arch, the upper part of which is in ruins. It has been natural, not to say inevitable, that this arch should have been popularly regarded as a memorial of the battle of Philippi. But this is a mistake. The style, it is true, would harmonize with this early date; but it was against Roman law and custom to celebrate by a triumphal arch an internecine struggle between Romans. A triumph could be celebrated only over public foes. ... The only possible hypothesis, situated as this arch is at a distance from the town, is that it marked the limit of the territory of the new colony, which was established here by Augustus very soon after the battle. This was, in fact, the most obvious point for a boundary arch. On other sides the colony's land was bounded by the mountains, the seaboard or a lake; but here it was bounded on the west by a stream, the river Gangos or Gangites, where the highway passed into the plain. The site is similar to that chosen for other territorial arches.« (S. 170).

Collart hat also zwar die Ergebnisse Frothinghams im allgemeinen, nicht aber deren konkrete Anwendung auf unseren Bogen in Philippi übernommen.

Allerdings kann auch die Frothinghamsche Lösung nicht zutreffen, da das Territorium der *Colonia Iulia Augusta Philippensis* doch nicht mitten in den heutigen Maisfeldern endet: Wessen Territorium sollte denn jenseits des Bogens beginnen? Das von Amphipolis doch gewiß nicht! Collart ist also jedenfalls insoweit zuzustimmen, als die Frothingham-

---

[59] COLLART, S. 322.

[60] A.L. FROTHINGHAM: De la véritable signification des monuments romains qu'on appelle »arcs de triomphe«, RAr 6 (1905), S. 216–230.

[61] A.L. FROTHINGHAM: The Roman Territorial Arch, AJA 19 (1915), S. 155–174. Vgl. auch GUNNAR BRANDS: Der Bogen von Aquinum, mit einem Anhang von HAYO HEINRICH, AA 1991, S. 561–609, der S. 572 auch auf das Bogenmonument von Philippi zu sprechen kommt.

sche Lösung für Philippi nicht akzeptabel ist. Das ist freilich auch die Collartsche Lösung nicht, wie sogleich zu zeigen sein wird.

Nun hatte man aber schon in den dreißiger Jahren auch entlang des Weges nach Drama eine Reihe von Gräbern gefunden – also zwischen der von Collart postulierten westlichen Grenze des *pomerium* und der Stadtmauer. Collart räumt selbst ein: »l'existence d'une nécropole est suffisamment attestée«[62]. Dies tangiere aber die Theorie dann nicht, wenn man diesen nordwestlichen Bereich aus dem Gebiet des *pomerium* herausnehme. Entscheidend für Collart ist, daß entlang der *Via Egnatia* eine solche Nekropole nicht vorhanden ist. Eine solche würde der Theorie Collarts freilich jede Grundlage entziehen.

Dieser Theorie Collarts ist schon Lemerle in seiner Monographie entgegengetreten.[63] Im Gegensatz zu Collart kommt er zu dem Ergebnis, daß in Philippi die Grenze des *pomerium* mit dem Verlauf der Stadtmauer übereinstimme: »En fait il me paraît probable, encore qu'on ne puisse évidemment apporter la démonstration, que le tracé du pomerium se confondait à Philippes avec celui de l'enceinte.«[64] Zur Begründung verweist Lemerle auf den bei Collart im Tafelband abgedruckten Plan XXIX.

Diese Karte (vgl. dazu meine Karte 7, wo ich den von Collart in Plan XXIX definierten Verlauf des *pomerium* wiedergebe) steht in deutlichem Widerspruch zu den eigenen Ausführungen Collarts. Denn die Markierung des *pomerium* auf dieser Karte (»tracé présumé du pomerium«) schließt gerade dasjenige Gebiet mit ein, in dem sich nach Collarts eigenem Bericht die nordwestliche Nekropole befindet. Diese liegt entlang der Straße nach Drama und kann in keinem Fall innerhalb des *pomerium* angenommen werden (vgl. dazu auch Karte 8). Die Linie, die in dem Plan eingezeichnet ist, wäre also Collarts eigener Theorie zufolge dahingehend zu korrigieren, daß sie, wo sie von der NW-Ecke Richtung O zurückführt, *vor dem Fluß* nach SO abbiegt, diesen überquert und dann zur Akropolis hinaufführt!

Lemerle weist auf die – verglichen mit der eigentlichen Stadt – riesige Fläche hin, die das von Collart angenommene *pomerium* umfassen würde: »mais il n'est que de se reporter à son propre plan, pour constater qu'il est ainsi conduit

---

[62] COLLART, S. 325. COLLART verweist in diesem Zusammenhang auf seine eigene Publikation von Inschriften (PAUL COLLART: Inscriptions de Philippes, BCH 56 (1932), S. 192–231), wo auf S. 227–231 Steine veröffentlicht werden, die aus dieser nordwestlichen Nekropole von Philippi stammen: so ein Relief des Thrakischen Reiters (Nr. 19, S. 227f.), die Grabinschrift des *Caius Sempronius Fructus* (Nummer 354/L324; bei COLLART Nr. 20, S. 228ff.) und die griechische Grabinschrift 355/G325 (bei COLLART die Nummer 21, S. 230f.).

[63] LEMERLE, S. 25–27. Auf die Argumentation LEMERLES nimmt ELLIGER (WINFRIED ELLIGER: Paulus in Griechenland. Philippi, Thessaloniki, Athen, Korinth, SBS 92/93, Stuttgart 1978 [Nachdr. außerhalb der Reihe 1987]) Bezug, ohne sie jedoch zu würdigen oder gar zu widerlegen: »Es bleibt freilich die Frage, an der sich *Collart* nicht zu stoßen scheint (anders *Lemerle, Philippes* 25ff), ob ein *Pomerium* von dieser Ausdehnung überhaupt angenommen werden darf« (ELLIGER, S. 50, Anm. 47).

Ohne auf die Kritik LEMERLES einzugehen, tradiert Λαζαρίδης die COLLARTsche Position: Η έκταση που περιλαμβανόταν ανάμεσα στα τείχη και την αψίδα, με βόρειο όριο τους πρόποδες του βουνού και νότιο τα έλη, ήταν το POMERIUM (S. 30, 132).

[64] LEMERLE, S. 27, Anm. 1.

à donner à cette ligne pomériale un tracé fort singulier, qui se confond vers l'Est avec la muraille de la ville, et s'en éloigne au contraire considérablement à l'Ouest, formant une vaste ›poche‹ dont la superficie est cinq fois plus grande que celle de la ville elle-même.«[65] Zum zweiten erinnert Lemerle an die Nekropole, die sich auch im Westen der Stadtmauer befindet: »or il semble certain qu'il y avait à l'Ouest de l'enceinte de Philippes une nécropole, ou du moins des tombeaux, comme il y en avait à l'Est.«[66]

Insbesondere der zweite von Lemerle angeführte Grund erweist sich als durchschlagendes Argument gegen die Collartsche *pomerium*-Theorie. Denn die einschlägigen Funde aus der westlichen Nekropole haben sich seit dem Erscheinen der Collartschen Monographie nicht nur erheblich vermehrt, sondern auch ihr topographischer Rahmen ist nunmehr ein anderer: Nicht nur entlang der Straße nach Drama sind Gräber gefunden worden, sondern eben auch – und das ist für die Collartsche Theorie fatal – entlang der *Via Egnatia* nach Amphipolis:

(1) Schon vor Collart waren die folgenden Monumente aus der westlichen Nekropole bekannt: Die Grabinschrift für ein weibliches Familienmitglied eines *Priscus* (Fragment; 352/L064) und die Grabinschrift eines *Cerdo* (? Fragment; 358/L069). Da der Fundort dieser Inschriften bei Heuzey nicht präzise angegeben wird, konnte Collart sie unberücksichtigt lassen.

(2) Die Liste[67] der einschlägigen Monumente, die entlang der Straße nach Drama gefunden wurden (vgl. o. Anm. 62), ist schon bei den französischen Ausgrabungen durch die folgenden Nummern erweitert worden: Grabinschrift 385/L369 (ohne Namen des Verstorbenen); Sarkophag des *Marcus Annius Therizon* (386/L454); Weihinschrift für Neptun (388/L566).

(3) Inzwischen sind an der Straße nach Drama eine sehr große Zahl von Gräbern ausgegraben worden, über die zusammenfassend X.I. Πέννας berichtet hat.[68] Damit ist der Beweis erbracht, daß sich entlang dieser Straße eine ausgedehnte Nekropole befand.

(4) Von entscheidender Bedeutung ist schließlich die Ausgrabung im Bereich der Taufkapelle in Λυδία, von der in der Einleitung schon berichtet wurde.[69] Leider ist davon noch so gut wie nichts publiziert. Die kurzen Notizen im Ἀρχαιολογικόν Δελτίον erlauben aber ohne jeden Zweifel den Schluß, daß es sich um Teile eines Friedhofs handelt, die hier freigelegt worden sind. Davon kann sich im übrigen jeder Besucher auch selbst überzeugen, denn die Monumente mitsamt der (unpublizierten) Inschriften sind frei zugänglich. Nachdem

---

[65] LEMERLE, S. 26.

[66] LEMERLE, S. 26f.

[67] Bereits 1893 war die Grabinschrift 356/L142 veröffentlicht worden, welche *extra Philippos ad viam Dramam versus* (CIL III, Suppl. 2, S. 2082, Nr. 12312) gefunden worden war.

[68] Πέννας informiert über die Ausgrabung von insgesamt 109 Gräbern, 59 davon in Λυδία, d.h. entlang der Straße nach Drama (X.I. Πέννας: Παλαιοχριστιανικές ταφές στους Φιλίππους, in: Η Καβάλα και η περιοχή της. Α' τοπικό συμπόσιο (s. dort), S. 437–444).

[69] Vgl. oben in der Einleitung, Abschnitt 4αζ.

dieser Friedhof an der *Via Egnatia* der Ausgräberin zufolge in das erste und zweite Jahrhundert zu datieren ist[70], ist damit die Collartsche *pomerium*-Theorie endgültig widerlegt: Ein Friedhof im Bereich eines *pomerium* ist ein Ding der Unmöglichkeit.

(5) Dies bestätigt auch ein 1993 publizierter Fund weiter im Westen der Brücke (vgl. Karte 7), in dessen Zusammenhang zwei weitere lateinische Grabinschriften zutage kamen (nämlich 384a/L174 und 384b/L175).

Dabei handelt es sich um die Grundmauern eines Gebäudes mit den Maßen 19,70 × 13. Die Notgrabung wurde von der Εφορεία Βυζαντινών Αρχαιοτήτων im Jahr 1988 durchgeführt.[71]

Dieses Gebäude zeigte mir ein freundlicher Einheimischer am 8. September 1991. Er wußte außerdem zu berichten, daß direkt an dem Gebäude entlang früher eine Straße geführt habe, deren Trasse seit der Anlage der Bewässerungskanäle in diesem Gebiet verschwunden sei; dabei wird es sich höchstwahrscheinlich um die Trasse der *Via Egnatia* handeln, die in der Karte von Heuzey eingezeichnet ist. Ist dies richtig, so befand sich dieses Gebäude an der *Via Egnatia* zwischen der Stadtmauer und dem Bogenmonument.

Diese mündliche Überlieferung bestätigt der Bericht im ΑΔ, wo es in diesem Zusammenhang heißt: Το κτίριο βρίσκεται στον άξονα της Εγνατίας οδού, πολύ κοντά στην τοξωτή κατασκευή που υπήρχε στην περιοχή αυτή και από την οποία σήμερα διασώζονται οι μεγάλοι μαρμάρινοι δόμοι. Αν και η λειτουργικότητα του κτιρίου δεν έχει διευκρινιστεί, είναι πολύ πιθανόν να έχει άμεση σχέση με την Εγνατία οδό, που διέρχεται από την περιοχή (S. 441; Übersetzung:»Das Gebäude befindet sich – auf die [Trasse der] *Via Egnatia* ausgerichtet – sehr nahe bei dem Bogenmonument, das in dieser Gegend war und von dem heute nur noch die großen marmornen Steinreihen [aber wo? Dem soeben genannten Einheimischen, der mir 1991 dieses in Rede stehende Gebäude zeigte, waren weitere Reste in der Umgebung nicht bekannt!] erhalten sind. Wenn auch die Funktion des Gebäudes nicht ermittelt werden konnte, so besteht doch die große Wahrscheinlichkeit, daß es in unmittelbarem Zusammenhang mit der *Via Egnatia* steht, die diese Gegend durchzieht«).

Dieser Zufallsfund ergänzt die bisherigen archäologischen Daten in willkommener Weise und widerlegt die Collartsche *pomerium*-Theorie sozusagen für die entgegengesetzte Region, weit draußen im Westen: Auch hier haben wir ein – sogar recht großes – Gebäude aus römischer Zeit, auch hier haben wir Grabsteine mit lateinischen Inschriften.

Ergebnis

Die Collartsche *pomerium*-Theorie ist durch die neuen Funde widerlegt. Die Lemerlesche Vermutung, wonach das *pomerium* in Philippi (wie auch andernorts) mit dem Verlauf der Stadtmauer übereinstimmt, erweist sich als plausibel.

Die Folgerungen, die sich daraus für die Lage der προσευχή ergeben, werden unten im Lukaskapitel diskutiert (vgl. im Dritten Kapitel, § 3).

---

[70] Χ. Κουκούλη-Χρυσανθάκη, ΑΔ 30 (1975) Β΄2 Χρονικά [1983], S. 285.
[71] ΑΔ 43 (1988) Β΄2 Χρονικά [1993], S. 441f. Der Verfasser des Abschnitts wird hier leider nicht genannt.

3. Die Stadt (Karte 8)

Auch an antiken Maßstäben gemessen war Philippi keineswegs eine große Stadt. Sieht man einmal von den im vorigen Abschnitt erwähnten Nekropolen ab, so kann man sie ohne Mühe in zehn Minuten vom Neapolistor zum Amphipolistor durchwandern: Auf der *Via Egnatia* hatte man von Tor zu Tor kaum einen Kilometer zurückzulegen. Die Gesamtlänge der Stadtmauern beläuft sich auf insgesamt ca. 3.400m.[72] Das sind durchaus bescheidene Dimensionen. Selbst wenn man die ausgedehnten Nekropolen im Osten und im Westen mit hinzunimmt, bleibt die Strecke durchaus überschaubar: Vom Neapolistor bis zum monumentalen Stein des *Caius Vibius* im Osten sind es auf der *Via Egnatia* ziemlich genau 2km. Nimmt man eine ähnliche Erstreckung auch für die im Westen der Stadt gelegene Nekropole an, so käme man auf insgesamt 2km + 1km + 2km = 5km von dem Ende der einen Nekropole durch die Stadt bis zum Ende der anderen.

Die von der Stadtmauer umschlossene Fläche beläuft sich auf ungefähr 67,8ha.[73] Λαζαρίδης schätzt, daß davon vielleicht 3/4 bebaut war, das ergäbe also eine bebaute Fläche von etwas mehr als 50ha.[74] Der weitaus größere Teil dieser Fläche ist bis heute nicht ausgegraben.

Schwieriger ist es, die Zahl der Bewohner der Stadt zu schätzen. Als Indikator dafür kann man allenfalls die Zahl der Sitzplätze im Theater verwenden. Dieses erwies sich in römischer Zeit bald als zu klein. So wurde die Zahl der Plätze durch den Anbau der *summa cavea* beträchtlich erhöht; dies gilt auch dann, wenn man in Betracht zieht, daß wegen des Umbaus die Sitzplätze der zwei bis drei untersten Reihen wegfielen.[75] Dieses so erweiterte Theater faßte

---

[72] Vgl. Λαζαρίδης: Ο περίβολος των Φιλίππων έχει μήκος 3.400 μέτρα περίπου (S. 44, 197).

[73] BARBARA LEVICK bietet eine Liste von Vergleichszahlen (BARBARA LEVICK: Roman Colonies in Southern Asia Minor, Oxford 1967, S. 43 mit Anm. 2), in der sie für Philippi (einigermaßen ungenau) 157 acres bietet. Das pisidische Antiochien ist demzufolge 115 acres groß – also noch wesentlich kleiner als Philippi! Lugdunum dagegen umfaßt 314 acres, Priene 105 acres, Milet 230 acres, Perge 151 acres.

[74] Τα τείχη της [sc. της αποικίας] περικλείουν έκταση 67,8 εκταρίων περίπου … . Το πεδινό τμήμα και οι πιό χαμηλές πλαγιές του λόφου, περίπου τα 3/4 του χώρου που περιέκλειαν τα τείχη, ήταν οικοδομημένα (Λαζαρίδης, S. 31, 136; Übersetzung: »Ihre [sc. der Kolonie] Stadtmauern umschließen eine Fläche von ungefähr 67,8 Hektar … . Das flache Stück [dieser 67,8 Hektar] und die flachen Bereiche der Akropolis, d.h. ungefähr 3/4 der Fläche, welche von den Stadtmauern umschlossen wird, waren bebaut«). Die steiler abfallenden Partien der Akropolis können nicht bebaut gewesen sein. Doch ist auch mit Gebäuden außerhalb der Stadtmauern zu rechnen: Είναι βέβαιο επίσης πως κατοικίες και διάφορες δημόσιες οικοδομές υπήρχαν και έξω από τον οικισμό (ebd.; Übersetzung: »Es ist außerdem gesichert, daß Wohnhäuser und verschiedene öffentliche Gebäude auch außerhalb der Stadt vorhanden waren«).

[75] Zum Umbau des Theaters und seine verschiedenen Phasen vgl. oben in der Einleitung S. 28f. und die dort angegebene Literatur. Da in dem Theater in römischer Zeit auch Gladiatorenkämpfe und Tierhetzen stattfanden, wurden die unteren Reihen abgebrochen, um das Publikum durch eiserne Gitter vor den Tieren zu schützen. Die Löcher, die zur Verankerung dieser

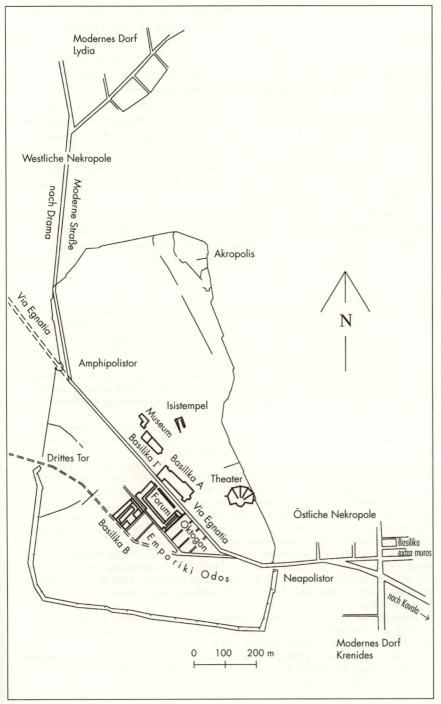

Modernes Dorf
Lydia

Westliche Nekropole

nach Drama

Moderne Straße

Akropolis

N

Amphipolistor

Isistempel

Museum

Basilika Γ

Basilika A

Drittes Tor

Theater

Via Egnatia

Östliche Nekropole

Forum

Oktogon

Basilika B

Emporiki Odos

Basilika
extra muros

Neapolistor

nach Kavala

0   100   200 m

Modernes Dorf
Krenides

Via Egnatia

Karte 8: Die Stadt Philippi

im zweiten Jahrhundert mehr als 8.000 Menschen; diese 8.000 kamen aber natürlich nicht nur aus der Stadt selbst, sondern auch aus dem Umland, um das Theater zu besuchen.[76] Andrerseits ist zu bedenken, daß unter diesen Zuschauern kaum Greise und jedenfalls keine Kinder waren. Somit kann man die vorsichtige Schätzung wagen, daß im ersten und zweiten Jahrhundert in der Stadt Philippi vielleicht 5.000 bis 10.000 Menschen lebten.

Das Bild der Stadt selbst war zu allen Zeiten vor allem durch die Akropolis und die Stadtmauern geprägt, die nach allen Seiten weithin sichtbar waren. Der Verlauf dieser Mauern hat sich von der makedonischen bis in die byzantinische Epoche nicht geändert.[77] Dies ist bis heute so geblieben: Ganz gleich, ob man sich der Stadt aus dem Süden, aus dem Westen oder aus dem Norden nähert – aus allen Richtungen erscheinen die Türme auf der Akropolis wie ein Wahrzeichen und prägen das Bild des Berges.

Innerhalb dieser Mauern ist das markanteste Bauwerk ohne Zweifel das Theater, welches im ersten Jahrhundert noch nicht für Gladiatorenkämpfe und Tierhetzen umgebaut war. Im Zentrum der Stadt befindet sich das Forum, welches in seiner ausgegrabenen Gestalt allerdings erst der zweiten Hälfte des

---

Gitter angebracht wurden, sind noch heute gut zu erkennen: Κατά το β΄ μισό του 2ου αιώνος έγιναν σ' αυτό [sc. το θέατρο] σημαντικές αλλαγές και προσθήκες. Καταργήθηκαν τότε οι 3–4 πρώτες σειρές εδωλίων και στην περιφέρεια της ορχήστρας υψώθηκε τοίχος, ύψους 1,20 μ., που έφερε κιγκλίδωμα για την προστασία των θεατών από τα θηρία (Λαζαρίδης, S. 38, 170; Übersetzung: »In der zweiten Hälfte des zweiten Jahrhunderts wurden in ihm [sc. dem Theater] bedeutende bauliche Veränderungen und Zufügungen vorgenommen. Damals wurden die drei bis vier ersten Sitzreihen beseitigt und [stattdessen] als Begrenzung der Orchestra eine Mauer der Höhe 1,20m hochgezogen, welche Gitter zum Schutz der Zuschauer vor den Tieren trug«).

[76] Λαζαρίδης sagt: Ο οικισμός με το προάστιό του και τη γη που του ανήκε θα πρέπει να είχε σημαντικό πληθυσμό, για τον οποίο όμως δεν υπάρχουν στοιχεία. Σαν ένδειξη θα μπορούσε να χρησιμεύση το θέατρο, που με την προσθήκη νέων σειρών εδωλίων στη ρωμαϊκή εποχή θα μπορούσε να χωρέση άνετα πάνω από 8.000 θεατές, που βέβαια δεν ήταν μόνο κάτοικοι της πόλης, αλλά και της υπαίθρου (S. 31, 137; Übersetzung: »Die Stadt mitsamt ihrer Vorstadt und dem zugehörigen Territorium muß eine bedeutende Bevölkerungszahl erreicht haben, hinsichtlich welcher Daten jedoch nicht vorliegen. Als Indikator kann man das Theater verwenden, welches nach der Hinzufügung von neuen Sitzreihen in der römischen Epoche mehr als 8.000 Zuschauer zu fassen vermochte, welche gewiß nicht alle Einwohner der Stadt selbst, sondern auch des umliegenden flachen Landes waren«).

Zum Vergleich: Das sehr viel größere Theater in Epidauros bietet 12.000 Menschen Platz; es hat also um die Hälfte mehr Sitzplätze als das in römischer Zeit erweiterte Theater in Philippi. Die gallischen Theater in Vienne, Autin und Arles bieten 10.000 bis 13.000 Menschen Platz; das Dionysos-Theater in Athen hat – je nachdem, wieviel Platz man pro Person ansetzt – 14.000 bis 17.000 Sitzplätze.

Heute faßt das Theater in Philippi 4.000 Personen. Der Wiederaufbau der Sitzreihen Ende der fünfziger Jahre erstreckte sich nämlich nur auf die *ima cavea* (vgl. dazu Δημήτριος Λαζαρίδης, ΑΔ 16 (1960) Χρονικά [1962], S. 218f.).

[77] Zu den Stadtmauern in Philippi vgl. H. DUCOUX/PAUL LEMERLE: L'acropole et l'enceinte haute de Philippes, BCH 62 (1938), S. 4–19 und JACQUES ROGER: L'enceinte basse de Philippes, BCH 62 (1938), S. 20–41.

zweiten Jahrhunderts angehört.[78] Im Süden des Forums schließen sich das Macellum und die Palästra an: Die einen Teil dieser Anlage bildende unterirdische Latrinenanlage bleibt jedem Besucher Philippis in deutlicher Erinnerung.[79] Auch diese Komplexe gehen jedoch erst auf das zweite Jahrhundert zurück.

Das Bild der Stadt im ersten Jahrhundert ist bisher nur zu einem geringen Teil rekonstruierbar. So gibt es im Bereich des Forums Anhaltspunkte für Monumente aus dem ersten Jahrhundert[80] und Privathäuser aus der Zeit des Augustus.[81] Ähnliche Bereiche mit Privathäusern befinden sich auch in dem unteren Abschnitt der Akropolis, im Süden des Heiligtums der ägyptischen Götter und im Bereich des heutigen Museums.[82] Im Osten des Forums, im Bereich des Oktogon, befindet sich einer der ganz wenigen Baukomplexe, die sich aus der ersten Zeit der Kolonie – d.h. aus der Epoche des Augustus – bis in die byzantinische Phase erhalten haben: das Bad.[83]

Insgesamt betrachtet gibt es keinen Zweifel, daß Philippi im ersten und zweiten Jahrhundert auch vom städtebaulichen Charakter her ein typisches Bild einer römischen Stadt bot.[84] Es ist bezeichnend, daß sich im Bereich des Forums kein einziges Gebäude aus der vorrömischen Zeit (mit der einzigen Ausnahme des Kammergrabes) erhalten hat: Die Umgestaltung der Unterstadt in römischer Zeit war umfassend.[85]

---

[78] Eine zusammenfassende Publikation des Forums wird von MICHEL SÈVE vorbereitet; zu den von SÈVE in BCH publizierten vorläufigen Berichten über seine Forschungen in Philippi vgl. das Literaturverzeichnis.

[79] Eine Publikation des Macellum fehlt bis heute (trotz mehrfacher Ankündigung seitens der École française). Zur Palästra vgl. PAUL LEMERLE: Palestre romaine à Philippes, BCH 61 (1937), S. 86–102.

[80] MICHEL SÈVE/PATRICK WEBER: Un monument honorifique au forum de Philippes, BCH 112 (1988), S. 467–479.

[81] Häuser wurden unterhalb der S-Stoa des Forums gefunden: Μια συνοικία οικιών της εποχής του Αυγούστου υπήρχε κατά μήκος της νότιας πλευράς του FORUM ..., που με την οικοδομή της νότιας στοάς του καταστράφηκαν και επιχωματώθηκαν (Λαζαρίδης, S. 33, 144; Übersetzung:»Ein Quartier mit Häusern der Zeit des Augustus befand sich an der südlichen Seite des FORUM; wegen des Baus der Süd-Stoa mußten sie zerstört und aufgeschüttet werden«).

[82] Σε κατοικίες ρωμαϊκών χρόνων ανήκουν επίσης τα θεμέλια που διαπιστώθηκαν στους πρόποδες του λόφου της ακροπόλεως, τόσο νότια από το ιερό των Αιγυπτίων θεών, όσο και δυτικά από την παλαιοχριστιανική βασιλική Α΄, στον χώρο όπου οικοδομήθηκε το Μουσείο (Λαζαρίδης, S. 33, 146; Übersetzung:»Zu Wohnhäusern aus der römischen Zeit gehören ebenfalls die Grundmauern, welche am Fuß des Akropolishügels entdeckt worden sind, gleich weit im Süden vom Heiligtum der ägyptischen Götter entfernt wie im Westen von der Basilika A, da, wo dann das Museum gebaut wurde«).

[83] Vgl. dazu die abschließende Publikation von Γούναρης.

[84] Falsch ist die Behauptung:»Architecturally and artistically, Philippi resembled other Greek cities with the usual greek municipal buildings and decoration« (HARRY W. TAJRA: The Trial of St. Paul. A Juridical Exegesis of the Second Half of the Acts of the Apostles, WUNT 2/35, Tübingen 1989, S. 6).

[85] Vgl. dazu COLLART, S. 318ff.

§ 2 Die Wirtschaft der *Colonia Iulia Augusta Philippensis*

1. Die Landwirtschaft

Das wirtschaftliche Leben der *Colonia Iulia Augusta Philippensis* ist von der Landwirtschaft geprägt.[1] Im Widerspruch zu der allgegenwärtigen Rede von der Militärkolonie kann man darauf gar nicht oft und nachdrücklich genug hinweisen. Und dieser Gesichtspunkt hat gewiß schon bei der Gründung der Kolonie durch Antonius im Jahr 42 v. Chr. eine Rolle gespielt. Bauern siedelt man in einer Gegend an, die reichen Ertrag verspricht; dies war im Territorium von Philippi der Fall.[2] Λαζαρίδης weist darauf hin, daß dergleichen Überlegungen bei der Gründung der Kolonie von entscheidender Bedeutung waren.[3]

Das wichtigste Agrarprodukt war damals das Getreide. Gerade für den Getreideanbau ist das Territorium von Philippi mit seinen ausgedehnten Ebenen hervorragend geeignet: Sowohl in der Ebene von Philippi selbst, als auch in der Ebene zwischen dem Pangaion- und dem Symbolongebirge und in den Tälern des Strymon und des Angites läßt sich bis heute gut Getreide anbauen.

Wie überall, erlauben die Inschriften und die archäologischen Befunde auch in Philippi nur hier und da einen eher zufälligen Blick auf die damaligen Verhältnisse. Besonders der Weinanbau und die Weiterverarbeitung der Trauben lassen sich verschiedentlich nachweisen. In die römische Zeit fällt etwa das Testament des *Publius Opimius Felix,* welches durch die Inschrift 045/L042 aus dem heutigen Dorf Φίλιπποι (Karte 2, Nr. 7) bezeugt ist. Dieses Testament regelt die Hinterlassenschaft zweier namentlich genannter Landgüter, die dem Weinanbau dienten.[4]

---

[1] Η ευφορία της περιοχής, η αγροτική προέλευση των αποίκων και η γεωργική εγκατάστασή τους, δείχνουν πως η γεωργία ήταν η κύρια πηγή της οικονομίας (Λαζαρίδης, S. 20, 82; Übersetzung:»Die Fruchtbarkeit der Gegend, die bäuerliche Herkunft der Kolonisten und ihre Ansiedlung zu landwirtschaftlichen Zwecken zeigen, daß die Landwirtschaft der zentrale Wirtschaftsfaktor war«).

[2] Die Böden dieser Gegend gehören heute noch zu den fruchtbarsten im gesamten griechischen Staatsgebiet und waren schon in klassischer Zeit berühmt: Το έδαφος της πεδιάδος των Φιλίππων θεωρείται από τα πιο πλούσια εδάφη της Ελλάδος, η δε ευφορία της περιοχής, που ήταν γνωστή κατά την Κλασσική Εποχή με το όνομα Δάτον, ήταν παροιμιώδης (Λαζαρίδης, S. 7, 27; Übersetzung:»Der Boden der Ebene von Philippi zählt zu den ertragreichsten Böden Griechenlands und die Fruchtbarkeit unseres Raumes, welcher [deswegen] schon in der klassischen Epoche unter dem Namen Δάτον bekannt war, war sprichwörtlich«).

[3] Όταν ο Αντώνιος και ο Οκταβιανός απεφάσισαν να ιδρύσουν την αποικία και να εγκαταστήσουν τους ρωμαίους αποίκους που ήταν κυρίως γεωργοί, υπελόγιζαν στην ευφορία της γης. Οι πεδινές εκτάσεις ήταν κατάλληλες για ποικίλες καλλιέργειες και κυρίως για την καλλιέργεια των δημητριακών (Λαζαρίδης, S. 9, 36; Übersetzung:»Als Antonius und Octavian den Entschluß gefaßt hatten, [hier] eine Kolonie zu gründen, um die römischen Siedler, die in erster Linie Bauern waren, hier mit Land zu versorgen, zogen sie dabei die Fruchtbarkeit der Erde in Betracht. Die ebenen Flächen waren für vielerlei landwirtschaftliche Nutzung geeignet, insbesondere aber für den Anbau von Getreide«).

[4] Dies geht aus der letzten Zeile der Inschrift hervor. Die Inschrift wurde übrigens Mitte des 19. Jahrhunderts in einem Weingarten gefunden. HEUZEY hält es für denkbar, daß der Weinan-

Im Norden von Philippi, in dem heutigen Ort Δοξάτο (vgl. Karte 2: Doxato), wurde eine weitere einschlägige Inschrift gefunden. Dabei handelt es sich um einen Beschluß der örtlichen Behörde, der den Vertrieb des Weines zum Gegenstand hat.[5] Leider ist die Inschrift nur sehr lückenhaft erhalten. Immerhin geht aus dem *placuit vicanis,* das zweimal vorkommt (Z. 3 und Z. 15), unzweifelhaft hervor, daß es sich hier um den Beschluß der örtlichen Behörde handelt. Die Passage in Z. 16f. *qui emeret ... a vicanis vinum* zeigt, daß der Vertrieb von Wein Gegenstand dieses Beschlusses ist. Auch wenn die Einzelheiten nicht mehr rekonstruierbar sind: Diese Inschrift ist ein weiterer Beleg für die wirtschaftliche Bedeutung des Weinanbaus im Territorium der *Colonia Iulia Augusta Philippensis.*

Für eine spätere Zeit (drittes Jahrhundert) ist der Weinanbau im Süden des Pangaion durch eine griechische Inschrift bezeugt (602/G647), die den Ankauf eines Weingartens (ἄμπελος) für die almopianische Göttin dokumentiert und die Grenze desselben auf einem Felsen markiert. Die Anhänger der almopianischen Göttin samt ihrem Priester in Philippi erweisen sich als Experten: Noch heute wachsen in diesem Tal die schönsten Trauben, wie ich mich bei meinem Besuch dort selbst habe überzeugen können.[6]

Eine andere Lage, etwas weiter im Süden, auf Neapolis hin, produzierte Wein von solcher Güte, daß er schon bei klassischen griechischen Autoren gerühmt wurde: »Au delà d'Oesymé, vers l'est, et jusqu'à la ville moderne de Cavalla ... s'étendaient, bordant la mer, les coteaux de Biblia ou de Bibliné, qui produisaient un vin réputé.«[7] Der Βίβλινος οἶνος wird schon bei Hesiod (Erga 589) gerühmt, und Weintrinker aller Epochen bis in die späte Kaiserzeit wissen ihn sehr zu schätzen. Noch im Roman des Achilleus Tatios wird der Βίβλινος οἶνος in die Reihe besonders bekannter Weine aufgenommen. Hier wird ein Mythos von Dionysos erzählt, der den Menschen den Wein bringt. Die Geschichte beginnt daher in jener Zeit, als es noch überhaupt keinen Wein gab, οὐ

---

bau in dieser Gegend kontinuierlich bis in seine Tage betrieben wurde (vgl. den Kommentar zu Z. 4 der Inschrift 045/L042 und die dort diskutierte Literatur).

[5] Es handelt sich um die Inschrift 437/L076. Zur Interpretation vgl. den Kommentar. In dieser Region im Norden von Philippi wurde noch in diesem Jahrhundert Wein angebaut: μαρτυρίαι παλαιῶν κατοίκων τῶν γειτονικῶν χωρίων ἀναφέρουν ὅτι ἡ περιοχή ἦτο ἀμπελότοπος μέχρι τὸ 1920, ὁπότε πολλαί καλλιέργειαι μετεβλήθησαν εἰς καπνοκαλλιεργείας, αἱ ὁποῖαι μὲ τὴν σειράν τῶν ἠτόνησαν καὶ ἐγκατελείφθησαν (Εὐτυχία Κουρκουτίδου-Νικολαΐδου: Ληνοί εἰς τὰς πηγὰς Βοϊράνης, AE 1973 Χρονικά, S. 36-49; hier S. 41; Übersetzung: »Ältere Einwohner der umliegenden Weiler bezeugen, daß diese Gegend bis zum Jahr 1920 eine Weingegend gewesen sei; damals [erst] seien viele Felder in Tabakpflanzungen umgewandelt worden. [Im Zuge der Krise des makedonischen Tabakanbaus] seien diese ihrerseits dann [später] aufgegeben worden«).

[6] Der Weingarten liegt bei dem verlassenen Dorf Trita (Čiftlik) nahe dem heutigen Ποδοχώρι (zur Lage vgl. die Beschreibung bei 602/G647). Trotz intensiver Suche von mehreren Stunden konnten wir – es waren drei Personen beteiligt – am 28. August 1992 die Inschrift nicht entdecken. Ob sie überhaupt noch existiert? Aber eine Fülle prächtiger Trauben säumt den Weg zum Weingarten der almopianischen Göttin noch heute!

[7] COLLART, S. 89. Dort in Anm. 2 auch eine Reihe von literarischen Belegen.

τὸν μέλανα τὸν ἀνθοσμίαν, οὐ τὸν τῆς Βιβλίας ἀμπέλου, οὐ τὸν Μάρωνος τὸν Θράκιον, οὐ Χῖον ἐκ Λακαίνης, οὐ τὸν Ἰκάρου τὸν νησιώτην.[8] Diese Liste bekannter Weine nennt unseren Βίβλινος οἶνος gleich an zweiter Stelle – auch zur Zeit des Achilleus Tatios (d.h. im zweiten Jahrhundert nach Christus) war also der Ruhm des Weines, der in der *Colonia Iulia Augusta Philippensis* produziert wurde, noch nicht verblaßt.[9]

Aus derselben Zeit, aber vom entgegengesetzten Ende des Territoriums von Philippi, stammt eine Inschrift des Rates von Gazoros.[10] Diese Inschrift regelt die Verpachtung von kommunalem Land, das unter anderem mit Wein (Z. 12 und Z. 18) bebaut werden soll. Somit ergibt sich sowohl für den Westen (das Tal des Strymon) als auch für den Süden (beim Pangaion und beim Symbolon) und die nähere Umgebung der Stadt selbst (beim heutigen Dorf Φίλιπποι und in der Gegend des heutigen Δοξάτο) ein einheitliches Bild: In all diesen Regionen ist der Anbau von Wein literarisch und epigraphisch bezeugt.

Die Rolle des Weinanbaus wird durch archäologische Daten unterstrichen. So fanden sich im Episkopeion in Philippi sowohl im westlichen als auch im südlichen Flügel des Gebäudes Weinkeltern, im westlichen Flügel sogar gleich zwei nebeneinander, vermutlich eine für Rotwein und eine für Weißwein.[11]

---

[8] Achilleus Tatios: Leukippe und Kleitophon II 2,2. Ich benutze die Ausgabe von Γιατρομανωλάκης (Ἀχιλλέως Ἀλεξανδρέως Τατίου Λευκίππη καὶ Κλειτοφῶν, Εἰσαγωγή-Μετάφραση-Σχόλια: Γιώργης Γιατρομανωλάκης, Athen 1990).
Übersetzung des im Text Zitierten: »… weder den schwarzen [gemeint ist natürlich der rote], blumigen noch den aus der Weingegend von Biblia noch den thrakischen, [der] von Maron [herrührt; Bezug auf Homer: Odyssee IX 195ff., wo es heißt:
Ich aber wählte die besten zwölf von meinen Gefährten
Und ging hin; ich trug einen Ziegenschlauch voll von dunklem,
Süßem Wein; den gab mir Maron, Sohn des Euanthes,
…
Wein, den er eingefüllt in zwölf Amphoren im ganzen,
Süß und ungemischt, einen göttlichen Trank.«
(Übersetzung von Roland Hampe: Homer: Odyssee. Neue Übersetzung, Nachwort und Register, Stuttgart 1979, S. 140)]
noch den von Chios aus Lakaine [der genaue Sinn ist nicht klar], noch den von der Insel Ikaria«.
[9] Eine Sammlung aller literarischen Zeugnisse zum Βίβλινος οἶνος bietet jetzt FRANÇOIS SALVIAT: Vignes et vins anciens de Maronée à Mendé, in: Μνήμη Δ. Λαζαρίδη (s. dort), S. 457–478; hier S. 462-467. Die Interpretation der Testimonia (S. 466f.) ist recht knapp gehalten.
[10] Es handelt sich um die Inschrift 544/G509, die auf den Tag genau datiert ist, da es sich um einen Beschluß des Rates handelt (158 n. Chr.).
[11] Es handelt sich um die Räume LXV im Süden und XXXII im Westen (vgl. den Plan bei Χαράλαμπος Μπακιρτζής: Το επισκοπείον των Φιλίππων, in: Η Καβάλα και η περιοχή της. Β΄ τοπικό συμπόσιο (s. dort), S. 149-157; hier S. 151-152). Μπακιρτζής sagt: Η ύπαρξη δύο ληνών στη νότια και στη δυτική πτέρυγα του επισκοπείου δηλώνει ότι στην περιοχή των Φιλίππων καλλιεργούνταν κατά την παλαιοχριστιανική περίοδο αμπέλια σε μεγάλη έκταση και ότι το επισκοπείον της πόλης εκμεταλλευόταν αμπελώνες για την παραγωγή κρασιού ή απλώς κατείχε ληνούς για την εξυπηρέτηση των Φιλιππησίων (S. 154; Übersetzung: »Das Vorhandensein zweier Keltern in dem südlichen und dem westlichen Flügel des Episkopeions zeigt an, daß in der Gegend von Philippi in altchristlicher Zeit Wein in großem Um-

Weil der Bischof so viel Wein auch mit seinem Gefolge nicht bewältigen konnte, hat man vermutet, daß die einschlägigen Anlagen im Episkopeion auch der Versorgung der Bevölkerung in Philippi überhaupt dienten.[12] Das Vorhandensein noch weiterer Keltern[13] im Umland jedoch weist ebenso wie die weite Ausdehnung der Anbauflächen im Territorium von Philippi m.E. darauf hin, daß in Philippi ein Weinüberschuß produziert wurde, der dem Export diente. Die literarischen Zeugnisse bezüglich des Βίβλινος οἶνος bestätigen diese Schlußfolgerung.

2. Das Handwerk

Die im vorigen Abschnitt besprochene Landwirtschaft bildet die Basis des wirtschaftlichen Lebens der *Colonia Iulia Augusta Philippensis*. Der fruchtbare Boden in den ausgedehnten Ebenen war das wichtigste natürliche »Kapital«, das die Gegend in römischer Zeit zu bieten hatte. Die in den früheren Jahrhunderten ausgebeuteten Gold- und Silbervorkommen des Pangaion-[14] und des Lekanigebirges waren in römischer Zeit nämlich schon erschöpft.[15] Dafür spricht einerseits das Fehlen einschlägiger Nachrichten bei den zeitgenössischen Autoren, zum andern das Fehlen irgendwelcher Inschriften, die mit dem Bergbau in Zusammenhang stehen.[16]

---

fang angebaut wurde und daß das Episkopeion der Stadt von diesen Weingärten seinen Nutzen zog bzw. auch einfach Keltern für die Versorgung der Philipper unterhielt«).

[12] Vgl. dazu die vorige Anm.

[13] Vgl. den Bericht von Κουρκουτίδου-Νικολαΐδου, aaO. (Anm. 5), *passim*.

[14] Einen Überblick über den antiken Bergbau im Pangaiongebirge bietet GEORG SPITZLBERGER: Das Pangaion und sein Bergbau im Altertum, in: Studien zur alten Geschichte. Siegfried Lauffer zum 70. Geburtstag, Historica 2, Rom 1986, S. 875-901.

[15] Vgl. die Arbeit von V. MARTIN: La durée d'exploitation des gisements aurifères de Philippes en Macédoine, in: Études dédiées à la mémoire d'André Andréadès, Athen 1940. Zusammenfassend heißt es bei Λαζαρίδης: Τα περίφημα κατά την Αρχαϊκή και Κλασσική Εποχή μεταλλεία χρυσού και αργύρου της περιοχής, η Σκαπτή Ύλη στις βορειοανατολικές πλαγιές του Παγγαίου και τα Άσυλα, στην ορεινή περιοχή βόρεια ή βορειοανατολικά των Φιλίππων, θα πρέπει να εξαντλήθηκαν την εποχή που καλύπτει η μελέτη μας [d.i. die römische Zeit, vgl. den Titel der Monographie: Φίλιπποι – Ρωμαϊκή αποικία] ή να μη τα εκμεταλλεύονταν πιά, καθώς δεν γίνεται λόγος γι' αυτά στις σύγχρονες πηγές (Λαζαρίδης, S. 7, 26; Übersetzung: »Die in archaischer und klassischer Zeit berühmten Gold- und Silbergruben der Gegend, [die Bergwerkssiedlung] Skapte Hyle an den nordöstlichen Abhängen des Pangaiongebirges [die Lokalisierung von Skapte Hyle ist bis heute umstritten; Lazarides trägt hier nur seine persönliche Ansicht hinsichtlich der Lage vor] und [die ebenfalls nur literarisch bezeugte und hinsichtlich ihrer Lage umstrittene Bergwerkssiedlung] Asyla, [nach Lazarides' Ansicht] in der bergigen Gegend nördlich oder nordöstlich von Philippi [gelegen], werden in der Zeit, mit der sich unsere Studie befaßt [d.i. die römische Zeit, vgl. den Titel der Monographie: Φίλιπποι – Ρωμαϊκή αποικία], schon erschöpft gewesen sein oder jedenfalls nicht länger ausgebeutet worden sein; [dies ergibt sich daraus,] daß sie in den zeitgenössischen Quellen nicht [mehr] erwähnt werden«). Vorsichtiger äußert sich Λαζαρίδης S. 20, 83. Anders aber SPITZLBERGER, vgl. die in der vorigen Anm. genannte Arbeit, S. 885.

[16] Doch vgl. 558/L408 aus der Gegend von Serres. Selbst wenn der dort genannte *Gamicus*

Anders verhält es sich mit dem Rohstoff Marmor. Zwar ist die in Philippi ab-
gebaute Qualität viel zu schlecht, um exportiert zu werden (vielmehr importier-
te man Marmor besserer Qualität aus Thasos), aber für das Bauprogramm in
und um das Forum, für die Straßen und Gebäude der Stadt bedurfte man großer
Mengen dieses lokalen Marmors. Der nächstgelegene Steinbruch befindet sich
innerhalb der Stadtmauern am Fuß der Akropolis; hier wurde im ersten und
zweiten Jahrhundert Marmor abgebaut. Aber auch an anderen Stellen der Akropolis selbst und des dahinter gelegenen Hügels gewann man Marmor für die
Bedürfnisse der Stadt.[17] Damit ist die Marmorgewinnung und -verarbeitung ein
wichtiger Wirtschaftsfaktor für die Kolonie Philippi in der frühen Kaiserzeit.

Interessant ist die Beobachtung, daß die beteiligten Handwerker, insbesondere diejenigen, die für die Ausführung der Gebäude zuständig waren, noch im
zweiten Jahrhundert griechisch sprachen, wie die einschlägigen Zahlen, die auf
vielen Marmorteilen gefunden wurden, beweisen.[18] Die in den beteiligten
Handwerkszweigen Arbeitenden waren demnach noch im zweiten Jahrhundert
mindestens überwiegend Griechen.[19]

Ein anderer Bereich handwerklicher Tätigkeit in Philippi ist die Purpurfär-
berei. Zwei einschlägige Inschriften sowie die Notiz in Apg 16,14 bezeugen das
Vorhandensein sowohl von Purpurfärbern als auch von Purpurhändlern in Philippi. Die Purpurfärber waren anscheinend ähnlich wie ihre epigraphisch für
Thessaloniki bezeugten Kollegen als Zunft organisiert (vgl. dazu im einzelnen
unten im Dritten Kapitel, § 4).

---

conductor metallorum war, wie Samsaris plausibel macht, hat dies keine Auswirkung auf meine
oben im Text vorgetragene These, da *Gamicus* weder im Pangaion- noch im Lekanigebirge tätig
war. Andere Inschriften aber existieren im Territorium von Philippi nicht.

[17] Vgl. die Zusammenfassung bei Λαζαρίδης: Μάρμαρο υπάρχει άφθονο τόσο στα
γύρω βουνά, όσο και στη θέση του αρχαίου οικισμού. Από τον λόφο της ακρόπολης,
όπως και από έναν άλλον λόφο που βρίσκεται πίσω από την ακρόπολη, λατομήθηκε το
μάρμαρο με το οποίο κτίστηκαν τα τείχη και οι οικοδομές της πόλης (Λαζαρίδης, S. 7, 25;
Übersetzung:»Marmor gibt es reichlich sowohl in den umliegenden Bergen als auch an der
Stelle der alten Ansiedlung. Sowohl vom Hügel der Akropolis als auch von einem anderen Hügel, der hinter der Akropolis liegt, wurde der Marmor abgebaut, mit welchem die Mauern und
die Gebäude der Stadt gebaut wurden«).

[18] Große Mengen solcher griechischen Zahlzeichen finden sich auf den Platten, mit denen
das Forum ausgelegt ist, v.a. im SW-Bereich (unpubliziert); auf den Stufen, die vom Forum hinauf zu den einzelnen Stoen führen (212/G768); an einem Gebäude im N des Forums (212/
G768); auf den Stufen der Treppe, die zur Basilika A hinaufführen (158/G492); an verschiedenen Stellen im Theater (147/G767).

[19] Τεκτονικά γράμματα του ελληνικού αλφαβήτου, χαραγμένα σε λιθόπλινθους του
FORUM και του θεάτρου, επιτρέπουν την υπόθεση πως οι τεχνίτες, οι οικοδόμοι και οι
λιθοξόοι ήταν πιθανά Έλληνες (Λαζαρίδης, S. 16, 68; Übersetzung:»Steinmetzzeichen im
griechischen Alphabet, eingeritzt auf Blöcken des FORUM und des Theaters, erlauben die Hypothese, daß die Handwerker, die Baumeister und die Steinschneider wahrscheinlich Griechen
waren«).

3. Der Handel

Von ihrer Lage her war die *Colonia Iulia Augusta Philippensis* für den Handel wie geschaffen: Die wichtigste Straße in Makedonien überhaupt, die *Via Egnatia*, führt auf einer Länge von beinahe 70 Kilometern durch das Territorium der Kolonie und verbindet diese mit dem Westen wie mit dem Osten. Für Eilige steht der Hafen in Neapolis zur Verfügung, der die Reise nach Kleinasien auf dem Seeweg ermöglicht. Auch für Verbindung nach Norden ist gesorgt. So könnte die Lage der Stadt, was die Infrastruktur angeht, günstiger gar nicht sein.

Zudem weist auch der städtebauliche Befund[20] darauf hin, daß Philippi ein Handelszentrum von einiger Bedeutung war: Die Existenz eines besonderen Marktplatzes neben dem Forum, der ausschließlich dem Handel gewidmet war, spricht eine deutliche Sprache.

Neben der Südstoa des Forums, die wahrscheinlich kommerziellen Zwecken diente, wurden entlang der Εμπορική οδός im Süden des Forums elf Läden ausgegraben; hinzu kommt dann der eigentliche kommerzielle Marktplatz, das *macellum,* südlich der Εμπορική οδός und östlich der Palästra gelegen (da, wo heute die Basilika B steht). Eine Reihe von Inschriften stellt die Zweckbestimmung dieses Baukomplexes als *macellum* sicher.[21]

Dieses *macellum* war wirtschaftliches Zentrum zuerst und vor allem für die Kolonie selbst. Aber der Handel beschränkte sich keineswegs auf diesen Rahmen. Das thrakische Hinterland, also das Gebiet der autonomen Thraker im Norden und im Osten des Territoriums der *Colonia Iulia Augusta Philippensis,* war wirtschaftlich natürlich auf Philippi hin ausgerichtet und, soweit es sich um Aktivitäten größeren Stils handelt, wohl auch vom Markt in Philippi und seinen Möglichkeiten abhängig. Leider sind die Gebiete im näheren Umland Philippis bisher archäologisch zu wenig erforscht, als daß sich dies im einzelnen nachweisen ließe. Ich kann hier daher nur einen Fund aus dem Jahr 1967 als Beleg anführen. Es handelt sich dabei um eine kleinere Ausgrabung in der Nähe des Dorfes Ποταμοί, im Norden des Φαλακρόν Ὄρος jenseits des Nestos im Ge-

---

[20] Beide Argumente, das verkehrsgeographische und das städtebauliche, schon bei Λαζαρίδης: Η θέση των Φιλίππων στην Εγνατία οδό και σε μικρή απόσταση από τη Νεάπολη, που εύκολα επικοινωνούσε με την Ασία και τα νησιά, ήταν προνομιούχος για την διενέργεια και την ανάπτυξη εσωτερικού και εξωτερικού εμπορίου, όπως δείχνουν το πλήθος των καταστημάτων, καθώς και η εμπορική αγορά της πόλης (S. 20, 85; Übersetzung: »Die Lage Philippis an der *Via Egnatia* in geringer Entfernung von Neapolis, von wo aus eine günstige Verbindung nach Asien und zu den Inseln bestand, prädestinierte die Stadt in besonderer Weise sowohl für den Binnen- als auch für den Fernhandel; dies wird auch bestätigt durch das Vorhandensein einer Vielzahl von Läden und des für den Handel bestimmten Marktplatzes [d.h. des *Macellum*] der Stadt«).

[21] Vor allem die Inschriften 249/L373 (*Aequitatem Augusti et Mensuras* etc.) und 251/L375 (*Fortunae et Genio macelli* etc.) sind hier zu nennen. Zur Anlage des *macellum* vgl. den Plan 16 bei Λαζαρίδης; hier sind auch die Läden entlang der Εμπορική οδός eingezeichnet (Nr. 3).

biet der autonomen Thraker gelegen.[22] Die gefundenen Objekte lassen sich sowohl aufgrund der Formen der Tongefäße als auch wegen der Münzen in die
Mitte des 1. Jh.s n. Chr. datieren.[23] Es wurden insgesamt 38 Münzen gefunden
– allesamt Münzen der *Colonia Iulia Augusta Philippensis*. Dabei handelt es
sich um 37 Exemplare des bei Collart im Tafelband Pl. XXX 8–11 abgebildeten
Typus mit der Aufschrift

Vic(toria) Aug(usta)

auf der Vorderseite und mit der Aufschrift

Cohor(s) Prae(toria) Phil(ippensis)

auf der Rückseite, sowie um ein Exemplar einer Münze des Claudius[24] mit der
Aufschrift

Col(onia) Aug(usta) [...] Pḥilip(pensis)

auf der Rückseite.[25]

Die Ausgräberin interpretiert ihre Befunde dahingehend, daß es sich nicht
um das Grab eines Thrakers handele, sondern vielmehr um die Überreste eines
Totenmahls, welches am Grab gehalten worden ist.[26] Ob diese Deutung zutrifft,
mag dahingestellt bleiben. In jedem Fall weist der Fund von 38 Münzen der
Colonia Iulia Augusta Philippensis in dieser schwer erreichbaren[27] Gegend des

---

[22] Vgl. den Bericht von Χάϊδω Κουκούλη im ΑΔ 22 (1967) Β′2 Χρονικά [1969], S. 427f.
Demnach dauerte die Ausgrabung nur vier Tage; sie wurde mit 20 Arbeitern durchgeführt. Es
handelt sich um eine Stelle 1,5-2km östlich des Dorfes Ποταμοί, wo zuvor λαθρανασκαφείς
ihr Unwesen getrieben hatten. Der Tymbos, der in der oberen Schicht Spuren von Feuer und Reste von Knochen aufwies, wurde bis zu einer Tiefe von 3,50m untersucht, ohne daß die Spur
eines Grabes gefunden worden wäre. In 1,60m Tiefe wurde eine Schicht mit Asche entdeckt: Εκ
της σποδού περισυνελέγησαν πολλά θραύσματα αγγείων, χαλκά νομίσματα, σιδηρά τινα
αντικείμενα, ως και λείψανα οστών κεκαυμένων (Κουκούλη, S. 427; Übersetzung: »Aus
der Asche wurden viele Fragmente von Gefäßen aufgelesen, [zudem] Bronzemünzen, einige Ei-
senteile, sowie Überreste verbrannter Knochen«).

[23] Zu den Tongefäßen vgl. die Ausführungen S. 427f. und die Abbildungen πίναξ 314, γ′-ς′.
Περισυνελέγησαν επίσης 38 χαλκά νομίσματα της ρωμαϊκής αποικίας των Φιλίππων,
χρονολογούμενα περί τα μέσα του 1ου μ.Χ. αι. (aaO., S. 428; Übersetzung: »Außerdem wurden 38 Bronzemünzen der römischen Kolonie Philippi aufgesammelt, welche in die Mitte des
ersten Jahrhunderts nach Christus datiert werden«).

[24] Vgl. HAROLD MATTINGLY: Roman Coins from the Earliest Times to the Fall of the
Western Empire, London 1962, Abb. Tafel LII 4.

[25] Eine genauere Beschreibung der Münzen bei Κουκούλη, aaO., S. 428 (leider ohne Abbildung).

[26] Την πυράν και τα ευρήματα ταύτα νομίζω ότι δεν πρέπει να ερμηνεύσωμεν ως
ταφήν-καύσιν νεκρού. Κατόπιν συγκρίσεως με άλλους τύμβους θρακικούς πιστεύω, ότι
πρόκειται περί λειψάνων του τελουμένου επί του τύμβου προς τιμήν του νεκρού νε-
κροδείπνου (aaO., S. 428; Übersetzung: »Nach meiner Ansicht darf man das Feuer und die genannten Funde nicht dahingehend interpretieren, daß es sich hier um eine Verbrennung des Toten am Grabe handelt. Angesichts der anderen parallel gelagerten Fälle von thrakischen Tymboi
halte ich es für wahrscheinlich, daß es sich hier um die Überreste eines Festmahls handelt, welches zu Ehren des Toten am Grab abgehalten wurde«).

[27] Noch heute ist es nicht ganz einfach, von Drama aus nach Ποταμοί zu gelangen (es sei
denn mit dem Hubschrauber). Von Παρανέστιον den Nestos aufwärts existiert keine Straße

thrakischen Hinterlandes auf intensive Beziehungen zwischen den hier ansässigen autonomen Thrakern und den Bewohnern der römischen Kolonie hin: Offenbar fand im 1. Jh. n. Chr. ein intensiver Handel zwischen Philippi und diesen Thrakern statt – anders ist das Vorhandensein von ausschließlich (!) philippischen Münzen nicht zu erklären.

§ 3 Die Menschen in der *Colonia Iulia Augusta Philippensis*

Die *literarischen* Zeugnisse über Philippi verraten uns wenig – eigentlich fast nichts – über die Menschen in dieser Stadt. Aber auch bei extensiver Nutzung allen verfügbaren *epigraphischen* Materials sind wir nicht imstande, die für das alltägliche Zusammenleben grundlegende Frage zu beantworten: Welche Sprache wurde innerhalb der Stadtmauern Philippis im Jahr 50 n. Chr. gesprochen? Die offiziellen Dokumente, so viel ist klar, waren lateinisch abgefaßt. Die Maurer und Bauhandwerker dagegen sprachen griechisch, wie die Steinmetzzeichen beweisen, die man an verschiedenen Stellen gefunden hat.[1] Nichts spricht schließlich gegen die Annahme, daß die Thraker, die das Land bebauten, sich ihres thrakischen Idioms bedienten.

Aber welche Sprache mußte man beherrschen, um auf dem Markt ein Kilo Trauben einzukaufen? Der thrakische Verkäufer sprach gewiß thrakisch – aber beherrschte er auch das Lateinische und das Griechische? Vermochte er sich in einer dieser Sprachen so gewandt auszudrücken, daß er potentielle Traubenkäufer von der besonderen Güte seiner Ware überzeugen konnte? Der Traubengroßhändler dagegen, als griechischer Kaufmann, schloß seine Verträge mit den Lieferanten selbstverständlich auf Griechisch ab. Der Beamte schließlich, dem die Marktaufsicht oblag[2], bediente sich als Römer der lateinischen Spra-

---

(auch in der Antike gab es gewiß keine solche). Die moderne Straße überquert das Φαλακρόν Ὄρος zwischen dem Μαύρος Λόγγος (1405m) im W und dem Ἅγιος Γεώργιος (1398m) im O, wendet sich dann nach W und führt im Bogen durch Κάτω Νευροκόπι zurück nach O über Αχλαδέα und Μικροκλεισούρα nach Ποταμοί, auch mit dem Auto ein mühsamer Weg.

[1] Zu den Steinmetzzeichen, die in Philippi gefunden wurden, vgl. im vorigen Paragraphen die Anm. 18 und COLLART, S. 305: »D'autre part, en dépit de la colonisation romaine et de la multiplication des textes latins, l'alphabet grec semble être demeuré plus familier que l'alphabet latin aux premiers habitants, alors réduits à une condition médiocre. Ainsi, sur des blocs ayant appartenu à des constructions romaines du IIe siècle, tant au forum qu'au théâtre, les tailleurs de pierre avaient gravé, comme marques d'assemblage ou de tâcheron, des lettres grecques.«

[2] Das Büro des zuständigen Beamten, gr. ἀγορανόμοι, lat. *aediles*, befand sich im SW des Forums, wie ein großer Maßtisch zeigt: Στη νοτιοδυτική γωνία του FORUM ήταν το κατάστημα των αγορανόμων, που ασκούσαν τον έλεγχο της αγοράς και εδώ βρέθηκε η τράπεζα για τον έλεγχο των σταθμών των εμπόρων. Είναι ένα μεγάλο μάρμαρο, που η μια επιφάνειά του φέρει πέντε ημισφαιρικές κοιλότητες με διάφορα μεγέθη, στις οποίες ήταν τοποθετημένα τα μέτρα χωρητικότητος (Λαζαρίδης, S. 34, 152; Übersetzung: »Am südwestlichen Eck des FORUM war das Büro der ἀγορανόμοι, welchen die Überwachung des Marktes oblag; hier wurde der Maßtisch gefunden, welcher zur Prüfung der Maße der Händler diente. Es handelt sich um einen großen Marmorblock, dessen eine Oberfläche fünf halbkugel-

che. Die verwendeten Maßeinheiten, soviel lassen die Inschriften erkennen, waren noch in römischer Zeit teilweise griechisch.[3] Bedeutet das also für einen potentiellen Traubenkäufer, daß er die Ware bei dem thrakischen Verkäufer auf Thrakisch verlangte, um sich dann gegebenenfalls beim griechischen Händler auf Griechisch über die schlechte Qualität zu beschweren und schließlich den Marktaufsichtsbeamten auf Lateinisch um seine marktpolizeiliche Entscheidung des Falles zu bitten?

Nehmen wir einmal an, unser gedachter Traubenkäufer hätte all diese sprachlichen Hürden gemeistert und die gewünschten Trauben in seinem Einkaufskorb verstaut. Wie verständigt er sich aber nun mit dem Schuster, dem er seine abgelaufenen Sandalen zur Reparatur bringt? Und wie ist es in dem Eisenwarengeschäft, in dem er seinen Nagelvorrat ergänzen will? Der Silberhandel war offenbar ebenso in griechischer Hand, wie der Purpurhandel es mindestens teilweise war.[4]

Die sprachliche Situation erscheint nicht erst dem modernen Betrachter verwirrend und unübersichtlich. Daß es schon den Zeitgenossen ähnlich ging, machen an ihrem Teil die drei *lateinischen* Inschriften deutlich, die im *griechischen Alphabet* gesetzt sind; den Gipfel markiert eine (leider unpublizierte) lateinische Inschrift aus dem Museum in Philippi, bei der griechische und lateinische Buchstaben *promiscue* verwendet werden.[5] Diese Phänomene kann man wohl vorsichtig dahingehend interpretieren, daß die im Zweifelsfall allen gemeinsame Basis der Kommunikation das Griechische ist.[6]

Diese komplizierte sprachliche Situation ergibt sich aus den verschiedenen Phasen der Besiedlung der Stadt Philippi und des zugehörigen Territoriums. Als der exilierte Athener Politiker Kallistratos im Jahr 360/359 v. Chr. von Thasos aus hier eine Stadt unter dem Namen Κρηνίδες gründete, war das ganze Gebiet schon längst von Thrakern besiedelt. Die Stadt, die zum Zentrum des gesamten

---

artige Vertiefungen verschiedener Größe aufweist, in welchen die Hohlmaße geprüft wurden«). Vgl. zu diesem Maßtisch auch COLLART, S. 362f.

[3] Griechische Maßeinheiten begegnen beispielsweise in der Inschrift 343/G440 (aus dem Haus mit Bad): πλέθρα δ′, transkribiert sodann in der lateinischen Inschrift 446/L079 aus Doxato: *plethra tria* (vgl. dazu den Kommentar bei HEUZEY, S. 134) sowie in der Inschrift 045/L042 aus dem heutigen Dorf Φίλιπποι.

[4] Der Kassierer der Silberhändler, Ἰούλιος Εὐτυχής, war Grieche und hat demzufolge auch eine griechische Grabinschrift (410/G258); was die Purpurhändler (und -färber) angeht, vgl. die unten im Dritten Kapitel, § 4, diskutierten epigraphischen Zeugnisse aus Philippi.

[5] DUCREY spricht in seiner Statistik der Inschriften aus Philippi (PIERRE DUCREY: Le recueil des inscriptions grecques et latines de Philippes de Macédoine: État des questions, Πρακτικά του Η′ Διεθνούς Συνεδρίου Ελληνικής και Λατινικής Επιγραφικής, Αθήνα, 3–9 Οκτωβρίου 1982, Τόμος Β′, Athen 1987 [1992], S. 155–157) von drei einschlägigen Fällen. In meinem Katalog sind jedoch nur zwei solcher Inschriften enthalten: 048/L304 aus dem heutigen Dorf Φίλιπποι und 614/L651 aus Μουσθένη im Pangaiongebirge. Neben der im Text erwähnten unpublizierten Inschrift aus dem Museum in Philippi kann man in diesem Zusammenhang noch die Rosalieninschrift des Dacus (644/L602 aus dem Pangaion) anführen: Obwohl es sich eindeutig um einen lateinischen Text handelt, schreibt der Steinmetz *passim* Δ statt *D*.

[6] Vgl. das Urteil LEMERLES: »L'élément grec formait le lien entre les deux autres« (S. 13).

Gebiets wurde, war dazu bestimmt, zur Heimat ganz verschiedener Menschen zu werden. Kaum hatten sich die griechischen Siedler aus Thasos nämlich im thrakischen Umfeld häuslich niedergelassen, wurde Κϱηνίδες – wahrscheinlich im Jahr 356 v. Chr. – von Philipp II. von Makedonien vor thrakischen Angriffen geschützt, mit neuen Siedlern beschickt und in Φίλιπποι umbenannt.

Woher die Siedler kamen und welches der neue Status der Stadt war, nachdem sich Philipp ihrer bemächtigt hatte, wird kontrovers diskutiert. Paul Collart hat die Auffassung vertreten, daß die Stadt für einige Zeit die Autonomie besessen habe. Wenige Jahre nach der Neugründung von 356 v. Chr. sei Philippi aber dann zu einer makedonischen Stadt geworden: »C'est donc entre 348 et 344 avant J.-C. que Philippes devint une cité macédonienne. A cette date, le roi, confiant dans sa force, renonçait à la collaboration d'alliés demeurés jusqu'alors indépendants; il orientait la Macédoine vers une politique nettement impérialiste; et l'une des premières conséquences de cette politique fut de priver la ville qui portait son nom de son monnayage autonome, symbole de ses libertés.«[7] Diese Auffassung Collarts hat sich jedoch nicht durchgesetzt.[8] Der Status der Stadt Philippi in makedonischer Zeit (d.h. von 356 v. Chr. bis 168 v. Chr.) läßt sich aufgrund der jetzt vorhandenen epigraphischen und literarischen Zeugnisse nicht genau bestimmen. Philipp jedenfalls hat die Stadt nicht nur bei der (Neu-)Gründung als »independent Greek city« respektiert[9]; die eigenständige Münzprägung hatte auch darüber hinaus Bestand. Erst im 3. Jahrhundert scheint Philippi eine »makedonische Stadt« geworden zu sein, die hinsichtlich ihres Status von Pella, Amphipolis und anderen nicht mehr zu unterscheiden ist.[10]

Für die Bevölkerung dieses Gebiets ergibt sich daraus: Wir haben neben den alteingessenen Thrakern und thasischen Kolonisten mit Griechen verschiedener Provenienz und auch mit Makedonen zu rechnen. Hinzu kommen dann in der uns interessierenden Epoche auch noch Römer: Nach der berühmten Schlacht bei Philippi im Jahr 42 v. Chr. wurde die römische *Colonia Victoria Philippensis* durch Antonius gegründet und mit Veteranen besiedelt. Eine Neugründung nahm Octavian nach der Schlacht bei Actium im Jahr 30 v. Chr. vor. Die Stadt – nunmehr *Colonia Iulia Augusta Philippensis* – wurde noch einmal mit neuen Siedlern beschickt, einerseits Veteranen, andrerseits Bauern aus Italien, ehemaligen Anhängern des Antonius, die den Veteranen des Octavian in Italien Platz machen mußten. Somit setzt sich die Bevölkerung der Kolonie aus Thrakern, Griechen, Makedonen und Römern zusammen. Da der Unterschied zwischen Griechen und Makedonen in der uns interessierenden römischen Epoche epigraphisch nicht nachweisbar ist, fasse ich beide Gruppen im folgenden unter der Überschrift »Griechen« zusammen.

---

[7] COLLART, S. 165f.

[8] Dies gilt insbesondere auch für die allgemeine Beurteilung der Politik Philipps II., die COLLART hier vorträgt. Weder GRIFFITH (in HAMMOND II) noch HAMMOND (N.G.L. HAMMOND: Philip of Macedon, London 1994), um nur zwei neuere Entwürfe zu nennen, sind bereit, die Einschätzung COLLARTS zu akzeptieren.

[9] GRIFFITH (in HAMMOND II), S. 358.

[10] »But about sixty years later [242 v. Chr.] it seems clear that Philippi had become a ›city of Macedonia‹ indistinguishable in status from Pella, Amphipolis, and others« (GRIFFITH, aaO., S. 360). GRIFFITH verweist zur Begründung auf die Inschrift SEG XII 373 = 754/G707.

1. Thraker

Die Thraker bildeten im Territorium der Stadt Philippi die alteingesessene Bevölkerung, die nicht nur lange vor der Ankunft der Römer im Jahr 42 v. Chr., sondern auch lange vor der ersten Gründung der Stadt im Jahr 360/59 v. Chr. hier heimisch war. Obwohl die thrakische Bevölkerungsgruppe zur Zeit der Gründung der römischen Kolonie schon einen jahrhundertelangen Hellenisierungsprozeß[11] hinter sich hatte, unterschied sie sich doch noch bis in die späte Kaiserzeit sehr deutlich durch ihre Namen, durch ihre Sprache[12] und nicht zuletzt durch ihre religiösen Überzeugungen von den andern in Philippi vorhandenen Gruppen. In manchen der *vici* des Territoriums von Philippi scheinen überwiegend Thraker gewohnt zu haben. Ein Beispiel dafür ist das beim heutigen Ort Φίλιπποι gelegene Dorf *Satricenus,* dessen Inschriften überwiegend thrakische Namen wie Aliupaibes, Zeipalas, Secus (048/L304), Karoses, Auluporis, Artilas (050/G648), Zipas, Manta (051/L649) und Diescus (052/L650) aufweisen. Der hier in der Gegend des Dorfes *Satricenus* betriebene Weinanbau (den die Inschrift 045/L042 erschließen läßt) lag also offenbar in Händen von thrakischen Landarbeitern.

Ein anderes Beispiel bildet das vielleicht *Tasibasta* genannte Dorf in der Gegend des heutigen Χαριτωμένη. Dort wurde der *Liber Pater Tasibastenus* verehrt von Thrakern wie Bithus, Tauzigis, Tauzies, Zipacenthus, Bithicenthus, Cerzula, Dioscuthis (524/L103). Weitere Beispiele aus dem Bereich des Pangaiongebirges sind leicht anzuführen: Die Liste der Verehrer des Ἥρως Αὐ-

---

[11] Zur Hellenisierung der Thraker vgl. die Dissertation von Σαμσάρης (Δημήτριος Κ. Σαμσάρης: Ο εξελληνισμός της Θράκης κατά την ελληνική και ρωμαϊκή αρχαιότητα, Thessaloniki 1980).

[12] Die thrakische Sprache hat sich bis in die späte Kaiserzeit hinein gehalten: »Von der Sprache der Thraker, die in dem politischen und religiösen Leben der Griechen eine nicht zu unterschätzende Rolle gespielt und die sich in Griechenland, im bosporanischen Reich, in den hellenistischen Staaten und im römischen Reich als Söldner oder Soldaten, manchmal auch als Zivil- und Militärbeamte hervorgetan haben, sind bekanntlich zahlreiche Eigennamen, einige Glossen, eine Reihe von Pflanzennamen und nur eine einzige Inschrift auf uns gekommen, obwohl diese Sprache noch im Anfang des 6. Jahrh. nach Chr. nicht völlig erloschen gewesen zu sein scheint« (DIMITER DETSCHEW: Die thrakischen Sprachreste, Österreichische Akademie der Wissenschaften. Phil. hist. Klasse, Schriften der Balkankommission. Linguistische Abteilung XIV, 2. Auflage mit Bibliographie 1955–1974 von Živka Velkova, Wien 1976, S. V). Ergänzungen zum von DETSCHEW gesammelten Material bietet: K. VLAHOV: Nachträge und Berichtigungen zu den thrakischen Sprachresten [von DETSCHEW] und Rückwörterbuch, Annuaire de l'Université de Sofia, Faculté philologique 57,2 (1963), S. 219–372.
Ein eigenes Alphabet haben die Thraker nicht entwickelt, vielmehr bedienten sie sich des griechischen: »Das griechische Alphabet wurde auch für Inschriften verwendet, die thrakisch abgefaßt waren, wie z.B. die berühmte Ringinschrift aus Ezevoro (Kr. Plovdiv – ant. Philippopolis) zeigt« (CHRISTO M. DANOV: Altthrakien, Berlin/New York 1976, S. 52).
Eine thrakische Inschrift aus Samothrake, die in griechischen Buchstaben geschrieben wurde, diskutiert P.M. FRASER: Thracians Abroad: Three Documents, in: Αρχαία Μακεδονία V 1 (s. dort), S. 443–454.

λωνείτης aus Κρηνίς beispielsweise (580/G488) bietet 36 Namen, die (abgesehen von dem zweifachen Αὐρήλιος) alle rein thrakisch sind. Die Bevölkerung dieses Bereiches scheint demnach noch im dritten Jahrhundert stark thrakisch geprägt gewesen zu sein.[13]

Hingegen haben in der Stadt selbst nur wenige Thraker gelebt. Namenslisten mit thrakischen Namen, wie die soeben aus Κρηνίς zitierte, fehlen in der Stadt Philippi ganz.[14] Auch in den Nekropolen finden sich im ersten und im zweiten Jahrhundert kaum Grabsteine mit thrakischen Namen.[15]

Man darf aus der Verteilung der thrakischen Bevölkerung auf die eher peripheren Bereiche des Territoriums der Kolonie nun aber nicht den Schluß ziehen, daß diese thrakische Bevölkerung grundsätzlich oder von vornherein wirtschaftlich schlechter dasteht als Griechen oder Römer. Einzelne Funde beweisen vielmehr, daß thrakische Familien – auch wenn sie am Rand des Gebiets wohnen – durchaus zu Wohlstand und Einfluß kommen können. Ich nenne als Beispiel den Sarkophag des Bithus aus Χαριτωμένη (524/L103): »Le monument de Bithus et de ses enfants, qui est évidemment le tombeau d'un chef de quelque importance et qui rivalise avec les plus beaux sarcophages romains de la plaine [der Ebene von Philippi], montre que la population indigène comptait encore dans son sein des familles opulentes et non pas uniquement des gens d'une condition médiocre, comme l'auraient pu faire supposer les grossières épitaphes de Proussotchani et de Tchaltadja.«[16]

2. Griechen

Im Vergleich zu den alteingesessenen Thrakern bilden die Griechen eine erst relativ spät in Erscheinung tretende Bevölkerungsgruppe im Territorium der *Colonia Iulia Augusta Philippensis*. Dabei waren schon Jahrhunderte zuvor so-

---

[13] Σαμσάρης datiert 580/G488 ins 3. Jh., vgl. den Kommentar zur Stelle.

[14] Hier begegnen in erster Linie Listen mit römischen Namen, so die Inschriften der Silvanusverehrer (164/L001, 163/L002, 165/L003 und 166/L004) oder die Mitgliederliste eines unbekannten *collegium* (091/L360).

[15] Thrakische Namen finden sich in der Grabinschrift 086/G183 aus dem 1. oder 2. Jh. (es handelt sich aber um eine einigermaßen hellenisierte Familie, denn Basielas gibt seinem Sohn den griechischen Namen Posidonios); in der Grabinschrift der *Vibia Piruzir* (392/L624) unbekannter Herkunft; in der Weihinschrift für Neptun und die Dioskuren (388/L566, gefunden im W der Stadtmauer). 133/G441 dagegen stammt erst aus dem zweiten oder dritten Jahrhundert, liegt also am äußersten Rand des hier betrachteten Zeitraums. Die Inschrift des *Caius Iulius Roemetalces* aus dem ersten Jahrhundert (199/L309) kann nicht in Anschlag gebracht werden, da dieser König der Thraker nicht Bürger von Philippi war. Dasselbe gilt für 390/G571 aus dem Jahr 43/42 v. Chr., da diese Inschrift vor die Gründung der Kolonie fällt.

[16] LÉON HEUZEY: Le sanctuaire de Bacchus Tasibastenus dans le canton de Zikhna (en Thrace), CRAI 1868, S. 219–231; hier S. 228. Proussotchani ist das heutige Προσοτσάνη (HEUZEY meint den Sarkophag mit der Inschrift 512/L102). Tchaltadja ist das heutige Dorf Χωριστή (HEUZEY bezieht sich in diesem Fall auf die Inschrift 456/G084: Die Stele ist 1,70m hoch und 0,53m breit!).

wohl im Osten (z.B. Abdera) als auch im Westen (Amphipolis) von Philippi griechische Städte gegründet worden, und auch Neapolis, der spätere Hafen der Kolonie, ist wesentlich älter als diese selbst, denn die erste Gründung von Κρηνίδες erfolgte erst 360/359 v. Chr. von Thasos aus.[17]

Trotzdem entwickelte sich das griechische Bevölkerungselement zu dem beherrschenden Faktor; und wenn man die Geschichte der Stadt Philippi von ihrer Gründung im vierten Jahrhundert v. Chr. bis in die byzantinische Zeit betrachtet, muß man sagen: zu dem langfristig *allein* bestimmenden Faktor. Trotz der mit der ersten Gründung der römischen Kolonie im Jahr 42 v. Chr. eintretenden Romanisierung dieses Raumes erweist sich das lateinische Element aus längerfristiger Perspektive als beinahe ephemer: Auch wenn im ersten und zweiten Jahrhundert die lateinischen Inschriften dominieren, so ist doch schon im dritten Jahrhundert ein deutlicher Rückgang zu verzeichnen. Danach aber beherrscht wieder das Griechische das Feld: Von den christlichen Inschriften, die mit dem vierten Jahrhundert einsetzen, sind lediglich zwei (offenbar besonders früh zu datierende) in lateinischer Sprache abgefaßt (111/L554 und 112/L555), alle andern Urkunden aus der Gemeinde in Philippi, angefangen beim Brief des Paulus im ersten Jahrhundert bis hin zu der Stifterinschrift des Bischofs Porphyrios im vierten Jahrhundert (329/G472), sind griechisch.

Und der Redner Himerios, der der Stadt Philippi im Jahr 362 n. Chr. einen Besuch abstattet und dort eine Rede[18] hält, preist das attische (!) Idiom ihrer Bewohner – *als ob nie etwas anderes gewesen wäre*[19]: Philippi ist eine alte Stadt, die über Philipp II. hinausreicht (ἦν γὰρ πόλις ἀρχαία καὶ πρὸ Φιλίππου Φίλιπποι, § 2), ja Himerios kann die Philipper geradezu als δῆμος Ἀττικός, ἔργον Καλλιστράτου (ebd.) ansprechen; aber die Krone setzt er seiner Lobrede auf, wenn er auf die Philipper als solche Bezug nimmt, die attisch sprechen (τοὺς τὴν φωνὴν ἀττικίζοντας, § 3). Auch wenn man eine gehörige

---

[17] Zur Geschichte von Neapolis vgl. COLLART, S. 102–132. »Mais d'où venaient ces Grecs, ces premiers colons? La question des origines de Néapolis demeure obscure, et c'est en vain qu'on a tenté tour à tour de faire de cette ville une colonie de Thasos, d'Athènes ou d'Érétrie: toujours l'argument décisif s'est dérobé et la démonstration n'a pas été faite« (COLLART, S. 112). COLLARTS Zweifel an der alten These, wonach Neapolis thasische Kolonie war, haben sich mittlerweile als unbegründet erwiesen: Die neue Interpretation des epigraphischen Befundes (JEAN POUILLOUX: Recherches sur l'histoire et les cultes de Thasos. I. De la fondation de la cité à 196 avant J.-C., Études Thasiennes 3, Paris 1954, S. 156ff.) zeigt, daß es sich um eine thasische Kolonie (ἀποικία) handelt. Vgl. dazu auch BENJAMIN ISAAC: The Greek Settlements in Thrace until the Macedonian Conquest, Studies of the Dutch Archaeological and Historical Society 10, Leiden 1986, der S. 66 feststellt: »The origin of Neapolis as a colony of Thasos is not now in doubt.«

Aufgrund der neuen archäologischen Daten ist außerdem klar, daß Neapolis mindestens 200 Jahre älter ist als Philippi selbst (vgl. nur die Inschriften 008/G596: 6. Jh. v. Chr.; 010/G572: um 550 v. Chr. und 011/G573: 1. H. 6. Jh. v. Chr.); vgl. dazu ISAAC, aaO., S. 10f. und S. 66–69.

[18] Himerios: Oratio Philippis habita (= Oratio 40); daraus alle folgenden Zitate.

[19] Himerios geht auf die zweifache Koloniegründung mit keinem Wort ein, sondern beschränkt sich darauf, die Ursprünge zu loben: Kallistratos und Philipp werden gerühmt, als habe sich in den sieben Jahrhunderten seither nichts Bemerkenswertes mehr ereignet!

Portion Rhetorik in Anschlag bringt, kann man daraus doch nur den Schluß ziehen, daß das lateinische Element offenbar schon im vierten Jahrhundert marginal ist.[20]

Dabei kann in Wirklichkeit von einem vorherrschenden *attischen* Idiom im vierten Jahrhundert überhaupt keine Rede sein. Mögen auch unter den ersten thasischen Siedlern in Κρηνίδες im Gefolge des athenischen Politikers Kallistratos einige Menschen aus Attika sich hier niedergelassen haben, so rekrutierten sich die griechischen Bewohner zur Zeit des Himerios doch aus aller Herren Länder (nur nicht aus Attika!): Griechen aus Thasos (507/G641) genauso wie aus Thessaloniki (098/G263), aus Ainos (068/G056), aus Byzanz (040/G040), aus Nikaia (129/G264), aus Prusias ad Hypium (073/G294 und 319/G418), aus Thyateira (697/M580), aus Philadelphia (302/G423) und aus Smyrna (unpublizierte Inschrift aus dem Museum Philippi) sind für Philippi bezeugt.

3. Römer

Erscheinen die Römer in Philippi langfristig beinahe als ephemer, so besteht doch daran nicht der geringste Zweifel, daß sie in dem uns interessierenden Zeitraum – dem ersten Jahrhundert – die einflußreichste Bevölkerungsgruppe in Philippi bilden. Dies gilt zunächst und vor allem in bezug auf die politische Macht in der *res publica coloniae Iuliae Augustae Philippensis*. Diese liegt in Händen der neu zugezogenen Kolonisten, Soldaten des Antonius und des Octavian und Bauern aus Italien, die dem Antonius ergeben waren. Es ist nicht nötig, hier Namenslisten der *duumviri iure dicundo* oder der *decuriones* zu bieten, denn die Namen sind im ersten Jahrhundert ausschließlich römische: Die Macht im Staat liegt in Händen der römischen Bewohner und nur in diesen.

Aber nicht nur dies: Philippi ist im ersten und zweiten Jahrhundert eine durch und durch römische Stadt, das Theater wird dem römischen Geschmack entsprechend umgebaut, und eine lateinische Schauspielertruppe spielt lateinische Stücke. Das Forum wird im römischen Stil errichtet und prägt das Zentrum der Stadt. Die Inschriften, die der Wanderer sieht – im ersten und zweiten Jahrhundert sind sie in Philippi ausschließlich lateinisch. Eine ganze Reihe römischer Götter ist nun in Philippi anzutreffen, vom *Iuppiter Optimus Maximus* angefangen über *Neptunus* und *Mercurius* bis hin zu *Silvanus*. Sehr treffend hat Paul Collart Philippi in dieser Zeit als »foyer de culture latine en Macédoine« bezeichnet.[21]

---

[20] Diesen Schluß zieht auch Πελεκανίδης aus der Stelle bei Himerios (Στυλιανός Πελεκανίδης: Η έξω των τειχών παλαιοχριστιανική βασιλική των Φιλίππων, AE 1955 (1961), S. 114–179; wieder abgedruckt in: DERS.: Studien zur frühchristlichen und byzantinischen Archäologie, IMXA 174, Thessaloniki 1977, S. 333–394 (danach hier zitiert); hier S. 390); vgl. dazu schon COLLART, S. 313 mit Anm. 5, und HEUZEY, S. 64f.

[21] PAUL COLLART: Monuments thraces de la région de Philippes, in: Serta Kazaroviana. Commentationes gratulatoriae Gabrielo Kazarov septuagenario oblatae A. D. XVII. Kal. Nov.

Damit ist zugleich gesagt, daß der beherrschende Eindruck eben ein römischer war. Wer – wie Paulus – aus dem Osten nach Philippi kam, kam in eine andere Welt. Römische Kolonien konnte man auch in Kleinasien besuchen, aber keine war auch nur annähernd so »römisch« wie Philippi. Gewiß waren die Römer zahlenmäßig nicht in der Mehrheit, wie es das römische Gepräge der Stadt vermuten lassen könnte, aber das Lebensgefühl war durch und durch römisch (vgl. dazu im einzelnen im Zweiten Kapitel, Einleitung und § 1).

§ 4 Das religiöse Leben der Menschen in der *Colonia Iulia Augusta Philippensis*

Ähnlich vielfältig wie die Menschen, die in Philippi lebten, stellt sich auch ihr religiöses Leben dar. Die thrakische Urbevölkerung hielt noch in der Kaiserzeit an thrakischen Göttern fest und brachte manche ihrer Gottheiten auch den griechischen und römischen Bewohnern nahe – der gerade in Philippi besonders verehrte Ἥρως Αὐλωνείτης, dessen Kult in die hellenistische Epoche zurückreicht und im 2. Jh. n. Chr. einen Höhepunkt verzeichnet, ist ein herausragendes Beispiel (Belege folgen unten). Griechische Götter sind mit Beginn des städtischen Lebens im 4. Jh. v. Chr. in Philippi nachweisbar und verschmelzen zusehends mit thrakischen, später auch mit römischen Gottheiten. So etwa der thrakische Dionysos, den auch die Griechen verehren und der dann in römischer Zeit auch als *Liber pater* im Territorium epigraphisch bezeugt ist. Die römischen Kolonisten wiederum bringen ihre spezifischen Gottheiten mit nach Makedonien, so – um ein besonders charakteristisches Beispiel zu nennen – den Silvanus, der in Philippi besonders zahlreiche Anhänger besitzt. Schließlich gelangen auf dem Land- wie auf dem Seeweg orientalische Gottheiten nach Philippi, so Kybele und Isis, um nur die beiden für Philippi wichtigsten anzuführen.[1] Eine vollständige Darstellung all dieser in Philippi verehrten thrakischen, griechischen, römischen und orientalischen Gottheiten wäre gewiß

MCMXLIV, Pars prima, Bulletin de l'institut archéologique bulgare 16, Serdicae 1950, S. 7–16; hier S. 7. COLLART schränkt diese Aussage sogleich ein: »Mais l'ancienne population indigène n'avait pas, tant s'en faut, disparu. Refoulée d'abord sur les pentes des montagnes et dans les vallons écartés du vaste territoire colonial, elle avait résisté à toute assimilation, conservant intacts ses coutumes et ses cultes« (ebd.). Das letztere ist m.E. freilich eine Übertreibung; man kann hinsichtlich der thrakischen Bevölkerung sowohl von einer Hellenisierung (vgl. o. Anm. 11) als auch (mindestens ansatzweise) von einer Romanisierung sprechen (diese bezeugt etwa der Sarkophag 524/L103, vgl. o. S. 88).

[1] Bis heute fehlt in diesem Pantheon jedes Zeugnis für Mithras. Daß auf den Karten bei VERMASEREN (MAARTEN J. VERMASEREN: Corpus inscriptionum et monumentorum religionis Mithriacae [2 Bände], Den Haag 1956/1960; vgl. hier Band II, S. 379ff.: Philippi No. 2343) und ULANSEY (DAVID ULANSEY: The Origins of the Mithraic Mysteries. Cosmology and Salvation in the Ancient World, Oxford 1989) jeweils Philippi trotzdem verzeichnet ist, beruht auf der falschen Lesung von Inschriften (169/L007 und 525/L104), die in Wirklichkeit nichts mit Mithras zu tun haben.

eine lohnende Aufgabe, kann aber im Rahmen meiner Untersuchung nicht geleistet werden.[2] Sie ist aber für die Zwecke dieser Arbeit auch gar nicht notwendig, da hier nur diejenigen Gottheiten von Interesse sind, die auch im ersten und zweiten Jahrhundert verehrt werden. Das ist beispielsweise für den in der interessanten, unlängst von Ducrey publizierten Inschrift aus dem 4. Jh. v. Chr. bezeugten Poseidon überhaupt nicht der Fall.[3] Ähnlich verhält es sich mit dem ungefähr gleichzeitigen Ἀπόλλων Κωμαῖος, für den eine Weihinschrift östlich des Macellum gefunden wurde.[4] Die in derselben Inschrift bezeugte Ἄρτεμις dagegen wird in Gestalt der thrakischen Bendis und der lateinischen Diana noch in der Kaiserzeit verehrt.

Alle diese Gottheiten kommen schon aus chronologischen Gründen nicht in Betracht. Bei anderen ist die chronologische Ansetzung einigermaßen unsicher: Ob das Iseion am Hang der Akropolis beispielsweise zur Zeit des Paulus schon bestanden hat, ist aufgrund der fehlenden definitiven Publikation nicht sicher entscheidbar.[5] Ähnlich steht es mit dem Kaiserkult: Einschlägige Priester gibt es in Philippi in ausreichender Zahl, aber die Bezeugung speziell für die erste Hälfte des ersten Jahrhunderts – darüber können die eindrucksvollen Listen nicht hinwegtäuschen – ist überaus schmal.[6] Daher habe ich mich dafür entschieden, im folgenden exemplarisch drei Gottheiten zu behandeln, deren überragende Bedeutung für das religiöse Leben gerade in Philippi aufgrund der epigraphischen Zeugnisse außer Frage steht: den Ἥρως Αὐλωνείτης, den Dionysos und den Silvanus.

1. Der Ἥρως Αὐλωνείτης

Unter den in Philippi verehrten thrakischen Gottheiten ist der sogenannte Thrakische Reiter bei weitem die wichtigste.[7] In vielen Gegenden hat diese Gottheit lokale Namen; in Philippi kommt sie v.a. in der Gestalt des Ἥρως

---

[2] Eine sehr ausführliche Analyse bietet COLLART in seinem Chapitre IV: Cultes et Croyances (S. 389–486). Eine Reihe von Gottheiten, die in dem uns interessierenden Zeitraum in Philippi epigraphisch nachweisbar sind, findet sich unten S. 138–139.

[3] Poseidon wird in 161/G632, Z. 9 erwähnt. DUCREY datiert diese Inschrift 161/G632 in die 2. Hälfte des 4. Jh.s v. Chr.

[4] Es handelt sich um die Inschrift 246/G599; zur Datierung vgl. den Kommentar.

[5] LUKAS BORMANN hat sich unlängst dafür ausgesprochen, daß der »Isis-Kult in Philippi ... erst für das zweite Jahrhundert sicher nachgewiesen werden« kann (LUKAS BORMANN: Philippi. Stadt und Christengemeinde zur Zeit des Paulus, NT.S 78, Leiden/New York/Köln 1995, S. 57). Auch wenn man diese Zurückhaltung bezüglich des archäologischen Befunds nicht teilt, ist doch unstrittig, daß die einschlägigen epigraphischen Zeugnisse erst einer späteren Zeit angehören.

[6] Die letzte diesbezügliche Liste bei LUKAS BORMANN, S. 43f. (Sie ist nicht ganz vollständig.) Auch bei MIKAEL TELLBE: The Sociological Factors behind Philippians 3.1–11 and the Conflict at Philippi, JSNT 55 (1994), S. 97–121; hier S. 108f. wird die Rolle des Kaiserkultes für die *Colonia Iulia Augusta Philippensis* bei weitem überschätzt.

[7] Zum Thrakischen Reiter vgl. einleitend etwa die Darstellung von MANFRED OPPERMANN

Αὐλωνείτης vor. Für die überragende Bedeutung des Ἥρως Αὐλωνείτης spricht *erstens* die Kontinuität der Verehrung dieses Gottes: Im Heiligtum des Ἥρως Αὐλωνείτης in Kipia (am südöstlichen Rand des Pangaiongebirges, s. Karte 2) beispielsweise reichen die archäologisch faßbaren Spuren von der hellenistischen Zeit bis in die Zeit des Theodosios des Großen, d.h. vom 3. Jh. v. Chr. bis zum Ende des 4. Jh. n. Chr. – kein anderer Kult (sieht man hier vom Christentum einmal ab) weist in Philippi eine so lang dauernde Kontinuität auf.[8] Die Bedeutung erhellt sodann *zweitens* aus der Tatsache, daß diese Gottheit Anhänger weit über den Bereich der thrakischen Bevölkerung hinaus fand: Auch Griechen und Römer verehrten den Thrakischen Reiter, wie aus den einschlägigen Inschriften unzweifelhaft hervorgeht. Besonders aufschlußreich ist schließlich *drittens*, daß nach der Gründung der *Colonia Iulia Augusta Philippensis* die Verehrung des Ἥρως Αὐλωνείτης sogar behördlicherseits unterstützt und propagiert wurde (s. unten S. 97ff.). Damit verläßt der Ἥρως Αὐλωνείτης die Sphäre der privaten Gottheiten und reiht sich unter die »staatlich geförderten« Götter ein. Er läßt damit Götter wie Silvanus oder Isis weit hinter sich. Dem Ἥρως Αὐλωνείτης kommt in der *Colonia Iulia Augusta Philippensis* eine Schlüsselstellung zu.

a) Der Thrakische Reiter

Der Thrakische Reiter ist die thrakische Gottheit par excellence. Gawril I. Kazarow hat in seiner bahnbrechenden Sammlung schon im Jahr 1938 allein für Bulgarien 1128 »Denkmäler des Thrakischen Reitergottes« zusammengestellt.[9] Dabei sind etwa (die beispielsweise im Territorium von Philippi zahlreichen) »lateinischen Grabsteine, auf denen das Bild des Reiters eine untergeordnete Rolle spielt, und die Sarkophage« noch nicht einmal berücksichtigt.[10] Im Jahr 1979 hat dann ein großangelegtes *Corpus Cultus Equitis Thracii (CCET)* zu erscheinen begonnen, von welchem bisher fünf Bände vorliegen.[11] Leider ist

---

(MANFRED OPPERMANN: Thrakische und danubische Reitergötter und ihre Beziehungen zu Orientalischen Kulten, in: Die orientalischen Religionen im Römerreich, S. 510–536).

[8] Das älteste im Heiligtum von Kipia bislang gefundene Relief 618/G565 wird von der Herausgeberin auf das 3. Jh. v. Chr. datiert. Das Heiligtum bestand bis zu seiner systematischen Zerstörung am Ende des 4. Jh. n. Chr., vgl. den Kommentar zu 625/G638.

[9] GAWRIL I. KAZAROW: Die Denkmäler des Thrakischen Reitergottes in Bulgarien (Textband und Tafelband), Dissertationes Pannonicae, Ser. II, Fasc. 14, Budapest bzw. Leipzig 1938. »Die uns erhaltenen Votivinschriften und Reliefs zeigen deutlich, dass der Heroskult eine bevorzugte Rolle im religiösen Leben der alten Thraker gespielt hat. Wir besitzen schon über 1100 Reliefs, die sich auf 332 Fundorte verteilen, und es kommen ununterbrochen neue Stücke zum Vorschein. Man kann getrost behaupten, dass kein thrakisches Dorf existierte, das nicht ein bescheidenes Herosheiligtum besessen hatte« (S. 3).

[10] So KAZAROW im Vorwort (ohne Seitenzählung); das Vorwort ist übrigens auf den Februar 1939 datiert, wohingegen auf dem Titelblatt die Jahreszahl 1938 steht.

[11] ZLATOZARA GOČEVA/MANFRED OPPERMANN: Monumenta orae Ponti Euxini Bulgariae, Corpus Cultus Equitis Thracii (CCET) I, EPRO 74, Leiden 1979.
ZLATOZARA GOČEVA/MANFRED OPPERMANN: Monumenta inter Danubium et Haemum re-

aber der für das heutige griechische Staatsgebiet geplante Band des CCET, der von Δημήτριος Σαμσάρης vorbereitet wird, noch nicht erschienen.[12] Ich kann im folgenden daher nicht auf eine schon existierende Sammlung von Denkmälern für das Territorium von Philippi zurückgreifen. Da allein die Auflistung und kurze Besprechung der im Gebiet von Philippi gefundenen Monumente den Rahmen dieser Darstellung bei weitem sprengen würden, muß ich mich auf *eine* Erscheinungsform des Thrakischen Reiters, den ῞Ηρως Αὐλωνείτης, beschränken. Dabei handelt es sich um die für Philippi zweifellos wichtigste Ausprägung des Thrakischen Reiters, wie das Heiligtum des ῞Ηρως Αὐλωνείτης in Kipia zeigt.[13]

b) Die Verehrer des ῞Ηρως Αὐλωνείτης

Daß es sich bei der Verehrung des ῞Ηρως Αὐλωνείτης um eine ursprünglich thrakische Angelegenheit handelt, geht selbst aus Zeugnissen der Kaiserzeit noch eindeutig hervor. So wurde etwa in Κρηνίς im Norden des Pangaiongebirges eine Weihinschrift für den ῞Ηρως Αὐλωνείτης aus dem dritten nachchristlichen Jahrhundert gefunden (580/G488). Auf dieser Inschrift werden insgesamt 19 Verehrer dieses Gottes aufgelistet; bei den meisten hat sich neben dem Namen auch der Name des Vaters im Genitiv erhalten. So sind es insgesamt 36 Namen, die sich auf dieser Inschrift (zum Teil mehrfach) finden: Außer dem zweimal begegnenden Αὐρήλιος handelt es sich um ausschließlich thrakische Namen wie Ζείπας, Δίζας, Βείθυς usw. In dem bei Κρηνίς zu vermutenden Heiligtum fand sich somit noch im 3. Jh. eine vornehmlich thrakisch geprägte Schar von Verehrern des ῞Ηρως Αὐλωνείτης ein.[14]

---

perta. 1. Durostorum et vicinia, regio oppidi Tolbuhin, Marcianopolis et vicinia, regio oppidi Sumen, Corpus Cultus Equitis Thracii (CCET) II 1, EPRO 74, Leiden 1981.

ZLATOZARA GOČEVA/MANFRED OPPERMANN: Monumenta inter Danubium et Haemum reperta. 2. Regio oppidi Tǎrgovište, Abrittus et vicinia, Sexaginta Prista et vicinia, Nicopolis ad Istrum et vicinia, Novae, Corpus Cultus Equitis Thracii (CCET) II 2, EPRO 74, Leiden 1984.

NUBAR HAMPARTUMIAN: Moesia Inferior (Romanian Section) and Dacia, Corpus Cultus Equitis Thracii (CCET) IV, EPRO 74, Leiden 1979.

ALEKSANDRINA CERMANOVIĆ-KUZMANOVIĆ: Monumenta intra fines Iugoslaviae reperta, Corpus Cultus Equitis Thracii (CCET) V, EPRO 74, Leiden 1982.

[12] SAMSARIS hat in einer Vorstudie bislang zwölf Denkmäler des Thrakischen Reiters aus dem unteren Strymontal diskutiert (Δημήτριος Κ. Σαμσάρης: Η λατρεία του «θράκα ιππέα» στην κάτω κοιλάδα του Στρυμόνα κατά τη ρωμαϊκή εποχή, in: DERS.: Έρευνες στην ιστορία, την τοπογραφία και τις λατρείες των ρωμαϊκών επαρχιών Μακεδονίας και Θράκης, Thessaloniki 1984, S. 43–57).

[13] Der Thrakische Reiter tritt häufig mit lokalen Beinamen auf (vgl. KAZAROW, S. 15); in Philippi begegnet beispielsweise noch das Epitheton Suregethes (133/G441 vom Neapolistor: vgl. den Kommentar zu Z. 14).

[14] Ένα άλλο ιερό [das erste von SAMSARIS diskutierte ist dasjenige von Amphipolis] του »Θράκα ιππέα« φαίνεται ότι υπήρχε κοντά στο σημ. χωριό Κρηνίδα (Βιτάστα), sagt Samsaris, aaO., S. 47 (Übersetzung: »Ein anderes Heiligtum [das erste von SAMSARIS diskutierte ist dasjenige von Amphipolis] des »Thrakischen Reiters« scheint nahe beim heutigen Dorf Κρηνίς (Vitasta) existiert zu haben«).

Das Besondere dieser thrakischen Gottheit liegt nun aber darin, daß sie auch unter Griechen und Römern zahlreiche Anhänger gewann. So finden sich beispielsweise auf der Inschrift 619/G499 aus Kipia zwei Griechen, Μεσσάλας Πυθίων und ᾽Αρμοννώ, die dem ῞Ηρως Αὐλωνείτης ihren Dank aussprechen. Auch die Weihinschrift 623/G636 weist griechische Namen auf. Die Weihinschrift 625/G638 schließlich ist dem ῞Ηρως Αὐλωνείτης von einem Εἰκέσιος gestiftet. Besondere Bedeutung darf man dem Graffito des Κρίτων (629/G757) beimessen, da es sich hierbei um einen Fund aus der hellenistischen Schicht handelt: Damit ist die Verehrung des ῞Ηρως seitens griechischer Menschen von der hellenistischen bis in die Kaiserzeit inschriftlich bezeugt.[15]

Die Mehrzahl der Namen der aus Kipia bisher veröffentlichten Inschriften aber ist römisch: *Marcus Claudius Celer,* ein *centurio* der zehnten städtischen Kohorte (620/L603); *M.V. Cassius* (621/L604); *Vitales* und *Aelius* (622/ G635)[16]; *Quintus Petronius Firmus,* Soldat der fünften Prätorianerkohorte (628/L756) und last[17] but not least ein[18] *Octavius Secundus,* Veteran aus dem (hadrianischen) *Bellum Iudaicum,* aus der Stadt Cures gebürtig, der alle seine militärischen Chargen mit sämtlichen verdienten Orden zur Ehre des ῞Ηρως Αὐλωνείτης penibel auflistet (617/L118).

Aus dem epigraphischen Material aus Philippi ergibt sich somit, daß der ῞Ηρως Αὐλωνείτης sowohl von Thrakern als auch von Griechen und Römern verehrt wurde; im Heiligtum in Kipia dominieren sogar die römischen Namen.

SAMSARIS zufolge fand sich ein weiteres Heiligtum des ῞Ηρως Αὐλωνείτης an der nordwestlichen Grenze des Territoriums der *Colonia Iulia Augusta Philippensis,* δηλ. στην περιοχή των σημ. χωρίων Επτάμυλοι, Οινούσσα και Νέο Σούλι (aaO., S. 52).

Das dritte – und einzige bisher ausgegrabene – Heiligtum des ῞Ηρως Αὐλωνείτης ist das bei Kipia im SO des Pangaiongebirges (dazu s. gleich).

Der ῞Ηρως Αὐλωνείτης ist aber auch außerhalb des Gebietes von Philippi belegt, so im Osten in Abdera (vgl. die im Kommentar zu 619/G499, Z. 1, angeführte Inschrift) und im Westen in Thessaloniki, wo es sogar ein *collegium* (συνήθ<ε>ια) dieses Gottes gab: Φώτιος Πέτσας, ΑΔ 24 (1969) Β᾽2 Χρονικά [1970], S. 300.302 mit Abb. Tafel 311γ: ῎Ετους αςρ᾽ σεβαστοῦ. ἡ συνήθ<ε>ια ῞Ηρωνος Αὐλων<ε>ίτου. κτλ. (αςρ᾽ = 191, d.i. also 159 n. Chr. nach der Ära von Aktium).

[15] Ein weiteres wertvolles Zeugnis für die hellenistische Zeit wäre 618/G565, könnte man nur auf der publizierten Photographie die Namen entziffern. Die Herausgeberin hat bisher nur die Überschrift (῞Ηρωνι ἐπήκοῳ) verraten, aber nicht den Rest der Inschrift dieses Reliefs (vgl. bei 618/G565).

[16] Es handelt sich hier um eine griechische Inschrift mit römischen Namen: Βειτάλες καὶ ᾽Αέλιος.

[17] Eine Felsinschrift ganz in der Nähe des Heiligtums von Kipia weist ebenfalls einen lateinischen Namen auf: *Marcus Gellius Longus* (616/L227); da aber nicht deutlich ist, ob und gegebenenfalls welcher Zusammenhang mit dem Heiligtum selbst besteht, übergehe ich ihn in meiner Liste.

[18] Da die Inschrift am Anfang fragmentarisch ist, lassen sich *praenomen* und *nomen gentilicium* des *Octavius Secundus* nicht angeben. Da auch der Schluß der Inschrift fehlt, ist über das Formular letzte Sicherheit nicht zu gewinnen. Kein Zweifel kann aber daran bestehen, daß es sich um eine Inschrift für den ῞Ηρως Αὐλωνείτης handelt (vgl. den Kommentar zu 617/L118).

c) ῞Ηρως Αὐλωνείτης und res publica

Die hohe Blüte des Kultes des ῞Ηρως Αὐλωνείτης in den ersten Jahrhunderten unserer Zeitrechnung geht einher mit einer besonderen staatlichen Fürsorge für diesen thrakischen Kult. Nicht nur einzelne Römer lassen sich die Verehrung des thrakischen Heros angelegen sein, sondern die *res publica coloniae Philippensis* selbst.

Dies beweist eine erst unlängst auf der Agora von Thasos gefundene Münze der

R(es) P(ublica) C(oloniae) P(hilippensis),

die neben dieser Legende auf der Rückseite einen Thrakischen Reiter samt der Aufschrift

HEROI AULONITE

trägt; auf der Vorderseite ist der Kaiser Augustus abgebildet; hier findet sich noch die Aufschrift

DIVO AUGUSTO.[19]

Leider liegt eine definitive Publikation dieses überaus interessanten Fundes bislang noch nicht vor. Aber so viel kann man auf jeden Fall sagen: Der Heros Aulonitis, das zeigt diese neue Münze, erfreute sich sogar der Förderung der *res publica coloniae Philippensis*.

Von herausragender Bedeutung ist in diesem Zusammenhang auch ein Altar, den die Stadt Philippi dem ῞Ηρως Αὐλωνείτης gestiftet hat.[20] Da die auf dem Altar eingegrabene Inschrift leider nicht publiziert ist, kann ich zu diesem überaus wichtigen Altar hier nichts Genaueres sagen. Immerhin kann man feststel-

---

[19] Picard teilt folgendes mit: Τελειώνοντας, θα ήθελα να σας παρουσιάσω ένα ανέκδοτο νόμισμα αυτοκρατορικής εποχής, που έχει βρεθεί στη θασιακή αγορά. Παριστάνει στην πρόσθια όψη ένα μεταθανάτιο πορτρέτο του Divo Augusto, με ένα ακτινωτό στεφάνι και στην οπίσθια όψη έναν ιππέα ο οποίος μοιάζει με το λεγόμενο θράκα ιππέα. Η επιγραφή, την οποία ο φίλος μου Ι. Τουράτσογλου με βοήθησε να διαβάσω, γράφει στα λατινικά HEROI AULONITE. Κάτω από τον ιππέα βλέπουμε RPCP, δηλαδή Res Publica Coloniae Philippensis. Είναι η πρώτη βεβαιωμένη νομισματική παρουσία αυτού του ήρωα ... . (Olivier Picard: Ανασκαφές της Γαλλικής Αρχαιολογικής Σχολής στο Θάσο το 1988, ΑΕΜΘ 2 (1988) [1991], S. 387–394; hier S. 389; Übersetzung:»Zum Schluß möchte ich Ihnen noch eine unpublizierte Münze aus der Kaiserzeit präsentieren, welche auf der Agora von Thasos gefunden wurde. Auf der Vorderseite ist ein posthumes Porträt des Divo Augusto [sic] mit einem strahlenförmigen Kranz, auf der Rückseite ein Reiter dargestellt, der dem sogenannten Thrakischen Reiter gleicht. Die Beischrift, die mein Freund Johannes Touratsoglou mir zu entziffern half, lautet – sie ist lateinisch – HEROI AULONITE. Unterhalb des Reiters erkennen wir [die Buchstaben] RPCP, d.h. Res Publica Coloniae Philippensis. Es handelt sich hier um den ersten gesicherten numismatischen Beleg dieses Heros ...«).

[20] Χάιδω Κουκούλη-Χρυσανθάκη/Δήμητρα Μαλαμίδου: Το ιερό του Ήρωα Αυλωνείτη στο Παγγαίο, ΑΕΜΘ 3 (1989) [1992], S. 553–567. Die beiden Verfasserinnen kommen hier abschließend auch auf die Beziehungen zwischen dem Heiligtum des *Heros Aulonitis* und der *Colonia Philippensis* zu sprechen. In diesem Zusammenhang heißt es: Σε διπλή εσχάρα-βωμό ή σήκωμα εμφανίζεται αναθηματική επιγραφή της πόλης στον ήρωα (S. 559; Übersetzung:»Die Lippe des doppelten Brandaltars weist eine Weihinschrift für den Heros seitens der Stadt auf«).

len, daß dieser Altar in Philippi ohne Parallele ist: Keiner römischen, keiner griechischen und schon gar keiner thrakischen Gottheit sonst wurde die Ehre zuteil, daß ihr von Staats wegen ein Altar aufgestellt wurde. Solcher staatlichen Fürsorge erfreute sich ansonsten nur der Kaiserkult, dieser allerdings naturgemäß in einem sehr viel größeren Ausmaß. Aber allein die Tatsache, daß man hier den Kaiserkult als Vergleich heranziehen kann, unterstreicht aufs eindrücklichste die Bedeutung der Verehrung des ῞Ηρως Αὐλωνείτης für die *Colonia Iulia Augusta Philippensis.*

Abschließend sei hier noch ein letztes einschlägiges Dokument vorgestellt, dessen Diskussion vor besondere Schwierigkeiten stellt, da es sich erneut um ein *ineditum* handelt, die sogenannte Prokuratoreninschrift.

Auf einer in dem Heiligtum von Kipia gefundenen großen Bank sind die Namen der Prokuratoren angebracht: Schon 1968 wurden die Bruchstücke der großen Bank mit den Namen der Prokuratoren gefunden, die Vf.in als Prokuratoren der Kolonie Philippi auffassen möchte: τα θραύσματα του μεγάλου εδράνου με τα ονόματα των προκουρατόρων, της ρωμαϊκής αποικίας των Φιλίππων πιθανότατα.[21] Inwiefern es sich hier um *procuratores* der *Colonia Iulia Augusta Philippensis* handeln könnte, bleibt freilich unerfindlich; denn eine städtische Funktion dieses Namens ist in Philippi nicht bezeugt (es gibt bislang keinen einzigen epigraphischen Beleg für städtische *procuratores* in Philippi). Weitere Stücke dieser Bank wurden 1985 gefunden: φέτος η έρευμα του κτιρίου [des Heiligtums in Kipia] έδωσε και άλλα θραύσματα από το ίδιο πιθανότατα έδρανο, heißt es bezüglich der Grabungen im Jahr 1985.[22] Einige Jahre später wird die zunächst geäußerte Vermutung modifiziert; es ist jetzt nicht mehr von *procuratores,* sondern vielmehr von *curatores* die Rede:»Das Gebäude bestand aus zwei Räumen und hatte wahrscheinlich an der Außenseite eine Bank; in seinem westlichen Raum wurden nämlich die Bruchstücke der Bank mit den Namen der Kuratoren der römischen Kolonie Philippi gefunden, die im Jahr 1968 ... ins Museum Kavala gebracht wurden« (Το κτίριο είχε δυο χώρους και πιθανότατα είχε έδρανα στο εσωτερικό του, αφού στο δυτικό χώρο του βρέθηκαν τα θραύσματα των εδράνων με ονόματα κουρατόρων της ρωμαϊκής αποικίας των Φιλίππων που μεταφέρθηκαν στο Μουσείο της Καβάλας κατά την περισυλλογή του 1968).[23] Da sich *procuratores* nicht in *curatores* verwandeln können, interpretiert man die sibyllinischen Andeutungen wohl am besten so, daß Κουκούλη-Χρυσανθάκη *CVRATORES* auf der Inschrift zunächst zu *[pro]curatores* ergänzen wollte, nun aber diese Ergänzung nicht mehr für angemessen hält. Diese neue Rekonstruktion des Textes hätte den Vorteil, daß *curatores* im 2. Jh. in Philippi (wie auch in vielen anderen Städten) bezeugt sind. So heißt es nun:»Würdenträger (*curatores*) der Kolonie Philippi hatten eigene Bänke in diesem Gebäude« (Αξιωματούχοι (*curatores*) της αποικίας των Φιλίππων έχουν ειδικά έδρανα σ' αυτό το κτίριο).[24] Aber diese neue Theorie scheitert daran, daß dergleichen *curatores* nicht im Plural auftreten (vgl. für Philippi etwa die Inschrift 201/L305 vom Forum).[25] Nachdem mit städtischen *curatores* also

---

[21] So die überaus knappe Beschreibung des wichtigen Fundes (Χάιδω Κουκούλη-Χρυσανθάκη, ΑΔ 40 (1985), [Β'] Χρονικά [1990], S. 264).

[22] AaO., S. 264.

[23] AaO. (Anm. 20), S. 556. Daraus ergibt sich, daß die Bank mit der Inschrift sich heute im Museum in Kavala befindet.

[24] AaO., S. 559f.

[25] Vgl. zur Funktion der *curatores* etwa die Darstellung bei LIEBENAM:»Zur Kontrolle der städtischen Finanzen wurde gegen Ende des ersten Jahrhunderts ein curator rei publicae einge-

nichts anzufangen ist, schlage ich vor, zur ursprünglichen Lesart *[pro]curatores* zurück-zukehren und in diesen Männern Funktionäre des Kultes des Ἥρως Αὐλωνείτης zu se-hen. Eine Parallele bietet der gleich zu besprechende *Publius Hostilius Philadelphus,* der *aedilis* der Silvanusanhänger in Philippi – auch hier liegt nicht eine städtische, sondern eine kultische Funktion vor.

Ist diese Rekonstruktion zutreffend, dann bieten die *procuratores* aus Kipia einen neuen Titel für die vielfältigen kultischen Funktionsträger in der *Colonia Iulia Augusta Philippensis.*[26]

Vergleicht man den Kult des Ἥρως Αὐλωνείτης in Kipia mit dem in ande-ren Gegenden bezeugten Kult des Thrakischen Reiters, so ergibt sich eine dop-pelte Besonderheit: Die *erste Besonderheit* besteht in der staatlichen Förderung des Ἥρως Αὐλωνείτης.

Ich habe alle in den einschlägigen Corpora veröffentlichten Inschriften überprüft, also alle Inschriften bei Kazarow (o. Anm. 9) und in den bisher erschienenen Bänden des CCET (vgl. o. Anm. 11). Hier begegnet zwar hie und da ein städtischer Beamter (so der *decurio Iul(ius) Val(ens),* Kazarow, Nr. 359; der *IIvir coloniae Ant. Valentinus,* Kazarow, Nr. 437 [= CCET II 1,410]; der *decurio Montanus,* Kazarow, Nr. 589; ein βουλευτής, Ka-zarow, Nr. 631; der *bul(euta) Valerius Maximus,* Kazarow, Nr. 729 [= CCET II 2,657]; ein ἀρχιερεύς καὶ πρωτάρχων, Kazarow, Nr. 842 [= IBulg II 764 = CCET II 2,545]; ein δεκουρίων, Kazarow, Nr. 953; ein βουλευτής, CCET I 126; ein [unsicherer] βουλευτής, CCET II 2,486; ein βουλευτής, CCET II 2,490; ein *buleuta,* CCET II 2,627; ein βουλευτής, CCET II 2,647; ein *buleuta,* CCET IV 105, Z. 2), aber nirgends wird eine Stadt tätig, um den Kult des Heros zu fördern.

Daraus ergibt sich: Die städtische Fürsorge für den Ἥρως Αὐλωνείτης in Philippi ist eine Besonderheit im Rahmen des Kults des Thrakischen Reiters. In den in den einschlägigen Corpora publizierten Inschriften gibt es dazu bisher nicht eine einzige Parallele.

Die *zweite Besonderheit* stellen die *procuratores* als Funktionäre im Kult des Ἥρως Αὐλωνείτης dar.

Die Durchsicht der oben aufgezählten Corpora fördert die folgenden Funktionäre des Thrakischen Reiters zutage: einen ἀρχιερεύς namens Ἰούνιος Λουκιανός (ist er ein ἀρχιερεύς des Thrakischen Reiters?), Kazarow 730 [= IBulg II 705 = CCET II 2,658]; einen ἱερεύς, Kazarow 954 [= IBulg I² 77 = CCET II 1,31]; einen weiteren ἱερεύς, Kaza-row 975; einen weiteren ἱερεύς, CCET I 30 [= IBulg I² 78ter]; einen weiteren ἱερεύς, CCET I 60 [= IBulg I² 162]; einen weiteren ἱερεύς, CCET I 89 [= IBulg I² 289]; einen weiteren ἱερεύς, CCET II 1,186 [= IBulg II 868], einen weiteren ἱερεύς, CCET II 1,201 [= IBulg II 804]; mehrere ἱερεῖς, CCET II 1,376 [= IBulg II 845]; einen ἀρχιερατικός,

---

setzt« (W. LIEBENAM: Städteverwaltung im römischen Kaiserreiche, Leipzig 1900 (Nachdr. in der Reihe Studia Historica, Band 44, Rom 1967), S. 480).

So auch in Philippi: Από το β´ μισό του 2ου μ. Χ. αιώνος την διοίκηση της αποικίας ανέλαβε ο CURATOR REI PUBLICAE, ανώτερος υπάλληλος που διοριζόταν από την κεντρική διοίκηση (Λαζαρίδης, S. 24, 103; Übersetzung: »Von der zweiten Hälfte des zweiten Jahrhunderts nach Christus an übernahm der CURATOR REI PUBLICAE – ein leitender Be-amter, den die Zentralverwaltung [in Rom] ernannte – die Administration der Kolonie«).

[26] Das Wort *procurator* begegnet in den Inschriften von Philippi sonst nicht.

CCET II 2,477; sowie schließlich ein ganze Reihe von Funktionären in der griechischen Inschrift CCET IV 29.

Die weitaus häufigste Funktion im Kult des Thrakischen Reiters ist somit die des ἱερεύς; diese ist in den bisher publizierten Inschriften aus Kipia nicht bezeugt. Alle anderen Titel sind nur ein- oder zweimal belegt, darunter jedoch weder der eines *procurator* noch der eines *curator*.

Ich ziehe daraus den Schluß, daß die Amalgamierung von thrakischer Religiosität und römischer »Hierarchie«, oder, um einen anachronistischen Vergleich zu wagen, von römischem Thron und thrakischem Altar im Kult des Ἥρως Αὐλωνείτης in Philippi bisher beispiellos ist. Ich komme darauf im Zweiten Kapitel im Zusammenhang mit den christlichen ἐπίσκοποι zurück.

2. Dionysos

> διόπερ ἐξομοιοῖ [ὁ Κέλσος] ἡμᾶς
> τοῖς ἐν ταῖς Βακχικαῖς τελεταῖς
> τὰ φάσματα καὶ τὰ δείματα προεισάγουσι[27]

Vielleicht die älteste Gottheit, die überhaupt im Gebiet der Kolonie Philippi verehrt wurde, ist Dionysos: Der Kult des Dionysos reicht nicht nur in die hellenistische und griechische Zeit zurück, sondern war schon vor der Ankunft der Griechen in diesem Gebiet verbreitet. Herodot weiß etliches von der Verehrung des Dionysos seitens der thrakischen Bevölkerung zu berichten: Das Heiligtum des Dionysos auf dem Gipfel des Pangaion gehört der vorgriechischen Phase an.[28] Das Heiligtum des Dionysos in Drama reicht von der hellenistischen bis in die römische Zeit: Beide Phasen des Heiligtums sind epigraphisch bezeugt.

---

[27] Kelsos IV 10 fin; die Übersetzung der griechischen Stelle lautet im Zusammenhang: »Nein! sagen da die Christen, nicht wegen seiner bedürftig, erkannt zu werden, sondern wegen unsrer Rettung will er uns Erkenntniss von sich darbieten, damit die Einen sie annehmend und rechtschaffen geworden gerettet werden, die Andern aber, welche nicht angenommen, als erwiesene Böse gestraft werden. Frage: jetzt wohl nach so langer Zeit erinnerte sich Gott daran, das Leben der Menschen zu richten, vorher aber war er sorglos? Dass sie dieses nun ihrerseits nicht heilig noch rein von Gott schwatzen, ist sehr klar; sie machen's mit ihren Einschüchterungen der Menschen wie Diejenigen, welche in den Bacchos-Mysterien Gespenster und Schreckbilder voreinführen« (Übersetzung von THEODOR KEIM: Celsus' wahres Wort, älteste Streitschrift antiker Weltanschauung gegen das Christentum, Zürich 1873 (Nachdr. unter dem Titel: Celsus: Gegen die Christen, Debatte 8; München 1984), S. 107f.).

[28] Zum Heiligtum des Dionysos im Pangaiongebirge vgl. PAUL PERDRIZET: Cultes et mythes du Pangée, Annales de l'est, publiées par la faculté des lettres de l'université de Nancy, 24ᵉ année, fascicule 1, Paris/Nancy 1910; hier Kapitel IV: L'oracle de Bacchos au Pangée, S. 37ff. Die Stelle bei Herodot ist VII 111. Man darf sich bezüglich dieses Heiligtums freilich keine falschen Vorstellungen machen: »Ce n'était pas un temple à la grecque, mais un sanctuaire barbare, sans édifice et sans images, probablement une grotte, celle où la légende disait que Lycurge avait été emmuré, ἐκ Διονύσου πετρώδει κατάφαρκτος ἐν δεσμῷ [Sophokles: Antigone 957; Übersetzung: »gebunden von Dionysos, in eine felsige Kluft eingezwängt«]: à l'endroit où le

Die neueren Funde (insbesondere Inschriften und eine Büste des Gottes) hat unlängst Χάϊδω Κουκούλη-Χρυσανθάκη publiziert.[29] In diesem Zusammenhang stellt sie insbesondere die überragende Bedeutung des Kultes des Dionysos in dieser Gegend heraus: Στην περιοχή της Δράμας, όπου οι αρχαιολογικές έρευνες έχουν εντοπίσει την καλλιέργεια του αμπελιού από τους νεολιθικούς ήδη χρόνους και όπου υπέρκειται το «Πάγγαιον όρος», λίκνο της διονυσιακής λατρείας, ο Διόνυσος φαίνεται ότι αποτελούσε μια από τις σημαντικότερες τοπικές θεότητες (S. 83; Übersetzung: »In der Umgebung von Drama, wo die archäologische Forschung den Weinanbau schon seit der neolithischen Zeit nachgewiesen hat und welche von dem Pangaion-Gebirge – der Wiege der Dionysos-Verehrung – beherrscht wird, stellt Dionysos offenbar eine der wichtigsten lokalen Gottheiten dar.«)

Speziell im Hinblick auf Drama kommt sie zu dem Ergebnis: Το ιερό του Διονύσου οπωσδήποτε πρέπει νε έπαιξε σημαντικό ρόλο στη ζωή και στην ανάπτυξη του αρχαίου οικισμού της Δράμας από τα τέλη του 4ου π.Χ. αιώνα ως και τους ρωμαϊκούς χρόνους. Η επιγραφή του «ιερητεύσαντος Διονύσω» αποτελεί μέχρι στιγμής την αρχαιότερη σωζόμενη επιγραφική μαρτυρία για τη λατρεία του Διονύσου στην ενδοχώρα του Παγγαίου (S. 84; Übersetzung: »In jedem Fall muß das Heiligtum des Dionysos im Leben und in der Entwicklung der alten Siedlung Dramas eine bedeutende Rolle gespielt haben, [und zwar] vom Ende des vierten Jahrhunderts bis in die römische Zeit. Die Inschrift des Dionysospriesters stellt bisher das älteste erhaltene epigraphische Zeugnis für die Dionysosverehrung in dem Hinterland des Pangaion dar.«).

Eine umfassende Liste aller publizierten epigraphischen Zeugnisse aus Drama (bei Κουκούλη sind S. 75f. nur die letzten fünf Inschriften abgedruckt) findet sich unten in Band II (die Nummern 499/G189ff.).

Offenbar besteht eine Kontinuität vom thrakischen Dionysos bis hin zum lateinischen *Liber Pater*. Dies geht etwa aus dem Zeugnis des Sueton hervor; dieser läßt Octavius, den Vater des späteren Augustus, ein thrakisches Orakel des Dionysos befragen: *Octavio ..., cum per secreta Thraciae exercitum duceret, in Liberi patris luco barbara caerimonia de filio consulenti, idem affirmatum est a sacerdotibus, quod infuso super altaria mero tantum flammae emicuisset, ut supergressa fastigium templi ad caelum usque ferretur; unique omnino Magno Alexandro apud easdem aras sacrificanti simile provenisset ostentum.*[30]

---

roi-dieu était mort, son esprit devait habiter et parler« (PERDRIZET, aaO., S. 37). Zur vermutlichen Lage der Höhle vgl. aaO., S. 38 mit Anm. 1.

Nicht nur antike Autoren, sondern auch moderne Gelehrte sehen in Thrakien überhaupt die Heimat des Dionysos, vgl. dazu MARTIN P. NILSSON: Geschichte der griechischen Religion. Erster Band: Die Religion Griechenlands bis auf die griechische Weltherrschaft, HAW V 2, München [3]1967, S. 564ff.

[29] Χάϊδω Κουκούλη-Χρυσανθάκη: Ο αρχαίος οικισμός της Δράμας και το Ιερό του Διονύσου, in: Η Δράμα και η Περιοχή της (s. dort), S. 67–107.

[30] Sueton: Divus Augustus 94,5 (Übersetzung: »Als Octavius sein Heer durch einsame Gegenden Thrakiens führte, befragte er im Hain des *Liber Pater* mittels barbarischer Riten [das Orakel] hinsichtlich seines Sohnes; da wurde ihm von den Priestern eröffnet, daß beim Begießen des Altars mit Wein eine solche Stichflamme hervorgeschossen sei, daß sie den Giebel des Tempels überschritten und bis zum Himmel geeilt sei – lediglich Alexander dem Großen und keinem anderen sonst sei, als er an denselben Altären opferte, ein ähnliches Wunder geschehen!«). PERDRIZET weist darauf hin, daß hier nicht das Orakel auf dem Pangaion gemeint sein

Es kommt hier nicht darauf an, ob Caius Octavius (oder gar Alexander der Große) wirklich ein Orakel des thrakischen Dionysos befragt hat; entscheidend ist vielmehr, daß ein Schriftsteller wie Sueton diesen Dionysos ohne weiteres einfach *Liber Pater* nennen kann.

Im folgenden soll es nur um das Material aus römischer Zeit gehen.

a) Das Material

In der Stadt Philippi selbst konzentrieren sich die Zeugnisse aus römischer Zeit im Bereich des Hauses mit Bad im Süden der Basilika B, dessen definitive Publikation ein halbes Jahrhundert nach der Ausgrabung noch immer aussteht (vgl. 338/L333, 339/L338, 340/L589, 341/L267, 342/L292). Hinzu kommt eine unlängst[31] bei den Ausgrabungen in der fünften *insula* östlich des Forums gefundene Weihinschrift (332/L777). Collart hat die Vermutung geäußert, daß bei dem Haus mit Bad im Süden der Basilika B ein Heiligtum des Dionysos/*Liber Pater* bestanden hat: »Sous la partie nord-ouest des bâtiments des thermes [d.i. das genannte Haus mit Bad], où la plupart de nos inscriptions ont été trouvées, subsistent les substructions d'un édifice antérieur qui pourrait être le sanctuaire de Liber, Libera et Hercule.«[32]

Aus Philippi selbst stammt des weiteren die Weihinschrift für *Liber* und *Libera*, bei der der Name des Dedikanten weggebrochen ist.[33] Vielleicht stammt auch sie aus dem Haus mit Bad im Süden des Forums? Besonderes Interesse verdient schließlich »un fragment de règlement religieux relatif au culte du même dieu [d.h. *Liber Pater*], car on y lit le mot *thiasum*«.[34]

In der näheren Umgebung von Philippi wurde eine Weihinschrift für *Liber Pater* entdeckt, der hier als *deus optimus* apostrophiert wird.[35] Aus der Gegend im Süden von Drama stammte eine Weihinschrift für Dionysos von einer Familie (?) seiner Verehrer.[36] In der Kirche des Ἅγιος Ἀθανάσιος in Doxato befindet sich die berühmteste einschlägige Inschrift innerhalb des Territoriums von

---

könne: Die Kampagne des Octavius zielte auf das Herz Thrakiens: »c'est de l'autre côté du Rhodope, dans les replis de l'Hémus, *cum per secreta Thraciae exercitum duceret,* et non sur la cime du Pangée, qu'Octavius dut consulter le Bacchus thrace. Au temps d'Octavius, il y avait déjà trois siècles que le Pangée faisait partie de la Macédoine. On ne peut guère douter que l'oracle dont parle Suétone ne soit celui du grand sanctuaire national, du territoire sacré dont les Besses, jusqu'à la campagne de Crassus, furent les gardiens« (PERDRIZET, aaO., S. 42f.).

[31] Nämlich am 23. September 1993.

[32] COLLART, S. 414, Anm. 4.

[33] COLLART macht keine näheren Angaben bezüglich des Fundorts der Inschrift 094/L590 (s. dort).

[34] COLLART, S. 417. Leider teilt COLLART in Anm. 2 nur einige Zeilen dieser Inschrift 095/L346 mit; die für BCH 61 (1937) von COLLART angekündigte Publikation ist nicht erschienen.

[35] Die Inschrift 408/L345 stammt aus Καλαμπάκι. Nähere Einzelheiten hinsichtlich ihres Fundes finden sich bei COLLART nicht.

[36] Die Inschrift 417/G221 wurde in Κουδούνια, südlich von Drama, gefunden.

Philippi, in der das Paradies, das der Gott seinen Anhängern verheißt, mit leuchtenden Farben gemalt wird.[37]

Ein Zentrum der Dionysos-Verehrung schon seit der hellenistischen Zeit ist Drama.[38] Hier wurden 1970 vier Weihinschriften, z.T. aus der römischen Epoche, sowie ein Teil einer Statue des Dionysos gefunden.[39] Schon länger bekannt ist eine lateinische Weihinschrift für *Liber, Libera* und *Hercules*.[40]

Beim heutigen Dorf Χαριτωμένη, das in römischer Zeit vielleicht den Namen *Tasibasta* trug, wurde *Liber Pater* als *Liber Pater Tasibastenus* verehrt, wie aus zwei erhaltenen lateinischen Inschriften hervorgeht.[41] Die Verehrer dieses *Liber Pater Tasibastenus* waren als *thiasus* organisiert, welcher am Rosalienfest (dazu gleich) seiner verstorbenen Mitglieder gedachte, indem er an deren Gräbern ein Festmahl feierte.

Léon Heuzey hat in einem Aufsatz diese Inschriften untersucht und kommt zu dem Ergebnis, daß sich in der Gegend von Χαριτωμένη ein Heiligtum des *Liber Pater* befand: »Parmi les curieux renseignements que contiennent les inscriptions de Reussilova [d.i. Χαριτωμένη], le fait capital paraît être l'existence, dans le pays de Zikhna, d'un antique sanctuaire du Bacchus thrace, situé au milieu des montagnes, comme le fameux oracle des Besses dans le Pangée et comme cet autre sanctuaire du même dieu, dont la colline de Dionysos, près de Philippes, semble révéler la présence.«[42] Heuzey verweist auf das Epitheton Tasibastenus und meint, hier habe sich thrakische Religiosität im lateinischen Gewand erhalten: »Dans le sanctuaire de Tasibasta, la religion du Bacchus thrace a conservé, jusqu'au milieu de l'époque romaine, son antique popularité.«[43]

M.E. wird diese Interpretation dem Material nicht gerecht: Zwar haben wir hier eine Fülle thrakischer Namen, was beweist, daß die Verehrer des *Liber Pater Tasibastenus* vornehmlich (oder sogar ausschließlich?) Thraker waren. Aber sie verehren eben einen *Liber Pater* und feiern die *rosalia,* haben sich also dem römischen Milieu der *Colonia Iulia Augusta Philippensis* angepaßt. Es ist keine ursprünglich thrakische Religiosität, die uns in diesen Inschriften entgegentritt, sondern es ist eine Amalgamierung thrakischen, griechischen und lateinischen Gutes.

Auch geht Heuzey wohl zu weit, wenn er ein Heiligtum für den *Liber Pater Tasibastenus* postuliert: Für ein solches Heiligtum gibt es keinerlei archäologische Evidenz; und die Inschriften bezeugen zwar einen *thiasus* des *Liber Pater Tasibastenus,* aber deswegen noch lange kein Heiligtum.

---

[37] Die Inschrift 439/L078 wird unten (S. 105ff.) im Zusammenhang mit den eschatologischen Vorstellungen der Dionysos-Verehrer noch des genaueren besprochen.

[38] Aus hellenistischer Zeit sind z.B. die Inschriften 499/G189 und 501/G569 erhalten.

[39] Χάϊδω Κουκούλη-Χρυσανθάκη, ΑΔ 25 (1970) Β'2 Χρονικά [1973], S. 401f. (zitiert im Kommentar zu 499/G189). Vgl. dazu jetzt die oben Anm. 29 genannte Publikation derselben Autorin.

[40] Die Inschrift 500/L254 wurde 1923 publiziert.

[41] Die eine Inschrift (524/L103) findet sich auf einem großen Sarkophag, der heute im Hof des Museums von Philippi steht; die andere Inschrift (525/L104) ist heute verschollen.

[42] Léon Heuzey: Le sanctuaire de Bacchus Tasibastenus dans le canton de Zikhna (en Thrace), CRAI 1868, S. 219–231; hier S. 225.

[43] Heuzey, aaO., S. 225.

Sodann sind noch einige verstreute Einzelfunde zu nennen: Die Rosalienin-schrift an der römischen Brücke bei Φωτολίβος (Kadim Köprü), die ebenfalls einen *thiasus Bacchi* erwähnt[44], und die Inschrift der Dionysosanhänger πεϱεὶ ῾Ροῦφον Ζείπα[45] aus Αλιστϱάτη. Aus Νέος Σκοπός in der Nähe von Serres stammt das Testament des Διοσκουϱίδης, das ich hier nur en passant erwähne, da die Gegend wohl nicht zum Territorium der Kolonie gehört.[46]

Im Bereich des Pangaiongebirges schließlich findet sich eine Gruppe von Anhängern des Dionysos (μύσται Διονύσου) in Ποδοχώϱι.[47] Ob die Inschrift der Musikerin aus Παλαιοχώϱι in diesen Zusammenhang gehört, bleibt frag-lich.[48]

Das hier mehrfach erwähnte Rosalienfest ist an sich eine römische Erscheinung, die zunächst mit der Verehrung des Dionysos nicht das geringste zu tun hat.[49] Es handelt sich dabei um ein römisches »Fest, das vorzugsweise von den kleinen Leuten gefeiert wird und vor allem den Toten »angehört«[50]. Der Zeitpunkt des Rosalienfestes, auf den verschie-dene Grabinschriften aus Philippi Bezug nehmen, hängt von der Zeit der Rosenblüte ab und ist daher von Gegend zu Gegend verschieden. An den Rosalien begaben sich die überlebenden Vereinsmitglieder alljährlich zu dem betreffenden Grab, in dem der verstor-bene Vereinsgenosse, der die Rosalienstiftung getätigt hatte, beerdigt war, um dort Rosen niederzulegen (in Inschriften aus Philippi ist auch vom Verbrennen der Rosen die Rede).

»Dem Toten werden ausser Rosen auch Speisen dargebracht … . Wenn Geld vorhan-den war, so sorgte man auch für die Mitglieder des Vereins; einen sichereren Weg, in dankbarer Erinnerung weiter zu leben, gab es nicht. Der verstorbene Wohltäter und der Verein halten ein gemeinschaftliches Mahl ab, oder der Verein speist am Grabe für das Geld, das von der Rosenschmückung … übrig war.«[51]

Für Philippi spezifisch ist nun – darauf hat schon Nilsson hingewiesen – die Verbin-dung des Rosalienfestes mit der Dionysosverehrung: »Die Rosalien haben hier ein Bünd-nis mit dem Dionysoskult geschlossen. Die Stiftungen werden dem Mysten des Dionysos überwiesen, der Mysterienverein soll die Rosalien begehen und jährlich am Grab des Stifters ein Rosalienmahl abhalten«[52].

---

[44] HEUZEY zieht diese Inschrift 529/L106 zu denen aus Χαϱιτωμένη. Dazu ist die räumli-che Entfernung jedoch groß!

[45] Diese Dionysosverehrer nennen sich in ihrer Inschrift 535/G207 μύστε [= μύσται] Βότϱυος Διονύσου, »die Mysten des Botrys Dionysos«.

[46] Es handelt sich um die Inschrift 568/G477.

[47] Auch diese Mysten feiern das Rosalienfest, wie die Grabinschrift des Ζείπας 597/G211 zeigt.

[48] HEUZEY hat vermutet, daß diese Musikerin dem Bakchoskult verbunden war, vgl. den Kommentar zu 647/G036.
Die Weihinschrift 666/M201 für Dionysos ist vermutlich von Μεϱτζίδης erfunden; dasselbe gilt für die Weihinschrift für Dionysos und Hera 672/M655.

[49] Zur Einführung eignet sich m.E. am besten ein Vortrag, den NILSSON bereits 1914 gehal-ten hat (MARTIN P. NILSSON: Das Rosenfest, in: DERS.: Opuscula selecta linguis anglica, franco-gallica, germanica conscripta, Vol. I, Skrifter utgivna av Svenska Institutet i Athen II 1, Lund 1951, S. 311–329).

[50] NILSSON, aaO., S. 312.

[51] NILSSON, aaO., S. 320.

[52] NILSSON, aaO., S. 325. Zu den Rosalien in Philippi vgl. PAUL PERDRIZET: Inscriptions de Philippes: Les Rosalies, BCH 24 (1900), S. 299–323 und PAUL COLLART: ΠΑΡΑΚΑΥΣΟΥ-

b) Die θίασοι des Dionysos

Damit stehen aus dem Territorium von Philippi zwanzig einschlägige Inschriften zur Verfügung (wobei wie immer das unpublizierte Material unberücksichtigt bleibt). Diese Inschriften zeigen, daß der Kult des Dionysos sich in römischer Zeit allgemeiner Beliebtheit erfreut. Unter den Mysten finden sich
Thraker, Griechen und Römer, d.h. der Gott ist bei allen drei Bevölkerungsgrup-
pen akzeptiert; dies unterscheidet ihn etwa von dem im nächsten Abschnitt zu
besprechenden Silvanus, der (fast) nur Anhänger mit lateinischen Namen hat.

Ein weiteres Charakteristikum der Verehrer des Dionysos ist, daß sie keine
zentrale Organisation und kein zentrales Heiligtum aufzuweisen haben. Vielmehr sind sie, wie die Inschriften zeigen, in einzelnen θίασοι auf lokaler Basis
organisiert. Ob es neben dem für Philippi selbst zu vermutenden Heiligtum des
Liber Pater und dem Dionysos-Heiligtum in Drama weitere Kultstätten im Territorium der Kolonie gegeben hat, läßt sich beim gegenwärtigen Stand der Dinge noch nicht beurteilen.

Damit ist zugleich gesagt, daß die religiösen Vorstellungen der einzelnen
θίασοι naturgemäß differiert haben. Was Merkelbach für den Bereich des *Imperium Romanum* formuliert, gilt schon in der kleinen Welt des Territoriums
von Philippi: »Ein Verband der Dionysosverehrer, der in der Art der christlichen Kirche zentralisiert gewesen wäre, hat nie existiert: Jeder verehrte den
Gott als dasjenige göttliche Wesen, welches er und seine Gruppe sich vorstellte.«[53] Das heißt nun freilich nicht, daß es nicht gewisse grundlegende Vorstellungen gibt, die für alle Dionysosverehrer angenommen werden können. Zen-
tral ist in dieser Hinsicht ohne Zweifel die Hoffnung auf Rettung.[54]

c) Die Hoffnung auf Rettung

Die erhaltenen Monumente – bildliche Darstellungen wie Inschriften – erlauben sogar eine ziemlich genaue Rekonstruktion der Vorstellungen, die Dionysosverehrer mit dem Leben nach dem Tode verknüpfen: »Dans l'existence
future, Bacchus leur dispenserait les mêmes agréments et les mêmes joies qu'il
donne sur la terre et particulièrement cette ivresse divine où l'homme trouve
l'oubli de ses misères et un pressentiment des jouissances perpétuelles des
Champs-Elyséens. La vie de l'outretombe apparaissait à beaucoup d'entre eux
sous la forme d'un banquet et d'une orgie sans fin.«[55]

ΣΙΝ ΜΟΙ ΡΟΔΟΙΣ, BCH 55 (1931), S. 58–69. Das von PERDRIZET und COLLART gesammelte
Material kann man heute um die eine oder andere Inschrift vermehren (vgl. im Band II im Register s.v. Rosalien).

[53] REINHOLD MERKELBACH: Die Hirten des Dionysos. Die Dionysos-Mysterien der römischen Kaiserzeit und der bukolische Roman des Longus, Stuttgart 1988, S. 15.

[54] So auch eine Überschrift in dem in der vorigen Anm. zitierten Buch von MERKELBACH
(S. 123).

[55] ADRIEN BRUHL: Liber Pater. Origine et expansion du culte dionysiaque à Rome et dans le

Die Vorstellungen der Dionysosanhänger in bezug auf das Jenseits haben aber auch eine ganz andere Seite. Es ist bemerkenswert, daß Kelsos gerade hier eine Parallele zum christlichen Glauben sieht, und nicht im Hinblick auf das Paradies:»… the belief in the punishments and horrors of the Underworld were integral elements of the Bacchic mysteries«, und sie sind es, die Kelsos als Vergleich zu den christlichen Vorstellungen heranzieht:»In his polemic against the Christians Celsus compared them to those who introduced the apparitions and horrors in the Bacchic mysteries.«[56]

Schon einem antiken Beobachter drängt sich also der Vergleich zwischen Christen und Dionysosanhängern geradezu auf. Freilich darf man deswegen die Unterschiede nicht übersehen:»The adherents of the Bacchic mysteries did not believe that they would rise up from the dead; they believed that they would lead a life of eternal bliss and joy in the Other World. This life is graphically described in a remarkable Latin inscription from Philippi.«[57] Es handelt sich dabei um die Inschrift 439/L078 aus Doxato. Diese beschreibt in ihrem zweiten Teil das Leben *in Elysiis*.[58]

> »Du[59]… lebst, in Ruhe verklärt,
> Auf der Elysischen Au.
> So war es der Ratschluß der Götter,
> Daß fortlebe in ewiger Form,
> Der so hohes Verdienst sich erwarb
> Um die himmlische Gottheit:
> Gnaden, die dir verhieß
> In dem keuschen Lauf dieses Lebens
> Die Einfalt,
> Die einst der Gott dir befahl.

---

monde romain, BEFAR 175, Paris 1953, S. 313. BRUHL stellt fest, daß die Dionysosanhänger sich ihr Paradies »sous une forme très matérielle« vorstellen:»Ils pensaient se joindre à la bande joyeuse des compagnons de Bacchus et participer à des fêtes et des danses perpétuelles et boire du vin jusqu'à l'ivresse« (ebd.). In diesem Zusammenhang aufschlußreich ist eine Inschrift auf einem Grabstein der Villa Albani (SALOMON REINACH: Répertoire de reliefs grecs et romains, Tome troisième: Italie-Suisse, Paris 1912, S. 154,2): *Marcio semper ebria,* die BRUHL allzu vorsichtig interpretiert:»Certains ont voulu y voir une allusion à la perpétuelle ivresse dans le paradis bachique. C'est une hypothèse séduisante mais difficile à vérifier« (S. 313, Anm. 16).

[56] MARTIN P. NILSSON: The Dionysiac Mysteries of the Hellenistic and Roman Age, Lund 1957, S. 122. Die Stelle aus Kelsos (IV 10) ist diesem Abschnitt als Motto vorangestellt (o. S. 100).

[57] NILSSON, aaO., S. 130.

[58] Es handelt sich um eine Grabinschrift. Dies ist kein Zufall, vgl. die Beobachtung PERDRIZETS:»Presque toutes les inscriptions de la région pangéenne qui ont trait au culte de Dionysos proviennent de tombeaux; et les confréries dionysiaques qui s'y trouvent mentionnées semblent avoir été surtout des collèges funéraires.« (PERDRIZET, aaO. (Anm. 28), S. 95).

[59] Angesprochen ist der verstorbene Junge.

> Ob dich nun des Bromius
> Heilige Mystenschar
> Zu sich ruft in den Kreis der Satyre
> Auf blumiger Au,
> Oder mit ihrem Korb die Naiaden
> Zu sich winken in ähnlicher Art,
> Um im Glanze der Fackeln
> Den frohen Festzug zu führen:
> Sei doch Knabe, was immer,
> Wozu dich dein Alter bestimmt hat,
> Wenn du nur, wie du's verdienst,
> Im Gefilde der Seligen wohnst.«[60]

Gleich die erste zitierte Zeile spricht den entscheidenden Sachverhalt an: Der Verstorbene *lebt* im Elysium, »in ewiger Form«. Der mehrfach erwähnte Gott ist Bromios, d.h. Dionysos bzw. *Liber Pater*. Und in die Schar der Satyre auf blumiger Au reiht sich der verstorbene Knabe im Jenseits ein, es sei denn, die Naiaden sind schneller und gewinnen ihn für ihren Festzug. In jedem Fall gilt: Der Verstorbene wohnt im Gefilde der Seligen. Für die Beschreibung dieses seligen Zustandes kommt unserer Inschrift 439/L078 zentrale Bedeutung zu. Die Angst vor dem Tod ist dem Anhänger des Dionysos genommen: »The Bacchic mysteries owed their popularity in the Roman age to the answer they gave to this deep-seated anxiety. They calmed the fears and smoothed over the anxiety, they promised the bliss of an eternal banquet. They were convenient for easy-going people who wanted to be freed from qualms.«[61]

---

[60] Wie wir uns bei unserem Besuch in der Kirche Ἅγιος Ἀθανάσιος am 31. August 1992 in Doxato überzeugen konnten, existiert die Inschrift 439/L078 noch heute; doch befindet sie sich in einem desolaten Zustand, da sie als Türschwelle benutzt wird! Die Herstellung eines lesbaren Textes stellt vor enorme Schwierigkeiten, die an dieser Stelle nicht diskutiert werden können. Die BÜCHELERsche Rezension dieses interessanten Textes hat viel für sich. FRANZ JOSEPH DÖL-GER, der diese BÜCHELERsche Rezension als Grundlage verwendet, hat einem Spezialproblem unserer Inschrift einen eigenen Aufsatz gewidmet (FRANZ JOSEPH DÖLGER: Zur Frage der religiösen Tätowierung im thrakischen Dionysoskult. »*Bromio signatae mystides*« in einer Grabinschrift des dritten Jahrhunderts n. Chr., Antike und Christentum 2 (1930), S. 107–116). Diesem Aufsatz (S. 108) ist die obige Übersetzung entnommen. Eine eingehende Diskussion der textkritischen und inhaltlichen Probleme dieser Inschrift muß ich mir für einen späteren Zeitpunkt vorbehalten.

[61] NILSSON, aaO., S. 131.

3. Silvanus

a) Das Material

Für die Darstellung[62] der Silvanus-Verehrung stehen an primären Quellen insgesamt fünf Inschriften zur Verfügung; dies ist sehr viel, wenn man bedenkt, daß darunter zwei recht umfangreiche Texte sind. Am wenigsten ergiebig ist 148/L682, eine Inschrift, die im Theater von Philippi gefunden wurde.[63] Umfangreicher ist die Liste der *cultores Silbani* zur Zeit des Priesters *Macius Bictor* (166/L004). Die Mitgliederliste 165/L003 ist noch etwas umfangreicher und bietet die wichtige Information, daß das *collegium Silvani* in *decuriae* gegliedert war (die letzte auf dieser Inschrift genannte *decuria* trägt die Nummer VII). Überaus aufschlußreich ist schließlich die Liste von Spendern 164/L001 und die Mitgliederliste der Silvanusverehrer 163/L002, die die Namen von neunundsechzig Mitgliedern enthält.

b) Der Kult des Silvanus

Die Feststellung, daß der Kult des Silvanus eine spezifisch römische Angelegenheit ist, erscheint selbstverständlich. Trotzdem ist es einigermaßen überraschend, wenn man auf einer einschlägigen Karte konstatiert, daß es im gesamten griechisch-makedonischen Bereich keine andere Kultstätte als die in Philippi gibt.[64] Erst sehr viel weiter im Norden finden sich einige Zentren in Moesien und Dakien; zahlreiche Kultstätten weisen Dalmatien und Pannonien auf.[65] Weitere Zentren der Verehrung des Silvanus sind Italien, Gallien und Britannien. »If the sheer number and geographic dispersion of inscriptions and other archaeological remains are indicators of relative importance, Silvanus emerges as one of the most venerated deities in the Roman Empire.«[66] Aber im griechisch-makedonischen Bereich hat Silvanus nur in Philippi Anhänger gefunden.

Beachtung verdient die Tatsache, daß es sich beim Kult des Silvanus nicht um einen staatlichen Kult handelt: Silvanus »qualifies as popular, because his

---

[62] Der erste, der sich damit ausführlich befaßt hat, ist J. Festugière. Seine angekündigte Abhandlung (vgl. CRAI 1923, S. 276: »Les sources du mémoire du 1re année de M. Festugière sur le «*Collegium Silvani*» de Philippes sont épigraphiques et archéologiques«) ist nicht erschienen: »Mémoire resté inédit« (Collart, S. 402, Anm. 2). Eine beachtenswerte Darstellung des Silvanus-Kultes in Philippi bietet Collart selbst auf S. 402–408.

[63] Es handelt sich um ein nur aus dem Wort *Silvanus* bestehendes Fragment.

[64] Peter F. Dorcey: The Cult of Silvanus. A Study in Roman Folk Religion, CSCT 20, Leiden/New York/Köln 1992; hier Map 5: »Silvanus Cult Sites in the Eastern Provinces«. Im gesamten Osten gibt es dieser Karte zufolge nur vier weitere Kultstätten (Lesbos, Pergamon, Augustopolis in Phrygien und Arulis in der Kommagene).

[65] Dorcey, aaO., Map 6: »Silvanus Cult Sites in Dalmatia and the Danubian Provinces«.

[66] Dorcey, aaO., S. 1.

cult was restricted to the private domain, remained unconnected with political and civic life, and continued to be of little concern to elite society. Senators and equestrians were not very interested in him and failed to include him in the state calender. The lettered aristocracy rarely mentioned the god in their writings ... .«[67]

Diese Beobachtungen bestätigt auch der Befund in Philippi: Im Zentrum der Stadt, im Bereich des Forums, wurde keinerlei Indiz für den Kult des Silvanus gefunden. Dessen Verehrer mußten sich vielmehr im Bereich der ehemaligen Steinbrüche im Norden des Forums mehr schlecht als recht einrichten. Ein einziger Blick auf die Mitgliederliste 163/L002 lehrt, daß die städtische Elite von Philippi unter diesen Anhängern nicht vertreten ist. Hier findet sich kein *decurio* und erst recht kein *duumvir iure dicundo*. Trotz der stattlichen Mitgliederzahlen geht es hier mehr als bescheiden zu.

c) Die Mitglieder des Kultes

Durchmustert man das einschlägige Material aus Philippi, so fällt auf, daß unter den Namen der Silvanusverehrer sich nicht ein einziger thrakischer findet. Bei der doch recht großen Zahl von insgesamt mehr als 100 Namen ist dies ein signifikanter Befund: Der Kult des Silvanus war und blieb eine vornehmlich römische Angelegenheit.

Daran ändert die geringe Zahl von griechischen Namen wie Philadelphus, Chresimus, Phoebus u.ä. nichts, da diese fast ausnahmslos[68] als *cognomina* verwendet werden (wie im Falle des *Publius Hostilius Philadelphus*) und so – falls wirklich griechische Herkunft der betreffenden Personen anzunehmen ist – einen weit fortgeschrittenen Grad von Romanisierung bzw. Latinisierung anzeigen. Es ist schließlich gewiß kein Zufall, daß alle fünf erhaltenen Silvanus-Inschriften in lateinischer Sprache abgefaßt sind.

Interessant ist sodann die Beobachtung, daß die Mitglieder der Silvanusgemeinschaft sich aus Sklaven, Freigelassenen und Freien zusammensetzt.

Folgende Sklaven werden in der Mitgliederliste 163/L002 genannt:
Hermeros Metrodori (Z. 6),
Orinus coloniae (Z. 10),
Crescens Abelli (Z. 12),
Tharsa coloniae (Z. 30),
Phoebus coloniae (Z. 31),

---

[67] DORCEY, aaO., S. 3. Vgl. DORCEYs Appendix I: Literary References to Silvanus (S. 153), der keine 40 Testimonien aufweist!

[68] Die Ausnahmen sind: *Hermeros Metrodori* (163/L002, Z. 6); *Orinus coloniae* (163/L002, Z. 10); *Tharsa coloniae* (163/L002, Z. 30); *Phoebus coloniae* (163/L002, Z. 31); *Chrysio Pacci* (163/L002, Z. 48) und *Phoibus coloniae* (163/L002, Z. 55). In diesen sechs Fällen handelt es sich ausnahmslos um Sklaven, wie der (in den meisten Fällen) beigefügte Genitiv *coloniae* zeigt; *Hermeros* ist nicht Gemeindesklave, sondern Sklave eines *Metrodorus; Chrysio* ist der Sklave eines *Paccus*.

Chrysio Pacci (Z. 48),
Phoibus coloniae (Z. 55).
Als Freigelassene sind ausdrücklich gekennzeichnet:
Publius Hostilius Philadelphus (164/L001, Z.1.22; 163/L002, Z. 1 [hier: *Publi libertus*] und Z. 16),
Caius Paccius Mercuriales (163/L002, Z. 50, vgl. auch 164/L001, Z. 16).

Man darf annehmen, daß unter den übrigen Personen sich weitere zahlreiche Freigelassene finden, die es jedoch vorziehen, diesen ihren Status nicht ausdrücklich kenntlich zu machen.[69]
Im Fall des *Caius Paccius Mercuriales* ist die ganze Familie (außer den Frauen) an dem Silvanuskult beteiligt: Neben dem *pater familias* begegnen die Söhne, die sich ebenso finanziell engagieren (164/L001, Z. 16), wie der Freigelassene (ebd.), der auch selbst in der Mitgliederliste aufgeführt wird (163/L002, Z. 50); ein Sklave vielleicht eben dieses *pater familias* ist ebenfalls in der Liste namentlich aufgeführt (163/L002, Z. 48).[70]
Dies ist kein Einzelfall: Auch bei dem Sklaven *Crescens Abelli* (163/L002, Z. 12) läßt sich wahrscheinlich machen, daß er zur Familie eines der drei Abellii gehörte, die in eben dieser Liste der *cultores* des Silvanus aufgeführt sind.[71]

d) Die Organisation des Kultes

In den einschlägigen Inschriften in Philippi tauchen neben den Namen der *cultores* auch verschiedene Funktionsbezeichnungen auf. Die häufigste von diesen ist *sacerdos*. Als Priester werden genannt:

Marcus Alfenus Aspasius (164/L001, Z. 18 und 163/L002, Z. 51),
Lucius Volattius Urbanus (163/L002, Z. 3 und 4),
Macius Bictor (sic; 166/L004, Z. 1).

Obwohl auf der Inschrift 163/L002 zwei verschiedene Priester genannt sind, hat es doch, wie Collart gezeigt hat, stets nur jeweils einen Priester des Silvanus gegeben: »La troisième colonne de l'*album* [163/L002] est, en effet, mani-

---

[69] Ein einschlägiges Beispiel ist *Caius Decimius Germanus* (163/L002, Z. 43); er ist vermutlich ein Freigelassener eines Mitgliedes der Familie der *Decimii*, die durch eine Reihe von Inschriften vom W-Brunnen in Philippi bezeugt ist (das *nomen gentile Decimius* begegnet in Philippi sonst nicht): Vielleicht ist unser *Germanus* sogar ein Freigelassener des *Caius Decimius Maximus*, dem zu Ehren die Inschrift 215/L350 aufgestellt wurde.
[70] Zu den Beziehungen zwischen den verschiedenen *Paccii* in den Silvanusinschriften vgl. den Kommentar zu 163/L002, Z. 48.
Frauen spielen in der Regel im Kult des Silvanus keine Rolle. Doch vgl. PETER F. DORCEY: The Role of Women in the Cult of Silvanus, Numen 36 (1989), S. 143–155; in Philippi hingegen ist keine Frau als Silvanusanhängerin bezeugt; da die verschiedenen Listen mehr als 100 Namen enthalten, darf man sie mindestens in dieser Beziehung als repräsentativ ansehen.
[71] Vgl. den Kommentar zu 163/L002, Z. 12.

festement d'une autre main que les deux premières: la gravure en est différente, les lettres plus hautes, les interlignes plus réduits, et l'on est dès l'abord conduit à penser qu'on a rajouté là après coup, dans un espace ménagé tout exprès, les noms de nouveaux fidèles; en tête figurait le nouveau prêtre, qui seul d'entre eux avait participé à la souscription [164/L001].«[72] D.h. 163/L002 zerfällt in zwei verschiedene Listen A und B. Priester zur Zeit der Liste A (=163/L002, Z. 1–50) ist der oben in Z. 3 und Z. 4 genannte *Lucius Volattius Urbanus*. Priester zur Zeit der Liste B (=163/L002, Z. 51ff.) ist derselbe *Marcus Alfenus Aspasius,* der auch in 164/L001, Z. 18 genannt wird. Daß B ersichtlich später ist als A, ergibt sich nach Collart daraus, daß 163/L002 später ist als A (und ungefähr gleichzeitig mit B). Da aber sowohl in A als auch in 163/L002 *Publius Hostilius Philadelphus* als der Errichter der Inschrift genannt ist, darf man die Inschriften nicht zu weit auseinanderrücken. Da der Platz für neue Namen auf 164/L001 damit endgültig erschöpft war, wurde später 165/L003 hinzugefügt. Wesentlich später ist dagegen 166/L004, wie man an der Verwendung von b für v *(Bictore!)* sieht[73]: »Alors que les trois premières inscriptions ont été probablement gravées dans le courant du IIe siècle de notre ère, celle-ci peut être sans difficulté datée du IIIe.«[74]

Neben dem *sacerdos* gab es im *collegium* der Silvanusverehrer noch einen zweiten Funktionär mit dem Titel *aedilis.*[75] Im Gegensatz zu den Priestern scheint dieser sein Amt über einen längeren Zeitraum ausgeübt zu haben; denn während in den vier Inschriften immerhin drei verschiedene Priester vorkommen, wird doch außer *Publius Hostilius Philadelphus* kein weiterer *aedilis* genannt.

Die Ädilität war offenbar eine Ehre: *ob honorem aedilitatis* (164/L001, Z. 2) läßt *Philadelphus* die Inschrift setzen. Auch sonst tritt er vor allem durch finanzielle Zuwendungen an das *collegium* hervor: Neben den Kosten für die Inschriften 163/L002 und 164/L001 hat er auch noch eine Art Treppe zum Heiligtum des Silvanus auf seine Kosten anlegen lassen (164/L001, Z. 22f.). Möglicherweise ist seine Aufgabe die eines »Kassenwarts«. Wie sich aus der großen Mitgliederzahl und dem Vereinszweck (Sterbeverein!, vgl. 164/L001, Z. 18–21) schließen läßt, handelt es sich dabei um eine verantwortungsvolle Aufgabe, da beträchtliche Geldsummen angelegt und verwaltet werden mußten.

---

[72] COLLART, S. 404f.

[73] Vgl. dazu COLLART, S. 405, Anm. 2.

[74] COLLART, S. 405.

[75] Im Thesaurus Linguae Latinae ist unsere Inschrift 164/L001 falsch eingeordnet (Art. *aedilitas,* ThLL I, Sp. 933) unter der Rubrik II de *magistratu municipali* (Sp. 933, Z. 64ff.; hier Z. 74f.); denn städtischer *aedilis* ist unser *Publius Hostilius Philadelphus* ja gerade nicht: Ein städtischer *aedilis* trägt andere Namen, entstammt einer anderen Schicht und hat ganz andere finanzielle Möglichkeiten als *Publius Hostilius Philadelphus,* wie das Beispiel des *Lucius Decimius Bassus* zeigt (vgl. dazu unten Anm. 81).

Am Rande sei bemerkt, daß die Funktion eines *aedilis* für den Kult des Silvanus in Philippi spezifisch zu sein scheint: Weder erwähnt Dorcey in seiner Monographie über den Silvanuskult eine Funktion dieses Namens, noch konnte ich eine andere Silvanusinschrift ausfindig machen, in der ein solcher Funktionär vorkäme.[76] Dies erschwert natürlich die präzise Beschreibung der Aufgaben des *aedilis Publius Hostilius Philadelphus*.

Die *cultores* des Silvanus in Philippi, die sich als *sodales* verstanden, waren als *collegium* organisiert.[77] Dieses *collegium* wiederum war in einzelne *decuriae* untergliedert, wie aus der Inschrift 165/L003 erhellt. Da hier eine *decuria VII* erwähnt wird, ist mit mehr als 70 Mitgliedern für diese Zeit zu rechnen (zum Vergleich: Die Liste des *Publius Hostilius Philadelphus* 163/L002 umfaßt 69 Namen).[78] Eine Untergliederung von *collegia* in *decuriae* ist nicht selten; inwiefern dies auch für *collegia* von Silvanusverehrern zutrifft, ist allerdings fraglich.[79]

Ergebnis

»Most of Silvanus' devotees were humble folk, including slaves, freedmen and free«[80] – das kann man für Philippi uneingeschränkt gelten lassen. Hier ist der Kult des Silvanus eine rein männliche Domäne, an der sich nicht selten ganze Familien (ohne die Frauen), vom *pater familias* über die Söhne und Freigelassenen bis hin zu den Sklaven, beteiligen. Dabei bleiben die »Römer« weitgehend unter sich, Thraker fehlen völlig. Standesunterschiede scheinen keine

---

[76] Vgl. PETER F. DORCEY, aaO. (Anm. 64), Index, S. 187, wo zwar auf *aediles* auf S. 107 und S. 116 verwiesen wird; an beiden Stellen ist jedoch nicht von Funktionären im Kult des Silvanus die Rede. ROBERT E.A. PALMER: Silvanus, Sylvester, and the Chair of St. Peter, PAPS 122 (1978), S. 222–247 druckt in einem Appendix (S. 232–247) die stadtrömischen Silvanus-Inschriften ab; hier findet sich nicht ein einziger Funktionär, der *aedilis* genannt wird. Im Artikel *aedilis* des ThLL (Band I, Sp. 928–933) existieren zwar zwei einschlägige Rubriken, nämlich III *honorati vel magistrati collegiorum privatorum* (Sp. 932, Z. 74ff.) bzw. IV *aediles sacrorum* (Sp. 932, Z. 81), aber ein *aedilis* im Silvanuskult begegnet weder hier noch dort.

[77] Diese Organisationsform wird in 166/L004 vielleicht sogar *expressis verbis* genannt: *cultores [colleg]i Silbani* (Z. 1; diese Ergänzung ist jedoch nicht unumstritten, vgl. den textkritischen Apparat zur Stelle). Der Begriff *cultores* begegnet außer an dieser Stelle auch in 163/L002, Z. 3: *nomina cultor(um)*. Von *sodales* schließlich ist in 164/L001, Z. 3 die Rede.

[78] Es ist bei dergleichen Rechnungen natürlich Vorsicht geboten: Die *decuria VI* auf der Inschrift 165/L003 umfaßt 9, nicht 10 Personen (anders COLLART, S. 403f.: »il faut noter, dans la dernière [d.h. 165/L003], les mentions *D. VI* et *D. VII*, séparées par une énumération de dix noms.«). Vgl. auch ThLL V 1, Sp. 223, Z. 2f. (zur Erklärung von *decuria*): »numerus decem hominum, sed postea in usum venit, ut multorum hominum diceretur.«

[79] DORCEY geht auf diese Frage leider nicht ein. Das Stichwort *decuria* fehlt auch in seinem Register (Index, S. 188). Auf S. 85 diskutiert er allerdings eine Inschrift (AÉ 1929, 161; vgl. S. 85, Anm. 5) – es handelt sich um eine *Lex familiae Silvan(i)* –, in der *decuria* begegnet; nach einem Kommentar zu diesem Begriff sucht man allerdings bei DORCEY vergeblich.

[80] DORCEY, aaO., S. 3.

Rolle zu spielen, wie gerade die beachtliche Zahl von Sklaven beweist. Die eher bescheidenen Verhältnisse, aus denen die Mitglieder stammen, ergeben sich im übrigen schon aus dem Vereinszweck der Sterbeversicherung.[81]

---

[81] COLLART macht in diesem Zusammenhang auf die in 164/L001 genannten Beträge aufmerksam: »Les sommes consacrées par P. Hostilius Philadelphus à l'aplanissement du rocher et à la gravure des inscriptions ne sont pas indiquées. Mais les contributions suivantes nous sont connues: deux fois 50 deniers pour la construction du temple; 400 tuiles pour la couverture; 250 deniers pour le blocage devant le temple … . Même à supposer qu'elles ne furent pas les seules, on voit d'emblée qu'il s'agit là d'un petit édifice. Nous avons justement, à Philippes même, un point de comparaison, pour une époque très peu postérieure: L. Decimius Bassus, édile de la colonie, avait légué par testament 30.000 sesterces (= 7.500 deniers) pour que soit érigé, sur le forum, un monument honorifique à sa famille [213/L347]« (COLLART, S. 408, Anm. 2).

Zweites Kapitel

Paulus

Einleitung

Der Verfasser des Κήρυγμα Πέτρου nimmt für die Christen in Anspruch, daß sie eine neue Weise der Gottesverehrung hätten, die sich von dem bisher Dagewesenen in grundsätzlicher Weise unterscheide.[1] Bisher gab es nach des Verfassers Ansicht die Gottesverehrung κατὰ τοὺς Ἕλληνας auf der einen und die Gottesverehrung κατὰ Ἰουδαίους auf der anderen Seite. Im Hinblick auf diese beiden alten Weisen der Gottesverehrung formuliert der Verfasser prägnant: ὑμεῖς δὲ οἱ καινῶς αὐτὸν [sc. τὸν θεόν] τρίτῳ γένει σεβόμενοι Χριστιανοί.[2]

Diese Unterscheidung *dreier Glaubensweisen* ist nicht nur bei der Beschreibung und Darstellung der Situation der Kirche zu Beginn des zweiten Jahrhunderts von Interesse, sondern sie erweist sich auch als heuristischer Schlüssel für eine neue Interpretation des Briefs des Paulus an die Philipper.

Ich spreche hier und im folgenden von *dem Brief* des Paulus an die Philipper, ohne mit dieser Formulierung eine Entscheidung der strittigen Frage nach der Einheitlichkeit des Briefes präjudizieren zu wollen.[3] Im Rahmen der vorliegenden Arbeit besteht keine Veranlassung, dieses Problem zu diskutieren, da ich versuche, das Schreiben des Paulus auf dem Hintergrund der Lebensbedingungen und der weltanschaulichen und religiösen Vorstellungen der Menschen in Philippi im ersten Jahrhundert zu interpretieren. Dieser Hintergrund hat sich aber in der kurzen Zeitspanne, die für die Abfassung der verschiedenen aus dem Philipperbrief zu rekonstruierenden Teilbriefe anzunehmen wäre, nicht grundsätzlich verändert. Verändert hat sich möglicherweise die konkrete Situation in der Gemeinde (etwa durch das Eindringen von fremden Missionaren), nicht aber der Rahmen, in dem diese Gemeinde in der *Colonia Iulia Augusta Philippensis* lebt.

---

[1] Vgl. PETER PILHOFER: PRESBYTERON KREITTON. Der Altersbeweis der jüdischen und christlichen Apologeten und seine Vorgeschichte, WUNT 2/39, Tübingen 1990, S. 227–231.

[2] Ich zitiere das Κήρυγμα Πέτρου nach der Ausgabe von ERWIN PREUSCHEN: Antilegomena. Die Reste der außerkanonischen Evangelien und urchristlichen Überlieferungen, Gießen ²1905; hier F 3a (= S. 89, Z. 12f.); F 3b.4 (= S. 90, Z. 2.7f.) und F 5 (= S. 90, Z. 20).

[3] Gegen die im Kommentar von SCHENK vertretene Teilungshypothese hat sich beispielsweise VERONICA KOPERSKI: Textlinguistics and the Integrity of Philippians: A Critique of Wolfgang Schenk's Arguments for a Compilation Hypothesis, EThL 68 (1992), S. 331–367 ausgesprochen. Der zuletzt erschienene Kommentar von MÜLLER plädiert wieder für Einheitlichkeit (mit Diktierpause).

Die *zweite Glaubensweise,* diejenige κατὰ Ἰουδαίους, ist bei der Interpretation des Philipperbriefs wie des Neuen Testaments überhaupt aus naheliegenden Gründen schon von jeher in eingehender Weise berücksichtigt worden. Gerade der Philipperbrief bietet dazu auch alle Veranlassung, wenn Paulus im dritten Kapitel *expressis verbis* auf seine jüdische Vergangenheit zu sprechen kommt. Paulus selbst ist es und der Einfluß von möglicherweise zu postulierenden jüdischen, judenchristlichen oder judaisierenden Eindringlingen von außen, der die Beachtung der zweiten Glaubensweise bei der Interpretation des Philipperbriefs notwendig macht, nicht aber die Gemeinde in Philippi als solche. Wie im Ersten Kapitel gezeigt wurde, gab es in Philippi eine Fülle von Kulten, aber das Judentum spielte für den uns hier interessierenden Zeitraum allenfalls eine unbedeutende Rolle.[4]

Aus der Perspektive der *Colonia Iulia Augusta Philippensis* und der Menschen, die in ihr lebten, war die *erste Glaubensweise* die ungleich wichtigere. Diese erste Glaubensweise kann man im Hinblick auf Philippi freilich nicht einfach als diejenige κατὰ τοὺς Ἕλληνας bezeichnen, wie aus der Darstellung des Ersten Kapitels eindeutig hervorgeht. Sehr treffend hat man diese Stadt als »foyer de culture latine en Macédoine«[5] bezeichnet: Philippi war im ersten Jahrhundert eine römische Stadt, in der offiziell die römische Religion dominierte. Und insofern eine Glaubensweise nicht nur aus jüdischer und christlicher Sicht immer auch eine Lebensweise bedingt, kann man in bezug auf die *Colonia Iulia Augusta Philippensis* mit Fug und Recht von der Weise κατὰ τοὺς Ῥωμαίους sprechen. Denn daran kann es ja nicht den geringsten Zweifel geben, daß für die Menschen in Philippi die römische Daseinsform der entscheidende Bezugspunkt war, an dem man sich ausrichtete. Die römische »Daseinsform«, damit soll hier beides, die Glaubensweise und die Lebensweise, gemeint sein. Sie hat das Leben aller Menschen in Philippi geprägt, nicht nur das der *cives Romani* und der andern lateinisch sprechenden Bewohner, sondern auch das der thrakischen und griechischen Bevölkerungsteile.[6]

---

[4] Zur unlängst in Philippi gefundenen griechischen Inschrift (noch unpubliziert), die eine Synagoge erwähnt, und zur jüdischen Gemeinde in Philippi überhaupt vgl. unten im Fünften Kapitel, § 1.

[5] PAUL COLLART: Monuments thraces de la région de Philippes, in: Serta Kazaroviana. Commentationes gratulatoriae Gabrielo Kazarov septuagenario oblatae A. D. XVII. Kal. Nov. MCMXLIV, Pars prima, Bulletin de l'institut archéologique bulgare 16, Serdicae 1950, S. 7–16; hier S. 7.

[6] Dies gilt für alle Bereiche des Lebens bis hin zu den religiösen Vorstellungen. So ist beispielsweise das römische Rosalienfest nicht nur von den römischen Bewohnern gefeiert worden, sondern auch Griechen und Thraker fanden daran Gefallen. Mit dem Kult des Dionysos etwa verbindet sich die Feier der Rosalien aufs beste: Der thrakische Sarkophag mit seiner lateinischen Inschrift 512/L102 aus Χαριτωμένη beispielsweise belegt eine Stiftung für die Anhänger des Dionysos (hier in der Form des *Liber Pater Tasibastenus* verehrt), aus deren Erträgen jährlich an den Rosalien ein Festmahl finanziert werden soll: Thrakische Anhänger des Dionysos feiern das lateinische Rosalienfest!

Obwohl dies keine neue Einsicht ist, hat man merkwürdigerweise fast noch nie versucht, diesen Sachverhalt für die Interpretation des Philipperbriefs nutzbar zu machen.[7] Dies ist um so verwunderlicher, als schon der Text des Philipperbriefs selbst dazu hätte veranlassen können. Das πολίτευμα der Christen in 3,20 etwa, von dem Paulus sagt, daß es ἐν οὐρανοῖς sei, ist es für die Empfänger in der *Colonia Iulia Augusta Philippensis* nicht zunächst und vor allem auf dem Hintergrund des stolzen *VOL* zu interpretieren, des *Voltinia tribu,* das fast jeder *civis Romanus* zu seinem Namen setzt, um damit sein πολίτευμα zu dokumentieren? Oder die Überschrift zur Paränese in 1,27: μόνον ἀξίως τοῦ εὐαγγελίου τοῦ Χριστοῦ πολιτεύεσθε; ist es denn ein Zufall, daß ausgerechnet hier im Philipperbrief statt des zu erwartenden περιπατεῖτε dieses πολιτεύεσθε verwendet wird? Oder hängt die Verwendung des Wortes nicht vielmehr damit zusammen, daß hier von einer Lebensweise die Rede ist, die jedenfalls in Philippi als ein Gegenentwurf zur römischen Daseinsform verstanden werden mußte? Lukas bringt das auf die schöne Formel: Hier werden ἔθη propagiert, von denen man nur sagen kann: οὐκ ἔξεστιν ἡμῖν παραδέχεσθαι οὐδὲ ποιεῖν Ῥωμαίοις οὖσιν (Apg 16,21) – für einen der römischen Lebensweise verpflichteten Menschen (Ῥωμαίοις οὖσιν) kommt so etwas nicht in Frage und kann es nicht in Frage kommen, weil es dem *mos maiorum* stracks zuwiderläuft. Ῥωμαῖος ὤν, also als ein *Romanus,* der stolz auf seine römische Identität ist, kann man nicht der Aufforderung des Paulus nachkommen: ἀξίως τοῦ εὐαγγελίου τοῦ Χριστοῦ πολιτεύεσθε; denn hier wird das εὐαγγέλιον τοῦ Χριστοῦ als eine Bezugsgröße eingeführt, die im römischen Koordinatensystem, dem *mos maiorum,* nicht nur nicht vorkommt, sondern die auch in dieses römische Koordinatensystem schlechterdings nicht integrierbar ist.

Paulus selbst gibt uns einen Hinweis darauf, daß er sehr genau wußte, was es mit dem »foyer de culture latine en Macédoine« auf sich hatte. Dies kann man schon an der Anrede erkennen, die er für die Philipper wählt: οἴδατε δὲ καὶ ὑμεῖς, Φιλιππήσιοι, ὅτι ἐν ἀρχῇ τοῦ εὐαγγελίου, ὅτε ἐξῆλθον ἀπὸ Μακεδονίας, οὐδεμία μοι ἐκκλησία ἐκοινώνησεν εἰς λόγον δόσεως καὶ λήμψεως εἰ μὴ ὑμεῖς μόνοι heißt es in Phil 4,15. Daß er die Philipper Φιλιππήσιοι nennt, ist überaus bemerkenswert, denn diese Bezeichnung ist nicht nur völlig ungebräuchlich, sie läßt sich in der gesamten griechischen Literatur vor Paulus nirgendwo nachweisen.

Der Bewohner der Stadt Philippi heißt vielmehr Φιλιππεύς, wie Stephanos von Byzanz zutreffend angibt. Unter dem Stichwort Φίλιπποι bietet er zum Abschluß die Notiz: ὁ πολίτης Φιλιππεύς.[8] Ein Durchgang durch die auf der

---

[7] Eine Ausnahme bildet das Buch von LILIAN PORTEFAIX: Sisters Rejoice. Paul's Letter to the Philippians and Luke-Acts as Seen by First-century Philippian Women, CB.NT 20, Uppsala 1988. Hier findet sich S. 135–153 ein ähnlicher Versuch, der allerdings, wie der Titel anzeigt, auf die Frauen in Philippi beschränkt ist.

[8] Stephanos von Byzanz: Ethnika, s.v. Φίλιπποι (Stephani Byzantii ethnicorum quae supersunt ex recensione Augusti Meinekii, Berlin 1849, Nachdr. Graz 1958, S. 666, Z.1–8; das Zi-

PHI-CD-ROM #6 gespeicherten griechischen Inschriften zeigt ohne weiteres, daß dies die gebräuchliche Form des Namens »Philipper« ist.[9] Dieser Befund ergibt sich auch, wenn man die Inschriften aus Philippi selbst daraufhin untersucht. Hier ist allerdings von vornherein keine allzu große Zahl von Belegen zu erwarten, da die große Mehrheit der Inschriften aus der uns hier interessierenden Zeit (d.h. dem ersten und zweiten Jahrhundert) eben lateinisch und nicht griechisch abgefaßt ist. Betrachtet man aber die einschlägigen griechischen Inschriften, so findet man keinen einzigen Beleg für die paulinische Form Φιλιππήσιοι.[10] Soweit in den Inschriften aus dieser Zeit von Philippern in griechischer Sprache die Rede ist, heißen sie – wie zu erwarten – Φιλιππεῖς.[11] Auch für die literarischen Texte ergibt sich das gleiche Bild: Die Form Φιλιππήσιοι begegnet überhaupt nicht; wo von Philippern die Rede ist, heißen sie selbstverständlich Φιλιππεῖς.[12]

Versucht man, diesen Befund zu interpretieren, so gelangt man zu der Feststellung, daß Paulus ganz bewußt die völlig ungriechische Form Φιλιππήσιοι gewählt haben muß, *falls er diese Form nicht sogar selbst geprägt hat.* Eine andere Erklärung ist nicht möglich. Das Richtige hat schon Ramsay gesehen: »He speaks of Φιλιππήσιοι, which is a *monstrum* in Greek, being merely the transcription of *Philippenses.*« Daraus gehe hervor, daß Paulus »regarded« Philippi »as a Latin town, and marks this by the name, which implies doubtless that the inhabitants were proud of their rank ..., and he respected courteously a justifiable feeling in his correspondents.«[13] Selbst wenn man nicht unbedingt mit den von Ramsay unterstellten psychologischen Gegebenheiten bei den Adressaten einerseits und bei Paulus andrerseits rechnen will, muß man mit Ramsay den Schluß ziehen, daß Paulus durch diese Anrede dem römischen Milieu Rechnung trägt.

---

tat Z. 7). Stephanos fügt hinzu, daß Polybios eine besondere Namensform, nämlich Φιλιππηνός, verwendet: ὁ πολίτης Φιλιππεύς, Φιλιππηνὸς δὲ παρὰ Πολυβίῳ (Z. 7–8). Dabei handelt es sich um ein Spezifikum des Polybios, denn kein anderer griechisch schreibender Autor verwendet diese Form Φιλιππηνός, wie eine Suche auf der CD-ROM #D des TLG ergibt. Auch epigraphische Belege für diese Namensform existieren offenbar nicht (Suche auf der PHI-CD-ROM #6 nach Φιλιππην-).

[9] Dagegen finden sich auf der zitierten CD-ROM ausschließlich *christliche* Belege für die von Paulus verwendete Form Φιλιππήσιοι; auf diese Belege (alle aus Philippi selbst) komme ich gleich noch im einzelnen zu sprechen.

[10] Dies gilt für die Jahrhunderte I–III (und selbstverständlich auch für die hellenistische Zeit, in der Φιλιππήσιοι ohnehin monströs wäre). Im vierten Jahrhundert nach Christus begegnet der erste (christliche) Beleg für Φιλιππήσιοι, dazu gleich.

[11] So auf einer unpublizierten Inschrift aus Λυδία, die ich hier leider nicht zitieren darf. Sodann auf der Inschrift 301/G414 aus der Basilika B (mit einem aparten orthographischen Fehler: Φιλλιππέων). Schließlich – von LEMERLE ergänzt – auf einer weiteren Inschrift aus der Basilika B: 273/G413.

[12] Auf der TLG-CD-ROM #C existiert kein einziger vorchristlicher Beleg für die Form Φιλιππήσιοι.

[13] W.M. RAMSAY: The Philippians and Their Magistrates, JThS 1 (1900), S. 114–116; hier S. 116.

Ob die Adressaten des Paulus darauf stolz waren, als Φιλιππήσιοι angesprochen zu werden, mag dahingestellt bleiben. Fest steht jedenfalls, daß ihre christlichen Nachfahren den von Paulus inaugurierten Sprachgebrauch aufnahmen und diese Formulierung als offenbar durch die christliche Tradition geheiligte treu bewahrten: In allen christlichen Inschriften aus Philippi, in denen der Name »Philipper« auftaucht, findet er sich ausschließlich in der paulinischen Form Φιλιππήσιοι.[14] Dies ist gewiß kein Zufall; vielmehr haben wir es hier mit einer Wirkung der Entscheidung des Paulus zu tun, die Philipper dezidiert als Φιλιππήσιοι anzusprechen. Dieser paulinische Sprachgebrauch wurde zum allgemein kirchlichen, wie aus der Subscriptio des Briefes

ΠΡΟΣ ΦΙΛΙΠΠΗΣΙΟΥΣ

deutlich wird. So ist es kein Wunder, wenn dieser Sprachgebrauch sich auch und gerade in Philippi selbst durchgesetzt hat.

Es ist also nicht so, als ob die Interpretation des Philipperbriefs auf dem Hintergrund der konkreten Gegebenheiten in Philippi im ersten Jahrhundert nur aufgrund *allgemeiner Erwägungen* sinnvoll erschiene; vielmehr bieten darüber hinaus einige *Beobachtungen am Text des Briefes selbst* Veranlassung, diesen konkreten Hintergrund stärker als bisher üblich für die Interpretation des Briefes nutzbar zu machen.

Ich werde im folgenden einige unter diesen lokalgeschichtlichen Aspekten besonders lohnende Passagen des Philipperbriefs herausgreifen. Im Rahmen der vorliegenden Untersuchung ist es nicht möglich, alle in Frage kommenden Stellen des Briefes zu interpretieren. Das wäre gewiß eine lohnende Aufgabe, doch könnte es nur im Rahmen eines Kommentars zum Philipperbrief geschehen.

§ 1 Paulus in Philippi

Der Reisende, der sich aus dem Osten kommend Philippi näherte, kam in eine andere Welt. Ganz gleich, ob er auf dem Landweg kam oder (wie Paulus) mit dem Schiff in Neapolis anlegte, er gelangte aus der griechischen Welt in die römisch-lateinische. Waren die Milliarien der *Via Egnatia* zwischen Neapolis und Philippi noch zweisprachig – erst lateinisch, dann aber auch griechisch, wie z. B. das Milliarium VI Meilen vor Philippi[1] –, so dominierte auf den letz-

---

[14] Der früheste Beleg (aus dem vierten Jahrhundert) ist 101/G544 aus der Basilika extra muros, wo es heißt: ... τῆς καθολικῆς καὶ ἀποστολικῆς ἁγίας ἐκκλησίας Φιλιππησίων. Vgl. weiter 100/G543 und 103/G546 aus der Basilika extra muros (beide aus dem vierten bzw. fünften Jahrhundert) und 591/G556 aus Ροδόλιβος (vom Herausgeber ergänzt). Schließlich kann man noch 528/G559 anführen, wo sich diese Namensform in der Schreibweise Φιλιππισίων findet.

Der epigraphische Befund ist somit eindeutig: Die christlichen Inschriften weisen ausschließlich die Form Φιλιππήσιοι auf, die in den vorchristlichen Inschriften nirgends nachweisbar ist; umgekehrt findet man in den nicht- bzw. vorchristlichen Inschriften aus Philippi ausschließlich die Form Φιλιππεῖς, die wiederum in keiner christlichen Inschrift begegnet.

[1] 034/LG630; es handelt sich um das Milliarium des *Cnaeus Egnatius Cai filius proconsul,* auf welchem der Text zuerst auf Lateinisch, dann auf Griechisch eingemeißelt ist. Auf der Rückseite ist die Entfernungsangabe *VII* in *VI* korrigiert (vgl. dazu den Kommentar).

ten Kilometern vor der Stadt schon eindeutig die lateinische Sprache. Am Rande des Sumpfes, der sich zum Pangaiongebirge hin erstreckte, passierte der Wanderer die eine oder andere Kuriosität – so eine lateinische Inschrift einer thrakischen Familie in griechischen Buchstaben (048/L304) –, aber ansonsten galt es, sich dem lateinischen Idiom anzubequemen, wollte man die zahlreichen Grabinschriften verstehen, die den Weg säumten. Ganz selten nur noch grüßte den Passanten ein χαῖρε, παροδῖτα[2]. Zwei Kilometer vor dem Neapolistor erreichte man den monumentalen Stein des *Caius Vibius,* der noch heute unübersehbar aus den Feldern aufragt (058/L047). In der Stadt angekommen findet sich der antike Besucher vollends umgeben von lateinischen Inschriften: Das von der École française in Athen ausgegrabene Forum von Philippi – in der erhaltenen Form aus der Zeit des Antoninus Pius – ist nicht nur eine römische Anlage, sondern weist im zweiten Jahrhundert ausschließlich lateinische Inschriften auf.[3] Das gilt natürlich erst recht für das Forum, das Paulus in seiner ursprünglichen Form im ersten Jahrhundert erlebte; aus dieser Phase haben sich einige Inschriften erhalten: Sie sind, wie nicht anders zu erwarten, ausschließlich lateinisch.

In keiner Stadt im Osten des *Imperium Romanum,* auch in keiner Kolonie, dominiert das Lateinische das Bild auch nur in einem annähernd vergleichbaren Ausmaß. Dies gilt ebenso für die Kolonien in *Macedonia* und *Achaia,* also für Cassandria, Dion, Pella, Korinth; überall haben wir hier neben lateinischen auch zahlreiche griechische Inschriften. In Philippi dagegen muß man (jedenfalls in der Stadt selbst) im ersten und im zweiten Jahrhundert sehr intensiv nach einer solchen suchen.

Der Besucher, der wie Paulus die Stadt vom Neapolistor kommend entlang der sogenannten *Via Egnatia* durchwandert, stößt im Bereich des Forums zunächst auf den östlichen Tempel. Die Bauinschrift im Giebel des Tempels ist selbstverständlich lateinisch (2. Jahrhundert) und die des Vorgängerbaus war es mit Sicherheit auch. Im Tempel selbst findet sich eine (noch unpublizierte) lateinische Inschrift aus der Zeit des Claudius[4]. Wer aus dem Tempel heraustritt, kann sich entweder nach links wenden, zur Bibliothek, wo die Bauinschrift wiederum lateinisch ist, oder nach rechts, zum östlichen Brunnen, wo man die Ehreninschrift für die Priesterinnen der Augusta aus dem ersten Jahrhundert (226/L344) studieren kann, oder die Weihinschrift für *Mercurius* (225/L308) und für *Iuppiter* (223/L339). Gleich daneben konnte man ebenfalls schon im er-

---

[2] So in der Inschrift 080/GL567, Z. 10 – bezeichnenderweise eine späte Inschrift; drittes Jahrhundert? Paulus jedenfalls kann diese Inschrift noch nicht gesehen haben. Ihm begegneten in den Grabinschriften typisch lateinische Formulierungen wie *in fronte pedes XII, in agro pedes IX* (natürlich mit wechselnden Zahlen) oder wie *Caius Pisidius Rufus annorum XXIV hic situs est.*

[3] Auf dem Forum wurde nur eine einzige griechische Inschrift gefunden, die der späteren Zeit angehört. Sie ist bisher noch nicht publiziert; die Veröffentlichung wird durch MICHEL SÈVE in seiner Arbeit über das Forum erfolgen.

[4] Die Inschrift wurde von MICHEL SÈVE entdeckt; er wird sie in seiner in der vorigen Anm. genannten Arbeit auch erstmals publizieren. Diese Inschrift hat Paulus schon lesen können.

sten Jahrhundert die Karriere eines *Burrenus* verfolgen, eines stolzen Bürgers der Stadt Philippi *(Voltinia tribu)*, der sich vom *tribunus militum* der vierten Legion *Macedonica* hochgedient hat zum *praefectus cohortis* und zum *praefectus nationum* (221/L334). Weiter geht es zu einem ionischen Gebäude mit lateinischer Weihinschrift und zum westlichen Brunnen. Der staunende Besucher erfährt, daß ein gewisser *Lucius Decimius Bassus,* Bürger der Stadt Philippi *(Voltinia tribu)* und Ädil ebenda, aufgrund seines Testaments 30.000 Sesterzen zur Errichtung dieses Brunnens hinterlassen hat. Ein ganzes Nest von Ehreninschriften – ausschließlich in lateinischer Sprache – umgibt diesen Brunnen, darunter die für den *duumvir Lucius Decimius* (214/L349), für *Caius Decimius Maximus* (215/L350). Für den schon erwähnten Ädil *Lucius Decimius Bassus,* den Stifter des westlichen Brunnens, finden sich gleich zwei Ehreninschriften (216/L351 und 217/L348). Von der Familie der *Decimii* einigermaßen ermüdet, kann der interessierte Besucher gleich daneben die Karriere des *Caius Mucius Scaeva* kennenlernen, römischer Bürger auch er, aber ursprünglich nicht aus Philippi stammend *(Fabia tribu), primopilus* der sechsten Legion *Ferrata* und *praefectus cohortis* (218/L352). Die Ehreninschrift gleich daneben dokumentiert die Karriere seines Bruders *Publius Mucius,* der es vom *centurio* der genannten Legion bis zum *duumvir iure dicundo* in Philippi gebracht hat (219/L353).

Ganz in der Nähe befand sich anscheinend auch die dem »olympischen Gott« Hadrianus und der neuen »Iuno«, seiner Frau Sabina, gewidmete Inschrift *Imp(eratori) Hadri[a]no Olympio et Iunoni Coniugali Sabina[e]* (208/L461).

Schon der Besucher im ersten Jahrhundert konnte sodann, an der Nordwestecke des Forums angelangt, die Weihinschrift bewundern, die *Lucius Tatinius Cnosus* für die *Quies* der *Augusta colonia Philippiensis* auf eigene Kosten hat aufstellen lassen (203/L314). Die Karriere dieses *Lucius Tatinius Cnosus* verzeichnet pünktlich die Ehreninschrift daneben (202/L313); daß es der *imperator Domitianus* war, der unseren *Lucius Tatinius Cnosus* seinerzeit unter anderem mit einem goldenen Kranz geehrt hatte, konnte der Besucher im zweiten Jahrhundert allerdings nicht mehr lesen, denn dieser Kaiser war inzwischen der *damnatio memoriae* anheimgefallen und die entsprechenden Zeilen der Inschrift (Z. 8–9) durch Rasur unkenntlich gemacht. Die Bauinschrift des westlichen Tempels, der dem Kaiserkult diente, war selbstverständlich ebenfalls lateinisch (201/L305).

Dieser kleine Rundgang durch die Stadt Philippi im ersten und zweiten Jahrhundert zeigt, daß mindestens das »offizielle« Philippi in dieser Zeit eine ausschließlich lateinische Stadt war. Für den aus dem Osten kommenden Paulus war diese Stadt daher insofern etwas völlig Neues und Außergewöhnliches; auch wer seine Reise Richtung Westen auf der *Via Egnatia* fortsetzte, traf nichts Vergleichbares[5]. Man mußte schon mindestens bis Italien vorstoßen, um

---

[5] Thessaloniki beispielsweise war eine rein griechische Stadt; von den über 1000 von ED-

wieder eine so durch und durch lateinisch geprägte Stadt wie Philippi zu finden.

Selbst im Theater von Philippi – einer ursprünglich griechischen Anlage, die auf das vierte Jahrhundert v. Chr. zurückgeht – wurden von *lateinischen* Schauspielern *lateinische* Stücke gegeben, und dies mit einer solchen Regelmäßigkeit, daß die Stadt Philippi sich genötigt sah, auf eigene Kosten eine Truppe lateinischer Artisten zu unterhalten. Die Inschrift des *Titus Uttiedius Venerianus* ist für die östliche Reichshälfte singulär – wo hätte man etwa in Kleinasien regelmäßig lateinische Darbietungen genießen können? –, und sie stammt aus dem ersten Jahrhundert unserer Zeitrechnung.[6] Nicht nur der *archimimus Titus Uttiedius Venerianus,* der in Personalunion siebenunddreißig Jahre lang auch *officialis* (Angestellter) der Stadt Philippi war, bezeugt das lateinische Element: Auch die Infrastruktur des Theaters ist in römischer Hand, wie die Grabinschrift des *choragiarius Marcus Numisius Valens* beweist.[7] Wäre Paulus also auf den Gedanken gekommen, in Philippi das Theater zu besuchen, so hätte er die Truppe des *Titus Uttiedius Venerianus* erlebt, und zwar in einem *lateinischen Stück.*

Ich habe zur Illustration des ersten Ganges des Paulus durch die Stadt Philippi Monumente auch aus dem zweiten Jahrhundert herangezogen, weil die ausgegrabene Gestalt des Forums auf das zweite Jahrhundert zurückgeht. Die folgenden beiden Schlüsse gelten aber trotzdem auch und gerade für das Jahr des ersten Besuchs des Paulus:

(1) Bei seinem Rundgang durch die Stadt findet Paulus mindestens im Zentrum so gut wie ausschließlich lateinische Inschriften.

(2) Soweit auf diesen Inschriften die Namen von *cives Romani* vorkommen, tragen sie in der Regel das *VOL (Voltinia tribu).*

Alle *cives Romani* sind einer römischen Tribus zugeordnet; dies gilt auch für solche römischen Bürger, die in weit von Rom abgelegenen Kolonien leben. Im Fall der Philipper ist die zuständige Tribus die *Voltinia.*

Eine Durchsicht des epigraphischen Materials ergibt, daß auf den im Band II gesammelten ca. 800 Inschriften mehr als achtzigmal das *VOL = Voltinia tribu* begegnet. D.h. jede zehnte der bis heute veröffentlichten Inschriften von Philippi weist das *VOL* auf. Noch viel eindrucksvoller ist das Verhältnis, wenn man nur die Inschriften aus der Stadt Philippi in Betracht zieht, die ein Besucher dort im ersten Jahrhundert sah. Die in Band II gesammelten Inschriften stammen nämlich aus einem Zeitraum vom sechsten Jahrhundert v. Chr. bis zum achten Jahrhundert n. Chr. – viele sind nicht lateinisch, geschweige denn, daß sie das *VOL* aufwiesen. Betrachtet man nur die Inschriften aus der Stadt selbst im zeitlichen Rahmen des ersten und zweiten Jahrhunderts, so findet man das *VOL* auf je-

---

SON publizierten Inschriften (IG X 2,1) sind weniger als 50 lateinisch. Zu den Kolonien in Makedonien vgl. o. im Text, S. 119.

[6] HEUZEY vertritt die Auffassung, die Inschrift könne spätestens auf das Ende des ersten Jahrhunderts datiert werden (siehe bei 476/L092). Da *Titus Uttiedius Venerianus* 37 Jahre lang tätig war, hätte Paulus ihn demnach sogar *live* erleben können.

[7] 287/L378 aus dem Narthex der Basilika B.

dem zweiten Exemplar! Jedem Fremden, der im ersten Jahrhundert das Forum besuchte – und erst recht jedem Einheimischen – mußte sich das *VOL* nachhaltig einprägen.

1. Das πολίτευμα der Philipper und die tribus Voltinia

Kolonien wurden bei ihrer Gründung »geschlossen einer der römischen Tribus zugeteilt, blieben also untrennbare Glieder der Stadt Rom, deren Bürger [die Kolonisten] ... waren, ohne in ihr zu wohnen, ja meist ohne sie überhaupt je gesehen zu haben.«[8] Im Fall der *Colonia Iulia Augusta Philippensis* ist dies die *tribus Voltinia*.[9] Für jeden Bürger von Philippi ist mithin sein πολίτευμα untrennbar mit der *tribus Voltinia* verbunden: Wer in die *tribus Voltinia* eingeschrieben ist, hat das πολίτευμα von Philippi und zugleich das πολίτευμα des römischen Vollbürgers, er ist *civis Philippensis* und *civis Romanus*.

Nun ist das römische Bürgerrecht kein ἀδιάφορον, etwas, was man hat oder nicht hat. Die, die es haben, sind stolz darauf, es zu besitzen – vgl. nur Apg 22, 26ff. –; die, die es (noch) nicht haben, tun alles, um es zu erwerben. Dies gilt in einer römischen Kolonie wie Philippi in noch größerem Ausmaß als sonst, denn alle »Reichsbewohner nichtrömischen Rechts« waren privatrechtlich »benachteiligt«: »Der Besitz des Bürgerrechts war dementsprechend auch viel begehrenswerter z.B. bei den ›Fremden‹, die als Minderberechtigte im Gebiet einer römischen Stadt, einer Kolonie oder eines Municipiums wohnten und ohne römisches Bürgerrecht niemals Stadtbürger werden konnten, als in einer Gemeinde peregrinen Rechts, etwa einer griechischen Polis des Ostens, wo das Stadtbürgerrecht nichts mit dem römischen zu tun hatte, die Römer meist und zunächst überall eine Minderheit waren und das Leben in den von den Vätern festgelegten Bahnen verlief.«[10]

Umgekehrt ist diese Gemeinschaft der *cives Romani* in Philippi, die die Zugehörigkeit zur *Voltinia tribus* zusammenhält, keine ein für alle Mal geschlossene Gruppe. Was für die römische Bürgerrechtspolitik im großen gilt: »Weil der römische ›Volksbegriff‹ *(populus Romanus)* von Anfang an politisch und nicht ethnisch gefaßt war, hat er die Fähigkeit, sich ohne nationale Begrenzung auszuweiten«[11], gilt für Philippi im kleinen in gleicher Weise. Die Möglichkeit, zum *civis Romanus* aufzusteigen, besteht grundsätzlich auch für Thraker und

---

[8] FRIEDRICH VITTINGHOFF: Römische Kolonisation und Bürgerrechtspolitik unter Caesar und Augustus, AAWLM.G 1951, Nr. 14, Wiesbaden 1952; hier S. 23 (= S. 1239). Eine Übersicht über die einzelnen *tribus* bietet JOS. WILHELM KUBITSCHEK: Imperium Romanum tributim discriptum, Prag 1889 (Nachdr. in der Reihe Studia Historica, Band 121, Rom 1972). Obwohl das Buch von KUBITSCHEK über 100 Jahre alt ist, existiert meines Wissens keine neuere Gesamtdarstellung.

[9] Dies hat schon HEUZEY aufgrund der von ihm publizierten Inschriften festgestellt. Vgl. auch KUBITSCHEK, S. 243f. Seither hat sich das Material gewaltig vermehrt.

[10] VITTINGHOFF, S. 13 (= S. 1229).

[11] VITTINGHOFF, S. 8 (= S. 1224).

Griechen. Ein thrakischer Soldat, der seinen Dienst in den Auxiliartruppen leistete, oder ein Seemann, der bei der römische Flotte diente (vgl. nur den *Hezbenus* aus 030/L523), bekommt bei seinem Ausscheiden das volle römische Bürgerrecht, genauso wie ein griechischer Lehrer und Erzieher in der Familie eines *decurio,* der vom Stand des Sklaven in den eines Freigelassenen aufsteigt, dieses Bürgerrecht für sich und seine Nachkommen erwirbt.

Alle *cives Romani* in Philippi sind zugleich Bürger der Stadt Rom, indem sie in die *Voltinia tribus* eingeschrieben sind, und umgekehrt kann ein griechischer Bewohner das Bürgerrecht der Stadt Philippi nur zugleich mit dem römischen Bürgerrecht erwerben.

Die in der Einleitung zu diesem Kapitel kurz charakterisierte römische Glaubens- und Lebensweise basiert in Philippi auf dem πολίτευμα, das die Zugehörigkeit zur *tribus Voltinia* garantiert. Diejenigen Bewohner, die dieses πολίτευμα nicht besitzen, sind in vielfältiger Weise benachteiligt und halten dieses πολίτευμα daher für überaus erstrebenswert.

2. *Das* πολίτευμα *der Juden und die* φυλή Βενιαμίν

»Das paulinische Selbstzeugnis Phil 3,4–14« ist zuletzt von Karl-Wilhelm Niebuhr einer gründlichen Analyse gewürdigt worden.[12] Es gibt nur ganz wenige Passagen im Corpus Paulinum, in denen der Apostel so ausführlich auf seine jüdische Herkunft zu sprechen kommt wie hier in Phil 3,4ff. Der Anlaß dafür ist offensichtlich die Propaganda der Gegner, die in Philippi die Beschneidung predigen: »Um die philippischen Christen vom Übertritt zum Judentum abzuhalten, spricht Paulus ausführlich von seinem eigenen Judesein.«[13] So wird unversehens die zweite Glaubensweise, diejenige κατὰ Ἰουδαίους, zum Thema dieses Abschnitts.

Das Merkwürdige dabei ist nun aber, daß sowohl für die Schilderung der zweiten Glaubensweise als auch für die Charakterisierung der dritten Glaubensweise die römische Daseinsform die Folie bildet.[14] Ein erstes Indiz dafür kann man schon in der Formulierung von v. 5 sehen, wo Paulus auf seine φυλή Βενιαμίν Bezug nimmt. Es ist dies das erste (und abgesehen von Röm 11,1[15] einzige) Mal, daß Paulus auf seine φυλή rekurriert. Dabei ist es gewiß nicht zu-

---

[12] Karl-Wilhelm Niebuhr: Heidenapostel aus Israel. Die jüdische Identität des Paulus nach ihrer Darstellung in seinen Briefen, WUNT 62, Tübingen 1992; hier S. 79–87: »Das paulinische Selbstzeugnis Phil 3,4–14 in seinem paränetischen Kontext«. Das Kapitel hat die bemerkenswerte Überschrift: »Der exemplarische Jude (Phil 3,5f)« (S. 79).

[13] Niebuhr, aaO., S. 103.

[14] Nach Becker »berichtet Paulus (3,2ff.) von seiner jüdischen Herkunft so, wie er es Heidenchristen gegenüber tun muß« (Jürgen Becker: Paulus. Der Apostel der Völker, Tübingen 1989, S. 323).

[15] Die parallele Stelle im Römerbrief (11,1: φυλῆς Βενιαμίν) kann in dieser Hinsicht von der früheren Stelle im Philipperbrief her erklärt werden.

fällig, daß dies ausgerechnet im Brief an die Philipper geschieht. Vielmehr lautet meine These: Die Erwähnung der φυλή des Paulus in Phil 3,5 ist eine Folge der Konfrontation des Paulus mit der *tribus Voltinia,* und sie muß daher auf diesem Hintergrund interpretiert werden.

Wie nachdrücklich der Besucher Philippis im ersten Jahrhundert mit der *tribus Voltinia* konfrontiert wurde, ist oben dargestellt worden. Daß diese neue Erfahrung an Paulus nicht spurlos vorüberging, kann man nicht nur annehmen; eine Bestätigung für diese Vermutung bildet vielmehr schon der erste Thessalonicherbrief, der von allen paulinischen Briefen dem Besuch in Philippi zeitlich am nächsten steht.

Beachtung verdient in diesem Zusammenhang die Stelle 1 Thess 2,14, wo Paulus – an die Thessalonicher gewandt – formuliert: ὅτι τὰ αὐτὰ ἐπάθετε καὶ ὑμεῖς ὑπὸ τῶν ἰδίων συμφυλετῶν καθὼς καὶ αὐτοὶ [die Glieder der ἐκκλησίαι ἐν τῇ Ἰουδαίᾳ] ὑπὸ τῶν Ἰουδαίων. Das hier verwendete Wort συμφυλέτης begegnet im Neuen Testament nur an dieser Stelle und ist auf dem jüdischen Hintergrund des Paulus schwerlich zu erklären: συμφυλέτης kommt weder in der Septuaginta noch in der in griechischer Sprache abgefaßten jüdischen Literatur vor.

Daß es sich hier überhaupt um ein sehr seltenes Wort handelt, zeigt der Befund der Texte auf der CD-ROM des *Thesaurus Linguae Graecae:* Es ergeben sich insgesamt lediglich 28 Belege, von denen einer die hier diskutierte Stelle ist; 26 weitere sind bei christlichen Autoren zu finden, die häufig sogar auf ihre Quelle im Thessalonicherbrief ausdrücklich Bezug nehmen. Der einzige nominell nichtchristliche Beleg findet sich bei Michael, einem »Philosophen« aus dem 11./12. Jahrhundert.[16] Noch geringer ist der Ertrag bei den griechischen Inschriften der PHI-CD-ROM #6, wo sich nicht ein einziger Beleg für συμφυλέτης findet.[17] Was die vor- bzw. außerchristlichen Vorkommen dieses Wortes angeht, läßt sich die (schmale) Zahl der Stellen im Bauerschen Wörterbuch mithin nicht vermehren.[18] Ganz ähnlich verhält es sich übrigens mit dem lateinischen Pendant *contribulis,* das die Vulgata hier für συμφυλέτης verwendet: Im *Thesaurus Linguae Latinae* findet man eine einzige Inschrift zitiert (die übrigen Belege sind aus christlicher Zeit).[19]

---

[16] Ich habe die CD-ROM #C benutzt und eine Suche nach συνφυλε- oder συμφυλε- auf dem Ibycus durchgeführt. Die Kennzeichnung des Michael als Philosophen entnehme ich dem Canon of Greek Authors and Works, S. 271 (s.v. Michael; er hat die Nummer 4034).

[17] Das pattern (»Suchmuster«) war identisch mit dem in der vorigen Anmerkung genannten. Der Band IG XII, aus dem Bauer im Wörterbuch (siehe die folgende Anmerkung) einen Beleg bringt, ist auf der genannten PHI-CD-ROM noch nicht verfügbar.

[18] BAUER bietet Sp. 1558 s.v. συμφυλέτης die folgenden Belege:
  – IG XII 2,505,18 [2. Jahrhundert v. Chr.]
  – Doxographi Graeci 655,8
  – Rhetores Graeci VII 49,22
  – Isokrates 12,145 ed. Blaß (varia lectio)
  – Herodian (der Grammatiker): Philetaerus (in der Ausgabe des Moeris v. J. Pierson), S. 475.

[19] ThLL IV, Sp. 776 s.v. contribulis: CIL VI 33998.

Vielleicht lohnt sich der Versuch, den Gebrauch dieses überaus seltenen Wortes auf dem Hintergrund des Aufenthaltes des Paulus in Philippi zu sehen. Denn hier wurde Paulus erstmals massiv mit römischen *tribus* konfrontiert.

Die Erwähnung der φυλή Βενιαμίν ist für den Nachweis des Judeseins des Paulus entbehrlich; sie erklärt sich aber auf dem Hintergrund der philippischen *tribus Voltinia,* denn φυλή ist das griechische Pendant zum lateinischen *tribus*.[20] Die Übersetzung unseres φυλῆς Βενιαμίν in der Vulgata ist also sachgemäß: *de tribu Beniamin.* Das Problem manch eines Kommentators ist damit gelöst.

Vgl. etwa Äußerungen wie: »Weiter folgt φυλῆς Βενιαμείν. Daß darin eine besondere Auszeichnung liege, wird man schwerlich plausibel machen können. Man wird es besser eng mit ἐκ γένους Ἰσραήλ verknüpfen, so daß die genauere Angabe nur noch deutlicher die genuine Herkunft aus Israel feststellt ...«[21].
Barth hingegen meint, die Notiz sei »nicht nur darum [wichtig], weil Paulus als aus ›guter‹ Familie das überhaupt wußte, sondern weil der Stamm Benjamin mit Juda zusammen unter Rehabeam allein zum davidischen Königshaus gehalten hatte, I Kön 12,21ff.«[22] Die Frage ist nur: Wer erklärt das den Adressaten in Philippi?
Auch der von Lohmeyer angenommene Hintergrund erschließt sich einem Einwohner Philippis nicht ohne weiteres: »Auch die Herkunft aus dem Stamme Benjamin, der ja seit langem aufgehört hatte, eine geschichtliche Größe zu sein, bekundet nur ein religiöses Werturteil; in ihm liegt zunächst, daß Pls. blutmäßig den Stämmen zugehört, die anders als die zehn Stämme des Nordens Träger des mit Jahwe geschlossenen Bundes gewesen sind. Darüber hinaus scheint dem Stamme Benjamin noch eine besondere Ehrenstellung eingeräumt zu sein; spätere Zeugnisse begründen sie damit, daß er als einziger im heiligen Lande geboren sei.«[23] Welchem Philipper sind derlei *specialissima* bekannt?
Gnilka bemerkt, einen Kompromiß zwischen Ewald/Wohlenberg und Lohmeyer versuchend: »An irgendwelche damit verbundenen Vorzüge ist nicht gedacht, vielleicht aber daran, daß der König Saul, dessen Name der Apostel trug, auch Angehöriger dieses Stammes gewesen ist.«[24] In Philippi kennt man Nero und Augustus, auch Alexander den Großen und natürlich Philipp II. – aber wer weiß, daß Saul dem Stamm Benjamin zugehörte?
Collange bemüht schließlich sogar die Texte aus Mari, um unsere Passage zu erhellen: »Paul ne fait qu'énoncer un fait attestant son ascendance juive. Mais il est aussi de fait que Benjamin jouissait d'un prestige tout particulier qui ne le mettait pourtant pas à l'abri des reproches ... . Ce prestige tenait sans doute au fait que Benjamin fut, avec Joseph, le seul fils de Rachel ...; le seul enfant de Jacob à être né en terre promise ...; la tribu à laquelle appartint le premier roi ...; la seule, avec Juda, à conserver, après le schisme puis l'exil, le patrimoine ancestral. Mais il se peut aussi que les raisons de ce respect remontent, plus ou moins consciemment [!], plus haut encore. C'est ainsi que l'on a trouvé sur les tablettes de Mari la mention de Benjaminites, nomades contemporains d'Abraham.

---

[20] MASON, S. 98 s.v. φυλή mit einer Reihe von epigraphischen, papyrologischen und literarischen Belegen, so z.B. φυλῆς Κορνηλίας *(tribu Cornelia),* φυλῆς Αἰμιλίας *(tribu Aemilia)* und φυλῆς Πολλία *(tribu Pollia).*
[21] EWALD/WOHLENBERG im Kommentar, S. 170.
[22] KARL BARTH, S. 92.
[23] ERNST LOHMEYER, S. 129. Die Warnung bei EWALD/WOHLENBERG (s. o. bei Anm. 21) verdient unbedingt den Vorzug vor derlei Spekulationen!
[24] JOACHIM GNILKA, S. 190.

L'identification de ces nomades et des ancêtres de Benjamin est loin d'être évidente; elle est néanmoins défendue avec talent par A. Par[r]ot ...«[25].

Nicht irgendwelche besonderen Vorzüge der φυλή Βενιαμίν sind es, die Paulus zu ihrer Erwähnung veranlassen. Auch die *tribus Voltinia* wird auf den Inschriften in Philippi nicht wegen ihrer besonderen Vorzüge erwähnt: Sie steht da, weil sie das römische Bürgerrecht verbürgt. In Analogie dazu rekurriert Paulus hier auf seine jüdische *tribus*, die ihrerseits das allgemeine ἐκ γένους Ἰσραήλ konkretisiert und verbürgt. Und gerade wenn die These zutrifft, in 3,5 liege die »Klimax Volk-Stamm-Familie«[26] vor, ergibt sich hier eine genaue Parallele von erster und zweiter Glaubensweise, von römischer und jüdischer Daseinsform:

civis Romanus	↔	ἐκ γένους Ἰσραήλ
tribu Voltinia	↔	φυλῆς Βενιαμίν
Cai filius	↔	Ἑβραῖος ἐξ Ἑβραίων

Das letzte Glied der Aufzählung des Paulus bezeichnet »die persönliche Einstellung des Paulus und seines Elternhauses zu einer solchen Herkunft«[27]. Über die Zugehörigkeit zur φυλή Βενιαμίν hinaus wird hier also die jüdische Identität der Familie des Paulus betont.[28] In ähnlicher Weise signalisiert das in den lateinischen Inschriften stereotyp begegnende »Sohn des N.N.« die römische Identität der betreffenden Familie: Über die Zugehörigkeit zu einer bestimmten *tribus* hinaus wird die Zugehörigkeit zu einer konkreten Familie betont.

Man kann dann sogar noch einen Schritt weitergehen und auch das erste Glied der Aufzählung in v. 5 mit in den Vergleich einbeziehen. Ist für den Juden die Beschneidung das sichtbare Zeichen seiner Zugehörigkeit zum γένος Ἰσραήλ, so bildet für den Römer das Anlegen der *toga virilis* den entscheidenden Schritt: »Nicht-Römer durften die T.[oga] nicht tragen, Römern ist sie für offizielle Gelegenheiten vorgeschrieben.«[29] »Knaben tragen die *t.[oga] praetexta* (mit Purpurstreifen wie die curul.[ischen] Beamten) ... . Das Ablegen der *t.[oga] praetexta* und Anlegen der *t.[oga] virilis,* Symbol der Erlangung der Bürgerrechte als Erwachsener, geschah im Rahmen einer religiösen Feier am 17. März, meist im 15.–18. Lebensj.[ahr]; der Akt hieß *tirocinium fori.*«[30]

---

[25] COLLANGE, S. 112. Diese Idee von COLLANGE nimmt HAWTHORNE (S. 132–133) auf, der eine wahrhaft enzyklopädische Aufzählung der Vorzüge Benjamins in zehn Punkten bietet.

[26] So NIEBUHR, aaO. (Anm. 12), S. 107.

[27] NIEBUHR, aaO., S. 106.

[28] Nach MARTIN HENGEL bezeichnet das Ἑβραῖος einen »die Heilige Sprache bzw. Aramäisch« sprechenden »Palästinajude[n]« (MARTIN HENGEL: Der vorchristliche Paulus, in: Paulus und das antike Judentum, WUNT 58, Tübingen 1991, S. 177–293; hier S. 220). Demnach ist Paulus »kein dem Heiligen Land entfremdeter und eine fremde Sprache sprechender Diasporajude, sondern er und seine Vorfahren fühlen sich als echte Israeliten, als Bewohner der Eretz Israel« (S. 221).

[29] WALTER HATTO GROSS: Art. Toga, KP V, Sp. 879–880; hier Sp. 879, Z. 50-52.

[30] GROSS, aaO., Sp. 880, Z. 35–36.38–42.

toga (virilis)	↔	περιτομῇ ὀκταήμερος
civis Romanus	↔	ἐκ γένους Ἰσραήλ
tribu Voltinia	↔	φυλῆς Βενιαμίν
Cai filius	↔	Ἑβραῖος ἐξ Ἑβραίων

Diesen beiden Daseinsformen, der römischen, die der entscheidende Bezugspunkt der Menschen in Philippi ist, und der jüdischen, die Paulus und auch die wohl von außen in Philippi eingedrungenen Gegner als gemeinsame Bezugsgröße verbindet, stellt der Apostel das πολίτευμα der Christen gegenüber. Dieses wird im folgenden Paragraphen diskutiert.

§ 2 Das neue πολίτευμα

Bevor der im letzten Paragraphen durchgeführte Vergleich zwischen der römischen und der jüdischen Daseinsform auf das christliche πολίτευμα ausgedehnt werden kann, ist zu klären, was Paulus meint, wenn er in Phil 3,20 formuliert: ἡμῶν γὰρ τὸ πολίτευμα ἐν οὐρανοῖς ὑπάρχει, ἐξ οὗ καὶ σωτῆρα ἀπεκδεχόμεθα κύριον Ἰησοῦν Χριστόν.

1. Der Sinn der paulinischen Aussage in Phil 3,20

Der neueste Kommentar zum Philipperbrief von Ulrich B. Müller versteht Phil 3,20 dahingehend, »daß das ›Gemeinwesen‹, der ›Staat‹ der Christen im Himmel ist. Der im Neuen Testament singuläre Ausdruck πολίτευμα stammt aus dem staatsrechtlichen Bereich und ist in den religiösen übertragen worden. ... Naheliegend ist der ganz spezielle Gebrauch, wonach mit bestimmten Rechten ausgestattete Fremdenkolonien außerhalb des Heimatlandes als πολιτεύματα bezeichnet werden. Dann würde die christliche Gemeinde eine himmlische ›Bürgerschaft‹ in der Welt darstellen, und die Christen wären bereits jetzt zu Himmelsbürgern geworden. Das Wort πολίτευμα ist dabei nur gebraucht, um die innere Fremdheit der Christen gegenüber dem irdischen Bereich ... und ihre Zugehörigkeit zur himmlischen Welt zu betonen.«[1]

Für die zuletzt aufgestellte Behauptung verweist Müller den Leser auf Niebuhr, der meint, es sei hier »als Gegensatz das Streben nach Teilhabe an einem irdischen Politeuma« impliziert: »Als primärer Assoziationsbereich bei den Adressaten kommt daher zunächst die mit dem Stichwort πολίτευμα verbundene Sozialgestalt jüdischer Diasporagemeinden in Frage.«[2]

---

[1] ULRICH B. MÜLLER in seinem Kommentar, S. 179f. Für die Übersetzung »Staat« plädiert schon MEYER, S. 120.

[2] KARL-WILHELM NIEBUHR: Heidenapostel aus Israel. Die jüdische Identität des Paulus nach ihrer Darstellung in seinen Briefen, WUNT 62, Tübingen 1992, S. 102.

Neben dieser zuletzt von Niebuhr und Müller vertretenen Interpretation[3] der Stelle gibt es noch eine Reihe weiterer Möglichkeiten.

(1) Walter Ruppel gelangt in seiner grundlegenden Untersuchung des Terminus πολίτευμα zu dem folgenden Ergebnis: »Die Übersetzung ›unser Wandel ist im Himmel‹ würde dem attischen Sprachgebrauch entsprechen; aber bei einem Denkmal der Koine werden wir lieber den von Polybios u.a. her bekannten Sinn unterlegen und ›Gemeinde‹ oder besser ›Heimat, Vaterland‹ übersetzen.«[4] Diese harmloseste aller möglichen Übersetzungen geht schon auf die Vulgata zurück, die hier mit *nostra autem conversatio in caelis est* übersetzt. Dies aber ist eine spätere Abschwächung und Verwässerung des ursprünglichen Sinnes, wie Kurt Aland gezeigt hat.[5] Bei Tertullian nämlich, der unsere Stelle aus dem Philipperbrief mehrfach in lateinischer Übersetzung bietet, findet sich überall das lateinische Wort *municipatus,* welches »das politische Verständnis eindeutig« festlegt.[6] »Erst mit Cyprian setzt die Wandlung ein, bei ihm wird Phil. 3,20 ständig mit conversatio zitiert. Dieser Wechsel ist bezeichnend – einer Kirche, die sich mit dem Aufhören der Naherwartung und der Fortdauer dieser Welt endgültig abgefunden hatte, ist ein eigenes πολίτευμα der Christen, sei es nun als municipatus, civitas oder politeia zu verstehen, nicht vorstellbar.«[7] Daraus folgt aber, daß die Interpretation unserer Stelle, die von Cyprian über die Vulgata bis hin zur Ruppelschen Untersuchung tradiert wird, nicht angemessen ist.

(2) Das Wörterbuch von LSJ hat sich dieser Interpretationslinie nicht angeschlossen. Hier wird unsere Stelle Phil 3,20 vielmehr unter »III. *citizen rights, citizenship*« mit dem erläuternden »metaph.« rubriziert.[8]

Inwiefern diese Interpretation mit der unter Punkt (1) diskutierten identisch sein soll, verstehe ich nicht. Paul Christoph Böttger meint nämlich: »Phil 3 20 wird heute meist so übersetzt: ›Unsere Heimat nämlich ist im Himmel …‹. *Auf denselben Sinn läuft die andere Übersetzung hinaus:* ›Unser Bürgerrecht befin-

---

[3] MÜLLER bietet eine Mischform, die in sich nicht konsequent ist, da er für πολίτευμα neben der Bedeutung »Staat« zugleich die unten unter Ziffer 3 diskutierte Bedeutung »Kolonie von Ausländern« annimmt.

[4] WALTER RUPPEL: Politeuma. Bedeutungsgeschichte eines staatsrechtlichen Terminus, Ph 82 (1927), S. 268–312.433–454; hier S. 286f. Ähnlich urteilt auch FRIEDRICH in seinem Kommentar. Er übersetzt zwar »Unser Bürgerrecht nämlich ist im Himmel« (S. 164), aber im Kommentar z.St. heißt es dann: »Im Gegensatz dazu richtet sich das Denken der wahren Christen auf die himmlische Heimat« (S. 166).

[5] KURT ALAND: Die Christen und der Staat nach Phil. 3,20, in: Paganisme, Judaïsme, Christianisme. Influences et affrontements dans le monde antique (FS Marcel Simon), Paris 1978, S. 247–259.

[6] KURT ALAND, aaO., S. 249 (dort auch die Belege aus Tertullian).

[7] KURT ALAND, aaO., S. 250.

[8] LSJ, S. 1434, s.v. πολίτευμα III. Es wird ein weiterer Beleg gegeben, und zwar aus einem Brief des makedonischen Königs Philipp V.: ἀξίους τοῦ παρ᾽ ὑμῖν πολιτεύματος (IG IX 2,517, Z. 6). Diese Bedeutung geben auch die Kommentatoren KARL BARTH (S. 111f.) und COLLANGE (S. 122); SCHENK hält τὸ πολίτευμα ἐν οὐρανοῖς für »eine Parole der Gegner« (S. 324). Im paulinischen Sinne sei »der Machtbereich des erhöhten Christus« gemeint (ebd.).

det sich in den Himmeln ...‹.«[9] Heimat und Bürgerrecht sind doch völlig ver-schiedene Größen! Die Heimat der Lydia beispielsweise ist Thyateira; ihr Bür-gerrecht aber ist im Himmel. Die Heimat des *Lucius Calventius Bassus* ist Epo-redia (heute Ivrea); sein Bürgerrecht hat er in der *tribus Pollia*.[10] Die Heimat des *Sextus Volcasius* ist Pisa; sein Bürgerrecht jedoch hat er in der *tribus Volti-nia*, also in Philippi.[11] Die Beispiele ließen sich leicht vermehren, aber dessen bedarf es nicht, denn es liegt auf der Hand, daß Heimat und Bürgerrecht zwei verschiedene Größen sind. Die Interpretation des Terminus πολίτευμα im Sin-ne von »Bürgerrecht« ist also eine nach wie vor zu diskutierende Möglichkeit.

(3) Eine ganz spezielle Theorie, die in der Folgezeit vielfach aufgegriffen und modifiziert worden ist, hat Martin Dibelius inauguriert: »Unsere Stelle will zweifellos im Gegensatz zu τὰ ἐπίγεια darauf weisen, daß die Christen einem Reich angehören, das im Himmel ist, in dessen Gebiet sie also noch nicht woh-nen. In diesem Zusammenhang scheint mir für πολίτευμα eine Spezialbedeu-tung in Frage zu kommen, die mehrfach belegt ist: das Wort bezeichnet eine Kolonie von Ausländern, deren Organisation die heimische πολιτεία im Klei-nen abspiegelt und demgemäß nach ihr benannt wird.«[12] Daß dies nicht so ohne weiteres funktioniert, hat Dibelius bei einer späteren Bearbeitung des Kom-mentars selbst eingeräumt: »Hier würde diese Bedeutung selbstverständlich nur anklingen, da es sich bei πολίτευμα natürlich bloß um den der Kolonie Vorbild und Namen gebenden Heimatstaat handeln könnte: ›wir haben unsere Heimat im Himmel und sind hier auf Erden eine Kolonie von Himmelsbürgern.‹«[13] Ge-rade diese Modifikation jedoch führt die ursprüngliche Idee *ad absurdum,* denn die ursprüngliche Idee erforderte ja gerade, daß das πολίτευμα der Christen von Philippi in Philippi und nicht im Himmel ist![14]

Überblickt man noch einmal die bisherigen Möglichkeiten, so scheiden (1) und (3) offenbar aus. Es verbleiben dann die eingangs zitierte Müllersche Inter-

---

[9] PAUL CHRISTOPH BÖTTGER: Die eschatologische Existenz der Christen. Erwägungen zu Philipper 3 20, ZNW 60 (1969), S. 244–263; hier S. 244 (die Hervorhebung ist von mir).

[10] 389/L605 aus Philippi.

[11] 418/L266. Pisa gehört zur *tribus Galeria,* vgl. JOS. WILHELM KUBITSCHEK: Imperium Romanum tributim discriptum, Prag 1889 (Nachdr. in der Reihe Studia Historica, Band 121, Rom 1972), S. 87 s.v. Pisae.

[12] MARTIN DIBELIUS: Die Briefe des Apostels Paulus. An die Thessalonicher I II. An die Philipper, HNT III 2, Tübingen 1911, S. 61. Zu dieser Bedeutung des Terminus πολίτευμα vgl. LSJ, S. 1434, s.v. πολίτευμα IV 2: »*corporate body of citizens* resident in a foreign city«.

[13] MARTIN DIBELIUS: An die Thessalonicher I II. An die Philipper, HNT 11, Tübingen, 3. neubearbeitete Aufl., 1937, S. 93.

[14] Vgl. schon den BARTHschen Einwand: »Aber wenn Paulus das Wort in dieser Spezialbe-deutung [die Dibelius in der 1. Aufl. annimmt] gebraucht hätte, dann hätte er offenbar gerade das Leben der Christen jetzt und hier ein πολίτευμα nennen, ihre πολιτεία aber in den Himmel verlegen müssen. So wird es geraten sein, hier (wie bei dem 1,27 vorkommenden entsprechen-den Verbum πολιτεύεσθαι, ›in Verfassung sein‹) bei der nächstliegenden Bedeutung [BARTH zufolge: ›Bürgerrecht‹] stehen zu bleiben.« (KARL BARTH in seinem Kommentar, S. 112, Anm. 1).

pretation im Sinne von »Staat« und Möglichkeit (2) »Bürgerrecht«. Für welche
der beiden Nuancen man sich auch entscheidet, in jedem Fall muß man dem
Terminus wie auch dem πολιτεύεσθε in Phil 1,27 »einen besonderen, in die
Sphäre staatsbürgerlichen Lebens reichenden Sinn« zuschreiben.[15]

Dabei liegen die beiden Übersetzungsmöglichkeiten nach antikem Verständ-
nis gar nicht so weit auseinander: Das lateinische *civitas* bezeichnet sowohl das
Bürgerrecht als auch den Staat; und ebenso verhält es sich mit den griechischen
Termini πολίτευμα und πολιτεία.

Vom Ergebnis her scheint mir jedoch die Bedeutung πολίτευμα = Bürgerrecht näher zu liegen: Ein Staat im Himmel ist an sich zwar vorstellbar; aber in
diesem Falle verhielte es sich ja so, daß die Staatsbürger – die Christen – fast
alle auf Erden weilen, während ihr Staat im Himmel ist. Geht man dagegen von
der Bedeutung »Bürgerrecht« aus, so ergibt sich ein klarer Gedanke: Unser
Bürgerrecht (d.h. zunächst das der Philipper und das des Paulus, gedacht ist
selbstverständlich an das Bürgerrecht eines jeden Christen) ist im Himmel. Damit ist eine Abgrenzung erfolgt all denen gegenüber, die τὰ ἐπίγεια φρονοῦν-
τες (Phil 3,19, am Ende).

2. Das christliche πολίτευμα und das römische Bürgerrecht

Ist die Bedeutung πολίτευμα = Bürgerrecht zutreffend, dann kann man die
folgende Parallele zwischen dem römischen und dem christlichen πολίτευμα
ziehen:

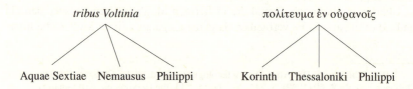

tribus Voltinia   πολίτευμα ἐν οὐρανοῖς

Aquae Sextiae   Nemausus   Philippi   Korinth   Thessaloniki   Philippi

Wie in der politischen Sphäre nicht nur die *cives Romani* aus Philippi in der
tribus Voltinia eingeschrieben sind, sondern auch die *cives Romani* aus Aquae
Sextiae, aus Nemausus und vielen anderen Städten[16], so verhält es sich *mutatis
mutandis* auch bei den Christen: Nicht nur die Christen aus Philippi besitzen
das himmlische Bürgerrecht, sondern auch die Christen in Thessaloniki und in
Korinth und in vielen anderen Städten. Umgekehrt bilden die römischen Bürger
in Aquae Sextiae, in Nemausus, in Philippi usw. eine Gruppe *sui generis,* wie
die Christen ihrerseits in Korinth, in Thessaloniki, in Philippi usw. eine ganz

---

[15] KURT ALAND, aaO. (Anm. 5), S. 255 in bezug auf das Verbum πολιτεύομαι.
[16] Eine Liste findet sich in dem (o. Anm. 11) zitierten Werk von KUBITSCHEK auf S. 272, s.v.
Voltinia.

besondere Gruppe innerhalb der Bevölkerung bilden: Wie die römischen Bürger durch ihre Zugehörigkeit zur *tribus Voltinia* vor den übrigen Bewohnern ausgezeichnet sind, so die Christen durch ihre Zugehörigkeit zum himmlischen πολίτευμα.[17]

Hier ergibt sich dann aber auch der entscheidende Unterschied: Die *tribus Voltinia* ist nicht nur ein papierenes Gebilde, sie ist beinahe nicht mehr als eine Fiktion. Denn die Zeiten, da man sein Stimmrecht in der *tribus Voltinia* faktisch wahrnahm, indem man persönlich zu einer Abstimmung ging, sind im ersten Jahrhundert längst vorbei[18], und die Entfernung von der *Colonia Iulia Augusta Philippensis* nach Rom läßt diese Möglichkeit von vornherein als illusorisch erscheinen. Ganz anders verhält es sich mit dem πολίτευμα ἐν οὐρανοῖς; von dorther erwarten die Christen in Kürze (vgl. Phil 4,5: ὁ κύριος ἐγγύς) ihren Herrn (ἡμῶν γὰρ τὸ πολίτευμα ἐν οὐρανοῖς ὑπάρχει, ἐξ οὗ καὶ σωτῆρα ἀπεκδεχόμεθα κύριον Ἰησοῦν Χριστόν, Phil 3,20). Im Blick auf das himmlische Bürgerrecht heißt das: Die Christen können zwar momentan faktisch ihre bürgerlichen Rechte im Himmel nicht wahrnehmen – aber dieser Zustand ist ein vorübergehender, ja er ist nur noch von kurzer Dauer: ὁ κύριος ἐγγύς! Wenn der Herr aber kommt, wird er die Himmelsbürger in den Stand setzen, ihre Rechte im Himmel wahrzunehmen (vgl. 1 Thess 4,17).

Ist die Wahrnehmung der bürgerlichen Rechte eines *civis Romanus* in der *tribus Voltinia* nahezu rein fiktiv, wird sich die Wahrnehmung der bürgerlichen Rechte eines Christen dagegen in kurzer Zeit ermöglichen lassen. Darum gilt: Wer sein Bürgerrecht im Himmel weiß, braucht dem Irdischen nicht mehr nachzujagen, insbesondere nicht dem irdischen Bürgerrecht, denn das Bürgerrecht der *cives Romani* ist gerade für *die* Bewohner von Philippi, die dieses Bürgerrecht *nicht* haben, besonders erstrebenswert (vgl. o. S. 122f.). Für die Christen aber ist es gegenstandslos geworden.

Das Bürgerrecht des *civis Romanus* ist dokumentiert in der *tribus Voltinia;* darüber hinaus existiert gewiß auch im Archiv der *Colonia Iulia Augusta Philippensis*[19] eine Liste der Bürger der Stadt, die ja zugleich römische Bürger sind. In analoger Weise besitzt auch das himmlische πολίτευμα ein »Archiv«, in

---

[17] Ähnlich schon PORTEFAIX: »Paul's use of the word πολίτευμα ... might easily have paralleled the relationship between the capital of Rome and Colonia Julia Augusta Philippensis with that of the distant capital of Christ and the Philippian church; in this perspective the church could be seen as a microcosm of the celestial state« (LILIAN PORTEFAIX: Sisters Rejoice. Paul's Letter to the Philippians and Luke-Acts as Seen by First-century Philippian Women, CB.NT 20, Uppsala 1988, S. 139). Freilich ist hier der entscheidende Vergleichspunkt, die *tribus Voltinia,* nicht beachtet. Die letzte Aussage PORTEFAIX' geht auf ihre Interpretation des πολίτευμα zurück, die ich nicht teile.

[18] Zu den ursprünglichen Aufgaben der römischen Tribus vgl. LILY ROSS TAYLOR: The Voting Districts of the Roman Republic. The Thirty-Five Urban and Rural Tribes, PMAAR 20, Rom 1960.

[19] Dieses Archiv setzt die Inschrift 369/G181 voraus, wo von einem ἀντίγραφον die Rede ist, das dort deponiert ist. Es befand sich vermutlich auf der westlichen Seite des Forums, wo die *curia* vermutet wird.

dem die Namen der Bürger eingetragen sind. Paulus spricht von diesem »Archiv« in Phil 4,3, wo er sagt: ὧν τὰ ὀνόματα ἐν βίβλῳ ζωῆς. »Just as Philippi, and other cities like it, must have had a civic register that included all the names of its citizens, so the heavenly commonwealth (cf. 3:20) has its own roll where God inscribes the names of those to whom he promises life.«[20]

3. Das christliche πολίτευμα und die Gegner in Philippi

Auf die Frage, welche Gegner für den Philipperbrief anzunehmen sind, gehe ich hier nicht ein.[21] Für meine Zwecke genügt die Feststellung: »Mit ausreichender Gewißheit kann man aus den Angaben des Philipperbriefs lediglich erschließen, daß es sich bei den Gegnern um Agitatoren für die Beschneidung handeln muß.«[22] »Die jüdische Provenienz der Gegner ist so gut wie unbestritten«, urteilt auch Günter Klein.[23]

Wenn dies zutrifft, erklärt sich die Gefahr, in der Paulus die Christen in Philippi sieht, denn – in der Terminologie des dritten Kapitels des Philipperbriefs gesprochen – die von den Gegnern propagierte Beschneidung gewährt Teilhabe an einem noch einmal gänzlich anderen πολίτευμα, dem πολίτευμα der Juden. An diesem πολίτευμα hat – und das kompliziert die Lage – Paulus seit seiner Geburt selbst teil: Seine *tribus* ist die φυλὴ Βενιαμίν, er ist aus dem γένος Ἰσραήλ und am achten Tage beschnitten. Wenn irgendwer, so kann Paulus sich dessen rühmen (Phil 3,4).

Die Attraktivität dieses jüdischen πολίτευμα liegt auf der Hand: Es bietet eine *staatlich anerkannte* Alternative zur römischen Daseinsform.[24] Und dies unterscheidet dieses πολίτευμα von dem christlichen, im Hinblick auf welches

[20] Gerald F. Hawthorne, S. 181. Zu den Einzelheiten der Registration und den einschlägigen Archiven vgl. Jane F. Gardner: Proofs of Status in the Roman World, BICS 33 (1986), S. 1–14; v.a. S. 2. Weitere Literatur zu den Personenstandsarchiven findet sich bei Martin Hengel: Der vorchristliche Paulus, in: Paulus und das antike Judentum, WUNT 58, Tübingen 1991, S. 177–293; hier S. 194f., Anm. 61.

[21] Einen Überblick über die verschiedenen Vorschläge zur Näherbestimmung der Gegner bietet Günter Klein: Antipaulinismus in Philippi. Eine Problemskizze, in: Jesu Rede von Gott und ihre Nachgeschichte im frühen Christentum. Beiträge zur Verkündigung Jesu und zum Kerygma der Kirche (FS Willi Marxsen), Gütersloh 1989, S. 297–313; hier S. 297–301.

[22] Karl-Wilhelm Niebuhr, aaO. (Anm. 2), S. 88. Er begründet das so: »Dies geht einerseits aus der polemischen Paronomasie κατατομή (3,2) hervor, andererseits aus der Prädikation κακοὶ ἐργάται, die auf missionarische Aktivität schließen läßt. Ob ihre Missionsverkündigung allerdings den Christusglauben zur Grundlage hatte, ist aus dem Wort ἐργάται nicht zu entnehmen« (S. 88f.).

[23] Günter Klein, aaO., S. 304.

[24] Auch Suhl hält das jüdische πολίτευμα für eine weit sicherere Lebensform als das christliche. Er geht sogar noch einen Schritt weiter, wenn er davon spricht, daß »Christen den Rechtsschutz der Synagoge gegen mögliche Verfolgungen durch den Staat in Anspruch nehmen … können« (Alfred Suhl: Paulus und seine Briefe. Ein Beitrag zur paulinischen Chronologie, StNT 11, Gütersloh 1975, S. 199).

von einer staatlichen Anerkennung im ersten Jahrhundert keine Rede sein kann: Paulus, der εἰς ἀπολογίαν τοῦ εὐαγγελίου im Gefängnis sitzt (Phil 1,16), ist dafür das beste Beispiel.

Die Schärfe des Tons am Anfang von Kapitel 3 rührt daher, daß Paulus die Philipper als *Heidenchristen*[25] für besonders gefährdet hält, was die Attraktivität des jüdischen πολίτευμα angeht. Von ihrer Vergangenheit her liegt es den Christen in Philippi sehr nahe, verschiedene Götter gleichzeitig zu verehren: Es tut dem *Iuppiter Optimus Maximus* schließlich keinen Abbruch, wenn man daneben auch *Silvanus* verehrt. Und wenn die Konditionen in dem Begräbnisverein des thrakischen Gottes Suregethes besonders günstig sind – kann das ein Hinderungsgrund sein, außerdem auch nach Kipia zu pilgern und dem Ἥρως Αὐλωνείτης zu opfern? Dionysos hat gewiß nichts dagegen, wenn ein Mitglied eines einschlägigen θίασος zugleich die Isis verehrt, und der Kybele ist es gleichgültig, wenn ihre Anhänger beim Festzug des Asklepios mit dabei sind.[26]

Damit ist für die Christen Schluß, so viel ist ihnen klar. Sie haben sich ein für allemal ἀπὸ τῶν εἰδώλων abgewandt hin zu dem einen Gott (so lautet die paulinische Formulierung des Sachverhalts in 1 Thess 1,9). Und Paulus bescheinigt ihnen ihre κοινωνία εἰς τὸ εὐαγγέλιον ἀπὸ τῆς πρώτης ἡμέρας ἄχρι τοῦ νῦν (Phil 1,5). Ein Rückfall zu den εἴδωλα, sei es nun Asklepios oder Kybele, Isis oder Dionysos, der Ἥρως Αὐλωνείτης oder Suregethes, *Silvanus* oder *Iuppiter Optimus Maximus,* kommt einem Abfall von dem einen Gott gleich. Aber darum geht es hier ja gar nicht! Von einem Abfall von dem einen Gott kann keine Rede sein. Verehren die Juden nicht *denselben*

---

[25] Die Adressaten des Philipperbriefs charakterisiert PORTEFAIX wie folgt: »From the letter we can deduce that the members of the Philippian church at that time consisted principally of Greeks with a pagan religious background. Paul's branding of the Jews as ›the dogs‹ indulging in malpractices (Phil 3: 2) and the lack of Old Testament allusions in the letter indicate there were no members with a Jewish referential framework. From the fact that the proper names in the letter are mainly Greek it may further be deduced that the first Philippian Christians were principally of Greek origin.« (LILIAN PORTEFAIX, aaO. (Anm. 17), S. 137).

Zur Zusammensetzung der ersten christlichen Gemeinde in Philippi vgl. im einzelnen unten im Fünften Kapitel, § 3; zu den Juden in Philippi dort § 1. Alttestamentliche Zitate fehlen im Philipperbrief so gut wie völlig. Man kann allenfalls diskutieren, ob in Phil 1,19 ein Zitat aus Hiob 13,16 LXX vorliegt. DIETRICH-ALEX KOCH hat die Stelle in seiner Studie (Die Schrift als Zeuge des Evangeliums. Untersuchungen zur Verwendung und zum Verständnis der Schrift bei Paulus, BHTh 69, Tübingen 1986) jedenfalls nicht berücksichtigt, weil es sich seinen Kriterien zufolge (vgl. dazu S. 13ff.) hier nicht um ein Zitat handelt.

[26] *Iuppiter Optimus Maximus* wird in Philippi, wie Inschriften von der Akropolis (z.B. 177/L014) zeigen, gerade auch von Privatleuten verehrt. Zum Kult des Silvanus in Philippi s. oben im Ersten Kapitel, S. 108ff. Der Begräbnisverein des thrakischen Gottes Suregethes findet sich in der griechischen Inschrift 133/G441 vom Neapolistor. Zum Ἥρως Αὐλωνείτης und seinem Heiligtum in Kipia s. oben S. 93ff., zur Verehrung des Dionysos S. 100ff. Isis in Philippi wird von COLLART, S. 443ff. (die S. 446–448 aufgelisteten Inschriften aus Philippi haben sich seither nur unwesentlich vermehrt) diskutiert. Zur Verehrung der Kybele in Philippi und in Makedonien im allgemeinen vgl. den Kommentar zur Inschrift 054/L045 aus Dikili-Tasch. Die Asklepieien schließlich werden in 311/G411 aus der Basilika B erwähnt.

Gott, zu dem Paulus die Christen in Philippi bekehrt hat? Was also spricht dagegen, »sich vor möglicher Bedrohung in das (irdische) πολίτευμα der Juden [zu] flüchten«?[27]

Sollte es den christlichen Glauben tangieren, wenn man sich daneben auch beschneiden läßt? So mochten die philippischen Christen fragen. Und diese Frage lag umso näher, als die Christen in Philippi in ihrer heidnischen Vergangenheit daran gewöhnt waren, mehrere Heilsangebote nebeneinander wahrzunehmen.

Ergebnis

Von drei verschiedenen Glaubens- und Lebensweisen ist der Philipperbrief geprägt. Die römische Daseinsweise ist der Hintergrund, auf dem die Adressaten in Philippi die Ausführungen des Paulus lesen; sie hat das Leben auch der Christen bis zu ihrer jeweiligen Bekehrung geprägt. Das römische πολίτευμα ist in Philippi präsent durch die *tribus Voltinia,* der die römischen Bürger der Kolonie angehören. Für die Christen in Philippi ist diese Daseinsform erledigt.

Das jüdische πολίτευμα spielte zur Zeit der Mission des Paulus in Philippi so gut wie keine Rolle (vgl. dazu im Fünften Kapitel, § 1). Es tritt nun aber in Gestalt der Gegner neu auf den Plan und lockt die Christen mit der Aussicht, die Privilegien einer *religio licita* genießen zu können. Die Beschneidung mochte manchem in Philippi um so attraktiver erscheinen, als damit nicht der Abfall von dem einen Gott zur Diskussion stand. In dieser Situation stilisiert Paulus seine Vergangenheit als die eines exemplarischen Juden[28]. Der exemplarische Jude hat analoge Vorzüge aufzuweisen wie der römische Bürger in Philippi. Wie die Toga den Römer, so kennzeichnet die Beschneidung den Juden. Was dem Römer in Philippi die *tribus Voltinia* bedeutet, kann Paulus in Gestalt der φυλὴ Βενιαμίν vorweisen. Schon damit rückt Paulus die Beschneidung in ein Zwielicht. Ist das von den Gegnern in Philippi propagierte jüdische πολίτευμα nur eine neue Variante der alten römischen Daseinsweise derer, die – paulinisch gesprochen – ἐν σαρκὶ πεποιθότες (Phil 3,3) sind, so ist dieses jüdische πολίτευμα damit von vornherein disqualifiziert.

Die Polemik des Paulus gegen die Beschneidungsforderung gipfelt in dem Satz, daß die Christen ihr πολίτευμα im Himmel wissen. Von dort erwarten sie in Kürze ihren Herrn, der dann die Wahrnehmung der bürgerlichen Rechte im Himmel ermöglichen wird. Wer dieses πολίτευμα besitzt, dessen Name ist im Buch des Lebens verzeichnet. Für ihn sind sowohl die römische als auch die jüdische Daseinsweise erledigt. Er weiß: ὁ κύριος ἐγγύς.

---

[27] So die Formulierung von SUHL, aaO. (Anm. 24), S. 199.
[28] Diese Formulierung dient NIEBUHR als Überschrift des Philipperbriefkapitels, aaO. (Anm. 2), S. 79ff.

§ 3 Die unrömischen Christen

Ramsay MacMullen spricht im Vorwort zur Paperback-Ausgabe seines Buches »*Enemies of the Roman Order*« von »an explicit sense of Roman-ness, meaning a collection of qualities defining the dominant norms among that people«; dieses Römisch-Sein kann man ihm zufolge »from among the earliest as among the latest voices of the Romans themselves« nachweisen.[1] Ihm steht das Unrömische gegenüber, MacMullen prägt dafür die Bezeichnung un-Roman.[2] Dabei geht es nicht um »deviation in individual character, but rather in group character«, ein Sachverhalt also, der »something of historical significance« darstellt.[3]

Unrömisch par excellence sind auch die frühen Christen, wie man gerade am Philipperbrief studieren kann. Paulus selbst, der Gründer der Gemeinde, sitzt im Gefängnis (Phil 1,7.13.14.16.17). Dieser sein Gefängnisaufenthalt steht seiner eigenen Aussage zufolge in einem engen Zusammenhang mit seiner Verkündigung des Evangeliums (τοὺς δεσμούς μου φανεροὺς ἐν Χριστῷ γενέσθαι, Phil 1,13). Nach einer plausiblen Interpretation von Phil 1,16 kann Paulus sogar formulieren, daß es sich um einen Gefängnisaufenthalt εἰς ἀπολογίαν τοῦ εὐαγγελίου handelt.

Es ist nicht das erste Mal, daß Paulus im Gefängnis sitzt. Wir wissen aus der Apostelgeschichte, daß Paulus in Philippi selbst ins Gefängnis kam, und die Historizität dieses Ereignisses wird gesichert, wenn Paulus den Philippern schreibt, ihr Christsein erweise sich unter anderem darin, daß sie solche wären, die τὸν αὐτὸν ἀγῶνα ἔχοντες, οἷον εἴδετε ἐν ἐμοὶ καὶ νῦν ἀκούετε ἐν ἐμοί (1,30): Was sie nun von ihm hören, ist in erster Linie dies, daß er im Gefängnis ist; darüber sind sie besorgt (vgl. 1,12). Was sie damals an ihm sahen, als er in Philippi war, war eben dieses: Er saß im Gefängnis. Und jetzt ist es so weit, daß auch Glieder der Gemeinde von Philippi im Gefängnis sind[4], nicht aus diesem oder jenem Grund wohlgemerkt, sondern als solche, die für Christus leiden (Paulus bezieht sich auf τὸ ὑπὲρ αὐτοῦ [sc. Χριστοῦ] πάσχειν, Phil 1,29). Es geht also nicht um ein individuelles Geschick des Paulus, der vielleicht deswegen ins Gefängnis mußte, weil er als Missionar besonders exponiert ist, son-

---

[1] Ramsay MacMullen: Enemies of the Roman Order. Treason, Unrest, and Alienation in the Empire, Cambridge/Mass. 1966; Paperback-Ausgabe London und New York 1992; hier S. III.

[2] Ebd. Er hatte ursprünglich dem Buch den Titel »The UnRomans« geben wollen und weist in diesem Zusammenhang darauf hin, daß »the very term ›unRoman‹ can be found today in the writings of so established a scholar as Arthur Darby Nock« (ebd.).

[3] Ebd.

[4] Suhl meint: Daß »es bereits zu Verhaftungen gekommen sei, ist freilich eine Folgerung, die der Text selbst nicht zwingend nahelegt« (Alfred Suhl: Paulus und seine Briefe. Ein Beitrag zur paulinischen Chronologie, StNT 11, Gütersloh 1975, S. 176) – aber auch er räumt ein, daß »eine ganz handfeste äußere Bedrohung vorliegen muß« (ebd.), d.h. daß den Philippern »Schwierigkeiten mit der Behörde drohen« (S. 182).

dern die Erfahrung der Philipper zeigt, daß das Christsein als Lebensform vielleicht nicht notwendiger-, aber doch jedenfalls möglicherweise in den Konflikt
zumindest mit den städtischen Behörden führt, und dieser Konflikt endet für
die Betroffenen vorläufig einmal im Gefängnis. Im Fall des Paulus handelt es
sich dabei um eine Frage von Leben und Tod (Phil 1,20ff.).

Daß es hier um einen grundsätzlichen Konflikt zwischen den städtischen
bzw. staatlichen Behörden einerseits und den Christen andrerseits geht und
nicht um historische Zufälligkeiten, erhellt ebenfalls aus dem Philipperbrief.[5]
Schon die Aufforderung ἀξίως τοῦ εὐαγγελίου τοῦ Χριστοῦ πολιτεύεσθε
(Phil 1,27) weist in diese Richtung.

1. Der Sinn der paulinischen Aussage in Phil 1,27

Wie die beiden Wörter πολίτευμα und σωτήρ in dem im vorigen Paragraphen diskutierten Vers 3,20 aus dem Rahmen des sonst bei Paulus Üblichen
herausfallen, so auch das Verbum πολιτεύομαι in 1,27. Die Verwendung des
Verbums πολιτεύομαι in Phil 1,27 ist umso befremdlicher, als Paulus an zahlreichen parallelen Stellen dieses Verbum gerade *nicht* benutzt. Die Liste dieser
Parallelen ist von eindrucksvoller Länge: Röm 6,4; 8,4; 13,13; 14,15; 1 Kor
3,3; 7,17; 2 Kor 4,2; 5,7; 10,2.3; 12,18; Gal 5,16; Phil 3,17.18; 1 Thess 2,12;
4,1.12 – überall findet sich das Verbum περιπατέω!

Dazu gesellt sich der weitere Befund, daß Paulus das Verbum πολιτεύομαι
nur an dieser einen Stelle in Phil 1,27 verwendet.[6] »Wenn nun im Neuen Testament zweimal das Verb πολιτεύομαι gebraucht wird [sc. in Phil 1,27 und in
Apg 23,1], so wird man angesichts des vorliegenden Tatbestandes von vornherein geneigt sein, ihm einen besonderen, in die Sphäre staatsbürgerlichen Lebens reichenden Sinn zuzuschreiben, obwohl πολιτεύομαι bei den Apostolischen Vätern eindeutig = περιπατεῖν aufgefaßt wird ... .«[7]

Betrachtet man die Aufforderung des Paulus in Phil 1,27 näher, so fällt auf,
daß auch die Verbindung von ἀξίως mit τὸ εὐαγγέλιον im Neuen Testament
singulär ist. Dies ist ein weiteres Indiz für die Alandsche These, daß hier ein »in
die Sphäre staatsbürgerlichen Lebens« reichender Sinn anzunehmen ist. Das

---

[5] Vgl. das Urteil PORTEFAIX': »... there existed a deep antagonism in the relationship between them [der römischen Kolonie und der christlichen ›Kolonie in der Kolonie‹], and we can
deduce that the Philippian Christians were regarded with suspicion. In his letter Paul touches
upon his conflict with the Roman authorities (Phil. 1: 13) and upon his fears that the Philippians
might experience the same treatment (Phil. 1: 30)« (LILIAN PORTEFAIX: Sisters Rejoice. Paul's
Letter to the Philippians and Luke-Acts as Seen by First-century Philippian Women, CB.NT 20,
Uppsala 1988, S. 140).

[6] Das Verbum begegnet im Neuen Testament sonst nur noch in Apg 23,1.

[7] KURT ALAND: Die Christen und der Staat nach Phil. 3,20, in: Paganisme, Judaïsme, Christianisme. Influences et affrontements dans le monde antique (FS Marcel Simon), Paris 1978,
S. 247-259; hier S. 255.

wird noch deutlicher, wenn man das einschlägige Material aus der Umwelt heranzieht. Im Raum Philippi selbst existiert eine Inschrift[8], wo die Verbindung ἀξίως τοῦ τε βασιλέως καὶ τῶν πολιτῶν begegnet. Das ist, wie ich finde, eine überaus interessante Parallele zu der paulinischen Formulierung![9] Ähnliche Kombinationen sind epigraphisch häufig bezeugt, so z.B. ἀξίως τοῦ δήμου[10] oder ἀξίως τοῦ θεοῦ[11] oder ἀξίως τῶν θεῶν[12]. Besonders aufschlußreich ist dann die sehr häufig bezeugte Kombination

$$\text{ἀξίως τῆς (ἡμετέρας) πόλεως}[13],$$

denn hier haben wir die konkurrierende Norm: In Philippi würde man in diesem Fall wohl sagen ἀξίως τῆς κολωνίας! Ein Lebenswandel ἀξίως τῆς κολωνίας – das ist es, was von einem ordentlichen Bewohner der Stadt Philippi erwartet wird, aber nicht ein Wandel ἀξίως τοῦ εὐαγγελίου.

Ich komme daher zu dem Ergebnis, daß schon die Wortwahl des Paulus auf die besondere Situation von Philippi hin zugeschnitten ist. Dem Paulus ist deutlich, was es heißt, als Christ in der *Colonia Iulia Augusta Philippensis* zu leben. Dies signalisiert er den Philippern schon, indem er statt des zu erwartenden περιπατέω das (im Corpus Paulinum einmalige) πολιτεύομαι verwendet. Das unterstreicht er, wenn er das ἀξίως mit einer (aus hellenistischer wie römischer Sicht) völlig unerhörten Bezugsgröße, dem Evangelium, verbindet. Die Christen sollen sich Paulus zufolge nicht ihrer Vorfahren oder ihrer Stadt würdig erweisen, sondern des Evangeliums.

2. Die Brisanz der paulinischen Forderung

Wenn Paulus seine Forderung in Phil 1,27 μόνον ἀξίως τοῦ εὐαγγελίου τοῦ Χριστοῦ πολιτεύεσθε sogleich dahingehend spezifiziert, daß es darum gehe, μιᾷ ψυχῇ συναθλοῦντες τῇ πίστει τοῦ εὐαγγελίου (1,27 Ende), so ist dies aus der Sicht eines römischen Beamten eine geradezu revolutionäre Aufforderung. Aus der Sicht römischer Behörden wird hier nämlich nicht nur eine dem *mos maiorum* ganz und gar nicht kompatible Fremdgröße – das εὐαγγελίον τοῦ Χριστοῦ – eingeführt, sondern die Brisanz dieses Vorhabens wird auch dadurch gesteigert, daß es sich in diesem Fall nicht um eine lokale religiöse Verirrung, sondern um eine »internationale« Bewegung handelt.

---

[8] Es handelt sich um die Inschrift 543/G480 aus Gazoros (3. Jh. v. Chr.).

[9] Ähnlich heißt es in einer Inschrift aus Ägina ἀξίως τοῦ τε βασιλέως καὶ τῆς πόλεως (IG IV 1,22).

[10] Ich nenne beispielsweise IG II² 672, Z. 9; 780, Z. 32; 838, Z. 18; 968, Z. 51.

[11] Ich nenne beispielsweise IG II² 775, Z. 19; 1136, Z. 5; 1256, Z. 6; 1271, Z. 7; 1271, Z. 13; 1324, Z. 5.

[12] Ich nenne beispielsweise IG IX 4, 702, Z. 4; 744, Z. 7; 1299, Z. 28.

[13] So beispielsweise in Oropos IG IV 7, 387, Z. 6.

Der überregionale Verbund der christlichen Gemeinden, der nicht zuletzt
durch die Person des Paulus gewährleistet ist, erweist diese als *singuläre* Erscheinung im Rahmen der in der *Colonia Iulia Augusta Philippensis* sonst vertretenen Kulte. Ganz gleich, ob man thrakische, griechische oder römische
Gottheiten in Betracht zieht, immer handelt es sich um Organisationen auf lokaler Ebene – falls es überhaupt zu solchen kommt. Ich illustriere das an je einem Beispiel: Die Verehrer des Thrakischen Reiters zerfallen in unendliche
einzelne Gemeinschaften. Auch wenn man hier beispielsweise nur die Anhänger des Ἥρως Αὐλωνείτης ins Auge faßt, was haben die Kultgemeinschaften
in Kipia und in Κρηνίς miteinander zu tun? Schon gar nichts verbindet die Verehrer des Ἥρως Αὐλωνείτης in Kipia mit den Verehrern derselben Gottheit in
Abdera oder in Thessaloniki.[14] Es gibt keine Organisation, die über den eng be-
grenzten lokalen Rahmen hinauswiese.

Genauso verhält es sich mit den Anhängern des Dionysos: Die Mitglieder
des θίασος, der in dem Heiligtum in Philippi zusammenkommt[15], haben mit
den Dionysosanhängern in Drama[16] genausowenig zu tun wie mit dem *thiasus*
des *Liber Pater Tasibastenus* in Χαριτωμένη, einem Ort, der damals höchstwahrscheinlich *Tasibasta* hieß.[17] »Ein Verband der Dionysosverehrer, der in der
Art der christlichen Kirche zentralisiert gewesen wäre, hat nie existiert: Jeder
verehrte den Gott als dasjenige göttliche Wesen, welches er und seine Gruppe
sich vorstellte.«[18]

Genauso ist es bei den Anhängern des Silvanus; sie sind in Philippi sehr
zahlreich, wie die einschlägigen Inschriften[19] zeigen – aber es gibt absolut kein
Indiz dafür, daß sie irgendeine Verbindung zu den Silvanusverehrern an anderen Orten gehabt hätten.

Dieser Befund gilt für *alle* religiösen Vereinigungen der *Colonia Iulia Augusta Philippensis,* für die Anhänger der Isis[20] genauso wie für die der Kybele[21],

---

[14] Die Belege für die Inschriften aus Abdera und aus Thessaloniki finden sich im Kommentar zu 619/G499 aus Kipia.
[15] Vgl. die Inschriften 338/L333; 339/L338; 340/L589; 341/L267; 342/L292. Zum hier befindlichen Heiligtum vgl. den Kommentar zu 338/L333.
[16] Vgl. die Inschriften 499/G189ff.
[17] Vgl. die Inschriften 524/L103 und 525/L104.
[18] REINHOLD MERKELBACH: Die Hirten des Dionysos. Die Dionysos-Mysterien der römischen Kaiserzeit und der bukolische Roman des Longus, Stuttgart 1988, S. 15.
Anders verhält es sich mit dem »internationalen« Schauspieler-Verband; doch ist dies der
Sache nach nicht in erster Linie ein religiöser Verein, sondern eine Berufsgenossenschaft und
schon von daher mit den oben im Text diskutierten Phänomenen kaum vergleichbar, vgl. MER-
KELBACH, S. 25, § 24: »In der Kaiserzeit waren die Schauspieler und Musiker in einem Weltver-
band organisiert, dessen zentraler Sitz in Rom war. In Smyrna gab es eine Filiale dieses Verban-
des, welche für den Osten des Reiches zuständig war. Diese Künstler waren als ›Mysten des
großen Dionysos Briseus vor der Stadt‹ organisiert.«
[19] 164/L001; 163/L002; 165/L003; 166/L004 u.a.
[20] Vgl. die Inschriften 132/L303; 175/L012; 190/G299; 191/G300; 192/G301; 193/G302;
255/L443.
[21] Vgl. die Inschriften 054/L045 und 468/G179.

der Venus[22], der Nemesis[23], der Bendis/Diana[24], der Minerva[25] oder der Augusta[26], für die des Pluton[27] und des Θεὸς Ὑπόγαιος[28] ebenso wie für die des Θεὸς Σουρεγέθης[29] oder des *Dominus Rincaleus*[30], des Iuppiter Fulmen[31], des Iuppiter Optimus Maximus[32], des Mercurius[33], des Neptunus[34] oder des Vertumnus[35].

Die einzige epigraphisch nachweisbare Ausnahme im Rahmen des Territoriums der *Colonia Iulia Augusta Philippensis* sind die Anhänger der almopianischen Göttin. Sie scheinen eine überregionale Organisation zu besitzen – aber was ist das doch für eine kümmerliche Organisation, wenn man sie mit den Verbindungen der christlichen Gemeinde in Philippi vergleicht! Der Priester der almopianischen Göttin reist aus Philippi an, die Delegierten kommen aus Serres, Euporia (?) und einigen nahegelegenen Dörfern[36]. Selbst wenn man nur das paulinische Missionsgebiet am Anfang der fünfziger Jahre des ersten Jahrhunderts in Anschlag bringt, sind hier so weit voneinander entfernte Städte wie Philippi, Thessaloniki, Korinth, Ephesos und die (wo auch immer zu lokalisierenden) Orte in Galatien zu nennen: Welche religiöse Gemeinschaft in Philippi könnte mit solchen Verbindungen aufwarten?

Aus der Sicht der lokalen Behörden liegt daher eine doppelte Gefahr vor: Die Christen beziehen ihre Maßstäbe von außerhalb, und sie sind überregional organisiert. Ihre Bezugsgröße ist nicht der *mos maiorum,* und ihre überregionale Organisation ist ein weiterer Grund zur Besorgnis. Christen sind daher, mit MacMullen gesprochen, *Enemies of the Roman Order.*

---

[22] Vgl. die Inschrift 057/L046.
[23] Vgl. die Inschriften 142/G562; 143/G563; 144/G298.
[24] Vgl. die Inschriften 168/L006; 170/L008; 171/L009; 173/L575; 174/L011; 227/L337; 451/L158; 512/L102; 517/L176; 519/L245.
[25] Vgl. die Inschrift 474/L091.
[26] Vgl. die Inschrift 226/L344.
[27] Vgl. die Inschrift 527/G208.
[28] Vgl. die Inschrift 092/G496.
[29] Vgl. die Inschrift 133/G441.
[30] Vgl. die Inschriften 169/L007; 189/L026 und 516/L653.
[31] Vgl. die Inschriften 384/L615; 514/L246; 186/L023.
[32] Vgl. die Inschriften 177/L014; 178/L015; 473/L090.
[33] Vgl. die Inschriften 225/L308; 250/L374; 485/L617; 514/L246.
[34] Vgl. die Inschrift 388/L566.
[35] Vgl. die Inschrift 515/L155.
[36] Vgl. die Inschrift 602/G647.

§ 4 Die ἐπίσκοποι

Roman society ... was ...
the most status-symbol-conscious culture
of the ancient world[1]

Die ἐπίσκοποι im Präskript des Philipperbriefs stellen ein schwieriges exegetisches Problem dar: ἐπίσκοποι kann man eine Generation später allenthalben antreffen, aber zur Zeit des Philipperbriefes sind sie sonst nirgendwo belegt. Wirft man etwa einen Blick hinüber in die benachbarte Gemeinde von
Thessaloniki, so sind dort natürlich auch »leitende Funktionäre« anzutreffen,
aber sie haben keinen schmückenden Titel, sondern werden schlicht als
προϊστάμενοι bezeichnet (1 Thess 5,12).

Was die ἐπίσκοποι und διάκονοι im Präskript des Philipperbriefes angeht,
sind sich die Kommentatoren nur über einen Punkt einig: »The reference clearly requires some explanation.«[2] Schon Heinrich August Wilhelm Meyer berichtet in seinem Kommentar von 1859 von einer ganzen Reihe verschiedener Er-
klärungen, die von einer Athetese des gesamten Briefes durch Ferdinand Christian Baur bis hin zu der Vermutung reichen, Paulus habe ἐπίσκοποι und
διάκονοι *nach* der Gemeinde selbst genannt, weil »der regierende Hirte« hinter
der Herde hergehe![3] Ewald ist der Auffassung, die Nennung von ἐπίσκοποι
und διάκονοι sei »an unserer Stelle auf keinen Fall ein Anachronismus«, da
diese nämlich, »unter der oder jener Benennung [!], überall zu finden gewesen«
seien.[4] Ähnlich äußert sich Lohmeyer: »Die Titel finden sich nur an dieser Stelle in paulinischen Briefen; daß auch die in ihnen angedeuteten Funktionen nur
in Philippi sich gefunden hätten, ist sehr unwahrscheinlich, wenn nicht unmöglich.«[5] Dibelius sieht in dem »Fürsorgedienst« (damit meint er »die Besorgung
des Mahles wie die Versorgung von Kranken, Gefangenen, Durchreisenden«)
den Grund für das Vorhandensein bestimmter Funktionäre »von den ersten Zeiten an«; deswegen brauche man aber der Gemeinde in Philippi keineswegs eine
besonders fortgeschrittene Verfassungsform zuzuschreiben; »im Gegenteil ist

---

[1] »Whatever may be the date when purple was first established for status display in Rome, it
is certain that our evidence for the use of purple in antiquity is most massively documented for
Roman society, which was, in general, *the most status-symbol-conscious culture of the ancient
world*« (MEYER REINHOLD: History of Purple as a Status Symbol in Antiquity, CollLat 116,
Brüssel 1970, S. 38; Hervorhebung von mir).

[2] PETER T. O'BRIEN, S. 47.

[3] Vgl. HEINRICH WILHELM AUGUST MEYER, S. 9f.

[4] EWALD/WOHLENBERG, S. 39, Anm. 3.

[5] LOHMEYER, S. 12. LOHMEYER hat eine – von seinen Prämissen her – schlagende Erklärung
dafür, daß ἐπίσκοποι und διάκονοι im Präskript genannt werden: Er rechnet mit Verfolgungen
der Gemeinde in Philippi, die »wie in späteren Zeiten zunächst die äußeren Führer der Gemeinde betroffen haben, d.h. die Episkopen und Diakone scheinen gefangen gesetzt zu sein. Weil
aber der Brief auch ihnen gilt, die jetzt bei der Verlesung des Briefes vor ›allen Heiligen‹ nicht
zugegen sein können, so sind sie in der Adresse besonders genannt« (aaO., S. 12f.).

aus dem Brief Polykarps an die Phil.[ipper] eher zu schließen, daß die Gemeinde den monarchischen Episkopat noch nicht kannte, als die kleinasiatischen Gemeinden ihn schon eingeführt hatten.«[6] Karl Barth möchte die Begriffe nach der Analogie von Beamten »des Staates, der Stadtkommunen und besonders der kultischen Vereine« interpretieren, d.h. es handele sich nicht um »›geistliche‹ Ämter in unserem Sinn«, sondern es seien »Ämter vorwiegend ökonomischen Charakters, womit die Wahrscheinlichkeit einer gewissen Autoritätsstellung ihrer Träger in der Gemeinde, vielleicht auch im Kultus wieder nicht in Frage gestellt zu sein braucht, nur daß es, wie schon der Pluralis zeigt, keinesfalls die der späteren Bischöfe war.«[7] Wolfgang Schenk schließlich löst das Problem, indem er hier eine Glosse annimmt. Neben sprachlichen Beobachtungen sind es vor allem historische Erwägungen, die ihn dazu veranlassen: »Die Verwendung des Ausdrucks ἐπίσκοπος ist nicht nur als paulinische Einmaligkeit besonders auffallend, sondern sie gehört auch sonst deutlich« in eine spätere Zeit, »die Wende zum 2. Jahrhundert«.[8]

Obwohl mit diesem Gang durch einige herausragende Kommentare der letzten 150 Jahre die Fülle der Möglichkeiten noch lange nicht ausgeschöpft ist[9], breche ich hier ab. Es scheint mir ein merkwürdiges Phänomen zu sein, daß man bei all diesen zahlreichen Versuchen noch nicht an das Nächstliegende gedacht hat: Den Versuch der Herleitung der ἐπίσκοποι aus den Gegebenheiten in Philippi selbst. Dieser Versuch erscheint noch erfolgversprechender, wenn man sich klarmacht, daß die Organisation der christlichen Gemeinden in den 50er Jahren mit großer Wahrscheinlichkeit keine einheitliche war. Sollte demnach in dieser frühen Phase nicht besonders stark mit lokalen Einflüssen zu rechnen sein?

Sehr beherzigenswert erscheint mir in diesem Zusammenhang, was Lemerle zu unserer Frage zu sagen hat: »Quoi qu'il en soit il faut retenir, et c'est un fait important, que peu d'années après sa fondation la communauté chrétienne de Philippes s'était spontanément donné une organisation, qui répondait à des besoins d'ordre administratif, et qui connaissait deux degrés, désignés par des termes qui resteront employés dans la hiérarchie ecclésiastique. Mais il faut se garder, en particulier pour le terme d'ἐπίσκοπος, de conclure d'une identité de mot à une identité avec la charge qui sera plus tard celle de l'évêque proprement dit. Des épiscopes que nous avons ici, à l'évêque tel qu'il apparaît en pleine lumière, pour l'Orient asiatique, dans les épîtres d'Ignace d'Antioche, il y a une longue évolution, si même il y a rien de commun …«[10].

---

[6] Martin Dibelius (3. Aufl.), S. 62.

[7] Karl Barth, S. 3.

[8] Wolfgang Schenk, S. 80. Zur Interpretation des σύν – die für Schenk von entscheidender Bedeutung ist – vgl. S. 78-80.

[9] Weitere Möglichkeiten, bis hin zur Ableitung der ἐπίσκοποι aus Qumran, findet man im Exkurs bei Gnilka verzeichnet (S. 32-41: »Exkurs 1: Die Episkopen und Diakone«).

[10] Lemerle, S. 55. Im folgenden weist Lemerle auf den bemerkenswerten Sachverhalt hin,

Im folgenden versuche ich daher zu zeigen, daß die ἐπίσκοποι spezifisch philippische Funktionsträger sind, die es zu jener Zeit unter diesem Namen in anderen Gemeinden vermutlich noch nicht gab.[11]

1. Posten und Pöstchen in Philippi

Es ist ein allgemein menschliches Phänomen, daß einer, der es, um mit Goethe zu reden, so herrlich weit gebracht hat, auf diese seine Leistung stolz ist, und diesen seinen Stolz bei sich bietender Gelegenheit auch gern zur Schau stellt. Trotzdem kann man nicht bestreiten, daß es bestimmte Betätigungsfelder gibt, die sich für eine solche Zurschaustellung besonders eignen, wie zum Beispiel das militärische. Eine besondere Eigenart gerade lateinischer Inschriften ist es nun, daß sie oft jede einzelne Charge des (verstorbenen oder zu ehrenden) Militärs akribisch auflisten. Eine Reihe solcher Inschriften hat sich auch in Philippi erhalten. Daß aber *die ausführlichste derartige Inschrift* des gesamten *Imperium Romanum* ausgerechnet im Territorium von Philippi gefunden wurde[12], kann ich nicht für einen Zufall halten. Ich nehme es als ein Indiz dafür, daß man in Philippi *besonders stolz* darauf war, seine Posten und Pöstchen zur Schau zu stellen.

Diese Beobachtung macht man nicht nur im militärischen Bereich. Selbst ein Schauspieler, ein Angehöriger eines in der damaligen Zeit nicht gerade angesehenen Berufsstandes[13] also, macht da keine Ausnahme. So nennt *Titus Uttiedius Venerianus* auf seinem Sarkophag (476/L092 aus Drama) minutiös die Stationen seiner Laufbahn: »Notre artiste dramatique rend compte de ses services avec le même soin et dans la même forme, qu'un vétéran des légions énu-

---

daß es hier an dieser Stelle zwar schon ἐπίσκοποι in Philippi gibt, »l'épiscopat unitaire« zur Zeit des Polykarp von Smyrna in Philippi aber noch immer nicht in Sicht gewesen sei.

[11] Schon MEEKS spricht die Vermutung aus: »The only candidates for titles common to the Pauline groups and associations are *episkopos* (Phil. 1:1) and *diakonos* (Phil. 1:1; Rom. 16:1), which in these passages *may* have a technical sense designating a local ›office‹« (WAYNE A. MEEKS: The First Urban Christians. The Social World of the Apostle Paul, New Haven/London 1983, S. 79).

[12] Dies ist die Inschrift 522/L210 aus Γραμμένη. Der Herausgeber schreibt diesbezüglich: »A huge tombstone with two reliefs and a Latin inscription accidentally came to light in 1965 in the fields of Grammeni, a village to the north-west of the ancient Philippi in Macedonia … . *The inscription represents the most detailed career of a Roman soldier so far known,* providing new information on the structure and functioning of the Roman army« (MICHAEL SPEIDEL: The Captor of Decebalus. A New Inscription from Philippi, JRS 60 (1970), S. 142–153; hier S. 142; meine Hervorhebung). Die Inschrift 617/L118 aus Kipia ist beinahe ebenso detailliert, was die militärische Laufbahn angeht.

[13] Zum Beruf des Schauspielers in römischer Zeit vgl. die Studie von HARTMUT LEPPIN: Histrionen. Untersuchungen zur sozialen Stellung von Bühnenkünstlern im Westen des Römischen Reiches zur Zeit der Republik und des Principats, Antiquitas, Reihe I, 41, Bonn 1992; zum Ansehen des Berufsstandes besonders Kapitel XIII: »Die Einstellung der römischen Gesellschaft« (S. 135ff.).

mérant ses grades et ses années de campagne«, stellt Heuzey fest.[14] In Philippi ist man nicht einfach Schauspieler (das Wort *histrio* kommt im Text der Inschrift bezeichnenderweise überhaupt nicht vor), und auch der schon viel klangvollere Titel *archimimus latinus* reicht nicht aus. *Archimimi* mag es auch anderwärts geben, unser *archimimus* ist zugleich *officialis* (Angestellter der *res publica Philippensis* nach Mommsens einleuchtender Interpretation), und dies siebenunddreißig Jahre lang. Mag das wohlklingende *officialis* auch nur den »städtische[n] Subalternbeamte[n]« bezeichnen[15] – im Vergleich zu seinen Schauspielerkollegen hat unser *Titus Uttiedius Venerianus* es zu etwas gebracht. Nicht nur zu einem wohlklingenden Titel und zu einer geregelten Besoldung – die Karriere unseres *archimimus* gipfelt in einer freien unternehmerischen Tätigkeit. Als *promisthota,* d.h. als »entrepreneur de spectacles à Philippes«[16], beschließt er sein Leben, und daß diese Karriere auch pekuniäre Früchte zeitigte, kann der erstaunte Leser der Grabinschrift an dem opulenten Sarkophag unschwer erkennen.

Die Inschrift einer Musikerin (647/G036) schließlich ist in der Aufzählung ihrer Kunstfertigkeit derart differenziert, daß sie selbst das ehrwürdige Lexikon von *Liddell/Scott/Jones* überfordert: κιθαρῳδίστρια – »Kitharaspielerin« – und ναβλίστρια – »Nablaspielerin« – fehlten bei LSJ und wurden später im Supplement aufgrund dieser Inschrift aus Philippi aufgenommen.[17]

Daß ein Mitglied des *ordo decurionum* alle von ihm bekleideten Ämter in einer entsprechenden Inschrift aufzählt, verwundert nicht – es ist für Philippi so häufig bezeugt, daß ich hier keine Beispiele aufzuzählen brauche –; erstaunlich ist aber die Tatsache, daß auch Menschen aus ganz bescheidenen Schichten ihre Funktionen auf einschlägigen Inschriften nennen: War es für Ἐνκόλπιος, der seinem *patronus* einen Sarkophag mit Inschrift anfertigen läßt, nötig, sich auf dieser Inschrift als ἀπελεύθερος zu bezeichnen und diesen seinen Status auf diese Weise auch der Nachwelt zu überliefern? Wieso bezeichnet sich *Secundus,* der dem *Iuppiter Optimus Maximus* eine Inschrift (177/L014) setzt, als *servus aquarius?* Ähnlich steht es mit Vitalis, der sich auf seiner Grabinschrift als *servus* und als *verna domo natus* (im Haus geborener Sklave) bezeichnet (416/L166).

Nur am Rande sei vermerkt, daß dieses Phänomen sich selbstverständlich auch bei den christlichen Inschriften von Philippi beobachten läßt: Αὐρήλιος Κυριακός bezeichnet sich als διδάσκαλος (071/G437); Ποσιδονία nennt ihre Funktion als διακονίσση, und Παγχαρία ist ἐλαχίστη κανονική (077/G067). Presbyter finden sich gleich mehrfach in Philippi. Originell ist die Funktion eines Johannes, von Beruf Leinweber: Er ist

---

[14] Léon Heuzey: [ohne Titel,] BSNAF 1867, S. 134-140; hier S. 137.

[15] Theodor Mommsen: Schauspielerinschrift von Philippi, Hermes 3 (1869), S. 461-465; hier S. 463.

[16] Die Formulierung Collarts (S. 272) geht offenbar auf Heuzey zurück.

[17] LSJ bietet im Supplement (S. 84) erstmals κιθαρῳδίστρια; im Lexikon selbst immerhin ναβλιστής (S. 1159); im Supplement dann auch ναβλίστρια (S. 102).

ὑποδέκτης (Kassierer; Kirchmeister? 115/G766). Ein Philippos nennt auf seinem Grab-stein seine Funktion als Lektor (ἀναγνώστης; 583/G557).

Aus den angeführten Belegen ergibt sich: Auf allen Ebenen der »Hierarchie« der Gesellschaft in Philippi ist man stolz auf das bekleidete Amt, und sei es nur ein Pöstchen. Bis hinunter zu den Sklaven macht jeder alles namhaft, was er an beruflichen oder sonstigen Posten bekleidet hat. Daher lautet meine These: Das *römische* Milieu, das die christliche Gemeinde in Philippi umgibt und dem die einzelnen Gemeindeglieder ja samt und sonders entstammen, ist für die rasche Ausbildung von Funktionsbezeichnungen gerade in dieser Gemeinde ursäch-lich. Denn die Besonderheit *dieses* Milieus bedingt es, daß auch jeder Posten und jedes Pöstchen mit einem wohlklingenden Titel versehen wird.

2. Funktionäre von Vereinen[18]

Gerade in einer Kolonie wie Philippi war ein großer Teil der Bevölkerung von dem *cursus honorum* durch die munizipalen Ämter von vornherein ausge-schlossen, weil ihm dafür schon die elementarste Voraussetzung, das Bürger-recht, fehlte. Hier vermögen nun aber die zahlreichen Vereine in gewisser Wei-se Abhilfe zu schaffen: »Bereits die Organisation der Vereine zeigt, daß sie als Ersatzpoleis fungieren sollten, war jene doch ganz der Struktur der politischen Stadtgemeinde nachempfunden. Der Volksversammlung der Polis entsprach auf Vereinsebene die Mitgliederversammlung, und ganz wie die politische Ge-meinde besaß auch der Verein eine Fülle von (gewählten) Beamten; häufig führten sie sogar die gleichen Amtsbezeichnungen wie ihre ›Kollegen‹ in den Munizipien.«[19] Man kann daher schon von vornherein annehmen, daß in Phil-ippi ganz besonders viele Vereine samt ihren Funktionären existierten. Es wird sich aber zeigen, daß Philippi in mancherlei Hinsicht geradezu eine Spitzenstel-lung zukommt.

Ich zähle zunächst eine Reihe von in Philippi bezeugten Vereinen samt ihrer epigraphisch bezeugten Funktionäre auf, um das Umfeld abzustecken, in dem die christliche Gemeinde anzusiedeln ist.

Die Verehrer des *Iuppiter Optimus Maximus* nennen einen *curator* ihr eigen. Dieses Amt bekleidet ein gewisser *Lucius Firmius Geminus* (588/L236). Außerdem haben die Verehrer des *Iuppiter Optimus Maximus* natürlich auch ei-nen Priester *(sacerdos,* vgl. 177/L014, doch ohne Namensnennung).

---

[18] Ich fasse im folgenden den Begriff Verein in einem weiten Sinne, so daß er einerseits Be-rufsgenossenschaften, andrerseits aber auch θίασοι umfaßt, vgl. FRANZ POLAND: Geschichte des griechischen Vereinswesens, Leipzig 1909 (Nachdr. 1967), S. 5-8.

[19] ECKHARD PLÜMACHER: Identitätsverlust und Identitätsgewinn. Studien zum Verhältnis von kaiserzeitlicher Stadt und frühem Christentum, Biblisch-Theologische Studien 11, Neu-kirchen-Vluyn 1987, S. 16.

Die Silvanusverehrer haben ebenfalls *sacerdotes* (164/L001 u.ö.) und mindestens einen *aedilis* (164/L001; 163/L002). Sie sind in *decuriae* untergliedert (165/L003), von denen es mindestens sieben gibt (ebd.). Möglicherweise haben diese Dekurien wiederum je einen Repräsentanten.

Die Diana hat eine Oberpriesterin *(antistes:* 451/L158, aus Doxato). Zudem gibt es einen *sacerdos* (519/L245 aus Κοκκινόγεια) namens *Manta Zercedis* und eine ganze Reihe von *curatores* (aaO., Z. 4ff.).

Interessant sind auch die zahlreichen Stiftungen für die Rosalien.[20] Hier ist von vornherein mit einem erheblichen Verwaltungsaufwand zu rechnen. Allein die finanzielle Seite der Angelegenheit macht hier gewisse Funktionäre notwendig. Vielleicht heißen sie ebenfalls *curatores* (vgl. 512/L102 aus Προσοτσάνη: *sub curat(ione) Zipae).*

Ähnlich ist es bei den Dionysos-Verehrern, vgl. 529/L106 (Kadim Köprü): Die Formulierung *sub cura(tore) Saturn(ino)* läßt darauf schließen, daß zumindest dieser *thiasus* einen (jährlich wechselnden?) *curator* hat, der für die korrekte Abwicklung der Rosalienstiftung verantwortlich ist.

Einen ἱερεύς haben die *venatores* und Anhänger der Nemesis (142/G562; 143/G563; 144/G298 im Theater); für diesen Fanclub der Zirkusdarbietungen wird der Priester tätig, indem er auf eigene Kosten Inschriften im Theater aufstellen läßt.

Schließlich der Kult der Isis: Hier gibt es einen *sacerdos* namens *Lucius Titonius Suavis* (581/L239 aus Αγγίστα und 175/L012 auf der Akropolis). Ein Nachfolger des *Lucius Titonius Suavis* ist der ἱερεὺς Καλλίνικος Καλλινείκου (190/G299 und 191/G300 aus dem Iseion auf der Akropolis). Ein anderer ἱερεύς ist Κάστωρ Ἀρτεμιδώρου (193/G302, ebenfalls Akropolis). Außerdem scheinen die Isisverehrer einen ἀρχιερεύς und einen γυμνασίαρχος zu haben (311/G411, Basilika B).

Die Verehrer der almopianischen Göttin haben einen ἱερεύς und außerdem [ἀ]πόστολοι (602/G647 aus Trita im Pangaion).

Besonders bemerkenswert scheint mir zu sein, daß mehrere dieser Funktionsbezeichnungen spezifisch philippisch sind: So gibt es Silvanusverehrer – beispielsweise in Rom – in hellen Scharen, aber einen *aedilis* als Funktionär eines *collegium* von Silvanusverehrern gibt es anscheinend nur in Philippi.[21] Der Kult der almopianischen Göttin weist [ἀ]πόστολοι oder (nach dem Vorschlag von Jeanne und Louis Robert), [ὑ]πόστολοι auf – [ἀ]πόστολοι in einer solchen Funktion sind so ungewöhnlich, daß die Roberts die Ergänzung Collarts schon aus diesem Grunde ablehnen; für [ὑ]πόστολοι vermögen sie nur eine einzige Parallele anzuführen.[22] Verehrer des Thrakischen Reiters gab es zu

---

[20] Zum Rosalienfest und den Rosalien-Inschriften in Philippi vgl. o. S. 104.

[21] Zum *aedilis* der Silvanusanhänger in Philippi vgl. oben im Ersten Kapitel, § 4,3 (S. 111ff.). Es gibt nirgendwo einen weiteren Beleg für diesen Funktionär im Rahmen des Kults des Silvanus.

[22] JEANNE ROBERT/LOUIS ROBERT, BÉ 1944, S. 215. Im Register bei POLAND sucht man S. 643 vergeblich nach ἀπόστολοι. Zu der Inschrift mit den ὑπόστολοι aus Demetrias vgl.

vielen Tausenden – *procuratores* als ihre Funktionäre aber sind *nur in Philippi bezeugt.* Der Grad der Organisation der Verehrer des Thrakischen Reiters war, wenn man die in den Corpora[23] bisher publizierten Inschriften betrachtet, ein denkbar geringer: Gelegentlich begegnet ein ἱερεύς und einige andere Funktionäre – aber ein *procurator* ist nicht darunter.[24] Der Kult des Ἥρως Αὐλωνείτης war im ersten und zweiten Jahrhundert in Philippi einer der bedeutendsten Kulte überhaupt (vgl. dazu oben das Erste Kapitel, § 4,1). Er erfreute sich sogar staatlicher Förderung. Seine *procuratores* waren nicht irgendwelche Beamte, sondern sie hatten Leitungsfunktionen inne. Das geht zum einen aus dem Titel *procurator* selbst, zum anderen aus der Bank, auf der diese Inschrift angebracht ist, hervor.[25] Damit kommen diese *procuratores* aus dem Kult des Ἥρως Αὐλωνείτης den ἐπίσκοποι aus dem Präskript des Philipperbriefes am nächsten. Man könnte das griechische ἐπίσκοποι geradezu als das Pendant des lateinischen *procuratores* auffassen.

Diese These bezieht sich wohlgemerkt lediglich auf die lokalen Verhältnisse der *Colonia Iulia Augusta Philippensis.* Ich behaupte mitnichten, daß ἐπίσκοπος die »Übersetzung« von *procurator* sei. Es bedarf nur eines Blickes in das Werk Masons, um dies einzusehen (s.v. ἐπίσκοπος erscheinen hier S. 47 die lateinischen Äquivalente *praeses, proconsul, pontifex* und *princeps;* umgekehrt wird S. 142f. eine Fülle von Belegen geboten, wonach das griechische Äquivalent von *procurator* ἐπίτροπος lautet). Aber diese Belege beziehen sich auf kaiserliche *procuratores,* nicht auf Funktionäre des Ἥρως Αὐλωνείτης. Nichts hätte freilich die Christen in Philippi daran hindern können, sich dieses Wortes ἐπίτροπος zu bedienen, um ihre Funktionäre damit zu bezeichnen; allein, sie haben es nicht getan und stattdessen ἐπίσκοπος gewählt. Für den Betrachter der »religiösen Szene« in Philippi aber muß diese Funktionsbezeichnung als Pendant zu den *procuratores* in Kipia erscheinen.

3. Die christlichen ἐπίσκοποι als spezifisch philippische Amtsträger

Ich bin mithin der Auffassung, daß man die ἐπίσκοποι im Präskript des Philipperbriefes zunächst als spezifisch philippisches Phänomen würdigen sollte. Dann kommt aber eine Ableitung etwa aus Qumran nicht mehr in Betracht. Es gilt vielmehr, die lokalen Gegebenheiten – vor allem in (kultischen) Verei-

---

POLAND, S. 43. Sie sind besonders »herausgehoben aus der Zahl der Gläubigen« und »beteiligen sich an dem jährlichen Festmahl«; POLAND meint, sie bildeten »eine Art Priesterkolleg« mit besonderen Vorrechten (ebd.).

[23] Zum Kult des Thrakischen Reiters s.o. im Ersten Kapitel, § 4,1. Dort findet sich (Anm. 11) auch eine Liste der bisher erschienenen Bände des CCET; neben diesen habe ich auch das Corpus von KAZAROW ausgewertet.

[24] Zu den ausgewerteten Corpora vgl. die vorige Anm.; ἱερεύς bei KAZAROW 954 (S. 163); 975 (S. 166); CCET I, 30.60.89; II 1, 186.201.376; ἀρχιερεύς bei KAZAROW 730 (S. 131); ἀρχιερατικός CCET II 2, 477. Für die Funktionäre am ergiebigsten ist die Inschrift CCET IV, 29, wo eine ganze Reihe von einschlägigen Begriffen begegnet: γραμματεύς, νομοφύλαξ κτλ.

[25] Einzelheiten dazu oben S. 98f. Da die Inschrift aus Kipia, die die *procuratores* erwähnt, nicht publiziert ist, kann ich den Text leider nicht zitieren.

nen – als Hintergrund zu berücksichtigen. Auf diesem Weg gelangt man zu dem Ergebnis, daß die christlichen ἐπίσκοποι sich ohne weiteres in die Reihe ihrer paganen Funktionärskollegen einordnen lassen. Man kann dagegen m.E. nicht einwenden, diese Ableitung aus den lokalen Gegebenheiten empfehle sich deshalb nicht, weil der Titel ἐπίσκοπος in den profanen Vereinen in Philippi nicht belegt ist.[26] Das Studium der zahlreichen Funktionäre und ihrer verschiedenen Titel macht ja gerade deutlich, daß man nicht nur einen Titel haben wollte, sondern es sollte offenbar nach Möglichkeit auch ein besonders origineller Titel sein: So haben die Silvanusverehrer in Philippi *und nur in Philippi* einen *aedilis*. Die Anhänger des Thrakischen Reiters haben in Philippi *und nur in Philippi procuratores*. Ist es dann nicht fast zu erwarten, daß die Christen in Philippi *und nur in Philippi* ἐπίσκοποι ihr eigen nennen?

Was die Ausbildung dieses Titels gerade in Philippi (und in dieser frühen Phase offenbar *nur in Philippi*) angeht, so scheint mir dafür das »römische« Klima der Kolonie der entscheidende Faktor zu sein. Mehrere andere Gemeinschaften weisen gerade in Philippi ebenfalls singuläre Titel von Funktionären auf: Dies legt die Vermutung nahe, daß sich auch in der christlichen Gemeinde schon bald das Bedürfnis fühlbar machte, den hier wie überall vorhandenen προϊστάμενοι einen klangvollen Titel beizulegen. Die *procuratores* des Ἥρως Αὐλωνείτης mögen gerade in dieser Beziehung das entscheidende Vorbild gewesen sein.

§ 5 Λόγος δόσεως καὶ λήμψεως

Die *dritte Glaubensweise,* deren Bezugsgröße das εὐαγγέλιον τοῦ Χριστοῦ darstellt, ist für die Christen in Philippi keine theoretische Größe; vielmehr handelt es sich hier um ihren zentralen Bezugspunkt, wie man gerade auch an dem finanziellen Engagement der Gemeinde sieht.

Dieses finanzielle Engagement, dessen Einzigartigkeit und Bedeutsamkeit Paulus unterstreicht, wenn er schreibt: οἴδατε δὲ καὶ ὑμεῖς, Φιλιππήσιοι, ὅτι ἐν ἀρχῇ τοῦ εὐαγγελίου, ὅτε ἐξῆλθον ἀπὸ Μακεδονίας, οὐδεμία μοι ἐκκλησία ἐκοινώνησεν εἰς λόγον δόσεως καὶ λήμψεως εἰ μὴ ὑμεῖς μόνοι, ὅτι καὶ ἐν Θεσσαλονίκῃ καὶ ἅπαξ καὶ δὶς εἰς τὴν χρείαν μοι ἐπέμψατε (Phil 4,15f.), wird in der Regel vornehmlich aus der Sicht des Paulus gewürdigt und kommt so m.E. gar nicht hinlänglich in den Blick. Soweit die Philipper selbst in diesem Zusammenhang überhaupt besprochen werden, geschieht dies neuerdings vornehmlich unter der Rubrik »Freundschaft«: »Unter dem gleichen Archilexem des griechischen Freundschaftskonzepts sagen die Philipper mit ihrer

---

[26] Das ist nicht erstaunlich, wenn man in Betracht zieht, daß viele einschlägige Inschriften in Philippi eben nicht griechisch, sondern lateinisch sind, und ein Vorkommen des Titels ἐπίσκοπος daher von vornherein nicht zu erwarten ist.

Wendung [die Schenk hinter dem paulinischen τὸ ὑπὲρ ἐμοῦ φρονεῖν in 4,10 vermutet] dasselbe, was Paulus in seiner Sprache V. 14f. als synonyme Bezeichnung verwendete. So gehören φρονεῖν wie κοινωνεῖν hier als Hyponyme zu dem Wortfeld φιλία«, heißt es beispielsweise bei Wolfgang Schenk.[1] Doch geht es hier wirklich um φιλία? Gewiß ist die Kategorie »Freundschaft« nicht völlig unangebracht, aber weder aus der Sicht des Paulus noch aus der Sicht der Christen in Philippi erfaßt sie das Wesentliche.

Wollte Paulus in der Tat sagen, daß die Philipper in eine Partnerschaft geschäftlicher Art mit ihm eingestiegen sind? »It is almost as though he viewed the entire matter as a strictly business affair: the Philippians had entered into a partnership (ἐκοινώνησεν) with him ... . And this partnership involved a strict accounting (εἰς λόγον) of all transactions between them ... . All expenditures and receipts (δόσις καὶ λήμψις) were carefully recorded«, meint Hawthorne.[2] Aus der Sicht des Paulus jedenfalls sind die Philipper eine κοινωνία εἰς τὸ εὐαγγέλιον eingegangen, die ἀπὸ τῆς πρώτης ἡμέρας ἄχρι τοῦ νῦν Bestand hat (Phil 1,5). Und dies ist auch in 4,15 die entscheidende Bezugsgröße, auf die Paulus selbst *expressis verbis* hinweist (ἐν ἀρχῇ τοῦ εὐαγγελίου!).

Noch einmal anders erscheint das finanzielle Engagement der Gemeinde in Philippi aus ihrer eigenen Sicht. Die Inschriften der *Colonia Iulia Augusta Philippensis* bieten auch in diesem Fall eindrückliches Material, welches das Engagement der Gemeinde in einem andern Licht erscheinen läßt. In diesen Inschriften fehlt es nämlich nicht an Beispielen, die das Prinzip des λόγος δόσεως καὶ λήμψεως illustrieren. So hat etwa *Lucius Decimius Bassus* in seinem Testament festgelegt, daß für die beträchtliche Summe von 30.000 Sesterzen auf dem Forum ein Brunnen errichtet werden soll.[3] Dieser Brunnen ist ein Denkmal zu Ehren der gesamten Familie, wie die Inschrift zeigt: *Lucius Decimius Bassus* verfügt ausdrücklich, daß dieser Brunnen zu seinen, des Ädils Ehren, zu Ehren seines Vaters, des Quästors und Duumvirs in Philippi, sowie zu Ehren seines Bruders – der noch kein städtisches Ehrenamt aufzuweisen hat – gebaut werden soll. Aber der λόγος δόσεως καὶ λήμψεως wird es erreichen, daß nach dieser großzügigen testamentarischen Verfügung des *Lucius Decimius Bassus* nun auch dieser bisher amtslose Bruder zum Zuge kommt, indem er umgehend zum Quästor gewählt wird.

Ein anderer reicher Bürger der Kolonie läßt auf seine Kosten sieben Paare von Gladiatoren auftreten und veranstaltet vier Tierhetzen im Theater; bei dieser Gelegenheit läßt er die Arena auch gleich mit Safranwasser besprengen, um

---

[1] Wolfgang Schenk, S. 65. Vgl. dazu jetzt auch Lukas Bormann: Philippi. Stadt und Christengemeinde zur Zeit des Paulus, NT.S 78, Leiden/New York/Köln 1995, S. 164–170: »Die ΦΙΛΙΑ-Konzeption«.

[2] Gerald F. Hawthorne, S. 204.

[3] 213/L347. Es handelt sich hier um keinen Einzelfall. Ähnlich verhält es sich beispielsweise bei der Bibliothek (233/L332) und beim Theater (141/L306). Vgl. ferner die Bauinschrift des *Sermo Turpilius Vetidius* 026/L123.

den schlechten Geruch zu überdecken.[4] Hat er dafür nicht eine Ehreninschrift verdient? Das Prinzip des *do ut des* läßt diese Frage als rhetorisch erscheinen.

Dieser umgekehrte Fall, daß sich nämlich die Stadt für erwiesene Wohltaten erkenntlich zeigt, ist in anderen Inschriften aus Philippi jedenfalls bezeugt. So wird in der Inschrift 306/G409 ὁ δῆμος tätig ἀντὶ τῆς εἰς ἑαυτὸν εὐεργεσίας, indem er dem Wohltäter[5] eine Ehreninschrift setzt.

Dem *Caius Antonius Rufus,* der sich in verschiedenen römischen Kolonien, u.a. in Philippi und in Troas, Verdienste erworben hat, stellen mehrere Stadtbezirke – die *vici II, VII, VIII* und *IX* – in Troas gleichlautende Ehreninschriften auf.[6]

In einem bescheideneren Rahmen – aber immerhin auch hier unter Aufwendung beträchtlicher Mittel – spielt sich der λόγος δόσεως καὶ λήμψεως bei den Veteranen der *cohors IV vigilium* ab. Sie fühlen sich ihrem Hauptmann *Lucius Tatinius Cnosus* verpflichtet, der den Höhepunkt seiner Karriere unter Domitian erlebte.[7] Einen Stein in Höhe von 1,35m stellen sie auf, um ihren ehemaligen *centurio* zu ehren. Minutiös wird über neun Zeilen hinweg die Karriere des *Lucius Tatinius Cnosus* verzeichnet. Dieser hat sich offenbar auch nach dem Ausscheiden aus dem militärischen Dienst als εὐεργέτης seiner früheren Untergebenen bewährt – anders ist das Aufstellen der opulenten Ehreninschrift nicht zu erklären.[8]

Für manchen Verein ist dieser λόγος δόσεως καὶ λήμψεως der erste und wichtigste Daseinsgrund. Auch in Philippi haben sich Inschriften erhalten, die dies belegen. Dies ist z.B. bei der Mitgliederliste eines *collegium* der Fall, in welcher an zwei Stellen ausdrücklich *pecunia inlata* (eingezahlte Geldsumme) vermerkt ist.[9] Eine ganze Gruppe einschlägiger Zeugnisse bilden die Rosalieninschriften, die von Paul Perdrizet und Paul Collart in eigenen Aufsätzen diskutiert wurden.[10] Allen diesen Inschriften ist das Prinzip des *do ut des* gemeinsam: Der Verstorbene hinterläßt einem *collegium* oder einem *vicus* eine Summe Geld; im Gegenzug versammelt sich das *collegium* oder der *vicus* jedes Jahr an den Rosalien an seinem Grab, verbrennt dort die Rosen und feiert ein Festmahl μνείας χάριν. Ein besonders schönes Exemplar dieser Gattung wurde erst nach

---

[4] 087/L265.

[5] Der Name ist unsicher. Wahrscheinlich handelt es sich um einen Κλωδιανός (306/G409, Z. 2). In 309/G060 ist ebenfalls ὁ δῆμος auf eigene Kosten (ἐκ τῶν ἰδίων) tätig, um Βαίβιος Οὐαλέριος Φίρμος zu ehren.

[6] Es handelt sich um die Inschriften 700/L738, 701/L739, 702/L740 und 703/L741.

[7] 202/L313. Die Dedikanten bezeichnen sich in Z. 12ff. als solche, *qui sub eo [sc. Lucio Tatinio Cnoso] in vigilib(us) militaver(unt) et honesta missione missi sunt.*

[8] Die Inschrift 203/L314 zeigt, daß er sich auch in der *Colonia Iulia Augusta Philippensis* engagiert hat.

[9] Leider ist die Inschrift 091/L360 am Anfang und am Ende unvollständig, so daß sich kein klares Bild dieses *collegium* gewinnen läßt. Das *pecunia inlata* begegnet in Z. 6 und Z. 15.

[10] PAUL PERDRIZET: Inscriptions de Philippes: Les Rosalies, BCH 24 (1900), S. 299–323; PAUL COLLART: ΠΑΡΑΚΑΥΣΟΥΣΙΝ ΜΟΙ ΡΟΔΟΙΣ, BCH 55 (1931), S. 58–69. Zu den Rosalieninschriften vgl. meine Bemerkungen o. S. 104.

Erscheinen des Collartschen Aufsatzes entdeckt[11]: Der Verstorbene hat in seinem Testament für alle Fälle vorgesorgt: Falls der Begräbnisverein des Gottes Suregethes – der überaus genau beschrieben wird als derjenige πρὸς τὴν ἀγορὰν παρὰ τὸ ὡρολόγιν[12] – die ihm übergebenen 150 Denare nicht bestimmungsgemäß zur Verbrennung der Rosen verwendet, ist er verpflichtet, das Doppelte des Betrags an einen anderen Begräbnisverein zu zahlen, der dann den eingegangenen Verpflichtungen nachkommen soll.

In genau derselben Weise funktioniert der λόγος δόσεως καὶ λήμψεως auch im Rahmen kultischer Vereine. Ein naheliegendes Beispiel aus Philippi sind die Silvanusverehrer, von denen schon im Ersten Kapitel die Rede war.[13] Das *collegium* der Silvanusfreunde ist dem *Publius Hostilius Philadelphus,* einem Freigelassenen, seit jeher ein Herzensanliegen. So scheut er weder Kosten noch Mühen, um dem *collegium* zu einem würdigen Mitgliederverzeichnis zu verhelfen, welches er auf seine eigenen Kosten in den Felsen hauen läßt.[14] Dieses Engagement des *Publius Hostilius Philadelphus* wissen die *sodales* zu schätzen: Sie machen ihrerseits den *Publius Hostilius Philadelphus* zu ihrem Ädil, woraufhin er sich wiederum durch die Finanzierung der Inschrift 164/L001 *(ob honorem aedilitatis,* d.h. wegen der ihm verliehenen Ehrenstellung der Ädilität läßt *Publius Hostilius Philadelphus* sie errichten[15]) und die Anlage eines bequemeren Weges zum Heiligtum des Silvanus[16] revanchiert.

Derlei Aktivitäten sind nicht auf die Silvanusanhänger[17] beschränkt. So engagieren sich die Mitglieder des *thiasus Maenad(arum) regianar(um),* indem sie zu Ehren von *Liber* und *Libera* auf ihre eigenen Kosten eine Wasserleitung bauen lassen.[18] Die Anhänger der almopianischen Göttin bringen die nötigen Mittel auf, um ihrer Göttin einen Weinberg in einem idyllischen Tal am Fuße des Pangaiongebirges zu kaufen.[19] Der (vielleicht städtische) *medicus Quintus Mofius Euhemerus* weiht der Isis einen Altar und läßt auf eigene Kosten vier Bänke (im Heiligtum der Isis?) aufstellen.[20]

---

[11] Es handelt sich um die 1936 publizierte Inschrift 133/G441 (PAUL LEMERLE: Le testament d'un Thrace à Philippes, BCH 60 (1936), S. 336–343).

[12] 133/G441, Z. 15f. Die Uhr ist bei den französischen Ausgrabungen nicht gefunden worden, vgl. den Kommentar zur Stelle.

[13] Vgl. oben im Ersten Kapitel, § 4, 3 (S. 108ff.).

[14] Die Mitgliederliste 163/L002 im Heiligtum des Silvanus am Fuße der Akropolis hat *Publius Hostilius Philadelphus* zur Zeit des Priesters *Urbanus sua pecunia* errichten lassen (Z. 3).

[15] 164/L001, Z. 2f.

[16] *Hostilius Philadelphus inscindentibus in templo petram excidit de suo:* »Hostilius Philadelphus hat für die zum Heiligtum Heraufsteigenden auf eigene Kosten den Felsen herausgehauen (und auf diese Weise gangbar gemacht)«, heißt es in 164/L001, Z. 23f. Auch hier ist das *de suo* (»auf eigene Kosten«) eigens erwähnt.

[17] Die Liste der Spender 164/L001 zeigt, daß auch andere *sodales* finanzielle Opfer bringen.

[18] 340/L589. Leider gibt es keine näheren Angaben hinsichtlich der Fundumstände dieser interessanten Inschrift aus dem Haus mit Bad im Süden der Basilika B.

[19] Am Ende der Inschrift 602/G647 werden drei Einlagen von je 140 Denaren aufgezählt; vermutlich setzte sich diese Liste nach unten weiter fort.

[20] Der Altar 132/L303 trägt die Weihinschrift: *Isidi Reg(inae) sac(rum),* die unter anderem

Die andere Seite des λόγος δόσεως καὶ λήμψεως veranschaulicht eine Inschrift der Verehrer der ägyptischen Götter.[21] Sie setzen ihrem Wohltäter, einem Angehörigen des Establishments von Philippi – er ist *decurio, irenarcha* und *duumvir iure dicundo* – eine Ehreninschrift, weil er sich als *munerarius* (im Sinne eines ἀγωνοθέτης) erwiesen hat.

Ähnlich ist es bei den Dionysosanhängern, die sich als μύστε (= μύσται) Βότρυος Διονύσου bezeichnen: Für ihren Obermysten (μυστάρχης) Rufus, der sich als ihr εὐεργέτης erwiesen hat, stiften sie eine Ehreninschrift.[22]

Das ausgebreitete Material[23] macht deutlich: Der λόγος δόσεως καὶ λήμψεως findet sich in allen Bereichen der Gesellschaft der Kolonie. Man geht nicht zu weit, wenn man ihn als ein konstitutives Prinzip dieser Gesellschaft bezeichnet. Er ist den Gliedern der Gemeinde in Philippi mithin von Kindesbeinen an vertraut. Solange sie der *ersten Glaubensweise* anhingen – d.h. bis zur Ankunft des Paulus in Philippi – partizipierten sie daran wie alle anderen Bewohner der Kolonie auch. Vom *decurio,* der sich als *munerarius* betätigt, bis hin zum Mitglied des bescheidensten Begräbnisvereins: Die Bewohner der *Colonia Iulia Augusta Philippensis* handeln nach dem λόγος δόσεως καὶ λήμψεως.

Das tun – und Paulus unterstreicht dies aufs nachdrücklichste – freilich auch die Glieder der Gemeinde in Philippi; aber sie tun es im Hinblick auf eine völlig andere Bezugsgröße: Sie tun es im Rahmen ihrer κοινωνία εἰς τὸ εὐαγγέλιον ἀπὸ τῆς πρώτης ἡμέρας ἄχρι τοῦ νῦν (Phil 1,5). Ihr πολίτευμα ist nicht mehr durch die Zugehörigkeit zur *tribus Voltinia* bestimmt, wie dies bei den römischen Bürgern in Philippi der Fall ist. Sie jagen *diesem* πολίτευμα auch nicht nach, wie es viele andere *incolae* der *Colonia Iulia Augusta Philippensis* tun, die eben nicht *cives Romani* sind. Das πολίτευμα der Glieder der Gemeinde in Philippi ist, wie Paulus sagt, ἐν οὐρανοῖς (Phil 3,20). Es hat daher für die Glieder der Gemeinde in Philippi keinen Sinn mehr, in ein irdisches πολίτευμα zu investieren. Und auch die Mitgliedschaft in diesem oder jenem *collegium,* dem sie zuvor ja – die Inschriften zeigen es – auch pekuniär verpflichtet waren, hat sich nach ihrer Bekehrung zum Evangelium erübrigt. Vollends obsolet sind die Einlagen bei dem Begräbnisverein geworden, denn ihre neue κοινωνία ersetzt ihnen selbstverständlich auch diesen.

Die Philipper leben seit ihrer Bekehrung zum christlichen Glauben ἀξίως τοῦ εὐαγγελίου (Phil 1,27); ihnen ist τὸ ὑπὲρ Χριστοῦ (Phil 1,29) geschenkt,

---

angibt, daß *Quintus Mofius Euhemerus* zur Ehre des kaiserlichen Hauses und zum Heil der *Colonia Iulia Augusta Philippiensis* tätig wird.

[21] Die Stifter der Inschrift 252/L467 bezeichnen sich in Z. 6–8 als *cultores deor(um) Serapis [et] Isidis.* Vgl. dazu 307/G410, wo οἱ θρησκευτὲ (= θρησκευταὶ) τοῦ Σέραπι ihren εὐεργέτης namens Κοίντος Φλάβιος Ἑρμαδίων ehren (eine ähnliche Inschrift ist 311/G411).

[22] 535/G207 aus Ἀλιστράτη im Nomos Serres.

[23] Ich habe mich im Vorstehenden lediglich auf eine Auswahl beschränkt und nur die eindrücklichsten Beispiele zusammengestellt; es wäre ein leichtes, aus den Inschriften von Philippi weiteres Material zusammenzutragen.

was beides impliziert, οὐ μόνον τὸ εἰς αὐτὸν πιστεύειν ἀλλὰ καὶ τὸ ὑπὲρ αὐτοῦ πάσχειν (ebd.). Wie auch immer: Die σωτηρία ist ihnen gewiß (Phil 1,28). Ihr βραβεῖον (Phil 3,14) wird nicht im Theater vergeben und nicht vom Rat der *Colonia Iulia Augusta Philippensis* beschlossen.

Diese grundlegende Umorientierung eines jeden einzelnen Christen in Philippi hat dann notwendigerweise auch eine Umorientierung des finanziellen Engagements zur Folge. Als Christ investiert man nicht in den Brunnen am Forum und nicht in den Tempel der Silvanusfreunde. Die dafür sonst verwendeten Mittel sind frei und können ἀξίως τοῦ εὐαγγελίου verwendet werden, so insbesondere zur Unterstützung des Paulus.[24]

---

[24] »From the financial support Paul received ... it seems ... reasonable to suggest that some of them [i.e. the first Philippian Christians] belonged to the group of Greek merchants who had migrated to Philippi chiefly from Asia Minor« (LILIAN PORTEFAIX: Sisters Rejoice. Paul's Letter to the Philippians and Luke-Acts as Seen by First-century Philippian Women, CB.NT 20, Uppsala 1988, S. 137); zu dieser Gruppe von Griechen in Philippi vgl. oben S. 91.

Drittes Kapitel

Lukas

§1 Lukas als ein ἀνὴρ Μακεδών
Die Bedeutung der Übergangsszene Apg 16,6–10

> This is in many respects
> the most remarkable paragraph in *Acts*.[1]

Im Rahmen der Apostelgeschichte bildet die erste Missionsreise (Apg 13,1–14,28) einen in sich geschlossenen Erzählzusammenhang. Darauf folgt in Kapitel 15 der Bericht über das »Apostelkonzil« in Jerusalem; am Ende dieses Kapitels wechselt der Schauplatz von Jerusalem nach Antiochien, von wo aus in 15,36 nach der Trennung von Barnabas und Paulus die zweite Missionsreise ihren Anfang nimmt. Sie führt von dort »durch Syrien« (!) und Kilikien (Apg 15,41) nach Derbe und Lystra, wo Paulus sich Timotheos zum zusätzlichen Begleiter erwählt, nachdem er ihn der Juden wegen beschnitten hat (Apg 16,1–5).

Der folgende Abschnitt führt dann über die bei der ersten Missionsreise berührten Gegenden hinaus (Apg 16,6–10); er ist in mehr als einer Hinsicht bemerkenswert: Zunächst beschreibt der Weg – mag er auch nicht in allen Einzelheiten genau nachvollziehbar sein[2] – einen beispiellosen Zickzackkurs, den zu verfolgen selbst mit modernen Verkehrsmitteln einige Mühe (und Zeit!) kostete. Außerdem werden die Reisenden an zwei Stellen durch den Geist gehindert, die von ihnen ins Auge gefaßte Richtung einzuschlagen: In v. 6 hindert sie der Heilige Geist daran, das Wort in der Asia zu verkündigen, und in v. 7 läßt es der Geist Jesu nicht zu, daß sie in nordöstliche Richtung nach Bithynien weiterwandern. Schließlich erscheint dem Paulus ein nächtliches ὅραμα, in welchem ihm ein völlig neues Ziel vorgegeben wird; die Missionare (in v. 10 beginnt der erste Wir-Bericht) erkennen darin einen Auftrag Gottes und wenden sich nach Makedonien (16,10.11ff.).

---

[1] W.M. RAMSAY (in seinem unten, Anm. 7, zitierten Buch auf S. 198 über den Abschnitt Apg 16,9–10).

[2] Zum letzten Abschnitt der Reiseroute vgl. W.P. BOWERS: Paul's Route through Mysia. A Note on Acts XVI. 8, JThS 30 (1979), S. 507–511. BOWERS ist der Auffassung, daß der Weg nach Troas (16,8) bereits in der Absicht unternommen worden sei, von dort aus nach Makedonien überzusetzen.

Alle drei Züge sind in der Apostelgeschichte ohne Analogie: Nirgendwo
sonst werden so weite Strecken in einem solchen Zickzackkurs bewältigt, ohne
daß irgend etwas passiert; nirgendwo sonst verhindert der Geist die Missionierung bestimmter Gebiete[3]; nirgendwo sonst wird einem Missionar durch ein
ὅραμα ein neues (geographisches) Ziel gewiesen.

Fragt man, wozu dieser ganze Aufwand getrieben wird, so muß die Antwort
lauten: Der Übergang von Alexandria Troas nach Neapolis und Philippi soll auf
diese Weise als besonders bedeutsam hervorgehoben werden. Was hat es nun
aber mit diesem Übergang auf sich?

Conzelmann interpretiert den Abschnitt als »Gottes Führung auf dem Weg
nach Europa«[4]; bei Weiser ist der ganze Abschnitt sogleich mit »Der Weg nach
Europa« überschrieben, so daß der Leser sich nicht mehr wundert, wenn die
Auslegung mit dem Satz beginnt: »Die besonderen Akzente der luk Darstellung
liegen darin, zu zeigen, daß der Weg der Missionare unter der *Führung Gottes*
steht, daß diese Führung äußerst *zielstrebig* geschieht und daß das neu zu er-
schließende Ziel der Missionsarbeit *Europa* ist.«[5]

Daß der Übergang von Asien nach Europa für uns als Europäer von Bedeutung ist, unterliegt keinem Zweifel – und der Untertitel der vorliegenden Arbeit
unterstreicht dies; aber wie kommen wir dazu, diese Idee auch dem Verfasser
der Apostelgeschichte zu unterstellen? Schon der lexikalische Befund hätte davor warnen müssen: Das Wort Εὐρώπη begegnet weder hier noch sonst irgend-

---

[3] Vgl. das Urteil CONZELMANNS: »Diese Reiseschilderung ist sehr merkwürdig: eine ge-
zielte Nicht-Missionsreise!« (HANS CONZELMANN: Die Apostelgeschichte, HNT 7, Tübingen
[2]1972, S. 97). Zum Eingreifen des Geistes vgl. die Formulierung ELLIGERS: »… an keiner anderen Stelle der Apostelgeschichte ist der Geist derart prononciert zum formenden Prinzip einer
ganzen Versgruppe geworden wie in diesem Fall.« (WINFRIED ELLIGER: Paulus in Griechenland. Philippi, Thessaloniki, Athen, Korinth, SBS 92/93, Stuttgart 1978 (Nachdr. außerhalb der
Reihe 1987), S. 25).

[4] So die Formulierung zu v. 6 (S. 98); schon zuvor spricht CONZELMANN von »der Lenkung
zum neuen Ziel, Europa« (S. 97). CONZELMANN bezieht sich u.a. auf OTTO GLOMBITZA: Der
Schritt nach Europa: Erwägungen zu Act 16 9–15, ZNW 53 (1962), S. 77–82. Bei GLOMBITZA
beherrscht diese These den gesamten Aufsatz: Gleich im ersten Satz wird das »in Act 16 9–15
geschilderte Ereignis« als »Schritt nach Europa« bestimmt (S. 77). Paulus ist für den Verfasser
der Apostelgeschichte ein »Werkzeug Gottes«, durch welches »dem Römischen Imperium, der
Europäischen Welt eine neue Wendung von einschneidender Bedeutung gegeben worden ist«
(S. 78). usw. usw.

Ähnlich »kontinental« argumentieren die meisten Kommentare. ROLOFF beispielsweise
stellt schon im einleitenden Abschnitt zu 15,36–19,20 heraus, Lukas wolle zeigen, »daß es der
Geist Jesu war, der Paulus dazu bestimmt hat, sich nach Europa zu wenden (16,6–10). Der
Übergang des Evangeliums von einem Kontinent auf den andern hat für ihn entscheidendes Gewicht« (S. 235).

[5] ALFONS WEISER: Die Apostelgeschichte. Kapitel 13–28, ÖTK 5/2, Gütersloh und Würzburg 1985, S. 402 (die Überschrift) und S. 404 (das Zitat; die Hervorhebungen sind von WEI-
SER). Vgl. auch GERD LÜDEMANN: Lukas »markiert … die Besonderheit des Übergangs von
Asien nach Europa« (GERD LÜDEMANN: Das frühe Christentum nach den Traditionen der Apostelgeschichte. Ein Kommentar, Göttingen 1987, S. 184).

wo in der Apostelgeschichte (auch im übrigen Neuen Testament sucht man es vergeblich).[6]

Auch wenn man versucht, das Problem gleichsam mit »griechischen Augen« zu betrachten, wird man den Gegensatz Asien/Europa hier nicht eintragen: Aus griechischer Sicht stellt der Übergang von Alexandria Troas nach Philippi eben *keinen* Einschnitt dar: In Kleinasien siedelten Griechen seit Menschengedenken; in und um Philippi mindestens seit vier Jahrhunderten (an der Küste und im gegenüberliegenden Thasos noch wesentlich länger). Als Grieche war man hier wie dort »zuhause«. Ähnlich verhält es sich, wenn man das Problem aus römischer Sicht betrachtet: In diesem Fall reicht die Tradition zwar nicht so weit zurück wie bei den Griechen, doch Philippi ist seit immerhin achtzig Jahren römische Kolonie, *Colonia Iulia Augusta Philippensis;* und Troas wurde ebenfalls schon von Augustus zur Kolonie gemacht: *Colonia Augusta Troas.* In beiden Fällen handelte es sich also um römische Städte, so daß ein Übergang von der einen zur anderen allenfalls aufgrund der dabei notwendigen Seereise als Einschnitt empfunden werden konnte.[7]

Die Lösung des Problems muß sich aus der Interpretation des ὅραμα ergeben: Kein Grieche und auch kein Römer (und natürlich erst recht kein »Europäer«), sondern ein ἀνὴρ Μακεδών erscheint dem Paulus. Dieser fordert den Paulus auf, nach Makedonien herüberzukommen (διαβὰς εἰς Μακεδονίαν, v. 9), woraufhin die Missionare sogleich nach einer Reisemöglichkeit nach Makedonien Ausschau halten (ὡς δὲ τὸ ὅραμα εἶδεν, εὐθέως ἐζητήσαμεν ἐξελθεῖν εἰς Μακεδονίαν, v. 10).

Der Übergang nach *Makedonien*[8] wird in diesem Abschnitt so nachdrücklich herausgestellt; was also läge näher, als hier makedonische Interessen am Werk

---

[6] Selbst SCHNEIDER, der sonst in diesem Zusammenhang genauer formuliert, schreibt an einer Stelle: »Daraufhin suchen die Missionare nach einer Reisegelegenheit, um nach Mazedonien zu gelangen; denn sie sind überzeugt, daß Gott selbst sie zur Verkündigung *nach Europa* gerufen hat (V 10)« (GERHARD SCHNEIDER: Die Apostelgeschichte. II. Teil: Kommentar zu Kap. 9,1–28,31, HThK V 2, Freiburg/Basel/Wien 1982, S. 203; die Hervorhebung ist von mir). Eine Ausnahme bildet W.M. RAMSAY (in seinem in der folgenden Anm. zitierten Buch, S. 198): »It is not easy to account on strictly historical grounds for the emphasis laid on the passage to *Macedonia*« (meine Hervorhebung); vgl. schon die Überschrift: »The Call into Macedonia« (ebd.).

[7] Schon RAMSAY hat daher zutreffend festgestellt, daß es sich hier nicht um einen Übergang von Asien nach Europa, sondern allenfalls um einen Übergang von einer römischen Provinz in eine andere handeln könne (W.M. RAMSAY: St. Paul the Traveller and the Roman Citizen, London [6]1902, S. 199): »A broad distinction between the two opposite sides of the Hellespont as belonging to two different Continents, had no existence in the thought of those who lived in the Ægean lands, and regarded the sea as the path connecting the Ægean countries with each other; and the distinction had no more existence in a political point of view, for Macedonia and Asia were merely two provinces of the Roman Empire ...«.

[8] Ich kann die moderne Diskussion um den Begriff Makedonien, die in diesen Monaten (Anfang 1993) eine aktuelle Bedeutung durch die politischen Auseinandersetzungen zwischen der nunmehr unabhängigen ehemaligen jugoslawischen Republik Mazedonien und Griechenland gewonnen hat, hier nicht im einzelnen referieren. Umstritten ist einerseits die Ausdehnung

zu sehen, makedonische Traditionen, für die dieser Übergang des Paulus und seiner Gefährten natürlich von zentraler Bedeutung sein mußte, makedonischen Lokalpatriotismus, der stolz darauf war, die Existenz makedonischer Gemeinden auf die Wirksamkeit des Apostelfürsten Paulus selbst zurückführen zu können? Ich halte es für angebracht, schon in diesem Zusammenhang die Vermutung auszusprechen, daß der Verfasser der Apostelgeschichte selbst sich als ἀνὴρ Μακεδών fühlte.[9] Dafür sprechen die folgenden Gründe:

(1) Der Übergang nach Makedonien wird in Apg 16,6–10 in einer Weise herausgestellt, die sonst in der Apostelgeschichte ohne Beispiel ist: »on mere grounds of historical geography alone, one cannot explain the marked emphasis laid on this new departure [in Troas]«[10].

(2) Nirgendwo sonst in der Apostelgeschichte ist das Itinerar von einer solchen Präzision wie in Makedonien. Dies gilt von dem Seeweg von Alexandria Troas nach Neapolis (Apg 16,11; die umgekehrte Richtung beschreibt

---

»Makedoniens« und andrerseits die Herkunft und Identität der »Makedonen«. Sind sie Griechen? Ist Makedonien ein Teil Griechenlands? Die griechische Sicht der Dinge wird etwa dargestellt und begründet bei Φώτιος Πέτσας: Μακεδονία καὶ Μακεδόνες. (Μία ἄποψη), in: Ἀρχαία Μακεδονία II (s. dort), S. 371–379. Dazu vgl. KALLÉRIS *passim*.

Vorsichtige Anfragen bezüglich der Herkunft der Makedonen finden sich bei EUGENE N. BORZA: In the Shadow of Olympus. The Emergence of Macedon, Princeton (UP) 1990 (Paperback-Ausgabe 1992; hier S. 77ff.: »Who Were the Macedonians?« und im Anhang S. 305f.). Was die geographische Frage angeht, so ist HAMMOND der Auffassung, daß das heutige Ostmakedonien und große Teile der Chalkidike nicht zu Makedonien zu rechnen seien (HAMMOND I, S. 3–5). Für die uns interessierende frühe Kaiserzeit ist die geographische Abgrenzung durch die römische Provinzgrenze klar definiert. Mindestens in dieser Epoche war das heutige Ostmakedonien eindeutiger Bestandteil Makedoniens! Vgl. PAPAZOGLOU, S. 81–89: »Les frontières de la Macédoine de 148 a.C. à 297 p.C.« sowie ihre dezidierte Aussage S. 78: »La région entre le bas Strymon et le bas Nestos était considérée par les Romains comme partie intégrante de la Macédoine«.

[9] Diese Vermutung ist nicht neu, vgl. FRANÇOIS BOVON: Das Evangelium nach Lukas, 1. Teilband. Lk 1,1–9,50, EKK III 1, Zürich/Neukirchen-Vluyn 1989: »Daß das ›Wir‹ erstmals in einer Darstellung der Mission in der Nord-Ägäis auftaucht, und zwar in Beziehung zur Erscheinung des Mazedoniers im Traum des Paulus in Apg 16,9–10, ist für mich ein Indiz für die Herkunft des Verfassers. Er dürfte ein Makedonier sein, der Kontakte zu Troas unterhält. Obwohl er an den Ereignissen, die er beschreibt, nicht teilgenommen hat, will er sich selbst in diesem Raum, der seine Heimat ist, situieren.« (S. 22). Und dann S. 23: »Daß Lukas aus Makedonien (Philippi?) stammt, ist auch aufgrund seiner präzisen Kenntnisse über diese Region, besonders über die römischen Institutionen, wahrscheinlich«. JOSEF ERNST hat diese These BOVONS als gewagt bezeichnet (JOSEF ERNST in seiner Rez., ThLZ 115 (1990), Sp. 591–593; hier Sp. 591). HEMER formuliert vorsichtiger: »Luke himself seems at least to have had a special connection with Philippi …« (COLIN J. HEMER: The Book of Acts in the Setting of Hellenistic History, WUNT 49, Tübingen 1989, S. 346, Anm. 77).

RAMSAY ist der Auffassung, daß Lukas selbst der ἀνὴρ Μακεδών war, der dem Paulus erschienen sei (aaO. (Anm. 7), S. 200ff.). Diese Spekulation setzt voraus, daß Lukas der Reisebegleiter des Paulus war (selbst HEMER urteilt: »It can be no more than a speculation that Luke was himself the individual of the vision«, aaO., S. 346). Meine Hypothese beruht nicht auf dergleichen Voraussetzungen und Spekulationen. Sie ließe sich auch dann halten, wenn Lukas ein Reisebegleiter des Paulus gewesen wäre, ist aber von dieser Voraussetzung völlig unabhängig.

[10] W.M. RAMSAY, aaO., S. 200.

Apg 20,6) ebenso wie von dem Weg von Neapolis nach Philippi (Apg 16,11f.). Der Verlauf der *Via Egnatia*[11] zwischen Philippi und Thessaloniki wird durch die weiteren Durchgangsstationen Amphipolis und Apollonia (Apg 17,1) präzisiert. Erst in Beroia (Apg 17,10) wird dann der Verlauf der *Via Egnatia* verlassen (in 17,14f. auch Makedonien).

(3) Der Abschnitt über Philippi (Apg 16,11–40) ist ganz besonders ausführlich gehalten (der Abschnitt über das pisidische Antiochien ist nur aufgrund der Länge der dort eingeschobenen Rede umfangreicher; trotz der Areopagrede wird Athen deutlich weniger Platz gewidmet als Philippi; der Ephesos-Abschnitt schließlich ist etwas länger – aber dort hielt Paulus sich mehr als zwei Jahre lang auf, s. Apg 19,10).[12]

(4) Die topographischen, die historischen und insbesondere die verwaltungstechnischen Detailkenntnisse im Philippi-Abschnitt sind in der Apostelgeschichte ohne Parallele (vgl. dazu im einzelnen die folgenden Ausführungen).

Daher möchte ich meine These noch weiter präzisieren: Der Verfasser der Apostelgeschichte war nicht nur ἀνὴρ Μακεδών, vielmehr war er ein Bewohner der Stadt Philippi, gehörte dort aber nicht zum lateinisch sprechenden Bevölkerungsteil (und war schon gar kein *civis Romanus),* sondern zur Gruppe

---

[11] Hier erscheint Lukas sogar als besser informiert als seine modernen Kritiker: In der den Kommentaren von HAENCHEN und CONZELMANN beigegebenen Karte (Der östliche Mittelmeerraum zur Zeit des Apostels Paulus, entnommen aus: Biblisch-Historisches Handwörterbuch, hg. v. BO REICKE und LEONHARD ROST. Entwurf: GUSTAV STÄHLIN, Mainz, und ERNST HÖHNE, Göttingen. Geographische Überwachung: WENDELIN KLAER, Heidelberg. Kartographische Gestaltung: HERMANN WAHLE, Göttingen, Göttingen, 2., verbesserte Auflage 1968) ist der Verlauf der *Via Egnatia* von Philippi nach Amphipolis falsch eingezeichnet; sie führte nämlich mitnichten im Süden um das Pangaiongebirge herum. Dies hätte von Philippi aus einen immensen Umweg bedeutet, da man den Sumpf umgehend sich zunächst zurück nach Osten hätte wenden müssen, um dann Richtung Süden erneut auf Neapolis zuzuwandern. (Der in der Karte angegebene Verlauf, zunächst von Neapolis Richtung NW bis Philippi und dann im spitzen Winkel zurück Richtung SW auf das Pangaiongebirge zu, ist völlig unmöglich: Dieser Weg hätte mitten durch den Sumpf geführt – obwohl der Sumpf heute trockengelegt ist, wäre der auf der Karte eingezeichnete Weg auch jetzt noch allenfalls mit dem Hubschrauber zu bewältigen!) Beim modernen Ort Ἀμυγδαλεώνας erst hätte man sich in die gewünschte westliche Richtung wenden können.

Aufgrund der gefundenen Milliarien ist der Verlauf der *Via Egnatia* von Neapolis nach Philippi und dann im Norden um das Pangaiongebirge herum nach Amphipolis gesichert (vgl. die bei den einschlägigen Inschriften 023/L262 aus Kavala, 034/LG630 aus Ἀμυγδαλεώνας und 414/L433 aus Καλαμπάκι verzeichnete Spezialliteratur).

[12] PEDER BORGEN meint: »The horizon of Luke-Acts may be defined as the geographical perspective of the world as seen from the standpoint of pagans, Jews and Christians in Ephesus. If so, Ephesus has to Luke a function corresponding to that of Alexandria to Philo.« (PEDER BORGEN: Philo, Luke and Geography, in: DERS.: Philo, John and Paul. New Perspectives on Judaism and Early Christianity, BJSt 131, Atlanta 1987, S. 273–285; hier S. 281–282). Aus dieser Perspektive fällt es schwer, die lukanischen Detailkenntnisse im makedonischen Bereich zu erklären. Umgekehrt ist es kein Problem anzunehmen, Lukas habe auf einer seiner Reisen Ephesos besucht, um sich auch vor Ort über dieses bedeutsame Missionszentrum des Paulus zu informieren.

der griechisch sprechenden makedonischen Bewohner, die in Philippi seit Jahrhunderten heimisch waren.

Man kann sich die Besonderheit der Übergangsszene Apg 16,6–10 vielleicht am besten an einem Beispiel aus der ersten Missionsreise verdeutlichen. Der Übergang von Paphos auf Zypern nach Perge wird in Apg 13,13 einfach so konstatiert: ἀναχθέντες δὲ ἀπὸ τῆς Πάφου οἱ περὶ Παῦλον ἦλθον εἰς Πέργην τῆς Παμφυλίας – nichts weiter; lapidarer geht es nun wirklich nicht. Kein ὅραμα erscheint dem Paulus auf Zypern. Kein Pamphylier bittet ihn: διαβὰς εἰς Παμφυλίαν βοήθησον ἡμῖν. Vielleicht hat es – wer weiß – in Perge oder im pisidischen Antiochien einschlägige Traditionen gegeben – aber sie werden uns vom Verfasser der Apostelgeschichte eben nicht überliefert.

Und welcher moderne Exeget käme auf die Idee, von Perge (oder dem pisidischen Antiochien) als der ersten Gemeinde Kleinasiens zu sprechen? Das wäre so abwegig ja nicht, wie etwa die einschlägige Notiz im Kleinen Pauly zeigt: »In P.[erge], dessen Kultstätte der Artemis weithin große Verehrung genoß (Tempelanlage noch nicht ausgemacht), bildete sich eine der ersten Christengemeinden in Kleinasien ...«[13].

Weil der Verfasser der Apostelgeschichte an den einschlägigen Traditionen in Perge und Antiochien nicht interessiert war, hat er sie uns nicht überliefert. Weil die Auslegung in den letzten Jahrhunderten in erster Linie in Europa geschah – und nicht im Innern Kleinasiens –, interessieren wir uns für die erste christliche Gemeinde Europas, für die ersten Christen Europas – aber nicht für die ersten Christen Kleinasiens (in Perge oder Antiochien). Dem Verfasser der Apostelgeschichte geht es weder um Kleinasien noch um Europa: Er ist Makedone, und als solchem liegt ihm Philippi als die erste Gemeinde Makedoniens am Herzen.

Ergebnis

Mit Hilfe dieser These ergibt sich eine zwanglose Interpretation des vorliegenden Abschnitts, eine Interpretation, die nicht mit dem anachronistischen Gegensatz Asien/Europa zu arbeiten braucht: Für den ἀνὴρ Μακεδών Lukas ist der Übergang der Missionare nach Makedonien ein Ereignis von zentraler Bedeutung. Dieses Ereignis wird durch die überaus merkwürdige »Nicht-Missionsreise« (Conzelmann) quer durch Kleinasien vorbereitet. Es wird durch das zweifache Eingreifen des Geistes nachdrücklich unterstrichen und durch das dem Paulus zuteilgewordene ὅραμα auf einmalige Art und Weise in Gang gebracht.

Auch der Einwand, es handle sich hier nach damaliger Anschauung lediglich um den Übergang von einer römischen Provinz in eine andere, läßt sich auf die-

---

[13] ECKART OLSHAUSEN: Art. Perge, KP IV, Sp. 631–632; hier Sp. 631, Z. 58 – Sp. 632, Z. 1.

se Weise entkräften. Natürlich ist Makedonien römische Provinz – und der Verfasser weist darauf auch deutlich hin (vgl. nur v. 12!) – und Philippi sogar römische Kolonie (ebd.). Aber sowohl die *Colonia Iulia Augusta Philippensis* als auch die *Provincia Macedonia* werden hier gerade nicht mit römischen, sondern mit – makedonischen Augen betrachtet; für einen Makedonen ist dies eben nicht irgendeine römische Provinz. Der Verfasser der Apostelgeschichte spricht hier als Patriot; als einer, der zwar in Philippi lebt, dort aber nicht zur lateinisch sprechenden Oberschicht gehört.

Man kann sich die spezifische Stellung der lateinisch sprechenden Oberschicht Philippis an vier Inschriften verdeutlichen, die in Alexandria Troas gefunden worden sind (700/ L738; 701/L739; 702/L740; 703/L741). Diese Inschriften aus der Mitte des ersten Jahrhunderts (also etwa der Zeit des Paulus) ehren einen *Caius Antonius Rufus,* ritterlichen Standes, aus Philippi (darauf weist unter anderem die Tribusangabe *Voltinia* hin; zu den Einzelheiten vgl. den Kommentar zu 700/L738). Dieser *Caius Antonius Rufus* hatte neben seinen militärischen Ämtern auch Funktionen in drei römischen Kolonien inne, in der *Colonia Claudia Aprensis,* in der *Colonia Iulia Philippensis* und in der *Colonia Iulia Pariana.* Darüber hinaus muß er sich auch in Alexandria Troas Verdienste erworben haben, denn in dieser Stadt wurden ihm die genannten Ehreninschriften von vier verschiedenen *vici (vicus II, vicus VII, vicus VIII, vicus IX)* dediziert. Der Übergang von Alexandria Troas nach Philippi war für diesen Mann gewiß nicht einmal der Rede wert – aber er war eben ein *civis Romanus* und kein ἀνὴρ Μακεδών!

§ 2 Philippi als Stadt der πρώτη μερίς
Das textkritische Problem Apg 16,12

> The description of the dignity and rank
> of Philippi is unique in *Acts*.[1]

Daß Lukas auch im Hinblick auf die politischen Gegebenheiten in Philippi sehr präzis informiert ist, erhellt aus mehreren Textstellen. Was die Lage und den Status der Stadt Philippi angeht, so ist hier vor allem Apg 16,12 heranzuziehen: ... ἥτις ἐστὶν πρώτης μερίδος τῆς Μακεδονίας πόλις, κολωνία. Die Information, daß es sich hier um eine κολωνία handelt, ist im lukanischen Doppelwerk ohne Parallele. Dies ist über den bloßen Konkordanzbefund hinaus – das Wort κολωνία begegnet kein weiteres Mal im Neuen Testament – ein bemerkenswerter Sachverhalt, wenn man sich vergegenwärtigt, daß allein in der Apostelgeschichte nicht weniger als acht andere Kolonien erwähnt werden, ohne daß dies jemals mitgeteilt würde: Antiochien in Pisidien (Apg 13,14; 14,19.21), Iconium (Apg 13,51; 14,1.19.21; 16,2)[2], Lystra (Apg 14,6.8.21; 16,

---

[1] W.M. RAMSAY: St. Paul the Traveller and the Roman Citizen, London ⁶1902, S. 206. SHERWIN-WHITE macht in diesem Zusammenhang darauf aufmerksam, daß Lukas »never formally describes the technical status of any other city« (A.N. SHERWIN-WHITE: Roman Society and Roman Law in the New Testament, The Sarum Lectures 1960–1961, Oxford 1963, S. 95).

[2] Iconium wird hier mitgenannt, weil es zur Zeit des Verfassers der Apostelgeschichte den

1f.; 27,5 *varia lectio)*, Alexandria Troas (Apg 16,8.11; 20,5f.), Korinth (Apg 18,1.27D; 19,1), Ptolemais[3] (Apg 21,7), Syrakus (Apg 28,12) und schließlich Puteoli (Apg 28,13) – keine dieser Städte wird als κολωνία gekennzeichnet. Ganz gleich, ob dies auf die Unkenntnis des Verfassers zurückzuführen ist oder nicht[4], man sieht: Lukas ist in bezug auf Philippi wesentlich besser informiert als anderwärts.

Nur am Rande sei vermerkt, daß Lukas hier überdies offenbar so etwas wie einen lokalen Sprachgebrauch aufgreift. Es hat nämlich den Anschein, als wäre in der πρώτη μερίς und darüber hinaus gerade auch bei griechisch sprechenden Menschen von Philippi einfach als von der κολωνία die Rede gewesen.

Dafür spricht eine zeitgenössische Inschrift (711/G736; sie stammt aus der zweiten Hälfte des ersten Jahrhunderts, ist also mit dem Verfasser der Apostelgeschichte gleichzeitig). Es geht in dieser Inschrift u.a. um Grenzstreitigkeiten zwischen Thasos und Philippi. Die Thasier hatten sich mit einer diesbezüglichen Beschwerde an den zuständigen römischen Beamten, *Lucius Venuleius Pataecius,* den Procurator der Provinz *Thracia,* gewandt. Dabei hatten sie offenbar von Philippi schlicht als der κολωνεία gesprochen, denn der Procurator entscheidet, wie es im Text der Inschrift wörtlich heißt, πρὸς τὴν κολωνείαν, »im Hinblick auf die Kolonie« – der Name der Kolonie wird in dem Text nicht genannt, weil »die Kolonie« eben die *Colonia Iulia Augusta Philippensis* meint. Selbst in diesem offiziellen Dokument hat demnach dieser lokale Sprachgebrauch seinen Niederschlag gefunden.[5]

---

neueren Erkenntnissen zufolge bereits *colonia* war, vgl. KLAUS BELKE/MARCELL RESTLE: Galatien und Lykaonien, Tabula Imperii Byzantini 4, DÖAW.PH 172, Wien 1984, s.v. Ikonion; hier S. 176: »Zusammen mit den übrigen Besitzungen des Königs Amyntas 25 v. Chr. der Provinz Galatien einverleibt u. nach neuesten Forschungen *bereits von Augustus als Kolonie begründet ...*« [meine Hervorhebung].

Dies geht aus Münzen aus Iconium hervor, die die Aufschrift *COL IVL AVG* tragen (HANS VON AULOCK: Münzen und Städte Lykaoniens, IM Beiheft 16, Tübingen 1976, Nr. 297 und 298; vgl. auch S. 56–58).

Anders noch das Standardwerk von LEVICK: »Iconium, not Lystra, was the metropolis of Byzantine Lycaonia; it was its colonial status that had given Lystra its importance in the district. *Hadrian's grant of the same rank to Iconium* recognized a natural primacy.« (BARBARA LEVICK: Roman Colonies in Southern Asia Minor, Oxford 1967, S. 183; meine Hervorhebung). Die einschlägigen Belege und ältere Literatur zur Frage diskutiert ZAHRNT (MICHAEL ZAHRNT: Vermeintliche Kolonien des Kaisers Hadrian, ZPE 71 (1988), S. 229–249). Er ist der Auffassung, daß Iconium (und nicht Antiochien) die »Zwillingskolonie« von Lystra war – beides Gründungen des Augustus!

In der Liste von Kolonien bei LAKE/CADBURY fehlt Iconium ebenfalls (KIRSOPP LAKE/HENRY J. CADBURY: The Acts of the Apostles. English Translation and Commentary, The Beginnings of Christianity, Part I, Vol. IV, London 1933 (Nachdr. Michigan 1979), S. 190).

[3] Zum Status der Stadt Ptolemais als Kolonie *(Colonia Claudia Stabilis Germanica Felix Ptolemais)* vgl. EMIL SCHÜRER: The history of the Jewish people in the age of Jesus Christ (175 B.C. – A.D. 135). A new English version revised and edited by Geza Vermes, Fergus Millar, Matthew Black, Martin Goodman, Bd. II, Edinburgh 1979, S. 125 und die dort angegebene Literatur.

[4] CONZELMANN wirft diese Frage auf: »Daß die Stadt [Philippi] Kolonie ist, ist diesmal für den Ablauf der Ereignisse wichtig (anders als in Antiochia Pisidiae usw.; wußte Lk über deren Status als Kolonie überhaupt Bescheid?)« (S. 99).

[5] An diesem Ergebnis ändert sich auch dann nichts, wenn man annimmt, daß die Inschrift

Noch bemerkenswerter freilich ist die zweite Information, die in diesem Nebensatz (16,12) gegeben wird: ἥτις ἐστὶν πρώτης μερίδος τῆς Μακεδονίας πόλις. Fast überflüssig erscheint es, eigens anzumerken, daß es auch dazu im lukanischen Doppelwerk keinerlei Parallele gibt. Diese Angabe setzt voraus, daß dem Verfasser die Einteilung Makedoniens in vier μερίδες bekannt war. Diese geht auf das Jahr 167 v. Chr. zurück, als Makedonien durch die Römer »befreit« und in vier selbständige Teilrepubliken zerlegt wurde.[6] Nachdem der römische Consul Lucius Aemilius Paullus den letzten König der Makedonen, Perseus, in der Schlacht bei Pydna im Jahr 168 besiegt hatte, verkündete er bei einer Konferenz in Amphipolis im darauffolgenden Jahr die Zerschlagung Makedoniens in vier voneinander unabhängige Regionen. Diese vier Regionen werden von Osten nach Westen von 1 bis 4 durchnumeriert.[7] Die uns in diesem Zusammenhang interessierende erste Region umfaßte das Territorium zwischen den Flüssen Strymon und Nestos. Hauptstadt dieser Teilrepublik war Amphipolis, welches im 2. Jahrhundert v. Chr. Philippi in jeder Hinsicht bei weitem überflügelt hatte. Bezeichnenderweise fand sogar das »Gipfeltreffen« selbst, bei dem Aemilius Paullus das römische Diktat verkündete, in Amphipolis statt.[8] Daran änderte sich auch nichts, nachdem die kurz bemessene »Freiheit« der vier Teilrepubliken 148 v. Chr. durch die Gründung der römischen Provinz *Macedonia* ihr Ende fand: Die Regionen blieben als Verwaltungseinheiten bestehen, und Hauptstadt der ersten Region war und blieb Amphipolis.

Wenn Lukas hier nun nicht das gebräuchlichere griechische Wort μέρος verwendet, sondern das (bei ihm deutlich seltenere)[9] μερίς, so kann man das nicht mit der Behauptung erklären: »Wie Strabo gebraucht auch Lc μερίς und μέρος unterschiedslos.«[10] Ganz im Gegenteil: Lukas verwendet hier gegen seine son-

---

nur die wesentlichen Punkte der Entscheidung des Procurators wiedergibt: »We do not know whether the letter as it stands may have been edited, extracting only the relevant precedents for preservation on the stone«, gibt JOHN PAUL ADAMS (Topeiros Thraciae, the Via Egnatia and the Boundaries of Macedonia, in: Ἀρχαία Μακεδονία IV (s. dort), S. 17–42; hier S. 29) zu bedenken. Es wäre also möglich, daß der römische Beamte selbst die korrekte Form *Colonia Iulia Augusta Philippensis* benutzt hatte; die Formulierung auf dem Stein wäre auch in diesem Fall ein eindeutiges Indiz dafür, daß im lokalen Sprachgebrauch κολωνεία gleichbedeutend mit *Colonia Iulia Augusta Philippensis* war.

  [6] Zum historischen Hintergrund vgl. die Darstellung bei HAMMOND/WALBANK, Kapitel XXVI: »The Dismemberment of Macedonia and the Roman Peace« (HAMMOND III, S. 558–569).

  [7] Vgl. die Darstellung bei HAMMOND III, S. 564f. In Anm. 3 auf S. 564 werden die Quellen angegeben (v.a. Livius XLV 17,7–18; 29,4–31,1; 32,1–7; bei Strabo und Diodor begegnet in diesem Zusammenhang τὰ μέρη).

  [8] HAMMOND III, S. 563ff. Zur Neuordnung Makedoniens in der Übergangszeit von 167 bis 148 v. Chr. vgl. vor allem PAPAZOGLOU, S. 56ff.

  [9] Für μέρος gibt es im lukanischen Doppelwerk insgesamt elf Belege, darunter drei Stellen mit eindeutig geographischem Zusammenhang: Apg 2,10 (τὰ μέρη τῆς Λιβύης τῆς κατὰ Κυρήνην), Apg 19,1 (Παῦλον διελθόντα τὰ ἀνωτερικὰ μέρη) und Apg 20,2 (διελθὼν δὲ τὰ μέρη ἐκεῖνα). Das μερίς aus Apg 16,12 dagegen kommt nur an zwei weiteren Stellen vor, in beiden Fällen nicht in geographischem Zusammenhang.

  [10] So THEODOR ZAHN in seinem Kommentar zur Stelle (S. 569, Anm. 78).

stige Gewohnheit das Wort μερίς, weil es ein »makedonischer« *terminus technicus* zur Bezeichnung der Regionen ist. Die in diesem Zusammenhang beigebrachten Belege[11] aus Ägypten und anderswoher führen in die Irre; vielmehr kommt alles darauf an, daß es sich hier um eine spezifisch »makedonische« Bezeichnung handelt.

Dies beweist eine griechische Inschrift aus Beroia, in der von einem συνέδριον πρώτης μερίδος Makedoniens die Rede ist.[12] »L'inscription atteste l'existence des mérides sous les Flaviens, mais on ne peut dire la même chose des synédria régionaux, car, selon toute probabilité, ce n'est que du synédrion du koinon qu'il est fait mention et non des synédria des quatre mérides.«[13] Diese Inschrift ist von großer Wichtigkeit, stammt sie doch aus derselben Zeit wie die Apostelgeschichte des Lukas. Sie erwähnt nämlich in Z. 2 [τ]ὴν ἐπαρχείαν Λ. Βαιβίου Ὀνοράτου; dieser *Lucius Baebius Honoratus* war als *praetorius* in Makedonien tätig, bevor er vor 85 n. Chr. zum *consul suffectus* aufstieg. Damit läßt sich diese Inschrift mit Sicherheit auf die Jahre vor 85 n. Chr. datieren (näherhin wohl auf den Zeitraum 79/84 n. Chr.).[14]

Damit ergibt sich: Lukas verwendet das Wort μερίς anstelle des gebräuchlicheren μέρος, weil es sich um den zeitgenössischen *terminus technicus* für die Regionen Makedoniens handelt, wie die Inschrift aus Beroia beweist. Ist dies richtig, so ist damit eine zentrale Frage des textkritischen Problems schon vorab geklärt: In Apg 16,12 ist im technischen Sinn von der ersten Region die Rede, folglich stehen die Lesarten, die das nicht berücksichtigen, von vornherein in Verdacht, sekundär zu sein. Folgende Lesarten sind bezeugt:

LA I   Bezeugung: *[Clericus cj]* vg^mss
κἀκεῖθεν εἰς Φιλίππους, ἥτις ἐστὶν πρώτης μερίδος τῆς Μακεδονίας
πόλις, κολωνία.

---

[11] »The word μερίς, once condemned by Hort, is now well attested of administrative districts in Egypt and elsewhere ...«, stellt HEMER fest (COLIN J. HEMER: The Book of Acts in the Setting of Hellenistic History, WUNT 49, Tübingen 1989, S. 113f., Anm. 31). Es wäre darauf angekommen, einen Beleg aus Makedonien beizubringen, nicht aus Ägypten!

[12] Die Inschrift ist noch in keinem Corpus enthalten. Eine Abbildung bietet J.M.R. CORMACK: Progress Report on the Greek Inscriptions of the Trite Meris for IG X, Ἀρχαία Μακεδονία [I], S. 193–202; hier S. 198, Nr. 6 und Abb. Πίν. XXXIV b (Z. 4). Zu dieser Inschrift vgl. auch PAPAZOGLOU, S. 65 mit Anm. 58 (hier auch die einschlägige Literatur). Die Frage, ob es sich hier um das συνέδριον des κοινὸν Μακεδόνων oder lediglich um das συνέδριον der πρώτη μερίς handelt, braucht uns in diesem Zusammenhang nicht zu beschäftigen.

[13] PAPAZOGLOU, S. 65; in der Anm. 58 werden die verschiedenen Ergänzungen und Interpretationen dieser Inschrift diskutiert. In unserem Zusammenhang kommt es jedoch nur auf die zweifelsfrei gelesene πρώτη μερίς an.

[14] Zu *Lucius Baebius Honoratus* und seiner Amtszeit in Makedonien vgl. Θεόδωρος Χ. Σαρικάκης: Ρωμαῖοι Ἄρχοντες της επαρχίας Μακεδονίας, Μέρος Β´: Από του Αυγούστου μέχρι του Διοκλητιανού (27 π.Χ. – 284 μ.Χ.), Μακεδονική Βιβλιοθήκη 51, Thessaloniki 1977, S. 59–61.

LA II   Bezeugung: 𝔓⁷⁴ ℵ A C Ψ 33ᵛⁱᵈ.36.81.323.945.1175.1891 *pc*
κἀκεῖθεν εἰς Φιλίππους, ἥτις ἐστὶν π ρ ώ τ η τ ῆ ς μ ε ρ ί δ ο ς Μακεδονίας,
πόλις, κολωνία.

LA III   Bezeugung: B
κἀκεῖθεν εἰς Φιλίππους, ἥτις ἐστὶν π ρ ώ τ η μ ε ρ ί δ ο ς τ ῆ ς Μακεδονίας
πόλις, κολωνία.

LA IV   Bezeugung: 𝔐
κἀκεῖθεν εἰς Φιλίππους, ἥτις ἐστὶν π ρ ώ τ η τ ῆ ς μ ε ρ ί δ ο ς τ ῆ ς Μακεδονίας πόλις, κολωνία.

LA V   Bezeugung: E saᵐˢˢ
κἀκεῖθεν εἰς Φιλίππους, ἥτις ἐστὶν π ρ ώ τ η μ έ ρ ι ς Μακεδονίας πόλις, κολωνία.

LA VI   Bezeugung: 614.1241.1505.1739. *pc* syʰ
κἀκεῖθεν εἰς Φιλίππους, ἥτις ἐστὶν π ρ ώ τ η τ ῆ ς Μακεδονίας πόλις, κολωνία.

LA VII   Bezeugung: D syᵖ
κἀκεῖθεν εἰς Φιλίππους, ἥτις ἐστὶν κ ε φ α λ ὴ τ ῆ ς Μακεδονίας πόλις, κολωνία.

Die von der äußeren Bezeugung her stärkste Lesart II erfreut sich neuerdings
bei den Kommentatoren großer Beliebtheit. Pesch etwa diskutiert das textkritische Problem überhaupt nicht mehr und übersetzt: »Das ist eine führende Stadt
des Bezirks von Mazedonien, eine Kolonie.«[15] Hätte der Verfasser der Apostelgeschichte dies sagen wollen, so hätte er sich gewiß des bei ihm sonst üblichen
Wortes μέρος bedient; hätte er ausdrücken wollen, Philippi sei eine führende
Stadt dieser Gegend gewesen, so läsen wir heute: ἥτις ἐστὶν πρώτη τῶν μέρων
ἐκείνων Μακεδονίας πόλις κτλ. *Ein Kenner der Verhältnisse spricht dagegen
von einer Stadt in der ersten Region Makedoniens.* Die Abschreiber der Handschriften 𝔓⁷⁴ ℵ A C Ψ 33ᵛⁱᵈ.36.81.323.945.1175.1891 usw. waren im Gegensatz
zum Verfasser der Apostelgeschichte keine Kenner der Verhältnisse und haben
die ihnen unverständliche Version zu verbessern versucht.[16] Die weiteren Les-

---

[15] PESCH, II 103; S. 104, Anm. 2 wird die andere Lesart (Lesart I) nur en passant erwähnt,
aber keiner Diskussion gewürdigt. Ähnlich verfährt SCHNEIDER (S. 208 mit Anm. c), der übersetzt: »… das eine führende Stadt des (betreffenden) Bezirks von Mazedonien ist, eine Kolonie«. Hier wird der Leser wenigstens auf die Diskussion bei METZGER hingewiesen, wo es abschließend heißt: »Despite what have been regarded as insuperable difficulties involved in the
commonly received text (πρώτη τῆς μερίδος), it appears ill-advised to abandon the testimony
of … [folgt Bezeugung für LA II], especially since the phrase can be taken to mean merely that
Philippi was ›a leading city of the district of Macedonia‹ …« (BRUCE M. METZGER: A Textual
Commentary on the Greek New Testament. A Companion Volume to the United Bible Societies'
Greek New Testament (third edition), London/New York 1975, S. 444–446; Zitat S. 446).

[16] Selbstverständlich ist es auch möglich, daß am Anfang der irrigen Überlieferung ein ein-
facher Schreibfehler steht: »Those who adopt this conjecture usually explain the origin of the
commonly received text (πρώτη τῆς μερίδος) as due to either (*a*) to the accidental reduplica-
tion of the letters τη, or (*b*) to a misunderstanding of the correction if by mistake a copyist had
written πρώτη and then -της were written over it to correct it.« (METZGER, aaO., S. 446).

arten lassen sich ohne Mühe als Korrekturen der verderbten Tradition in Lesart II erklären (wobei Lesart VI und VII an Ratlosigkeit kaum noch zu überbieten sind).

Ich komme daher zu dem Ergebnis, daß die überaus schwach bezeugte Lesart I die ursprüngliche ist. Dies ergibt sich nicht nur aus den historischen Erwägungen – die Lesarten II bis VII sind selbst bei möglichst »harmlosen« Übersetzungen historisch nicht haltbar –, sondern vor allem aus dem Sprachgebrauch der Zeit, in dem der Verfasser der Apostelgeschichte mit der oben zitierten Inschrift aus Beroia übereinstimmt. Auch hier erweist sich Lukas also als intimer Kenner der makedonischen, speziell philippischen Verhältnisse. Darum erscheint es mir gerechtfertigt, der Konjektur des Clericus (?)[17] zu folgen und zu lesen: ... ἥτις ἐστὶν πρώτης μερίδος τῆς Μακεδονίας πόλις.[18]

Insgesamt erweist sich v. 12a damit als besonders wichtig: Er ist formal in der Apostelgeschichte ohne Analogie und enthält sachlich präzise Informationen über die Lage und den Status der *Colonia Iulia Augusta Philippensis,* die die Verbindung des Verfassers mit dieser Stadt auf ihre Weise unterstreichen.

---

[17] Die Geschichte dieser Konjektur bedürfte einer eingehenderen Untersuchung. Vgl. einstweilen das von LEMERLE gebotene Material: »Si j'en crois l'apparat critique de l'édition Nestle, elle fut proposée par Crell: il s'agit sans doute de l'allemand Jean Crell, né près de Nüremberg, en 1590, mort en 1633 à Cracovie, où il était pasteur. Mais je n'ai pas retrouvé cette indication dans les ouvrages que j'ai eus à ma disposition: *Joannis Crelli Franci ... opera omnia exegetica duobus voluminibus comprehensa, Eleutheropoli post annum Domini 1656; Johannis Crellii Franci operum tomus quartus (?) scripta ejusdem didactica et polemica complectens, Irenopoli post annum Domini 1656.* Fr. Blass *(Philology of the Gospels,* London 1898, p. 67–69) ne connaît pas Crell, mais indique, sans références d'ailleurs, que la leçon πρώτης a été proposée par Pearce et par Clericus. Ces renseignements sont repris par C. H. Turner (*A Dictionary of the Bible,* III, 1900, p. 837–840, s. v. «Philippi»), qui renvoie à James Peirce, *Paraphrase and notes on the Epistle of St. Paul to the Philippians* (1ʳᵉ éd. 1725), 2ᵉ éd. 1733, p. 3, ainsi qu'à L. M. Artemonius, *Initium Evangelii Sancti Johannis,* 1726, 1ʳᵉ partie, p. 211, mais déclare n'avoir pu se reporter à Clericus. J'ai été plus heureux que lui. Il s'agit de Jean Leclerc (1657–1736), genevois qui fit ses études à Grenoble et à Saumur, et qui fut professeur d'histoire ecclésiastique au collège des Remontrants à Amsterdam. Jean Leclerc, dont l'œuvre est immense et véritablement encyclopédique, eut son heure de célébrité comme ennemi de toute forme d'intolérance et défenseur acharné des droits de la raison. Le passage qui nous intéresse se trouve dans: *Novum Testamentum Domini Nostri Jesu Christi ex versione vulgata ... Henrici Hammondi ex anglica lingua in latinam transtulit suisque animadversionibus illustravit, castigavit, auxit Johannes Clericus, editio secunda, Francofurti MDCCXIV,* où l'on peut lire p. 559, en note: «Suspicatus sum aliquando rectius fortasse posse hic legi πρώτης μερίδος τῆς Μακεδονίας πόλις ... Sed contra codicum et interpretum vetustorum consensum mutari nihil velim.» Et Leclerc, qui semble d'ailleurs ignorer Jean Crell, conserve πρώτη et l'interprète au sens de «metropolis».« (S. 21, Anm. 1).

[18] Vgl. schon ZAHN: »Das Wort μερίς soll und muß an die Teilung des großen Königreichs Macedonien durch die Römer erinnern, und da es sich um Philippi handelt, das in dem ersten dieser Bezirke lag, so folgt, daß die Ordnungszahl πρώτη ursprünglich nur als ein Attribut zu μερίς gedacht gewesen sein kann, welches ohne solche Bezifferung überhaupt jeder bestimmten geographischen Bedeutung ermangeln würde.« (S. 569).

Dieser Lesart folgen außerdem unter anderen CONZELMANN (mit Fragezeichen: S. 99) und HAENCHEN (S. 474); WEISER übersetzt zwar: »... einer Stadt im ersten Bezirk von Mazedonien«

Unverständlich ist mir das Urteil Schilles: »Die v. 11f. allerdings übergehe ich. Sie enthalten eine kartographische Wegbeschreibung ohne genaue Einzelheiten und haben nur den Sinn, die Apostel nach Philippi zu bringen. Daß die makedonische Metropolis als solche charakterisiert wird, ... ist ein Stilmerkmal des Rahmens ...«[19]: Man kann Philippi nicht als »makedonische Metropolis« bezeichnen[20]; auch wenn man an historischen Details nicht interessiert ist, muß einem auffallen, daß die »kartographische Wegbeschreibung« nirgendwo sonst in der Apostelgeschichte so präzis ist wie hier in Makedonien; ein Mehr an Einzelheiten ist im Rahmen eines Werkes wie der Apostelgeschichte schwerlich auch nur vorstellbar (sollte Lukas etwa auch noch die Gasthäuser zwischen Neapolis und Philippi, Amphipolis und Apollonia aufzählen?); um »die Apostel nach Philippi zu bringen«, wäre dieser Aufwand eben gerade nicht nötig gewesen, wie etwa ein Blick auf die erste Missionsreise zeigt.[21]

§ 3 Das dritte Stadttor
Zur Lage der προσευχή in Philippi (Apg 16,13)

Über die προσευχή in Philippi ist viel spekuliert worden.[1] Der Text der Apostelgeschichte – unserer einzigen literarischen Quelle – eröffnet dafür auch ein weites Feld, da hier nur gesagt wird, daß diese προσευχή in Philippi ἔξω τῆς πύλης [textus receptus: πόλεως – das bedeutet nach Collart auch einen sachlichen Unterschied] παρὰ ποταμόν zu suchen ist. Soweit ich sehe, hat

---

(S. 416), sagt aber im Kommentar, »daß die nähere Kennzeichnung Philippis V 12b als Kolonie und als ›erste Stadt eines bestimmten Bezirkes von Mazedonien‹ oder als ›Stadt im ersten Bezirk von Mazedonien‹ (die Urtextüberlieferung ist nicht eindeutig) erst auf Lukas selbst zurückgeht« (S. 421) – die Übersetzung »erste Stadt eines bestimmten Bezirkes von Mazedonien« ist ersichtlich absurd.

[19] GOTTFRIED SCHILLE: Anfänge der Kirche. Erwägungen zur apostolischen Frühgeschichte, BEvTh 43, München 1966, S. 50.

[20] Metropolis Makedoniens ist natürlich Thessaloniki und keine andere Stadt, vgl. dazu PAPAZOGLOU, S. 189ff.

[21] Für die Emendation der Stelle im hier beschriebenen Sinne spricht sich auch ALLEN P. WIKGREN (The Problem in Acts 16:12, in: New Testament Textual Criticism: Its Significance for Exegesis, Oxford 1981, S. 171–178) aus: »... we come back to the proposed ›conjectural emendation‹ as in our judgement the best solution of the problem, one which is supported by significant internal evidence and provides an exact description of the status of Philippi at the time when Acts was written« (S. 178).

[1] Vgl. zuletzt FROWALD G. HÜTTENMEISTER: »Synagoge« und »Proseuche« bei Josephus und in anderen antiken Quellen, in: Begegnungen zwischen Christentum und Judentum in Antike und Mittelalter (FS Heinz Schreckenberg), Schriften des Institutum Judaicum Delitzschianum 1, Göttingen 1993, S. 163–181, hier S. 168f.

HÜTTENMEISTER schlägt vor, in Philippi die προσευχή, das »vorwiegend oder ausschließlich zum Gottesdienst (am Schabbat) benutzt[e Gebäude]« außerhalb der Stadt von der συναγωγή »innerhalb der Stadt«, »die für die nichtreligiösen Aufgaben einer jüdischen Gemeinde in der Diaspora zuständig war, wie Verwaltung, Bekanntmachung von die Gemeinschaft betreffenden Dingen, Fundbüro usw.« zu unterscheiden. Dies geht an den archäologisch faßbaren Realitäten der Stadt Philippi vorbei; so groß war die jüdische Gemeinde in Philippi gewiß nicht, daß sich die Unterhaltung eines eigenen Fundbüros gelohnt hätte!

man hier – falls man die topographischen Gegebenheiten überhaupt berücksichtigte – in der Regel nicht an das östliche, sondern an das westliche Stadttor von Philippi gedacht.

Und in der Tat kommt *das östliche Stadttor* – das heute so genannte Neapolistor – wohl nicht in Frage.[2] Selbst wenn man annähme, daß das heute hier durch eine moderne Brücke überspannte Flußbett schon in der Antike bestanden hat, und darüber hinaus für möglich hielte, daß das spärliche Rinnsal[3] als ποταμός bezeichnet werden konnte, ist das Vorhandensein einer wie auch immer gearteten προσευχή angesichts der sich hier ausdehnenden östlichen Nekropole auszuschließen. Mag es auch Belege für Synagogen am Wasser geben[4] – eine Synagoge inmitten eines heidnischen Friedhofs ist ein Ding der Unmöglichkeit. Lag die Synagoge von Philippi wirklich wegen der »strengen Reinheitsvorschriften«[5] außerhalb der Stadt, dann darf man sie jedenfalls nicht in einem Friedhof suchen.[6]

Nach der Entdeckung der *Basilika extra muros* (zur Lage vgl. Karte 8) ist diese Ortslage noch einmal in die Diskussion eingeführt worden; nach Hoddinott[7] ist die *Basilika extra muros* just an der Stelle erbaut worden, wo Paulus an jenem Sabbat mit den Frauen zusammentraf (er vermeidet es, von einer προσευχή zu sprechen, scheint also kein festes Gebäude anzunehmen): »At Philippi, only five years ago, excavations were begun which revealed the remains of a basilica dating to the time of Constantine the Great. The earliest church yet to have been discovered in Greece and erected only a few years after the official recognition of the Christian religion in the Roman Empire, it may have consecrated the actual site, ›out of the city by a river side‹, where St. Paul ›sat down and spake unto the women which resorted thither‹ and preached the Gospel of Christianity for the first time in Europe« (Preface, S. vii). Äußert Hoddinott seine Vermutung im Vorwort noch sehr vorsichtig, so hält er sie später schon für wahrscheinlich. Nach einer kurzen Diskussion der Collartschen Position (dazu siehe gleich) sagt er: »For it is probable [!] that suc-

---

[2] Vgl. zum folgenden die Karten 7: Die Stadt und ihre Umgebung (o. S. 68) und 8: Die Stadt (o. S. 75).

[3] In den Sommermonaten ist das Flußbett heute fast immer völlig trocken. – Zahn weist in seinem Kommentar auf eine weitere Möglichkeit hin, nämlich auf die »Quelle eines Baches bei dem Chan von Dikilitasch« (S. 572). Diese Quelle ist vom Neapolistor ungefähr 2km entfernt. Diese Gegend kommt für die προσευχή jedoch aus demselben Grund nicht in Frage wie der oben im Text besprochene Bach: Sie liegt mitten in der östlichen Nekropole und ist daher für die Anlage einer προσευχή denkbar ungeeignet.

[4] Vgl. dazu Hüttenmeister, aaO., S. 168, Anm. 30 und Zahn, S. 571f. mit Anm. 84. Hüttenmeister geht auf die Frage nach dem Stadttor nicht ein, sondern äußert sich lediglich zur Frage nach der am Wasser gelegenen Synagoge bzw. Proseuche.

[5] Hüttenmeister, aaO., S. 168.

[6] Die östliche Nekropole war nicht nur in W-O-Richtung sehr ausgedehnt (vom Neapolistor aus gemessen erstreckte sich die Reihe der Gräber über mehrere Kilometer in Richtung Osten), sondern auch in N-S-Richtung, wie die vielen Gräberfunde im N und S der *Via Egnatia* in den letzten Jahrzehnten gezeigt haben.

[7] R.F. Hoddinott: Early Byzantine Churches in Macedonia and Southern Serbia. A Study of the Origins and the Initial Development of East Christian Art, London 1963. Hoddinott geht schon im Vorwort auf die *Basilika extra muros* ein (S. vii) und befaßt sich dann S. 99ff. ausführlich mit dieser Kirche.

ceeding generations of Philippian Christians would have kept in sacred memory the place of the apostle's original ministry to their city and, with the Peace of the Church, would have erected a basilica in commemoration« (S. 99).

Selbst wenn man die Basilika extra muros mit Hoddinott in die erste Hälfte des vierten Jahrhunderts datiert, klafft zwischen ihrer Errichtung und der Ankunft des Paulus in Philippi eine Lücke von mehr als einem Vierteljahrtausend. Daß es nach so langer Zeit noch zuverlässige Traditionen bezüglich des Besuchs des Paulus gegeben haben sollte, kann ich mitnichten für »probable« halten. Doch auch wenn man dies für möglich erachtete, bleibt der Einwand, daß die Basilika extra muros inmitten der östlichen Nekropole liegt: Selbst wenn man bei der lukanischen προσευχή nicht an ein festes Gebäude denkt und damit nur einen Platz bezeichnet sehen will, wo man sich zum Gebet traf, wird man eine solche Örtlichkeit nicht inmitten eines Friedhofs suchen. So ist es nicht verwunderlich, daß Hoddinott in dieser Hinsicht – soweit ich sehe – keinerlei Zustimmung gefunden hat.[8]

Seit Collart denkt man daher an *das westliche Stadttor*[9], wo die *Via Egnatia* das Stadtgebiet verläßt, um bald darauf zum Fluß hin abzubiegen. Wo die moderne Fahrstraße Richtung Drama eine Kurve nach rechts macht (um dann geradeaus in NW-Richtung weiter zu führen), verläuft die *Via Egnatia* ziemlich genau nach Westen. Wenige hundert Meter weiter überquert sie dann den heutigen Fluß.[10] Im weiteren Verlauf erreicht die *Via Egnatia* eine heute nicht mehr vorhandene Bogenkonstruktion, der für die Collartsche Theorie zentrale Bedeutung zukommt:[11]

---

[8] Die einzige Ausnahme, die ich kenne, ist VALERIE ANN ABRAHAMSEN: The Rock Reliefs and the Cult of Diana at Philippi, Diss. Harvard Divinity School, Cambridge (Mass.) 1986, S. 136f. – aber es fehlt hier jegliche Begründung!

[9] Dieses westliche Stadttor heißt vor allem bei den französischen Gelehrten meistens »Krenides-Tor« (»porte de Crénidès«) wegen der zahlreichen Quellen, die sich in dieser Gegend finden. Diese Bezeichnung führt aber leicht zu Mißverständnissen; denn seitdem das im Osten von Philippi gelegene Dorf in Krenides (Κρηνίδες) umbenannt wurde, liegt die Verwechslung mit dem dortigen Neapolistor nahe. Daher vermeide ich es, vom »Krenides-Tor« zu sprechen, und benutze stattdessen die eindeutige Bezeichnung Amphipolis-Tor.

[10] Im Westen von Philippi existieren zwei verschiedene Flüsse, vgl. etwa die Karte von HEUZEY und meine Karte 7. Hier ist die Rede von dem unmittelbar parallel zur Stadtmauer fließenden Fluß, der sich der Stadt bis auf ca. 50m nähert. In der Literatur ist in diesem Zusammenhang meistens von dem mehrere Kilometer weiter westlich verlaufenden Fluß die Rede, vgl. dazu gleich.

Wie die heute noch erhaltene Substruktion beweist, war an dieser Stelle (nahe der Kapelle der Lydia) eine steinerne Brücke. Man tritt noch heute auf einen Stein, der ursprünglich als Grabstein gedient hat. Er läßt Spuren einer (unpublizierten) lateinischen Grabinschrift erkennen.

[11] Dieser Bogen wurde zuerst von HEUZEY genauer beschrieben (»L'arc de Kiémer et la colonie d'Auguste«, S. 117–120; dazu die Abbildungen auf Tafel II). Er interpretiert ihn als »un monument honorifique, appartenant à la classe des arcs de triomphe« (S. 119). Schon HEUZEY hat wie später auch COLLART die Szene aus der Apostelgeschichte hier stattfinden lassen wollen: »Si l'arc de Kiémer était situé en dehors des faubourgs de Philippes, cette partie de la Voie Égnatienne n'en formait pas moins une promenade naturelle pour les habitants, comme celle qui existait de l'autre côté de la ville, vers la source ombragée de Dikili-tash et vers le temple de Cybèle. Celle-ci les conduisait sur les bords du Gangitès, qui coule à quelques mètres de l'arc, et sur lequel devait se trouver un pont pour le passage de la route. Ces détails s'accordent assez bien avec ce que disent les Actes des Apôtres d'un lieu situé en dehors de Philippes, près d'une

»Nous pensons, en effet, que l'arc de Philippes est expressément désigné par le mot πύλη au verset treizième de ce texte, et que, si les Juifs de Philippes se rendaient au delà pour se réunir (ἔξω τῆς πύλης), c'est qu'ils y étaient contraints par la loi. Nous avons indiqué déjà quelle était la signification de ce monument: il appartenait à la catégorie des arcs coloniaux qu'on érigeait aux abords d'une cité au point précis où la route principale coupait la ligne sacrée du *pomerium*. Or, comme les sépultures, la célébration des cultes étrangers que n'avait point reconnus la religion romaine était légalement rejetée hors de cette limite. Les Juifs devaient respecter, comme d'autres, cette interdiction; c'est pourquoi nous pouvons situer avec certitude leur lieu de prières, où Paul se rendit, dans l'espace restreint qui sépare l'arc romain de Kiémer de la rivière.«[12]

Ausdrücklich geht Collart auch auf das textkritische Problem von Apg 16,13 ein: »La *lectio difficilior* πύλης doit être *a priori* préférée; elle confère en outre à ce texte une singulière précision (d'ailleurs attendue dans un des passages rédigés à la première personne et dont l'auteur était un témoin oculaire), si l'on admet avec nous que ce mot y peut désigner l'arc dit de Kiémer, décrit par L. Heuzey *(op. laud.,* p. 117sqq., et pl. II), plutôt qu'une des portes de la ville. L'arc de Kiémer, qui s'élevait depuis peu sur l'emplacement du champ de bataille, devait être alors un des monuments les plus remarqués de la colonie; et sa fonction d'arc colonial, aujourd'hui reconnue, atteste l'exactitude de notre interprétation ...« (S. 459, Anm. 1).

Diese These Collarts hat Eingang auch in die neutestamentliche Sekundärliteratur zur Stelle gefunden. So faßt etwa Alfred Suhl die Gegebenheiten aufgrund der Collartschen Theorie folgendermaßen zusammen: »Die Angabe Ag 16,13 ... deckt sich mit dem archäologischen Befund: Jenseits des Flusses im Westen der Kolonie erhob sich auf der Via Egnatia ein großer Torbogen. Dieser stand noch außerhalb der Stadt und bezeichnete die Grenze des pomerium, die auch von fremden Kulten respektiert werden mußte.«[13]

Diese Möglichkeit scheitert jedoch an einer Reihe von gewichtigen Gründen: Ganz abgesehen davon, daß diese vermeintliche Grenze des *pomerium* ca. 2km vom westlichen Stadttor entfernt läge (der Fluß noch einmal etliche hundert Meter weiter westlich)[14], was für einen aus dem Stadtinnern kommenden

---

rivière, où la population juive de la colonie se réunissait le jours du sabbat, pour la prière en commun ...« (S. 120).
Zur Funktion dieses Bogens und der COLLARTschen *pomerium*-Theorie vgl. o. im 1. Kapitel, § 1, *2. Das pomerium.*

[12] COLLART, S. 458–460.

[13] ALFRED SUHL: Paulus und seine Briefe. Ein Beitrag zur paulinischen Chronologie, StNT 11, Gütersloh 1975, S. 187. Vgl. auch die Kommentare: »Der Fluß ist der (G)angites, 2 km westlich der Stadt. An ihm stand ein Tor, das die Grenze des Pomerium bezeichnete« (CONZELMANN, S. 99).

[14] Vgl. etwa die genaue Karte von HEUZEY und meine Karte 7; ihr zufolge ist das Bogenmonument (bei ihm auch »Kiémer« genannt) von dem westlichen Stadttor genauso weit entfernt wie der »Khan de Dikilitasch« vom östlichen. Die Entfernung dieses Khans (der bis in die dreißiger Jahre unseres Jahrhunderts an der Stelle stand, wo sich heute noch die monumentale Inschrift des *Caius Vibius* befindet) vom Neapolistor beträgt fast genau 2000m.
Der weiter westlich gelegene Fluß heißt auf dieser HEUZEYschen Karte »Rivière de Bounarbachi (Gangas ou Gangitès)«. In der theologischen Literatur firmiert er meist als Gangites. Vom westlichen Stadttor aus sind es bis zu diesem Fluß ca. 2,5km.
HODDINOTT weist darauf hin, daß noch in neuerer Zeit die von COLLART bezeichnete Ört-

potentiellen προσευχή-Besucher Sabbat für Sabbat einen Fußmarsch von mehr als fünf Kilometern bedeutet hätte, wäre ein so ausgedehntes *pomerium* ohne jede Analogie.[15] War daher die Collartsche Theorie bezüglich des *pomerium* von vornherein überaus problematisch, so ist sie aufgrund der neueren archäologischen Funde vollends obsolet. Nicht nur entlang der nach Drama abzweigenden Straße nämlich, sondern auch entlang der *Via Egnatia* selbst hat man diesseits des Flusses zahlreiche Gräber gefunden, was die *pomerium*-Theorie endgültig erledigt: Gräber innerhalb eines *pomerium* sind ein Ding der Unmöglichkeit.[16]

So hat schon Lemerle die Collartsche Theorie bezweifelt und eine andere Ortslage für die προσευχή vorgeschlagen; und lange vor Lemerle war es Λαμπάκης, der den näher gelegenen Fluß für diejenige Stelle hielt, an der die προσευχή zu suchen sei.[17]

Ist somit die *pomerium*-Theorie Collarts definitiv obsolet, so entfällt auch jeder Grund, die προσευχή außerhalb dieses vermeintlichen *pomerium* zu suchen. Da jedoch der Raum im Westen des Amphipolistors genauso als Friedhof genutzt wurde wie der Bereich östlich vom Neapolistor, liegt es nahe, den Blick auf *das dritte Stadttor* zu richten. Dieses Stadttor ist meines Wissens im Rahmen unserer Fragestellung noch nie in Betracht gezogen worden.[18] Ein Grund

---

lichkeit ein beliebtes Ausflugsziel gewesen sei: »Collart ... suggested that the banks of a small river crossing the Via Egnatia two kilometres west of Philippi, *which are still a popular walk for the villagers on Sundays and holidays,* were the scene of this unpretentious start of Paul's mission to the Philippians« (aaO. (Anm. 7), S. 99; meine Hervorhebung). Mag dies auch zutreffen (Woher kommen die villagers? Aus Λυδία? Dann hätten sie es wesentlich näher als ein aus der Stadtmitte des antiken Philippi kommender Wanderer!), so verkennt diese Analogie doch das Wesen des Synagogenbesuchs am Sabbat – der eben kein Sonntagsausflug ist!

Leider ist durch die modernen Maßnahmen zur Bewässerung das gesamte Areal bis zur Unkenntlichkeit entstellt. Der Fluß westlich des Bogenmonuments ist verschwunden. Auch der Verlauf der *Via Egnatia* (bei HEUZEY: »Chaussée antique«) läßt sich nicht mehr erkennen. Die Veränderungen der letzten Jahrzehnte waren in dieser Hinsicht gewiß einschneidender als alles, was sich in den Jahrhunderten zuvor ereignet hat.

[15] Die COLLARTsche Theorie in bezug auf das *pomerium* ist von dem Interesse geleitet, eine sinnvolle Funktion für das Bogenmonument zu finden. Kein Mensch käme sonst auf die Idee, ein so ausgedehntes *pomerium* zu postulieren.

[16] Vgl. dazu im einzelnen oben im Ersten Kapitel, § 1,2.

[17] Zu den Einwänden LEMERLES gegen die Theorie COLLARTS vgl. o. S. 71f. (bei LEMERLE S. 25–27). Γ. Λαμπάκης (Δοξάτο, Φίλιπποι, Νεάπολις (νυν Καβάλλα), Ξάνθη, Ἀβδηρα, Δελτίον τῆς Χριστιανικῆς Ἀρχαιολογικῆς Ἑταιρείας 6 (1906), S. 22–46; hier S. 25) vertritt die Auffassung: Ἐν Φιλίπποις ἐβάπτισεν ὁ Ἀπόστολος Παῦλος τὴν πρώτην Χριστιανὴν τῆς Εὐρώπης, Λυδίαν τὴν πορφυροπώλιδα ... εἰς τὸν ἔξωθεν τῆς πόλεως διερχόμενον ποταμὸν ἐκ τῶν Κρηνίδων πηγῶν, οὗ τὸ ἐγγύτατα τῶν Φιλίππων διερχόμενον ῥεῦμα ὑπὸ τὸ λυκόφως τῆς ἑσπέρας καὶ ἐφωτογραφήσαμεν (Übersetzung: »In Philippi taufte der Apostel Paulus die erste Christin Europas, die Purpurhändlerin Lydia ..., in dem außerhalb der Stadt vorbeifließenden Fluß aus den Krenides-Quellen, dessen sehr nahe an der Stadt vorüberfließenden Strom wir im Licht der Dämmerung noch photographierten«; die Photographie findet sich S. 26; es handelt sich um den im folgenden genauer beschriebenen Flußlauf).

[18] Immerhin hat ZAHN schon einen Punkt hervorgehoben, der Beachtung verdient: »Da aber die Juden von Philippi sich selbstverständlich ihre Gebetsstätte nicht an der großen Verkehrs-

für diesen erstaunlichen Sachverhalt ist wohl der Umstand, daß dieses Stadttor erst im Jahr 1937, also in der allerletzten Phase der systematischen französischen Grabungen, entdeckt wurde.[19] Dies hatte zur Folge, daß dieses Stadttor in der umfassenden Monographie von Collart – die 1937 erschien – nicht mehr erwähnt werden konnte[20]. Da die seit Erscheinen der Monographie von Collart gemachten Funde gerade bei Neutestamentlern kaum zur Kenntnis genommen wurden, verwundert es nicht, daß dieses Stadttor in diesem Zusammenhang bisher noch nicht in Betracht gezogen wurde, obwohl es seit 1938 bekannt ist.

Dieses Stadttor – bei Λαζαρίδης »Gate in the Marshes« genannt[21] – liegt etwa 300 m südlich des von mir als Amphipolistor bezeichneten westlichen Tores. Dieses Tor weist zwei entscheidende Vorteile auf: 1. Es führt nicht zu einem Friedhof. 2. Es liegt sehr nahe zum Fluß hin.

Zu 1. Es sind in dieser Gegend bisher keinerlei Gräber entdeckt worden. Dies steht auch für die Zukunft nicht zu vermuten, da es sich hier nicht um eine Durchgangsstraße handelt (wie im Fall des Amphipolistores und des Neapo-

---

straße selbst und an der dort vorhandenen festen Brücke eingerichtet haben können [ZAHN denkt an den Angites zweieinhalb Kilometer außerhalb der Stadt und an die auch für diesen zu postulierende Brücke; nicht an die oben (Anm. 10) diskutierte Brücke], so ergibt sich, daß die Besucher des sabbathlichen Gottesdienstes am Fluß angelangt, zur Rechten oder Linken die Straße verlassen und am östlichen Ufer des Angites entlang bis zu der Gebetsstätte gehen mußten, wenn sie nicht, was wahrscheinlicher ist, schon vorher von der Straße abbiegend einen kürzeren und stilleren Weg zur Proseuche benutzen konnten« (S. 572f.). Die oben im Text vorzuschlagende Lösung bietet genau die von ZAHN geforderten Vorteile: Es handelt sich um einen »kürzeren und stilleren Weg« und nicht um eine vielbefahrene Hauptverkehrsstraße; dieser zum dritten Tor aus der Stadt hinausführende Weg führt direkt zu einem Fluß (wenngleich nicht zu dem von ZAHN gemeinten).

[19] Einen kurzen Überblick über die französischen Grabungen von 1914 bis 1937 gibt R. DEMANGEL: Note sur les fouilles françaises de Philippes, BCH 62 (1938), S. 1–3. Einen Bericht über die Entdeckung des dritten Stadttors im Jahr 1937 bietet JAQUES ROGER: L'enceinte basse de Philippes, BCH 62 (1938), S. 20–41; hier S. 35f. »La porte beaucoup moins importante, découverte en 1937, qui débouchait directement sur le marais, à 300 mètres de la porte de Crénidès, vers le Sud, est, elle aussi, restée en usage jusqu'aux derniers temps de Philippes« (S. 35).

[20] COLLART diskutiert das W-Tor und das Neapolistor, vgl. z.B. S. 172f. Von anderen Toren ist nirgendwo die Rede. Für den Benutzer des Buches von COLLART muß daher der Eindruck entstehen, es gebe nur diese beiden Stadttore. Selbst ELLIGER scheint hier nur COLLART zur Kenntnis genommen zu haben (obwohl er ansonsten auch neuere Publikationen zitiert): »Nach dem Wortlaut des Textes wird man diese Gebetsstätte bei einem der beiden Stadttore lokalisieren müssen, wobei sich vor allem das westliche (›Krenidestor‹) anbietet.« (ELLIGER, aaO. (Anm. l), S. 47f.). Diese Aussage steht freilich in Spannung zu den Informationen auf S. 38, wo eine Aussage des Textes bezüglich der »beiden in den Mauergürtel eingefügten Stadttore« in Anm. 26 präzisiert wird: »Ein drittes, kleineres führte aus der Stadt nach Süden in die Ebene [diese Angabe bezüglich der Richtung trifft freilich nicht zu]. Es ist, wie der südliche Teil der Befestigungsmauern überhaupt, vollkommen zugewachsen und nur schwer zu finden.«

[21] Vgl. den Plan Nr. 9 bei Λαζαρίδης und meine Karten 7 und 8. Das hier »Gate in the Marshes« genannte Tor (auf dem Plan mit E bezeichnet) liegt etwa auf der gleichen Höhe wie das Neapolistor, diesem gegenüber. Eine kurze Beschreibung der drei Tore bietet Λαζαρίδης, S. 45.

listores), sondern sozusagen um eine »Sackgasse«, die schwerlich weit über den Fluß hinaus geführt haben wird. Römische Gräber sind aber vornehmlich entlang großer Straßen angelegt worden[22]; Platz genug war dafür in Philippi vorhanden. Hinzu kommt, daß der Bedarf an Grabplätzen durch die ausgedehnten Nekropolen im Osten wie im Westen entlang der *Via Egnatia* wohl hinlänglich gedeckt war.

Zu 2. Der Fluß, den die *Via Egnatia* bei der heutigen Taufkapelle der Lydia überquert, nähert sich beim dritten Stadttor der Stadtmauer auf weniger als 50m und fließt hier eine gewisse Strecke zu ihr parallel.[23] Schon aus Gründen der Entfernung liegt diese Stelle daher sehr viel näher.

Hier und nirgendwo sonst ist also die in der Apostelgeschichte genannte προσευχή zu suchen: *Diese Lage* stimmt aufs beste mit der Beschreibung von 16,13 überein! Und nur der Autorität Collarts ist es zuzuschreiben, daß man nicht schon längst auf diese in jeder Hinsicht naheliegende Lösung gekommen ist: τῇ τε ἡμέρᾳ τῶν σαββάτων ἐξήλθομεν ἔξω τῆς πύλης παρὰ ποταμὸν οὗ ἐνομίζομεν προσευχὴν εἶναι – kaum hat man das Stadttor hinter sich, schon stößt man auf den Fluß und auf die wie immer geartete προσευχή. Dieser kurze Spaziergang wäre im übrigen für einen Juden am Sabbat selbst dann möglich, wenn man die strikte Einhaltung der rabbinischen Vorschriften hinsichtlich des Sabbatweges forderte.

Die spezifische Lage dieses Stadttors führt sogleich zu einer weiteren Überlegung. Man versteht παρὰ ποταμόν ja im allgemeinen als Näherbestimmung des ἐξήλθομεν und übersetzt etwa: Wir gingen »zum Tor hinaus an einen Fluß«[24]. Man könnte das παρὰ ποταμόν jedoch auch als Attribut zu τῆς πύλης ziehen, zumal das ἐξήλθομεν mittels des ἔξω τῆς πύλης hinlänglich präzisiert

---

[22] »Die Straßen waren keine Friedhofsstraßen, sondern die Grabbauten wurden an die Überlandstraßen gebaut, um gesehen zu werden – *ad itinera publica propter testimonium perennitatis*« (HENNER VON HESBERG/PAUL ZANKER: Einleitung, S. 9–20, in: DIES. [Hg.]: Römische Gräberstraßen. Selbstdarstellung – Status – Standard. Kolloquium in München vom 28. bis 30. Oktober 1985, ABAW.PH 96, München 1987; hier S. 9. Das lateinische Zitat ist den Schriften der römischen Feldmesser, ed. F. BLUME/K. LACHMANN/A. RUDORFF, Band I (1848), S. 271, Z. 12f., entnommen). Dies trifft auf die »Überlandstraße« κατ' ἐξοχήν, die *Via Egnatia*, in besonderem Maße zu.

[23] Zum heutigen Zustand des Gebiets vgl. die geologischen Karten: Γεωλογικός Χάρτης της Ἑλλάδος. Φύλλον Κρηνίδες, hg. v. Εθνικόν Ἱδρυμα Γεωλογικών και Μεταλλευτικών ερευνών, Athen 1974 und Γεωλογικός Χάρτης της Ἑλλάδος. Φύλλον Δράμα, hg. v. Εθνικόν Ἱδρυμα Γεωλογικών και Μεταλλευτικών ερευνών, Athen 1979 im Maßstab 1:50.000. Schon zur Zeit Heuzeys floß der Fluß an dieser Stelle vorbei (vgl. die genaue Karte HEUZEYS und meine Karte 7). Man kann mit recht großer Wahrscheinlichkeit annehmen, daß das Flußbett sich seit der Antike im wesentlichen nicht geändert hat. Dafür spricht die oben (Anm. 10) diskutierte Brückenkonstruktion. Dafür spricht auch die Tatsache, daß das Bett des Flusses tief eingegraben ist; stellenweise ist der Fluß so tief, daß man darin nicht nur schwimmen, sondern sogar tauchen kann. So begegnete ich einige hundert Meter oberhalb der hier diskutierten Stelle am 11. September 1990 einem Taucher im Taucheranzug, der dort mit einer Harpune Jagd auf Fische machte, und zwar sehr erfolgreich, wie die Ausbeute bewies.

[24] CONZELMANN, S. 98.

ist. Ist dies richtig, dann wäre zu übersetzen: »Wir gingen aus dem Tor beim Fluß hinaus«. Eine nähere Kennzeichnung des dritten Stadttors war umso notwendiger, als es eben nicht, wie die beiden großen Tore an der *Via Egnatia,* durch die Richtung nach Amphipolis bzw. Neapolis von vornherein eindeutig festgelegt war.

Dies hätte zur Folge, daß das οὗ ἐνομίζομεν προσευχὴν εἶναι in v. 13 nicht auf das παρὰ ποταμόν speziell zu beziehen wäre, sondern allgemein auf den Raum außerhalb des durch παρὰ ποταμόν näher bezeichneten Stadttors. Dies wiederum bedeutete, daß die προσευχή selbst nicht unmittelbar am Fluß zu suchen wäre. Spekulationen über die (angeblich üblichen) jüdischen Feiern am Wasser[25] sind dann hinfällig.

Anläßlich der Drucklegung füge ich einen Hinweis auf die mögliche Existenz eines *vierten Stadttors* ein. Dieses vierte Stadttor postulieren Βελένης und Γούναρης aufgrund ihrer neuen Grabungsergebnisse, von denen oben berichtet wurde.[26]

Wäre dies richtig, hätten wir im Bereich der westlichen Stadtmauer von N nach S zunächst das von mir so genannte Amphipolis-Tor, 300m südlich davon das »Dritte Stadttor« und weitere 200m entfernt das »Vierte Stadttor«. Die Existenz dieses vierten Tores hat Βελένης bei einer Diskussion in Philippi am 2. Oktober 1994 nachdrücklich vertreten. Diese Frage lasse ich auf sich beruhen, bis – hoffentlich bald – Ausgrabungen die These verifizieren (oder falsifizieren).

Was aber die Trasse der Straße nach Amphipolis angeht, die Βελένης durch das vierte Stadttor führt, möchte ich unbeschadet der künftigen Ausgrabungsergebnisse schon heute widersprechen: Diese ist m.E. durch das von mir so genannte Amphipolis-Tor, das unlängst (dazu s. o. S. 72) entdeckte Gebäude und das Bogenmonument (vgl. Karte 7) eindeutig festgelegt, auch wenn die Substruktion der mehrfach erwähnten Brücke – so Βελένης am 2. Oktober 1994 – sich nicht eindeutig der römischen Zeit zuordnen lassen sollte. D.h., daß auch der Weg zum vierten Stadttor hinaus eine Sackgasse gebildet hätte (und nicht der Beginn einer größeren Straße gewesen wäre). Für die in diesem Paragraphen diskutierte Frage halte ich es alles in allem für sicherer, bei dem archäologisch eindeutig nachgewiesenen dritten Stadttor (vgl. o. Anm. 19) zu bleiben. Sollte das vierte Tor einst ebenfalls ausgegraben sein – *videant consules!* – hätte man dann die Wahl zwischen beiden Toren.

Anhangsweise sei darauf hingewiesen, daß auch die folgenden Episoden in Philippi diese neue Interpretation des v. 13 in erwünschter Weise stützen. Sogleich zu Beginn des nächsten Abschnitts heißt es ja: ἐγένετο δὲ πορευομένων ἡμῶν εἰς τὴν προσευχήν κτλ. (v. 16). Haenchen wundert sich in seinem Kommentar darüber: »Das Gehen zur προσευχή, das nur am Sabbat Sinn

---

[25] ZAHN führt S. 572, Anm. 84 mehrere Belege an, um zu erweisen, »daß die Juden jener Zeit vielfach auch außerhalb der Städte im Freien, besonders gerne am Wasser ihre Gottesdienste zu halten pflegten« (S. 571f.). Bedauerlicherweise beziehen sich all die Stellen aber auf das Ufer eines Meeres und nicht auf ein Flußufer. Vgl. auch HÜTTENMEISTER, aaO. (Anm. 1), S. 118, Anm. 30.

[26] S. 24; vgl. die Karte, die Βελένης und Γούναρης ihrer letzten einschlägigen Publikation beigefügt haben (Γεώργιος Γούναρης/Γεώργιος Βελένης: Πανεπιστημιακή ανασκαφή Φιλίππων 1991, ΑΕΜΘ 5 (1991) [1994], S. 409–424; hier S. 410).

hatte, ist jetzt eigentlich überflüssig.«[27] Für die Erzählung ist das Gehen zur προσευχή jedoch aus zwei Gründen mitnichten »überflüssig«, sondern von entscheidender Bedeutung:

(1) Die Belästigungen seitens der παιδίσκη erfolgen ja nicht nur dieses eine Mal (v. 16), sondern, wie es ausdrücklich heißt, viele Male (v. 18: τοῦτο δὲ ἐποίει ἐπὶ πολλὰς ἡμέρας). Dies ist viel eher vorstellbar, wenn Paulus und seine Begleiter mit einer gewissen Regelmäßigkeit einen bestimmten Weg gingen; denn so klein ist Philippi nicht, daß Paulus und seine Begleiter täglich der παιδίσκη einfach zufällig begegnen könnten. Offenbar ist vorausgesetzt, daß Paulus regelmäßig vom Haus der Lydia (vgl. v. 15) zur προσευχή geht und dabei der παιδίσκη begegnet.[28]

(2) Die προσευχή ist also eine Art Stützpunkt für die Aktivitäten der Missionare in Philippi. Nur so nämlich wird verständlich, daß der Vorwurf in v. 20 sich gegen Juden richtet (Ἰουδαῖοι ὑπάρχοντες), welche jüdische Sitten in einer römischen Umgebung propagieren (v. 21). Sind Paulus und seine Begleiter regelmäßig in der προσευχή gewesen, so liegt der Verdacht nahe, daß es sich um Juden handelt; ihre Botschaft als jüdisch zu qualifizieren, drängt sich somit geradezu auf.

Ist diese Interpretation zutreffend, d.h. sind Paulus und seine Begleiter mit einer gewissen Regelmäßigkeit in der προσευχή gewesen, so kann man sich das nur vorstellen, wenn die προσευχή in räumlicher Nähe zur Stadt liegt, vor der Stadtmauer gewiß, aber eben nicht zweieinhalb Kilometer von ihr entfernt, was einen täglichen Fußmarsch von mehr als fünf Kilometern für Paulus und seine Begleiter bedeutet hätte.

Schille stellt zu Recht fest: »Die Herren der Magd schleppen die Apostel ›auf den Markt‹ v. 19, nicht erst durchs Tor zurück, wie man wegen v. 16 erwartet«, fragt dann aber: »Ist die Magd gar nicht vor der Stadt exorzisiert worden?«[29] Diese Frage erweist sich als verfehlt. Die Szene in v. 16ff. setzt keineswegs voraus, daß das Treffen außerhalb des Tores zu denken ist. Viel näher liegt es, die Begegnung zwischen dem Haus der Lydia und dem Tor παρὰ ποταμόν (also in der Stadt selbst) zu denken.

---

[27] HAENCHEN, S. 476.

[28] Vgl. schon ZAHN: »Außer Lydia und ihren Hausgenossen müssen noch andere Hörer der ersten Predigt des Pl [Paulus] sich geneigt gezeigt haben, da er mit seinen Genossen an vielen folgenden Tagen, also nicht nur an den Sabbathen, sich zur Gebetsstätte am Angites hinausbegab, um [im Original irrtümlich: nm] das glücklich begonnene Werk fortzusetzen (v. 16. 18)« (S. 575f.). Die neueren Kommentare gehen auf diesen Zusammenhang von v. 18 und v. 16 in der Regel nicht ein. Doch vgl. noch die einschlägigen Bemerkungen bei LEMERLE: Er nimmt Bezug auf LOISY und GOGUEL, die beide die Erzählung von der παιδίσκη für redaktionell halten und fährt dann fort: »Pour ma part, je note d'abord que le récit qui montre les missionnaires rencontrant la pythonisse sur la route de la proseuque, et importunés quotidiennement pour cette rencontre, reçoit de ces détails mêmes, auxquels un «arrangeur» n'aurait sans doute pas songé, un air de vérité.« (LEMERLE, S. 30). Unabhängig von der Frage der Historizität »funktioniert« die Erzählung einfach besser, wenn man an einen regelmäßigen Weg vom Haus der Lydia zur πύλη παρὰ ποταμόν denkt.

[29] GOTTFRIED SCHILLE: Anfänge der Kirche. Erwägungen zur apostolischen Frühgeschichte, BEvTh 43, München 1966, S. 46, Anm. 24.

Übrigens ist auch die Verlegung der gesamten Erzählung nach Thyateira (Schille, S. 51f.) jedenfalls des Flusses wegen nicht erforderlich (soweit ich sehe, hat Schille mit dieser Theorie keinen Anklang gefunden).

§ 4 Lydia, πορφυρόπωλις πόλεως Θυατείρων (Apg 16,14)

Nach der Darstellung der Apostelgeschichte ist Lydia die erste, die sich in Philippi dem neuen Glauben anschließt. Daher erscheint es auf den ersten Blick ganz folgerichtig, daß ihr eine besonders eingehende Charakterisierung zuteil wird.[1] Selbstverständlich ist dies freilich nicht. Betrachtet man beispielsweise die sogenannte erste Missionsreise, so fehlt dort jegliche Parallele: Im pisidischen Antiochien (13,14ff.) findet sich zwar eine zahlreiche Anhängerschaft, aber nicht eine einzige Person wird auch nur namentlich genannt (geschweige denn näherhin charakterisiert). Ähnlich verhält es sich in Iconium (14,1ff.) und Lystra (14,8ff.); auch in Derbe (14,21) werden ἱκανοί als Jünger gewonnen – aber niemand wird namentlich genannt. Der einzige Mensch, der dem Evangelium positiv gegenübersteht *und* dessen Name überliefert ist, ist der Statthalter von Zypern, Sergius Paullus (13,7). Aber er ist kein zu Lydia analoger Fall, da von einer Gemeinde in Paphos nichts verlautet, der Statthalter also in jedem Fall isoliert dastünde (auch wenn die Erzählung in 13,6–12 dahingehend zu verstehen wäre, daß Sergius Paullus Christ wird).

Ein anderes Bild ergibt sich, wenn man die Gemeindegründungen auf der zweiten Missionsreise untersucht: In Thessaloniki (17,1–9) wird zwar Jason namentlich genannt, aber mehr als die Tatsache, daß er ein Haus besitzt, erfahren wir nicht. Auch in Athen (17,16–34) wird nur eine kurze Liste geboten: τινὲς δὲ ἄνδρες κολληθέντες αὐτῷ ἐπίστευσαν, ἐν οἷς καὶ Διονύσιος ὁ Ἀρεοπαγίτης καὶ γυνὴ ὀνόματι Δάμαρις καὶ ἕτεροι σὺν αὐτοῖς (v. 34). Was schließlich Korinth (18,1–17) angeht, so kommen Aquila und Priscilla der Lydia ohne Zweifel am nächsten: Hier werden eingehende Informationen geboten (18,2–3), die sogar die Angabe des Berufes mit einschließen: ἦσαν γὰρ σκηνοποιοὶ τῇ τέχνῃ. Außerdem werden hier mit Titius Iustus (18,7) und Krispos (18,8) zwei weitere Personen namentlich genannt und kurz charakterisiert.

---

[1] SCHILLE sieht in der Ortsangabe πόλεως Θυατείρων ein Indiz dafür, daß die Geschichte ursprünglich in Thyateira spielt (GOTTFRIED SCHILLE: Anfänge der Kirche. Erwägungen zur apostolischen Frühgeschichte, BEvTh 43, München 1966, S. 51f.). Aber ein Redaktor, der eine Erzählung von Thyateira nach Philippi verlegt, wird auf diese Translation schwerlich durch ein hinzugesetztes πόλεως Θυατείρων aufmerksam machen (in einer in Thyateira beheimateten Geschichte andrerseits hätte diese Angabe überhaupt keine sinnvolle Funktion!).
LUISE SCHOTTROFF: Lydia. Eine neue Qualität der Macht, in: KARIN WALTER [Hg.]: Zwischen Ohnmacht und Befreiung, Freiburg/Basel/Wien 1988, S. 148–154 (Nachdr.: LUISE SCHOTTROFF: Befreiungserfahrungen. Studien zur Sozialgeschichte des Neuen Testaments, TB 82, München 1990, S. 305–309) geht auf die lokalen Verhältnisse in Philippi selbst leider überhaupt nicht ein.

Vergleicht man nun die erste und die zweite Missionsreise miteinander, so stellt man fest, daß in den Gemeinden der ersten Missionsreise Namen von bekehrten Individuen völlig fehlen, während sie in den makedonischen und griechischen Gemeinden mit erstaunlicher Regelmäßigkeit auftreten. Besonders eindrücklich sind hier die Gemeinden in Philippi und in Korinth. Vergleicht man die einschlägigen Szenen, so kann man sagen, daß die Bekehrung der Lydia mit ganz besonderer Liebe gestaltet wurde. Auch in dieser Hinsicht handelt es sich um eine herausragende Szene.

Die Tatsache, daß der Verfasser der Apostelgeschichte bei dieser Szene mit besonderem Engagement zu Werke ging, verbürgt natürlich als solche noch keineswegs die Solidität der biographischen Angaben. Es konnte zwar in den vorigen Paragraphen gezeigt werden, daß die topographischen Angaben im großen (§ 2) wie im kleinen (§ 3) eine sehr genaue Kenntnis der makedonischen wie der philippischen Verhältnisse verraten, aber wie steht es nun speziell mit der Person der Lydia?

1. Purpur in Philippi

Ein gewisser Grundbedarf an Purpur ist in einer römischen Kolonie immer anzusetzen, trägt doch ein jedes Mitglied des *ordo decurionum* die Toga mit dem Purpursaum.[2] Purpurbedarf besteht aber weit über den Bereich der städtischen Funktionäre hinaus: »Indeed, our sources for the First Century A.D. reveal that purple was in generalized use among all classes throughout the Empire for clothing and other display articles.«[3] Schon aus solchen allgemeinen Erwägungen[4] heraus ist also mit Purpurhändlern in Philippi von vornherein zu rechnen.

---

[2] Die genaue Zahl der Mitglieder des *ordo decurionum* in Philippi ist uns nicht überliefert. Zum Problem vgl. JOHN NICOLS: On the Standard Size of the Ordo Decurionum, ZRG 105 (1988), S. 712–719. Nimmt man die inschriftlich reich bezeugten »Mitglieder ehrenhalber« hinzu, so kommt man in Philippi wohl auf eine Zahl von über 100 Mitgliedern.
Noch höheren Purpurverbrauch müßte man für die Mitglieder des *ordo senatorius* ansetzen (*latus clavus*), doch sind solche für die Zeit der Lydia in Philippi noch nicht bezeugt.
Zur Bedeutung des Purpurs im römischen Leben vgl. den Ausspruch des Plinius: *fasces huic securesque Romanae viam faciunt, idemque pro maiestate pueritiae est, distinguit ab equite curiam, dis advocatur placandis omnemque vestem inluminat, in triumphali miscetur auro* (Plinius: *Naturalis historiae* IX 127; Übersetzung von RODERICH KÖNIG, in: RODERICH KÖNIG/ GERHARD WINKLER [Hg.]: C. Plinii Secundi naturalis historiae libri XXXVII. Liber IX (lat.-dt., Tusc.), München 1979, S. 95: »Ihm halten die römischen Rutenbündel und Beile [sc. der *lictores*] den Weg offen, der Jugend gibt er Würde, unterscheidet die Kurie vom Ritterstand; man verwendet ihn bei den Sühneopfern für die Götter, und er schmückt jedes Kleid. Am Triumphkleid wird er mit Gold durchwirkt«).
[3] MEYER REINHOLD: History of Purple as a Status Symbol in Antiquity, CollLat 116, Brüssel 1970, S. 51.
[4] »Whatever may be the date when purple was first established for status display in Rome, it is certain that our evidence for the use of purple in antiquity is most massively documented for

Hinzu kommt, daß dieser Beruf auch epigraphisch bezeugt ist. Eine schon von Heuzey veröffentlichte Inschrift aus dem Territorium von Philippi (die übrigens längst Eingang in die Kommentare zur Apostelgeschichte gefunden hat[5]) bietet in Z. 1: [pu]rpurari[6]. Es handelt sich hier ohne jeden Zweifel um eine Form des lateinischen Wortes *purpurarius*, welches den Purpurfärber bzw. den Purpurhändler bezeichnet.[7] Im Gegensatz zum griechischen πορφυροπώλης/ πορφυρόπωλις bezeichnet das lateinische *purpurarius/purpuraria* nicht bloß den Purpurhändler/die Purpurhändlerin, sondern auch den Purpurfärber/die Purpurfärberin (griechisch πορφυροβάφος).

2. *Purpurfärber aus Thyateira in Thessaloniki*

Eine Zunft von πορφυροβάφοι ist durch eine Inschrift für Thessaloniki bezeugt:

Ἡ συνήθεια τῶ-	Die Zunft der
ν πορφυροβάφ-	Purpurfärber
ων τῆς ὀκτω-	der acht-
καιδεκάτης	zehnten (Straße?)
5 Μένιππον Ἀμιου *[sic]*	(ehrt) den Menippos, (den Sohn) des Amias,
τὸν καὶ Σεβῆρον	der auch Severos (heißt),
Θυατειρηνὸν μνήμης	den Thyateirener, der Erinnerung
χάριν.[8]	halber.

Diese Inschrift wird vom Herausgeber auf das Ende des zweiten Jahrhunderts datiert. Sie bezeugt also für diese Zeit eine Zunft von Purpurfärbern in Thessaloniki, die mindestens ein Mitglied aus Thyateira in ihren Reihen hatte.

Roman society, which was, in general, *the most status-symbol-conscious culture of the ancient world*« (MEYER REINHOLD, aaO., S. 38; Hervorhebung von mir).

[5] Vgl. exemplarisch CONZELMANN: »Eine verstümmelte Inschrift aus Philippi (CIL III 664) läßt noch erkennen:]RPVRARI[.« (S. 99).

[6] Es handelt sich um die Inschrift 065/L053 aus Παλαιοχώρι im Osten des Pangaiongebirges. Die Ergänzung ist sicher (selbst mit Hilfe des Computers läßt sich kein anderes lateinisches Wort finden, welches die gesicherten Buchstaben RPVRARI in sinnvoller Weise ergänzen könnte; Suchlauf durch die PHI-CD-ROM #5.3) .

[7] Der entsprechende Faszikel des ThLL ist bisher (Ende März 1995) noch nicht erschienen. Vgl. einstweilen Glare, s.v. *purpurarius* (S. 1523), wo sich auch eine Reihe weiterer epigraphischer Belege findet.

[8] CHARLES EDSON: IG X 2,1, Nr. 291. Übrigens weist EDSON im Kommentar zu dieser Inschrift ebenfalls auf die Parallele zu Lydia hin: »Cf. *Act. Apost.* 16, 14 de Paulo Philippis praedicanti evangelium: καί τις γυνὴ ὀνόματι Λυδία, πορφυρόπωλις πόλεως Θυατείρων, σεβομένη τὸν θεόν, ἤκουεν – –« (ebd.).
Zum Gebrauch von συνήθεια in Z. 1 der Inschrift vgl. das Supplement von LSJ, S. 138, s.v. συνήθεια, wo neben unserer Inschrift aus Thessaloniki für die Bedeutung »club, guild« auch eine Inschrift aus Beroia genannt wird.

Da diese Zunft (συνήθεια) durch das beigefügte τῆς ὀκτωκαιδεκάτης (das wohl die Nummer einer Straße oder eines Stadtviertels angibt) offenbar von anderen Purpurfärberzünften unterschieden wird, geht man nicht fehl, wenn man mehrere solcher Zünfte in Thessaloniki postuliert. Die Parallele zu der einschlägigen Aussage in der Apostelgeschichte ist augenfällig: Auch Lydia stammt aus Thyateira, wenngleich sie nicht Purpurfärberin, sondern Purpurhändlerin ist.

3. Purpurfärber aus Thyateira in Philippi

Noch schöner wäre es freilich, wenn wir eine vergleichbare Inschrift aus Philippi selbst hätten. Eine solche Inschrift existiert in der Tat; sie lautet:

Τὸν πρῶτον ἐκ τῶν πορ-
φυροβάφ[ων 'Αν]τίοχον Λύκου
Θυατειρ[ιν]ὸν εὐεργέτ[ην]
καὶ [...] ἡ πόλις ἐτ[ίμησε].[9]

Den ersten der Pur-
purfärber, Antiochos, (Sohn) des Lykos,
den Thyateirener, ihren Wohltäter
und ..., ehrt die Stadt.

Im Gegensatz zu dem oben erwähnten Fragment mit dem lateinischen Wort *purpurarius* hat diese Inschrift freilich nur selten Eingang in die theologische Literatur gefunden. Die einzige Erwähnung bietet, soweit ich sehe, Otto F.A. Meinardus in seinem Büchlein »St. Paul in Greece«, wo es heißt: »In 1872 Professor Mertzides discovered in Philippi the following text in Greek inscribed on a piece of white marble: ›The city honored from among the purple-dyers, an outstanding citizen, Antiochus the son of Lykus, a native of Thyatira, as a benefactor.‹«[10] Der Grund für diesen merkwürdigen Sachverhalt ist wahrscheinlich der, daß die Publikation von Μερτζίδης in Mitteleuropa so gut wie nicht greifbar ist.[11] Obwohl das Buch bei seinem Erscheinen in Makedonien offenbar einiges Aufsehen erregte, ist es in Mitteleuropa so gut wie unbekannt geblieben.

---

[9] Es handelt sich um die Inschrift 697/M580.

[10] OTTO F.A. MEINARDUS: St. Paul in Greece, Athen 1972, S. 12f.

[11] Das einschlägige Werk: Σταύρος Μερτζίδης: Οι Φίλιπποι. Έρευναι και μελέται χωρογραφικαί ὑπό ἀρχαιολογικήν, γεωγραφικήν, ιστορικήν, θρησκευτικήν και εθνολογικήν ἔποψιν, Konstantinopel 1897 ist in deutschen Bibliotheken nicht nachweisbar. Auch die Joint Library der Society for the Promotion of Hellenic Studies und der Society for the Promotion of Roman Studies in London besitzt kein Exemplar des Buches (Schreiben vom 16. 1. 1992). Trotz intensiver Suche konnte ich lediglich zwei Exemplare dieses Buches ermitteln: Eines besitzt die Französische Schule in Athen; ein zweites ist vorhanden in der Bibliothek der Universität Athen (Βιβλιοθήκη Φιλοσοφικής Σχολής, Signatur Tb 505).

Das Buch von MEINARDUS (s. die vorige Anm.) wurde in Athen verfaßt. Dort stand dem Verfasser die Arbeit von Μερτζίδης natürlich zur Verfügung; so ist es vermutlich zu erklären, daß nur Meinardus diese Inschrift berücksichtigt.

Der einzige, der sich der von Μεϱτζίδης publizierten Inschriften annahm, war freilich kein Geringerer als Louis Robert.[12] Dessen Urteil fiel allerdings derart vernichtend aus, daß Μεϱτζίδης in der Folgezeit erst recht nicht zur Kenntnis genommen wurde; Robert zufolge ist Μεϱτζίδης ein dreister Fälscher, der *ad maiorem Philipporum gloriam* auch vor den plumpesten Tricks nicht zurückschreckt.

Wer einen Blick auf das einschlägige Material wirft[13], wird geneigt sein, dem scharfen Urteil Roberts zuzustimmen. Wen hat Μεϱτζίδης nicht alles aufgeboten: Σεύθης, König der Odrysen (652/M192) steht neben dem berühmten Polygnot (653/M193), der König Lysimachos (655/M195) ist ebenso vertreten wie Aristophanes (657/M197), auch die römische Intelligentsia fehlt mitnichten, wird sie doch durch den Dichter Statius (659/M140) und seinen Kollegen Phaedrus (660/M138) repräsentiert. Man beachte: Dies ist keine vollständige Liste, sondern lediglich eine Kostprobe. Selbst ohne die geringste Kenntnis der lokalen Gegebenheiten wird man es für ausgeschlossen halten, daß all' diese Berühmtheiten sich durch eine Inschrift in Philippi verewigt haben sollten.

Andrerseits läßt sich nicht leugnen, daß Μεϱτζίδης in seinen Werken[14] neben all diesen Fälschungen auch echtes Material eingestreut hat. Nachweislich echt (weil entweder noch heute vorhanden oder damals auch von Zeitgenossen des Μεϱτζίδης gesehen) sind die Nummern Χώϱαι (vgl. Anm. 14) 1 (= 499/G189); 5 (teilweise, vgl. den Kommentar zu 507/G641); 12 (= 495/L135); 14 (= 476/L092) und 16 (= 474/L091), sowie Φίλιπποι (vgl. Anm. 11) 17 (= 309/G060); 21 (= 058/L047) und 22 (= 041/L041).

Sieht man von den ersichtlichen Fälschungen und dem nachweislich (im soeben präzisierten Sinne) echten Material ab, so verbleiben etliche Stücke, bei denen sich eine klare Entscheidung ohne weiteres nicht fällen läßt. So hält etwa

---

[12] Louis Robert: Hellenica V, Inscriptions de Philippes publiées par Mertzidès, Revue de Philologie 13 (1939), S. 136–150 (Nachdr. in: ders.: Opera minora selecta II, Amsterdam 1969, S. 1289–1303; danach hier zitiert).

[13] Die möglicherweise von Μεϱτζίδης gefälschten Inschriften sind dem Katalog der Inschriften in Band II als Anhang 1 beigegeben. Es ist durchaus möglich, daß sich darunter das eine oder andere echte Stück befindet (vgl. die Kommentare zu den einzelnen Nummern), aber ich hielt es methodisch für das Gebotene, alle *nur* durch Μεϱτζίδης bezeugten Inschriften in den Anhang zu verweisen.

[14] Vor dem oben in Anm. 11 genannten Werk veröffentlichte derselbe Verfasser schon: Αι χώϱαι του παϱελθόντος και αι εσφαλμέναι τοποθετήσεις των. Έϱευναι και μελέται τοπογϱαφικαί υπό αϱχαιολογικό–γεωγϱαφικό–ιστοϱικήν έποψιν, Athen 1885. Dieses Werk ist noch schwerer zu beschaffen als das oben genannte. Es ist nicht nur in deutschen Bibliotheken nicht nachweisbar, sondern ich vermochte es auch in Thessaloniki und in Athen nicht zu finden. Robert bemerkt, daß er es »à la bibliothèque de l'Institut archéologique allemand de Stamboul« exzerpiert hätte (Robert, aaO. (Anm. 12), S. 1290, Anm. 9). Dort ist es noch heute vorhanden. Ich danke den Mitarbeitern des Deutschen Archäologischen Institutes in Istanbul auch an dieser Stelle für die freundliche Übersendung einer Kopie dieses Werkes.

Collart die Nummer 680/M663 für diskutabel[15], Robert selbst hält 685/M668 für echt[16].

Da es sich bei der uns hier interessierenden Inschrift 697/M580 weder um eine ersichtliche Fälschung handelt (dies wäre nach meinen Kriterien der Fall, wenn etwa Paulus oder Lydia selbst genannt wären oder das Formular anachronistisch wäre) noch um einen (im oben präzisierten Sinne) nachweislich echten Stein, bedarf die Frage nach der Echtheit einer eingehenderen Diskussion.

Robert meinte diese Frage mit einigen spöttischen Bemerkungen abtun zu können:»Naturellement on ne pouvait se passer d'une inscription se rapportant à Saint Paul. Grâce aux Actes des Apôtres et à l'inscription de Thessalonique [das ist der oben zitierte Stein IG X 2,1, Nr. 291] mentionnant un Thyatirénien honoré par la συνήθεια τῶν πορφυροβάφων, on a, dans le chapitre sur Saint Paul, cette inscription honorifique ...«[17] Außerdem verweist Robert noch auf die finanzielle Seite des Unternehmens. Die Liste der Subskribenten des Werkes enthält nämlich auch den Patriarchen von Konstantinopel:»Puisque le patriarche de Constantinople souscrivait quinze exemplaires, il était honnête de lui faire lire une inscription qui se rattachât au séjour de Saint Paul à Philippes.«[18]

Schlagend kann ich diese Überlegungen Roberts nicht finden. Bei genauerem Hinsehen führen sie meines Erachtens sogar zum umgekehrten Ergebnis: Ein so dreister Fälscher wie Μερτζίδης hätte diese Inschrift ganz anders erfunden! Wer so viele *Very Important Persons* (vgl. die obige Kostprobe) auftreten läßt, hätte gewiß keine Scheu gehabt, auch Paulus oder zumindest Lydia selbst aufzubieten. *Das ist aber in der vorliegenden Inschrift gerade nicht der Fall.*[19] Für eine Fälschung im Stile des Μερτζίδης ist diese Inschrift schlicht zu harmlos. Hat Μερτζίδης nicht auch den Gefängniswärter aus Apg 16 in einer Inschrift mit dem aus Apg 16,27 *(varia lectio* in 614 und bei wenigen anderen Handschriften) bekannten Namen Στεφανᾶς auftreten lassen?[20] Und da hätte er vor Lydia zurückschrecken sollen? Das erscheint nicht plausibel.

---

[15] Es handelt sich dabei um Φίλιπποι (vgl. Anm. 11) Nummer 9; vgl. die im Kommentar zu dieser Inschrift zitierten Stellungnahmen von COLLART und ROBERT.

[16] Es handelt sich dabei um Φίλιπποι (vgl. Anm. 11) Nummer 14; vgl. den Kommentar zu dieser Inschrift.

[17] ROBERT, aaO. (Anm. 12), S. 1295.

[18] ROBERT, aaO. (Anm. 12), S. 1303.

[19] Schon LEMERLE hatte gegen ROBERT eingewandt:»Mertzidès eût su trouver, pour plaire au patriarche, un texte plus explicite et, si j'ose dire, plus sensationnel« (LEMERLE, S. 28).

[20] Die Inschrift lautet: Τὸ βάπτισμα τοῦ δεσμοφύλακος Στεφανᾶ. Hierbei handelt es sich um eine ersichtliche Fälschung. Die neu aufgefundenen Dokumente (vgl. dazu den Kommentar zur Inschrift 698/M680) zeigen, daß andere Menschen, die damals das vermeintliche »Gefängnis« des Paulus gleich nach seiner Entdeckung besuchten, nichts dergleichen wahrnahmen. Man kann mit Sicherheit annehmen, daß diese Inschrift in dem Bericht an die griechische Regierung erwähnt worden wäre!

Auch im Anchor Bible Dictionary kommt der Gefängniswärter neuerdings zu Ehren, findet sich da doch ein Artikel »Philippian Jailor« (ROBERT F. O'TOOLE: Art. Philippian Jailor, The

Hinzu kommt noch ein zweites Argument. Bei vielen Fälschungen des Μερτζίδης macht Robert zu Recht darauf aufmerksam, daß das Formular (zum Teil sogar krasse) Fehler aufweist. Dies ist hier aber nicht der Fall, das Formular ist tadellos: Wie bei Ehreninschriften üblich[21], wird der Geehrte im Akkusativ genannt (Z. 1–3), der Dedikant – in diesem Fall die Stadt – steht im Nominativ (Z. 4); das gattungsspezifische Verbum τιμᾶν[22] schließt den Text ab. Der Geehrte, Ἀντίοχος, der Sohn des Λύκος, wird näherhin gekennzeichnet durch a) τὸν πρῶτον ἐκ τῶν πορφυροβάφ[ων], b) Θυατειρ[ιν]όν und c) εὐεργέτ[ην]. Letzteres ist völlig stilgemäß und begegnet in vielen Ehreninschriften. Die Angabe b) – die Herkunft aus Thyateira – hat eine genaue Parallele in der oben zitierten Inschrift aus Thessaloniki (dort Z. 7). Am interessantesten ist freilich a): Hierdurch wird Antiochos als Oberhaupt einer Vereinigung von Purpurfärbern charakterisiert. Man kann vermuten, daß hier wie auch in Thessaloniki eine Zunft von Purpurfärbern gemeint ist. Die Existenz einer solchen Zunft auch in Philippi ist in Anbetracht des hiesigen Purpurbedarfs ohnehin zu erwarten.

Schließlich – und das gibt m. E. den Ausschlag für die Echtheit – scheint es doch ein Zeugnis für diese Inschrift zu geben, das von Μερτζίδης unabhängig ist. Dabei handelt es sich um einen Reisebericht von Γ. Λαμπάκης, der im Δελτίον τῆς Χριστιανικῆς Ἀρχαιολογικῆς Ἑταιρείας publiziert worden ist.[23] Λαμπάκης berichtet hier von einer Reise, die ihn im Sommer 1902 unter anderem von Doxato über Philippi nach Neapolis/Kavala und zurück nach Doxato führte.[24] Erscheint sein Bericht auf den ersten Blick eher impressionistisch, was die Denkmäler aus der Antike betrifft (die Kirchengebäude der späteren Zeit sind akribisch aufgelistet!), so finden sich doch einige präzise Angaben auch bezüglich der antiken Monumente. Insbesondere der zweite Besuch in Philippi ist hier zu nennen. Λαμπάκης spezifiziert hier einige Ortslagen und Monumente, die er an diesem Abend photographiert hat, so das sogenannte Gefängnis des Paulus, die Gegend um das türkische Gasthaus in Dikili-Tasch und die Flüsse im Osten und im Westen der Stadtmauer.[25] Dann fährt er folgenderma-

---

Anchor Bible Dictionary 5 (1992), S. 317–318). Allerdings wird hier nur konstatiert, daß lediglich »two minisucle *[sic!]* manuscripts, 2147 of the 11th century and 614 of the 13th« (S. 317) den Namen Stephanas bieten; die schöne Inschrift von Μερτζίδης kennt Vf. offenbar nicht.

[21] Zum Formular der griechischen Ehreninschriften vgl. etwa MARGHERITA GUARDUCCI: L'epigrafia greca dalle origini al tardo Impero, Rom 1987; hier S. 155–167: »Dediche onorarie«.

[22] Zum Verbum τιμᾶν in Ehreninschriften vgl. GUARDUCCI, aaO., S. 155f.

[23] Γ. Λαμπάκης: Δοξάτο, Φίλιπποι, Νεάπολις (νυν Καβάλλα), Ξάνθη, Ἀβδηρα, Δελτίον τῆς Χριστιανικῆς Ἀρχαιολογικῆς Ἑταιρείας 6 (1906), S. 22–46.

[24] Λαμπάκης, aaO., S. 22–24 (Doxato), S. 24–30 (Philippi), S. 31–35 (Neapolis) und S. 35–38 (Rückreise nach Doxato).

[25] Der zweite Besuch in Philippi fand am 17. August 1902 statt. Hier heißt es (S. 35) unter anderem: Εἶτα ἐπανήλθομεν καὶ πάλιν εἰς Φιλίππους, ἔνθα περὶ βαθεῖαν σχεδὸν ἑσπέραν ἐφωτογραφήσαμεν τὸ φρούριον τῶν Φιλίππων, ἐφ' οὗ ἀνιστορήτως ἀναφέρεται ὅτι ὑπῆρχον αἱ φυλακαὶ τοῦ Ἀποστόλου Παύλου (ἀριθ. 3413), τὴν παρὰ τὰ πανδοχεῖα

ßen fort:»Inmitten der unendlichen Trümmer fanden wir ein Marmorstück, auf welchem wir das Wort ΘΥΑΤΕΙΡ(ΩΝ) entzifferten« (Εν μέσω δε των απείρων συντριμμάτων εύρομεν τεμάχιον μαρμάρου, εφ' ού ανέγνωμεν την λέξιν ΘΥΑΤΕΙΡ(ΩΝ)[26]). Er weist in diesem Zusammenhang dann auf Apg 16,14 und auf die von Μερτζίδης publizierte Inschrift 697/M580 hin, behauptet aber nicht, daß das von ihm gefundene Fragment mit der von Μερτζίδης publizierten Inschrift identisch sei. Zwei Feststellungen sind hier von Bedeutung:

(1) Es gibt keine publizierte Inschrift aus Philippi (und auch keine mir bekannte unpublizierte), die die Buchstabenfolge ΘΥΑΤΕΙΡ[27] enthält – außer der hier in Rede stehenden von Μερτζίδης publizierten Inschrift 697/M580.

(2) Die durch Λαμπάκης bezeugte Inschrift weist exakt dieselbe Buchstabenfolge ΘΥΑΤΕΙΡ auf wie unsere Inschrift 697/M580, d.h. *sie bricht genau an derselben Stelle* – nach dem P – ab.[28]

Ich halte es daher für wahrscheinlich, daß die von Λαμπάκης gefundene Inschrift ein Fragment unserer Inschrift 697/M580 ist.[29] Trifft dies zu, dann ha-

---

τοπογραφίαν (αριθ. 3411), τα εκεί πανδοχεία, ένθα περί τα πέριξ ανιστορήτως ωσαύτως αναφέρεται ότι ετάφη η Λυδία (αριθ. 3412), τον προς ανατολάς χείμαρρον τον κατερχόμενον εκ του χωρίου Rahtjia (αριθ. 3405), και περί τας αρχάς σχεδόν της νυκτός εφωτογραφήσαμεν το εγγύτατα των ερειπίων της πόλεως εκ του ποταμού των Κρηνίδων διαρρέον ρυάκιον usw. (Übersetzung:»So stiegen wir wiederum nach Philippi hinauf, wo wir am späten Abend noch das Wachgebäude von Philippi, von dem ohne historische Belege behauptet wird, hier sei das Gefängnis des Apostels Paulus gewesen (Nr. 3413), die Gegend bei dem Gasthaus (Nr. 3411), das Gasthaus selbst, in dessen Umgegend nach einer ebenfalls der historischen Belege entbehrenden Überlieferung die Lydia begraben sein soll (Nr. 3412), und den Winterbach im Osten, der aus dem [türkischen] Dorf Raktscha herunterkommt (Nr. 3405), photographierten; schon fast bei Einbruch der Dunkelheit photographierten wir sodann den Arm des Flusses von Krenides, der den Ruinen der antiken Stadt am nächsten ist usw.«). Die zuletzt genannte Photographie ist zusammen mit dem Aufsatz abgedruckt als Abb. 3 auf S. 26.
In demselben Zusammenhang erwähnt Λαμπάκης, daß er eine topographische Karte angefertigt habe: Ενταύθα εσχεδιογραφήσαμεν και τον τοπογραφικόν χάρτην της περιοχής των Φιλίππων (ebd.) – was gäbe man darum, sie zu besitzen!

[26] Ebd.

[27] Nur am Rande sei vermerkt, daß die Buchstabenfolge ΘΥΑΤΕΙΡ auf jeden Fall mit der Stadt Θυάτειρα zu tun hat, d.h. es gibt weder sonst ein griechisches Wort, das etwa diese Buchstabenfolge enthielte, noch existieren zwei griechische Wörter derart, daß etwa das -θυα das Ende eines Wortes, das τειρ- dagegen der Beginn eines zweiten Wortes wäre o.ä. Eine Suche auf der TLG-CD-ROM #D mit dem search pattern θυατειρ ergibt vielmehr (im »Ignore-blanks-mode«!) nur Belege für den Namen der Stadt Θυάτειρα (insgesamt 61 Stück). Dieser Befund wird bestätigt durch die Suche auf der PHI-CD-ROM #6 (search pattern: θυατειρ; Ignore-blanks-mode; 23 matches).

[28] Λαμπάκης will das ΘΥΑΤΕΙΡ zwar zu ΘΥΑΤΕΙΡ(ΩΝ) ergänzen, aber eine Ergänzung zu Θυατειρ[ινόν] ist natürlich ebenso gut möglich.

[29] Ich halte es für wahrscheinlich, nicht für sicher: Denn es ist durchaus denkbar, daß entweder die Purpurfärber aus Thyateira oder ein anderer Zuwanderer aus Thyateira noch weitere Inschriften gesetzt haben, in denen der Name dieser Stadt genannt wurde (in diesem Fall müßte man das Fragment von Λαμπάκης als weiteres Zeugnis für die Verbindungen zwischen Philippi und Thyateira werten). Es wäre freilich ein merkwürdiger Zufall, wenn sich von dieser (gewiß

ben wir hier ein von Μερτζίδης unabhängiges Zeugnis für die Echtheit von 697/M580 gefunden.

Ergebnis

Ich komme daher zu dem Ergebnis, daß diese nur durch Μερτζίδης bezeugte Inschrift durchaus den Anspruch auf Echtheit erheben kann. (Trotz des eindeutigen Votums Roberts haben sich auch Lemerle[30] und Κανατσούλης in seiner Prosopographie[31] schon für die Echtheit dieser vermeintlich gefälschten Inschrift ausgesprochen.) Ist dies der Fall, so bietet sie einen erwünschten Kommentar zu der lukanischen Information über Beruf und Herkunft der Lydia in Apg 16,14. Die Solidität der biographischen Angaben könnte durch den epigraphischen Befund schwerlich eine eindrucksvollere Bestätigung erfahren!

§ 5 Die Diener des θεὸς ὕψιστος

»Mit der synkretistischen Gottheit des θεὸς ὕψιστος«, stellt Ernst Haenchen kurz und bündig fest[1], »hat unsere Stelle [Apg 16,17] nichts zu tun.« Vielmehr handele es sich hier um »die bei Nichtjuden gebräuchliche Bezeichnung des jüdischen Gottes …, in dessen Dienst die Missionare sind. So kommen die Besitzer [der παιδίσκη] auf den Gedanken, daß es sich bei Paulus und den Seinen um Juden handelt, ein Gedanke, der verhängnisvolle Folgen hat.«[2] Demgegen-

---

nicht zahlreichen) Inschriftengruppe gleich zwei Steine bis zum Ende des 19. bzw. zum Anfang des 20. Jahrhunderts erhalten hätten. Unmöglich wäre es jedoch nicht. Einigermaßen unwahrscheinlich wäre allerdings die Annahme, daß beide erhaltenen Inschriften ausgerechnet nach dem P von ΘΥΑΤΕΙΡ abbrechen! Auf der anderen Seite ist es keineswegs verwunderlich, wenn eine in ein Gebäude eingemauerte Inschrift, die Μερτζίδης 1872 gesehen hat, bei dem Abbruch dieses Gebäudes ihrerseits Schaden nahm, so daß Λαμπάκης dreißig Jahre später nur noch das Fragment einer Zeile vorfand.

[30] Im Anschluß an den oben Anm. 19 zitierten Satz fährt LEMERLE fort: »Je note d'ailleurs que parmi les textes qu'il publie, plusieurs sont certainement authentiques, et je ne vois point de raison décisive pour rejeter parmi les *spuria* notre inscription, témoignage de la prospérité du commerce de la pourpre à Philippes.« (S. 28f.).

[31] Κανατσούλης hat unseren Antiochos, Sohn des Lykos, als Nummer 137 (S. 20) in seine Prosopographie aufgenommen: Αντίοχος Λύκου Θυατειρηνός, ευεργέτης της πόλεως των Φιλίππων, ένθα πιθανώς ήσκει την τέχνην του πορφυροβάφου … . Interessant ist freilich, daß er als Gewährsmann für diese Inschrift nicht Μερτζίδης zitiert. Vielmehr heißt es am Schluß des Artikels: »*P. Lemerle*, Philippes et la Macédoine orientale à l'époque chrétienne et byzantine. Paris 1945, 28« (S. 20).

[1] HAENCHEN, S. 476, Anm. 7. Dagegen polemisiert schon WINFRIED ELLIGER: Paulus in Griechenland. Philippi, Thessaloniki, Athen, Korinth, SBS 92/93, Stuttgart 1978 (Nachdr. außerhalb der Reihe 1987), S. 67f., der aber das reiche thrakisch-makedonische Material nicht hinlänglich berücksichtigt.

[2] HAENCHEN, S. 483.

über macht Hemer darauf aufmerksam, daß »›Hypsistos‹ is not necessarily an indicator of Jewish influence«, vielmehr sei gerade ein »characteristically Macedonian background of the epithet« in Rechnung zu stellen.[3]

Den entscheidenden Durchbruch hat dann vor einigen Jahren Trebilco erzielt, der zum ersten Mal Ernst macht mit dem paganen Hintergrund des θεὸς ὕψιστος und hier insbesondere auf die makedonisch-thrakische Komponente hinweist.[4] Ich lehne mich daher im folgenden an die Ausführungen Trebilcos an und versuche dabei in zweierlei Hinsicht noch etwas über ihn hinauszukommen: Ich verbreitere einerseits seine Materialbasis für den Raum Makedonien/ Thrakien (und übergehe das übrige Material, das m.E. für die konkrete Situation in Philippi nichts austrägt) und versuche zum andern, seine Erkenntnisse in den Rahmen meiner Überlegungen aus den vorherigen Paragraphen einzubetten.

Im Unterschied zum Trend der bisherigen Forschung ist mit Trebilco davon auszugehen, daß »the name Hypsistos, or Theos Hypsistos, was used of pagan deities throughout the Roman Empire«[5], und zwar ohne daß dazu ein jüdisches Vorbild oder gar ein jüdischer Einfluß anzunehmen wäre.

Heute liegt eine Fülle von Belegen allein in den Bereichen Makedonien und Thrakien vor, auf die ich mich im folgenden beschränke, da zum einen dieses Material zur Erhellung unseres Abschnitts aus der Apostelgeschichte völlig ausreicht, zum anderen Philippi an der Grenze zwischen Makedonien und Thrakien liegt und gerade in religiöser Hinsicht Einflüsse von beiden Seiten nachweisbar sind. Ich greife dabei auf das Material zurück, das Tačeva-Hitova in drei Arbeiten gesammelt hat, und bemühe mich, von ihr übersehene bzw. seither zugänglich gewordene Texte nachzutragen.[6]

---

[3] Colin J. Hemer: The Book of Acts in the Setting of Hellenistic History, WUNT 49, Tübingen 1989; hier S. 231. In einer Anmerkung zur Stelle fügt Hemer die höchst kuriose Aussage an: »The actual inscriptions of Philippi are not very informative about local cults, as they are mostly in Latin, and reflect the Roman interests of the colonial settlement rather than the indigenous culture which predominates in this scene« (S. 231, Anm. 33). So wertvoll der Hinweis auf die »indigenous culture which predominates in this scene« ist (dazu gleich mehr im Text), bleibt doch unerfindlich, wieso *lateinische* Inschriften nicht lehrreich in bezug auf die lokalen Kulte sein können. Zieht man nämlich nicht (wie Hemer das tut) lediglich die im 19. Jahrhundert aus Philippi publizierten Inschriften in Betracht, so findet man sogar unter den lateinischen Inschriften mehr als genug einschlägiges Material. Ich nenne nur zwei Beispiele von der Akropolis: Die Weihinschrift für den Gott mit Namen *Rincaleus* von *Lucius Accius Venustus* (169/L007: *Domino Rincaleo*) und die Weihinschrift für denselben (*Deo Magno Rincaleo*) von *Publius Rufrius Proculus* (189/L026) – beide übrigens seit 1922 bekannt.

[4] Paul R. Trebilco: Paul and Silas – »Servants of the Most High God« (Acts 16.16–18), JSNT 36 (1989), S. 51–73.

[5] Trebilco, aaO., S. 52.

[6] Auch die eine oder andere Korrektur ist dabei anzubringen, vgl. etwa den unten Anm. 12 berichtigten Text. Folgende Arbeiten sind zu nennen: Margarita Tatscheva-Hitova [die wechselnde Schreibung des Namens der Verfasserin geht auf die verschiedenen Publikationsorgane zurück]: Dem Hypsistos geweihte Denkmäler in Thrakien. Untersuchungen zur Geschichte der antiken Religionen, III., Thracia IV (s. dort), S. 271–301. Dies.: Dem Hypsistos geweihte

Insbesondere Ζεὺς ὕψιστος ist gerade in Makedonien breit bezeugt. Schon 1936 hat Arthur Darby Nock auf diesen *makedonischen* Hintergrund aufmerksam gemacht:»this specially Macedonian background deserves attention in view of its possible importance for the regions into which Macedonians went as rulers.«[7] Nock hält es sogar für möglich, daß der Kult des Ζεὺς ὕψιστος ursprünglich aus Makedonien stammt:»... in view of the dedications from Edessa, Zeus Hypsistos may have been of Macedonian origin«.[8]

Die makedonischen Inschriften stammen vor allem auch aus Gegenden, wo von einem jüdischen Einfluß weder mittelbar noch unmittelbar die Rede sein kann. Dies gilt speziell für die weitab von den städtischen Zentren in Obermakedonien (das entspricht nach der römischen Aufteilung Makedoniens in vier Regionen in etwa der τετάρτη μερίς) gefundenen neun Inschriften.[9] Aber auch in Zentralmakedonien[10] (das entspricht in etwa der τρίτη μερίς), in Thessaloniki und Umgebung[11] (also in der δευτέρα μερίς) und im Strymontal westlich

Denkmäler in den Balkanländern. (Untersuchungen zur Geschichte der antiken Religionen, IV), Balkan Studies 19 (1978), S. 59–75. Dies.: Eastern Cults in Moesia Inferior and Thracia (5th Century BC – 4th Century AD), EPRO 95, Leiden 1983.

Ich beziehe mich auf den Katalog in dem an zweiter Stelle genannten Aufsatz als den »makedonischen« Katalog und auf den in der Monographie S. 190–203 gebotenen als den »thrakischen« Katalog (der eine korrigierte Fassung des in dem zuerst genannten Aufsatz gedruckten Katalogs bietet, auf den ich daher nicht mehr eingehe).

[7] Colin Roberts/Theodore C. Skeat/Arthur Darby Nock: The Gild of Zeus Hypsistos, HThR 29 (1936), S. 39–88; hier S. 62.

[8] AaO., S. 72.

[9] Θ. Ριζάκης/Γ. Τουράτσογλου: Επιγραφές Άνω Μακεδονίας (Ελίμεια, Εορδαία, Νότια Λυγκηστίς, Ορεστίς). Τόμος Α': Κατάλογος επιγραφών, Athen 1985; hier die Nummern 3 (im makedonischen Katalog von Tačeva-Hitova Nr. 15), 7 (fehlt im makedonischen Katalog), 10 (= Nr. 19 im makedonischen Katalog), 16 (fehlt), 17 (von den Herausgebern ergänzt; fehlt im makedonischen Katalog), 21 (= Nr. 16 im makedonischen Katalog), 22 (= Nr. 17), 27 (= Nr. 20), 90 (= Nr. 18). Neu hinzugekommen sind die Nummern 7, 16, 17 bei Ριζάκης/Τουράτσογλου.

[10] Hier ist zu nennen (ich gehe von Norden nach Süden vor) eine Inschrift aus Eidomeni (BÉ 1970, 352; im makedonischen Katalog von Tačeva-Hitova die Nummer 1), sechs bzw. fünf Inschriften aus Edessa (in dem genannten Katalog die Nummern 6.7.8.9.10.11 [die Nummern 10 und 11 sind zwei Teile ein und desselben Monuments, vgl. Στέλλα Δρούγου: Διὶ Ὑψίστῳ. Η αναθηματική στήλη του Ζωίλου στην Έδεσσα, Egnatia II (1990), S. 45–71; hier S. 46 mit Anm. 5]) – in Edessa war offenbar ein Zentrum dieses Kultes – und drei Inschriften aus Beroia (in dem Katalog die Nummern 12 und 13 sowie die neu hinzugekommene Inschrift SEG XXXV (1985) [1988] 714 des Πόπλιος Κορνήλιος Ῥοῦφος und seiner Diakone [καὶ οἱ ὑπ' αὐτὸν διάκονοι] – handelt es sich um eine Funktion im Kult des ὕψιστος?). Zu der Inschrift aus Pydna vgl. J.M.R. Cormack: Zeus Hypsistos at Pydna, in: Mélanges helléniques offerts à Georges Daux, Paris 1974, S. 51–55.

[11] Edson, IG X 2,1, Nummer 62 (genauer Fundort nicht mehr zu ermitteln: Ζεὺς ὕψιστος); 67.68.71.72 (Thessaloniki; alle θεὸς ὕψιστος). Der makedonische Katalog von Tačeva-Hitova umfaßt für Thessaloniki allerdings nur drei Nummern. Es fehlen die Nummern 68 und 71 (nach der Zählung Edsons). Die Vf.in zitiert auch die von ihr gebotenen Inschriften aus Thessaloniki nicht nach der Edsonschen Ausgabe. Soll man annehmen, daß sie diesen Band der IG nicht benutzt hat? Andernfalls wäre das Fehlen der beiden Nummern nur schwer zu erklären.

des Flusses[12] (das ist ebenfalls noch in der δευτέρα μερίς) ist einschlägiges Material gefunden worden. Schließlich gibt es eine Inschrift aus der πρώτη μερίς, und zwar aus der unmittelbaren Umgebung von Philippi.[13] Diese Inschrift ist nicht nur wegen der geographischen Nähe zu Philippi wichtig, sondern auch wegen ihrer Gleichzeitigkeit mit der paulinischen Mission. Sie stammt aus der Regierungszeit des thrakischen Königs Roimetalkas III. (37/ 38–45 n. Chr.), also aus den Jahren unmittelbar vor dem ersten Besuch des Paulus in Philippi. Gerade aufgrund des Studiums der thrakischen Inschriften für den ὕψιστος (dazu siehe gleich) kommt Tačeva-Hitova zu dem Ergebnis, daß diese Zeit einen ersten Höhepunkt der Verbreitung des Kults darstellt: »The actual beginning of the cult's diffusion [in Thrakien] began in the reign of the last Thracian kings in the first half of the 1st century AD«[14].

Die Nummer 72 ist früher mit den Juden Thessalonikis in Zusammenhang gebracht worden (vgl. die Angaben bei EDSON zur Stelle). Diese Hypothese läßt sich jedoch nicht halten. Selbst wenn sie zuträfe, blieben allein für Thessaloniki noch die anderen vier oben aufgezählten eindeutig paganen Zeugnisse für den Kult des ὕψιστος übrig.

[12] Die Inschriften aus diesem Bereich sind gesammelt bei DIMITRIOS C. SAMSARIS: La vallée du Bas-Strymon à l'époque impériale. Contribution épigraphique à la topographie, l'onomastique, l'histoire et aux cultes de la province romaine de Macédoine, Δωδώνη 18 (1989), S. 203–382. Hier die Nummern 6 (= SEG XXX (1980) 591) und 7 (= SEG XXX (1980) 592). Eine dritte (?) Inschrift aus dieser Gegend findet sich in dem thrakischen Katalog von TAČEVA-HITOVA als Nummer 19 (S. 201).

Aus diesem Gebiet (aus Κερδύλια, gegenüber von Amphipolis auf der westlichen Seite des Strymon) ist schließlich noch zu nennen eine von PAUL PERDRIZET (Voyage dans la Macédoine première [II], BCH 19 (1895), S. 109–112) publizierte Inschrift, deren Text ich hierher setze, weil er im makedonischen Katalog von TAČEVA-HITOVA (dort Nr. 1) fehlerhaft wiedergegeben ist:

Μ(άρκος) Λευκείλιο[ς]	Markus Leukeilios
Μάκλας θεῶ[ι]	Maklas für den θεὸς
ὑψίστωι χα-	ὕψιστος als Dan-
ριστήριον	kesgabe

(PERDRIZET, aaO., S. 110, § 2 = Δήμιτσας, Nr. 923).

TAČEVA-HITOVA gibt (Nr. 1, S. 70) irrtümlich Διὶ Ὑψίστῳ; da man die Belege für Ζεὺς ὕψιστος und θεὸς ὕψιστος doch auseinanderhalten sollte, ist dies ein schwerwiegendes Versehen.

[13] Γ. Μπακαλάκης: Θρακικὰ εὐχαριστήρια εἰς τον Δία, Θρακικὰ 6 (1935), S. 302–318; die Inschrift S. 302–310. In dem makedonischen Katalog bei TAČEVA-HITOVA (Nr. 21 auf S. 202) ist sie fälschlicherweise unter »Neapolis – Kavalla« rubriziert, offenbar weil der Vf.in die Publikation von Μπακαλάκης nicht zugänglich war; ähnlich schon in der früheren Arbeit derselben Autorin (MARGARITA TATSCHEVA-HITOVA: Dem Hypsistos geweihte Denkmäler in Thrakien. Untersuchungen zur Geschichte der antiken Religionen, III., Thracia IV, S. 271–301; hier S. 289, Nr. 21). Die Inschrift stammt jedoch nicht aus Neapolis; aus der Beschreibung bei Μπακαλάκης geht unzweideutig hervor, daß sie bei dem ca. 10km östlich von Neapolis/Kavala gelegenen Dorf Τζαρί gefunden wurde: προέρχεται ἐκ τῆς παρακειμένης καὶ ἀνατολικῶς τῆς Καβάλλας τοποθεσίας Τζαρί (S. 302). Čari ist auf der österreichischen Karte verzeichnet (das Dorf gehört nicht mehr zum Territorium von Philippi, ist aber höchstens 15km Luftlinie von der Stadt entfernt). Die Inschrift wird auch BÉ 1936, S. 371 erwähnt. M. Νικολαΐδου-Πατέρα berichtet ΑΔ 42 (1987) Β′2 Χρονικά [1992], S. 444f. von einer weiteren Weihinschrift aus dieser Gegend (es handelt sich um einen antiken Steinbruch). Vgl. schließlich unten Anm. 21.

[14] TAČEVA-HITOVA in ihrer o. Anm. 6 genannten Monographie, S. 210.

Aufgrund des hier gesammelten Materials kann man feststellen, daß der Kult des Ζεὺς ὕψιστος im gesamten Makedonien verbreitet war. Für den Hintergrund unseres Abschnittes in der Apostelgeschichte ist nun besonders interessant, daß diese Inschriften vor allem auch in Thrakien begegnen, auch dort nicht nur mit Ζεὺς ὕψιστος[15], sondern mehrheitlich gerade mit θεὸς ὕψιστος[16].

Von besonderem Interesse ist eine Inschrift für den Ζεὺς ὕψιστος aus dem Territorium von Philippopolis.[17] Diese Weihinschrift hat ein Γάιος Μαίλιος ᾽Αγαθόπους ὑπὲρ τῆς σωτηρίας seiner Patrone gestiftet. Zwar ist hier gewiß an eine konkrete σωτηρία gedacht, was bei den Worten der παιδίσκη in Apg 16,17b: οὗτοι οἱ ἄνθρωποι δοῦλοι τοῦ θεοῦ τοῦ ὑψίστου εἰσίν, οἵτινες καταγγέλλουσιν ὑμῖν ὁδὸν σωτηρίας ersichtlich nicht der Fall ist. Aber die Inschrift macht für ihren Teil deutlich, daß für die mit den lokalen Gegebenheiten in Makedonien und Thrakien vertrauten Leser bzw. Hörer ein enger Zusammenhang zwischen dem ὕψιστος und der durch ihn bewirkten σωτηρία besteht.

In dieselbe Richtung weist auch das Epitheton ἐπήκοος, das dem ὕψιστος beigelegt wird, und zwar insbesondere dem θεὸς ὕψιστος.[18] »The god who hears was great or the greatest, and vice versa: one could expect to be heard by a great god. Hence the multiple combinations μέγας ἐπήκοος, μέγιστος ἐπήκοος, ὕψιστος ἐπήκοος. Hence the fact that hearing was equated with rescuing and ἐπήκοος was virtually the same as σώτηρ ...«.[19] Man kann also sagen, daß der ὕψιστος ein θεὸς ἐπήκοος ist; und als solcher ist er für σωτηρία zuständig. Nicht unbedingt für *die* σωτηρία, aber doch immerhin für *eine*

---

[15] Im thrakischen Katalog von TAČEVA-HITOVA die Nummern 10 (Territorium von Serdica); 15 (Territorium von Philippopolis) und 16 (Territorium von Anchialus).

[16] Im thrakischen Katalog von TAČEVA-HITOVA die Nummern 4 (Serdica: θεῷ ἐπηκόῳ ὑψίστῳ); 5 (Serdica); 7 (Serdica); 8 (Serdica); 9 (Serdica); 11 (Turres: θεῷ ἐπηκόῳ ὑψίστῳ); 12 (Territorium von Pautalia); 13 (Philippopolis); 14 (Territorium von Philippopolis: θεῷ ὑψίστῳ ἐπηκόῳ); 17 (Territorium von Anchialus); 18 (Territorium von Anchialus: θεῷ ἁγίῳ ὑψίστῳ).
Wie für Obermakedonien, so gilt insbesondere auch für Thrakien, daß hier von einem jüdischen Einfluß mit Sicherheit keine Rede sein kann: »The monuments under consideration here show a complete lack of certain information – and that is of particular importance for the inferences in the present study – about persons of Hebrew origin to have been directly or indirectly associated with Hypsistos. Of no less significance in my belief is the consideration that it is impossible for the present to ascertain in an epigraphic or any other way the presence of Jews in the Thracian lands in the Hellenistic and Roman ages.« (TAČEVA-HITOVA in ihrer o. Anm. 6 genannten Monographie, S. 211).

[17] In dem thrakischen Katalog von TAČEVA-HITOVA die Nummer 15 (S. 199f.). Weitere Belege für σωτηρία/σωτήρ in den hier diskutierten Inschriften aus Makedonien und Thrakien: Im makedonischen Katalog Nr. 5 (= IG X 2,1, Nr. 67: Σωτήρ und σῴζειν); Nr. 9 (S. 71: ὑπὲρ τῆς σωτηρίας) und im thrakischen Katalog Nr. 18 (S. 201: ὑπὲρ τῆς σωτηρίας).

[18] In dem thrakischen Katalog von TAČEVA-HITOVA begegnet der θεὸς ὕψιστος mit dem Epitheton ἐπήκοος in den Nummern 4.11.14.

[19] H.S. VERSNEL: Religious Mentality in Ancient Prayer, in: ders. [Hg.]: Faith, Hope, and Worship (s. dort), S. 1–64; hier S. 35.

σωτηρία. In dem eingangs zitierten Aufsatz hat Trebilco den ansprechenden Vorschlag gemacht, das οἵτινες καταγγέλλουσιν ὑμῖν ὁδὸν σωτηρίας am Schluß von Apg 16,17 nicht mit »welche euch *den* Weg des Heils verkünden« zu übersetzen, sondern vielmehr mit »welche euch *einen* Weg des Heils verkünden«.[20]

Hinzu kommt schließlich noch eine letzte Überlegung (die bei Trebilco selbst noch nicht angestellt wird). Es ist ja vielleicht kein Zufall, daß in der Stadt Philippi selbst und in ihrem Territorium bisher kein Hinweis auf den θεὸς ὕψιστος gefunden wurde: Keine Weihinschrift für diesen Gott und kein Priester dieses Gottes, von einem Heiligtum ganz zu schweigen. Dabei handelt es sich natürlich um ein *argumentum ex silentio,* schon die nächste Grabungskampagne kann meine These widerlegen. Aber bis heute (März 1995) immerhin trifft sie zu.

Für unsere Szene[21] aus der Apostelgeschichte bedeutet das: Der ὕψιστος ist einem Bewohner Philippis zwar als makedonisch-thrakische Gottheit prinzipiell bekannt – aber diese Gottheit wird in Philippi bisher noch nicht verehrt. Die δοῦλοι τοῦ θεοῦ τοῦ ὑψίστου, die da ihre Wirksamkeit in Philippi entfalten, verkünden zwar einen an sich bekannten Weg der σωτηρία – aber eben einen Weg, der in und für Philippi selbst neu ist. Aus dieser Sicht wäre die Aussage der παιδίσκη dann dahingehend zu interpretieren, daß die Missionare das Pantheon in Philippi um eine hier noch nicht vertretene Gottheit erweitern wollen.

Auch in dieser Hinsicht erweist sich der Verfasser der Apostelgeschichte mithin als ein präziser Kenner der lokalen Gegebenheiten in Philippi im ersten Jahrhundert unserer Zeitrechnung.

Ergebnis

Die eingangs hier zitierte These aus dem Haenchenschen Kommentar bedarf der Modifizierung. Die zahlreichen makedonischen und thrakischen Zeugnisse erweisen den ὕψιστος als *eine Gottheit von einiger regionaler Bedeutung.* Ge-

---

[20] TREBILCO, aaO. (Anm. 4), S. 64f. Die Übersetzung »den Weg des Heils« findet man zum Beispiel in den Kommentaren von CONZELMANN (S. 100), HAENCHEN (»den Weg der Rettung«, S. 473), WEISER (»den Weg der Rettung«, S. 416), SCHNEIDER (II 209) und PESCH (»den Weg der Rettung«, II 106). Schon ELLIGER hatte dagegen festgestellt: »Der fehlende Artikel läßt zunächst an die Übersetzung ›einen Weg des Heils‹ und damit an ein heidnisches Verständnis der Wendung denken« (aaO. (Anm. 1), S. 68).

[21] Die oben Anm. 13 genannte Inschrift stammt aus der unmittelbaren Nähe Philippis; aber nicht nur die Grenzen des Territoriums der Stadt Philippi, sondern auch die Provinzgrenzen zwischen der Provinz *Macedonia* und dem damals noch bestehenden Königreich Thrakien verlaufen dazwischen: Die Inschrift stammt ersichtlich aus dem Reich des thrakischen Königs Roimetalkas III., vgl. das Urteil von Λουίζα Δ. Πολυχρονίδου-Λουκοπούλου (Το ανατολικό σύνορο της επαρχίας Μακεδονίας πριν από την ίδρυση της επαρχίας Θράκης, in: Αρχαία Μακεδονία IV, Thessaloniki 1986, S. 485–496; hier S. 491): Είναι προφανές ότι βρισκόμαστε σε περιοχή που ανήκει στον θρακικό θρόνο.

rade in den Jahren vor der paulinischen Mission in Makedonien ist ein Höhepunkt der Propaganda dieses Gottes zu konstatieren. Umgekehrt kann im Bereich Makedonien und Thrakien von einem jüdischen Einfluß keine Rede
sein.[22]

Arthur Darby Nock hat im Hinblick auf den Kult des Ζεὺς ὕψιστος in Pal-
myra formuliert: »The worship paid to him was clearly non-Jewish, and yet the
ideas associated with him could approximate to those of Judaism.«[23] Dies läßt
sich *mutatis mutandis* auch auf unsere Szene in Philippi übertragen: Für einen
Einwohner dieser Stadt war der ὕψιστος gewiß kein jüdischer Gott, sondern
die bekannte, in Makedonien wie in Thrakien (und auch darüber hinaus) verehrte Gottheit – »it was clearly non-Jewish«, um Nocks Formulierung aufzu-
greifen. Aber für jüdische oder christliche Hörer bzw. Leser mußte die Aussage
der παιδίσκη in einem anderen Licht erscheinen. Hier konnte das Epitheton
ὕψιστος als Hinweis auf den einen Gott verstanden werden, als dessen Diener
die παιδίσκη demnach die Missionare identifiziert hätte. Man wird schwerlich
ein zweites Epitheton einer Gottheit finden, das diese beiden Voraussetzungen
in auch nur annähernd gleicher Weise erfüllt:

(1) Es paßt ausgezeichnet zum religionsgeschichtlichen Umfeld der Stadt
Philippi.

(2) Es ist für eine *interpretatio Iudaica* oder eine *interpretatio Christiana* offen.

Diese *interpretatio Iudaica* bzw. *Christiana* ist freilich in jener Zeit noch
eine ziemlich esoterische. Denn das Epitheton ὕψιστος »fitted Jahwe perfectly,
and Jewish and Christian writers put it in the mouths of non-Israelites who recognized their God; *but would it suggest him to anyone except a Jew or a Ju-
daizer?*«[24] Die παιδίσκη ruft den Missionaren etwas nach, was ihrem Wahrsa-
gegeist alle Ehre macht; denn Diener des höchsten Gottes sind tatsächlich in
Philippi eingezogen. Aber die Umstehenden konnten diese Aussage nur miß-
verstehen.[25]

---

[22] Von den hier ausgewerteten insgesamt 46 (29 aus Makedonien, 17 aus Thrakien) epigraphischen Zeugnissen ist nur bei einem einzigen (vgl. dazu o. Anm. 11) jüdischer Einfluß überhaupt jemals erwogen worden.

[23] AaO. (Anm. 7), S. 65.

[24] NOCK, aaO., S. 66 (meine Hervorhebung). In einer Anm. zur Stelle weist NOCK sowohl
auf unsere Stelle Apg 16,17 als auch auf Apg 7,48 hin.

[25] Vgl. auch das Ergebnis bei ELLIGER: »Beide Formeln, die vom ›höchsten Gott‹ und die
vom ›Weg des Heils‹, lassen sich also je nachdem, ob sie im heidnischen oder im jüdisch-christ-
lichen Kontext gesehen werden, unterschiedlich interpretieren. Sie konnten der christlichen
Botschaft im griechisch-römischen Raum sehr wohl als Brücke der Verständigung dienen. Zugleich machen sie aber auch deutlich, wie leicht es, gerade durch die scheinbare Nähe bedingt,
zu Mißverständnissen kommen konnte« (ELLIGER, aaO. (Anm. 1), S. 69).

§ 6 Die Anklage

ne quid novi fiat
contra exempla atque instituta maiorum

Die Anklage, die die κύριοι der παιδίσκη in Apg 16,20f. gegen Paulus und Silas erheben, bildet einen Sonderfall, der aus dem Rahmen vergleichbarer Szenen in der Apostelgeschichte (Apg 13,50f.; 14,4–6; 14,19f.; 17,5–9; 18,12–17; 19,23–27) herausfällt. Dies ist keine neue Erkenntnis[1], hat aber in den letzten Jahrzehnten zu verschiedenen neuen Versuchen geführt, die Szene in Philippi in das übrige Material aus der Apostelgeschichte einzufügen. Diese Versuche fanden einen Höhepunkt in dem Aufsatz von Daniel R. Schwartz[2], der die partizipiale Wendung Ἰουδαῖοι ὑπάρχοντες in v. 20 dahingehend verstehen will, daß Paulus und Silas öffentliches Ärgernis nicht *als* Juden erregen oder *weil* sie Juden sind, sondern *obwohl* sie Juden sind. Vorausgesetzt wird dabei, daß man auch von Juden römischen Patriotismus erwarten könnte; und da Paulus und Silas Juden sind, somit auch von ihnen. Stiften sie Unruhe, so tun sie dies, *obwohl* sie Juden sind (eigentlich wäre das von ihnen ja nicht zu erwarten).

Schwartz ist der Überzeugung, daß »the sense of Ἰουδαῖοι ὑπάρχοντες must be concessive: the accusers claim that *while* Paul and Silas are Jews, that which they are teaching is forbidden to Romans – in contrast to Jewish practices.«[3] Zur Begründung weist Schwartz erstens auf v. 37 hin, wo Ῥωμαίους ὑπάρχοντας »obviously concessive« gemeint sei.[4] Zweitens sei der Unterschied zwischen Ῥωμαίοις οὖσιν in v. 21 und dem Ἰουδαῖοι ὑπάρχοντες zu beachten: Es handle sich hier nicht um »an example of Luke's love for varying his language«, vielmehr meine εἰμί einfach »to be«, wohingegen ὑπάρχω »continuity with a previous state« impliziere: »In other words, Luke seems to mean that the accusers admitted that the missionaries were Jews, although their teachings were not Jewish.«[5]

---

[1] Vgl. etwa die Untersuchung van Unniks, der von dem Satz ausgeht: »Diese Anklage ist deshalb interessant, weil sie in der Apostelgeschichte einzigartig dasteht« (W.C. van Unnik: Die Anklage gegen die Apostel in Philippi (Apostelgeschichte xvi 20f), in: Mullus (FS Theodor Klauser), JAC.E 1, Münster 1964, S. 366–373 (Nachdr. in: ders.: Sparsa Collecta. The Collected Essays of W.C. van Unnik, Part One, NT.S XXIX, Leiden 1973, S. 374–385; hier S. 375).

[2] Daniel R. Schwartz: The Accusation and the Accusers at Philippi (Acts 16,20–21), Bib. 65 (1984), S. 357–363.

[3] AaO., S. 360; im Original steht versehentlich »pratices«. Schwartz fand einen Nachfolger in Tellbe, der behauptet: »The charge at Philippi was that the apostles, although Jewish, were teaching practices ›unlawful‹ to Romans« (Mikael Tellbe: The Sociological Factors behind Philippians 3.1–11 and the Conflict at Philippi, JSNT 55 (1994), S. 97–121; hier S. 107) und dem in einer Anmerkung hinzufügt: »Luke seems thus to mean that the accusers admitted that the apostles were Jews – even though they recognized that their teachings were not Jewish« (S. 107, Anm. 45).

[4] AaO., S. 360f.; ich sehe nicht, inwiefern man das sinnvollerweise als Argument anführen kann.

[5] AaO., S. 361. Diesen Sprachgebrauch in bezug auf das ὑπάρχω versucht Schwartz im folgenden mit einer Reihe von Beispielen aus dem lukanischen Doppelwerk zu untermauern (S. 361f.).

Die κύριοι der παιδίσκη seien selbst Juden gewesen, die Paulus und Silas zum Christentum hätten bekehren wollen: »Indeed, as Paul and Silas are apparently portrayed as preaching daily at the Jewish place of prayer [gemeint ist die προσευχή], and as meeting the girl *there* daily, one might just as well suppose that her masters were there too – i.e., that they were Jewish. Furthermore, the accusers state that Paul and Silas were teaching *them* practices which it was unlawful for them to accept; but as far we see their teaching was confined to the Jews of Philippi.«[6]

Damit ergäbe sich folgendes Bild: Die κύριοι der παιδίσκη sind Juden mit römischem Bürgerrecht (vgl. Schwartz, S. 362 mit Anm. 25). Sie verklagen Paulus und Silas beim Magistrat, weil diese, obwohl selbst Juden, sie Praktiken lehren wollten, die unjüdisch sind. Auf der historischen Ebene wäre dieser Ablauf einigermaßen kurios. Kann man sich einen Juden (und sei er auch ein Jude mit römischem Bürgerrecht) vorstellen, der einen anderen Juden wegen unjüdischer Propaganda bei einem städtischen Magistrat verklagt? Aber schon auf der Textebene ist die Interpretation von Schwartz zum Scheitern verurteilt: Es kann keine Rede davon sein, daß Paulus und Silas die παιδίσκη täglich in der προσευχή treffen, wie Schwartz behauptet. Dem widerspricht der klare Wortlaut in v. 16f. (ἐγένετο δὲ πορευομένων ἡμῶν εἰς τὴν προσευχὴν παιδίσκην ... ὑπαντῆσαι ἡμῖν ... . αὕτη κατακολουθοῦσα τῷ Παύλῳ καὶ ἡμῖν κτλ.): Die Missionare sind noch auf dem Weg zur προσευχή (und nicht unmittelbar vor bzw. gar in dieser), als sie die παιδίσκη treffen. Wären sie in der προσευχή, so wären die Worte κατακολουθοῦσα τῷ Παύλῳ in v. 17 sinnlos.

Hieraus folgt: Weder die παιδίσκη noch ihre κύριοι haben auch nur das Geringste mit der προσευχή zu tun; sie sind in diesem Text ganz sicher nicht als Juden vorgestellt. Keine Rede kann auch davon sein, daß Paulus und Silas speziell die κύριοι gelehrt hätten. Auch dies widerspricht eindeutig dem Text, wo es in v. 20 zunächst heißt: οὗτοι οἱ ἄνθρωποι ἐκταράσσουσιν ἡμῶν τὴν πόλιν (eine ganz allgemeine Aussage, die sich doch nicht nur auf die κύριοι beziehen kann!); und dann steht in v. 21: καὶ καταγγέλλουσιν ἔθη ἃ οὐκ ἔξεστιν ἡμῖν παραδέχεσθαι οὐδὲ ποιεῖν Ῥωμαίοις οὖσιν – auch hier sind nicht die κύριοι speziell im Blick, sondern natürlich die *Colonia Iulia Augusta Philippensis* als ganze!

Es bleibt also dabei: Die κύριοι, die ihre *römische* Identität hervorkehren, verklagen Paulus und Silas nicht, obwohl sie Juden sind, sondern weil sie als Juden die Stadt in Aufregung versetzen. Dies kann man auf der Textebene (vgl. die Motivierung der κύριοι in v. 19a) überhaupt nicht anders auffassen.[7]

---

[6] AaO., S. 362; Schwartz setzt im Original zwar das »*them*« kursiv, die Hervorhebung des »*there*« dagegen ist von mir.

[7] Auch wer die Episode mit der παιδίσκη für historisch hält (und dafür spricht m.E. einiges) oder sich die Szene einfach in ihrem Ablauf vorstellt, hat mit dieser Interpretation keine Schwierigkeiten: Die erste Begegnung mit der παιδίσκη erfolgt auf dem Weg zur προσευχή. Wenn dergleichen öfter hintereinander passiert, wie in v. 18 gesagt, liegt der Schluß für die κύριοι, daß diese Fremden, die da des öfteren auf dem Weg zur προσευχή sind, auch selbst Juden sind, doch durchaus nahe. Dazu bedarf es nicht der abwegigen Annahme, das ganze Geschehen habe sich mehrfach in der προσευχή abgespielt, wo die κύριοι als Juden zugegen gewesen wären (ausgerechnet am Sabbat allerdings hätten sie durch Abwesenheit geglänzt: v. 13 ist nur von Frauen die Rede). Vgl. van Unnik: »Daß sie [sc. die Apostel] ›Juden‹ sind, steht ohne weiteres fest, da sie zum Gebetsplatz gegangen sind. Ob sie ein besonderes ›Judentum‹ predigen oder aber was sie als ›Christen‹ verkündigen, wird nicht gefragt, und ist hier eigentlich irrelevant« (aaO. (Anm. 1), S. 378).

Die Interpretation von Schwartz verfehlt gerade die Pointe der Anklage in v. 21: καταγέλλουσιν ἔθη ἃ οὐκ ἔξεστιν ἡμῖν παραδέχεσθαι οὐδὲ ποιεῖν Ῥωμαίοις οὖσιν. Das betont an den Schluß des Satzes gestellte Ῥωμαίοις οὖσιν steht im Gegensatz zu dem Ἰουδαῖοι ὑπάρχοντες in v. 20; es würde aus jüdischem Mund für römische Ohren – *sit venia verbo* – schlicht lächerlich klingen. Und die Frage, inwiefern jüdische ἔθη legal, geduldet usw. waren, steht hier überhaupt nicht zur Debatte.[8] Es geht vielmehr um die römische Identität der *Colonia Iulia Augusta Philippensis,* und diese römische Identität beruht – worauf sonst? – auf dem *mos maiorum.* Es ist sehr passend und entspricht römischem Denken, wenn die Vulgata das pluralische ἔθη in v. 21 mit dem Singular *morem* wiedergibt: Dieser hier neuerdings verkündigte *mos* entspricht nicht dem römischen *mos maiorum!*

Ich habe an anderer Stelle versucht, die römische Einstellung dem Neuen gegenüber zu skizzieren[9], und kann mich hier auf die dort gegebenen Nachweise berufen. Die Sentenz des Cicero *ne quid novi fiat contra exempla atque instituta maiorum*[10] meint ja nicht nur die ἔθη im allgemeinen, sondern insbesondere auch die religiösen ἔθη. Und *deos aut novos aut alienigenas* einzuführen[11], ist, jedenfalls in der Theorie und dort, wo man sein Römersein so hervorhebt, wie die Ankläger in unserer Szene es tun, kein diskussionswürdiges Ansinnen. Dabei spielt es überhaupt keine Rolle, *welche* neuen Gottheiten da propagiert werden sollen. Ganz gleich, ob es der jüdische Gott oder der thrakische θεὸς ὕψιστος ist, in jedem Fall greift doch das οὐκ ἔξεστιν:»Die römische Religion geht auf die Götter selbst zurück und wurde von den *maiores* überliefert. Darum darf hier nichts geändert werden.«[12]

Nun geht es aber bei dieser Anklage nicht nur um neue Götter, sondern es geht – das hat van Unnik betont – hier insbesondere um neue ἔθη.[13] Es geht der

---

[8] Ähnlich sagt VAN UNNIK:»Auch die Frage, ob das Judentum ›religio licita‹ war, hat ... mit dem Anklagepunkt nichts zu tun« (VAN UNNIK, aaO. (Anm. 1), S. 377).

[9] PETER PILHOFER: PRESBYTERON KREITTON. Der Altersbeweis der jüdischen und christlichen Apologeten und seine Vorgeschichte, WUNT 2/39, Tübingen 1990, S. 138–141: *Ne quid novi fiat.*

[10] Cicero: De imperio Cn. Pompei § 60.

[11] Die Formulierung stammt von Cicero: De legibus II 25; zur Sache vgl. PILHOFER, aaO., S. 139ff.

[12] Das Zitat stammt aus meiner oben (Anm. 9) zitierten Arbeit, S. 140. Es braucht hoffentlich nicht betont zu werden, daß die römische Praxis diesen hehren Idealen keineswegs immer entsprach. Gerade in Philippi kann man ein sehr großes Pantheon bewundern, das weit über die von den *maiores* überkommenen Gottheiten hinausgeht. Aber darauf kommt es in diesem Zusammenhang nicht an. Das Beispiel des Cicero selbst lehrt, daß man dergleichen ungeniert theoretisch vertreten kann – aber praktisch das Gegenteil tut (vgl. meine zitierte Arbeit, S. 112f. und S. 138).

[13] Bei VAN UNNIK heißt es S. 376, die Anklage »sagt nichts über neue Götter oder einen neuen Gott, sondern spricht von der Einführung unerlaubter ἔθη«. Das trifft *formal* zwar zu, scheint mir aber inhaltlich übertrieben. Denn das Ἰουδαῖοι ὑπάρχοντες in v. 20b impliziert natürlich, daß neben den in v. 21 ausdrücklich genannten ἔθη auch der jüdische Gott verkündet wird.

Anklage zufolge also nicht nur oder in erster Linie um eine theologische Frage, sondern es steht *die Lebensweise als ganze* auf dem Spiel. Die von Paulus und Silas propagierte Lebensweise ist für Römer nicht nur neu oder fremd, sondern sie darf von ihnen auch nicht übernommen werden: Es wird ausdrücklich gesagt, daß es sich hier um ἔθη handelt, ἃ οὐκ ἔξεστιν (!) ἡμῖν παραδέχεσθαι οὐδὲ ποιεῖν Ῥωμαίοις οὖσιν (v. 21).[14]

Was mit den ἔθη gemeint ist, läßt sich angeben: »Unmöglichkeit des Kriegsdienstes, Sabbatfeier, Speisegesetze, Geldsendungen nach Jerusalem, Sondergerichtsbarkeit, also im allgemeinen ein Leben nach dem jüdischen Gesetz«[15]. Diese jüdische Lebensweise gesteht man den Juden zu; aber für Römer ist sie schlicht nicht akzeptabel. Die Ankläger in Philippi zielen genau auf diesen Sachverhalt ab: Für uns – so sagen sie –, für uns als Römer kommt diese Lebensweise nicht in Frage.[16] Wo nämlich am *mos maiorum* gerüttelt wird, ist »der Staat in Gefahr. Deshalb ist Änderung von ›mores‹ für einen richtigen Römer Revolution.«[17]

Darüber hinaus ist m.E. keine weitere Erklärung für den Hintergrund der Anklage erforderlich. Anderer Auffassung ist van Unnik, der auf einen Vorfall des Jahres 139 v. Chr. in Rom zurückgreift (S. 389). Das damals – 200 Jahre vorher – gegebene *exemplum* stünde in Philippi »noch in Geltung« (S. 348), und gerade die Aussage der παιδίσκη bezüglich des θεὸς ὕψιστος stelle ein entscheidendes Bindeglied her zu diesen Vorgängen in Rom: In Phrygien werde Sabazios als Theos Hypsistos verehrt; dieser Beleg (S. 384) bilde die Brücke zwischen dem Hypsistos der παιδίσκη und dem Sabazios, der in Rom 139 v. Chr. mit dem jüdischen Gott identifiziert wurde. Diese Theorie ist m.E. viel zu kompliziert, als daß sie zutreffen könnte. Sie ist aber auch gar nicht erforderlich, um die Anklage in Philippi verständlich zu machen.

---

[14] Daher ist MOLTHAGENS Interpretation des v. 21 nicht zutreffend: »Man muß das nicht im Sinne eines juristisch korrekt begründeten Anklagevorwurfs verstehen oder etwa ein regelrechtes Verbot jüdischer Propaganda oder ein Verbot für Römer, zum Judentum überzutreten, voraussetzen. Vielmehr darf man die Bezeichnung von Paulus und Silas als Juden wohl auf dem Hintergrund des in Teilen der römischen Gesellschaft verbreiteten Antijudaismus sehen und im Sinne einer Diffamierung verstehen. Was sie verkündigten, erregte wegen seiner Fremdartigkeit Anstoß.« (JOACHIM MOLTHAGEN: Die ersten Konflikte der Christen in der griechisch-römischen Welt, Hist 40 (1991), S. 42–76). Zwar mag der verbreitete Antijudaismus auch in Philippi vorausgesetzt werden; aber von einem Verbot ist trotzdem in klaren Worten die Rede: »es handelt sich hier nicht um latente oder öffentliche Stimmungen, sondern sehr klar um etwas, was nicht legal, was unerlaubt (οὐκ ἔξεστιν) ist« (VAN UNNIK, aaO., S. 377).

[15] VAN UNNIK, aaO. (Anm. 1), S. 381. Die Belege dafür werden bei VAN UNNIK, S. 379–381 angeführt und diskutiert, so daß ich mich hier darauf beschränken kann, auf das dort gesammelte Material zu verweisen.

[16] In diesem Zusammenhang weist VAN UNNIK darauf hin, »daß die Juden durch ihre eigenen Gesetze eine Art von Fremdkörper bildeten und auch als solcher empfunden wurden« (ebd.) – das mag im allgemeinen richtig sein, trifft aber auf die Situation in Philippi gerade nicht zu, wo es doch – auch nach VAN UNNIKS Auffassung – nur eine kleine jüdische Gruppe gibt. Vgl. dazu unten im Fünften Kapitel, § 1.

[17] VAN UNNIK, aaO. (Anm. 1), S. 383. HARRY W. TAJRA: The Trial of St. Paul. A Juridical Exegesis of the Second Half of the Acts of the Apostles, WUNT 2/35, Tübingen 1989, spricht S. 13 von »a strong mutual dislike between Greeks and Jews« (S. 13) – und übersieht dabei, daß es hier um Römer, nicht um Griechen geht.

Es konnten in diesem Paragraphen nicht alle Resultate aus dem bahnbrechenden Aufsatz van Unniks übernommen werden; im Licht der konkreten Gegebenheiten in der *Colonia Iulia Augusta Philippensis* bedurfte es der einen oder anderen Modifikation. Aber die Quintessenz, die van Unnik am Schluß formuliert, ergibt sich auch hier: »Jetzt wird auch klar, weshalb diese Anklage auch so vereinzelt in der Apostelgeschichte dasteht …: sie paßte nur für die Lage einer Kolonie wie Philippi. Sie war nicht in allen Fällen brauchbar und konnte nur gegen Juden (oder solche, die man für Juden hielt) angewandt werden.« Und: »Wenn diese Erklärung richtig ist und dem Wortlaut am besten gerecht wird, dann muß man auch hier sagen, daß Lukas die Sachlage sehr genau wiedergegeben hat.«[18]

§ 7 Die Beamten in Philippi

Die Besonderheit der Angaben bezüglich der Beamten wird augenfällig, wenn man Philippi mit anderen Städten vergleicht. Was die erste Missionsreise angeht, so treten städtische Behörden auf Zypern (in Salamis, Apg 13,5, und Paphos, Apg 13,6ff.) überhaupt nicht in den Blick. Das ändert sich jedoch auf dem Festland, wo es sowohl im pisidischen Antiochien (13,50f.) als auch in Iconium (14,4ff.) und Lystra (14,19f.) zu Problemen kommt. Handelt es sich im letztgenannten Fall um eine Art Lynchjustiz ohne Einwirkung von seiten städtischer Behörden, so ist eine solche im Fall von Antiochien und Iconium zumindest angedeutet: In Antiochien sind es οἱ πρῶτοι τῆς πόλεως, die einen διωγμός gegen Barnabas und Paulus ins Werk setzen, der ein klares Ergebnis zeitigt: ἐξέβαλον αὐτοὺς ἀπὸ τῶν ὁρίων αὐτῶν (13,50). Daß sich diese Formulierung auf eine behördliche Maßnahme bezieht, geht aus dem Wort ὅρια hervor, welches ersichtlich das Territorium der Stadt bezeichnet, nicht nur die Stadt als solche; denn eine Vertreibung aus der Stadt kann auch eine aufgebrachte Menge bewirken, eine Ausweisung aus dem Territorium dagegen setzt eine behördliche Maßnahme voraus. Ist dies richtig, so überrascht die vage Formulierung umso mehr, mit der der Verfasser der Apostelgeschichte sich auf diese Behörde bezieht: οἱ πρῶτοι τῆς πόλεως ist doch eine mehr als schwammige Bezeichnung für die in einer römischen Kolonie wie dem pisidischen Antiochien in diesem Fall zuständigen *duumviri iure dicundo!*[1] Ähnlich ist es auch in Iconium. Hier ist in einem durchaus vergleichbaren Zusammenhang nicht

---

[18] VAN UNNIK, aaO. (Anm. 1), S. 384f. In diesem Aufsatz hat VAN UNNIK übrigens die Forderung erhoben, man »sollte auch die religiöse Lage in der ›Colonia Augusta Iulia Philippiensis [im Original versehentlich: Philippinensis]‹ beachten« und dem hinzugefügt: »Das wird meistens in den Büchern und Aufsätzen, die sich mit ›Philippi im Neuen Testament‹ befassen, nicht getan« (S. 376).

[1] Zu den *duumviri* in Antiochien vgl. zuletzt H.D. SAFFREY: Un nouveau duovir à Antioche de Pisidie, AnSt 38 (1988), S. 67–69; hier findet sich auf S. 68 auch die Liste aller aus dieser Stadt bisher bekannten *duumviri*.

wie im pisidischen Antiochien von πρῶτοι τῆς πόλεως die Rede, sondern von ἄρχοντες (14,5).

Schneider stellt fest: »Die ἄρχοντες αὐτῶν können jüdische Vorsteher (vgl. 13,27; 14,2 D) oder auch Vorsteher von Juden *und* Heiden (vgl. heidnische ἄρχοντες 16,19) sein.«[2] An jüdische Vorsteher zu denken, erscheint mir jedoch abwegig: Die von Schneider herangezogenen Beispiele zeigen ja gerade, daß solche stets eindeutig gekennzeichnet sind, was hier eben nicht der Fall ist (in 14,2 bietet D: οἱ δὲ ἀρχισυνάγωγοι τῶν Ἰουδαίων καὶ οἱ ἄρχοντες τῆς συναγωγῆς; in 13,27 heißt es οἱ γὰρ κατοικοῦντες ἐν Ἰερουσαλὴμ καὶ οἱ ἄρχοντες αὐτῶν). Es liegt daher näher, das ἄρχοντες αὐτῶν auf beide genannten Gruppen, ἔθνη wie Ἰουδαῖοι, zu beziehen und darunter die *städtischen* Behörden zu verstehen. Diese als »Vorsteher« zu bezeichnen, erscheint mir nicht glücklich. Ein *duumvir iure dicundo* ist kein »Vorsteher« (der übrigens griechisch eher προϊστάμενος hieße). Sachgemäß ist die Übersetzung von Conzelmann: »Als es nun zu einem Anschlag der Heiden und Juden samt ihren Behörden kam ...«[3].

Wie im pisidischen Antiochien ist auch hier von städtischen Behörden die Rede, wie dort bleibt aber offen, um welche Art von Behörden es sich des genaueren handelt.

Ganz anders dagegen verhält es sich in Philippi und in Thessaloniki.[4] In Thessaloniki kommt es wie schon des öfteren im Verlauf der ersten Missionsreise zum Konflikt mit den Juden (17,5), die einige der Christen vor die städtischen Behörden schleppen (17,6). Diese werden hier aber in beiden Fällen (v. 6 und v. 8) mit dem ihnen zukommenden Titel als πολιτάρχαι auf das präziseste bezeichnet. Wenn der Titel vielleicht auch nicht spezifisch makedonisch ist, so kann man doch feststellen, daß er nicht in jeder x-beliebigen Stadt anzutreffen war.[5] Dann aber setzt die Verwendung dieses Titels in Thessaloniki eine gewisse Vertrautheit mit den makedonischen Verhältnissen voraus.

---

[2] SCHNEIDER (in seinem Kommentar), S. 152, Anm. 32.

[3] CONZELMANN in seinem Kommentar, S. 86.

[4] In Beroia bleibt es beim innerjüdischen Dissens, und städtische Behörden werden daher nicht gebraucht (17,13f.). In Athen kommt es überhaupt nicht zum Konflikt, so daß Paulus unbehelligt nach Korinth weiterreisen kann (18,1). Hier wird dann die übergeordnete Autorität des Statthalters Gallio bemüht, so daß städtische Behörden gar nicht erst mit dem Fall befaßt sind. Der τάραχος in Ephesos schließlich (19,23–40) wird mit Hilfe eines γραμματεύς beigelegt. Daher ist Ephesos eher zu Philippi und Thessaloniki zu stellen als zu dem pisidischen Antiochien und zu Iconium (dafür spricht übrigens auch die Nennung der Ἀσιάρχαι in 19,31, obgleich diese Würdestellung keine städtische ist).

[5] Dies unterscheidet ihn etwa von dem in der vorigen Anm. genannten γραμματεύς in Ephesos.
Politarchen sind vorrömisch bezeugt in Amphipolis (CHAÏDO KOUKOULI-CHRYSANTHAKI: Politarchs in a New Inscription from Amphipolis, in: Ancient Macedonian Studies in Honor of Charles F. Edson (s. dort), S. 229–241); in römischer Zeit in Καλίνδοια (Κώστας Λ. Σισμανίδης: Τιμητικό ψήφισμα από το Καλαμωτό Λαγκαδά, AE 1983 [1985], S. 75–84; aus dem Jahr 1 n. Chr.); in Philippopolis (MILTIADE HATZOPOULOS: Les politarques de Philippopolis. Un élément méconnu pour la datation d'une magistrature macédonienne, in: Dritter Internationaler Thrakologischer Kongreß, Bd. II (1984), S. 137–149), in Thessaloniki und in anderen makedonischen Städten.

In Philippi schließlich begegnet eine ganze Hierarchie von städtischen Beamten – von den *duumviri iure dicundo* bis hin zu deren Vollzugsorganen. Allein dieser Befund ist schon singulär im Rahmen der Apostelgeschichte. Zunächst freilich hat man den Eindruck, die Angaben des Vf.s bewegten sich im Rahmen dessen, was von der ersten Missionsreise her vertraut ist: Die Herren der παιδίσκη schleppen Paulus und Silas εἰς τὴν ἀγορὰν ἐπὶ τοὺς ἄρχοντας (Apg 16,19), denn das unbestimmte ἄρχοντες erinnert an Apg 14,5. Aber schon im folgenden Vers erfolgt eine Präzisierung: Paulus und Silas werden den zuständigen στρατηγοί vorgeführt. Als deren Vollzugsorgane werden zuerst der δεσμοφύλαξ (16,23.27.36) und danach die ῥαβδοῦχοι (v. 35.38) genannt.[6]

1. Die στρατηγοί

Das Wort στρατηγός ist in Philippi[7] in römischer Zeit[8] epigraphisch nicht bezeugt. Dies ist auch nicht verwunderlich, wenn man bedenkt, daß alle offiziellen Inschriften in Philippi im ersten und im zweiten Jahrhundert lateinisch abgefaßt sind. Hier begegnen eine ganze Reihe städtischer Würdenträger vom *duumvir quinquennalis* über den »normalen« *duumvir* bis zum *aedilis* und städtischer Angestellter vom Herold *(praeco)* bis zum für die Wasserversorgung zuständigen Sklaven *(servus aquarius)* – ein στρατηγός ist naturgemäß nicht darunter.

Die Frage ist also, ob das in der Apostelgeschichte verwendete griechische στρατηγός eine sachgemäße Entsprechung zu dem lateinischen *duumvir iure dicundo* darstellt oder nicht. Diese Frage wird in der Literatur häufig verquickt mit der anderen, wie sich die ἄρχοντες aus v. 19 zu den στρατηγοί in v. 20

Zum Problem der Politarchen vgl. ERNEST DEWITT BURTON: The Politarchs, AJT 2 (1898), S. 598–632; CARL SCHULER: The Macedonian Politarchs, CP 55 (1960), S. 90–100; BRUNO HELLY: Politarques, poliarques et politophylaques, in: Ἀρχαία Μακεδονία II (s. dort), S. 531–544. Eine Übersicht bietet G.H.R. HORSLEY: Art. Politarchs, The Anchor Bible Dictionary 5 (1992), S. 384–389. Zu der Liste ist neuerdings noch ein weiterer Beleg aus Beroia (2. Jh. v. Chr.) hinzugekommen (Βικτώρια Ἀλλαμανή-Σουρή: Ἡρακλῆς Κυναγίδας καὶ κυνηγοί. Νέα ἐπιγραφικά στοιχεία ἀπό τη Βέροια, in: Ἀρχαία Μακεδονία V 1 (s. dort), S. 77–107).

[6] Die ῥαβδοῦχοι werden *expressis verbis* erst in v. 35 eingeführt; beteiligt sind sie wohl aber schon in v. 22, wo sie ihrer vornehmsten Aufgabe, dem ῥαβδίζειν, nachkommen.

[7] Ganz in der Nähe von Philippi, in Παράδεισος, wurde im Oktober 1945 eine Ehreninschrift für den *procurator* der Provinz *Thracia, Marcus Vettius Marcellus* entdeckt, die ihm 33 seiner στρατηγοί gewidmet haben (Δημήτριος Λαζαρίδης: Κατάλογος στρατηγῶν Θράκης, AE 1953/54 [1955], S. 235–244). In diesem Fall bezeichnet στρατηγός den Vorsteher eines Bezirks, selbst im Lateinischen *strategia* genannt, wie Plinius zeigt: *Thracia sequitur, inter validissimas Europae gentes, in strategias L divisa* (Naturalis historia IV 40).

[8] Der hellenistischen Zeit gehört die in Kos gefundene Asylie-Urkunde 754/G707 an; sie erwähnt στρατηγοί aus Philippi in Z. 53. Dies ist für diese Debatte ohne Belang, da das Dokument aus dem Jahr 284/3 v. Chr. stammt und für die römische Phase Philippis daher nicht in Anspruch genommen werden kann.

verhalten. Daraus werden sogar redaktionelle Unebenheiten erschlossen. So sagt Ramsay[9]: »It is hardly possible that *vv.* 19, 20 have the final form that the writer would have given them. The expression halts between the Greek form and the Latin, between the ordinary Greek term for the supreme board of magistrates in any city (ἄρχοντες), and the popular Latin designation (στρατηγοί, *praetores*), as if the author had not quite made up his mind which he should employ. Either of the clauses bracketed[10] is sufficient in itself; and it is hardly possible that a writer, whose expression is so concise, should have intended to leave in his text two clauses which say exactly the same thing.«[11]

Schon zuvor hatte Ramsay sich in einem bis heute immer wieder zitierten Beitrag zu den Beamten in Philippi geäußert.[12] Dort vertrat er schon dieselbe These wie später in seinem Paul the Traveller. Unverständlich ist, warum die Replik Haverfields, die sogleich im selben Jahrgang des JThS erschienen war, kaum zur Kenntnis genommen wird.[13] In der Tat ist nicht erfindlich, warum στρατηγός = *praetor* sein soll, wo es doch in Philippi (wie auch Ramsay aufgrund der damals publizierten Inschriften schon hätte wissen können) gar keine *praetores* gibt. Ganz ohne Zweifel ist Haverfield in diesem Punkt im Recht und nicht Ramsay. »Mais on cite toujours l'article de Ramsay, et je n'ai point vu citer la rectification de Haverfield«, sagt Lemerle treffend.[14]

Zunächst ist festzustellen, daß in der Tat στρατηγοί ein sachgemäßes Pendant zum lateinischen *duumviri iure dicundo* darstellt. Dies ist keineswegs ein neuer Befund, sondern eine Information, die sich bereits in den einschlägigen Standardwerken niedergeschlagen hat, so beispielsweise in Masons *Greek Terms for Roman Institutions,* wo man s.v. στρατηγός 5. findet: »IIvir coloniae«[15]. Inschriften aus Korinth belegen diese Identität von στρατηγός und *duumvir: Cn. Cornelius Pulcher,* der das Amt des *duumvir quinquennalis* bekleidet hatte, wird in diesen griechischen Texten als στρατηγός πενταετηρικός bezeichnet.[16] Darüber hinaus scheint gerade für Korinth auch noch ein literari-

---

[9] W.M. Ramsay: St. Paul the Traveller and the Roman Citizen, London [6]1902.

[10] Ramsay hat in seiner Übersetzung (auf S. 217) zwei Stellen mit eckigen Klammern markiert:
[AND DRAGGED THEM INTO THE AGORA BEFORE THE MAGISTRATES] in v. 19 und
[AND BRINGING THEM TO THE PRESENCE OF THE PRÆTORS] in v. 20.

[11] Ramsay, aaO., S. 217f.

[12] W.M. Ramsay: The Philippians and Their Magistrates, JThS 1 (1900), S. 114–116.

[13] F. Haverfield: On the στρατηγοί of Philippi, JThS 1 (1900), S. 434–435.

[14] Lemerle, S. 33, Anm. 2. So geistern die *praetores* auch bis heute in den Kommentaren z. St. herum, und selbst Tellbe spricht in seinem soeben erschienenen Aufsatz wieder von solchen: »the city is administrated by στρατηγοί (v. 20) – presumably Roman *praetores*« (Mikael Tellbe: The Sociological Factors behind Philippians 3.1–11 and the Conflict at Philippi, JSNT 55 (1994), S. 97–121; hier S. 108, Anm. 47). Ein Blick in die Inschriften hätte ihn leicht eines Besseren belehrt (dazu hätte im übrigen schon ein Blick in die in derselben Anm. von Tellbe zitierte Monographie von Collart genügt!).

[15] Mason, S. 87; vgl. auch die Erläuterungen S. 161: »This usage is an extension from normal Greek στρατηγοί in free cities …«.

[16] Es handelt sich um die Texte VIII 1,80; VIII 1,81 und VIII 3,138 (Benjamin Dean Meritt [Hg.]: Greek Inscriptions 1896–1927, Corinth. Results of Excavations Conducted by the American School of Classical Studies at Athens, Volume VIII, Part I, Cambridge/Mass. 1931

scher Beleg vorzuliegen: τοιοῦτόν σε θῶμεν πολίτην Κορινθίων, κἂν οὕτως τύχῃ, ἀστυνόμον ἢ ἐφήβαρχον ἢ στρατηγὸν ἢ ἀγωνοθέτην (Epiktet: Dissertationes ab Arriano digestae III 1,34). Die Aufzählung der Ämter beginnt bei dem ἀστύνομος = *aedilis*[17]; sie erwähnt den spezifisch griechischen ἐφήβαρχος und kommt dann zum στρατηγός = *duumvir,* dem obersten Beamten der Stadt Korinth, die wie Philippi römische Kolonie ist; sie endet bei dem ἀγωνοθέτης, dem Ausrichter von Spielen, der sich finanziell für seine Stadt engagiert (lat. *munerarius).*

Das Ergebnis Lemerles ist mithin auch durch Belege aus Korinth gesichert: »Les στρατηγοί sont les *duumviri jure dicundo,* qu'on s'attend en effet à trouver dans une colonie, et dont l'existence à Philippes nous est maintes fois attestée par l'épigraphie.«[18]

Somit bleibt lediglich die Frage nach dem Verhältnis der ἄρχοντες von v. 19 zu den στρατηγοί in v. 20 zu klären. Richtig bemerkt Conzelmann: »ἄρχοντες und στρατηγοί sind nicht verschiedene Instanzen.«[19] Vielmehr wird man hier das Wort ἄρχοντες im Sinne von »die Behörde« aufzufassen haben: »Je ne vois pas de grave difficulté dans le rapprochement des deux termes, ἄρχοντες et στρατηγοί, car les deux phrases où ils se trouvent indiquent bien deux actions différentes ou, si l'on veut, deux moments différents: dans leur première colère, les accusateurs commencent par traîner, ἕλκειν, Paul et Silas au forum «devant les autorités» ou «devant les magistrats», sans plus réfléchir; puis, mieux informés, ils les conduisent, προσάγειν, devant les magistrats compétents en la matière, les duumvirs ou στρατηγοί: en effet, dans la suite du récit, il n'est plus question que des στρατηγοί.«[20]

2. *Der* δεσμοφύλαξ

Im Falle des δεσμοφύλαξ (lateinisch: *carcerarius)* liegen die Dinge nicht so kompliziert wie bei den στρατηγοί, obwohl dieses Wort im Neuen Testament sonst nirgendwo begegnet. In unserem Fall freilich ist er für den Fortgang der Geschichte unentbehrlich, soll er doch schließlich mit seinem ganzen Haus zum Christentum bekehrt werden.

---

und JOHN HARVEY KENT [Hg.]: The Inscriptions 1926–1950, Corinth. Results of Excavations Conducted by the American School of Classical Studies at Athens, Volume VIII, Part III, Princeton 1966). Zur Person des Geehrten *Cn. Cornelius Pulcher* und zu seiner Karriere vgl. die Übersicht bei KENT, S. 64.

[17] Vgl. MASON, S. 27, s.v. ἀστύνομος, 2: aedilis (municipii, etc.), mit Verweis auf unsere Stelle aus Epiktet und IBulg 1023.

[18] LEMERLE, S. 33. Für die *duumviri* in Philippi verweist LEMERLE in Anm. 1 auf die Liste bei COLLART, S. 262. Zu den Angaben der *duumviri* im einzelnen vgl. HARRY W. TAJRA: The Trial of St. Paul. A Juridical Exegesis of the Second Half of the Acts of the Apostles, WUNT 2/35, Tübingen 1989, S. 40f. und die dort angegebene Literatur.

[19] CONZELMANN, S. 101.

[20] LEMERLE, S. 33

Haenchen hat in bezug auf diese Episode mit Recht gesagt, sie sei »ein solches Nest von Unwahrscheinlichkeiten, daß man sie als unhistorisch streichen muß«[21]. Und die immer wieder unternommenen Rettungsversuche[22] sind vergebliche Mühe. Damit ist aber andrerseits nicht schon die Historizität des Gefängnisaufenthalts und der Bekehrung des δεσμοφύλαξ bestritten. M.E. spielt Paulus selbst auf einen Gefängnisaufenthalt in Philippi an, wenn er den Philippern schreibt: τὸν αὐτὸν ἀγῶνα ἔχοντες, οἷον εἴδετε ἐν ἐμοὶ καὶ νῦν ἀκούετε ἐν ἐμοί (Phil 1,30). Was die Philipper nun von ihm hören – daß er im Gefängnis sitzt –, haben sie seinerzeit an ihm gesehen – als er in Philippi im Gefängnis war – und müssen es jetzt (vermutlich an dem einen oder anderen gefangenen Gemeindeglied) selbst erleben. Das in Philippi tradierte Gut bezüglich des δεσμοφύλαξ im einzelnen abzugrenzen, ist hier nicht nötig – daß solches Gut in Philippi tradiert wurde, kann man sinnvollerweise nicht bestreiten.[23]

3. Die ῥαβδοῦχοι

Wie schon der δεσμοφύλαξ, sind auch die ῥαβδοῦχοι in Philippi selbst epigraphisch nicht bezeugt; dies ist nicht verwunderlich, wenn man bedenkt, daß ῥαβδοῦχοι eben schon von ihrer Finanzkraft her weniger dazu prädestiniert sind, Inschriften setzen zu lassen, als etwa *duumviri*.[24] Kein Zweifel besteht

---

[21] So ERNST HAENCHEN in den früheren Aufl. seines Kommentars (vgl. etwa ERNST HAENCHEN: Die Apostelgeschichte, KEK 3, Göttingen [13]1961, S. 440).
Auch LEMERLE bemerkt am Übergang zur Gefängnisssene (v. 24): »A ce point du récit, malheureusement, il est difficile de ne pas sentir l'intervention d'un rédacteur, qui arrange et défigure un document jusque-là excellent.« (LEMERLE, S. 35).
[22] Vgl. etwa F. GIESEKKE: Zur Glaubwürdigkeit von Apg. 16,25–34, ThStKr 71 (1898), S. 348–351. Besonders eindrucksvoll natürlich ZAHN, S. 678–682. Aber auch in neuerer Zeit haben dergleichen Versuche nicht gefehlt.
[23] Zum δεσμοφύλαξ als einem der ersten Gemeindeglieder in Philippi vgl. unten im Fünften Kapitel, § 3.
Zum Traditionsgut bezüglich des Gefängniswärters vgl. etwa die Analyse bei WEISER, S. 428f., der annimmt, daß Lukas die von ihm geschaffene Befreiungswundererzählung »mit einer aus der Gemeindeüberlieferung von Philippi [im Original irrtümlich: Philippis] stammenden kurzen Notiz über die Bekehrung eines heidnischen Gefängnisaufsehers verbunden hat« (S. 428).
[24] Δ.Ι. Πάλλας/Στ. Π. Ντάντης: Επιγραφές από την Κόρινθο, AE 1977 [1979], S. 61–85 publizieren als Nr. 10 (= SEG XXIX (1979) [1982] 307) eine Inschrift, in der ein ῥαβδοῦχος erwähnt wird (Z. 3). Vgl. den Kommentar z.St.: Οι ῥαβδοῦχοι [im Original kursiv] ήταν κατώτεροι δικαστικοί υπηρέτες και είχαν ως έργο την εφαρμογή των αποφάσεων του δικαστού. Η επαγγελματική αυτή ιδιότητα, που σπάνια μνημονεύεται σε επιγραφές, παρουσιάζεται εδώ για πρώτη φορά στον ελληνικό παλαιοχριστιανικό χώρο. Συχνότερα εμφανίζεται σε λατινικές επιγραφές ο αντίστοιχος τύπος lictor (S. 71; Übersetzung: »Die ῥαβδοῦχοι waren subalterne (Justiz-)Beamte bei Gericht; sie hatten die Aufgabe, die Entscheidungen des Gerichts durchzuführen. Diese Berufsbezeichnung, die nur selten inschriftlich belegt ist, begegnet hier zum ersten Mal in den griechischen Inschriften der altchristlichen Epo-

daran, daß ῥαβδοῦχοι die korrekte griechische Wiedergabe des lateinischen *lictores* darstellt.[25] »Like the chief magistrates at Rome, the Philippian *Duoviri* were attended by lictors who preceded them bearing *fasces*. These men were at the disposition of the principal Roman magistrates and their task was to carry out magisterial orders.«[26] Es bedarf kaum noch des abschließenden Hinweises, daß ῥαβδοῦχοι im Neuen Testament nur hier in Philippi begegnen.

Ergebnis

Die in der Philippierzählung von Lukas erwähnten Beamten sind, was ihre Zahl und die Präzision ihrer Titulatur angeht, in der Apostelgeschichte ohne Beispiel. Auch hier treten die spezifisch römischen Züge der *Colonia Iulia Augusta Philippensis* deutlich hervor: Während es Gefängniswärter auch anderwärts gibt (obgleich sie in der Apostelgeschichte nirgendwo sonst erwähnt werden!), sind doch die *duumviri iure dicundo* und ihre *lictores* spezifisch römische Behörden, die für die Kolonie Philippi typisch sind. Obwohl es im Verlauf der ersten Missionsreise (etwa im pisidischen Antiochien) durchaus auch Veranlassung gegeben hätte, *duumviri iure dicundo* und ihre *lictores* zu erwähnen, geschieht dies doch nur hier in Philippi.

§ 8 Der Weg von Philippi nach Thessaloniki (Apg 17,1)

Der erste Vers des 17. Kapitels der Apostelgeschichte (διοδεύσαντες δὲ τὴν Ἀμφίπολιν καὶ τὴν Ἀπολλωνίαν ἦλθον εἰς Θεσσαλονίκην ὅπου ἦν συναγωγὴ τῶν Ἰουδαίων) wird in den meisten Kommentaren keiner näheren Betrachtung gewürdigt. Eine Ausnahme ist der Kommentar von Conzelmann, wo es zur Stelle heißt: »Da als Route nur die Via Egnatia ... in Frage kam, braucht Lk für diese Angaben keine Itinerar-Quelle. Eigene Kenntnis der Strecke, Erkundigung oder Einsicht in eine Streckenbeschreibung oder Landkarte ... genügte.«[1] Die Frage, wieso Lukas hier und nirgendwo sonst dergleichen Zwi-

---

che. Häufiger begegnet das Pendant *lictor* in den lateinischen Inschriften«). Die Inschrift stammt den Herausgebern zufolge aus dem 7./8. Jahrhundert.

[25] Vgl. Mason, S. 82f. s.v. ῥαβδοῦχος und die dort gesammelten Belege.

[26] Harry W. Tajra, aaO. (Anm. 18), S. 11.

[1] Conzelmann, S. 103. Es folgen dann noch Angaben über die Entfernungen von Philippi nach Amphipolis, von Amphipolis nach Apollonia und von Apollonia nach Thessaloniki. Ich plädiere im folgenden für die Möglichkeit *eigener* »Kenntnis der Strecke«; wer sowohl diese als auch eine Itinerar-Quelle bestreitet, muß erst recht erklären, wieso Lukas ausgerechnet hier »Erkundigung oder Einsicht in eine Streckenbeschreibung oder Landkarte« für erforderlich hielt. Diese Möglichkeit hätte doch auch für Kleinasien bestanden! Warum sollte es Lukas für nötig halten, sich hier genau zu informieren, dort aber nicht?

schenstationen erwähnt, obwohl doch *nur die Via Egnatia* in Frage kam, wird auch von Conzelmann nicht aufgeworfen.

Noch ausführlicher ist Pesch: »Die Reise … von Philippi … nach Thessalonich führt auf der *Via Egnatia,* die den Osten mit Rom verbinden sollte, in westlicher Richtung über Amphipolis … und Apollonia … nach Thessalonich …, also insgesamt über etwa 150 km der Römerstraße, die z.T. mit über Sümpfe führenden Brücken ausgebaut war. Man kann vermuten, daß die Missionare für die gesamte Strecke etwa 3–6 Tage benötigten, je nachdem, ob sie in großen Märschen von Stadt zu Stadt zogen oder Zwischenstationen einlegten. Daß sie in Amphipolis, der Hauptstadt des ersten mazedonischen Distrikts und der gegenüber Philippi bedeutenderen Metropole, nicht blieben, um dort zu missionieren, ist merkwürdig; vermutlich hängt das damit zusammen, daß in dieser griechischen Stadt keine Juden lebten und, soweit wir wissen, keine Synagoge existierte, also der missionarische Anknüpfungspunkt fehlte, den Paulus, Silas und Timotheus in Philippi wenigstens in der Gebetsstätte außerhalb der Stadt gefunden hatten … . Derselbe Grund wird die Missionare bewogen haben, auch die mazedonische Kleinstadt Apollonia nur zu passieren.«[2] Auch hier wird nicht der Frage nachgegangen, warum Lukas derart detaillierte Angaben macht, obwohl unterwegs gar nichts passiert!

Weder Conzelmann noch Pesch macht darauf aufmerksam, daß diese detaillierten Angaben bezüglich der *Via Egnatia* schon deshalb ganz besondere Beachtung verdienen, weil sie ohne jede Analogie in der Apostelgeschichte sind. Wirft man einen Blick auf die erste Missionsreise, so ist beispielsweise der von den Missionaren eingeschlagene Weg von Perge zum pisidischen Antiochien (Apg 13,14) völlig ungewiß. Obwohl die Entfernung größer ist als die von Philippi nach Thessaloniki und es mehrere Straßen gibt, die von Perge nach Antiochien führen[3], werden Zwischenstationen nicht genannt! Auch der Weg vom pisidischen Antiochien nach Iconium (Apg 13,51)[4] wird nicht spezifiziert.

---

[2] PESCH, S. 121. Welche Kriterien notwendig sind, eine Stadt als (mazedonische) »Kleinstadt« zu qualifizieren, verrät PESCH nicht. Neben dem hier genannten Apollonia wird auch Beroia in diese Klasse eingereiht: Auf S. 124 werden Paulus und Silas »in die etwa [von Thessaloniki] 75 km entfernte Kleinstadt Beröa« geschickt. Mag man das im Blick auf Apollonia noch für denkbar halten – epigraphische, numismatische oder archäologische Zeugnisse zur Beurteilung der Frage fehlen –, ist dies im Fall von Beroia gewiß abwegig. Beroia war eine bedeutende Stadt, die in Makedonien nur hinter Thessaloniki zurückstehen mußte: Allein die Tatsache, daß Beroia der Sitz des κοινὸν Μακεδόνων war (vgl. etwa PAPAZOGLOU, S. 143 und die dort angeführten Belege), macht das deutlich. »During the Roman period it developed into the second most important city in Macedonia, after Thessalonike; this is clearly demonstrated by the number of inscriptions found in the city itself and in its territory, in the villages of the modern prefecture of Emathia, which are presumably the sites of ancient settlements«, stellt ARGYRO B. TATAKI fest (Ancient Beroea. Prosopography and Society, Μελετήματα 8, Athen 1988, S. 45).

[3] Zur Lage von Perge und Antiochien und den Straßen, die beide Städte verbinden, vgl. W. M. CALDER/GEORGE E. BEAN: A Classical Map of Asia Minor, London 1958.

[4] Eine genauere Angabe wäre auch hier erwünscht, da es zwei Straßen gibt, auf denen man von Antiochien nach Iconium gelangt, vgl. die in der vorigen Anm. genannte Karte.

Umso bemerkenswerter ist die Angabe der beiden Stationen Amphipolis und Apollonia zwischen Philippi und Thessaloniki (die an sich überflüssig ist, da es auf dieser Strecke, wie Conzelmann zu Recht bemerkt, zur *Via Egnatia* gar keine Alternative gibt).

Amphipolis[5] ist die nächste Stadt von Philippi aus gesehen (vgl. zum folgenden Karte 9); die *Via Egnatia* macht im Norden einen Bogen um das Pangaiongebirge herum und erreicht kurz hinter Amphipolis wieder das Meer.[6] Der weitere Verlauf der *Via Egnatia* ist erst vor kurzem durch die Entdeckung der *mutatio Pennana,* zehn römische Meilen westlich von Amphipolis gelegen, präzisiert worden.[7] Die nächste Station, wiederum 10 römische Meilen weiter westlich, war dann *Peripidis,* benannt nach dem Grab des Euripides, welches hier besucht wurde.[8]

Schwieriger ist die Lokalisierung von Apollonia, die – wie ein Blick auf die einschlägigen Karten lehrt – bis vor kurzem ziemlich umstritten war. Die neuere Diskussion beginnt mit einer Arbeit von Μακαρόνας[9], der die Auffassung vertritt, es sei zwischen der Station *(mansio)* Apollonia (im Süden des Volvisees, und zwar ungefähr in der Mitte) und der Stadt *(civitas)* Apollonia (einige Kilometer weiter Richtung Südwesten) zu unterscheiden.[10] Diese Auffassung ist jedoch nunmehr eindeutig widerlegt durch den Fund einer Inschrift gerade an der Stelle, wo Μακαρόνας die Stadt Apollonia lokalisieren wollte: Nicht die Stadt Apollonia lag hier, sondern die Stadt Kalindoia (griechisch τὰ Καλίνδοια).»Kalindoia est une des villes macédoniennes dont nous ne connaissons que le nom et qui maintenant surgissent de l'obscurité grâce à

---

[5] Eine Monographie, die die neuen archäologischen Ergebnisse berücksichtigte, fehlt. An älteren Arbeiten zu Amphipolis ist zu nennen: JOHANNES PAPASTAVRU: Amphipolis. Geschichte und Prosopographie. Mit Beiträgen von C.F. Lehmann-Haupt und Arthur Stein, Klio.B 37, Leipzig 1936 sowie Δ. Λαζαρίδης: Αμφίπολις και Ἀργιλος, Ancient Greek Cities 13, Athen 1972. Eine Skizze aufgrund der neuen Ergebnisse bei PAPAZOGLOU, S. 392–397.

[6] Zu der auf manchen modernen Karten falsch eingezeichneten Route der *Via Egnatia* zwischen Philippi und Amphipolis vgl. die Bemerkungen in §1, Anm. 11. »... as we know from the Itineraria, civitas Amphipolis was an official station on the Via Egnatia« (JOHN PAUL ADAMS: Trajan and Macedonian Highways, in: Αρχαία Μακεδονία V 1 (s. dort), S. 29–39; hier S. 31). Bei Amphipolis überquert die *Via Egnatia* den Strymon, vgl. die bei Adams abgedruckte Inschrift (S. 30f.) des *propraetor Lucius Tarius Rufus,* der um 16 v. Chr. die Brücke erbaute.

[7] Vgl. die Studie von Δημήτρης Κ. Σαμσάρης: PENNANA. Ἕνας ρωμαϊκός σταθμός (mutatio) της Εγνατίας οδού, Δωδώνη 15,1 (1986), S. 69–84. Zur Zeit des Paulus allerdings gab es diese Station noch nicht *(terminus ante quem* 333?).

[8] *Peripidis* liegt unterhalb des Hügels von Rendina, wo zur Zeit eine byzantinische Festung ausgegraben wird, vgl. N.C. MOUTSOPOULOS: Le bourg byzantin de Rendina. Contribution à la topographie historique de Mygdonie, Balkan Studies 24 (1983), S. 3–18; hier S. 11 (mit den literarischen Zeugnissen in Anm. 31). Weitere 11 römische Meilen westlich folgt dann Apollonia.

[9] X.I. Μακαρόνας: Ἀπολλωνία η Μυγδονική, in: Αρχαία Μακεδονία II (s. dort), S. 189–194.

[10] Zur Lage der Station und der Stadt vgl. die Karte bei Μακαρόνας auf S. 192. Die Stadt möchte er beim heutigen Καλαμωτό lokalisieren.

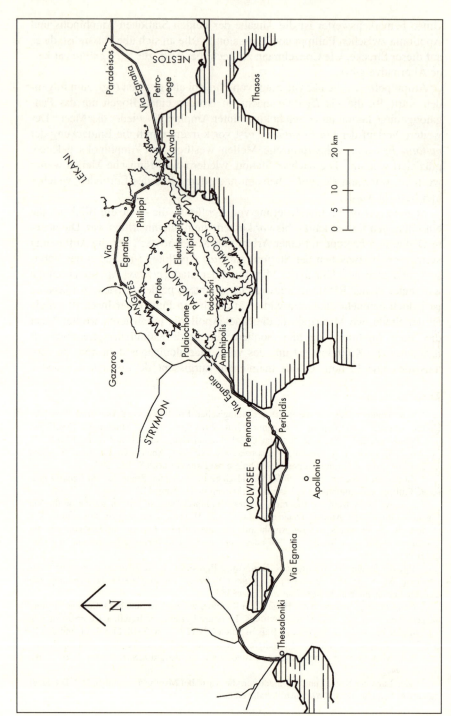

Karte 9: Der Weg von Philippi nach Thessaloniki

l'archéologie et à l'épigraphie.«[11] Daher muß man Apollonia doch weiter im Norden suchen, und zwar östlich des heutigen Dorfes Νέα Απολλωνία, einige Kilometer südlich des Volvisees.[12] Ostraka deuten auf eine antike Siedlung hin, und außerdem wurde hier im Jahr 1979 eine (unpublizierte) Weihinschrift für Dionysos gefunden.[13] Diese Ortslage war schon im 19. Jahrhundert von Leake vorgeschlagen worden.[14]

Ich komme daher zu dem Ergebnis, daß die Angaben des Verfassers der Apostelgeschichte hinsichtlich des Weges von Philippi nach Thessaloniki von einer im Rahmen seines Buches beispiellosen Präzision sind. Sie stimmen überdies mit den geographischen Gegebenheiten aufs beste überein. Sie sind schließlich im Rahmen der Erzählung durchaus entbehrlich, weil weder in Amphipolis noch in Apollonia etwas passiert. Das bedeutet: *Der Verfasser weiß in dieser Gegend sehr genau Bescheid, und er gibt zu erkennen, daß er Bescheid weiß.*[15]

---

[11] PAPAZOGLOU, S. 217. Die Inschrift aus Kalindoia ist publiziert von Ιουλία Π. Βοκοτοπούλου: Η επιγραφή των Καλινδοίων, in: Αρχαία Μακεδονία IV (s. dort), S. 87–114. Sie wurde im November 1982 bei dem Dorf Καλαμωτό – ungefähr 12km südlich des Volvisees – gefunden. Zu dieser Inschrift vgl. auch SEG XXXVI (1986) [1989] 626 und M.B. HATZOPOULOS, BÉ 1988, 847. Zur weiteren Diskussion ist heranzuziehen E. BADIAN: History from ›Square Brackets‹, ZPE 79 (1989), S. 59–70 und N.G.L. HAMMOND: Inscriptions Concerning Philippi and Calindoea in the Reign of Alexander the Great, ZPE 82 (1990), S. 167–175. Eine weitere Inschrift aus Καλαμωτό aus dem Jahr 1 n. Chr. publiziert Κώστας Λ. Σισμανίδης: Τιμητικό ψήφισμα από το Καλαμωτό Λαγκαδά, AE 1983 [1985], S. 75–84.

[12] Zur Lage von Νέα Απολλωνία vgl. die Karte Νομός Θεσσαλονίκης, hg. v. Εθνική Στατιστική Υπηρεσία της Ελλάδος, Athen 1963 (verb. Nachdr. 1972).

[13] Zur Ortslage vgl. Βοκοτοπούλου, aaO. (Anm. 11), S. 105, und PAPAZOGLOU, S. 220. Zur Inschrift Βοκοτοπούλου, S. 105, Anm. 55. Ihr zufolge ist diese Ortslage von der heutigen Straße Thessaloniki-Kavala 2km entfernt, απόσταση ικανή να δικαιολογήσει την ύπαρξη ενός σταθμού της Απολλωνίας στην Εγνατία (S. 105). Insofern wird also auch hier die These von Μακαρόνας aufrechterhalten. Anders dagegen PAPAZOGLOU: »Du fait qu'Apollonia est désignée comme *mansio* dans l'Itinéraire de Bordeaux il ne devrait pas s'ensuivre, me semble-t-il, que la ville avait changé de statut et avait perdu son autonomie« (S. 221).

[14] WILLIAM MARTIN LEAKE: Travels in Northern Greece, In Four Volumes, London 1835 (Nachdr. Amsterdam 1967); hier III 457ff. »In fact, the ruins of this *Apollonia* are still to be seen exactly in that line to the south of Pazarúdhi, at a place preserving the ancient name in a corrupted form [nämlich Pollina], and nearly at the proportionate distance between Thessalonica and *Amphipolis* indicated by the Itineraries« (S. 458). Vgl. auch den Bericht STRUCKS: »Von Pasarkiá machten wir zunächst einen Abstecher nach Südosten zu dem eine halbe Stunde entfernten Ruinenhügel Poliná, dessen Name noch an die hier bestandene Stadt Apollonia erinnert, die zum Gaue Mygdonia gehörte und später eine Station der Via Egnatia war. Sie scheint noch bis spät ins Mittelalter hinein bestanden zu haben, denn unter dem wenigen, was wir vorfanden, war das nachantike Mauerwerk noch das beachtenswerteste« (ADOLF STRUCK: Makedonische Fahrten. I. Chalkidike, Zur Kunde der Balkanhalbinsel. Reisen und Beobachtungen, Heft 4, Wien und Leipzig 1907, S. 77). Es ist mir nicht ganz klar, ob STRUCK dieselbe Örtlichkeit meint (vgl. seine Karte, wo Pollina eindeutig zu weit im O liegt!). ZAHN verlegt diesen Ort in seinem Kommentar irrtümlich auf die nördliche statt auf die südliche Seite des Volvisees (S. 586, Anm. 17).

[15] Nach Abschluß meines Manuskripts erreichte mich die Studie von N.K. Μουτσόπουλος: Η θέση της Μυγδονικής Απολλωνίας και η παραλίμνια (;) χάραξη της Εγνατίας Οδού, in:

Ergebnis

In diesem Kapitel wurde eine Vielzahl von verschiedenen Methoden angewandt, um den Abschnitt über Philippi in der Apostelgeschichte zu erhellen. Über die im engeren Sinn exegetischen Methoden – textkritische, literarkritische und redaktionsgeschichtliche Arbeitsweisen waren von besonderer Bedeutung – hinaus wurden topographische, epigraphische und religionsgeschichtliche Überlegungen angestellt.

Dabei hat sich ergeben, daß der Philippiabschnitt von Lukas nicht nur mit besonderer Aufmerksamkeit bedacht wurde – die Bedeutung des Schrittes von Troas nach Philippi wird vom Verfasser hervorgehoben –, sondern daß die lokalen Gegebenheiten in Philippi auch mit besonderer Anschaulichkeit und erstaunlicher Präzision geschildert werden. Das heißt nun freilich noch lange nicht, daß wir hier den Bericht eines Augenzeugen vor uns haben. *Lukas muß nicht Begleiter des Paulus gewesen sein, um den Philippiabschnitt so gestalten zu können, wie er es tut.*

Im Fünften Kapitel werde ich in § 5 den Versuch unternehmen, Tradition und Redaktion im Philippiabschnitt zu scheiden. Aber schon beim ersten Lesen fallen einem Passagen auf, die eindeutig redaktioneller Natur sein müssen. Vor allem der Schluß der Geschichte (Apg 16,37–40) legt die Vermutung nahe, daß wir es hier mit einem lukanischen Konstrukt zu tun haben. Daß die *duumviri* die gefangenen Missionare am folgenden Tag freilassen mit der Auflage, möglichst schnell aus der *Colonia Iulia Augusta Philippensis* zu verschwinden, ist gut vorstellbar und stimmt mit der eigenen Angabe des Paulus in 1 Thess 2,2 besser überein als die lukanische Darstellung, wonach die *duumviri* persönlich (!) im Gefängnis erscheinen, um die Missionare hinauszuführen mit der Bitte (!), die Stadt zu verlassen[1] – einen solch triumphalen Abgang aus Philippi hat Paulus bei der Formulierung von 1 Thess 2,2 schwerlich im Auge! Die lukanische Darstellung dagegen beruht auf dem Wunsch des Lukas, wonach es möglich sein sollte, daß die Christen sich mit den Behörden arrangieren.[2]

Αρχαία Μακεδονία V 2 (s. dort), S. 999–1110, die schon fast den Umfang einer Monographie hat. Leider konnte ich sie daher hier nicht mehr berücksichtigen.

[1] Zur sozialen Stellung der Dekurionen vgl. PETER GARNSEY: Social Status and Legal Privilege in the Roman Empire, Oxford 1970; hier S. 242–245. Zwischen einem römischen Bürger, wie Paulus nach unserem Abschnitt einer gewesen ist, und einem Angehörigen des Standes der Dekurionen liegen Welten: »The privileges of decurions in the cities were comparable with those of senators at Rome. They sat in special seats at the games and in the theatre; they dined at public expense; they used public water free of charge; they received more than others in a distribution of gifts; they wore distinctive dress; highsounding epithets were applied to the order as a whole« (S. 244). Das Ergebnis dieser vielfältigen Privilegierung faßt GARNSEY so zusammen: »The effect of such benefits and status symbols was to surround the order of decurions with a certain mystique, and to set it apart from the rest of the populace as a privileged aristocracy« (ebd.). Ein philippischer *duumvir* holt keinen Wanderprediger aus dem Gefängnis ab!

[2] Anders HENGEL, der die Stelle für die Historizität des römischen Bürgerrechts sogar des

Läßt man die Einzelergebnisse dieses Kapitels noch einmal Revue passieren und zieht man die historischen Informationen bezüglich des Status der Stadt als κολωνία, bezüglich ihrer Lage in der πρώτη μερίς, bezüglich des dritten Stadttors, das zum Fluß hin gelegen ist, in Betracht, denkt man an die spezifisch makedonische Verehrung des θεὸς ὕψιστος und an all die anderen aufgewiesenen Detailkenntnisse, so kommt man zu dem Schluß, daß wir in Lukas einen *Kenner Makedoniens und insbesondere Philippis* vor uns haben.

Diese besondere Kennerschaft läßt sich zwanglos erklären, wenn man annimmt, daß Lukas selbst aus Philippi stammt. Als ἀνὴρ Μακεδών ist er Patriot, als Glied der Gemeinde in Philippi hat er ein besonderes Interesse an den Traditionen, die den Ursprung dieser Gemeinde betreffen (vgl. dazu die Übersicht im Fünften Kapitel, § 5): Die Überlieferung von der Bekehrung der Lydia[3], die Lukas uns aufbewahrt, geht gewiß auf ein historisches Ereignis zurück. Als Glied der Gemeinde von Philippi gibt Lukas sich zwar nirgendwo ausdrücklich zu erkennen; aber dieser Hintergrund schlägt sich darin nieder, daß er den Philippiabschnitt mit besonderer Liebe gestaltet.

Was nun die zeitliche Ansetzung des Werkes angeht, so scheint mir die traditionelle These, die die Apostelgeschichte an das Ende des ersten Jahrhunderts stellt, mit den vorliegenden Ergebnissen gut vereinbar: Gerade die vorhin kurz berührte Absicht des Lukas, mit den munizipalen und den Reichsbehörden zu einem für die Christen erträglichen *modus vivendi* zu kommen, paßt sehr gut in diese Zeit und wäre schon wenig später nur noch als reines Wunschdenken möglich. Denn dem Optimismus des Lukas, daß ein solcher *modus vivendi* nicht nur gefunden, sondern auch durchgehalten werden könnte, wird durch die Ereignisse am Beginn des zweiten Jahrhunderts die Basis entzogen. Das gilt, wie sich im folgenden Kapitel zeigt, insbesondere für die Gemeinde in Philippi.[4]

Silas in Anspruch nimmt (MARTIN HENGEL: Der vorchristliche Paulus, in: Paulus und das antike Judentum, WUNT 58, Tübingen 1991, S. 177–293; hier S. 205 mit Anm. 101).

[3] Zur »historischen« Lydia als der ersten Christin Philippis vgl. genauer unten im Fünften Kapitel, § 2.

[4] Vgl. dazu im Vierten Kapitel den § 2.

Viertes Kapitel

Polykarp

§ 1 Zwei Briefe des Polykarp

Im Fall des paulinischen Briefes an die Philipper habe ich darauf verzichtet, die Frage der Einheitlichkeit zu diskutieren, obwohl es für diesen Brief verschiedene Teilungshypothesen gibt und die Einheitlichkeit keineswegs gesichert ist.[1] Dies ist im Fall des Briefes des Polykarp nicht möglich, weil es hier zum einen viel stärkere Gründe für eine Teilung des Briefes gibt und zum andern der zwischen den beiden zu rekonstruierenden Schreiben anzusetzende Zeitraum möglicherweise ungleich größer ist als im Fall des paulinischen Philipperbriefes.

1. Das Schicksal des Ignatius

In Kapitel 9 seines Schreibens zählt Polykarp den Ignatius zusammen mit andern Märtyrern auf, wohingegen er in 13,2 (am Ende) die Philipper bittet, ihn über das Schicksal des Ignatius zu informieren: *et de ipso Ignatio et de his, qui cum eo sunt, quod certius agnoveritis, significate.* Treffend bemerkt Harrison: »One does not include in a list of the glorious dead the name of a man as to whose fate one is *in the same letter* asking for information, and who, for all that one knows, may be still alive.«[2] Und: »Is it really credible that, so soon after Ignatius's visit, Polycarp would be in such a hurry to point the moral of Ignatius's martyrdom, that he could not even stop to make sure that it had taken place?«[3]

Damit ergibt sich, daß Kapitel 9 und Kapitel 13 nicht ein und demselben Schreiben angehören können.

---

[1] Der soeben erschienene Kommentar von ULRICH B. MÜLLER plädiert wieder für die Einheitlichkeit des paulinischen Philipperbriefes: Zwar ergebe sich zwischen »dem ursprünglich geplanten Briefteil 1,1–3,1 und den weiteren Ausführungen ... ein Unterschied in der Situation«, das brauche »aber nicht zu bedeuten, daß der vorliegende Brief nicht literarisch einheitlich« ist (S. 12).

[2] P.N. HARRISON: Polycarp's Two Epistles to the Philippians, Cambridge 1936, S. 152.

[3] HARRISON, aaO., S. 151.

Wer das bestreitet, muß entweder Kapitel 9 oder Kapitel 13 anders interpretieren. Für 13 unternimmt dies Paulsen in seinem Kommentar: »Aus *qui cum eo sunt* allein läßt sich kaum schließen, daß Ign und seine Gefährten noch am Leben sind. Das stünde im Widerspruch zu 9,2, wo Pol sie für tot hält. Aber hinter dem *cum eo sunt* kann durchaus eine präpositionale Wendung wie οἱ σὺν αὐτῷ stehen, aus der nur die Begleitung als solche hervorgeht. Auffälliger im Gegenüber zu 9,2 erscheint deshalb das *certius agnoveritis*«.[4]

Unbeantwortet bleibt bei dieser Interpretation von 13,2 aber die Frage, was Polykarp von den Philippern eigentlich wissen will. Ist der (einheitliche) »Brief wenige Monate nach den Ignatius-Briefen geschrieben worden«, wie Paulsen annimmt[5], und hat Polykarp bereits Kunde[6] vom Märtyrertod des Ignatius und seiner Gefährten, was will er von den Philippern mehr erfahren? Es ist m.E. ausgeschlossen, daß Polykarp so ernste Sätze wie 9,1–2 aufgrund der bloßen »Meinung« schreibt, Ignatius hätte das Martyrium schon hinter sich. Nimmt man die Bitte des Polykarp in 13,2 wirklich ernst, muß man Kapitel 13 zu einem Zeitpunkt ansetzen, zu dem Polykarp noch nichts vom Schicksal des Ignatius weiß.[7]

Noch weniger Erfolg verspricht die Destruktion der zweiten Säule der Argumentation Harrisons, die zuletzt Dehandschutter versucht hat: »In chapter 13 Polycarp asks for more news from the Philippians. The contradiction with chapter 9 is not absolute when one interprets 9,2 (οὗτοι πάντες) with regard to the ἄλλοι ἐξ ὑμῶν, Paul and the other apostles. One could even interpret 9,2 as limited to Paul and the other apostles if one is aware of the reference-character of this passage (cf. Phil 2,16; 1 Clem 5,4.7).«[8] Diese Interpretation der Passage

---

[4] PAULSEN in seinem Kommentar, S. 126.

[5] PAULSEN, S. 113.

[6] PAULSEN äußert sich vorsichtig: »Da der ›gebührende Platz‹ sich ›beim Herrn‹ befindet … und die Philipper überzeugt sein sollen, daß die genannten Personen bereits an ihr Ziel gelangt sind, muß Pol der Meinung sein, daß zur Zeit des Briefes auch Ign schon den Tod gefunden hat« (S. 122). Aber reicht die bloße »Meinung« in einer so ernsten Angelegenheit aus? Vgl. das oben im Text angeführte Zitat aus dem Buch HARRISONS!

[7] Vgl. dazu im einzelnen die eingehende und sorgfältige Argumentation bei HARRISON, Part II: »Indications that ›Chapter XIII‹ Was Written Before the Death of Ignatius« (S. 79–140), besonders das Kapitel »Polycarp's Request for News of Ignatius and His Companions« (S. 133–140). Für diese gut begründete Interpretation von Kapitel 13 hat sich seit 1936 eine lange Reihe von Gelehrten ausgesprochen, vgl. zuletzt ANDREAS LINDEMANN: »M.E. ist die Annahme, Phil 13 sei der erste Philipperbrief des Polykarp, überzeugend« (ANDREAS LINDEMANN: Der Apostel Paulus im 2. Jahrhundert, in: The New Testament in Early Christianity, BEThL 86, Leuven 1989, S. 39–67; hier S. 48, Anm. 40).

[8] BOUDEWIJN DEHANDSCHUTTER: Polycarp's Epistle to the Philippians: An Early Example of »Reception«, in: The New Testament in Early Christianity, BEThL 86, Leuven 1989, S. 275–291; hier S. 278.
Ähnlich argumentiert schon SCHOEDEL in seinem Kommentar. Er meint: »The concern for pastoral exhortation, not the desire for a clearly articulated historical statement, gives shape to the passage« (S. 29f.). Inwiefern eine »pastoral exhortation« Wert hat, die auf nicht vorhandene Märtyrer verweist, an denen sich die Gemeinde ein Vorbild nehmen soll, bleibt unerfindlich. Märtyrer in Philippi selbst sind nämlich SCHOEDEL zufolge zweifelhaft: »Polycarp's vagueness

entbehrt jeglichen Anhalts am zu interpretierenden Text selbst: Kapitel 9,1–2a besteht im griechischen Original aus einem einzigen Satz: An den Hauptsatz παρακαλῶ πάντας ὑμᾶς πειθαρχεῖν ... καὶ ὑπομένειν πᾶσαν ὑπομονήν (9,1a) schließt sich zunächst ein Relativsatz an (9,1b), der von ὑπομονήν abhängig ist. Dieser Relativsatz stellt drei Gruppen vor, an denen die Philipper die ὑπομονή gesehen haben (εἴδατε κατ' ὀφθαλμούς!), nämlich erstens Ignatius, Zosimus und Rufus, zweitens Menschen aus ihrer eigenen Mitte (ἐξ ὑμῶν) und drittens Paulus und die übrigen Apostel. In 9,2a wird der Akkusativ πάντας aus 9,1a weitergeführt durch πεπεισμένους, auf das dann der von Dehandschutter besprochene ὅτι-Satz folgt. Zu behaupten, daß die in dem ὅτι-Satz als Subjekt fungierenden οὗτοι πάντες nur die letztgenannte der drei in 9,1b aufgezählten Gruppen meinten, ist mehr als kühn. Polykarp hätte sich in diesem Fall nicht nur ungenau ausgedrückt; er hätte etwas ganz anderes hingeschrieben als das, was er eigentlich zum Ausdruck bringen wollte. Wollte er sich nur auf die zuletzt genannte Gruppe beziehen, so hätte er schreiben müssen: »Die letzteren«, oder: »Die zuletzt Genannten«.[9] Über diese Gruppe führte schon ein bloßes οὗτοι hinaus, von dem im Text stehenden οὗτοι πάντες ganz zu schweigen. Der Bezug nur auf die zuletztgenannte Gruppe ist somit ein Ding der Unmöglichkeit.[10]

Noch schwieriger ist von der Syntax her die von Dehandschutter angebotene Alternative, das οὗτοι πάντες auf Gruppe zwei und drei, aber eben nicht auf Gruppe eins zu beziehen. Zwar wird in dem Relativsatz 9,1b die erste Gruppe von der zweiten und dritten durch ein οὐ μόνον - ἀλλὰ καί abgesetzt (und die Gruppen zwei und drei sind dadurch dann enger miteinander verbunden), aber das kann keinesfalls zur Folge haben, daß das οὗτοι πάντες sich *nur* auf Gruppe zwei und drei bezieht! Von Leuten zu sprechen, die οὐκ εἰς κενὸν ἔδραμον (9,2a), um dabei den berühmten Ignatius gerade auszunehmen, ist der Gipfel des Unvorstellbaren.[11]

---

may indicate that he knows only what he has deduced from Philippians 1:28–30« (S. 29). Vgl. dazu unten § 2.

[9] Griechisch dann etwa ἐκεῖνοι = die letzteren, vgl. LSJ, S. 505, s.v. ἐκεῖνος 1.

[10] Inwiefern dafür der »reference-character of this passage« (so DEHANDSCHUTTER, S. 278) ein Argument sein könnte, sehe ich nicht.

[11] DEHANDSCHUTTER will seine Hypothese mit dem Hinweis stützen, daß das Epitheton »μακάριος applied to Ignatius and his fellows is not a secure indication of his status as a martyr. In early Christian literature before Martyrium Polycarpi μακάριος is not used as an indication of a martyr or martyrdom« (S. 278). Zwar werde in 3,2 auch Paulus μακάριος genannt, aber diese Stelle habe eben gerade nicht das Martyrium des Paulus im Blick. Das mag zutreffen. In jedem Fall ist doch aber dies den beiden Passagen gemeinsam, daß es sich um *verstorbene* Christen handelt, denen das Prädikat μακάριος verliehen wird. Es müßte andernfalls gezeigt werden, daß Polykarp μακάριος auf noch lebende Christen beziehen kann. Dagegen scheint mir aber gerade die Ausnahmestellung zu sprechen, die Paulus nach Polykarp zukommt (vgl. dazu ANDREAS LINDEMANN: Paulus im ältesten Christentum. Das Bild des Apostels und die Rezeption der paulinischen Theologie in der frühchristlichen Literatur bis Marcion, BHTh 58, Tübingen 1979, S. 90f.).

Ich halte daher an der Harrisonschen Hypothese fest: Der uns überlieferte Polykarpbrief besteht aus zwei Schreiben des Bischofs an die Philipper: Das erste – Kapitel 13 – bildet lediglich die »covering note«[12] für die Übersendung der Briefe des Ignatius; das zweite – Kapitel 1–12.14 – ist später anzusetzen und befaßt sich mit dem Thema δικαιοσύνη (vgl. 3,1).[13]

2. Die Datierung der beiden Schreiben

Die Situation des ersten Briefes – der »covering note« – ist klar. Die Gemeinde in Philippi, die soeben die Bekanntschaft des durchreisenden Ignatius gemacht hat, schickt einen Boten an Polykarp nach Smyrna, der diesem zwei Briefe überbringt (ἐγράψατέ μοι καὶ ὑμεῖς καὶ Ἰγνάτιος, 13,1a). Das uns in diesem Zusammenhang allein interessierende Schreiben der Philipper hatte zwei Anliegen:

(1) Die Bitte an Polykarp, sobald er einen Boten nach Syrien (d.h. nach Antiochien) schickt, möge er diesem auch einen Brief von der Gemeinde in Philippi mitgeben (ἵν᾽ ἐάν τις ἀπέρχηται εἰς Συρίαν, καὶ τὰ παρ᾽ ὑμῶν ἀποκομίσῃ γράμματα, 13,1a).

(2) Die Bitte an Polykarp, Abschriften der Briefe des Ignatius nach Philippi zu senden (τὰς ἐπιστολὰς Ἰγνατίου τὰς πεμφθείσας ἡμῖν ὑπ᾽ αὐτοῦ καὶ ἄλλας, ὅσας εἴχομεν παρ᾽ ἡμῖν, ἐπέμψαμεν ὑμῖν, καθὼς ἐνετείλασθε, 13,2a).

Man darf annehmen, daß der Bote, der dem Polykarp den Brief des Ignatius und den Brief der Gemeinde aus Philippi überbrachte, sogleich mit der Antwort des Polykarp zurückkehrte.[14] Er hatte die Abschriften der Briefe des Ignatius in seinem Gepäck, versehen mit einem Begleitschreiben an die Philipper. In diesem Begleitschreiben (Harrisons »covering note«) versichert Polykarp den

---

[12] HARRISON, aaO. (Anm. 2), S. 15. HARRISON selbst erwägt, das 14. Kapitel zu der »covering note« zu ziehen (ebd.). Dagegen sprechen die folgenden Erwägungen: (1) Es liegt nahe anzunehmen, daß derselbe Bote, der dem Polykarp die Schreiben des Ignatius und der Gemeinde in Philippi überbrachte, mit den von den Philippern gewünschten Ignatiusbriefen und der »covering note« sogleich zurückkehrte. Der Bote der Gemeinde in Philippi ist aber mit Sicherheit nicht mit dem in Kapitel 14 empfohlenen Crescens identisch. (2) Der Besuch des Polykarp in Philippi, der in Kapitel 14 erwähnt wird (vgl. auch 11,3), läßt sich besser in der Zeit zwischen den beiden Briefen als vor der »covering note« unterbringen, da vieles dafür spricht, daß der Kontakt der Philipper mit Polykarp durch das Schicksal des Ignatius und die gemeinsame Bekanntschaft mit ihm vermittelt wurde.

[13] Die HARRISONsche Teilungshypothese hat »sich fast allgemein durchgesetzt« (HANS LOHMANN: Drohung und Verheißung. Exegetische Untersuchungen zur Eschatologie bei den Apostolischen Vätern, BZNW 55, Berlin/New York 1989, S. 178). Vgl. auch PETER MEINHOLD: »Die These von H a r r i s o n ist in der Tat geeignet, das Problem des Polykarpbriefes zu lösen« (PETER MEINHOLD: Art. Polykarpos, PRE XXI 2 (1952), Sp. 1662–1693; hier Sp. 1684, Z. 33f.).

[14] Vgl. im einzelnen HARRISONS achtes Kapitel: »Considerations of Distance and of Time«, aaO. (Anm. 2), S. 107–120.

Adressaten zum einen, daß er ihren Auftrag nach Antiochien erledigen werde (ὅπερ ποιήσω, ἐὰν λάβω καιρὸν εὔθετον, εἴτε ἐγώ, εἴτε ὃν πέμπω πρεσβεύσοντα καὶ περὶ ὑμῶν, 13,1b); zum andern schickt er ihnen eine Abschrift der Ignatiusbriefe als Anlage (αἵτινες [sc. ἐπιστολαί] ὑποτεταγμέναι εἰσὶν τῇ ἐπιστολῇ ταύτῃ, 13,2b). Polykarp weist sodann auf den großen Wert dieser Briefe hin (ἐξ ὧν μεγάλα ὠφεληθῆναι δυνήσεσθε. περιέχουσι γὰρ πίστιν καὶ ὑπομονὴν καὶ πᾶσαν οἰκοδομὴν τὴν εἰς τὸν κύριον ἡμῶν ἀνήκουσαν, 13,2c.d), bevor er schließlich seinerseits die Bitte an die Gemeinde in Philippi richtet, ihn mit Neuigkeiten über das Schicksal des Ignatius zu versorgen: *et de ipso Ignatio et de his, qui cum eo sunt, quod certius agnoveritis, significate* (13,2e). Ignatius ist also zu diesem Zeitpunkt noch am Leben. Da wir dem Präskript des zweiten Polykarpbriefes entnehmen können, daß die Philipper auch dem Ignatius Geleit geboten haben[15], liegt es nahe zu vermuten, daß es zunächst der Bericht dieser Begleiter ist, der den Polykarp interessiert. Über diesen kann ihn niemand anderes als die Gemeinde in Philippi selbst informieren.

Harrison ist an dieser Stelle m.E. zu vorsichtig, wenn er schreibt: »We do not know how far the Philippians may have ›escorted‹ (προπέμψασιν, Pol.Phil i.1) Ignatius along the Egnatian way. It is, as Pearson suggested, at least possible that some of them had not yet returned when the correspondance, to which ›chapter xiii‹ is Polycarp's reply, left Philippi. His inquiry may therefore perfectly well cover any interesting items of information which they may have brought back with them, touching those earlier stages on which they had accompanied Ignatius« (S. 139f.). Das Geleit der Philipper war überhaupt nur unter der Voraussetzung sinnvoll, daß es bis zur nächsten christlichen Gemeinde reichte. Betrachtet man eine einschlägige Landkarte (vgl. o. Karte 9), so erkennt man, daß die nächste Gemeinde im W von Philippi an der *Via Egnatia* Thessaloniki ist. Ich nehme daher an, daß das Geleit mindestens bis Thessaloniki reichte, das bedeutet einen Marsch von mehr als 150km. Rechnet man den Rückweg mit, so waren die Gesandten aus Philippi gewiß eine Woche unterwegs. Da die Gemeinde (und vor allem Ignatius!) es mit der Botschaft nach Antiochien eilig hatte,[16] kann man mit großer Wahrscheinlichkeit annehmen, daß die Abgesandten »had not yet returned when the correspondance, to which ›chapter xiii‹ is Polycarp's reply, left Philippi«.

Außer an den Bericht der »Eskorte« kann man aber auch an Kunde vom Martyrium des Ignatius in Rom denken, die Philippi in jedem Fall eher erreichen wird als Smyrna.

Damit läßt sich dieser erste Brief des Polykarp an die Philipper mit Sicherheit auf das Todesjahr des Ignatius (110/117) datieren.[17]

---

[15] PolPhil 1,1. Zu meiner Interpretation dieses Satzes vgl. unten § 2.

[16] Zu dem Hintergrund der Botschaft nach Antiochien vgl. HARRISONs Abschnitt »*The letter of congratulation*«, aaO. (Anm. 2), S. 79–106.

[17] Die Quellen lassen eine genaue Datierung des Martyriums des Ignatius bekanntlich nicht zu. Die ungefähre Angabe 110/117 wird allgemein angenommen und findet sich beispielsweise auch bei PAULSEN, S. 4. Eine gründliche Diskussion des einschlägigen Materials bietet HARRISON in seinem Chapter XVII: The Date of Ignatius's Martyrdom, of His Epistles, and of Polycarp's Covering Note (S. 209–230).

Eine gänzlich andere Situation ist für das zweite Schreiben des Polykarp anzunehmen: Polykarp hat in der Zwischenzeit selbst Gelegenheit gehabt, die Gemeinde in Philippi kennenzulernen: *haec vobis scripsi per Crescentem, quem in praesenti commendavi vobis et nunc commendo* (14a; auf diesen Besuch nimmt Polykarp auch in 11,3 bezug). Er ist selbst in Philippi gewesen und hat der Gemeinde den Crescens damals empfohlen.[18] Man darf weiter vermuten, daß sich in der Zwischenzeit eine Art Vertrauensverhältnis zwischen der Gemeinde in Philippi und dem Bischof von Smyrna entwickelt hat. Denn nur so erklärt es sich, daß die Gemeinde in Philippi nun an Polykarp mit der Bitte um Rat herantritt. Polykarp betont in seinem zweiten Schreiben ausdrücklich, daß er auf Bitte der Gemeinde in Philippi zur Feder greift: ταῦτα, ἀδελφοί, οὐκ ἐμαυτῷ ἐπιτρέψας γράφω ὑμῖν περὶ τῆς δικαιοσύνης, ἀλλ' ἐπεὶ ὑμεῖς προεπεκαλέσασθέ με (3,1). Bei dem von den Philippern gestellten Thema περὶ τῆς δικαιοσύνης[19] hatten diese »freilich vornehmlich an den moralisch-ethischen Sinn des Wortes «Gerechtigkeit» gedacht«, wie Lindemann[20] bemerkt. »Die Aufforderung der Philipper wird man nun nicht so verstehen dürfen, als hätten sie um einen schönen Brief gebeten mit einer Abhandlung über Gerechtigkeit an sich oder eine Ermahnung zum gerechten Verhalten im allgemeinen. Vielmehr wünschten sie, wie aus dem Schlußteil des Briefes hervorgeht, den Rat Polykarps über das rechte Verfahren in einem ganz bestimmten Fall, nämlich dem des Presbyters Valens.«[21] Es geht um die aus dem Fehlverhalten des Presbyters *Valens* zu ziehenden Konsequenzen (vgl. dazu im einzelnen unten, § 3).

Harrison datiert das zweite Schreiben des Polykarp auf das Ende der Regierungszeit Hadrians. Voraussetzung sei, daß Polykarp schon weithin Ansehen genoß und ein älterer Mann (im Alter von 66–68 Jahren) war: »We have every reason to believe that by that time he had attained that unique position and influence which is implied by the request of an important and historic Church 300 miles away from Smyrna to intervene in a grave crisis in their internal affairs with which their own body of Elders had found themselves unable to cope.«[22] Harrison nimmt daher einen zeitlichen Abstand von ungefähr zwanzig Jahren zwischen der »covering note« und dem zweiten Schreiben (»Crisis Let-

---

[18] So werden die beiden Stellen 11,3 und 14a auch bei BAUER (S. 294f. und S. 298) und PAULSEN (S. 124 und S. 126) interpretiert; anders aber SCHOEDEL (S. 32 und S. 41). Gerade wenn man von zwei Briefen des Polykarp ausgeht, ergibt sich in der dazwischen anzusetzenden Frist genug Zeit für einen Besuch des Polykarp in Philippi. Nur wenn der Bischof von Smyrna der Gemeinde in Philippi persönlich bekannt war, wird auch verständlich, warum sich die Gemeinde in einer schwierigen Situation ausgerechnet nach Smyrna wendet (vgl. dazu unten § 3).

[19] Zum Thema des Polykarpbriefes ist zu vergleichen PETER STEINMETZ: Polykarp von Smyrna über die Gerechtigkeit, Hermes 100 (1972), S. 63–75.

[20] LINDEMANN, aaO. (Anm. 7), S. 48.

[21] STEINMETZ, aaO. (Anm. 19), S. 64f.

[22] HARRISON, aaO. (Anm. 2), S. 283. Ein zentrales Argument für HARRISON ist die Annahme, daß der in Kapitel 7 gemeinte Häretiker kein anderer als Markion sein könne (in seiner vorrömischen Phase).

ter«) an[23], das dann ungefähr auf 135/137 zu datieren ist.[24] Ohne mich auf die Harrisonschen Ansätze im einzelnen festzulegen, gehe ich im folgenden von einem längeren Zeitraum zwischen den beiden Briefen aus.

§ 2 Die veränderte Situation

Polykarp zählt in Phil 9,1 drei Gruppen von Märtyrern auf: παρακαλῶ οὖν πάντας ὑμᾶς πειθαρχεῖν τῷ λόγῳ τῆς δικαιοσύνης καὶ ὑπομένειν πᾶσαν ὑπομονήν, ἣν καὶ εἴδατε κατ᾽ ὀφθαλμοὺς

οὐ μόνον ἐν τοῖς μακαρίοις Ἰγνατίῳ καὶ Ζωσίμῳ καὶ Ῥούφῳ,

ἀλλὰ καὶ ἐν ἄλλοις τοῖς ἐξ ὑμῶν

καὶ ἐν αὐτῷ Παύλῳ καὶ τοῖς λοιποῖς ἀποστόλοις,

(1) Ignatius, Zosimus und Rufus,

(2) καὶ ἄλλοι οἱ ἐξ ὑμῶν, d.h. also solche aus der Gemeinde in Philippi und

(3) Paulus selbst und die übrigen Apostel.

Daß es sich hier um drei Gruppen von *Märtyrern* handelt, geht aus dem folgenden Satz (9,2) mit aller wünschenswerten Deutlichkeit hervor: πεπεισμένους, ὅτι οὗτοι πάντες οὐκ εἰς κενὸν ἔδραμον, ἀλλ᾽ ἐν πίστει καὶ δικαιοσύνῃ, καὶ ὅτι εἰς τὸν ὀφειλόμενον αὐτοῖς τόπον εἰσὶ παρὰ τῷ κυρίῳ, ᾧ καὶ συνέπαθον.[1]

Daraus folgt, daß eine einschneidende Veränderung seit den Tagen des Lukas eingetreten ist: Die christliche Gemeinde in Philippi hat jetzt selbst Märtyrer zu beklagen. Für die Geschichte der Gemeinde von Philippi im zweiten Jahrhundert sind lediglich die beiden ersten Gruppen von Bedeutung, mit denen ich mich daher eingehender beschäftige.

1. Ignatius, Zosimus und Rufus

Walter Bauer geht von der Annahme aus, daß Ignatius, Zosimus und Rufus mit den im Prooemium (1,1) Genannten identisch sind: »Offenbar handelt es sich um denselben Besuch gefangener Brüder, den wir aus 11 kennen«[2]. Handelt es sich aber um ein und denselben Besuch, dann sind Zosimus und Rufus Begleiter des Ignatius. Hier taucht freilich sogleich eine Schwierigkeit auf: Ignatius »selbst verrät in seinen Briefen … nichts davon, daß Glaubensbrüder,

---

[23] HARRISON, aaO., S. 284.
[24] HARRISON, aaO., S. 315.
[1] Vgl. dazu die Diskussion in § 1, S. 207f. Zur Interpretation der Aussage von 9,2 im Rahmen der Eschatologie des Polykarp vgl. HANS LOHMANN: Drohung und Verheißung. Exegetische Untersuchungen zur Eschatologie bei den Apostolischen Vätern, BZNW 55, Berlin/New York 1989, S. 190f.
[2] WALTER BAUER, S. 292.

die in der gleichen Lage wie er sind, mit ihm reisen.«[3] Das erscheint Bauer einigermaßen befremdlich, und so führt er eine weitere Hypothese ein: »Aber solche [sc. Glaubensbrüder, die in der gleichen Lage wie Ignatius sind,] könnten ja erst nach Abfassung seines letzten Briefes in Troas zu ihm und seiner Eskorte gestoßen sein.«[4] Nach Bauer liegt diese Vermutung »um so näher, als die ›seligen‹ Zosimus und Rufus, die 9,1 mit Ign. zusammen als Vorbilder christlicher Ausdauer genannt werden, in dem Schreiben des Ign. nirgendwo vorkommen, andererseits aber durch die Art, wie sie den Vorbildern aus Philippi gegenübergestellt sind, als fremde Gäste erwiesen werden. Auch kann man sie nur mit Gewaltsamkeit von Ign. trennen und an zwei verschiedene Besuche denken.«[5]

Ähnlich äußert sich auch Schoedel, der diese Hypothese gleichzeitig gegen Harrison wendet: »The opening lines of the letter presuppose a fresh memory of the martyrs and do not allow for a lapse of some twenty years, as proposed by Harrison pp. 155–162, between the departure of Ignatius from Philippi and this section of Polycarp's letter ... . Even if we were to accept Harrison's theory, then, and divide the letter into two ..., the second would have followed soon upon the first ... .«[6]

Man sieht: Die Gleichsetzung unserer ersten Gruppe von Märtyrern in 9,1 mit den im Prooemium (1,1) Genannten wird als mehr oder weniger selbstverständlich angesehen und jedenfalls nicht ernsthaft in Frage gestellt. Umso erstaunlicher ist es, daß auch Harrison an dieser Identität nicht zweifelt[7]; immerhin modifiziert er die Bauersche Hypothese dahingehend, daß er es für eine offene Frage hält, ob Zosimus und Rufus wirklich *gleichzeitig* mit Ignatius in Philippi waren.[8]

Gerade wenn man mit Harrison einen längeren Zeitraum zwischen den beiden erhaltenen Schreiben des Polykarp nach Philippi annimmt, empfiehlt es sich, die Aussage im Prooemium (1,1) überhaupt nicht auf den – mittlerweile 20 Jahre zurückliegenden! – Aufenthalt des Ignatius in Philippi zu beziehen.[9]

---

[3] So sagt BAUER zu 1,1 auf S. 285.

[4] Ebd.

[5] BAUER, ebd. PAULSEN hat die BAUERsche Interpretation im wesentlichen übernommen; er schwächt lediglich den letzten Satz etwas ab: »Es läßt sich auch kaum an zwei verschiedene Besuche denken« (S. 114).

[6] SCHOEDEL, S. 9; vgl. auch S. 28f.

[7] »Although no names are given [in 1,1], it has always been taken for granted that Polycarp is here referring to that historic visit of Ignatius and his companions to Philippi. On our present hypothesis the same assumption holds good – with one reservation.« (HARRISON, S. 156).

[8] Polykarp könnte Kunde gehabt haben »of other Christians who, either before or after Ignatius, were conducted by the Via Egnatia to the same destination. ... The longer the period that had elapsed since Ignatius trod that high-road, the greater the probability that others had followed in his footsteps, as he in those of St Paul. Whether the Zosimus and Rufus named in Polycarp's ninth chapter are to be identified with the companions of Ignatius, or regarded as in this sense his followers or predecessors, is thus an open question.« (HARRISON, S. 156f.).

[9] Man braucht deswegen noch lange nicht zu bestreiten, daß HARRISON zu Recht sagt: »it is unthinkable that such an event could ever have been forgotten either by Polycarp or by his

Bedenkt man den ungeheuren Bedarf an Verurteilten, die aus allen Teilen des *Imperium Romanum* nach Rom transportiert werden mußten, um bei den dortigen Spielen zu Verfügung zu stehen, so grenzte es an ein Wunder, wenn in den 20 Jahren zwischen den beiden Polykarpbriefen nicht des öfteren *ad bestias* verurteilte Christen auf ihrem Weg entlang der *Via Egnatia* durch Philippi gekommen wären[10]: »Whatever the crises of an emperor's reign and threats to the stability of his regime, there were people and animals available for sacrifice who, by dying violently, would earn him popular acclaim and demonstrate his authority over life and death.«[11]

Meine Hypothese lautet daher: Die im Prooemium (1,1) von Polykarp Genannten sind Christen, die erheblich später als Ignatius auf dem Weg nach Rom durch Philippi kamen. Möglicherweise handelt es sich dabei um die beiden in 9,1 gleich nach Ignatius genannten Männer Zosimus und Rufus.

Für die Liste in 9,1 ergibt sich daraus: Sie ist nicht, wie man zunächst annehmen könnte, chronologisch gegliedert. Vielmehr steht der spektakulärste Märtyrer, Ignatius, an der Spitze, gefolgt von den beiden (in dieser Gruppe) jüngsten Fällen, Zosimus und Rufus. Alle drei stammen im Gegensatz zur folgenden Gruppe nicht aus der Gemeinde von Philippi.

2. Die Märtyrer aus Philippi

Die erste Gruppe von Märtyrern wird von der zweiten Gruppe syntaktisch klar geschieden:

οὐ μόνον   ἐν τοῖς μακαρίοις Ἰγνατίῳ καὶ Ζωσίμῳ καὶ Ῥούφῳ,
ἀλλὰ καὶ   ἐν ἄλλοις τοῖς ἐξ ὑμῶν.

Die zweite Gruppe unterscheidet sich von der ersten dadurch, daß es sich hier um Glieder der Gemeinde in Philippi handelt.

Nun hat man freilich immer wieder bestritten, daß hier von Märtyrern in Philippi selbst die Rede sei. Schon Walter Bauer formuliert in seinem Kommentar: »Daß auch die Kirche von Philippi leuchtende Vorbilder der Standhaftigkeit unter ihren Gliedern gezählt habe, ließ sich aus Phil 1 28-30 schließen,

---

readers. Those poignant memories must have remained indissolubly associated in his mind with the Church at Philippi, and would be revived whenever he had occasion to write again to that same Church« (HARRISON, S. 156). Aber auch wenn man all das zugesteht, so folgt daraus doch noch lange nicht, daß Polykarp des Ignatius sogleich zu Beginn seines Prooemiums gedenken muß! Und im Kapitel 9 steht Ignatius ja – ganz im Sinne der Erwägungen HARRISONs – an der Spitze der Märtyrerliste.

[10] K.M. COLEMAN: Fatal Charades: Roman Executions Staged as Mythological Enactments, JRS 80 (1990), S. 44–73; hier besonders der Abschnitt *»Supply of performers«*, S. 54–57. Zu den Zahlen an Opfern, die für größere Spektakel aufgeboten werden mußten, vgl. COLEMAN, S. 70f.

[11] K.M. COLEMAN, aaO., S. 73.

falls nicht eine Ueberlieferung deutlich davon sprach«[12]. Diesen Satz hat Henning Paulsen in seiner Überarbeitung des Bauerschen Kommentars im wesentlichen unverändert stehen gelassen: »Daß auch die Gemeinde von Philippi Vorbilder der Standhaftigkeit unter ihren Gliedern hatte, ließ sich möglicherweise aus Phil 1,28–30 schließen, falls nicht eine gesonderte Überlieferung davon sprach«[13]. Vielleicht soll das hinzugefügte »möglicherweise« eine gewisse Skepsis ausdrücken. Auch Schoedel hat die Bauersche Auffassung übernommen: »Polycarp's vagueness may indicate that he knows only what he has deduced from Philippians 1:28–30«[14].

Dagegen ist folgendes einzuwenden: Es ist von vornherein unwahrscheinlich, daß Polykarp seine Informationen über die *jetzige* Gemeinde von Philippi (auch bei Annahme der Einheitlichkeit, die Schoedel verficht, befinden wir uns mittlerweile im zweiten Jahrzehnt des zweiten Jahrhunderts!) dem zwei Menschenalter früher geschriebenen Philipperbrief des Paulus entnimmt. Dies wäre im vorliegenden Zusammenhang des Polykarpbriefes nur unter einer Voraussetzung sinnvoll, wenn nämlich im paulinischen Philipperbrief in der Tat von Märtyrern aus der Gemeinde in Philippi die Rede wäre. Dies ist aber ersichtlich nicht der Fall. An der angeführten Stelle 1,28–30 ist davon die Rede, daß die Philipper für Christus leiden, indem sie denselben Kampf kämpfen, den Paulus seinerseits in Philippi durchzufechten hatte und nun (in Ephesos) erneut durchfechten muß. Daraus kann man vorsichtig schließen, daß das eine oder andere Gemeindeglied der Philipper wie Paulus im Gefängnis war oder ist – von *Märtyrern* aber findet sich keine Spur.

Damit ergibt sich, daß Polykarp aus Phil 1,28–30 nicht nur nichts für die gegenwärtige Situation entnehmen kann – das liegt klar zutage –, sondern auch keine philippischen Märtyrer im Brief des Paulus finden konnte, da es zur Zeit des Paulus solche in Philippi schlicht noch nicht gab.

Sodann ist aber auch deutlich, daß Polykarp den paulinischen Philipperbrief jedenfalls nicht zu *dem* Zweck benötigte, der ihm hier unterstellt wird: Nachrichten aus Philippi lagen ihm vor (selbst wenn man die Einheitlichkeit des Briefes des Polykarp annimmt, muß man mit einem Brief der Philipper an Polykarp rechnen, in dem sie ihn u.a. über den Fall des Presbyters *Valens* informiert hatten, vgl. dazu unten § 3). Zudem ist Polykarp selbst in Philippi gewesen, wie Kapitel 14 und die Formulierung in 11,3 zeigen.

3. Die veränderte Situation

In diesem Zusammenhang gewinnt auch die Stelle 12,3 aus dem Schreiben des Polykarp Interesse:

---

[12] WALTER BAUER, S. 293.
[13] PAULSEN, S. 122.
[14] SCHOEDEL, S. 29.

Pro omnibus sanctis orate. orate etiam pro regibus et potestatibus et princi-
pibus atque pro persequentibus et odientibus vos et pro inimicis crucis, ut fruc-
tus vester manifestus sit in omnibus, ut sitis in illo perfecti.

Hier werden zunächst die Heiligen erwähnt (vgl. Eph 6,18). Eine neue Klasse wird dann im folgenden Satz mit *etiam* angeschlossen, nämlich *reges, potestates* und *principes*. Bevor dann abschließend die *inimici crucis* (vgl. den paulinischen Brief Phil 3,18) genannt werden, folgen noch die *persequentes et
odientes vos*. Hier weist man in der Regel auf Mt 5,44 und Luk 6,27 hin. Aber
an beiden Stellen findet sich diese Verbindung des Polykarp *so nicht*. Auch mit
der biblischen Vorlage für die *potestates* und die *principes* steht es nicht zum
besten. Zwar kann man für die *reges* auf 1 Tim 2,2 hinweisen, aber für die *potestates* bringt Röm 13,1ff. genauso wenig wie 1 Kor 2,6 für die *principes*.[15]
Wir haben es also nicht einfach mit einem Cento neutestamentlicher Verse zu
tun, und daher gilt es, sich nach einer anderen Erklärung umzusehen.

Die lateinische Übersetzung des Textes des Polykarp gibt dazu einen Hinweis, wenn sie zwischen *regibus* und *potestatibus,* zwischen *potestatibus* und
principibus und vor *pro inimicis* jeweils ein *et* setzt, vor *pro persequentibus et
odientibus vos* aber ein *atque:*

Orate etiam   pro regibus
                 et potestatibus
                 et principibus atque pro persequentibus et odientibus vos
                 et pro inimicis crucis ...

Dies ist gewiß kein Zufall; vielmehr drückt *atque* hier die engere Verbindung aus als *et,* d.h. *pro persequentibus et odientibus vos* ist als nähere Erläuterung zu dem *principibus* zu ziehen; hier sind also auch *solche* ἄρχοντες gemeint, die die Christen in Philippi verfolgen und hassen. Dieser Gebrauch von
atque ist schon in der klassischen Latinität belegt, wie man den einschlägigen
Wörterbüchern entnehmen kann.[16] Ein Beispiel bietet Cicero in De natura
deorum I 2: *nam et de figuris deorum et de locis atque sedibus et de actione vi-
tae multa dicuntur, deque is summa philosophorum dissensione certatur.*[17] Hier

---

[15] Die beiden letztgenannten Stellen bei HARRISON, S. 335, Anm. 11.

[16] Zu diesem Gebrauch von *atque* vgl. GLARE, s.v. atque, S. 198, 11a: »w. other conjs. or
asyndeta, forming more closely linked pair« und die hier genannten Beispiele.
Vgl. dazu auch [ALFRED] KLOTZ: Art. atque, ThLL II, Sp. 1047–1085; hier Sp. 1054, Z. 55–
61: *ubi complures notiones variis particulis coniunguntur, licet nonnumquam ad libidinem auc-
tores particulas elegisse videantur ... tamen hoc contenderim permultis locis particularum
diversitate relationum diversitatem significari, ita ut* atque *vel coniungat propiora vel addat ul-
tima.*

[17] Cicero: De natura deorum I 2; ich benutze die Ausgabe von WOLFGANG GERLACH/KARL
BAYER [Hg.]: M. Tulli Ciceronis de natura deorum libri III/M. Tullius Cicero: Vom Wesen der
Götter (lat.-dt., Tusc), München 1978, wo sich S. 9 die folgende Übersetzung findet: »Denn
über die Gestalt, den Aufenthaltsort, den Wohnsitz und die Lebensweise der Götter wird viel
erzählt, und über diese Fragen ist ein heftiger Meinungsstreit unter den Philosophen im
Gange ...«.

liegen die Dinge eindeutig so, daß die beiden mit *atque* verbundenen Glieder zusammengehören, d.h. es ist zu lesen:

> *nam   et de figuris deorum*
> *et de locis atque sedibus*
> *et de actione vitae etc.*

Das *de locis atque sedibus* gehört zusammen; es ist als ein Glied in die mittels dreier *et* verbundene Reihe zu stellen.[18]

Für unsere Stelle aus dem Polykarpbrief ergibt sich also: Das *atque pro persequentibus et odientibus vos* ist mit dem vorausgehenden *principibus* zu verbinden. Es handelt sich um eine nähere Kennzeichnung dieser *principes*.[19] Der Sinn der Aussage ist dann der, daß die Philipper nicht nur für die (fernen) Kaiser und Machthaber beten sollen, sondern insbesondere auch für die Behörden vor Ort – auch dann, wenn sie die Christen verfolgen und hassen.

Zum selben Ergebnis führen auch inhaltliche Erwägungen: Die Liste in Pol Phil 12,3 zählt zunächst eine Reihe von staatlichen Behörden auf, angefangen beim Kaiser bis hin zu den *principes*. Am Schluß der Aufzählung werden die Feinde des Kreuzes genannt, die offensichtlich nicht notwendigerweise staatliche Amtsträger zu sein brauchen (Paulsen denkt an Häretiker). Wer aber sind diejenigen, die die Christen in Philippi verfolgen und hassen? Hier liegt es überaus nahe, zunächst und vor allem an Behörden zu denken, im Fall der Philipper also an städtische Behörden – die *principes*. Beide Überlegungen, die formalen wie die inhaltlichen, führen also zu dem Ergebnis: Die Verfolger und Hasser sind städtische Behörden.

Ist dies richtig, so sind zwar die *reges* und die *potestates* momentan für die Christen in Philippi keine konkrete Gefahr, wohl aber die *principes* (ἄρχοντες), von denen es heißt, daß sie die Christen verfolgen und hassen.[20] Hier sind also die städtischen Behörden in Philippi im Blick, mit denen es mittlerweile schon Probleme gibt, von denen selbst Polykarp im fernen Smyrna Kunde hat.

---

[18] Ein weiteres Beispiel findet sich bei Cicero: De oratore I 95:
ego enim, quantum auguror coniectura quantaque ingenia in nostris hominibus esse video,
non despero fore aliquem aliquando,
qui   et studio acriore …
> *et otio ac facultate discendi maiore ac maturiore*
> *et labore atque industria superiore …,*
existat talis orator …
(KAZIMIERZ F. KUMANIECKI [Hg.]: M. Tulli Ciceronis scripta quae manserunt omnia. Fasc. 3: De oratore (BiTeu), Leipzig 1969, S. 37, Z. 9–15).

[19] Daher würde ich bei der Rückübersetzung ins Griechische statt προσεύχεσθε καὶ ὑπὲρ βασιλέων καὶ ἐξουσίων καὶ ἀρχόντων καὶ ὑπὲρ τῶν διωκόντων καὶ μισούντων ὑμᾶς (so der Vorschlag bei HARRISON, S. 335) lieber προσεύχεσθε καὶ ὑπὲρ βασιλέων καὶ ἐξουσίων καὶ ὑπὲρ τῶν ἀρχόντων τῶν διωκόντων καὶ μισούντων ὑμᾶς formulieren.

[20] Der Gedankengang ist dann so zu verstehen: Die Philipper sollen für alle Heiligen beten. Sie sollen aber *auch* für die Kaiser *(reges)* beten und überhaupt für die staatlichen Gewalten *(potestates* = ἐξουσίαι). Insbesondere sollen sie aber auch für diejenigen (städtischen) Behörden beten, die sie verfolgen und hassen.

Ergebnis

Damit haben wir zwei verschiedene Indizien, die die Lage in Philippi erhellen können, einerseits die Tatsache, daß die christliche Gemeinde in Philippi auf Märtyrer aus den eigenen Reihen zurückblickt (PolPhil 9,1), zum anderen der Befund, daß auch in der gegenwärtigen Situation mit Konflikten mit den städtischen Behörden zu rechnen ist (PolPhil 12,3). Auch in Philippi ist also die christliche Gemeinde am Anfang des zweiten Jahrhunderts eine Gruppe von Menschen, die nicht länger im Verborgenen lebt, sondern die Aufmerksamkeit staatlicher Stellen erregt hat und noch erregt.

Damit sind die Christen in Philippi zu Beginn des zweiten Jahrhunderts mit einer *veränderten Situation* konfrontiert. Der Optimismus, den noch Lukas eine Generation zuvor genährt hatte, daß es für die Christen möglich sein könnte, sich mit den munizipalen Behörden und den Reichsbeamten zu arrangieren, hat getrogen. Auch in Philippi hat sich der Wind gedreht: Die Gemeinde blickt schon auf eigene Märtyrer zurück.

Dieser Befund fügt sich ein in die sonstigen Zeugnisse, die wir aus dieser Zeit besitzen. Im Reskript des Trajan an Plinius ist die Politik des Reiches gegenüber den Christen festgelegt: Das *nomen ipsum* reicht aus zur Bestrafung.[21] Plinius, der etwa zur Zeit des ersten Schreibens des Polykarp Statthalter in Bithynien und Pontus ist, hat schon etliche Christen zum Tod verurteilt. Die veränderte Situation ist also kein Spezifikum der *Colonia Iulia Augusta Philippensis*.

§ 3 Die finanziellen Transaktionen des Presbyters *Valens*

Wie oben in § 1 schon erwähnt, befaßt sich das zweite Schreiben des Polykarp an die Philipper mit dem Thema Gerechtigkeit (περὶ τῆς δικαιοσύνης sagt Polykarp in 3,1). Dieses Thema hat Polykarp nicht aus freien Stücken gewählt, sondern es wurde ihm von den Philippern vorgegeben, wie er selbst betont (ταῦτα, ἀδελφοί, οὐκ ἐμαυτῷ ἐπιτρέψας γράφω ὑμῖν περὶ τῆς δικαιοσύνης, ἀλλ' ἐπεὶ ὑμεῖς προεπεκαλέσασθέ με, 3,1). Andreas Lindemann hat die ansprechende Vermutung geäußert, daß die Philipper dabei weniger an eine philosophisch-theologische Abhandlung dachten, als vielmehr »an den moralisch-ethischen Sinn des Wortes ›Gerechtigkeit‹«[1]. Das Thema »Gerechtigkeit« brennt der Gemeinde in Philippi auf den Nägeln wegen des Presbyters *Valens*. Die δικαιοσύνη, die die Philipper im Blick haben, ist die im Fall des *Valens* anzuwendende δικαιοσύνη.

---

[21] Plinius X 96.97 (HELMUT KASTEN [Hg.]: C. Plini Caecili Secundi epistularum libri decem/Gaius Plinius Caecilius Secundus: Briefe (lat.-dt., Tusc), Darmstadt ⁵1984, S. 640–645).

[1] ANDREAS LINDEMANN: Der Apostel Paulus im 2. Jahrhundert, in: The New Testament in Early Christianity, BEThL 86, Leuven 1989, S. 39–67; hier S. 48.

Daß dies auch dem Bischof von Smyrna klar war, erhellt aus dem Anfangs-satz seiner Paränese in 4,1: ἀρχὴ δὲ πάντων χαλεπῶν φιλαργυρία. Es läßt sich gar kein anderer Grund für die merkwürdige Tatsache finden, daß dieser paränetische Abschnitt ausgerechnet mit einer Warnung vor der φιλαργυρία beginnt, als der, daß der Fall *Valens,* auf den die Frage nach der δικαιοσύνη zielt, eben ein Fall von φιλαργυρία ist.[2]

Eine sehr viel präzisere Beschreibung der Lage der Gemeinde in Philippi zur Zeit des zweiten Briefs des Polykarp bietet Peter Meinhold in seinem PRE-Artikel Polykarp.[3] Im Gefolge Harrisons geht er davon aus, daß der in Kapitel 7 des Briefes bekämpfte Irrlehrer Markion sei: »Markion muß auf dem Wege von Kleinasien nach Rom, wahrscheinlich auf der Via Egnatia reisend, Philippi passiert und daselbst eine erfolgreiche Wirksamkeit aus-geübt haben. Die Gemeinde hat seine Anwesenheit, wie der Fall des Presbyters *Valens* zeigt, in schwere Verwirrung gebracht.«[4] *Valens* ist gleichsam von Markion bestochen worden: »Die immer wieder ausgesprochene Warnung vor der φιλαργυρία und avaritia ... muß die Erinnerung an den wohlhabenden Schiffsreeder Markion wecken, der ja nachmals der römischen Gemeinde ein reiches Geldgeschenk gemacht hat, das ihm je-doch nach seiner Trennung von der Gemeinde wieder zurückgegeben worden ist (Tert. de praescr. haer. 30, 2). Hat Markion auch der Gemeinde zu Philippi eine Dotation angebo-ten? Ist einem solchen Anerbieten der Presbyter *Valens* zum Opfer gefallen und hat ihm dies die Polemik P.[olykarp]s oder der Gemeinde als Mißbrauch der amtlichen Stellung ausgelegt ...«[5].

Die Annahme, daß Polykarp in 7,1 gegen Markion polemisiert, hat gute Gründe für sich und wird bis heute vertreten.[6] Ich halte es aber für geboten, meine eigene Interpreta-tion nicht mit unnötigen Hypothesen zu belasten; und selbst wenn man annähme, Poly-karp polemisiere in 7,1 gegen Markion[7], so folgt daraus noch lange nicht, daß ein Zusam-menhang zwischen Markion und *Valens* vorliegen muß. Die diesbezüglichen Aussagen Meinholds sind m.E. reine Spekulation. Ich werde daher im folgenden den Fall *Valens* behandeln, ohne meine Argumentation mit dieser interessanten Hypothese zu belasten.

---

[2] Vgl. die Einschätzung von STEINMETZ: »Man könnte an Verfehlungen denken wie die des Ananias und der Sapphira, eher vielleicht noch an Bestechung oder Unterschlagung im Amt, möglicherweise auch an die Ausnutzung der christlichen Liebe, wie sie sich nach der Darstel-lung Lukians [De morte Peregrini 11ff.] Peregrinos in seiner christlichen Zeit hat zuschulden kommen lassen« (PETER STEINMETZ: Polykarp von Smyrna über die Gerechtigkeit, Hermes 100 (1972), S. 63–75; hier S. 67).

[3] PETER MEINHOLD: Art. Polykarpos, PRE XXI 2 (1952), Sp. 1662–1693; hier Sp. 1685ff.

[4] MEINHOLD, aaO., Sp. 1687, Z. 28–34.

[5] MEINHOLD, aaO., Sp. 1686, Z. 46–59.

[6] Vgl. zuletzt CHARLES M. NIELSEN: Polycarp und Marcion: A Note, TS 47 (1986), S. 297–299; NIELSEN zählt in seiner Miszelle auch die bisherigen Vertreter dieser Annahme auf.

[7] Dagegen zuletzt BARBARA ALAND: Art. Marcion/Marcioniten, TRE 22 (1992), S. 89–101; hier S. 90, Z. 38–40 mit weiterer Literatur.

1. Φιλαργυρία in Philippi

Die Zwischenüberschrift will mitnichten suggerieren, daß die φιλαργυρία ein Spezifikum der Gemeinde oder der Stadt Philippi ist.[8] Es bedarf keines Beweises, daß es sich dabei vielmehr um ein allgemein verbreitetes Phänomen handelt, welches sich in jeder Tageszeitung nach Belieben studieren läßt.[9] Es hat sich jedoch bisher, wenn ich recht sehe, noch niemand die Mühe gemacht, die φιλαργυρία des Presbyters *Valens* auf dem Hintergrund der damaligen Verhältnisse zu untersuchen.

In vielen Vereinen in Philippi sind (aus der Sicht des »einfachen Mannes«) zum Teil erhebliche Summen zu verwalten. Daß es dabei zu Unregelmäßigkeiten kommt, ist vielleicht nicht gerade an der Tagesordnung, aber doch jedenfalls so häufig, daß in einschlägigen Bestimmungen für diesen Fall Vorsorge getroffen wird.

Ich führe zunächst epigraphische Belege für derlei finanzielle Transaktionen an:

Eine Thrakerin namens Manta hinterläßt den Kalpuritanischen Totengräbern 150 Denare, damit sie einmal im Jahr Rosen verbrennen.[10] Diese Stiftung setzt voraus, daß die Kalpuritanischen Totengräber die Summe anlegen, damit sie von den Zinsen die Ausgaben für die Feier der Rosalien bestreiten können.

Ähnlich verhält es sich bei den Rosalien- und diesen verwandten Inschriften 525/L104 (140 Denare für die *vicani Satriceni); *512/L102 (60 Denare, aus deren Zinserträgen die Erben unter der Aufsicht des Zipas die Rosalien begehen sollen); 524/L103 (200 und 100 Denare, aus deren Zinserträgen der *thiasus* des *Liber Pater Tasibastenus* die Rosalienfeierlichkeiten bestreiten soll); 525/L104 (100 [?] Denare für denselben *thiasus); *529/ L106 (Summe nicht erhalten; Stiftung für die Rosalien); 568/G477 (15 Denare, die die κώμη ᾿Ολδηνῶν verwaltet); 597/G211 (110 Denare für die Rosalien).

Aber nicht nur bei den Rosalieninschriften sind erhebliche Summen im Spiel. Auch bei *collegia* und Kultvereinen spielen finanzielle Einlagen eine wichtige Rolle. Die Mitgliederliste eines *collegium* vermerkt *pecunia inlata* (eingezahlte Geldbeträge)[11]. Für die Anhänger des Silvanus hat *Publius Hosti-*

---

[8] Natürlich hat es auch in Philippi nicht an Fällen von φιλαργυρία gefehlt: Einen besonders skandalträchtigen Fall von φιλαργυρία bezeugt die Inschrift 249/L373 vom Macellum: Die für die Marktaufsicht zuständigen Ädilen *Marcus Cornelius Niger* und *Publius Valerius Niger* haben bei einer Art Razzia die Maße der Händler überprüfen lassen und dabei allein bei den Bronzegewichten 44 Pfund an falschen Maßen sichergestellt; dieses Material ließen sie einschmelzen, um daraus ihr *opus* zu erstellen.

Interessant ist in diesem Zusammenhang auch die Inschrift 430/L159, in der ein *Caius Aelius Philargyrus* (!) erwähnt wird.

[9] An dem Tag, an dem ich diese Zeilen schreibe (21. Oktober 1993), sind die Zeitungen voll von Nachrichten bezüglich der wirklichen oder vermeintlichen φιλαργυρία des bayrischen Umweltministers Peter Gauweiler.

[10] 029/G215. Zu dem Rosalienfest s. o. S. 104.

[11] 091/L360, Z. 6 und Z. 15.

lius Philadelphus eine eigene Inschrift setzen lassen, welche die Summen der einzelnen Spender der Reihe nach auflistet.[12] Der Kauf des Weinbergs der al-mopianischen Göttin wird aus Spenden der Anhänger finanziert.[13]

In solchen Fällen ist – vor allem, wenn es sich um Verpflichtungen für viele Jahre handelt, wie bei den Rosalien – eine längerfristige Finanzplanung erforderlich. Das Kapital muß angelegt und verwaltet werden, die Zinsen müssen rechtzeitig zur Verfügung stehen, um die entstehenden Auslagen decken zu können usw. Bei den Anhängern des Silvanus ist für derlei finanzielle Aufgaben gewiß der *aedilis Publius Hostilius Philadelphus* zuständig. Bei den Verehrern des Ἥρως Αὐλωνείτης wird man an das Gremium der *[pro]curatores* denken. Begräbnisvereine betrauen einen eigenen *curator* mit solchen finanziellen Aufgaben. In der christlichen Gemeinde in Philippi schließlich ist es der *presbyter Valens* (PolPhil 11,1), der mit dieser Funktion betraut ist. Polykarp sagt das zwar nicht ausdrücklich, doch dieses elfte Kapitel betont die *avaritia* (= φιλαργυρία) so stark (*moneo itaque, ut abstineatis vos ab avaritia* [11,1b]; *si quis non se abstinuerit ab avaritia* ... [11,2b]), daß es keinen Zweifel daran geben kann, daß das Vergehen des *Valens* in diesen Bereich fällt (vgl. o. Anm. 2).

Bemerkenswert ist nun, daß finanzielle Unregelmäßigkeiten seitens solcher Kult- oder Vereinsfunktionäre anscheinend so häufig waren, daß man sich in den einschlägigen rechtlichen Urkunden dagegen zu schützen suchte.

Besondere Aufmerksamkeit verdient »Le testament d'un Thrace à Philippes«, weil hier ausdrücklich für diesen Fall Vorsorge getroffen wird.[14] *Aurelius Zipyron* hat dem neben der Agora gelegenen Begräbnisverein des thrakischen Gottes Suregethes 150 Denare hinterlassen mit der Auflage, aus den Zinserträgen beim Grab jedes Jahr zur Zeit des Rosenfestes Rosen zu verbrennen. Doch damit nicht genug: Sein Testament enthält eine Extraklausel für den Fall, daß der Begräbnisverein des Gottes Suregethes dieser Verpflichtung nicht nachkommt: [ἐὰν δὲ] μὴ παρακαύσωσιν, δώσο[υσιν πϱ]οστείμου τὰ πϱογε-γϱάμμ[ενα δί]πλα τοῖς ποσιασταῖς Ἥϱ[ωνος πϱὸ]ς τὰ Τοϱβιανά, d.h. »Wenn sie die Rosen aber nicht verbrennen, sollen sie als Strafe das Doppelte des oben Genannten (also 300 Denare) den Mitgliedern des Begräbnisvereines des Ἥρως πϱὸς τὰ Τοϱβιανά geben.«

Aurelius Zipyron kennt sich aus bei den einzelnen Begräbnisvereinen. Es gibt hier und da Unregelmäßigkeiten: Deshalb sieht er in seinem Testament eigens eine Bestimmung vor, was in einem solchen Fall mit seinem Kapital ge-

---

[12] 164/L001. Es handelt sich z.T. um Sachleistungen wie 400 Dachziegel, 2 Statuetten aus Marmor u.a. Aber es sind auch Geldsummen genannt: 250 Denare, 15 Denare, 50 Denare, 50 Denare, 50 Denare.

[13] Die Inschrift 602/G647 nennt am Schluß drei Spender von je 140 Denaren; der Rest fehlt leider.

[14] 133/G441. Zu den Einzelheiten ist der Kommentar zu vergleichen. Die Überschrift zu dieser Inschrift stammt von PAUL LEMERLE, vgl. dessen gleichnamigen Aufsatz (PAUL LEMERLE: Le testament d'un Thrace à Philippes, BCH 60 (1936), S. 336–343).

schehen soll. Wenn die Vertreter des einen »Instituts« versagen, soll das Kapital – zur Strafe auf das Doppelte erhöht –, einem andern »Institut« übergeben werden, welches dann seinerseits den Verpflichtungen am Rosalienfest nachzukommen hat.

Hier handelt es sich nicht um einen Einzelfall: Die fragmentarische Grabinschrift 138/ L273 enthält die Bestimmung: *quot si non fecerint ... tunc uti pecuniam ...*; die ebenfalls fragmentarische Grabinschrift 636/G223, die Bestimmungen für die Parentalien vorsieht (... παρακαύσωσί μοι παρενταλίοις), endet mit der Klausel: αἰὰν (= ἐὰν) δὲ [μὴ] παρακαύσωσιν, τότε δώσωσιν τοῖς Κερδώξισιν προστίμου Ж σ'. Die Rosalieninschrift des *Dacus* (644/L602) sieht eine Stiftung für die Rosalien an die *vicani Sceveni* in Höhe von 120 Denaren vor; kommen diese ihren Verpflichtungen nicht nach, wird eine Summe von 240 Denaren an die *vicani Antheritani* fällig.

2. Φιλαργυρία *in der christlichen Gemeinde*

Eine solche finanzielle Unregelmäßigkeit ist nun auch in der christlichen Gemeinde in Philippi passiert. Das dem Polykarp gestellte Thema περὶ τῆς δικαιοσύνης ist durch die φιλαργυρία des *Valens* veranlaßt. Schon im Lasterkatalog des zweiten Kapitels stehen nicht umsonst πλεονεξία und φιλαργυρία an der Spitze (2,2a).[15] Die Paränese im vierten Kapitel beginnt mit der φιλαργυρία und bezeichnet sie als ἀρχὴ πάντων χαλεπῶν (4,1a).[16] Die haustafelähnlichen Mahnungen in den Kapiteln 4–6 wenden sich u.a. an die Witwen, die sich von der φιλαργυρία fernhalten sollen (4,3), an die Diakone, die ἀφιλάργυροι sein sollen (5,2), und zum Schluß an die πρεσβύτεροι, denen gesagt wird, sie sollen μακρὰν ὄντες πάσης φιλαργυρίας (6,1b). Und im elften Kapitel dann, das sich ausdrücklich mit dem Fall *Valens* befaßt, ist ebenfalls von *avaritia* die Rede (11,1b und 11,2b). Man könnte beinahe sagen, daß Polykarp das ihm gestellte Thema περὶ τῆς δικαιοσύνης als περὶ τῆς φιλαργυρίας interpretiert.

Das Problem, das die christliche Gemeinde in Philippi mit ihrem Presbyter *Valens* hat, ist in Philippi nicht ohne Analogie. Aber die Gemeinde kann nicht zu den Lösungen greifen, die einem »normalen« Bewohner der *Colonia Iulia Augusta Philippensis* offenstehen: Normalerweise können Unregelmäßigkeiten finanzieller Art – mit denen man in Philippi (wie überall), wie die angeführten

---

[15] »Aus der großen Zahl der Laster, die man hier hätte nennen können, wählt Polykarp offensichtlich jene aus, die im Skandal um den Presbyter Valens nicht allein bei diesem, sondern auch bei manchem Glied der Gemeinde manifest geworden sind« (PETER STEINMETZ, aaO. (Anm. 2), S. 69).

[16] In Anspielung auf 1 Tim 6,10. Vgl. die Interpretation dieser Stelle bei STEINMETZ: »Insofern die φιλαργυρία sich alles selbst zuteilen will, ist sie auch Gegenpol der Gerechtigkeit als der zuteilenden Tugend. Der Gegensatz ἀγάπη – φιλαργυρία weist aber auch auf die Fehler im Skandal des Valens und auf das allein mögliche Verhalten eines Christen in einem solchen Fall voraus« (PETER STEINMETZ, aaO., S. 70).

epigraphischen Zeugnisse belegen, rechnen muß – auf dem Rechtsweg geklärt werden. Einen Hinweis auf diesen Rechtsweg bietet die Inschrift 369/G181, wenn sie auf das ἀντίγραφον verweist, welches offenbar im städtischen Archiv niedergelegt ist. Darauf kann man sich dann im Notfall zurückziehen. Im Fall unseres Presbyters *Valens* ist die Beschreitung des Rechtswegs ausgeschlossen. Auf diese Weise kann die durch seine finanziellen Machenschaften geschädigte christliche Gemeinde ihr Problem nicht lösen.

Dadurch entsteht ein grundsätzliches Problem mit unübersehbaren Folgen. Es geht ja nicht mehr nur um die finanzielle Seite der Angelegenheit, um die Begrenzung oder Wiedergutmachung des Schadens, es geht auch um den Presbyter *Valens* und um seine Frau – wie soll man mit ihnen verfahren?[17] Kurz, es geht um die Frage τῆς δικαιοσύνης in der christlichen Gemeinde in Philippi.

Das Gremium der Presbyter in Philippi konnte diese Frage offenbar aus eigener Kraft nicht lösen. Vielleicht war man sich über die weitere Vorgehensweise nicht einig, möglicherweise war das Gremium in dieser Frage sogar gespalten. In dieser schwierigen Situation wendet sich die Gemeinde an den Bischof von Smyrna mit der Bitte um Rat. In einem Brief an Polykarp wird der Fall des Presbyters *Valens* dargestellt und die Frage περὶ τῆς δικαιοσύνης aufgeworfen.

3. Der Rat des Polykarp

Dem Polykarp ist die Gemeinde in Philippi seit längerer Zeit vertraut. Der erste Kontakt war vermutlich geknüpft worden, als die Philipper einen Boten mit je einem Brief des Ignatius und der Gemeinde selbst nach Smyrna sandten. In seinem Antwortschreiben – dem ersten Brief an die Philipper – hatte Polykarp die Philipper um Neuigkeiten über Ignatius gebeten. Die Fortsetzung dieser Korrespondenz ist uns nicht erhalten. Aber aus dem zweiten erhaltenen Brief des Polykarp wissen wir, daß der Bischof von Smyrna inzwischen auch die persönliche Bekanntschaft der Gemeinde in Philippi gemacht hat (14a und 11,3).

Der Vertrauensbeweis der Philipper, der darin liegt, daß sie sich in ihrer schwierigen Lage ausgerechnet an Polykarp um Rat wenden, ist also nicht un-

---

[17] HARNACK schließt aus dem *aliquando* in 11,1a (*nimis contristatus sum pro Valente, qui presbyter factus est aliquando apud vos, quod sic ignoret is locum, qui datus est ei*), »dass die Strafe den Missethäter bereits ereilt hat, und er abgesetzt worden ist« (ADOLF HARNACK: Miscellen zu den Apostolischen Vätern, den Acta Pauli, Apelles, dem Muratorischen Fragment, den pseudocyprianischen Schriften und Claudianus Mamertus, TU N.F. V 3, Leipzig 1900; hier S. 90); das ist möglich, aber m.E. keinesfalls sicher. Vgl. auch PAULSEN in seinem Kommentar: »Aus dem *presbyter factus est aliquando apud vos* wie aus der Art und Weise, wie Pol die Sache verfolgt, läßt sich wohl schließen, daß Valens das Amt verloren hat …, jedoch noch zur Gemeinde gehört.« (S. 123).

vorbereitet. Ein übriges wird der Ruhm und das hohe Ansehen, das der Bischof von Smyrna genoß, getan haben.[18]

Das Antwortschreiben des Polykarp kann man in seiner Gesamtheit als auf den Fall *Valens* ausgerichteten Rat interpretieren, wie Steinmetz gezeigt hat. Dessen Analyse braucht an dieser Stelle nicht wiederholt zu werden. Den konkreten Rat im Fall *Valens* »bereiten die allgemein gehaltenen Ausführungen und Ermahnungen zur christlichen δικαιοσύνη und zu der mit ihr verbundenen ὑπομονή vor.«[19]

Der Rat des Polykarp mag die Philipper überrascht haben: *sobrii ergo estote et vos in hoc; et non sicut inimicos tales* [sc. den *Valens* und seine Frau] *existimetis, sed sicut passibilia membra et errantia eos revocate, ut omnium vestrum corpus salvetis. hoc enim agentes vos ipsos aedificatis* (11,4b). Damit spricht Polykarp sich klar für den Verbleib des *Valens* und seiner Frau in der christlichen Gemeinde aus. Dem (vielleicht schon erfolgten) Ausschluß aus dem Amt des Presbyters soll sich auf keinen Fall auch der Ausschluß aus der Gemeinde anschließen, damit der ganze Leib der Gemeinde *(omnium vestrum corpus)* gerettet werde.

§ 4 Die veränderte Gemeinde

Für die erste Hälfte des zweiten Jahrhunderts ist in Philippi nicht nur eine Veränderung der Situation (s. oben § 2) zu konstatieren, sondern auch eine Veränderung der Gemeinde selbst. Gerade in dieser Hinsicht kann man den beiden Schreiben des Polykarp wertvolle Einzelheiten entnehmen. Denn der Fall des Presbyters *Valens* (s. oben § 3), der das zweite Schreiben des Bischofs von Smyrna veranlaßt hat, ist natürlich nicht ohne konkrete Bezugnahme auf die betroffene Gemeinde, ihre Gruppen, ihre Struktur, ihre leitenden Funktionäre zu diskutieren. Da Polykarp über die Gemeinde in Philippi bestens informiert ist, nicht nur durch die Briefe aus Philippi, sondern auch aufgrund eines Besuches in Philippi (14a und 11,3a), handelt es sich hier um eine Quelle ersten Ranges.

1. Die Gemeinde und ihre Gruppen

Leider nennt Polykarp in seinen Schreiben an die Philipper nur einen einzigen Namen, den des Presbyters *Valens*. Immerhin ist gerade dieser Name vielleicht ein Indikator für eine veränderte Zusammensetzung der Gemeinde in

---

[18] Zur Bedeutung des Polykarp vgl. die Skizze bei HANS VON CAMPENHAUSEN: Polykarp von Smyrna und die Pastoralbriefe, SHAW.PH 1951, S. 5–51; jetzt in: DERS.: Aus der Frühzeit des Christentums. Studien zur Kirchengeschichte des ersten und zweiten Jahrhunderts, Tübingen 1963, S. 197–252 (danach hier zitiert); hier S. 212ff.

[19] STEINMETZ, aaO., S. 75.

Philippi: Handelt es sich doch hier um den ersten eindeutig römischen Namen, der uns für die Christen in Philippi überhaupt bezeugt ist.[1] Die anderen Namen, die wir bis in die Zeit des *Valens* haben, sind abgesehen von *Clemens* in Phil 4,3 gut griechisch: Epaphroditos (Phil 2,25–30; 4,18), Euodia (Phil 4,2), Syntyche (ebd.) und Lydia (Apg 16,14f.40). Damit bezeugt dieser zufällig erhaltene Name, was man aufgrund der Rahmenbedingungen der *Colonia Iulia Augusta Philippensis* ohnehin vermuten würde, daß nämlich die christliche Botschaft, die zunächst bei den griechischen Bewohnern der Stadt Fuß gefaßt hatte, allmählich auch auf die römischen Bevölkerungsteile übergriff.

In den Kommentaren wird an dieser Stelle gern darauf hingewiesen, daß der Name *Valens* in Philippi sogar bezeugt sei. So schreibt Walter Bauer im Jahr 1920: »Den Namen *Valens* tragen vier Persönlichkeiten der philippischen Inschrift CIL III 633, vgl. 640. 690«[2]. Diesen Satz hat dann Henning Paulsen in seiner überarbeiteten Fassung des Bauerschen Kommentars von 1985 übernommen.[3] Aber auch Schoedel bietet diese Information aus Walter Bauer: »*Valens:* A familiar name in ancient Philippi *(CIL,* III, 633, 640, 690).«[4]

In der Tat verhält es sich so, daß *Valens* einer der häufigsten Namen überhaupt ist, den die Inschriften bezeugen. Legt man lediglich die publizierten lateinischen Inschriften zugrunde, so erhält man nicht weniger als einunddreißig Personen, die das *cognomen Valens* tragen. Dazu kommt noch eine Reihe weiterer Belege aus unpublizierten lateinischen Inschriften. Schließlich findet sich sogar die – für den Polykarpbrief vorauszusetzende – griechische Form Οὐάλης in mehreren Inschriften aus Philippi und Umgebung (so in der Inschrift 510/G213 aus Πλατανιά; in der Grabinschrift des Μάρκος Βαιβίος Οὐάλης 612/G587 und schließlich in einer Inschrift aus Serres: Τίτος Ἀπουλείος Οὐάλης[5]).

Daß dies wohl erst spät und nur zögernd geschah, legen die christlichen Inschriften aus Philippi nahe: Von den bisher über 60 christlichen Inschriften (aus dem vierten bis zum sechsten Jahrhundert) sind nur zwei in lateinischer Sprache.

Was sodann die einzelnen Gruppen der Gemeinde angeht, so nennt Polykarp in seinem zweiten Brief zuerst die Frauen (4,2) und die Witwen (4,3), dann die Diakone (5,2) und die jungen Leute (die νεώτεροι, 5,3).[6] Zum Schluß (Kapitel 6) wendet er sich an die Presbyter.

Betrachtet man diese genannten Gruppen, so ergeben sich drei bemerkenswerte Besonderheiten:

---

[1] Zu der Zusammensetzung der christlichen Gemeinde in Philippi vgl. im einzelnen unten im Fünften Kapitel, § 3.

[2] WALTER BAUER in seinem Kommentar, S. 294.

[3] HENNING PAULSEN, S. 123.

[4] WILLIAM R. SCHOEDEL in seinem Kommentar, S. 31.

[5] DIMITRIOS SAMSARIS: Trois inscriptions inédites d'époque impériale trouvées à Serrès, Klio 65 (1983), S. 151–159; hier S. 152–154.

[6] Die παρθένοι am Ende von 5,3 sind vielleicht interpoliert: Die Mahnung an diese fällt aus der syntaktischen Struktur heraus. »Sie ist syntaktisch an einen Nebengedanken der Ermahnung der jungen Leute angehängt. Dies und ihr doch recht blasser Charakter legen es nahe, sie als eine spätere Interpolation anzunehmen« (PETER STEINMETZ: Polykarp von Smyrna über die Gerechtigkeit, Hermes 100 (1972), S. 63–75; hier S. 71).

(1) Aus der Perspektive des paulinischen Philipperbriefes stellt sich zuerst die Frage: Wo sind denn die ἐπίσκοποι geblieben, die Paulus im Präskript seines Briefes erwähnt?

(2) Damit zusammen hängt die zweite Frage, die sich ebenfalls aus dem Befund des paulinischen Briefes ergibt: Woher kommen die πρεσβύτεροι, die es jedenfalls zur Zeit des Paulus in *dieser* Gemeinde noch nicht gab?

(3) Im Vergleich mit anderen Gemeinden jener Zeit drängt sich die Frage auf, ob die Philipper denn keinen Bischof haben?

2. Ἐπίσκοπος – ἐπίσκοποι

Es fehlen nicht nur die (offenbar spezifisch philippischen – vgl. dazu das Zweite Kapitel, § 4) ἐπίσκοποι, es fehlt überhaupt jeder Hinweis auf einen ἐπίσκοπος. Weder im Präskript wird ein ἐπίσκοπος der Philipper genannt noch in der haustafelartigen Paränese, wo man normalerweise neben den διάκονοι (5,2f.) und den πρεσβύτεροι unbedingt auch den ἐπίσκοπος berücksichtigen müßte (6,1), noch auch im Zusammenhang mit dem Fall *Valens* in Kapitel 11, und dabei hätte doch gerade hier ein solcher Hinweis sehr nahe gelegen.

Man kann das Fehlen des ἐπίσκοπος also auf keinen Fall auf »harmlose« Weise erklären, etwa indem man annimmt, Polykarp habe des Bischofs eben zufällig nicht gedacht, oder er habe keine Veranlassung gesehen, den Bischof zu erwähnen usw.[7] Aber auch die andere Interpretation, wonach es in Philippi überhaupt keinen Bischof gegeben haben soll, fällt nicht leicht: »Daß es in Philippi zu Polykarps Zeit das Bischofsamt überhaupt nicht gegeben haben sollte, ist mehr als unwahrscheinlich; denn gerade hier wird es ja schon von Paulus Phil. 1, 1, erwähnt«, urteilt Hans von Campenhausen.[8] Die Begründung, die von Campenhausen gibt, erweist sich bei näherem Zusehen freilich als nicht haltbar, denn sie setzte ja voraus, daß die ἐπίσκοποι aus dem Präskript des pau-

---

[7] Dies gilt *mutatis mutandis* auch für die BAUERsche Idee, daß Polykarp den (in Philippi vorhandenen!) Bischof deswegen nicht in seinem Brief erwähnt, weil er ein Häretiker ist: »Könnte seine [sc. des Polykarp] Haltung nicht darin ihren Grund haben, daß es in Philippi tatsächlich einen ›Bischof‹ gab, der aber entsprechend dem Mehrheitsverhältnis in der Gemeinde eben ein Ketzer gewesen ist?« (WALTER BAUER: Rechtgläubigkeit und Ketzerei im ältesten Christentum, BHTh 10, Tübingen 1934 (²1964), S. 77). BAUER fügt hinzu: »Polykarp kann sich bei seiner Abneigung gegen die Häresie für die Wahrung der eigenen Interessen, die mit denen der Rechtgläubigkeit zusammenfallen, nicht an ihn wenden und muß sich darauf beschränken, mit denjenigen Presbytern und Diakonen (5,3), die er für seine Gesinnungsgenossen hält, Fühlung zu nehmen …« (S. 77f.). Die BAUERsche These ist schon deswegen zum Scheitern verurteilt, weil der Text der Briefe des Polykarp die Vermutung, er richte sich nur an den rechtgläubigen Teil einer gespaltenen Gemeinde, auf keine Weise stützt. BAUERS These ist daher, soweit ich sehe, durchweg abgelehnt worden, was die Gemeinde in Philippi angeht.

[8] HANS VON CAMPENHAUSEN: Kirchliches Amt und geistliche Vollmacht in den ersten drei Jahrhunderten, BHTh 14, Tübingen ²1963, S. 130, Anm. 1.

linischen Philipperbriefs etwas mit den Bischöfen des zweiten Jahrhunderts zu tun haben. Das aber ist gerade fraglich! Ich habe oben (im Zweiten Kapitel, § 4) versucht, die ἐπίσκοποι auf dem konkreten Hintergrund der *Colonia Iulia Augusta Philippensis* zu erklären. Ist dieser Versuch plausibel, so führt keine gerade Linie von *den* ἐπίσκοποι in Philippi in den fünfziger Jahren des ersten Jahrhunderts zu *dem* Bischof im ägäischen Raum des zweiten Jahrhunderts.

Man wird dem Befund in Philippi daher am besten gerecht, wenn man annimmt, daß das Kollegium der ἐπίσκοποι mittlerweile – dem allgemeinen kirchlichen Sprachgebrauch folgend – auch in Philippi seine ursprüngliche Titulatur verloren hat: Die πρεσβύτεροι zur Zeit des Polykarp sind die Amtsnachfolger der ἐπίσκοποι zur Zeit des Paulus, d.h. an der Leitung der Gemeinde hat sich faktisch nichts geändert, nur daß die leitenden Funktionäre mittlerweile nicht mehr ἐπίσκοποι, sondern πρεσβύτεροι heißen.[9] Dann ergibt sich aber zwingend, daß es einen ἐπίσκοπος im Sinne des Polykarp oder gar im Sinne des Ignatius in Philippi in der ersten Hälfte des zweiten Jahrhunderts *überhaupt noch nicht gibt!*

Damit findet auch das Problem, das die Gemeinde mit *Valens* hat, eine zureichende Erklärung. Ist *Valens* Presbyter der Gemeinde und hat er sich in diesem seinem Amt etwas zuschulden kommen lassen, so muß dies gerade in der Gemeinde in Philippi fatale Folgen haben. Denn dieser Fall erweist sich deshalb als so schwierig für diese Gemeinde, weil hier dem Gremium der πρεσβύτεροι kein Bischof gegenübersteht[10] (oder diesem gar übergeordnet ist).

Hätte man einen Bischof, so wäre er derjenige, der sich des Falles *Valens* anzunehmen hätte. Weil es nun aber keinen Bischof in Philippi gibt, und weil das Gremium der πρεσβύτεροι die Leitung der Gemeinde mehrheitlich wahrnimmt, ist die Lösung eines Problems, in das einer dieser gemeindeleitenden πρεσβύτεροι verwickelt ist, schier unmöglich. Daher sieht sich die Gemeinde genötigt, Rat und Hilfe von außen zu suchen, und wendet sich an den ihr seit langem verbundenen Bischof von Smyrna.

---

[9] Übrigens rechnet auch von CAMPENHAUSEN mit einem solchen Leitungsgremium, nur daß er diesem dann den Titel Bischof gibt, was, wie schon die Formulierung zeigt, nicht ohne Gewaltsamkeit abgeht: »Das Wahrscheinlichste ist …, daß das Bischofsamt in Philippi mehrheitlich verwaltet wurde und daß Polykarp, für den dieser Titel schon monarchischen Sinn hatte, die Bischöfe darum einfach in der älteren Weise in den Kreis der Presbyter einbegriffen sein läßt, so wie es auch im I. Klemensbriefe geschieht« (aaO., S. 130, Anm. 1).

[10] Es würde schon genügen, wenn der Bischof nicht »die Spitze einer Pyramide« bildete, sondern nur »als primus inter pares … dem Kreise seiner ›Mitpresbyter‹« vorstünde (so die Formulierung bei HANS VON CAMPENHAUSEN: Polykarp von Smyrna und die Pastoralbriefe, SHAW.PH 1951, S. 5–51; jetzt in: DERS.: Aus der Frühzeit des Christentums. Studien zur Kirchengeschichte des ersten und zweiten Jahrhunderts, Tübingen 1963, S. 197–252; danach hier zitiert; S. 210).

Ergebnis

Die Gemeinde in Philippi hat sich in der Zeit zwischen Paulus und Polykarp insofern verändert, als man die ihr eigentümlichen leitenden Funktionäre nicht mehr ἐπίσκοποι, sondern πρεσβύτεροι nennt. Damit hat man sich dem kirchlichen Sprachgebrauch angepaßt. Diese Anpassung an die allgemeinen kirchlichen Gepflogenheiten geht aber in Philippi in der ersten Hälfte des zweiten Jahrhunderts noch nicht so weit, daß man sich über das Gremium der πρεσβύτεροι hinaus auch einen Bischof zugelegt hätte. Vielmehr liegt die Gemeindeleitung in Philippi noch zur Zeit des zweiten Briefes des Polykarp in den Händen der πρεσβύτεροι. Dies scheint auch ein Grund dafür zu sein, daß diese Gemeinde nicht von sich aus in der Lage ist, das Problem des Presbyters *Valens* zu lösen.

Fünftes Kapitel

Zur Geschichte der christlichen Gemeinde in Philippi

Einleitung

Nachdem ich im Ersten Kapitel versucht habe, ein Bild der Stadt Philippi und der Menschen, die in ihr lebten, für das erste Jahrhundert zu zeichnen, waren im Zweiten, Dritten und Vierten Kapitel die christlichen Texte, die sich mit Philippi befassen, Gegenstand der Diskussion. Dabei kamen natürlich auch immer wieder die Menschen vor, die die Gemeinde in Philippi bildeten. Aber diese Gemeinde selbst konnte dort nicht dargestellt werden. Das soll in diesem abschließenden Kapitel geschehen, soweit die Quellenlage es gestattet.[1] Die ersten hundert Jahre der Geschichte der christlichen Gemeinde in Philippi von ihrer Gründung – wahrscheinlich im Jahr 49 – bis in die Mitte des zweiten Jahrhunderts ist also das Thema dieses Kapitels.

Ich gehe dabei nicht auf die Frage des Gründungsjahres ein, da diese nur im größeren Rahmen der paulinischen Chronologie sinnvoll diskutiert werden kann – Faktoren aus Philippi aber spielen in dieser Diskussion keine eigene Rolle.

Ob die Gemeinde in Philippi um 49 (so die traditionelle Datierung)[2], oder aber um 42 (so die Frühdatierung) gegründet wurde, ist für die Geschichte dieser Gemeinde nicht von entscheidender Bedeutung.[3] Interessanter ist dann schon die Frage, ob in Philippi wirklich – wie im Titel auch der vorliegenden Arbeit behauptet – *die erste christliche Gemeinde Europas* gegründet wurde.

Klar ist jedenfalls so viel: Von den übrigen Gemeinden Makedoniens und Griechenlands kann keine Philippi diesen Rang streitig machen. Dies geht nicht nur aus dem Verlauf der Reise des Paulus nach der Apostelgeschichte hervor,

---

[1] Einen Überblick – Angelsachsen würden sagen: a bird's-eye view – bietet Βλάσιος Ιω. Φειδάς: Η εκκλησία των Φιλίππων κατά τους τρεις πρώτους αιώνες, in: Η Καβάλα και η περιοχή της. Β΄ Τοπικό συμπόσιο (s. dort), S. 43–48.

[2] Zur Errechnung des Jahres 49 für den ersten Aufenthalt des Paulus in Philippi vgl. ALFRED SUHL: Paulus und seine Briefe. Ein Beitrag zur paulinischen Chronologie, StNT 11, Gütersloh 1975, S. 324ff.

[3] Zur Frühdatierung und ihrer Begründung vgl. zuletzt GERD LÜDEMANN: Das Judenedikt des Claudius (Apg 18,2), in: Der Treue Gottes trauen. Beiträge zum Werk des Lukas (FS Gerhard Schneider), Freiburg/Basel/Wien 1991, S. 289–298 (hier auch Hinweise auf die größeren Arbeiten LÜDEMANNs und weitere Literatur).

sondern auch aus dem davon unabhängigen Zeugnis des Paulus selbst: Die Bemerkung in 1 Thess 2,1–2 (αὐτοὶ γὰρ οἴδατε, ἀδελφοί, τὴν εἴσοδον ἡμῶν τὴν πρὸς ὑμᾶς ὅτι οὐ κενὴ γέγονεν, ἀλλὰ προπαθόντες καὶ ὑβρισθέντες, καθὼς οἴδατε, ἐν Φιλίπποις ἐπαρρησιασάμεθα ἐν τῷ θεῷ ἡμῶν λαλῆσαι πρὸς ὑμᾶς τὸ εὐαγγέλιον τοῦ θεοῦ ἐν πολλῷ ἀγῶνι) sichert die Reihenfolge Philippi → Thessaloniki, während in 1 Thess 3,1–2 die weitere Station Athen genannt ist (διὸ μηκέτι στέγοντες εὐδοκήσαμεν καταλειφθῆναι ἐν Ἀθήναις μόνοι καὶ ἐπέμψαμεν Τιμόθεον ... εἰς τὸ στηρίξαι ὑμᾶς ...). Die Aussage des Paulus, daß bei seinem ersten Aufenthalt in Korinth die makedonischen Gemeinden ihn unterstützten (τὸ γὰρ ὑστέρημά μου προσανεπλήρωσαν οἱ ἀδελφοὶ ἐλθόντες ἀπὸ Μακεδονίας, 2 Kor 11,9), sichert deren chronologische Priorität vor der Gemeinde in Korinth.[4]

Damit ergibt sich unabhängig von der Apostelgeschichte auch aus den paulinischen Briefen ohne jeden Zweifel, daß Philippi zumindest die erste christliche Gemeinde in Makedonien und Griechenland war.

Im übrigen Europa aber sind uns für diese frühe Zeit nur an einem weiteren Ort Christen bezeugt: in Rom. Vergleicht man Rom mit Philippi, so fällt sogleich ein wichtiger Unterschied auf: Während Paulus in Philippi eine christliche *Gemeinde* gründet, sind es in Rom (in dieser frühen Zeit) allenfalls einzelne Christen, von denen wir hören; so beispielsweise Aquila und Priscilla in Apg 18,2. Von einer *Gemeindegründung* in Rom kann man daher gar nicht in der Weise wie bei Philippi sprechen. Wann die ersten Christen nach Rom kamen, kann man nur vermuten.[5] Die von diesen Christen in Rom verursachten Unruhen fanden aber – und das ist der entscheidende Punkt – noch innerhalb des *jüdischen Synagogenverbandes* statt, d.h. von einer christlichen *Gemeinde* kann zu diesem Zeitpunkt eben gerade noch nicht die Rede sein. Vielmehr erscheint die Vermutung naheliegend, daß die Christen in Rom sich erst aufgrund dieser zunächst innerjüdischen Auseinandersetzung von der Synagoge gelöst haben: »Die plausibelste Lösung ist, dass sich das stadtrömische Christentum im Gefolge dieser Ereignisse [um das ›Claudiusedikt‹] von der Synagoge gelöst hat.«[6] In diesem Zusammenhang weist Peter Lampe darauf hin, daß für die Existenz von christlichen Gemeinden in Rom der Römerbrief erstes »sicheres Datum« ist: »Spätestens zu seiner Abfassungszeit in der zweiten Hälfte der 50er

---

[4] SUHL kombiniert die oben angeführte Stelle aus 2 Kor mit Phil 4,16 und folgert: »... damit [ist] bewiesen, daß Paulus tatsächlich von Athen nach Korinth weitergezogen war, wo er die Ankunft des Timotheus [1 Thess 3,5ff.] erwartete« (aaO. (Anm. 2), S. 106). Phil 4,16 bezieht sich ihm zufolge »nicht nur auf den Aufenthalt in Thessalonich« (ebd.). Ist dies richtig, so wurde die Missionierung der Thessalonicher und der Korinther durch finanzielle Mittel aus Philippi ermöglicht.

[5] LÜDEMANN hält es sogar für »sicher unzutreffend« (worauf beruht diese Sicherheit?), daß »die Ankunft von Christen in Rom vor 40 unwahrscheinlich sei« (aaO. (Anm. 3), S. 293, Anm. 17). Hält er es also umgekehrt für »sicher«, daß schon vor 40 Christen nach Rom gelangten?

[6] PETER LAMPE: Die stadtrömischen Christen in den ersten beiden Jahrhunderten, WUNT 2/18, Tübingen 1987; ²1989, S. 8. Aber selbst für den Zeitpunkt des Römerbriefs ist fraglich, ob es eine *einheitliche* römische Gemeinde schon gegeben hat.

Jahre präsentiert sich die stadtrömische Christenheit losgelöst vom Synagogenverband.«[7]

Es dürfte daher so gut wie sicher sein, daß es in Rom schon vor der Gründung der Gemeinde in Philippi Christen gab. Da diese in der ersten Zeit aber innerhalb des jüdischen Synagogenverbandes lebten, ändert dieser Befund nichts daran, daß Philippi durchaus zu Recht den Titel der ersten christlichen Gemeinde Europas trägt.[8]

Die Geschichte dieser ersten christlichen Gemeinde Europas ist das Thema dieses abschließenden Kapitels. Ich behandle hier zunächst in § 1 die Voraussetzung: die jüdische Gemeinde in Philippi, bevor ich mich in § 2 der ἀπαρχή τῆς Μακεδονίας und ersten Christin Philippis, Lydia, zuwende. Im dritten Paragraphen werden die übrigen namentlich bekannten Gemeindeglieder aus Philippi diskutiert, unter denen die Griechen weit überproportional vertreten sind und Thraker ganz fehlen. Der vierte Paragraph befaßt sich mit Philippi als der »Lieblingsgemeinde« des Paulus, der fünfte thematisiert Lukas aus Philippi. Der sechste Paragraph hat ein besonderes Phänomen aus der Zeit des Polykarp zum Thema: Die Sammlung der Schriften des Ignatius durch die Gemeinde in Philippi und die sich daraus ergebenden Folgerungen.

§ 1 Die Voraussetzung: Die jüdische Gemeinde in Philippi

Wie in vielen anderen Städten auch, läßt der Verfasser der Apostelgeschichte die Missionare bei der jüdischen Gemeinde anknüpfen. Im Unterschied zu allen anderen Städten ist in Philippi in diesem Zusammenhang aber nicht von einer Synagoge, sondern von einer προσευχή die Rede.[1] Ich sehe in diesem Befund ein Indiz dafür, daß die jüdische Gemeinde in Philippi, wenn es sie denn gegeben hat, jedenfalls klein war. Lukas spricht zwar von einer προσευχή und bezeichnet Lydia als σεβομένη τὸν θεόν – aber es fällt auf, daß von ortsansässigen Juden in dem gesamten Philippiabschnitt nicht die Rede ist.

---

[7] AaO., S. 9.

[8] Vgl. das Urteil BECKERS: »Denn selbst wenn es schon vorher in Rom Christen gegeben hatte …, so waren es doch zu dieser Zeit, für die spätere Christentumsgeschichte Europas untypisch, in Rom noch synagogal eingebundene Judenchristen: Philippi ist also die erste heidenchristliche Gemeinde auf europäischem Boden« (JÜRGEN BECKER: Paulus. Der Apostel der Völker, Tübingen 1989, S. 322).

[1] Im Verlauf der ersten Missionsreise begegnen Synagogen in Salamis auf Zypern (13,5 – gleich mehrere!), im pisidischen Antiochien (13,14) und in Iconium (14,1); keine Synagoge dagegen findet sich in Lystra (14,8ff.) und Derbe (14,21). Im Verlauf der zweiten Missionsreise begegnen Synagogen in Thessaloniki (17,1), in Beroia (17,10), in Athen (17,17) und in Korinth (18,4); Philippi dagegen bildet einen Sonderfall: »Daß Lk hier gegen seine Gewohnheit nicht συναγωγή, sondern προσευχή sagt, dürfte auf eine Quelle hinweisen« (MARTIN HENGEL: Proseuche und Synagoge. Jüdische Gemeinde, Gotteshaus und Gottesdienst in der Diaspora und in Palästina, in: Tradition und Glaube (FS Karl Georg Kuhn), Göttingen 1971, S. 157–184; hier S. 175). Ob eine Quelle vorliegt, ist hier nicht zu diskutieren; jedenfalls handelt es sich um einen lokalen Sprachgebrauch, dem Lukas sich anschließt.

Dies wird durch den Befund im Philipperbrief bestätigt: Wie auch im ersten Thessalonicherbrief fehlen hier Zitate aus dem AT so gut wie völlig.[2] Dies hat unter anderem gewiß auch den Grund, daß Paulus bei den Gliedern dieser Gemeinde nicht mit einer solchen Vertrautheit mit alttestamentlichen Texten rechnet wie etwa bei den Korinthern. Diese Vertrautheit wäre bei ehemaligen Juden oder dem Judentum nahestehenden Menschen zu erwarten, nicht aber bei ehemaligen Heiden: In der Gemeinde von Philippi spielten ehemalige Juden jedenfalls in der ersten Phase so gut wie keine Rolle.

Der außerneutestamentliche Befund schließlich ist so eindeutig, daß ich im entsprechenden Paragraphen des Ersten Kapitels das Judentum überhaupt nicht zu diskutieren brauchte: Es gibt kein einziges literarisches Zeugnis für das Vorhandensein von Juden in der *Colonia Iulia Augusta Philippensis* und die einzige einschlägige Inschrift fällt erst in die späte Kaiserzeit.

Diese Inschrift wurde vor einigen Jahren in Philippi entdeckt. Sie ist bis heute (März 1995) noch nicht publiziert. Die Publikation wird gemeinsam vom Direktor der byzantinischen Ephorie in Kavala, Herrn Χαράλαμπος Μπακιρτζής, und der Direktorin der klassischen Ephorie in Kavala, Frau Χάϊδω Κουκούλη-Χρυσανθάκη, vorbereitet. Herr Μπακιρτζής war so freundlich, mir in einem Gespräch am 11. September 1990 in Kavala mitzuteilen, daß diese Inschrift eine συναγωγή erwähnt (und nicht eine προσευχή!).[3] Nach der vorläufigen Einschätzung von Herrn Μπακιρτζής stammt diese Inschrift erst aus dem vierten oder fünften Jahrhundert. Falls sich dieses Urteil bei der Publikation der Inschrift bestätigt, kann man ohne Gefahr behaupten, daß diese neue Inschrift aus Philippi jedenfalls keine Rückschlüsse auf das erste Jahrhundert erlaubt.

Sieht man von dieser einen Inschrift ab, so verbleiben nach der Ducreyschen Statistik insgesamt 1359 Inschriften.[4] Keine davon weist auch nur den gering-

---

[2] Ob man in Phil 1,19 ein Zitat aus Hiob 13,16 LXX sehen soll, kann man diskutieren. BERNDT SCHALLER sieht hier eine »Wiedergabe von Hi 13,16« LXX (BERNDT SCHALLER: Zum Textcharakter der Hiobzitate im paulinischen Schrifttum, ZNW 71 (1980), S. 21–26; hier S. 21); DIETRICH-ALEX KOCH dagegen hat die Stelle in seiner Studie (Die Schrift als Zeuge des Evangeliums. Untersuchungen zur Verwendung und zum Verständnis der Schrift bei Paulus, BHTh 69, Tübingen 1986) nicht berücksichtigt, weil es sich seinen Kriterien zufolge (vgl. dazu S. 13ff.) hier nicht um ein Zitat handelt.

[3] Vgl. dazu jetzt die Notiz im letzten ΑΔ: Ιδιαίτερο ενδιαφέρον παρουσιάζει ενεπίγραφη επιτύμβια στήλη υστερορωμαϊκών χρόνων (αριθ. ευρ. Μουσείου Φιλίππων Λ 1569), στην οποία βεβαιώνεται η ύπαρξη συναγωγής στη ρωμαϊκή αποικία των Φιλίππων και για την οποία θα ακολουθήσει χωριστή δημοσίευση (Χάϊδω Κουκούλη-Χρυσανθάκη, ΑΔ 42 (1987) Β΄2 Χρονικά [1992], S. 444; Übersetzung: »Ganz besonderes Interesse bietet eine Grabstele aus der späteren römischen Zeit, die eine Inschrift aufweist (Inventarisierungsnummer Museum Philippi Λ 1569), welche die Existenz einer Synagoge in der römischen Kolonie Philippi sichert; die Inschrift wird in einer gesonderten Publikation veröffentlicht werden«). Es handelt sich also um einen Fund des Jahres 1987.

[4] Zur Statistik der Inschriften aus Philippi vgl. PIERRE DUCREY: Le recueil des inscriptions grecques et latines de Philippes de Macédoine: État des questions, Πρακτικά του Η΄ Διεθνούς Συνεδρίου Ελληνικής και Λατινικής Επιγραφικής, Αθήνα, 3–9 Οκτωβρίου 1982, Τόμος Β΄, Athen 1987 [1992], S. 155–157. DUCREY hat (Stand 1982) 1359 Inschriften gezählt (dabei sind die christlichen Inschriften nicht berücksichtigt; die Inschrift mit der συναγωγή war damals noch nicht entdeckt).

sten Hinweis auf die Existenz von Juden in Philippi auf (jüdische Symbole –
etwa eine Menorah – fehlen ebenso völlig wie eindeutig jüdische Namen). Bei
dieser doch erheblichen Gesamtzahl von Inschriften ist der Schluß *ex silentio*
relativ problemlos: Juden sind in der Zeit des Paulus (wenn überhaupt) in Philippi eine verschwindende Minderheit.

Nun berichtet aber Lukas – unsere einzige Quelle – zwar nicht von Juden in
Philippi, aber immerhin von einer jüdischen Institution, der προσευχή[5], und er
bezeichnet Lydia als eine σεβομένη τὸν θεόν. Daß die προσευχή an jenem
Sabbat von Frauen besucht wurde (Apg 16,14), erlaubt jedoch m.E. nicht den
Schluß, daß es sich um einen Treffpunkt ausschließlich von Frauen gehandelt
habe. Gar von einer »autonomen jüdischen Frauengruppe« zu sprechen, geht
entschieden zu weit.[6] Mag es solche Frauengruppen auch anderwärts gegeben
haben – das ist hier nicht zu diskutieren –, so sind unsere Informationen im Fall
Philippi für solche weitreichenden Schlüsse zu spärlich. Lukas teilt jedenfalls
nur mit, daß sich an diesem konkreten Sabbat in der προσευχή nur Frauen
versammelt hätten; daß in der προσευχή überhaupt nur Frauen verkehrten, sagt
er dagegen nicht.

Vielleicht kann man jedoch aus der Tatsache, daß die προσευχή draußen vor
dem Stadttor lag, den Schluß ziehen, daß die jüdische Gemeinde nicht nur zahlenmäßig, sondern auch finanziell schwach war. Anscheinend reichte die Finanzkraft in der uns interessierenden Zeit nicht zum Ankauf oder zum Bau eines Gebäudes in der Stadt.[7]

Ergebnis

Im ersten Jahrhundert bestand in Philippi allenfalls eine kleine jüdische Gemeinde. Diese Gemeinde versammelte sich nicht in einer συναγωγή innerhalb
der Stadtmauern. Vielmehr traf man sich vor dem dritten Stadttor (dem »Fluß-

---

[5] Daß es sich bei der προσευχή um eine jüdische Einrichtung handelt, ist aus dem Zusammenhang klar. Es ergibt sich aber auch aus dem Sprachgebrauch: »There is no doubt that the
Greek word προσευχή has the meaning ›Jewish prayer house‹. The real question is whether it
can also refer to a Gentile sanctuary either as a result of Jewish influence or independently«
stellt IRINA LEVINSKAYA fest (A Jewish or Gentile Prayer House? The Meaning of ΠΡΟΣ-
ΕΥΧΗ, TynB 41 (1990), S. 154–159; hier S. 154). Einen sicheren Beleg für προσευχή als
nichtjüdische Gebetsstätte gibt es der Vf.in zufolge nicht.

[6] So die Formulierung bei LUISE SCHOTTROFF: Lydia. Eine neue Qualität der Macht, in:
KARIN WALTER [Hg.]: Zwischen Ohnmacht und Befreiung, Freiburg/Basel/Wien 1988, S. 148–
154 (Nachdr.: LUISE SCHOTTROFF: Befreiungserfahrungen. Studien zur Sozialgeschichte des
Neuen Testaments, ThB 82, München 1990, S. 305–309), wo es heißt: »Irgendwann ist Lydia in
Kontakt mit einer jüdischen Synagogengemeinde gekommen und hat begonnen, nach der jü-
dischen Religion zu leben. Jedenfalls hat sie in Philippi am Fluß zum Gott Israels gebetet. Sie
hat sich mit anderen Frauen zusammengetan zu einer autonomen jüdischen Frauengruppe«
(S. 306).

[7] Das kann dann im vierten und fünften Jahrhundert (d.h. zur Zeit der Inschrift, die eine
συναγωγή bezeugt) natürlich völlig anders gewesen sein. Für diese Zeit könnte dann sogar die

tor«)[8] in einer προσευχή. Wie auch anderswo fanden sich hier auch σεβόμενοι ein. Frauen spielten eine erhebliche Rolle in dieser kleinen jüdischen Gemeinde. Sie bildeten den Anknüpfungspunkt der christlichen Mission. Dies geht daraus hervor, daß Lydia, die erstbekehrte Christin in Philippi, von Lukas als σεβομένη bezeichnet wird: Sie gehörte dem Kreis der Sympathisanten der jüdischen Gemeinde an.

§ 2 Lydia, die erste Christin Philippis

Man hat gerade neuerdings die Historizität der Lydia wieder bezweifelt. So ist etwa Valerie Abrahamsen der Auffassung: »Given the historical dubiousness of Acts and the fact that Lydia is not mentioned in Philippians (even though other Christians are referred to by name), this story must be viewed critically and Lydia placed in the category of fiction or symbolism.«[1] Und Lilian Portefaix argumentiert: »No traces of Lydia's house or of her name are to be found in Philippi; a highly fragmented Latin inscription with the surviving letters (pu)RPURARI (CIL 3, 664 [= 646/L035]) (Wikenhauser 1921, 411) gives evidence only for the existence of a trade in purple within the colony. Therefore, it is safer to consider Lydia as a fictitious figure, hiding a germ of historical truth, rather than an entirely authentic person; Luke could scarcely have made up the

---

HÜTTENMEISTERsche These, wonach es in Philippi neben der προσευχή vor dem Tor auch noch eine συναγωγή im Innern der Stadt gegeben habe, zutreffen (zu HÜTTENMEISTER vgl. oben im Zweiten Kapitel, § 3, Anm. 1). Blühende jüdische Gemeinden in dieser späten Zeit sind auch an anderen Orten anzutreffen, vgl. etwa *Sardes* und *Aphrodisias*.

Abwegig ist die Vermutung von SCHWANK, der aus dem Wort προσευχή auf ein besonders prächtiges Bauwerk schließen will: »Übrigens dürfte die weitverbreitete Ansicht unrichtig sein, wonach die in Apg 16,13 genannte *proseuché* (προσευχή), die an dem kleinen Wasserlauf stand ..., nur ein umfriedeter ›Gebetsplatz‹ gewesen sei. Im 1. Jahrhundert n. Chr. ist *proseuché* die Bezeichnung für große, basilikaartige Synagogenbauten ... . Da Philippi durch seine Goldbergwerke berühmt war, wird auch hier die jüdische Gemeinde ein würdiges Gebetshaus besessen haben, das mit Recht als *proseuché* und nicht nur als *synagogé* bezeichnet wurde« (BENEDIKT SCHWANK: »Setze über nach Mazedonien und hilf uns!«. Reisenotizen zu Apg 16,9–17,15, EuA 39 (1963), S. 399–416; hier S. 408).

[8] Βελένης und Γούναρης postulieren aufgrund ihrer neuen Grabungsergebnisse mittlerweile ein viertes Stadttor (Γεώργιος Γούναρης/Γεώργιος Βελένης: Πανεπιστημιακή ανασκαφή Φιλίππων 1991, ΑΕΜΘ 5 (1991) [1994], S. 409–424; hier Karte auf S. 410); sollte sich diese These archäologisch verifizieren lassen, müßte man gegebenenfalls oben im Text präzisieren: »vor dem dritten oder vierten Stadttor«. Zum Problem vgl. o. S. 172.

[1] VALERIE ANN ABRAHAMSEN: The Rock Reliefs and the Cult of Diana at Philippi, Diss. Harvard Divinity School, Cambridge (Mass.) 1986, S. 18. Eine Seite weiter liest man: »With regard to the early literary evidence, we shall acknowledge the historicity (yet also the theological biases) of Paul's and Polycarp's epistles while at the same time admitting the unhistorical, highly theological bent of the Acts account« (S. 19). Dies ist offenbar der Grund dafür, daß ABRAHAMSEN in ihrem »Chapter 6. Christianity at Philippi« (S. 131ff.) zwar »Paul and Polycarp« (S. 151ff.) sowie »The Acts of Andrew and The Acts of Paul and Thecla« (S. 161ff.) behandelt – aber nicht Apg 16!

story of Lydia altogether if he could claim to be considered as reliable in the eyes of recipients familiar with the Philippian church.«[2] Man tritt, glaube ich, den beiden Verfasserinnen nicht zu nahe, wenn man konstatiert, daß die vorgebrachten Argumente nicht durchschlagend sind: Wie sollte man denn das Haus der Lydia identifizieren? Erwartet Portefaix im Ernst, einen Gedenkstein mit einer Inschrift

»Hier wohnte Lydia, die erste Christin Philippis«

in griechischer oder lateinischer Sprache zu finden?

Die Prognose ist so sicher, wie nur irgendeine Prognose sicher sein kann: Selbst wenn in fünfzig oder hundert Jahren dereinst die ganze Stadt Philippi ausgegraben sein sollte – ein solcher Gedenkstein wird dabei nicht zutage kommen. Auch eine Inschrift mit dem Namen der Lydia wird man schwerlich finden; nachdem selbst Μερτζίδης davor zurückgeschreckt ist, einen solchen Text in Umlauf zu setzen (vgl. o. S. 177–178), wird man darauf *ad kalendas Graecas* warten müssen! Was sodann das Abrahamsensche Argument hinsichtlich der »historical dubiousness of Acts« angeht, so dürfte sich das nach dem bisher Gesagten von selbst erledigen. Daß schließlich Lydia im Philipperbrief nicht genannt wird, ist kein Grund, an ihrer Historizität zu zweifeln.

Den eigentlichen Namen der Lydia kennen wir nämlich nicht. Das griechische Λυδία ist Femininum zu Λύδιος, »lydisch«; Λυδία sc. γυνή heißt also zunächst einfach »die lydische« (sc. Frau), »die Lyderin«.[3] Daß Λυδία als Name einer Frau verwendet werden kann, erhellt zwar aus der Apostelgeschichte; merkwürdigerweise fehlt es aber so gut wie völlig an außerneutestamentlichen Belegen.

Eine Suche nach Λυδία auf der PHI-CD-ROM #6 erbringt lediglich zwei Belege: Erstens gibt es einen (unsicheren) Beleg aus dem 4./5. Jh. n. Chr., der in jedem Fall ersichtlich zu spät ist. Zweitens begegnet eine auf mehreren Inschriften aus Ephesos (IEph 424, Z. 2; 424A, Z. 1; 1601.e, Z. 1) genannte Frau namens Ἰουλία Λυδία Λατερανή, *Iulia Lydia Laterane,* die Gattin des *Tiberius Claudius Aristion,* eines führenden Bürgers von Ephesos, der auch römischer Bürger war, wie der Name zeigt.[4] Dies ist, was die Namen

---

[2] LILIAN PORTEFAIX: Sisters Rejoice. Paul's Letter to the Philippians and Luke-Acts as Seen by First-century Philippian Women, CB.NT 20, Uppsala 1988, S. 132, Anm. 4.

[3] Vgl. LSJ, s.v. Λύδιος, S. 1064. Im BAUERschen Wörterbuch findet man (Sp. 976) sogleich das Stichwort Λυδία (d.h. es ist nicht unter Λύδιος eingeordnet), versehen mit der Bemerkung: »*N. pr. f.*«. Das überrascht, da für diese Verwendung (abgesehen von unserer Stelle in der Apg) im Artikel bei BAUER dann nur lateinische (!) Belege geboten werden.

HORSLEY meint, aus der Namensform schließen zu können, daß Lydia eine Freigelassene war: »This may well be the most appropriate category in which to locate Lydia; that she is of freed status would be consonant not only with her occupation, but also with her name. For ›Lydia‹ suggests a servile status, many slaves being accorded a name which reflected their geographical origin« (G.H.R. HORSLEY: The purple trade, and the status of Lydia of Thyatira, NDIEC 2 (1977) [1982], S. 25–32; hier S. 27). Dies ist m.E. durchaus möglich; mehr aber kann man bei dieser Quellenlage nicht sagen.

[4] Zu *Tiberius Claudius Aristion,* der auch in der Korrespondenz des Plinius (VI 31) begegnet, vgl. zuletzt STEVEN J. FRIESEN: Twice Neokoros. Ephesus, Asia and the Cult of the Flavian

angeht, eine Mischung aus lateinischen und griechischen Elementen, und zwar bei beiden Ehegatten: *Tiberius, Claudius, Iulia* und *Laterane* auf der einen und Ἀριστίων und Λυδία auf der anderen Seite. Aber auch wenn man dies als Beleg für eine Frau namens Λυδία gelten läßt, bietet diese Frau doch zugleich auch eine Bestätigung für meine These, daß Λυδία ersichtlich nicht *eigentlicher* Name ist.

Als bemerkenswert ist jedenfalls festzuhalten: Unter den vielen tausenden auf der PHI-CD-ROM #6 gespeicherten Inschriften begegnet nur *eine einzige Frau,* die unter anderen auch den Namen Λυδία trägt.

Noch deutlicher ist der Befund auf der TLG-CD-ROM #D. Sieht man von den christlichen Schriftstellern ab, die sich auf unsere Λυδία aus der Apostelgeschichte beziehen (wie beispielsweise Basilios, Epiphanios, Johannes Chrysostomos, Theodoretos), findet sich keine einzige Frau mit dem Namen Λυδία. In der gesamten griechischen Literatur, soweit sie auf der TLG-CD-ROM #D verfügbar ist, gibt es somit *keine einzige* Parallele zu unserer Λυδία aus Philippi.

Zwei weitere Belege bietet Hemer in seiner Monographie[5]. So kann man zwar formal sagen:»The name ›Lydia‹ is attested both as a regular and as an alternative name« – aber angesichts der kümmerlichen Zahl von Belegen sollte man doch mindestens hinzufügen, daß es sich um einen im Griechischen überaus seltenen Namen handelt.

Ich komme daher zu dem Ergebnis, daß der Name Λυδία sowohl auf den griechischen Inschriften als auch in der griechischen Literatur *überaus selten* vorkommt. In den heute durch Computer erschließbaren Datenbanken findet sich außer unserer Λυδία aus Philippi *nur eine einzige* weitere Frau, die unter anderen diesen Namen führt. Nimmt man die beiden Hemerschen Belege hinzu, so kommt man auf insgesamt drei Frauen. Damit ergibt sich, daß es sich hier nicht ohne weiteres um einen *Namen* handelt, sondern um ein Ethnikon, das in diesem Fall wohl als Rufname verwendet wird.

Dieses Phänomen, daß ein Ethnikon als Name dient, ist nicht ungewöhnlich, wie das epigraphische Material zeigt. Ein Beispiel aus den Inschriften von Philippi ist eine Dame namens Λαιλία Ῥωμαία.

Auf dem Grabstein 747/G769 aus Attika wird Λαιλία als die Frau des Neapolitaners Pyrrhos bezeichnet. Wie Λυδία Femininum zu Λύδιος ist, so leitet sich auch Ῥωμαία von Ῥωμαῖος, »römisch« her. Man kann also übersetzen: »die römische« oder besser: »die Römerin«. Es liegt nahe, daß Λαιλία, vermutlich einer philippischen Gens der Laelii entsprossen (vgl. den Kommentar zu ihrer Inschrift, Z. 1) im Unterschied zu ihrem echt makedonischen Mann (vgl. den Kommentar zu Z. 3!) als »die römische Laelia« oder eben kurz als: »die Römerin« bezeichnet wird. In der griechischen Umgebung in Attika (der Grabstein wurde in Καισαριανή gefunden) kann daraus schnell so etwas wie ein *cognomen* werden: Die Römerin = Ῥωμαία ist dann schließlich sogar als Rufname denkbar.

Wird dieses Ethnikon in gewissen Zusammenhängen als Rufname verwendet, so kann niemand auf die Idee kommen, daß diese Ῥωμαία eigentlich

---

Imperial Family, Religions in the Graeco-Roman World 116, Leiden/New York/Köln 1993, S. 162.

[5] COLIN J. HEMER: The Book of Acts in the Setting of Hellenistic History, WUNT 49, Tübingen 1989, S. 114 mit Anm. 32; vgl. auch S. 231.

Λαιλία heißt. D.h. der eigentliche Name wäre dann durch das als *cognomen* verwendete Ethnikon teilweise oder völlig verdrängt worden. Diese Verwendung von Ethnika ist durchaus geläufig. Ähnlich verhält es sich auch mit von Städtenamen abgeleiteten Adjektiven, vgl. dazu aus Philippi etwa den schon mehrfach zitierten Ἀντίοχος Λύκου Θυατειρινός (aus der Inschrift 697/M580).

Ein besonders instruktives Beispiel bietet die Inschrift 302/G423 (aus der Basilika B). Der erste Herausgeber dieser Inschrift, Paul Lemerle, war offenbar der irrigen Ansicht, hier einen Mann mit drei Namen vor sich zu haben: Ἰούλιος Πραίκων Φιλαδελφηνός. »Tenant sans doute Ἰούλιος pour le *praenomen*, Φιλαδελφηνός pour le *cognomen*, il se sera cru obligé de retrouver le *nomen* dans Πραίκων«, sagt Louis Robert nicht ohne Spott.[6] Er zeigt, daß πραίκων hier keineswegs als Name aufzufassen ist, sondern als Berufsbezeichnung (πραίκων = *praeco* = Herold): »Pour moi, je n'aperçois pas ce qui peut engager à voir dans πραίκωνι un nom propre. Iulius était évidemment un crieur public, un héraut« (ebd.). Steht aber zwischen dem Ἰούλιος und dem Φιλαδελφηνός eine Berufsbezeichnung, dann kann Φιλαδελφηνός auf keinen Fall Bestandteil des Namens sein: »Mais, on a un individu, appelé du seul nom Ἰούλιος, comme sa femme, Θαλλοῦσα, qui est *praeco* et originaire de Philadelphie de Lydie; nouveau témoignage sur l'afflux de Grecs d'Asie Mineure en Macédoine et en Thrace.«[7] Dieses Beispiel erscheint mir deshalb so instruktiv, weil der erste Herausgeber – ohne Diskussion (!) – Φιλαδελφηνός für einen Namen hält, während sich bei näherem Hinsehen ergibt, daß hier lediglich eine Herkunftsbezeichnung vorliegt.[8]

Für den Fall unserer Λυδία aus der Apostelgeschichte ergibt sich: Diese Frau hieß eigentlich anders; Λυδία ist ein Ethnikon, das in bestimmten Kreisen den eigentlichen Namen verdrängt hat. Es ist also durchaus denkbar, daß sie Euodia Lydia (Εὐοδία Λυδία) oder Syntyche Lydia (Συντύχη Λυδία) hieß, um hier die beiden aus Phil 4,2 bekannten Namen zu verwenden. Aber das braucht man keineswegs zu behaupten[9]: Es gibt mehrere andere Gründe, weswegen sie im Philipperbrief des Paulus nicht genannt wird.

---

[6] LOUIS ROBERT: Inscriptions grecques, Istros. Revue roumaine d'archéologie et d'histoire ancienne 2 (1935–36), S. 1–20; hier S. 17. (Das Heft ist nie im Druck erschienen, da die Zeitschrift offenbar ihr Erscheinen eingestellt hat; ein Sonderdruck des Beitrags ROBERTS existiert beim Deutschen Archäologischen Institut in Berlin.)

[7] ROBERT, ebd. In einer Anm. zur Stelle (S. 17, Anm. 3) weist ROBERT auf das Beispiel der Lydia hin: »Pour Philippes même le cas de Λυδία, πορφυρόπωλις, πόλεως Θυατείρων, est assez célèbre *(Actes,* XVI, 14).« Sodann führt er die oben im Text genannte Inschrift 697/M580 an, die er freilich für ein Fälschung des Μερτζίδης hält. Doch es existieren in jedem Fall etliche weitere Inschriften aus Philippi, die die Zuwanderung von Menschen aus Asia Minor beweisen (vgl. die Liste o. S. 91).

[8] Der ROBERTschen Interpretation dieser Inschrift hat sich übrigens schon COLLART angeschlossen, vgl. seine Monographie, S. 271 mit Anm. 1 und S. 304 mit Anm. 4.

[9] Besonders scharfsinnig urteilt ZAHN in seinem Kommentar: »Noch bestimmter als Einl I³, 379.382f. glaubte ich die aus der Vergleichung von AG 16 mit Phil 4, 2f. sich ergebenden Folgerungen vortragen zu sollen. Ist der eigentliche Name der Lydia … entweder Euodia oder Syntyche, so liegt die weitere Vermutung nahe, daß die andere der beiden Frauen die Gattin des Kerkermeisters = Clemens gewesen ist« (S. 581, Anm. 9). So legt eine Vermutung immer die nächste nahe, und am Schluß hat man ein undurchdringliches Gewirr von Hypothesen.

Um mit dem einfachsten zu beginnen: Sie könnte auf Reisen gewesen sein, sei es in geschäftlichen Angelegenheiten, sei es als christliche Missionarin: Ist nicht auch der vermutlich ebenfalls finanziell gut gestellte Epaphroditos monatelang von Philippi abwesend – wie wir gerade aus dem Philipperbrief wissen? Sie könnte auch – und die Analogie des sehr mobilen Ehepaares Prisca und Aquila, die von Rom nach Korinth und sodann nach Ephesos übersiedeln, bietet eine Parallele – weggezogen und sich woanders angesiedelt haben, sei es aus beruflichen, sei es aus anderen Gründen. Es könnte schließlich, und das scheint mir das nächstliegende – für Paulus einfach keinen Grund gegeben haben, Lydia in seinem Brief namentlich zu erwähnen. Denn zum einen ist zu beobachten, daß – von Epaphroditos abgesehen – ohnehin nur drei Gemeindeglieder namentlich genannt sind, nämlich Euodia, Syntyche und Clemens (Phil 4,2f.) – zwei davon, weil Paulus Anlaß zur Kritik hatte. Andere Mitarbeiter dagegen, offenbar gerade solche aus Philippi selbst (Phil 4,3), werden genauso summarisch erwähnt wie die ἐπίσκοποι und διάκονοι in Phil 1,1. Falls Lydia zur Zeit des Philipperbriefes noch in Philippi lebt, ist sie mit großer Wahrscheinlichkeit Mitglied mindestens einer der drei genannten Gruppen!

Aus der (vermeintlichen oder wirklichen) Nichterwähnung der Lydia im Philipperbrief des Paulus kann man also keinesfalls auf ihre nicht vorhandene Historizität schließen.

Im Gegensatz zu Abrahamsen und Portefaix bin ich ganz entschieden der Ansicht, daß Lydia eine historische Person ist, die jedem Christen (und jeder Christin!) in Philippi zur Zeit des Lukas noch wohlbekannt war.[10] Auch wer meine These, wonach Lukas selbst aus Philippi stammt, nicht teilt, wird zugeben, daß es schwer vorstellbar ist, dergleichen zu erfinden. Sollte Lukas vor Ort recherchiert und Daten bezüglich der Lage der Purpurindustrie in Philippi im allgemeinen und ihrer Verbindung mit Thyateira im besonderen gesammelt haben, um dann – historisch möglichst plausibel – in diesen Rahmen eine fiktive Lydia einzuzeichnen? Diese Vorstellung ist absurd. Vielmehr gab es in Philippi Traditionen über die ἀπαρχή τῆς Μακεδονίας – daß diese ἀπαρχή gerade keine Makedonin von echtem Schrot und Korn, sondern eine Frau (!) aus Thyateira in Lydien (!) ist, spricht umso mehr für ihre Historizität.

Von dem Beruf der Lydia, der auch unabhängig von der Apostelgeschichte durch zwei Inschriften für Philippi bezeugt ist, war oben im Dritten Kapitel schon die Rede.[11] Betrachten wir all diese Informationen im Zusammenhang, so ergibt sich, daß Lydia als Griechin, die aus Thyateira zugezogen ist, in Philippi mit großer Wahrscheinlichkeit den Status einer *incola* hatte. Niemand in ihrem Haus (Apg 16,15: ὁ οἶκος αὐτῆς) war im Besitz des römischen Bürgerrechts. Als aus dem griechischen Osten zugezogene Griechin (zu dieser Personengruppe s.o. S. 91) war sie rechtlich nicht besser gestellt als die einheimische griechische Bevölkerung, d.h. deutlich schlechter als die *cives Romani*.

---

[10] Vgl. das Urteil BECKERS, wonach »Lydia aus Thyatira wohl kaum eine bloße Erfindung der Apg [ist]: An Erstbekehrten hatte man biographisches Interesse« (JÜRGEN BECKER: Paulus. Der Apostel der Völker, Tübingen 1989, S. 323).

[11] Es handelt sich um die Inschriften 646/L035 und 697/M580, vgl. dazu im einzelnen o. S. 177ff.

Verfehlt ist daher m.E. die Spekulation Stegemanns: »Auch wenn nicht einfach vorausgesetzt werden darf, daß sie [sc. Lydia] zum römischen Adel [!] gehört hat, so wird sie doch durchaus zu den höheren Schichten Philippis zu zählen sein.«[12] Leider erklärt Stegemann nicht, was er unter dem »römischen Adel« versteht. Offenbar denkt er nicht an Adel im strengen Sinn, denn Lydia als Angehörige der Nobilität zu betrachten, geht ersichtlich nicht an.[13] Aber selbst wenn man »Adel« im weiteren Sinn nimmt und darunter die senatorischen Familien überhaupt versteht, ist die Stegemannsche Erwägung nicht sinnvoll. Daß ein Mitglied einer senatorischen Familie von Thyateira nach Philippi umzieht, um mit Purpur zu handeln, ist schlichtweg unvorstellbar. Zieht man schließlich in Betracht, daß wir aus Philippi *insgesamt* nur drei senatorische Familien kennen[14] und daß keine davon dem ersten Jahrhundert angehört, erscheint Stegemanns Erwägung als gänzlich verfehlt.

Was sodann die »höheren Schichten Philippis« angeht, zu denen Lydia »zu zählen« ist, so kann man darunter sinnvollerweise nur den *ordo decurionum* verstehen. Diesem hat die Familie der Lydia mit Sicherheit nicht angehört.[15]

Es bleibt also dabei: Lydia hat weder dem »römischen Adel« angehört noch den »höheren Schichten Philippis«. Sie war eine unabhängige Kauffrau, die aus Thyateira nach Philippi umgezogen war und hier vermutlich den Status einer *incola* innehatte.

Anders hingegen verhält es sich, wenn man nach der wirtschaftlichen Stellung der Lydia fragt. Allein die Tatsache, daß von einem οἶκος die Rede ist, zeigt, daß sie nicht zu den ärmeren Schichten gehörte.[16] Es wurde oben im Ersten Kapitel schon darauf hingewiesen, daß bei den griechischen Bewohnern der *Colonia Iulia Augusta Philippensis* zu unterscheiden ist zwischen den »Alteingesessenen« und den »Neuzugezogenen«. Hier im Falle der Lydia handelt es

---

[12] WOLFGANG STEGEMANN: Zwischen Synagoge und Obrigkeit. Zur historischen Situation der lukanischen Christen, FRLANT 152, Göttingen 1991, S. 224.

[13] Zur Nobilität vgl. die beiden grundlegenden Arbeiten von MATTHIAS GELZER: Die Nobilität der römischen Republik (in: DERS.: Kleine Schriften I, Wiesbaden 1962, S. 17–135) und: Die Nobilität der Kaiserzeit (Kleine Schriften I, S. 136–153).

[14] HELMUT HALFMANN: Die Senatoren aus dem östlichen Teil des Imperium Romanum bis zum Ende des 2. Jahrhunderts n.Chr., Hyp. 58, Göttingen 1979, spricht S. 65f. sogar nur von *einer* senatorischen Familie Philippis (= seine Nr. 117), *Caius Maximus Mucianus*. Bei HALFMANN ist jedoch *Caius Modius Laetus Rufinianus,* der in mehreren Inschriften vom Forum genannt wird, übersehen (zu diesem vgl. Θεόδωρος Χ. Σαρικάκης: Ῥωμαῖοι Ἄρχοντες τῆς ἐπαρχίας Μακεδονίας, Μέρος Β': Ἀπό του Αὐγούστου μέχρι του Διοκλητιανου (27 π.Χ. – 284 μ.Χ.), Μακεδονική Βιβλιοθήκη 51, Thessaloniki 1977, S. 174). Hinzu kommt noch eine nur aus einer unpublizierten Inschrift bekannte dritte Familie.

[15] Vgl. das allgemeine Urteil PLÜMACHERS: »Gewiß gehörten noch auf lange Senatoren und Ritter nicht zu den Christen, und auch Dekurionen haben, jedenfalls was ihre Zahl betrifft, bis weit in das 2. Jahrhundert hinein noch keine große Rolle gespielt« (ECKHARD PLÜMACHER: Identitätsverlust und Identitätsgewinn. Studien zum Verhältnis von kaiserzeitlicher Stadt und frühem Christentum, Biblisch-Theologische Studien 11, Neukirchen-Vluyn 1987, S. 32).

[16] Das Wort οἶκος bezeichnet hier nicht nur die *familia,* wie aus dem Zusammenhang hervorgeht; vielmehr ist ersichtlich an ein Gebäude gedacht: εἰσελθόντες εἰς τὸν οἶκόν μου μένετε (Apg 16,15). Vgl. auch PLÜMACHER (über die Glieder der ältesten christlichen Gemeinden): »Ihnen gehörten οἶκοι, Häuser mit entsprechendem Personal und groß genug, um sich in ihnen zu versammeln und Gäste darin zu beherbergen« (aaO. (Anm. 15), S. 32).

sich ohne Zweifel um eine »neuzugezogene« Griechin von einiger wirtschaftlicher Potenz.[17]

Ihr Haus wurde zum ersten christlichen Versammlungsort in Philippi – und es sollte ein Vierteljahrtausend vergehen, bevor die Gemeinde in dieser Stadt aus dem Stadium der »Hausgemeinde« herauskam und das erste gottesdienstliche Gebäude, die Basilika des Paulus, errichtete.

Zusammenfassend kann man sagen, daß die Bedeutung der Lydia für die Geschichte der christlichen Gemeinde in Philippi gar nicht hoch genug eingeschätzt werden kann. Ist sie doch nicht nur die ἀπαρχή Philippis und Makedoniens überhaupt, sondern ein (vielleicht sogar der) stabilisierender Faktor in der ersten Phase der Geschichte der Gemeinde in Philippi. Von Anfang an stellt sie ihr Haus als einen Treffpunkt der Christen zur Verfügung. Man darf darüber hinaus vermuten, daß sie bei dem von Paulus gerühmten finanziellen Engagement der Gemeinde (Phil 4,15f.) eine bedeutende Rolle gespielt hat.[18]

§ 3 Die erste christliche Gemeinde

Die namentlich bekannten Glieder der ersten christlichen Gemeinde in Philippi sind schnell aufgezählt. Es handelt sich um Lydia (Apg 16,14f.40), Epaphroditos (Phil 2,25–30; 4,18), Euodia (Phil 4,2), Syntyche (ebd.) und Clemens (Phil 4,3). Daneben könnte man als individuell, wenn auch nicht dem Namen nach bekannt, noch den Gefängniswärter aus Apg 16,23ff. stellen.[1] Betrachtet man diese Liste von fünf bzw. sechs Personen, so fällt auf dem Hintergrund der *Colonia Iulia Augusta Philippensis* sogleich eines auf: Es handelt sich hier (mit der Ausnahme des Clemens) um griechische Namen; kein einziger Thraker ist in dieser Liste vertreten: Hier findet sich keine Ζείπας, kein Διοσκουρίδης und kein Διζαζέλμις; aber auch keine Μάντα, keine Ζηκαλώγη und keine Βένδις. Bei dem thrakischen Bevölkerungsteil der *Colonia Iulia Augusta Phil-*

---

[17] So auch MEEKS: »First, as a *porphyropolis* she must have had some wealth, for purple was a luxury item; she also has a household in which several guests can be accommodated. Second, her name, occupation, and place of origin show that she belongs to the Greek-speaking merchants who have settled in Philippi alongside the Italian, agrarian colonists« (WAYNE A. MEEKS: The First Urban Christians. The Social World of the Apostle Paul, New Haven/London 1983, S. 62).

[18] Nicht nur bibliographische Anregungen in bezug auf diese erste Christin und ihr Handwerk verdanke ich einer Münsteraner Seminararbeit von Herrn stud. theol. ROBERT VETTER.

[1] Zu diesem vgl. jetzt den Artikel im Anchor Bible Dictionary (ROBERT F. O'TOOLE: Art. Philippian Jailor, The Anchor Bible Dictionary 5 (1992), S. 317–318). Für einen »ehemaligen Legionar« hält den »Kerkermeister« F. GIESEKKE: Zur Glaubwürdigkeit von Apg. 16,25–34, ThStKr 71 (1898), S. 348–351; hier S. 349. ZAHN möchte den Kerkermeister aus Apg 16 mit dem Clemens aus Phil 4,3 identifizieren. Er spricht dieser puren Spekulation sogar »Wahrscheinlichkeit« zu (S. 582). FRIEDRICH (in seinem Kommentar zum Philipperbrief) hält dafür, daß der Gefängnisaufseher »wahrscheinlich römischer Bürger war« (S. 123).

ippensis, der rein zahlenmäßig – die Inschriften zeigen es – ganz beträchtlich war, fand der christliche Glaube keine Anhänger.

Diese These mag gewagt erscheinen, beruht sie doch zunächst nur auf einer kleinen Zahl von Namen. Doch auch wenn man das umfangreiche Material der späteren Zeit in Betracht zieht, ändert sich nichts an diesem Ergebnis. Um zunächst bei Philippi zu bleiben: Im Brief des Polykarp an die Philipper wird nur der Name des Presbyters *Valens* genannt; er ist ersichtlich kein Thraker. Aus den literarischen Quellen haben wir also insgesamt sechs Namen.

Die zweite Quelle, die hier sodann heranzuziehen ist, sind die christlichen Inschriften. Hier geht es zunächst um die 47 bis März 1995 publizierten Inschriften:

Es handelt sich um die folgenden Inschriften (aus dem 4. bis zum 6. Jahrhundert)

071/G437 (Αὐρήλιος Κυριακός und Αὐρηλία Μαρκελλίνη)
077/G067 (Ποσιδωνία und Πανχαρία)
083/G066 (Αὐρήλιος Σεβῆρος und Αὐρηλία Κλαύδια)
100/G543 (Παῦλος)
101/G544 (Φαυστίνος und Δονάτος)
102/G545 (Γουράσιος und Κωνστάντιος)
103/G546 (Παῦλος)
104/G547 (Ἀνδρέας Κομιτᾶς)
105/G548 (kein Name erhalten)
106/G549 (Εὐστάθιος)
107/G550 (kein Name erhalten)
108/G551 (kein Name erhalten)
109/G552 (kein Name erhalten)
110/G553 (Ἑράκλεων)
111/L554 (Mauricius)
112/L555 (Lauricius)
114/G765 (Εὐοδιανή und Δωροθέα)
115/G766 (Ἀγάτη und Ἰωάννης)
116/G511 (Ἀλέξανδρος)
123/G483 (Φιλοκύριος)
124/G486 (Ἀλέξανδρος)
125/G485 (Ἀνδρέας)
130/G558 (Anrufung Christi; kein einheimischer Name)
131/G225 (Korrespondenz zwischen Abgar und Jesus; kein einheimischer Name)
162/G633 (Ἀκίνδυνος)
247/G561 (Ἰωάννης)
268/G428 (Θεοδώρα und Ἀγρύκιος, d.h. Ἀγροίκιος)
274/G430 (Κυριακός und Νικάνδρα)
275/G429 (Ἀλεξάνδρα und Γλυκερ[...])
292/G427 (Ἀφέσιας)
293/G431 (Πέτρος)
308/G432 (Φιλοκύριος und Εὐτυχιανή)
324/G560 (Πέτρος)
328/G473 (Πρίσκος)
329/G472 (Πορφύριος)
353/G068 (Ἀνδρέας)

360/G436   (Αὐρήλιος Καπίτων, Βεβία Παύλα und Ἐλπίδιος)
421/G770   (Ἀνδρέας)
528/G559   (Μαυρέντιος)
583/G557   (Φίλιππος)
591/G556   (Κυπριανός)
594/G497   (kein Name)
613/G228   (kein Name erhalten)
630/G581   (Βασίλιος)
631/G582   (Στέφανος)
632/G583   (Πέτρος)
634/G032   (Μάρκος).

Von diesen 47 Inschriften enthalten zwar 8 überhaupt keinen Namen; es sind aber immerhin 39 christliche Inschriften mit insgesamt 52 Namen erhalten.

Einige weitere Namen sind aus bislang noch nicht publizierten christlichen Inschriften bekannt. Dabei handelt es sich zunächst um Ἰωάννης, Νίκανδρος, Δανιήλ und Ἀσπιλία, die in Berichten von Χαράλαμπος Μπακιρτζής genannt werden.[2] Besonders fruchtbar ist sodann die oben S. 25 erwähnte christliche Grabanlage in Κρηνίδες (Αγρός Παυλίδη), deren Inschriften Χαράλαμπος Πέννας publiziert.

Der Aufsatz befindet sich bereits im Druck; Herr Πέννας war so freundlich, mir eine Kopie zu übersenden. Da es sich aber um einen Beitrag in einer Festschrift handelt, die den zu Ehrenden überraschen soll, kann ich die Texte hier noch nicht zitieren. Ich nenne daher an dieser Stelle nur die Namen in der Hoffnung, im Katalog der Inschriften in Band II auch die einschlägigen Inschriften selbst bieten zu können (sie würden sich in die bereits publizierten Inschriften vom Αγρός Παυλίδη, d.h. 119/G500–126/L613 einreihen): Φλάβιος Γοργόνιος, der Sohn des Κρατερός (nur ein Name ist zu zählen, da der Vater nicht aus Philippi stammt), Γλυκερίς, die Tochter des Ἀνδρόνεικος (ebenfalls nur ein Name).

Wir haben hier also 2 weitere eindeutig griechische Namen (das *gentilicium* Φλάβιος ändert daran nichts).

Addiert man die Zahlen, so erhält man 6 aus den literarischen Quellen, 52 aus den publizierten Inschriften sowie schließlich 4 durch Μπακιρτζής und 2 durch Πέννας bekanntgegebene Namen, *summa summarum* also 64 Namen.

Es ergibt sich: Aus den ersten Jahrhunderten der Geschichte der Gemeinde in Philippi sind uns 64 Christinnen und Christen namentlich bekannt. Unter diesen 64 Namen ist nicht ein einziger thrakischer Name.

---

[2] Eine Reihe von im Museum in Philippi ausgestellten christlichen Grabinschriften (vgl. dazu Χαράλαμπος Μπακιρτζής: Ἔκθεση παλαιοχριστιανικῶν ἀρχαιοτήτων στο Μουσείο Φιλίππων, AAA 13 (1980) [1981/82], S. 90–98) enthält Namen, von denen Μπακιρτζής die beiden oben genannten verrät: Ἰωάννης (Μπακιρτζής, S. 95) und Νίκανδρος (ebd.). Hinzu kommen noch Δανιήλ und Ἀσπιλία aus dem östlich der *Basilika extra muros* durch Μπακιρτζής entdeckten Komplex (vgl. dazu ΑΔ 35 (1980) Β'2 Χρονικά [1988], S. 443).

Dasselbe gilt für Makedonien als ganzes, wie man anhand der Sammlung von Feissel schnell nachprüfen kann. Ein Blick auf die einschlägigen Indices genügt, um das zu bestätigen.

So ist es vermutlich kein Zufall, daß das Neue Testament, das doch schon in der Antike in vielerlei Sprachen übersetzt wurde, nie ins Thrakische übertragen worden ist. Vgl. dazu im einzelnen die Studie von Bruce M. Metzger.[3]

Dieser ganz eindeutige Befund bestätigt am Beispiel Philippis, was man aus der frühen Zeit des Christentums ohnehin weiß: Der christliche Glaube ist ein vorwiegend städtisches Phänomen.[4] Die thrakischen Einwohner aber lebten weniger in der Stadt Philippi selbst, sondern in erster Linie in den zahlreichen *vici* über das ganze Territorium verstreut. Die Inschriften legen den Schluß nahe, daß in manchen dieser *vici* die Thraker sogar die Mehrheit der Bevölkerung bildeten.[5] In der *Stadt* Philippi dagegen, wo Paulus die ersten Christen gewann, bildeten die Thraker allenfalls eine verschwindende Minderheit, denn die Grabsteine aus den beiden Nekropolen weisen lateinische und griechische, aber kaum thrakische Namen auf.

Dieser Befund gilt für die ersten Jahrhunderte der christlichen Gemeinde in Philippi. Was aber die frühe Gemeinde, die Paulus gegründet hat, angeht, so läßt sich aus den fünf literarisch überlieferten Namen eine bemerkenswerte Folgerung ziehen: Römische bzw. lateinische Namen sind eindeutig unterrepräsentiert: Nur Clemens aus Phil 4,3 fällt in diese Kategorie. Kein *Marcus Lollius Marci filius Voltinia* (vgl. die Inschrift 200/L310) und keine *Cornelia Longa* (003/L029), kein *Sermo Turpilius Vetidius* (026/L123) und keine *Obellia Spurii filia Quarta* (154/L600) ist Glied der christlichen Gemeinde. Diese besteht

---

[3] BRUCE M. METZGER: The Problematic Thracian Version of the Gospels, in: A Tribute to Arthur Vööbus. Studies in Early Christian Literature and Its Environment, Primarily in the Syrian East, Chicago 1977, S. 337–355; Nachdr. in: DERS.: New Testament Studies. Philological, Versional, and Patristic, NTTS 10, Leiden 1980, S. 148–166. METZGER kommt zu dem Ergebnis: »In view of the lack of any solid proof that there was ever a written version of the Bible in the Thracian language, and in accord with what can be deduced from historical and literary data bearing on the question, the most that one may conclude is that in Bessian congregations the Scripture lesson may have been provided through the medium of oral interpretation. There is no evidence for the existence of a Thracian Bible.« (S. 166).

[4] MEEKS stellt zu Recht fest: »it was in the cities of the Roman Empire that Christianity, though born in the village culture of Palestine, had its greatest successes until well after the time of Constantine« (WAYNE A. MEEKS: The First Urban Christians. The Social World of the Apostle Paul, New Haven/London 1983, S. 8). Ähnlich heißt es bei PLÜMACHER: Das Christentum ist »bis weit in die zweite Hälfte des 3. Jahrhunderts hinein so gut wie ausschließlich in und in erheblichem Maße auch von der kaiserzeitlichen Stadt geprägt worden – es wurde seiner ganzen Erscheinung nach zu einer zuvörderst städtischen Religion« (ECKHARD PLÜMACHER: Identitätsverlust und Identitätsgewinn. Studien zum Verhältnis von kaiserzeitlicher Stadt und frühem Christentum, Biblisch-Theologische Studien 11, Neukirchen-Vluyn 1987, S. 8).

[5] Ein Beispiel ist der bei dem heutigen Dorf Φίλιπποι gelegene *vicus* mit den Inschriften 045/L042, 046/L043, 047/L044, 048/L304, 049/L629, 050/G648, 051/L649, 052/L650, vgl. dazu den Kommentar zu 048/L304, Z. 6 (wo die *vicani Satriceni* genannt werden; der *vicus* hieß also *Satricenus* o.ä.).

vielmehr vornehmlich aus Griechinnen und Griechen: Lydia, Epaphroditos, Euodia und Syntyche.

Über Lydia ist im vorigen Paragraphen alles Nötige gesagt. Epaphroditos trägt einen in Philippi kurioserweise ausgerechnet in einer *lateinischen* Inschrift belegten Namen: 425/L284 bietet einen [E]paphrodit[us]. Der Name ist in Philippi sonst nur noch in der Kurzform Epaphra belegt (und zwar in 294/L406 aus der Basilika B; im Akkusativ: Epaphran). Im Hinblick auf Euodia und Syntyche schließlich kann man vermuten »that they were among the merchant groups who were metics [Metöken] in Philippi«[6]. Wie Lydia und Epaphroditus waren auch sie nicht *cives Romani,* sondern hatten den Status von *incolae* inne. »It is to be noted besides that they were women who had sufficient independence to be recognized in their own right as activists in the Pauline mission.«[7]

Der Befund, der sich aus den Namen der Gemeindeglieder für die erste christliche Gemeinde ergibt, ist somit eindeutig: Die erste christliche Gemeinde in Philippi besteht vorwiegend aus Griechen; Thraker sind überhaupt nicht vertreten. Römer bilden allenfalls eine verschwindende Minderheit.

Dies wird bestätigt, wenn man die Titel der Funktionäre der Gemeinde betrachtet. Oben im Zweiten Kapitel (§ 4) wurde versucht, den in dieser Zeit im Bereich der christlichen Gemeinden analogielosen Titel ἐπίσκοποι auf dem Hintergrund der *Colonia Iulia Augusta Philippensis* zu erklären. Im vorliegenden Zusammenhang ist es nun aber besonders aufschlußreich, daß es sich um einen *griechischen* Titel handelt. Dies bestätigt den Befund, daß wir es in der ersten Gemeinde überwiegend mit Griechen zu tun haben. Wäre dies anders, würde man unbedingt eine lateinische Amtsbezeichnung erwarten. Wie Paulus das lateinische *Philippenses* in ein griechisches Φιλιππήσιοι verwandelt (vgl. dazu o. S. 116ff.), wie Lukas statt des griechischen *terminus technicus* ἀποικία das lateinische κολωνία benutzt (vgl. o. S. 159f.), so wäre es ein leichtes gewesen, etwa den römischen *procurator* im griechischen Gewand als προκουράτωρ[8] erscheinen zu lassen. Wenn Paulus im Präskript seines Briefes nun aber nicht die προκουράτωρες, sondern die ἐπίσκοποι grüßt, so ist dies ein Hinweis darauf, daß die griechische Gemeindemehrheit ihren Funktionären eben auch einen passenden *griechischen* Titel gegeben hat.

Gerne wüßte man Näheres über die *Größe* der von Paulus gegründeten Gemeinde. Sie hat, wie die Existenz von ἐπίσκοποι und διάκονοι schon nach wenigen Jahren beweist, jedenfalls in der ersten Phase eine stürmische Entwicklung gehabt: »Paul's reference to leaders of the church (ἐπίσκοποι) and also to assistants (διάκονοι) (Phil. 1:1) indicates the development of some organiza-

---

[6] MEEKS, aaO. (Anm. 4), S. 57.

[7] MEEKS, ebd.

[8] Vgl. dazu HERBERT HOFMANN: Die lateinischen Wörter im Griechischen bis 600 n.Chr., Erweiterte Fassung einer Inaugural-Dissertation in der Philosophischen Fakultät II (Sprach- und Literaturwissenschaften) der Friedrich-Alexander-Universität Erlangen-Nürnberg, Erlangen 1989, S. 357, s.v. προκουράτωρ.

tion. This implies that the size of the membership was so great that it had become necessary to create officials in order that the tasks could be delegated to them.«[9]

Daraus ergibt sich, daß die Gemeinde schon zu Lebzeiten des Paulus auch zahlenmäßig von erheblicher Bedeutung gewesen ist.

§ 4 Die Lieblingsgemeinde des Paulus[1]

Die Gemeinde in Philippi war aus der Sicht des Paulus eine ganz besondere Gemeinde. Ihr weiß er sich in herzlicher Weise verbunden. Dies wird schon im Prooemium des Philipperbriefs deutlich, wo es heißt: καθώς ἐστιν δίκαιον ἐμοὶ τοῦτο φρονεῖν ὑπὲρ πάντων ὑμῶν διὰ τὸ ἔχειν με ἐν τῇ καρδίᾳ ὑμᾶς, ἔν τε τοῖς δεσμοῖς μου καὶ ἐν τῇ ἀπολογίᾳ καὶ βεβαιώσει τοῦ εὐαγγελίου συγκοινωνούς μου τῆς χάριτος πάντας ὑμᾶς ὄντας (1,7). Dies wird unterstrichen, wenn Paulus die Gemeinde seine Freude und seinen Kranz nennt: ὥστε, ἀδελφοί μου ἀγαπητοὶ καὶ ἐπιπόθητοι, χαρὰ καὶ στέφανός μου, οὕτως στήκετε ἐν κυρίῳ, ἀγαπητοί (4,1). Dieses einzigartige Verhältnis zwischen dem Apostel und seiner Gemeinde wird schließlich ausdrücklich beschrieben, wenn Paulus sagt: οἴδατε δὲ καὶ ὑμεῖς, Φιλιππήσιοι, ὅτι ἐν ἀρχῇ τοῦ εὐαγγελίου, ὅτε ἐξῆλθον ἀπὸ Μακεδονίας, οὐδεμία μοι ἐκκλησία ἐκοινώνησεν εἰς λόγον δόσεως καὶ λήμψεως εἰ μὴ ὑμεῖς μόνοι (4,15).

1. Die ἀρχὴ τοῦ εὐαγγελίου

Hier charakterisiert Paulus seine Mission in Philippi als ἀρχὴ τοῦ εὐαγγελίου. Diese Charakterisierung hat seitens der Kommentatoren ganz unterschiedliche Auslegungen erfahren. Heinrich August Wilhelm Meyer war der Ansicht, dies sei »vom Standpunkte der *Leser* aus gesagt, so dass die Anfangszeit der Heilsverkündigung *in der dortigen Gegend* gemeint ist, die Zeit gleich nach der ersten Stiftung Macedonischer Gemeinden.«[2] Mit dieser Auslegungstradition zu brechen, erwägt offenbar als erster Ernst Lohmeyer: »Nimmt man die Worte so wie sie dastehen, dann ist mit der Verkündung des Evangeliums in Philippi überhaupt der Anfang der paulinischen Mission gesetzt.«[3]

---

[9] LILIAN PORTEFAIX: Sisters Rejoice. Paul's Letter to the Philippians and Luke-Acts as Seen by First-century Philippian Women, CB.NT 20, Uppsala 1988, S. 137.

[1] Zum Titel dieses Paragraphen vgl. den Titel des Büchleins von RUDOLF PESCH: Paulus und seine Lieblingsgemeinde. Paulus – neu gesehen. Drei Briefe an die Heiligen in Philippi, HerBü 1208, Freiburg/Basel/Wien 1985.

[2] HEINRICH AUGUST WILHELM MEYER, S. 144. Dem schloß sich MARTIN DIBELIUS an, der paraphrasiert: »als ich bei euch den Anfang machte« (1. Aufl. des Kommentars, S. 63). Ähnlich auch EWALD/WOHLENBERG: »als das Evangelium sozusagen anfing in eurem Gesichtskreis eine Rolle zu spielen« (S. 231).

[3] ERNST LOHMEYER, S. 184.

Lohmeyer weist darauf hin, daß dies mit »Andeutungen der Apostelgeschichte zusammenstimmen« würde (S. 184f.). »Doch bleibt an dieser Stelle die Möglichkeit nicht ausgeschlossen, daß aus dieser Verbundenheit heraus, die zwischen Apostel und Gemeinde besteht, eine etwas lockere Redeweise gewählt ist« (S. 185).

Faktisch kann sich also auch Lohmeyer nicht recht dazu entschließen, »die Worte so [zu nehmen,] wie sie dastehen«. So ist es nicht verwunderlich, wenn auch Joachim Gnilka eingangs befindet: »Es irritiert, daß in Verbindung mit Makedonien vom Anfang die Rede ist.« Aber er hält es doch für erwägenswert, »daß für den Apostel die Wirksamkeit in Makedonien tatsächlich den eigentlichen Beginn seiner Verkündigung darstellt.«[4]

Im Hinblick auf die sogenannte erste Missionsreise, die in Apg 13 und 14 geschildert wird, findet Gnilka es aufschlußreich, »daß Paulus selber in seinen Briefen diese Tätigkeit niemals erwähnt und daß er nach der Apg damals der Missionshelfer des Barnabas war, während dieser die Führung hatte« (ebd.). Er fügt hinzu, daß die galatische Tätigkeit, »die der makedonischen voraufgeht, ... aller Wahrscheinlichkeit nach keine geplante« war, »sondern durch eine unvorhergesehene Krankheit, die anläßlich der Durchreise zu einem Aufenthalt in diesen Gegenden zwang, verursacht« (ebd.). Mit Eduard Meyer[5] bezeichnet er »den Entschluß Pauli, in die Welt des Ägäischen Meeres zu gehen ... als ›entscheidenden Wendepunkt‹« (ebd.). Nicht nachzuvollziehen vermag ich die abschließende Aussage Gnilkas: »Dann war dieser Entschluß für seine eigene Tätigkeit von Anfang an bestimmend.« (ebd.).

Mag auch die genaue Bestimmung des Sinnes der Aussage bezüglich der ἀρχὴ τοῦ εὐαγγελίου strittig sein, klar ist jedenfalls so viel, daß für Paulus die Mission in Philippi einen ganz besonderen Wendepunkt markiert.

Hinzu kommt nun aber noch die zweite Aussage dieses Satzes 4,15, wonach *keine* Gemeinde mit Paulus εἰς λόγον δόσεως καὶ λήμψεως stand außer die der Philipper (vgl. dazu genauer oben im Zweiten Kapitel, § 5). Hiermit ist ein Doppeltes gesagt: Zum einen engagieren sich die Philipper in bemerkenswerter Weise finanziell für die weitere Missionstätigkeit des Paulus, zum andern war die Gemeinde in Philippi mindestens zum damaligen Zeitpunkt die einzige, der Paulus dieses gestattete. Auch insofern liegt hier also ein ganz besonderes Verhältnis zwischen dem Apostel und seiner Gemeinde vor. Es ist daher keine Übertreibung, wenn Müller unseren Vers dahingehend interpretiert, daß die Philipper »schon in der Anfangszeit, als das Evangelium in ihren Gesichtskreis getreten ist, eine besondere, ja exklusive Beziehung zu ihm als Apostel gehabt haben.«[6]

---

[4] Joachim Gnilka, S. 177.

[5] Eduard Meyer: Ursprung und Anfänge des Christentums. Dritter Band: Die Apostelgeschichte und die Anfänge des Christentums, Stuttgart und Berlin 1923, hier S. 80: »Der Entschluß des Paulus, die Missionstätigkeit in Kleinasien abzubrechen und in die Welt des Aegaeischen Meeres zu gehn, bezeichnet einen entscheidenden Wendepunkt in seiner Laufbahn. Bisher erstreckte sich seine Wirksamkeit nur auf abgelegene Gebiete, auf die wenig ankam; indem er jetzt die Centren des griechischen Lebens aufsucht, beginnt seine Weltwirkung.«

[6] Müller in seinem Kommentar, S. 204.

2. Die spätere Wirksamkeit des Paulus

An mehreren Stellen des Philipperbriefs spricht Paulus von seinem Wunsch, ein weiteres Mal nach Philippi zu kommen. Schon im Prooemium ist von dem starken Verlangen die Rede, mit dem Paulus sich nach den Christen in Philippi sehnt (μάρτυς γάρ μου ὁ θεὸς ὡς ἐπιποθῶ πάντας ὑμᾶς ἐν σπλάγχνοις Χριστοῦ ᾿Ιησοῦ heißt es 1,8). Wo Paulus vom Ausgang seines Prozesses spricht, gibt er seiner Überzeugung Ausdruck, daß er *um der Philipper willen* mit dem Leben davon kommen wird (1,25: καὶ τοῦτο πεποιθὼς οἶδα ὅτι μενῶ καὶ παραμενῶ πᾶσιν ὑμῖν εἰς τὴν ὑμῶν προκοπὴν καὶ χαρὰν τῆς πίστεως).

Der paränetische Abschnitt 1,27ff., wo Paulus die Philipper auffordert: ἀξίως τοῦ εὐαγγελίου τοῦ Χριστοῦ πολιτεύεσθε (1,27a), wird ebenfalls sogleich mit einem Hinweis auf das mögliche Kommen des Paulus versehen (ἵνα εἴτε ἐλθὼν καὶ ἰδὼν ὑμᾶς εἴτε ἀπὼν ἀκούω τὰ περὶ ὑμῶν, ὅτι στήκετε ἐν ἑνὶ πνεύματι, μιᾷ ψυχῇ συναθλοῦντες τῇ πίστει τοῦ εὐαγγελίου; 1,27b).

In Kapitel 2 präzisiert Paulus seine Pläne dahingehend, daß er zunächst einmal den Timotheus nach Philippi schicken wird (2,19ff.). Aber noch im selben Abschnitt betont er, daß er auch selbst in Kürze Philippi besuchen wird (2,24: πέποιθα δὲ ἐν κυρίῳ ὅτι καὶ αὐτὸς ταχέως ἐλεύσομαι).

Dieser Wunsch des Paulus, seine geliebte Gemeinde in Philippi ein weiteres Mal zu besuchen, ging in der Tat in Erfüllung, wie wir aus dem zweiten Korintherbrief schließen können. Demnach reiste Paulus aus Ephesos nach Troas (2 Kor 2,12f.; vgl. dazu Apg 20,1), wo sich ihm eine Chance zur Verkündigung des Evangeliums eröffnete, die er nicht wahrnehmen konnte, weil er sogleich nach Makedonien übersetzte. Es kann keinen Zweifel daran geben, daß Paulus den Weg mit dem Schiff von Troas nach Neapolis wählte, um von dort weiter nach Philippi zu gelangen. Dies ist dann der zweite Besuch des Paulus in Philippi gewesen.

Der dritte und letzte Besuch erfolgte schließlich im Zusammenhang mit der Kollektenreise nach Jerusalem. Lukas berichtet, daß Paulus bei dieser Gelegenheit das Passafest in Philippi feierte (Apg 20,6: ἡμεῖς δὲ ἐξεπλεύσαμεν μετὰ τὰς ἡμέρας τῶν ἀζύμων ἀπὸ Φιλίππων καὶ ἤλθομεν πρὸς αὐτοὺς εἰς τὴν Τρωάδα). Man darf annehmen, daß gerade die Gemeinde in Philippi sich in besonders intensiver Weise an der Kollekte für die »Armen in Jerusalem« beteiligte. (Zum finanziellen Engagement der Gemeinde in Philippi vgl. oben im Zweiten Kapitel, § 5.) Dies ist die letzte Nachricht, die wir im Neuen Testament über Paulus und die Philipper finden.

Insgesamt drei Besuche also sind es, die wir für Philippi ermitteln können. Dies ist vielleicht keine große Zahl, aber immerhin genug, um das junge Pflänzchen zu setzen und zu hegen, das sich zur Zeit des Polykarp zu einer stattlichen Pflanze entwickelt hat, deren βεβαία ῥίζα er in seinem Prooemium rühmt (PolPhil 1,2).

§ 5 Lukas aus Philippi

Über die Identität und Herkunft der Verfasser der Schriften des Neuen Testaments ist seit jeher viel spekuliert worden. Soweit es sich dabei um anonyme oder pseudonyme Schriften handelt, ist die Lage besonders schwierig. Als anonyme Schrift muß trotz des Prologs (Luk 1,1–4) auch das von uns so genannte lukanische Doppelwerk gelten, denn seinen Namen gibt der Verfasser weder zu Beginn des Evangeliums noch zu Beginn der Apostelgeschichte, wo jeweils der Adressat der Schrift, Theophilos, angesprochen wird, preis.

Auch aus dem Werk des Lukas selbst kann man nicht ohne weiteres auf die Identität und Herkunft des Verfassers schließen. Die kirchliche Tradition macht Lukas zu dem Arzt und Begleiter des Paulus aus Antiochien in Syrien, der sein Leben als vierundachtzigjähriger Greis voll des Heiligen Geistes in Boiotien beschließt:

Ἔστιν ὁ Λουκᾶς Ἀντιοχεὺς Σύρος, ἰατρὸς τῇ τέχνῃ, μαθητὴς ἀποστό-
λων γενόμενος καὶ ὕστερον Παύλῳ παρακολουθήσας μέχρις τοῦ
μαρτυρίου αὐτοῦ, δουλεύσας τῷ κυρίῳ ἀπερισπάστως, ἀγύναιος, ἄτεκ-
νος, ἐτῶν ὀγδοήκοντα τεσσάρων ἐκοιμήθη ἐν τῇ Βοιωτίᾳ, πλήρης πνεύματος ἁγίου.[1]

Es ist Lukas ein Antiochener, ein Syrer, Arzt von Beruf, ein Schüler der Apostel; er folgte später dem Paulus nach bis zu dessen Martyrium; er diente dem Herrn unbeirrt; er war ohne Frau, ohne Kind; mit 84 Jahren entschlief er in Boiotien, voll des Heiligen Geistes.

---

[1] ADOLF VON HARNACK: Die ältesten Evangelien-Prologe und die Bildung des Neuen Testaments, SPAW 1928, S. 322–341; jetzt in: DERS.: Kleine Schriften zur alten Kirche [II]. Berliner Akademieschriften 1908–1930, Opuscula IX 2, Leipzig 1980, S. 803–822; hier S. 805. Der Text ist bequem zugänglich in der ALANDschen Synopse, S. 533 (KURT ALAND [Hg.]: Synopsis quattuor evangeliorum locis parallelis evangeliorum apocryphorum et patrum adhibitis, Stuttgart ⁹1976).

An der Herkunft des Lukas aus Antiochien wird von einigen bis heute festgehalten. AUGUST STROBEL zufolge »ist die Aussage über die antiochenische Herkunft des Lukas ohne Zweifel beachtlich alt und sie kann nicht einfach als wertlos abgetan werden« (AUGUST STROBEL: Lukas der Antiochener, ZNW 49 (1958), S. 131–134; hier S. 132).

PEDER BORGEN (Philo, Luke and Geography, in: DERS.: Philo, John and Paul. New Perspectives on Judaism and Early Christianity, BJSt 131, Atlanta 1987, S. 273–285) bringt Argumente, die für Ephesos als den Abfassungsort des lukanischen Werkes sprechen: »The horizon of Luke-Acts may be defined as the geographical perspective of the world as seen from the standpoint of pagans, Jews and Christians in Ephesus. If so, Ephesus has to Luke a function corresponding to that of Alexandria to Philo« (S. 281–282). Dagegen s. meine Argumente o. im Dritten Kapitel, § 1, Anm. 12.

Eine Herkunft aus Makedonien, wie ich sie vertrete, hat auch FRANÇOIS BOVON (Das Evangelium nach Lukas, 1. Teilband. Lk 1,1–9,50, EKK III 1, Zürich/Neukirchen-Vluyn 1989) angenommen: »Daß Lukas aus Makedonien (Philippi?) stammt, ist auch aufgrund seiner präzisen Kenntnisse über diese Region, besonders über die römischen Institutionen, wahrscheinlich« (S. 23).

Ein anderes Bild hat sich im Lukaskapitel dieser Arbeit ergeben: Lukas stammt nicht aus Syrien, sondern aus Makedonien, er ist nicht Glied der Gemeinde in Antiochien, sondern der in Philippi. Ist dies richtig, so haben wir in Lukas nicht nur den bedeutendsten Christen Philippis seiner Generation, sondern den bedeutendsten Christen Philippis überhaupt vor uns. Damit kommt ihm automatisch für die Geschichte der Gemeinde von Philippi eine besonders wichtige Stellung zu. Darüber hinaus bewahrt er in seinem Philippiabschnitt eine Reihe von lokalen Traditionen über die Gründung der Gemeinde durch Paulus auf, die sonst für uns verloren wären. Daher stelle ich in diesem Paragraphen zunächst diese Traditionen vor, um sodann auf ihre lukanische Redaktion einzugehen.

1. Traditionen über die Gründung der Gemeinde in Philippi

a) Die Übergangsszene Apg 16,6–10 ist stark lukanisch geprägt, aber in ihrem entscheidenden Teil, dem v. 9f., keineswegs »erst von Lukas gebildet worden«, wie Weiser meint.[2] Schon Hans Conzelmann hat in bezug gerade auf v. 10 festgestellt: »Offensichtlich spiegeln sich hier Verbindungen der Gemeinden dieses Raumes in lukanischer Zeit«; und: »der Verfasser deutet das Gebiet an, in welchem er selbst Stoff sammelte und sich so am nächsten bei authentischen Überlieferungen wußte.«[3] Auch Lüdemann, der das »Traumgesicht« in v. 9 »auf Lukas« zurückführen möchte, räumt ein, daß »bereits die Tradition eine Notiz über die Bedeutsamkeit des Übergangs nach Europa« enthielt, »die von der Bedeutsamkeit des Schrittes nach Europa *für Paulus* zu berichten wußte«.[4] Viel näher liegt es jedoch, daß diese Tradition von der Bedeutsamkeit des Schrittes nach Makedonien *für die Philipper* zu berichten wußte! Noch der Polykarpbrief macht deutlich, wie stolz man in Philippi auf die frühe Gründung der Gemeinde (vgl. Polykarp Phil 11,3) und die Gründung durch Paulus selbst war – nicht viele Gemeinden können sich dessen rühmen, daß Paulus κατὰ πρόσωπον bei ihnen weilte (Polykarp Phil 3,2; vgl. auch 11,3) und ihr ἐπιστολάς schrieb (3,2 und 11,3). Daher hat man sich in Philippi nicht nur die Geschichte von der Bekehrung der Lydia oder des Gefängniswärters erzählt, sondern auch von dem Traum, der Paulus allererst veranlaßte, nach Makedonien zu kommen. Der ἀνὴρ Μακεδών, der dem Paulus in Troas erscheint, bildet den *Anfang der lokalen Gemeindetradition in Philippi,* auf die Lukas bei Abfassung seines Abschnitts über die Gründung der Gemeinde zurückgreifen kann.

---

[2] Weiser in seinem Kommentar, S. 404.
[3] Conzelmann, S. 98.
[4] Gerd Lüdemann: Das frühe Christentum nach den Traditionen der Apostelgeschichte. Ein Kommentar, Göttingen 1987, S. 184 und S. 185. Die Hervorhebung ist von mir. Daß es sich nicht um einen Schritt nach Europa handelt, wurde oben im Dritten Kapitel (§ 3) begründet.

b) Verschiedene auffällige Besonderheiten erweisen den Kernbestand der Erzählung von der Bekehrung der Lydia (Apg 16,13–15) als traditionell: »Der Ausdruck *proseuche* spricht wegen seiner Singularität in der Apg für Tradition, ebenso der Name der Lydia, die Spezifizierung ihrer Herkunft ... und ihre Taufe.«[5] In Philippi war nicht nur Lydia, die ἀπαρχή Makedoniens, zur Zeit des Lukas noch eine allen wohlvertraute Gestalt, sondern man wußte auch Einzelheiten von ihrer Bekehrung zu erzählen. Die Lokalisierung dieses Geschehens draußen vor dem dritten Stadttor am Fluß in der προσευχή war für die damaligen Gemeindeglieder Stück einer lebendigen Erinnerung.

c) Die Heilungsgeschichte in Apg 16,16–18 geht ebenfalls auf Tradition zurück.[6] Ob es sich dabei um eine Tradition der Gemeinde in Philippi handelt, mag man fragen. Immerhin konnte oben im Dritten Kapitel (§ 5) gezeigt werden, daß der θεὸς ὕψιστος eine im thrakisch-makedonischen Raum verehrte Gottheit ist, die sich gut in das Panorama der *Colonia Iulia Augusta Philippensis* einfügt.[7] Das ist insofern ein Argument für die Herkunft dieser Tradition *aus Philippi,* als allenfalls die Gemeinde in Thessaloniki in dieser frühen Zeit noch in den geographischen Rahmen des Verbreitungsgebiets dieses θεὸς ὕψιστος fällt. Eine Übertragung der Tradition aus Thessaloniki nach Philippi aber anzunehmen, liegt kein Grund vor. Daher bin ich der Auffassung, daß es sich hier in der Tat um eine Tradition *der Gemeinde in Philippi* handelt.

d) Die Anklage und Festsetzung des Paulus und des Silas (16,19–24) geht mindestens in zwei Punkten auf Tradition zurück: »Die Mißhandlungen des Paulus und Silas ... entsprechen den Selbstaussagen des Paulus über sein und Silas' Leiden in Philippi (1 Thess 2,2).«[8] Zudem ist der Gefängnisaufenthalt der beiden Missionare fester Bestandteil der Tradition, der für die Bekehrung des δεσμοφύλαξ unentbehrlich ist.

e) Auch die Erzählung von der wunderbaren Befreiung der beiden Missionare aus dem Gefängnis (16,25–34) ist Bestandteil der philippischen Tradition.[9] Der δεσμοφύλαξ, immerhin ein städtischer Angestellter, war den Gliedern der Gemeinde in Philippi zur Zeit des Lukas noch eine vertraute Gestalt.

---

[5] LÜDEMANN, aaO., S. 189. Vgl. auch WEISER, S. 421f.: »Die Erzählung von der Bekehrung Lydias (VV 13–15) geht sicher auf eine Ortsüberlieferung aus Philippi zurück; denn einige örtliche Detailangaben stimmen auffallend genau mit der Geographie, dem archäologischen Befund und den kulturgeschichtlichen Verhältnissen überein.«

[6] So zuletzt auch LÜDEMANN, S. 189.

[7] Dieser lokale Aspekt ist übersehen bei ROBERT F. O'TOOLE: Art. Slave Girl at Philippi, The Anchor Bible Dictionary 6 (1992), S. 57–58, und bei LÜDEMANN, der meint, »die Tradition eines Wunders des Paulus in Philippi [könne] auch auf Grund einer Wundertat an einem anderen Ort entstanden sein« (aaO., S. 191).

[8] LÜDEMANN, aaO., S. 191.

[9] Vgl. schon CONZELMANN: Lukas »erfindet solche Geschichten nicht frei« (S. 101). Daß es sich bei dem Befreiungswunder um eine »›Lesefrucht‹ des Lukas« handelt (LÜDEMANN, aaO., S. 190), ist m.E. nicht naheliegend. Gerade in Philippi standen dem Lukas gewiß weit mehr Traditionen zur Verfügung, als er in seinen Bericht aufnehmen konnte. Schon von daher bestand hier kein Bedarf, »Lesefrüchte« einzustreuen!

Es ergibt sich: Lukas fand in seiner Gemeinde in Philippi einen reichen Schatz an Traditionen vor, die von der Gründung der Gemeinde durch Paulus handelten. Vermutlich ist das von ihm verarbeitete Material nur ein Teil der damals in Philippi kursierenden Erzählungen gewesen. Aber selbst dieser Teil ist – verglichen mit den Traditionen anderer Gemeinden – überaus reichhaltig. Insbesondere verdient die Erzählung vom Traum in Troas Beachtung: Der Übergang nach Makedonien und speziell nach Philippi war der Gemeinde besonders wichtig.

War Lukas in der Tat Glied der Gemeinde in Philippi, so ist an dieser Stelle die Frage unausweichlich, warum er sich für die Darstellung der Gründung der Gemeinde in Philippi nicht noch einer ganz anderen Quelle bediente, nämlich des Briefes (bzw. der Briefe) des Paulus an die Gemeinde in Philippi. Wir wissen nicht, welches die Bestände der öffentlichen Bibliothek der *Colonia Iulia Augusta Philippensis* zur Zeit des Lukas waren; aber wir können mit großer Sicherheit behaupten, daß zu den Buchbeständen der christlichen Gemeinde in Philippi jedenfalls der Brief des Paulus gehörte. Die bequeme Auskunft, Lukas habe eben diesen oder jenen (oder gar alle!) Briefe des Paulus *nicht* gekannt,[10] verbietet sich mindestens im Blick auf den Philipperbrief, wenn Lukas Glied der christlichen Gemeinde in Philippi war.

Im Rahmen dieser Darstellung kann ich das Problem nicht ausführlicher diskutieren; von entscheidender Bedeutung scheint mir die Feststellung Lindemanns: »Die paulinischen Briefe werfen ... vor allem Licht auf die *Geschichte* der einzelnen Gemeinden, während sich Lukas ganz bewußt darauf beschränkt, deren *Gründungszeit* darzustellen«.[11] Für die Gründung der Gemeinde in Philippi kann man dem Brief des Paulus nun aber nichts von Bedeutung entnehmen; als Quelle für seinen Philippiabschnitt kam der Brief für Lukas schon von daher *gar nicht in Betracht*. Man kann aber vielleicht noch einen Schritt weitergehen: Hat Lukas wirklich damit gerechnet, »daß die Leser der Apg paulinische Briefe kannten«, wie Lindemann meint[12], und war es seine Absicht, »mit Hilfe der Apg die paulinischen Briefe zu illustrieren und zu ergänzen«[13], so kann man vermuten, daß Lukas gerade *die* Traditionen aus der Gründungszeit der Gemeinde in Philippi auswählt, die im Brief des Paulus keinen Nachhall gefunden haben: Lydia wird dort bekanntlich ebensowenig erwähnt wie der δεσμο-φύλαξ![14]

MEEKS vermißt den Namen des Gefängniswärters: »It is true that this legend might still preserve some local tradition about early converts, but in that case we would expect a name to be remembered« (WAYNE A. MEEKS: The First Urban Christians. The Social World of the Apostle Paul, New Haven/London 1983, S. 62).

[10] Vgl. den Forschungsüberblick bei ANDREAS LINDEMANN: Paulus im ältesten Christentum. Das Bild des Apostels und die Rezeption der paulinischen Theologie in der frühchristlichen Literatur bis Marcion, BHTh 58, Tübingen 1979, S. 163f.

[11] LINDEMANN, aaO., S. 172; die Hervorhebungen sind von mir.

[12] LINDEMANN, aaO., S. 173.

[13] Ebd.

[14] Schwierigkeiten ergeben sich freilich für Ephesos: Lukas muß aus dem Philipperbrief

2. Die lukanische Redaktion des Philippiabschnitts

a) Die Erzählung vom Traum des Paulus in Troas eignete sich hervorragend zur Verknüpfung des Philippiabschnitts mit dem früheren Geschehen. War es schon die Intention der *Tradition,* mit dieser Geschichte die Bedeutsamkeit des Übergangs des Paulus nach Makedonien herauszustellen, so hat Lukas an dieser Intention nicht nur festgehalten, sondern er hat sie seinerseits noch verstärkt durch die Kombination mit den Versen 16,6–8. Ganz gleich, ob es sich hier um die Verkürzung eines Itinerars[15] handelt oder nicht, die summarischen Motive und das zweimalige Eingreifen des Geistes dienen ein und demselben Ziel.

Die Diskussion dieser Passage in den entsprechenden Paragraphen des Dritten Kapitels (§ 1 und 2) hat ergeben, daß das Ramsaysche Diktum: »This is in many respects the most remarkable paragraph in *Acts*«[16] insbesondere auf der *redaktionellen Ebene* zutrifft (vgl. das Ergebnis o. S. 158f.).

b) Ob Lukas in bezug auf die Verse 11–12 auf ein Itinerar oder auf Tradition der Gemeinde in Philippi zurückgreift, mag hier auf sich beruhen. Entscheidend sind die redaktionellen Zusätze, die auf ihn selbst zurückgehen, nämlich *erstens* ἥτις ἐστὶν πρώτη[ς] μερίδος τῆς Μακεδονίας πόλις und *zweitens* κολωνία.

Daß es sich hierbei in der Tat um redaktionelle Zufügungen des Lukas handelt, ist nicht schwer zu begründen: Stammt die hinter v. 11–12 stehende Tradition aus der Gemeinde in Philippi, so sind beide Angaben überflüssig. Daß Philippi zur ersten μερίς in Makedonien gehört, braucht man einem Bewohner der Stadt nicht umständlich zu erläutern, und daß die Stadt eine Kolonie ist, ist jedem Kind bekannt. Als Bestandteile einer philippischen Tradition kann man die beiden Angaben daher auf keinen Fall auffassen. Stammt die Tradition von v. 11–12 aus einem Itinerar, so ist zwar die Beschreibung der Überfahrt von Troas nach Neapolis in v. 11 und des Weges von Neapolis nach Philippi in v. 12a gut vorstellbar, die beiden uns hier interessierenden Angaben dagegen nicht: Sie wären nicht nur in den übrigen Stücken des zu rekonstruierenden Itinerars ohne jede Analogie, sondern im Rahmen eines Stationenverzeichnisses auch ohne Funktion: Für ein Itinerar ist wichtig, von wo man wie nach Philippi kommt – daß die Stadt Kolonie ist, ist eine ebenso überflüssige Angabe wie die, daß sie in der ersten μερίς Makedoniens gelegen ist.

über die Gefangenschaft dort und den regen Kontakt zwischen Philippi und Ephesos in dieser Zeit gewußt haben. Für dieses Problem sehe ich momentan noch keine Lösung.

[15] Dies erwägt CONZELMANN, der meint: »In der Tat erweckt die Darstellung den Eindruck einer Epitome« (S. 97). Ähnlich urteilt auch LÜDEMANN: »Die Tatsache der Zickzackkreise *und* die mehrfachen (red.) Warnungen des Heiligen Geistes sprechen dafür, daß Lukas hier Material unterdrückt und lediglich Fetzen davon mitgeteilt hat« (aaO., S. 184). So oder ähnlich auch in vielen anderen Kommentaren z.St.

[16] W.M. RAMSAY: St. Paul the Traveller and the Roman Citizen, London [6]1902, S. 198. Vgl. dazu im einzelnen o. S. 153ff.

Als redaktionelle Zufügungen des Lukas dagegen sind die beiden Angaben gut interpretierbar[17]: Nachdem zuvor die Bedeutung des Übergangs nach Makedonien dem Leser vor Augen geführt worden war, wird nun der besondere Charakter der ersten Station in Makedonien illustriert. Lukas, der Lokalpatriot seiner Heimatstadt Philippi, lüftet hier zwar nicht sein Inkognito, aber er signalisiert dem aufmerksamen Leser seines Werkes, daß dies für ihn nicht eine Station wie jede andere ist.

c) Bei der Verbindung der soeben besprochenen Reisenotiz 16,11.12a mit der folgenden *traditionellen Erzählung* von der Bekehrung der Lydia (16,13–15) kam dem Redaktor seine genaue Ortskenntnis zustatten. Es wurde oben im dritten Paragraphen des Dritten Kapitels nachgewiesen, daß gerade die Rahmenangabe dieser Szene in Apg 16,13 sehr genau mit den topographischen Gegebenheiten im Südwesten der Stadt übereinstimmt.

Ich halte es für wahrscheinlich, daß man zur Zeit des Lukas in der christlichen Gemeinde in Philippi noch wußte, wo das Haus war, in dem Lydia wohnte, und wohin sie nach v. 15 die Missionare einlud.

d) Die von Lukas geschaffene Überleitung zu der Erzählung von der παιδίσκη in v. 16 muß daher einem jeden Leser in Philippi eingeleuchtet haben. Das Haus der Lydia im Innern der Stadt war ebenso bekannt wie die Lage der προσευχή vor dem dritten Stadttor. Man bedurfte keines Stadtplanes, um sich den Weg vorzustellen, den Paulus und seine Gefährten in v. 16 einzuschlagen hatten (vgl. dazu die Karten 1 und 8). Die südliche Parallelstraße zur Ἐμπορική ὁδός war es, die zum dritten Stadttor im SW führte.[18] Vom Haus der Lydia mußte man (falls es nicht ohnehin an dieser Straße lag) mittels einer πάροδος diese Straße erreichen, um dann zum dritten Stadttor und hinaus zur προσευχή zu gelangen. Aus Sicht des *Redaktors* stellt sich das so dar, daß es sich um einen bestimmten Weg handelt, den die Missionare mehrfach benutzen, wie v. 18 zeigt: τοῦτο δὲ ἐποίει ἐπὶ πολλὰς ἡμέρας. Der Einwand Haenchens: »Lassen ihre Besitzer [d.h. die Besitzer der παιδίσκη] die Sklavin allein in der Stadt herumlaufen? Wer kassiert dann die ἐργασία πολλή ein? Geht also einer der Besitzer immer mit zur Gebetsstätte? Alle diese Einzelheiten sind im Grunde vom Erzähler nicht durchdacht«[19], ist nicht berechtigt: Dem Erzähler Lukas wie seinen ersten Hörern und Lesern in Philippi steht der Weg der Missionare vom Haus der Lydia hinaus zur προσευχή plastisch vor Augen. Die Annahme,

---

[17] Selbst HARNACK, der in Lukas ja einen Augenzeugen des Geschehens und Begleiter des Paulus sieht, räumt ein, daß »man nicht eine so detaillierte Angabe wie ›im ersten Distrikt‹« erwartet. Doch hält er es für unsicher, aus »der auffallenden Charakteristik Philippis … auf einen besonderen Lokalpatriotismus des Luk. zu schließen« (ADOLF HARNACK: Die Apostelgeschichte, Beiträge zur Einleitung in das Neue Testament III, Leipzig 1908, S. 93 mit Anm. 1). Immerhin sagt auch HARNACK: »die Hypothese bleibt ansprechend, daß es Luk. gewesen ist, der zu Philippi gewisse Beziehungen hatte« (ebd.).

[18] Zum Straßennetz in Philippi und dem dritten Stadttor vgl. oben die Einleitung (S. 20–21).

[19] HAENCHEN in seinem Kommentar, S. 483.

daß sie an diesem Weg das Orakellokal passierten, in dem die παιδίσκη ihrem Geschäft nachging, macht keinerlei Schwierigkeiten und vermag alle von Haenchen aufgeworfenen Fragen aufs beste zu lösen.

e) Besonders schwierig ist die Scheidung von Tradition und Redaktion in den folgenden Versen. Die Anklage selbst (vgl. dazu oben im Dritten Kapitel, § 6) läßt sich nicht ohne weiteres in den Rahmen des bei Lukas sonst üblichen einzeichnen, was für ihre traditionelle Herkunft spricht. Ist dies richtig, dann gehen hier nur die Verknüpfungen der einzelnen Episoden (παιδίσκη, v. 16–18; Anklage und Festsetzung, v. 19–24; Befreiungswunder und Bekehrung, v. 25–34) auf die Hand des Redaktors zurück.

f) Anders verhält es sich freilich mit dem Schluß des Philippiabschnitts, v. 35–40. Es wurde oben (S. 204f.) schon die These aufgestellt, daß wir es hier mit einem lukanischen Konstrukt zu tun haben. Der triumphale Abgang des Paulus spiegelt den lukanischen Wunsch wider, daß es möglich sein sollte, daß die Christen sich mit den Behörden arrangieren. Zwar konnte man schon zur Zeit des Paulus daran zweifeln, daß dies möglich sein werde, aber in Philippi selbst scheint bis in die Zeit des Lukas das Verhältnis zu den lokalen Behörden einigermaßen friedlich gewesen zu sein. (Dies ändert sich dann allerdings auch in Philippi in der folgenden Generation, vgl. dazu oben im Vierten Kapitel, § 2.)

Ergebnis

Es ergibt sich, daß die von Lukas aufgenommene Tradition im Blick auf Philippi ganz besonders reichhaltig ist. Als *einmalige Besonderheit* ist zu vermerken, daß wir hier eine Erzählung aus der Gemeindetradition besitzen, die die Motivation der Missionare, ausgerechnet in diese Stadt zu kommen, zum Thema hat.

Bei der redaktionellen Bearbeitung kommt Lukas hier seine ausgezeichnete Ortskenntnis zustatten. So ergibt sich ein dichtes Geflecht, das eine reinliche Scheidung von Tradition und Redaktion an mehreren Stellen unmöglich macht. Einige redaktionelle Passagen lassen Lukas als einen Makedonen erkennen, dessen Herz hier in besonderer Weise schlägt.

§ 6 Die dritte Generation

Die Nachrichten aus den beiden Briefen des Polykarp sind für lange Zeit das Letzte, was wir von der Gemeinde in Philippi hören. Der Mangel sowohl an literarischen als auch an epigraphischen und archäologischen Zeugnissen in der Zeit von etwa 150 n. Chr. bis 300 n. Chr. erlaubt keine Aussagen über die Entwicklung der christlichen Gemeinde in Philippi. Für das vierte Jahrhundert stehen dann schon einige christliche Inschriften und eine Fülle interessanter archäologischer Befunde zur Verfügung – doch diese Epoche führt weit über den Rahmen der vorliegenden Arbeit hinaus.

Die letzte Phase der Gemeinde in Philippi, die durch die *frühchristlichen* Zeugnisse zu erhellen ist, ist der Zeitraum von ungefähr 110–140 n. Chr. Hier stehen uns als Quellen die beiden Briefe des Polykarp zur Verfügung, die auf manchen Bereich des Lebens der Gemeinde in Philippi ein helles Licht werfen (vgl. dazu oben das Vierte Kapitel). Es wurde oben schon die veränderte Situation und die veränderte Struktur der Gemeinde diskutiert (vgl. im Vierten Kapitel § 2 und § 4), und auch der Fall des Presbyters *Valens* ist dort schon erörtert worden (§ 3). Das soll hier nicht wiederholt werden.

Vielmehr geht es mir darum, abschließend einen Vorgang aus der Geschichte der Gemeinde genauer zu besprechen, der für die Geschichte des Urchristentums, ja für die Geschichte des Christentums überhaupt von nicht zu überschätzender Bedeutung ist, die Sammlung der Briefe des Ignatius.

1. Die Sammlung der Briefe des Ignatius

Die beiden Briefe des Polykarp an die Philipper bieten uns nämlich die einmalige Gelegenheit, den Aufbau von Sammlungen frühchristlicher Schriften an einem konkreten Fall studieren zu können. Gewiß kann man vermuten, daß es in der ersten Hälfte des zweiten Jahrhunderts allenthalben zu kleineren Sammlungen mehrerer Evangelienschriften oder auch mehrerer Paulusbriefe kommt – aber hier haben wir einmal konkrete Angaben, die uns das Zustandekommen einer solchen Sammlung plastisch vor Augen führen.

Der Besuch des Ignatius hat auf die Gemeinde in Philippi einen tiefen Eindruck gemacht. Nicht nur gibt man ihm Begleiter für seinen weiteren Weg mit, nein, man ist sogar bereit, Boten nach Smyrna zu senden, um die Sache des Ignatius in Antiochien zu unterstützen[1]; außerdem will die Gemeinde eine Sammlung der Briefe des Ignatius anlegen: τὰς ἐπιστολὰς Ἰγνατίου τὰς πεμφθείσας ἡμῖν ὑπ’ αὐτοῦ καὶ ἄλλας, ὅσας εἴχομεν παρ’ ἡμῖν, ἐπέμψαμεν ὑμῖν, καθὼς ἐνετείλασθε· αἵτινες ὑποτεταγμέναι εἰσὶν τῇ ἐπιστολῇ ταύτῃ (13,2). Der Bote, den die Gemeinde von Philippi zu Polykarp nach Smyrna schickt, soll also einen Brief des Ignatius und einen der Gemeinde nach Smyrna bringen, von wo aus sie dann durch die Vermittlung des Polykarp weiter nach Antiochien befördert werden sollen; er soll zudem aus Smyrna mit einer Sammlung der Briefe des Ignatius zurückkehren.

Dies setzt wohl voraus, daß Polykarp selbst eine solche Sammlung schon begonnen hat: »Wie hoch der Bischof von Smyrna den Ign. schätzt, sieht man auch an der Tatsache, daß er eine Sammlung von Briefen des Ign. angelegt hat.

---

[1] Vgl. dazu den ersten Brief des Polykarp 13,1: ἐγράψατέ μοι καὶ ὑμεῖς καὶ Ἰγνάτιος, ἵν’ ἐάν τις ἀπέρχηται εἰς Συρίαν, καὶ τὰ παρ’ ὑμῶν ἀποκομίσῃ γράμματα· ὅπερ ποιήσω, ἐὰν λάβω καιρὸν εὔθετον, εἴτε ἐγώ, εἴτε ὃν πέμπω πρεσβεύσοντα καὶ περὶ ὑμῶν.

In ihr befinden sich die von Ign. nach Smyrna gesandten Briefe, von denen wir zwei kennen (Smyrn. Pol.), vielleicht auf die Existenz eines dritten zu schließen haben ... und noch andere Schreiben.«[2]

2. Die Bibliothek der Gemeinde

In Philippi gab es am Forum eine öffentliche Bibliothek, wie wir aus der Inschrift 233/L332 wissen, wonach ein *Optatus* (der Name ist leider nicht ganz erhalten) zu Ehren des Kaiserhauses und der *Colonia Iulia Augusta Philippensis (in ho[n]orem div[i]nae do[mu]s et colo[niae Iul(iae) Aug(ustae) Philipp(ensis)]* heißt es in Z. 1) die Bibliothek errichtet hat. Diese Bibliothek stand selbstverständlich auch den Gliedern der Gemeinde in Philippi offen. Diese hatten daneben freilich eine eigene Bibliothek, in der sie alles fanden, was ihnen im Hinblick auf ein Leben ἀξίως τοῦ εὐαγγελίου dienlich sein konnte: Die Sammlung der Briefe des Ignatius war ein aktueller Neuzugang, der der Gemeindebibliothek in Philippi einen Vorsprung sicherte, denn so schnell werden diese wichtigen Urkunden nirgendwo anders hingelangt sein.

Unter den Schätzen der Bibliothek der Gemeinde befand sich aber schon zuvor eine Sammlung von Paulusbriefen. Das kann man nicht nur *a minori ad maius* schließen – wenn die Philipper solchen Aufwand treiben, um die Briefe des Ignatius zu erhalten, kann man dasselbe erst recht für die Briefe des Paulus erwarten –, sondern es wird uns auch ausdrücklich bezeugt, wenn Polykarp nach Philippi schreibt, daß Paulus ἀπὼν ὑμῖν ἔγραψεν ἐπιστολάς, εἰς ἃς ἐὰν ἐγκύπτητε, δυνηθήσεσθε οἰκοδομεῖσθαι εἰς τὴν δοθεῖσαν ὑμῖν πίστιν (Pol Phil 3,2). Kernbestand dieser paulinischen Briefsammlung war selbstverständlich der Brief des Paulus an die Philipper selbst.[3] Mit an Sicherheit grenzender Wahrscheinlichkeit kann man vermuten, daß auch der erste Thessalonicherbrief im Besitz der Philipper war. Angesichts der kurzen Entfernung und des regen Verkehrs von und nach Thessaloniki auf der *Via Egnatia* wäre es ein Wunder, wenn dies anders wäre.

Auf der Ebene der Vermutungen bewegt man sich, wenn man die Korinther- und den Römerbrief in Erwägung zieht. Ich halte es für wahrscheinlich, daß mindestens der Römerbrief in Philippi verfügbar ist; dafür spricht der rege Austausch zwischen Rom und Philippi, der auch inschriftlich bezeugt ist.

---

[2] BAUER (in seinem Kommentar), S. 298. Ähnlich PAULSEN in seiner Überarbeitung: »Wie hoch Pol den Ign schätzt, wird auch an der Tatsache deutlich, daß er eine Sammlung der Briefe des Ign angelegt hat. In ihr befinden sich die von Ign nach Smyrna gesandten Texte, von denen zwei bekannt sind (Sm; Pol), und noch andere Schreiben. Es liegt sehr nahe, dabei an die übrigen Briefe zu denken, die Ign den kleinasiatischen Gemeinden schrieb« (S. 126).

[3] Bzw. *die* Briefe des Paulus nach Philippi; es ist übrigens gerade die oben zitierte Passage aus dem Schreiben des Polykarp, die von den Verfechtern der Briefteilung des paulinischen Philipperbriefs gern als zusätzliches Argument für ihre These ins Feld geführt wird.

Ich führe dafür nur eines von vielen möglichen Beispielen an: die Inschrift 030/L523 aus Kavala. Es handelt sich hier um ein Militärdiplom, welches im Jahr 71 n. Chr. in Rom für den *centurio Hezbenus* ausgefertigt wurde. Die Liste der sieben Zeugen[4], die dieses Dokument beglaubigen, weist nicht weniger als sieben Philipper auf! Zur Zeit der Ausfertigung dieses Dokuments vermochte der begünstigte *Hezbenus* also in Rom ohne weiteres sieben Bürger aus Philippi aufzubieten (zum Verfahren vgl. den Kommentar zu 030/L523, Z. A20). Daraus ergibt sich, daß beispielsweise unter den Soldaten der Prätorianerkohorte eine beträchtliche Zahl von Männern aus Philippi war. (Dies wird umgekehrt durch ihre in Philippi gefundenen Grabsteine bestätigt.)

Für die Korintherbriefe vermag ich positive Evidenz nur insofern beizubringen, als Polykarp in seinem zweiten Schreiben nach Philippi mehrfach auf diese zurückgreift, ihre Kenntnis seitens der Philipper also voraussetzt.

Nimmt man schließlich das lukanische Doppelwerk hinzu, dessen Verfügbarkeit in Philippi außer Frage steht, so ergibt sich eine recht stattliche Liste für die Bestände der Gemeindebibliothek in Philippi:

I. Paulusbriefe
   (1) Philipperbrief
   (2) 1. Thessalonicherbrief
   (3) Römerbrief
   (4) Korintherbriefe
II. Lukanische Schriften
   (1) Lukasevangelium
   (2) Apostelgeschichte
III. Briefe des Ignatius
   (1) Der Brief des Ignatius nach Smyrna
   (2) Der Brief des Ignatius an Polykarp
   (3) Weitere Briefe des Ignatius an Gemeinden in der Asia
IV. Briefe des Polykarp
   (1) Der erste Brief des Polykarp an die Philipper
   (2) Der zweite Brief des Polykarp an die Philipper.

3. Ausblick

Mit dieser ihrer Bibliothek ist die Gemeinde in Philippi für die bevorstehenden Stürme auf das beste gerüstet. Wir wissen über die Zeit nach der Mitte des zweiten Jahrhunderts nicht viel; immerhin ist es ein überaus bemerkenswerter Sachverhalt, daß Tertullian am Anfang des dritten Jahrhunderts gerade die Gemeinde in Philippi für den makedonisch-thrakischen Raum insgesamt als leuchtendes Beispiel herausstreichen kann[5]:

---

[4] Zu den Elementen der Gattung Militärdiplom vgl. die Einleitung zu meinem Kommentar zu dem Militärdiplom 748/L703 aus Moesien.

[5] Vgl. dazu das Urteil von Φειδάς, der sagt, daß die Gemeinde von Philippi im zweiten und dritten Jahrhundert in der christlichen Ökumene für ihre stabile und unwandelbare Haltung be-

Age iam, qui voles curiositatem melius exercere in negotio salutis tuae, per-
curre ecclesias apostolicas apud quas ipsae adhuc cathedrae apostolorum
suis locis praesident, apud quas ipsae authenticae litterae eorum recitantur
sonantes vocem et repraesentantes faciem uniuscuiusque. proxima est tibi
Achaia, habes Corinthum. si non longe es a Macedonia, habes Philippos; si
potes in Asiam tendere, habes Ephesum; si autem Italiae adiaces, habes Ro-
mam unde nobis quoque auctoritas praesto est.[6]

»Wohlan denn! Willst du den Forschertrieb im Geschäfte deines Heiles in er-
sprießlicher Weise betätigen, so halte eine Rundreise durch die apostolischen
Kirchen, in welchen sogar noch die Lehrstühle der Apostel auf ihrer Stelle
stehen, in welchen noch ihre Briefe aus den Originalen vorgelesen werden,
die uns ihre Stimme vernehmen machen und das Antlitz eines jeden in unsere
Gegenwart versetzen. Ist dir Achaja das Nächste, so hast du Korinth. Wohnst
du nicht weit von Mazedonien, so hast du Philippi. Wenn du nach Asien gelangen kannst, so hast du Ephesus. Ist aber Italien in deiner Nachbarschaft, so
hast du Rom, von wo auch für uns die Lehrautorität bereit steht.«[7]

Läßt man diesen Katalog erlauchter Namen auf sich wirken, so fällt im Hinblick auf Makedonien sogleich das *Fehlen von Thessaloniki* auf. Schon in der
Überlieferung der Schrift des Tertullian ist dieser »Mangel« korrigiert worden,
indem man kurzerhand ein *habes Thessalonicenses* hinzufügte.[8] Wenn das erste
Kriterium für die Auswahl der in diesen Katalog aufzunehmenden Orte die *authenticae litterae* sind, dann durfte Thessaloniki keinesfalls fehlen!

Umgekehrt wird natürlich durch das Fehlen von Thessaloniki das Gewicht
Philippis erhöht. Hier kann man nicht nur *authenticae litterae* des Apostels
Paulus finden, wie wir gesehen haben, sondern eine reich sortierte Bibliothek
apostolischer Schriften. Tertullian hat mindestens insofern eine gute Wahl getroffen, wenn er Philippi als für Makedonien repräsentativ in eine Reihe mit
Korinth, Ephesos und Rom stellt. Vergleicht man die Größe und Bedeutung der
kleinen *Colonia Iulia Augusta Philippensis* mit den Weltstädten Korinth,
Ephesos und Rom, so ist das Gewicht der philippischen Christen unverhältnis-
mäßig viel größer als das ihrer Heimatstadt!

---

kannt (... ἤταν γνωστή ανά τη χριστιανική οικουμένη για τη σταθερή και αμετακίνητη εμ-
μονή στην παύλεια παράδοση) und insbesondere für Makedonien herausragendes Vorbild gewesen sei (αποτελούσε ήδη κατά τον Γ΄ αιώνα κριτήριο της αποστολικής ορθοδοξίας για
όλες τις τοπικές εκκλησίες και ειδικότερα της Μακεδονίας; Βλάσιος Ιω. Φειδάς: Η
εκκλησία των Φιλίππων κατά τους τρεις πρώτους αιώνες, in: Η Καβάλα και η περιοχή
της. Β΄ Τοπικό συμπόσιο (s. dort), S. 43–48; hier S. 45).
   [6] Tertullian: De praescriptione haereticorum 36,1–2. Ich benutze die Ausgabe im CChr.
   [7] Übersetzung von HEINRICH KELLNER/GERHARD ESSER [Hg.]: Tertullians ausgewählte
Schriften ins Deutsche übersetzt. Bd. 2: Tertullians apologetische, dogmatische und montanistische Schriften, BKV 24, Kempten/München 1915, S. 345=691.
   [8] Vgl. den Apparat z.St., wo es zu der betreffenden Z. 7 heißt: »philippos habes thessalonicenses *add*. B Gel Pam Rig Oehl Krem« (S. 216). Es handelt sich ersichtlich um eine sekundäre
Zufügung.

Literaturverzeichnis

Zum Rahmen des Literaturverzeichnisses vgl. die Einleitung, o. S. 5 mit Anm. 17; zur Gliederung vgl. das Inhaltsverzeichnis (S. XV). Um den bekannten Schwierigkeiten bei der Einordnung griechischer Werke in die Folge der lateinischen Buchstaben zu entgehen, ist in fast allen Rubriken am Schluß eine eigene Abteilung für griechische Autoren eingerichtet, deren Reihenfolge natürlich dem griechischen Alphabet folgt.[1]

Um Platz zu sparen, wird im Abschnitt IV Sekundärliteratur bei Beiträgen aus Sammelwerken auf die unter Ziffer II zusammengestellten Titel mit *s. dort* zurückverwiesen.

I Hilfsmittel

1. Wörterbücher

AVOTINS, IVARS: On the Greek of the Novels of Justinian. A Supplement to Liddell-Scott-Jones together with Observations on the Influence of Latin on Legal Greek, Altertumswissenschaftliche Texte und Studien 21, Hildesheim/Zürich/New York 1992.

BAUER, WALTER: Griechisch-deutsches Wörterbuch zu den Schriften des Neuen Testaments und der frühchristlichen Literatur, 6., völlig neu bearbeitete Auflage, herausgegeben von Kurt Aland und Barbara Aland, Berlin/New York 1988.

DETSCHEW, DIMITER: Die thrakischen Sprachreste, Österreichische Akademie der Wissenschaften. Phil. hist. Klasse, Schriften der Balkankommission. Linguistische Abteilung XIV, 2. Auflage mit Bibliographie 1955–1974 von Živka Velkova, Wien 1976.

GLARE, P.G.W. [Hg.]: Oxford Latin Dictionary, Oxford 1982 (Nachdr. 1985).

HOFMANN, HERBERT: Die lateinischen Wörter im Griechischen bis 600 n.Chr., Erweiterte Fassung einer Inaugural-Dissertation in der Philosophischen Fakultät II (Sprach- und Literaturwissenschaften) der Friedrich-Alexander-Universität Erlangen-Nürnberg, Erlangen 1989.

LAMPE, G.W.H. [Hg.]: A Patristic Greek Lexicon, Oxford 1961 (Nachdr. 1978).

LIDDELL, HENRY GEORGE/SCOTT, ROBERT/JONES, HENRY STUART [Hg.]: A Greek-English Lexicon (mit einem Supplement ed. by E.A. Barber), Oxford 1968 (Nachdr. 1977).

MASON, HUGH J.: Greek Terms for Roman Institutions. A Lexicon and Analysis, American Studies in Papyrology 13, Toronto 1974.

SOUTER, ALEXANDER: A Glossary of Later Latin to 600 A.D., Oxford 1949 (Nachdr. 1964).

Thesaurus Linguae Latinae editus auctoritate et consilio Academiarum quinque Germanicarum Berolinensis Gottingensis Lipsiensis Monacensis Vindobonensis (später: editus iussu et auctoritate consilii ab Academiis Societatibusque diversarum nationum electi), Leipzig 1900ff.

VLAHOV, K.: Nachträge und Berichtigungen zu den thrakischen Sprachresten [von Detschew] und Rückwörterbuch, Annuaire de l'Université de Sofia, Faculté philologique 57, 2 (1963), 219–372.

---

[1] Bei auch in anderen Sprachen als dem Griechischen publizierenden Autoren muß man gegebenenfalls doppelt nachschlagen, also beispielsweise Σαρικάκης auch s.v. Sarikakis.

2. Grammatiken, epigraphische Handbücher u.ä.

BORNEMANN, EDUARD/RISCH, ERNST: Griechische Grammatik, Frankfurt am Main/Berlin/
München 1973.
CALDERINI, ARISTIDE: Epigrafia, Turin 1974.
GUARDUCCI, MARGHERITA: Epigrafia Greca. I. Caratteri e storia della disciplina. La scrittura
greca dalle origini all'età imperiale, II. Epigrafi di carattere pubblico, III. Epigrafi di caratte-
re privato, IV. Epigrafi sacre pagane e cristiane, Rom 1967.1969.1974.1978.
GUARDUCCI, MARGHERITA: L'epigrafia greca dalle origini al tardo Impero, Rom 1987.
JEFFERY, L.H.: The Local Scripts of Archaic Greece. A Study of the Origin of the Greek Alpha-
bet and its Development from the Eighth to the Fifth Centuries B.C., Oxford 1961.
KAJANTO, IIRO: The Latin Cognomina, Commentationes Humanarum Litterarum XXXVI 2,
Helsinki 1965.
MEYER, ERNST: Einführung in die lateinische Epigraphik, Darmstadt 1973 (3., unveränderte
Aufl. 1991).
PAASCH ALMAR, KNUD: Inscriptiones Latinae. Eine illustrierte Einführung in die lateinische
Epigraphik, OUCS 14, Odense 1990.
SCHULZE, WILHELM: Zur Geschichte lateinischer Eigennamen, Berlin/Zürich/Dublin ²1966
(Nachdr. 1981).
SOLIN, HEIKKI/SALOMIES, OLLI: Repertorium nominum gentilium et cognominum Latinorum,
AlOm, Reihe A, Bd. 80, Hildesheim/Zürich/New York ²1994 (1. Aufl. 1988).

3. Atlanten und Einzelkarten

A Classical Map of Asia Minor, hg. v. W.M. Calder/George E. Bean, London 1958.
Atlas of the Greek and Roman World in Antiquity, hg. v. Nicholas G.L. Hammond, Park Ridge/
New Jersey 1981.
Der östliche Mittelmeerraum zur Zeit des Apostels Paulus [Kartenbeigabe in den Kommentaren
von Haenchen und Conzelmann], entnommen aus: Biblisch-Historisches Handwörterbuch,
hg. v. Bo Reicke und Leonhard Rost. Entwurf: Gustav Stählin, Mainz, und Ernst Höhne,
Göttingen. Geographische Überwachung: Wendelin Klaer, Heidelberg. Kartographische Gestaltung: Hermann Wahle, Göttingen, Göttingen, 2., verbesserte Auflage 1968.
42⁰ 41⁰ Kavala, hg. v. Hauptvermessungsabteilung XIV in Wien, o.O. u. o.J.[2]
Γεωλογικός Χάρτης της Ελλάδος. Φύλλον Δράμα, hg. v. Εθνικόν Ίδρυμα Γεωλογικών
και Μεταλλευτικών Ερευνών, Athen 1979.[3]
Γεωλογικός Χάρτης της Ελλάδος. Φύλλον Καβάλα, hg. v. Εθνικόν Ίδρυμα Γεωλογικών
και Μεταλλευτικών Ερευνών, Athen 1973.
Γεωλογικός Χάρτης της Ελλάδος. Φύλλον Κρηνίδες, hg. v. Εθνικόν Ίδρυμα Γεωλογικών
και Μεταλλευτικών Ερευνών, Athen 1974.
Γεωλογικός Χάρτης της Ελλάδος. Φύλλα Νικήσιανι – Λουτρά Ελευθερών, hg. v. Εθνικόν
Ίδρυμα Γεωλογικών και Μεταλλευτικών Ερευνών, Athen 1974.
Νομός Δράμας, hg. v. Εθνική Στατιστική Υπηρεσία της Ελλάδος, Athen 1963 (verb. Nach-
dr. 1972).[4]
Νομός Θεσσαλονίκης, hg. v. Εθνική Στατιστική Υπηρεσία της Ελλάδος, Athen 1963 (verb.
Nachdr. 1972).

---

[2] Auf diese Karte nehme ich in der Regel Bezug als die »österreichische Karte«.
[3] Die geologischen Karten sind im Maßstab 1:50.000.
[4] Die Nomos-Karten sind im Maßstab 1:200.000.

Νομός Καβάλας, hg. v. Εθνική Στατιστική Υπηρεσία της Ελλάδος, Athen 1963 (verb. Nachdr. 1972).

Νομός Ξάνθης, hg. v. Εθνική Στατιστική Υπηρεσία της Ελλάδος, Athen 1963 (verb. Nachdr. 1983).

Νομός Σερρών, hg. v. Εθνική Στατιστική Υπηρεσία της Ελλάδος, Athen 1963 (verb. Nachdr. 1972).

II Sammelwerke

Actes du colloque »Épigraphie et informatique«. Lausanne, 26–27 mai 1989, Lausanne 1989.

Actes du VIIᵉ congrès international d'épigraphie grecque et latine, hg. v. D.M. Pippidi, Bukarest/Paris 1979.

Ancient Macedonian Studies in Honor of Charles F. Edson, IMXA 158, Thessaloniki 1981.

Börker, Christoph: s. IEph.

Bücheler, Franz: s. Carmina latina epigraphica.

Carmina latina epigraphica, hg. von Franz Bücheler, Fasc. I.II, Anthologia latina sive poesis latinae supplementum II 1.2, Leipzig 1895 und 1897 (Nachdr. Amsterdam 1964).

Cermanović-Kuzmanović, Aleksandrina: Monumenta intra fines Iugoslaviae reperta, Corpus Cultus Equitis Thracii (CCET) V, EPRO 74, Leiden 1982.

Collart, Paul/Ducrey, Pierre: Philippes I. Les reliefs rupestres, BCH Suppl. 2, Athen/Paris 1975.

[CIL⁵ III 1] Inscriptiones Asiae, provinciarum Europae graecarum, Illyrici latinae, Pars prior, hg. v. Theodor Mommsen, CIL III 1, Berlin 1873.

[CIL III 2] Inscriptiones Asiae, provinciarum Europae graecarum, Illyrici latinae, Pars posterior, hg. v. Theodor Mommsen, CIL III 2, Berlin 1873.

[CIL III, Suppl. 1] Inscriptionum Orientis et Illyrici latinarum supplementum, Pars prior, hg. v. Theodor Mommsen, Otto Hirschfeld und Alfred Domaszewski, CIL III, Suppl. 1, Berlin 1902.

[CIL III, Suppl. 2] Inscriptionum Orientis et Illyrici latinarum supplementum, Pars posterior, hg. v. Theodor Mommsen, Otto Hirschfeld und Alfred Domaszewski, CIL III, Suppl. 2, Berlin 1902.

[CIL III] Inscriptiones latinae in Graecia repertae. Additamenta ad CIL III, hg. v. Marietta Šašel Kos, Epigrafia e antichità 5, Faenza 1979.

[CIL X 1] Inscriptiones Bruttiorum, Lucaniae, Campaniae, Siciliae, Sardiniae latinae, hg. v. Theodor Mommsen, CIL X 1, Berlin 1883.

[CIL XVI] Diplomata militaria. Ex constitutionibus imperatorum de civitate et connubio militum veteranorumque expressa, hg. v. Theodor Mommsen und Herbert Nesselhauf, CIL XVI, Berlin 1936.

[CIL XVI Suppl.] Diplomatum militarium supplementum, hg. v. Herbert Nesselhauf, CIL XVI Suppl., Berlin 1955.

[CIL XVI] Roman Military Diplomas 1954–1977, hg. v. Margaret M. Roxan, Occasional Publication (des Institute of Archeology) No. 2, London 1978.

[CIL XVI] Roman Military Diplomas 1978–1984, hg. v. Margaret M. Roxan, Occasional Publication (des Institute of Archeology) No. 9, London 1985.

Comptes et inventaires dans la cité grecque. Actes du colloque international d'épigraphie tenu à Neuchâtel du 23 au 26 septembre 1986 en l'honneur de Jacques Tréheux, hg. v. Denis Knoepfler, Genf 1988.

Cumont, Franz: s. Recueil des inscriptions grecques et latines du Pont et de l'Arménie.

Dessau, Hermann: s. ILS.

---

⁵ Die benutzten Bände werden samt den Nachtragsbänden unabhängig vom Alphabet der Reihe nach aufgeführt.

Die Schriften der römischen Feldmesser, hg. v. F. Blume, K. Lachmann und A. Rudorff, Erster Band: Texte und Zeichnungen; Zweiter Band: Erläuterungen und Indices, Berlin 1848/1852.

Dritter Internationaler Thrakologischer Kongreß zu Ehren W. Tomascheks, 2.–6. Juni 1980 [in] Wien, 2 Bände, Sofia 1984.

Eck, Werner: s. Heer und Integrationspolitik.

Europäische Wirtschafts- und Sozialgeschichte in der römischen Kaiserzeit, hg. v. Friedrich Vittinghoff, Handbuch der europäischen Wirtschafts- und Sozialgeschichte, Band 1, Stuttgart 1990.

Faith, Hope, and Worship. Aspects of Religious Mentality in the Ancient World, hg. v. H.S. Versnel, Studies in Greek and Roman Religion 2, Leiden 1981.

Feissel, Denis: Recueil des inscriptions chrétiennes de Macédoine de IIIe au VIe siècle, BCH Suppl. 8, Athen/Paris 1983.

Fortenbaugh, William W./Sharples, Robert W. [Hg.]: Theophrastean Studies: On Natural Science, Physics and Metaphysics, Ethics, Religion, and Rhetoric, Studies in Classical Humanities 3, New Brunswick/Oxford 1988.

Fraser, P.M.: s. Samothrake.

Freis, Helmut [Hg.]: Historische Inschriften zur römischen Kaiserzeit von Augustus bis Konstantin, TzF 49, Darmstadt 1984.

Gaebler, Hugo: Die antiken Münzen von Makedonia und Paionia (Die antiken Münzen Nord-Griechenlands, Band III), Zweite Abteilung, Berlin 1935.

Gočeva, Zlatozara/Oppermann, Manfred: Monumenta inter Danubium et Haemum reperta. l. Durostorum et vicinia, regio oppidi Tolbuhin, Marcianopolis et vicinia, regio oppidi Šumen, Corpus Cultus Equitis Thracii (CCET) II 1, EPRO 74, Leiden 1981.

Gočeva, Zlatozara/Oppermann, Manfred: Monumenta inter Danubium et Haemum reperta. 2. Regio oppidi Tärgovište, Abrittus et vicinia, Sexaginta Prista et vicinia, Nicopolis ad Istrum et vicinia, Novae, Corpus Cultus Equitis Thracii (CCET) II 2, EPRO 74, Leiden 1984.

Gočeva, Zlatozara/Oppermann, Manfred: Monumenta orae Ponti Euxini Bulgariae, Corpus Cultus Equitis Thracii (CCET) I, EPRO 74, Leiden 1979.

Grégoire, Henri: s. Recueil des inscriptions grecques et latines du Pont et de l'Arménie.

Hampartumian, Nubar: Moesia Inferior (Romanian Section) and Dacia, Corpus Cultus Equitis Thracii (CCET) IV, EPRO 74, Leiden 1979.

Heer und Integrationspolitik. Die römischen Militärdiplome als historische Quelle, hg. v. Werner Eck und Hartmut Wolff, Passauer historische Forschungen 2, Köln/Wien 1986.

[IBulg] Inscriptiones Graecae in Bulgaria repertae ed. Georgius Mihailov, Bd. I–IV, Serdicae 1956–1966.

[IEph II] Die Inschriften von Ephesos, Teil II, Nr. 101–599 (Repertorium), hg. v. Christoph Börker und Reinhold Merkelbach, IGSK 12, Bonn 1979.

[IEph V] Die Inschriften von Ephesos, hg. v. Christoph Börker und Reinhold Merkelbach, Teil V, Nr. 1446–2000 (Repertorium), IGSK 15, Bonn 1980.

[IEph VII 2] Die Inschriften von Ephesos, Teil VII, 2, Nr. 3501–5115 (Repertorium), hg. v. Recep Meriç, Reinhold Merkelbach, Johannes Nollé und Sencer Şahin, IGSK 17, 2, Bonn 1981.

[IG II/III² 2,2] Inscriptiones Atticae Euclidis anno posteriores, Pars Altera. Fasciculus posterior: Catologi nominum. Instrumenta iuris privati, hg. v. Johannes Kirchner, IG II/III² 2,2, Berlin 1931.

[IG X 2,1] Inscriptiones graecae Epiri, Macedoniae, Thraciae, Scythiae. Pars II: Inscriptiones Macedoniae. Fasciculus I: Inscriptiones Thessalonicae et viciniae, hg. v. Charles Edson, IG X 2,1, Berlin 1972.

[IG XII 5] Inscriptiones insularum maris Aegaei praeter Delum. Fasciculus V: Inscriptiones Cycladum, hg. v. Friedrich Hiller von Gaertringen, IG XII 5, Berlin 1909.

[IG XII 8] Inscriptiones insularum maris Aegaei praeter Delum. Fasciculus III: Inscriptiones insularum maris Thracici, hg. v. Carolus Friedrich, IG XII 8, Berlin 1909.

[IKor] Greek Inscriptions 1896–1927, hg. v. Benjamin Dean Meritt: Corinth. Results of Excavations Conducted by the American School of Classical Studies at Athens, Volume VIII, Part I, Cambridge/Mass. 1931.

[IKor] The Inscriptions 1926–1950, hg. v. John Harvey Kent: Corinth. Results of Excavations Conducted by the American School of Classical Studies at Athens, Volume VIII, Part III, Princeton 1966.

[ILS] Inscriptiones Latinae Selectae, hg. v. Hermann Dessau, Vol. I, Berlin 1892.

In Memoriam. Αφιέρωμα εις μνήμην των ισραηλίτων θυμάτων του Ναζισμού εν Ελλάδι, hg. v. der Jüdischen Gemeinde Thessaloniki unter der Leitung von Michael Molcho, Übersetzung der zweiten, überarbeiteten französischen Auflage von Georg K. Zographakis, Thessaloniki [2]1976.[6]

Kazarow, Gawril I.: Die Denkmäler des Thrakischen Reitergottes in Bulgarien (Textband und Tafelband), Dissertationes Pannonicae, Ser. II, Fasc. 14, Budapest bzw. Leipzig 1938.

Lehmann, Karl: s. Samothrake.

L'Onomastique Latine. Actes du colloque international sur L'Onomastique Latine, organisé à Paris du 13 au 15 octobre 1975 par Hans-Georg Pflaum et Noël Duval, hg. v. Noël Duval, Colloques internationaux du Centre National de la Recherche Scientifique 564, Paris 1977.

Macedonia. 4000 Years of Greek History and Civilization, hg. v. Michael B. Sakellariou, Greek Lands in History [I], Athen 1983.

McCrum, M./Woodhead, A.G.: Select Documents of the Principates of the Flavian Emperors Including the Year of Revolution, A.D. 68–96, Cambridge 1961 (Nachdr. 1966).

Merkelbach, Reinhold: s. IEph.

Mora, Fabio: Prosopografia Isiaca. I. Corpus prosopographicum religionis isiacae; II. Prosopografia storica e statistica del culto isiaco, EPRO 113, Leiden/New York/Kopenhagen/Köln 1990.

Nouveau choix d'inscriptions grecques. Textes, traductions, commentaires, hg. v. Institut Fernand-Courby, Nouvelle collection de textes et documents, Paris 1971.

Oppermann, Manfred: siehe Gočeva, Zlatozara.

Recueil des inscriptions grecques et latines du Pont et de l'Arménie I, hg. v. J.G.C. Anderson, Franz Cumont, Henri Grégoire, Studia Pontica III 1, Brüssel 1910.

Reinach, Salomon: Répertoire de reliefs grecs et romains. Tome troisième: Italie – Suisse, Paris 1912.

Römische Gräberstraßen. Selbstdarstellung – Status – Standard. Kolloquium in München vom 28. bis 30. Oktober 1985, hg. v. Henner von Hesberg und Paul Zanker, ABAW.PH 96, München 1987.

[Samothrake] Fraser, P.M.: The Inscriptions on Stone, Samothrace. Excavations Conducted by the Institute of Fine Arts of New York University, Volume 2, Part 1, London 1960.

[Samothrake] Lehmann, Karl: The Inscriptions on Ceramics and Minor Objects, Samothrace. Excavations Conducted by the Institute of Fine Arts of New York University, Volume 2, Part 2, London 1960.

Schumacher, Leonhard: Römische Inschriften. Lateinisch/Deutsch, Stuttgart 1990.

Schürer, Emil: The history of the Jewish people in the age of Jesus Christ (175 B.C. – A.D. 135). A new English version revised and edited by Geza Vermes, Fergus Millar, Matthew Black, Martin Goodman, Edinburgh I 1973, II 1979, III 1 1986, III 2 1987.

Serta Kazaroviana, Commentationes gratulatoriae Gabrielo Kazarov septuagenario oblatae A. D. XVII. Kal. Nov. MCMXLIV, Pars prima, Bulletin de l'institut archéologique bulgare 16, Serdicae 1950.

Smallwood, E. Mary: Documents Illustrating the Principates of Nerva, Trajan, and Hadrian, Cambridge 1966.

---

[6] Übersetzung: Israelitische Gemeinde Thessalonikis. In memoriam, gewidmet dem Andenken an die jüdischen Opfer der Naziherrschaft in Griechenland, hg. v. Michael Molcho, Essen 1981.

Studies Presented to David Moore Robinson on His Seventieth Birthday [2 Bände], hg. v. George E. Mylonas und Doris Raymond, Saint Louis 1951/53.

Sylloge inscriptionum graecarum, hg. v. Wilhelm Dittenberger, Leipzig, 3. Aufl. 1915. 1917.1920.1921–1924 (Nachdr. Hildesheim 1960).

Sylloge inscriptionum religionis Isiacae et Sarapiacae, hg. v. Ladislaus Vidman, RVV 28, Berlin 1969.

The New Testament in the Apostolic Fathers by a Committee of the Oxford Society of Historical Theology, Oxford 1905.

Thracia I. Primus congressus studiorum Thracicorum, Serdicae 1972.

Thracia II. Primus congressus studiorum Thracicorum, Serdicae 1974.

Thracia III. Primus congressus studiorum Thracicorum, Serdicae 1974.

Thracia IV. Primus congressus studiorum Thracicorum, Serdicae 1977.

Totti, Maria: Ausgewählte Texte der Isis- und Sarapis-Religion, SubEpi 12, Hildesheim 1985.

Vermaseren, Maarten J.: Corpus inscriptionum et monumentorum religionis Mithriacae [2 Bände], Den Haag 1956/1960.

Versnel, H.S.: s. Faith, Hope, and Worship.

Vidman, Ladislaus [Hg.]: s. Sylloge inscriptionum religionis Isiacae et Sarapiacae.

Walser, Gerold: Römische Inschrift-Kunst. Römische Inschriften für den akademischen Unterricht und als Einführung in die lateinische Epigraphik ausgewählt, photographiert und erläutert, Stuttgart 1988.

Wolff, Hartmut: s. Heer und Integrationspolitik.

Woodhead, A.G.: s. McCrum, M.

Αρχαία Μακεδονία [Ι]. Ανακοινώσεις κατά το πρώτον διεθνές συμπόσιον εν Θεσσαλονίκη, 26–29 Αυγούστου 1968, ΙΜΧΑ 122, Thessaloniki 1970.

Αρχαία Μακεδονία ΙΙ. Ανακοινώσεις κατά το δεύτερο διεθνές συμπόσιο, Θεσσαλονίκη, 19–24 Αυγούστου 1973, ΙΜΧΑ 155, Thessaloniki 1977.

Αρχαία Μακεδονία ΙΙΙ. Ανακοινώσεις κατά το τρίτο διεθνές συμπόσιο, Θεσσαλονίκη, 21–25 Σεπτεμβρίου 1977, ΙΜΧΑ 193, Thessaloniki 1983.

Αρχαία Μακεδονία IV. Ανακοινώσεις κατά το τέταρτο διεθνές συμπόσιο, Θεσσαλονίκη, 21–25 Σεπτεμβρίου 1983, ΙΜΧΑ 204, Thessaloniki 1986.

Αρχαία Μακεδονία V 1–3. Ανακοινώσεις κατά το πέμπτο διεθνές συμπόσιο, Θεσσαλονίκη, 10–15 Οκτωβρίου 1989, Band 1–3, ΙΜΧΑ 240, Thessaloniki 1993.

Αφιέρωμα στη μνήμη Στυλιανού Πελεκανίδη, Μακεδονικά. Παράρτημα 5, Thessaloniki 1983.

Δήμιτσας, Μαργαρίτης: Η Μακεδονία εν λίθοις φθεγγομένοις και μνημείοις σωζομένοις ήτοι πνευματική και αρχαιολογική παράστασις της Μακεδονίας εν συλλογή 1409 ελληνικών και 189 λατινικών επιγραφών και εν απεικονίσει των σπουδαιοτέρων μνημείων, Athen 1896 (Nachdr. in der Reihe Αρχείο Ιστορικών Μελετών als Nr. 1 in zwei Bänden, Thessaloniki 1988).

Η Δράμα και η Περιοχή της. Ιστορία και Πολιτισμός, Δράμα 24–25 Νοεμβρίου 1989, Drama 1992.

Η Καβάλα και η περιοχή της. Α΄ τοπικό συμπόσιο (18–20 Απριλίου 1977). Πρακτικά, ΙΜΧΑ 189, Thessaloniki 1980.

Η Καβάλα και η περιοχή της. Β΄ τοπικό συμπόσιο (26–29 Σεπτεμβρίου 1986). Πρακτικά, Τόμος Α΄, Kavala 1987.

Θεσσαλονίκην Φιλίππου Βασίλισσαν. Μελέτες για την Αρχαία Θεσσαλονίκη, Thessaloniki 1985.

Καλλιπολίτης, Β./Λαζαρίδης, Δ.: Αρχαίαι επιγραφαί Θεσσαλονίκης, Thessaloniki 1946.

Καφταντζής, Γιώργος Β.: Ιστορία της πόλεως Σερρών και της περιφερείας της (από τους προϊστορικούς χρόνους μέχρι σήμερα). Τόμος Ι: Μύθοι, επιγραφές, νομίσματα, Athen 1967. Τόμος ΙΙ: Γεωλογία, γεωγραφία, ιστορική γεωγραφία. Προϊστορικοί και πρώτοι ιστορικοί χρόνοι. Μακεδονική και ρωμαϊκή περίοδος, Serres 1972.

Λαζαρίδης, Δ.: siehe Καλλιπολίτης, Β.

Μακεδόνες, οι Έλληνες του Βορρά. Περιοδική Έκθεση 11.3.1994 – 19.6.1994, Forum-Landesmuseum, Hannover, Athen 1994.

Μνήμη Δ. Λαζαρίδη. Πόλις και χώρα στην αρχαία Μακεδονία και Θράκη. Πρακτικά Αρχαιολογικού Συνεδρίου, Καβάλα 9–11 Μαΐου 1986. Ελληνογαλλικές Έρευνες 1, Thessaloniki 1990.

Οικονόμος, Γεώργιος Π. [Hg.]: Επιγραφαί της Μακεδονίας, Τεύχος Πρώτον. Βιβλιοθήκη της εν Αθήναις Αρχαιολογικής Εταιρείας, Athen 1915.

Πρακτικά του Η΄ Διεθνούς Συνεδρίου Ελληνικής και Λατινικής Επιγραφικής, Αθήνα, 3– 9 Οκτωβρίου 1982, Τόμος Α΄, Athen 1984; Τόμος Β΄, Athen 1987 [1992].

Ριζάκης, Θ./Τουράτσογλου, Γ.: Επιγραφές Άνω Μακεδονίας (Ελίμεια, Εορδαία, Νότια Λυγκηστίς, Ορεστίς). Τόμος Α΄: Κατάλογος επιγραφών, Athen 1985.

Σαμσάρης, Δημήτριος Κ.: Έρευνες στην ιστορία, την τοπογραφία και τις λατρείες των Ρωμαϊκών επαρχίων Μακεδονίας και Θράκης, Thessaloniki 1984.

Χριστιανική Θεσσαλονίκη. Από του Αποστόλου Παύλου μέχρι και της Κωνσταντινείου εποχής, Β΄ επιστημονικό συμπόσιο, Thessaloniki 1990.

Χρυσός, Ευάγγελος [Hg.]: Νικόπολις Α΄. Πρακτικά του πρώτου Διεθνούς Συμποσίου για τη Νικόπολη (23–29 Σεπτεμβρίου 1984), Preveza 1987.

III Antike Autoren

Hesiod

Evelyn-White, Hugh G. [Hg.]: Hesiod, The Homeric Hymns, and Homerica, with an English Translation, LCL 57, Cambridge/London 1914 (Nachdr. 1977).

Aisopos

Παπαθωμόπουλος, Μ. [Hg.]: Ο βίος του Αισώπου: Η παραλλαγή G. Κριτική έκδοση με εισαγωγή και μετάφραση, Joannina 1990, 2. Aufl. 1991.

Aischylos

Murray, Gilbertus [Hg.]: Aeschyli septem quae supersunt tragoediae (SCBO), Oxford [2]1955.
Mette, Hans Joachim [Hg.]: Die Fragmente der Tragödien des Aischylos, Berlin 1959.
Werner, Oskar [Hg.]: Aischylos. Tragödien und Fragmente. Übersetzt und mit Erläuterungen sowie einem Essay »Zum Verständnis der Werke« herausgegeben, Rowohlts Klassiker der Literatur und der Wissenschaft. Griechische Literatur 7, o.O. 1966.

Pindar

Snell, Bruno/Maehler, Hervicus [Hg.]: Pindari carmina cum fragmentis. Pars I: Epinicia (Bi Teu), Leipzig 1984.

Herodot

Legrand, Ph.E. [Hg.]: Hérodote: Histoires [neun Bände], Paris 1932–1954 (Nachdr. 1963– 1970).
Herodot: Historien. Deutsche Gesamtausgabe, übersetzt von A. Horneffer, neu herausgegeben und erläutert von H.W. Haussig mit einer Einleitung von W.F. Otto, Stuttgart [4]1971.

Thukydides

Jones, H.S./Powell, J.E. [Hg.]: Thucydidis historiae [2 Bände] (SCBO), Oxford 1942 (Nachdr. 1970 und 1967).
Landmann, Georg Peter [Hg.]: Thukydides: Geschichte des Peloponnesischen Krieges, München ²1977.
Rusten, J.S. [Hg.]: Thucydides: The Peloponnesian War, Book II (Cambridge Greek and Latin Classics [o. Nr.]), Cambridge 1989.
Rhodes, P.J. [Hg.]: Thucydides: History II, edited with translation and commentary, Warminster 1988.

Aristoteles

Oppermann, Hans [Hg.]: Aristotelis ΑΘΗΝΑΙΩΝ ΠΟΛΙΤΕΙΑ (BiTeu), Leipzig 1928 (Nachdr. Stuttgart 1961).

Cicero

Bayer, Karl: s. Gerlach, Wolfgang/Bayer, Karl.
Clark, Albert Curtis [Hg.]: M. Tulli Ciceronis orationes [vol. I]: Pro Sex. Roscio. De imperio Cn. Pompei. Pro Cluentio. In Catilinam. Pro Murena. Pro Caelio (SCBO), Oxford 1905 (Nachdr. 1961).
Gerlach, Wolfgang/Bayer, Karl [Hg.]: M. Tulli Ciceronis de natura deorum libri III/M. Tullius Cicero: Vom Wesen der Götter (lat.-dt., Tusc), München 1978.
Kumaniecki, Kazimierz F. [Hg.]: M. Tulli Ciceronis scripta quae manserunt omnia. Fasc. 3: De oratore (BiTeu), Leipzig 1969.
Ziegler, Konrat [Hg.]: Cicero: Staatstheoretische Schriften [sc. Über den Staat, Über die Gesetze] (lat.-dt.), Darmstadt 1974.

Strabon

Γεωργιάδης, Θανάσης [Hg.]: Η αρχαία Μακεδονία κατά τον Στράβωνα, Thessaloniki 1993.

Livius

Feix, Josef/Hillen, Hans Jürgen [Hg.]: T. Livius: Römische Geschichte I–III (lat.-dt.), München und Zürich bzw. Darmstadt 1987.

Philon

Cohn, Leopoldus/Wendland, Paulus [Hg.]: Philonis Alexandrini opera quae supersunt, Berlin I 1896, II 1897, III 1898, IV 1902, V 1906, VI 1915.

Plinius der Ältere

König, Roderich/Winkler, Gerhard [Hg.]: C. Plinii Secundi naturalis historiae libri XXXVII (lat.-dt., Tusc), München 1973ff.

Neues Testament und Apokryphen

Aland, Kurt [Hg.]: Synopsis quattuor evangeliorum locis parallelis evangeliorum apocryphorum et patrum adhibitis, Stuttgart ⁹1976.
Hilgenfeld, Adolf [Hg.]: Acta Apostolorum graece et latine secundum antiquissimos testes, Berlin 1899.

Nestle, Eberhard/Aland, Kurt [Hg.]: Novum Testamentum Graece, Stuttgart ²⁷1993.
[Vulgata] Biblia sacra iuxta vulgatam versionem ... recensuit et brevi apparatu instruxit Robertus Weber OSB. Tomus I: Genesis-Psalmi, Tomus II: Proverbia-Apocalypsis. Appendix, Stuttgart 1969.
Hennecke, Edgar/Schneemelcher, Wilhelm [Hg.]: Neutestamentliche Apokryphen in deutscher Übersetzung, I. Band: Evangelien, Tübingen ⁵1987.
Preuschen, Erwin [Hg.]: Antilegomena. Die Reste der außerkanonischen Evangelien und urchristlichen Überlieferungen, Gießen ²1905.

Plinius der Jüngere

Kasten, Helmut [Hg.]: C. Plini Caecili Secundi epistularum libri decem/Gaius Plinius Caecilius Secundus: Briefe (lat.-dt., Tusc), Darmstadt ⁵1984.

Epiktet

Schenkl, Henricus [Hg.]: Epicteti dissertationes ab Arriani digestae (BiTeu), Stuttgart ²1916 (Nachdr. 1965).

Sueton

Ihm, Maximilian [Hg.]: C. Suetoni Tranquilli opera. Vol. I: De vita Caesarum libri VIII (BiTeu), Leipzig 1908 (Nachdr. Stuttgart 1978).

Apostolische Väter

[Funk, F.X./]Bihlmeyer, Karl [Hg.]: Die Apostolischen Väter. Neubearbeitung der Funkschen Ausgabe von Karl Bihlmeyer. Zweite Auflage mit einem Nachtrag von Wilhelm Schneemelcher. Erster Teil: Didache, Barnabas, Klemens I und II, Ignatius, Polykarp, Papias, Quadratus, Diognetbrief, SQS 2. Reihe, 1,1, Tübingen 1956.
Fischer, Joseph A. [Hg.]: Die Apostolischen Väter. Griechisch und deutsch. Eingeleitet, herausgegeben, übertragen und erläutert, München 1956.
Patres Apostolici, editionem Funkianam novis curis in lucem emisit Franciscus Diekamp, Vol. II, Tübingen 1913.

Apuleius

Helm, Rudolf [Hg.]: Apuleius: Metamorphosen oder Der goldene Esel (lat.-dt.), SQAW 1, Berlin ⁷1978.

Kelsos

Bader, Robert [Hg.]: Der ΑΛΗΘΗΣ ΛΟΓΟΣ des Kelsos, TBAW 33, Stuttgart/Berlin 1940.
Keim, Theodor [Hg.]: Celsus, wahres Wort, älteste Streitschrift antiker Weltanschauung gegen das Christentum, Zürich 1873 (Nachdr. unter dem Titel: Celsus: Gegen die Christen, Debatte 8, München 1984).

Achilleus Tatios

Ἀχιλλέως Ἀλεξανδρέως Τατίου Λευκίππη καὶ Κλειτοφῶν, Εἰσαγωγή-Μετάφραση-Σχόλια: Γιώργης Γιατρομανωλάκης, Athen 1990.

Tertullian

Quinti Septimi Florentis Tertulliani opera, Pars I–II, CChr.SL I–II, Turnholt 1953–1954.
Kellner, Heinrich/Esser, Gerhard [Hg.]: Tertullians ausgewählte Schriften ins Deutsche über-
setzt. Bd. 2: Tertullians apologetische, dogmatische und montanistische Schriften, BKV 24,
Kempten/München 1915.

Himerios

Colonna, A. [Hg.]: Himerii declamationes et orationes cum deperditarum fragmentis, Rom
1951.

Johannes Chrysostomos

Johannes Chrysostomos: De coemeterio et de cruce, PG 49, Paris 1862, 393–398.

Stephanos von Byzanz

Meineke, August [Hg.]: Stephan von Byzanz: Ethnika. Stephani Byzantii ethnicorum quae supersunt ex recensione Augusti Meinekii, Berlin 1849 (Nachdr. Graz 1958).

IV Sekundärliteratur

ABRAHAMSEN, VALERIE: Bishop Porphyrios and the City of Philippi in the Early Fourth Centu-
ry, VigChr 43 (1989), 80–85.
ABRAHAMSEN, VALERIE: Christianity and the Rock Reliefs at Philippi, BA 51 (1988), 46–56.
ABRAHAMSEN, VALERIE: Women at Philippi: The Pagan and the Christian Evidence, Journal of
Feminist Studies in Religion 3 (1987), 17–30.
ABRAHAMSEN, VALERIE ANN: The Rock Reliefs and the Cult of Diana at Philippi, Diss. Har-
vard Divinity School, Cambridge (Mass.) 1986.
ADAMS, JOHN PAUL: Polybius, Pliny, and the Via Egnatia, in: Philip II, Alexander the Great and
the Macedonian Heritage, Washington 1982, 269–302.
ADAMS, JOHN PAUL: Topeiros Thraciae, the Via Egnatia and the Boundaries of Macedonia, in:
Αρχαία Μακεδονία IV (s. dort), 17–42.
ADAMS, JOHN PAUL: Trajan and Macedonian Highways, in: Αρχαία Μακεδονία V 1 (s. dort),
29–39.
ALAND, BARBARA: Art. Marcion/Marcioniten, TRE 22 (1992), 89–101.
ALAND, KURT: Die Christen und der Staat nach Phil. 3,20, in: Paganisme, Judaïsme, Christia-
nisme. Influences et affrontements dans le monde antique (FS Marcel Simon), Paris 1978,
247–259.
ANDRÉEV, ST.: Un nouveau diplôme de l'empereur Vespasien, Bulletin de l'institut archéolo-
gique bulgare 6 (1930/31), 142–152.
ANDRONICOS, MANOLIS: The »Macedonian Tombs«, in: Macedonia. From Philip II to the Ro-
man Conquest, Princeton 1994, 144–190.
AULOCK, HANS VON: Münzen und Städte Lykaoniens, IM Beiheft 16, Tübingen 1976.
AUPERT, PIERRE: Philippes. I. Édifice avec bain, BCH 104 (1980), 699–712.
AUPERT, PIERRE/BOTTINI, PAOLA: Philippes. I. L'édifice avec bain dans la zone AT.BE 55.63,
BCH 103 (1979), 619–627.
AVEZOU, CHARLES/PICARD, CHARLES: Inscriptions de Macédoine et de Thrace, BCH 37 (1913),
84–154.
AVEZOU, CHARLES: siehe Picard, Charles/Avezou, Charles.
BADIAN, E.: History from ›Square Brackets‹, ZPE 79 (1989), 59–70.

BADIAN, E.: The deification of Alexander the Great, in: Ancient Macedonian Studies in Honor of Charles F. Edson (s. dort), 27–71.

BAEGE, WERNER: De Macedonum sacris, Dissertationes Philologicae Halenses XXII 1, Halle 1913.

BAKALAKIS, GEORGIOS: Thrakische Eigennamen aus den nordägäischen Küsten, in: Thracia II (s. dort), 261–279.

BAKIRTZIS, CH.: A propos de la destruction de la Basilique paléochrétienne de Kipia (Pangée), »Appendice« in: Jean Karayannopoulos: Les Slaves en Macédoine. La prétendue interruption des communications entre Constantinople et Thessalonique du 7ème au 9ème siècle, Comité National Grec des Études du Sud-Est Européen, Centre d'Études du Sud-Est Européen, Athen 1989.

BANTI, LUISA: Iscrizioni di Filippi copiate da Ciriaco Anconitano nel codice Vaticano latino 10672, Annuario della R. Scuola Archeologica di Atene e delle Missioni Italiane in Oriente, NS I–II (1939–1940), 213–220.

BARTH, KARL: Erklärung des Philipperbriefes, München 1928.

BAUER, WALTER: Die Briefe des Ignatius von Antiochia und der Polykarpbrief, HNT ErgBd. II, Tübingen 1920.

BAUER, WALTER: Rechtgläubigkeit und Ketzerei im ältesten Christentum, BHTh 10, Tübingen 1934 (²1964).

BECHER, ILSE: Augustus und der Kult der ägyptischen Götter, Klio 67 (1985), 61–64.

BECKER, JÜRGEN: Paulus. Der Apostel der Völker, Tübingen 1989.

BEHRENDS, OKKO: Die Rechtsregelungen der Militärdiplome und das die Soldaten des Prinzipats treffende Eheverbot, in: Heer und Integrationspolitik (s. dort), 116–166.

BELKE, KLAUS/RESTLE, MARCELL: Galatien und Lykaonien, Tabula Imperii Byzantini 4, DÖAW.PH 172, Wien 1984.

BELLINGER, ALFRED R.: Philippi in Macedonia, American Numismatic Society Museum Notes 11 (1964), 29–52.

BENARIO, H.W.: Iuno coniugalis[7] Sabina, Liverpool Classical Monthly 5 (1980), 37–39.

BENGTSON, HERMANN: Die Verträge der griechisch-römischen Welt von 700 bis 338 v. Chr., Die Staatsverträge des Altertums II, München und Berlin 1962.

BÉQUIGNON, Y.: Chronique des fouilles et découvertes archéologiques dans l'Orient hellénique (1931), BCH 55 (1931), 450–522.

BÉRARD, VICTOR: La Macédoine, Paris 1897.

BEŠEVLIEV, V.: Epigrafski prinosi [= Epigraphische Beiträge], Sofia 1952.

BEŠEVLIEV, V./MIHAILOV, G.: Starini iz Belomorieto, I. Antični nadpisi i trakijski konici, Belomorski Pregled 1 (1942), 318–347.

BETZ, ARTUR: Die römischen Militärinschriften in Österreich, JÖAI 29 (1935), Beiblatt, Sp. 287–332.

BETZ, ARTUR: Inschriften aus Carnuntum, JÖAI 37 (1948), Beiblatt, Sp. 239–262.

BETZ, OTTO/RIESNER, RAINER: Jesus, Qumran und der Vatikan. Klarstellungen, Gießen/Basel und Freiburg/Basel/Wien 1993.

BINGEN, JEAN: Epigraphica (Thrace, Rhodes), ZPE 46 (1982), 183–184.

BLANCHAUD, MARIE-HÉLÈNE: Les cultes orientaux en Macédoine grecque dans l'antiquité, in: Αρχαία Μακεδονία IV (s. dort), 83–86.

BLUMENTHAL, ALBRECHT v.: Art. Pomerium, PRE XXI 2 (1952), Sp. 1867–1876.

BONARIA, MARIO: Art. T. Uttiedius Venerianus, PRE Suppl. X (1965), Sp. 1152, Z. 11–18.

BONARIA, MARIO: Mimorum Romanorum fragmenta. Fasciculus posterior: Fasti mimici et pantomimici, Università di Genova. Facoltà di Lettere, Pubblicazioni dell'Istituto di Filologia Classica 5,2, Genua 1956.

BORGEN, PEDER: Philo, Luke and Geography, in: ders.: Philo, John and Paul. New Perspectives on Judaism and Early Christianity, BJSt 131, Atlanta 1987, 273–285.

---

[7] Auf der Titelseite des Aufsatzes steht irrtümlich *coniugali*.

BORMANN, LUKAS: Philippi. Stadt und Christengemeinde zur Zeit des Paulus, NT.S 78, Leiden/ New York/Köln 1995.

BORNKAMM, GÜNTER: Der Philipperbrief als paulinische Briefsammlung, in: Neotestamentica et Patristica (FS Oscar Cullmann), Leiden 1962, 192–202; wieder abgedruckt in: ders.: Geschichte und Glaube II. Gesammelte Aufsätze IV, BEvTh 16, München ⁴1963, 195–205 (danach hier zitiert).

BORZA, EUGENE N.: In the Shadow of Olympus. The Emergence of Macedon, Princeton 1990 (Paperback-Ausgabe 1992).

BORZA, EUGENE N.: Some Oberservations on Malaria and the Ecology of Central Macedonia in Antiquity, American Journal of Ancient History 4 (1979), 102–124.

BORZA, EUGENE N.: Some Toponym Problems in Eastern Macedonia, The Ancient History Bulletin 3 (1989), 60–67.

BORZA, EUGENE N.: Timber and Politics in the Ancient World: Macedon and the Greeks, PAPS 131 (1987), 32–52.

BOTERMANN, HELGA: Der Heidenapostel und sein Historiker. Zur historischen Kritik der Apostelgeschichte, ThBeitr 24 (1993), 62–84.

BÖTTGER, PAUL CHRISTOPH: Die eschatologische Existenz der Christen. Erwägungen zu Philipper 3 20, ZNW 60 (1969), 244–263.

BOTTINI, PAOLA: siehe Aupert, Pierre/Bottini, Paola.

BOVON, FRANÇOIS: Das Evangelium nach Lukas, 1. Teilband. Lk 1,1–9,50, EKK III 1, Zürich/ Neukirchen-Vluyn 1989.

BOWERS, W.P.: Paul's Route through Mysia. A Note on Acts XVI. 8, JThS 30 (1979) , 507–511.

BRANDS, GUNNAR: Der Bogen von Aquinum, mit einem Anhang von Hayo Heinrich, AA 1991, 561–609.

BRASWELL, BRUCE KARL: A Commentary on the Fourth Pythian Ode of Pindar, TK 14, Berlin/ New York 1988.

BRÖDNER, ERIKA: Die römischen Thermen und das antike Badewesen. Eine kulturhistorische Betrachtung, Darmstadt 1983.

BRUHL, ADRIEN: Liber Pater. Origine et expansion du culte dionysiaque à Rome et dans le monde romain, BEFAR 175, Paris 1953.

BRUNT, P.A.: Italian Manpower. 245 B.C. – A.D. 14, Oxford 1971.

BURKERT, WALTER: Ancient Mystery Cults, Carl Newell Jackson Lectures, Cambridge/Mass. und London 1987.

BURTON, ERNEST DEWITT: The Politarchs, AJT 2 (1898), 598–632.

CADBURY, HENRY J.: s. Lake, Kirsopp/Cadbury, Henry J.

CAGNAT, R.: Un nouveau diplôme militaire de Bulgarie, JS 1932, 273–276.

CAMPBELL, BRIAN: Rez.: Heer und Integrationspolitik (s. dort), JRS 79 (1989), 227f.

CAMPENHAUSEN, HANS VON: Bearbeitungen und Interpolationen des Polykarpmartyriums, SHAW.PH 1957, 5–48; jetzt in: ders.: Aus der Frühzeit des Christentums. Studien zur Kirchengeschichte des ersten und zweiten Jahrhunderts, Tübingen 1963, 253–301 (danach hier zitiert).

CAMPENHAUSEN, HANS VON: Kirchliches Amt und geistliche Vollmacht in den ersten drei Jahrhunderten, BHTh 14, Tübingen ²1963.

CAMPENHAUSEN, HANS VON: Polykarp von Smyrna und die Pastoralbriefe, SHAW.PH 1951, 5–51; jetzt in: ders.: Aus der Frühzeit des Christentums. Studien zur Kirchengeschichte des ersten und zweiten Jahrhunderts, Tübingen 1963, 197–252 (danach hier zitiert).

CANFORA, LUCIANO: Tucidide in Tracia, non in esilio, in: Dritter Internationaler Thrakologischer Kongreß (s. dort), Bd. II (1984), 123–126.

CARCOPINO, JÉRÔME: Note sur une épitaphe thrace rédigée en latin et gravée en lettres grecques, in: In memoria lui Vasile Pârvan, Bukarest 1934, 77–95.

CASSON, S.: s. Gardner, E.A./Casson, S.

CASSON, STANLEY: Macedonia, Thrace, and Illyria. Their relations to Greece from the earliest times down to the time of PHILIP son of AMYNTAS, Oxford 1926 (Nachdr. Groningen 1968).

CEULENEER, ADOLF DE: Tabernae Aprianae, Revue de l'instruction publique en Belgique 42 (1899), 102–104.

CHAPOUTHIER, FERNAND: Némésis et Niké, BCH 48 (1924), 287–303.

CHAPOUTHIER, FERNAND: Un troisième bas-relief du théâtre de Philippes, BCH 49 (1925), 239–244.

CHARBONNEAUX, J.: Théâtre de Philippes, CRAI 1923, 274–276.

CHASTAGNOL, ANDRÉ: «Latus clavus» et «adlectio». L'accès des hommes nouveaux au sénat romain sous le Haut-Empire, RHDF 53 (1975), 375–394.

CHEESMAN, G.L.: The Auxilia of the Roman Imperial Army, Oxford 1914 (Nachdr. in der Reihe Studia Historica, Band 59, Rom 1968).

Chronique des fouilles et découvertes archéologiques dans l'Orient hellénique (novembre 1920–novembre 1921), BCH 45 (1921), 487–568.

Chronique des fouilles et découvertes archéologiques dans l'Orient hellénique (novembre 1922–novembre 1923), BCH 47 (1923), 498–544.

CLAUSS, MANFRED: Allgemeine Fragestellungen zu den Militärdiplomen [d.i. Rez. des Buches Heer und Integrationspolitik, s. dort], Journal of Roman Archeology 1 (1988), 181–189.

CLAUSS, MANFRED: Art. Heerwesen (Heeresreligion), RAC XIII (1986), Sp. 1073–1113.

COLEMAN, K.M.: Fatal Charades: Roman Executions Staged as Mythological Enactments, JRS 80 (1990), 44–73.

COLLANGE, JEAN-FRANÇOIS: L'épître de saint Paul aux Philippiens, CNT(N) Xa, Neuchâtel 1973.

COLLART, PAUL: Brutus et Cassius en Thrace, BCH 55 (1931), 423–429.

COLLART, PAUL: Inscription de Sélian-Mésoréma, BCH 54 (1930), 376–391.

COLLART, PAUL: Inscriptions de Philippes, BCH 56 (1932), 192–231.

COLLART, PAUL: Inscriptions de Philippes, BCH 57 (1933), 313–379.

COLLART, PAUL: Inscriptions de Philippes, BCH 62 (1938), 409–432.

COLLART, PAUL: La légende d'Alexandre à Philippes, in: Μέγας Ἀλέξανδρος. 2300 χρόνια από τον θάνατό του, Αφιέρωμα Εταιρείας Μακεδονικών Σπουδών, Thessaloniki 1980, 21–25.

COLLART, PAUL: La vigne de la déesse Almopienne au Pangée, BZGAK 42 (1943) [FS Felix Stähelin], 9–21.

COLLART, PAUL: Le sanctuaire des dieux égyptiens à Philippes, BCH 53 (1929), 70–100.

COLLART, PAUL: Le théâtre de Philippes, BCH 52 (1928), 74–124.

COLLART, PAUL: Les milliaires de la Via Egnatia, BCH 100 (1976), 177–200.

COLLART, PAUL: Monuments thraces de la région de Philippes, in: Serta Kazaroviana (s. dort), 7–16.

COLLART, PAUL: Note sur les mouvements de troupes qui ont précédé la bataille de Philippes, BCH 53 (1929), 351–364.

COLLART, PAUL: ΠΑΡΑΚΑΥΣΟΥΣΙΝ ΜΟΙ ΡΟΔΟΙΣ, BCH 55 (1931), 58–69.

COLLART, PAUL: Philippes, DACL 14 (1939), 712–741.

COLLART, PAUL: Philippes, ville de Macédoine, depuis ses origines jusqu'à la fin de l'époque romaine [zwei Bände], Paris 1937.

COLLART, PAUL: Une réfection de la «Via Egnatia» sous Trajan, BCH 59 (1935), 395–415.

COLLART, PAUL/DEVAMBEZ, P.: Voyage dans la région du Strymon, BCH 55 (1931), 171–206.

CONZELMANN, HANS: Die Apostelgeschichte, HNT 7, Tübingen ²1972.

CORMACK, J.M.R.: Progress Report on the Greek Inscriptions of the Trite Meris for IG X, Ἀρχαία Μακεδονία [I] (s. dort), 193–202.

CORMACK, J.M.R.: Zeus Hypsistos at Pydna, in: Mélanges helléniques offerts à Georges Daux, Paris 1974, 51–55.

COUPRY, JACQUES: Sondage à l'ouest du forum de Philippes, BCH 62 (1938), 42–50.

COUPRY, JACQUES: Un joueur de marelle au marché de Philippes, BCH 70 (1946), 102–105.

COUPRY, JACQUES/FEYEL, MICHEL: Inscriptions de Philippes, BCH 60 (1936), 37–58.

COUSINÉRY, M.E.M.: Voyage dans la Macédoine [zwei Bände], Paris 1831.

CUMONT, FRANZ: Die Mysterien des Mithra. Ein Beitrag zur Religionsgeschichte der römischen Kaiserzeit, Leipzig 1903.

CUMONT, FRANZ: Notices épigraphiques. V. Inscriptions de Macédoine, Revue de l'instruction publique en Belgique 41 (1898), 328–340.

DANOV, CHRISTO M.: Altthrakien, Berlin/New York 1976.

DASSMANN, ERNST: Archäologische Spuren frühchristlicher Paulusverehrung, RQ 84 (1989), 271–298.

DAUMET, H.: siehe Heuzey, Léon/Daumet, H.

DAUX, GEORGES: Chronique des fouilles et découvertes archéologiques en Grèce en 1963, BCH 88 (1964), 681–916.

DAUX, GEORGES: Notes de lecture, BCH 99 (1975), 145–171.

DAVIES, O.: Ancient Mines in Southern Macedonia, The Journal of the Royal Anthropological Institute of Great Britain and Ireland 62 (1932), 145–162.

DAVIES, PAUL E.: The Macedonian Scene of Paul's Journeys, BA 26 (1963), 91–106.

DEHANDSCHUTTER, BOUDEWIJN: Polycarp's Epistle to the Philippians: An Early Example of »Reception«, in: The New Testament in Early Christianity, BEThL 86, Leuven 1989, 275–291.

DEININGER, JÜRGEN: Die Provinziallandtage der römischen Kaiserzeit von Augustus bis zum Ende des dritten Jahrhunderts n. Chr., Vestigia 6, München und Berlin 1965.

DEMANGEL, R.: Note sur les fouilles françaises de Philippes, BCH 62 (1938), 1–3.

DESDEVISES-DU-DEZERT, TH.[ÉOPHILE-ALPHONSE]: Géographie ancienne de la Macédoine, Paris 1862.

DEVAMBEZ, P.: siehe Collart, Paul/Devambez, P.

DIBELIUS, MARTIN: Die Briefe des Apostels Paulus. An die Thessalonicher I II. An die Philipper, HNT III 2, Tübingen 1911.

DIBELIUS, MARTIN: An die Thessalonicher I II. An die Philipper, HNT 11, Tübingen, 3. neubearbeitete Aufl. 1937.

DÖLGER, FRANZ JOSEPH: Zur Frage der religiösen Tätowierung im thrakischen Dionysoskult. »*Bromio signatae mystides*« in einer Grabinschrift des dritten Jahrhunderts n. Chr., Antike und Christentum 2 (1930), 107–116.

DOMASZEWSKI, ALFRED VON: Die Rangordnung des römischen Heeres. Einführung, Berichtigungen und Nachträge von Brian Dobson, BoJ.B 14, Köln/Wien ³1981.

DORCEY, PETER F.: The Cult of Silvanus. A Study in Roman Folk Religion, CSCT 20, Leiden/New York/Köln 1992.

DORCEY, PETER F.: The Role of Women in the Cult of Silvanus, Numen 36 (1989), 143–155.

DUCHÈNE, HERVÉ: Sur la stèle d'Aulus Caprilius Timotheos, sômatemporos, BCH 110 (1986), 513–530.

DUCOUX, H.: s. Lapalus, Étienne/Ducoux, H.

DUCOUX, H./LEMERLE, PAUL: L'acropole et l'enceinte haute de Philippes, BCH 62 (1938), 4–19.

DUCREY, PIERRE: Des dieux et des sanctuaires à Philippes de Macédoine, in: Comptes et inventaires dans la cité grecque (s. dort), Genf 1988, 207–213.

DUCREY, PIERRE: Le recueil des inscriptions grecques et latines de Philippes de Macédoine: État des questions, Πρακτικά του Η΄ Διεθνούς Συνεδρίου Ελληνικής και Λατινικής Επιγραφικής, Αθήνα, 3–9 Οκτωβρίου 1982, Τόμος Β΄, Athen 1987 [1992], 155–157.

DUCREY, PIERRE: Philippes. Reliefs rupestres, BCH 94 (1970), 809–811.

DUCREY, PIERRE: Quelques reliefs et dessins rupestres de Philippes de Macédoine, in: Mélanges d'histoire ancienne et d'archéologie offerts à Paul Collart, Cahiers d'archéologie romande 5, Lausanne 1976, 147–160.

DUCREY, PIERRE: The Rock Reliefs of Philippi, Archeology 30 (1977), 102–107.

Ducrey, Pierre: Θεοί και ιερά στους Φιλίππους της Μακεδονίας, in: Μνήμη Δ. Λαζαρίδη (s. dort), 551–557.

Ducrey, Pierre: Vers un corpus des inscriptions grecques et latines de Philippes de Macédoine, in: Actes du VIIe congrès international d'épigraphie grecque et latine (s. dort), S. 360.

Ducrey, Pierre: siehe Collart, Paul/Ducrey, Pierre.

Dumont, Albert: Inscriptions et monuments figurés de la Thrace, Archives des missions scientifiques, 3e série, III, 117–200; jetzt in: ders.: Mélanges d'archéologie et d'épigraphie, réunis par Th. Homolle et précédés d'une notice sur Albert Dumont par L. Heuzey, Paris 1892, 307–581.

Dunant, Christiane/Pouilloux, Jean: Recherches sur l'histoire et les cultes de Thasos. II. De 196 avant J.-C. jusqu'à la fin de l'Antiquité, Études Thasiennes 5, Paris 1957.

Durry, Marcel: Les cohortes prétoriennes, BEFAR 146, Paris 1938.

Durry, Marcel: Sur une monnaie de Philippes, REA 42 (= Mélanges Georges Radet) 1940, 412–416.

Dušanić, Slobodan: The Witnesses to the Early «Diplomata Militaria», in: Sodalitas. Scritti A. Guarino, Neapel 1984, 271–286.

Dvornik, F.: Deux inscriptions gréco-bulgares de Philippes, BCH 52 (1928), 125–147.

Eck, Werner: Die claudische Kolonie Apri in Thrakien, ZPE 16 (1975), 295–299.

Edson, Charles: A Note on the Macedonian *Merides,* CP 41 (1946), S. 107.

Edson, Charles: Cults of Thessalonica, HThR 41 (1948), 153–204, wieder abgedruckt in: Θεσσαλονίκην Φιλίππου Βασίλισσαν (s. dort), 886–939 (danach hier zitiert).

Edson, Charles: Notes on the Thracian *Phoros,* CP 42 (1947), 88–105.

Edson, Charles: The Location of Cellae and the Route of the Via Egnatia in Western Macedonia, CP 46 (1951), 1–16.

Ehrhardt, Norbert: Eine neue Grabinschrift aus Iconium, ZPE 81 (1990), 185–188.

Elliger, Winfried: Paulus in Griechenland. Philippi, Thessaloniki, Athen, Korinth, SBS 92/93, Stuttgart 1978 (Nachdr. außerhalb der Reihe 1987).

Engels, Donald W.: Roman Corinth: An Alternative Model for the Classical City, Chicago 1990.

Ernst, Josef: Rez. F. Bovon: Das Evangelium nach Lukas (s. dort), ThLZ 115 (1990), Sp. 591–593.

Ewald, Paul: Der Brief des Paulus an die Philipper. Dritte, durchgesehene und vermehrte Auflage besorgt von Gust. Wohlenberg, KNT XI, Leipzig 1917.

Fabre, P.: s. Festugière, A.J./Fabre, P.

Fehér, Géza: A propos des inscriptions protobulgares de la basilique de Philippes, BCH 59 (1935), 165–174.

Feissel, Denis/Sève, Michel: Inscriptions de Macédoine, BCH 112 (1988), 449–466.

Ferguson, William Duncan: The Legal and Governmental Terms Common to the Macedonian Greek Inscriptions and the New Testament, with a Complete Index of the Macedonian Inscriptions, Phil. Diss., Chicago 1913.

Festugière, A.J.: Les mystères de Dionysos, RB 44 (1935), 192–211.366–396 (Nachdr. in: ders.: Études de religion grecque et hellénistique, Bibliotheque d'histoire de la philosophie, Paris 1972, 13–63).

Festugière, J.: [Sur le «*Collegium Silvani*» de Philippes,] CRAI 1923, 276–278.

Festugière, A.J./Fabre, P.: Le monde gréco-romain au temps de Notre-Seigneur, 2 Bde., Paris 1935.

Feyel, Michel: siehe Coupry, Jacques/Feyel, Michel.

Firatli, Nezih: Les stèles funéraires de Byzance gréco-romaine. Avec l'édition et l'index commenté des épitaphes par Louis Robert, BAHI 15, Paris 1964.

Fitzgerald, John T.: Art. Philippians, Epistle to the, The Anchor Bible Dictionary 5 (1992), 318–326.

Flacelière, R.: Remarques sur les Sôtéria de Delphes, BCH 52 (1928), 256–291.

Foucart, P.: Inscription latine de Macédoine, BCH 12 (1888), 424–427.

FRASER, P.M.: Thracians Abroad: Three Documents, in: Αρχαία Μακεδονία V 1 (s. dort), 443–454.

FREDRICH, C.: Aus Philippi und Umgebung, MDAI.A 33 (1908), 39–46.

FRENCH, E.B.: Archaeology in Greece 1990–91, AR 37 (1990–91), 3–78.

FRENCH, E.B.: Archaeology in Greece 1991–92, AR 38 (1991–92), 3–70.

FRIEDRICH, GERHARD: Der Brief an die Philipper, NTD 8, Göttingen 1976.

FRIESEN, STEVEN J.: Twice Neokoros. Ephesus, Asia and the Cult of the Flavian Imperial Family, Religions in the Graeco-Roman World 116, Leiden/New York/Köln 1993.

FROTHINGHAM, A.L.: De la véritable signification des monuments romains qu'on appelle «arcs de triomphe», RAr 6 (1905), 216–230.

FROTHINGHAM, A.L.: The Roman Territorial Arch, AJA 19 (1915), 155–174.

FURNISH, VICTOR PAUL: The Place and Purpose of Philippians III, NTS 10 (1963/64), 80–88.

GAEBLER, H.: Zur Münzkunde Makedoniens. VII. Der Prägebeginn in Thessalonike. – Die ersten Colonialprägungen in Pella, Dium und Cassandrea, ZN 36 (1926), 111–141.

GAEBLER, H.: Zur Münzkunde Makedoniens. X. Skithai auf der Chalkidike. – Die erste Colonialprägung in Philippi, ZN 39 (1929), 255–270.

GARDNER, E.A./CASSON, S.: Macedonia. II. Antiquities Found in the British Zone 1915–1919, ABSA 23 (1918–1919), 10–41.

GARDNER, JANE F.: Being a Roman Citizen, London und New York 1993.

GARDNER, JANE F.: Proofs of Status in the Roman World, BICS 33 (1986), 1–14.

GARNSEY, PETER: Social Status and Legal Privilege in the Roman Empire, Oxford 1970.

GAUTHIER, PHILIPPE: Nouvelles récoltes et grain nouveau: à propos d'une inscription de Gazôros, BCH 111 (1987), 413–418.

GELZER, MATTHIAS: Die Nobilität der Kaiserzeit, in: ders.: Kleine Schriften I, Wiesbaden 1962, 136–153.

GELZER, MATTHIAS: Die Nobilität der römischen Republik, in: ders.: Kleine Schriften I, Wiesbaden 1962, 17–135.

GEORGIEV, VLADIMIR I.: Orpheus und Thamyris, in: Thracia I (s. dort), 245–247.

GERASSIMOWA-TOMOWA, WASSILKA: Beitrag zur thrakischen Religion und Ethnographie, in: Dritter Internationaler Thrakologischer Kongreß (s. dort), Bd. I (1984), 286–296.

GIESECKE, F.: Zur Glaubwürdigkeit von Apg. 16,25–34, ThStKr 71 (1898), 348–351.

GLOMBITZA, OTTO: Der Schritt nach Europa: Erwägungen zu Act 16 9–15, ZNW 53 (1962), 77–82.

GNILKA, JOACHIM: Der Philipperbrief, HThK X 3, Freiburg/Basel/Wien (1968) ⁴1987.

GOČEVA, ZLATOZARA: Die Nachrichten der altgriechischen Autoren über die thrakische Religion, in: Dritter Internationaler Thrakologischer Kongreß (s. dort), Bd. II (1984), 269–274.

GOČEVA, ZLATOZARA: Les traits caractéristiques de l'iconographie du Cavalier thrace, in: Iconographie classique et identités régionales, BCH Suppl. 14, Athen/Paris 1986, 237–243.

GOČEVA, ZLATOZARA: Religiöse Ämter in der Provinz Thrakien, Eirene 21 (1984), 33–39.

GOSSEL, BERTHILD: Makedonische Kammergräber, Diss. phil. München, Berlin 1980.

GOUNARIS, GEORGIOS: Le problème de l'existence de deux ambons dans l'Octogone de Philippes, in: Actes du Xᵉ Congrès International d'Archéologie Chrétienne (= Πρακτικά του 10ου Διεθνούς Συνεδρίου Χριστιανικής Αρχαιολογίας) II, Rom/Thessaloniki 1984, 133–140.

GOUNAROPOULOU, L./HATZOPOULOS, M.B.: Les milliaires de la Voie Egnatienne entre Héraclée des Lyncestes et Thessalonique, Μελετήματα 1, Athen 1985.

GOWING, ALAIN M.: The Triumviral Narratives of Appian and Cassius Dio, Ann Arbor 1992.

GRANDJEAN, YVES/SALVIAT, FRANÇOIS: Décret d'Athènes, restaurant la démocratie à Thasos en 407 av. J.-C.: IG XII 8,262 complété, BCH 112 (1988), 249–278.

GREN, ERIK: Kleinasien und der Ostbalkan in der wirtschaftlichen Entwicklung der römischen Kaiserzeit, Diss. Uppsala 1941.

GRIFFITH, GUY THOMPSON: siehe Hammond, Nicholas Geoffrey Lemprière/Griffith, Guy Thompson.

GROSS, WALTER HATTO: Art. Toga, KP V, Sp. 879–880.

GUIDOBALDI, A. GUIGLIA: I pavimenti in *opus sectile* di Filippi: Tipologia e ascendenze, in: Actes du Xᵉ Congrès International d'Archéologie Chrétienne (= Πρακτικά του 10ου Διεθνούς Συνεδρίου Χριστιανικής Αρχαιολογίας) II, Rom/Thessaloniki 1984, 153–166.

HABICHT, CHRISTIAN: Art. Voltinia, PRE Suppl. X (1965), Sp. 1113–1125.

HAENCHEN, ERNST: Die Apostelgeschichte, KEK 3, Göttingen ¹³1961.

HAENCHEN, ERNST: Die Apostelgeschichte, KEK 3, Göttingen ¹⁶/⁷1977.

HALFMANN, HELMUT: Die Senatoren aus dem östlichen Teil des Imperium Romanum bis zum Ende des 2. Jahrhunderts n.Chr., Hyp. 58, Göttingen 1979.

HALFMANN, HELMUT: Itinera principum. Geschichte und Typologie der Kaiserreisen im Römischen Reich, Heidelberger Althistorische Beiträge und Epigraphische Studien 2, Stuttgart 1986.

HAMMOND, NICHOLAS GEOFFREY LEMPRIÈRE: A history of Macedonia, Volume I: Historical geography and prehistory, Oxford 1972 (Nachdr. New York 1981).

HAMMOND, NICHOLAS GEOFFREY LEMPRIÈRE/GRIFFITH, GUY THOMPSON: A history of Macedonia, Volume II: 550–336 B.C., Oxford 1979.

HAMMOND, NICHOLAS GEOFFREY LEMPRIÈRE/WALBANK, FRANK WILLIAM: A history of Macedonia, Volume III: 336–167 B.C., Oxford 1988.

HAMMOND, N.[ICHOLAS] G.[EOFFREY] L.[EMPRIÈRE]: Inscriptions Concerning Philippi and Calindoea in the Reign of Alexander the Great, ZPE 82 (1990), 167–175.

HAMMOND, N.[ICHOLAS] G.[EOFFREY] L.[EMPRIÈRE]: Philip of Macedon, London 1994.

HAMMOND, N.[ICHOLAS] G.[EOFFREY] L.[EMPRIÈRE]: The King and the Land in the Macedonian Kingdom, CQ 38 (1988), 382–391.

HARNACK, ADOLF VON: Die ältesten Evangelien-Prologe und die Bildung des Neuen Testaments, SPAW 1928, 322–341; jetzt in: ders.: Kleine Schriften zur alten Kirche [II]. Berliner Akademieschriften 1908–1930, Opuscula IX 2, Leipzig 1980, 803–822.

HARNACK, ADOLF: Die Apostelgeschichte, Beiträge zur Einleitung in das Neue Testament III, Leipzig 1908.

HARNACK, ADOLF: Miscellen zu den Apostolischen Vätern, den Acta Pauli, Apelles, dem Muratorischen Fragment, den pseudocyprianischen Schriften und Claudianus Mamertus, TU N.F. V 3, Leipzig 1900.

HARRISON, P.N.: Polycarp's Two Epistles to the Philippians, Cambridge 1936.

HATZOPOULOS, MILTIADE: Les politarques de Philippopolis. Un élément méconnu pour la datation d'une magistrature macédonienne, in: Dritter Internationaler Thrakologischer Kongreß (s. dort), Bd. II (1984), 137–149.

HATZOPOULOS, M.B.: Strepsa: A Reconsideration or New Evidence on the Road System of Lower Macedonia, in: M.B. Hatzopoulos/L.D. Loukopoulou: Two Studies in Ancient Macedonian Topography, Μελετήματα 3, Athen 1987, 17–60.

HATZOPOULOS, M.B./LOUKOPOULOU, L.D.: Morrylos. Cité de la Crestonie, Μελετήματα 7, Athen 1989.

HATZOPOULOS, M.B.: s. Gounaropoulou, L./Hatzopoulos, M.B.

HAVERFIELD, F.: On the στρατηγοί of Philippi, JThS 1 (1900), 434–435.

HAWTHORNE, GERALD F.: Philippians, Word Biblical Commentary 43, Waco (Texas) 1983.

HELLY, BRUNO: Politarques, poliarques et politophylaques, in: Αρχαία Μακεδονία II (s. dort), 531–544.

HEMER, COLIN J.: Alexandria Troas, TynB 26 (1975), 79–112.

HEMER, COLIN J.: The Book of Acts in the Setting of Hellenistic History, WUNT 49, Tübingen 1989.

HENDRIX, HOLLAND L.: Art. Philippi (Place), The Anchor Bible Dictionary 5 (1992), 313–317.

HENGEL, MARTIN: Der vorchristliche Paulus, in: Paulus und das antike Judentum, WUNT 58, Tübingen 1991, 177–293.

HENGEL, MARTIN: Proseuche und Synagoge. Jüdische Gemeinde, Gotteshaus und Gottesdienst in der Diaspora und in Palästina, in: Tradition und Glaube (FS Karl Georg Kuhn), Göttingen 1971, 157–184.

HEREWARD, DAPHNE: Inscriptions from Amorgos, Hagios Eustratios and Thrace, Palaeologia 1968, 136–149.

HEREWARD, DAPHNE: The Boundaries of Thasos and Philippi, Archaeology 16 (1963), S. 133.

HERTER, HANS: Bacchus am Vesuv, RMP 100 (1957), 101–114.

HERZOG, RUDOLF/KLAFFENBACH, GÜNTHER: Asylieurkunden aus Kos, ADAW.S 1, Berlin 1952.

HEUZEY, LÉON: Apollon et Diane. Dieux funéraires, RAr 22 (1871), 247–251.

HEUZEY, LÉON: Le panthéon des rochers de Philippes, RAr 11 (1865), 449–460.

HEUZEY, LÉON: Le sanctuaire de Bacchus Tasibastenus dans le canton de Zikhna (en Thrace), CRAI 1868, 219–231.

HEUZEY, LÉON: [ohne Titel], BSNAF 1867, 134–140.

HEUZEY, LÉON/DAUMET, H.: Mission archéologique de Macédoine, [Bd. I] Texte, [Bd. II] Planches, Paris 1876.

HILTBRUNNER, OTTO: Art. Herberge, RAC XIV (1988), Sp. 602–626.

HIRSCHFELD, GUSTAV: Ueber die griechischen Grabschriften, welche Geldstrafen anordnen, Königsberger Studien 1 (1887), 83–144.

HIRSCHFELD, OTTO: Die kaiserlichen Verwaltungsbeamten bis auf Diocletian, Berlin ²1905.

HÖCKMANN, OLAF: Eine Felszeichnung in Philippi (Ostmakedonien), IM 19–20 (1969–1970), 145–163.

HODDINOTT, R.F.: Early Byzantine Churches in Macedonia and Southern Serbia. A Study of the Origins and the Initial Development of East Christian Art, London 1963.

HOMOLLE, TH.: Nouvelles et Correspondance, BCH 17 (1893), 624–641.

HOPFNER, THEODOR: Plutarch über Isis und Osiris. I. Teil: Die Sage; II. Teil: Die Deutungen der Sage, Prag 1940/1941 (zweiter Nachdr. [beide Teile in einem Band], Hildesheim 1991).

HORN, HEINZ GÜNTER: Mysteriensymbolik auf dem Kölner Dionysosmosaik, BoJ.B 33, Bonn 1972.

HORNUM, MICHAEL B.: Nemesis, the Roman State, and the Games, Religions in the Graeco-Roman World 117, Leiden/New York/Köln 1993.

HORSLEY, G.H.R.: Art. Politarchs, The Anchor Bible Dictionary 5 (1992), 384–389.

HORSLEY, G.H.R.: Lydia and the Purple Trade, NDIEC 3 (1978) [1983], 53–55.

HORSLEY, G.H.R.: The purple trade, and the status of Lydia of Thyatira, NDIEC 2 (1977) [1982], 25–32.

HORST, PIETER W. VAN DER: Ancient Jewish Epitaphs. An introductory survey of a millennium of Jewish funerary epigraphy (300 BCE – 700 CE), Contributions to Biblical Exegesis and Theology 2, Kampen 1991.

HÜTTENMEISTER, FROWALD G.: »Synagoge« und »Proseuche« bei Josephus und in anderen antiken Quellen, in: Begegnungen zwischen Christentum und Judentum in Antike und Mittelalter (FS Heinz Schreckenberg), Schriften des Institutum Judaicum Delitzschianum 1, Göttingen 1993, 163–181.

ISAAC, BENJAMIN: The Greek Settlements in Thrace until the Macedonian Conquest, Studies of the Dutch Archaeological and Historical Society 10, Leiden 1986.

JALABERT, L./MOUTERDE, R.: Inscriptions grecques chrétiennes, DACL 7 (1926), 623–694.

KÄHLER, HEINZ: Art. Triumphbogen (Ehrenbogen), RE VII A 1 (1939), Sp. 373–493.

KAJANTO, IIRO: On the Peculiarities of Women's Nomenclature, in: L'Onomastique Latine (s. dort), 147–159.

KALLÉRIS, JEAN N.: Les anciens Macédoniens. Étude linguistique et historique, Tome I. Tome II 1, CIFA 81, Athen 1954 und 1976 (ergänzter Nachdr. 1988).

KARAYANNOP[O]ULOS, J.[EAN]: L'inscription protobulgare de Direkler, Comité National Grec des Études du Sud-Est Européen. Centre d'Études du Sud-Est Européen, No. 19, Athen 1986.

KÄSEMANN, ERNST: Kritische Analyse von Phil. 2,5–11, ZThK 47 (1950), 313–360; wieder abgedruckt in: Ernst Käsemann: Exegetische Versuche und Besinnungen I, Göttingen ⁶1970, 51–95.

KAZAROW, GAWRIL: Un nouveau monument du Cavalier thrace, RAr 1937,2, 39–42.

KLAFFENBACH, GÜNTHER: s. Herzog, Rudolf/Klaffenbach, Günther.

KLEIN, GÜNTER: Antipaulinismus in Philippi. Eine Problemskizze, in: Jesu Rede von Gott und ihre Nachgeschichte im frühen Christentum. Beiträge zur Verkündigung Jesu und zum Kerygma der Kirche (FS Willi Marxsen), Gütersloh 1989, 297–313.

KLEINER, GERHARD: Der olynthische Apollon und der philippische Herakles, in: Studies Presented to David Moore Robinson (s. dort), Band II, 187–196.

KLINGENBERG, GEORG: Art. Grabrecht (Grabmulta, Grabschändung), RAC XII (1983), Sp. 590–637.

KOCH, DIETRICH-ALEX: Die Schrift als Zeuge des Evangeliums. Untersuchungen zur Verwendung und zum Verständnis der Schrift bei Paulus, BHTh 69, Tübingen 1986.

KOESTER, HELMUT: The Purpose of the Polemic of a Pauline Fragment (Philippians iii), NTS 8 (1961/62), 317–332.

KOLENDO, JERZY: L'afflux des esclaves thraces en Italie aux IIᵉ-Iᵉʳ siècles av. n. è., in: Dritter Internationaler Thrakologischer Kongreß (s. dort), Bd. II (1984), 191–196.

KOPERSKI, VERONICA: Textlinguistics and the Integrity of Philippians: A Critique of Wolfgang Schenk's Arguments for a Compilation Hypothesis, EThL 68 (1992), 331–367.

KOUKOULI-CHRYSANTHAKI, CHAÏDO: Politarchs in a New Inscription from Amphipolis, in: Ancient Macedonian Studies in Honor of Charles F. Edson (s. dort), 229–241.

KRAMER, JOHANNES: Was bedeutet κοιμητήριον in den Papyri?, ZPE 80 (1990), 269–272.

KUBITSCHEK, WILHELM: Ein Soldatendiplom des Kaisers Vespasian, JÖAI 17 (1914), 148–193.

KUBITSCHEK, JOS. Wilhelm: Imperium Romanum tributim discriptum, Prag 1889 (Nachdr. in der Reihe Studia Historica, Band 121, Rom 1972).

LADEK, FRIEDRICH/PREMERSTEIN, A. v./VULIĆ, NIKOLA: Antike Denkmäler in Serbien II, JÖAI 4 (1901), Beiblatt, Sp. 73–162.

LAKE, KIRSOPP/CADBURY, HENRY J.: The Acts of the Apostles. English Translation and Commentary, The Beginnings of Christianity, Part I, Vol. IV, London 1933 (Nachdr. Michigan 1979).

LAMPE, PETER: Die stadtrömischen Christen in den ersten beiden Jahrhunderten, WUNT 2/18, Tübingen 1987; ²1989.

LAMPRECHT, HEINZ-OTTO: Opus Caementitium. Bautechnik der Römer, Düsseldorf ⁴1993.

LAPALUS, ÉTIENNE: Sculptures de Philippes, BCH 59 (1935), 175–192.

LAPALUS, ÉTIENNE: Tête de bronze de Philippes (Macédoine), BCH 56 (1932), 360–371.

LAPALUS, ÉTIENNE/DUCOUX, H.: Deux temples d'ordre corinthien du forum de Philippes, CRAI 1935, 181f.

LATTE, KURT: Römische Religionsgeschichte, HAW V 4, München 1960.

LAUM, BERNHARD: Stiftungen in der griechischen und römischen Antike. Ein Beitrag zur antiken Kulturgeschichte, Erster Band: Darstellung, Zweiter Band: Urkunden, Leipzig/Berlin 1914.

LEAKE, WILLIAM MARTIN: Travels in Northern Greece, In Four Volumes, London 1835 (Nachdr. Amsterdam 1967).

LECLERCQ, H.: Art. Presbyter, DACL 14, 2 (1948), Sp. 1717–1722.

LECLERCQ, H.: Inscriptions (histoire des recueils d'), DACL 7 (1926), 850–1089.

LECLERCQ, H.: Inscriptions latines chrétiennes, DACL 7 (1926), 694–850.

LEFORT, JACQUES: Radolibos: population et paysage, Travaux et mémoires 9 (1985), 195–234.

LEMERLE, PAUL: Chronique des fouilles et découvertes archéologiques dans l'Orient hellénique (1934), BCH 59 (1935), 234–309.

LEMERLE, PAUL: Chronique des fouilles et découvertes archéologiques en Grèce, BCH 60 (1936), 452–489.

LEMERLE, PAUL: Chronique des fouilles et découvertes archéologiques en Grèce en 1937, BCH 61 (1937), 441–476.

LEMERLE, PAUL: Chronique des fouilles et découvertes archéologiques en Grèce en 1938, BCH 62 (1938), 443–483.

LEMERLE, P.: Inscriptions latines et grecques de Philippes, BCH 58 (1934), 448–483.

LEMERLE, PAUL: Inscriptions latines et grecques de Philippes, BCH 59 (1935), 126–164.

LEMERLE, PAUL: Le château de Philippes au temps de Nicéphore Phocas, BCH 61 (1937), 103–108.

LEMERLE, PAUL: Le testament d'un Thrace à Philippes, BCH 60 (1936), 336–343.

LEMERLE, PAUL: Nouvelles inscriptions latines de Philippes, BCH 61 (1937), 410–420.

LEMERLE, PAUL: Palestre romaine à Philippes, BCH 61 (1937), 86–102.

LEMERLE, PAUL: Philippes et la Macédoine orientale à l'époque chrétienne et byzantine. Recherches d'histoire et d'archéologie, [Bd. 1] Texte, [Bd. 2] Album, BEFAR 158, Paris 1945.

LEMERLE, PAUL: siehe Ducoux, H./Lemerle, Paul.

LEPPIN, HARTMUT: Histrionen. Untersuchungen zur sozialen Stellung von Bühnenkünstlern im Westen des Römischen Reiches zur Zeit der Republik und des Principats, Antiquitas, Reihe I, 41, Bonn 1992.

LEVICK, BARBARA: Roman Colonies in Southern Asia Minor, Oxford 1967.

LEVINSKAYA, IRINA: A Jewish or Gentile Prayer House? The Meaning of ΠΡΟΣΕΥΧΗ, TynB 41 (1990), 154–159.

LICHTENSTEIN, ERNST: Philippi. Eine historisch-theologische Betrachtung über den Eintritt des Christentums in die abendländische Welt, in: Lebenskräfte in der abendländischen Geistesgeschichte (Dank- und Erinnerungsgabe an Walter Goetz), Marburg/Lahn 1948, 1–21.

LIEBENAM, W.: Städteverwaltung im römischen Kaiserreiche, Leipzig 1900 (Nachdr. in der Reihe Studia Historica, Band 44, Rom 1967).

LIEBENAM, W.: Zur Geschichte und Organisation des römischen Vereinswesens. 3 Untersuchungen, Leipzig 1890 (Nachdr. Aalen 1964).

LINDEMANN, ANDREAS: Der Apostel Paulus im 2. Jahrhundert, in: The New Testament in Early Christianity, BEThL 86, Leuven 1989, 39–67.

LINDEMANN, ANDREAS: Paulus im ältesten Christentum. Das Bild des Apostels und die Rezeption der paulinischen Theologie in der frühchristlichen Literatur bis Marcion, BHTh 58, Tübingen 1979.

LINK, STEFAN: Konzepte der Privilegierung römischer Veteranen, Heidelberger Althistorische Beiträge und Epigraphische Studien 9, Stuttgart 1989.

LOHMANN, HANS: Drohung und Verheißung. Exegetische Untersuchungen zur Eschatologie bei den Apostolischen Vätern, BZNW 55, Berlin/New York 1989.

LOHMEYER, ERNST: Die Briefe an die Philipper, an die Kolosser und an Philemon, KEK 9, Göttingen [8]1930 [9]1953 (wie alle folgenden Aufl. posthum herausgegeben von Werner Schmauch. Dazu: Beiheft von Werner Schmauch, Göttingen 1964).

LOISY, ALFRED: Les Actes des Apôtres, Paris 1920.

LOUKOPOULOU, L.D.: *Provinciae Macedoniae finis orientalis:* The Establishment of the Eastern Frontier, in: M.B. Hatzopoulos/L.D. Loukopoulou: Two Studies in Ancient Macedonian Topography, Μελετήματα 3, Athen 1987, 61–110.

LOUKOPOULOU, L.D.: s. Hatzopoulos, M.B./Loukopoulou, L.D.

LÜDEMANN, GERD: Das frühe Christentum nach den Traditionen der Apostelgeschichte. Ein Kommentar, Göttingen 1987.

LÜDEMANN, GERD: Das Judenedikt des Claudius (Apg 18,2), in: Der Treue Gottes trauen. Beiträge zum Werk des Lukas (FS Gerhard Schneider), Freiburg/Basel/Wien 1991, 289–298.

MACMULLEN, RAMSAY: Enemies of the Roman Order. Treason, Unrest, and Alienation in the Empire, Cambridge/Mass. 1966 (Nachdr. London und New York 1992).

MAKARONAS, CH.I.: Via Egnatia and Thessalonike, in: Studies Presented to David Moore Robinson (s. dort), Band II, 380–388; wieder abgedruckt in: Θεσσαλονίκην Φιλίππου Βασίλισσαν (s. dort), 392–401 (danach hier zitiert).

MALKIN, IRAD: What's in a Name? The Eponymous Founders of Greek Colonies, Athenaeum 63 (1985), 114–130.

MALTEN, L.: Der Raub der Kore, ARW 12 (1909), 285–312.

MANTEUFFEL, GEORG: Epistulae privatae ineditae, Eos 30 (1927), 211–215.

MAREK, CHRISTIAN: Die Proxenie, Europäische Hochschulschriften III 213, Frankfurt am Main/ Bern/New York 1984.

MARSHALL, I. HOWARD: The Acts of the Apostles. An Introduction and Commentary, Leicester 1980.

MASSON, OLIVIER: Les noms théophores de Bendis en Grèce et en Thrace, MH 45 (1988), 6–12.

MASTROKOSTAS, EUTH. I.: The Edict of Gazoros Concerning the Hiring of Public Places *SEG* XXIV 1969, 205 no. 614 (*BCH* 86, 1962, 57–63), in: Ancient Macedonian Studies in Honor of Charles F. Edson (s. dort), 255–257.

MATTINGLY, HAROLD: Roman Coins from the Earliest Times to the Fall of the Western Empire, London 1962.

MAXFIELD, VALERIE A.: Systems of Reward in Relation to Military Diplomas, in: Heer und Integrationspolitik (s. dort), 26–43.

MAXFIELD, VALERIE A.: The Military Decorations of the Roman Army, Berkeley/Los Angeles 1981.

McDONALD, WILLIAM A.: Archaeology and St. Paul's Journeys in Greek Lands, BA 3 (1940), 18–24.

MEEKS, WAYNE A.: The First Urban Christians. The Social World of the Apostle Paul, New Haven/London 1983.

MEINARDUS, OTTO F.A.: St. Paul in Greece, Athen ²1972 (Nachdr. 1976).

MEINHOLD, PETER: Art. Polykarpos, PRE XXI 2 (1952), 1662–1693.

MENDEL, G.: Inscriptions de Thasos, BCH 24 (1900), 263–284.

MENGEL, BERTHOLD: Studien zum Philipperbrief. Untersuchungen zum situativen Kontext unter besonderer Berücksichtigung der Frage nach der Ganzheitlichkeit oder Einheitlichkeit eines paulinischen Briefes, WUNT 2/8, Tübingen 1982.

MERKEL, JOHANNES: Ueber die sogenannten Sepulcralmulten, in: Festgabe der Göttinger Juristen-Fakultät für Rudolf von Jhering zum fünfzigjährigen Doktor-Jubiläum am VI. August MDCCCXCII, Leipzig 1892, 79–134.

MERKELBACH, REINHOLD: Die Hirten des Dionysos. Die Dionysos-Mysterien der römischen Kaiserzeit und der bukolische Roman des Longus, Stuttgart 1988.

MERKELBACH, REINHOLD: Mithras, Königstein/Ts. 1984.

MERKELBACH, REINHOLD: Zwei Texte aus dem Sarapeum zu Thessalonike, ZPE 10 (1973), 45–54.

METZGER, BRUCE M.: A Textual Commentary on the Greek New Testament. A Companion Volume to the United Bible Societies' Greek New Testament (third edition), London/New York 1975.

METZGER, BRUCE M.: The Problematic Thracian Version of the Gospels, in: A Tribute to Arthur Vööbus: Studies in Early Christian Literature and Its Environment, Primarily in the Syrian East, Chicago 1977, 337–355; Nachdr. in: ders.: New Testament Studies. Philological, Versional, and Patristic, NTTS 10, Leiden 1980, 148–166.

MEYER, EDUARD: Ursprung und Anfänge des Christentums. Dritter Band: Die Apostelgeschichte und die Anfänge des Christentums, Stuttgart und Berlin 1923.

MEYER, HEINRICH AUGUST WILHELM: Kritisch exegetisches Handbuch über die Briefe an die Philipper, Kolosser und an Philemon, KEK 9, Göttingen ²1859.

MICHON, É.: [ohne Titel], BSNAF 1924, 234–236.

MIHAILOV, GEORGI: À propos de la stèle du «captor Decebali» à Philippes, in: Mélanges helléniques offerts à Georges Daux, Paris 1974, 279–287.

MIHAILOV, GEORGI: Epigraphica et onomastica. (Observations sur les rapports ethno-culturels dans l'aire balkano-micrasiatique), Études balkaniques 23, 4 (1987), 89–111.

MIHAILOV, GEORGI: Inscriptions de la Thrace égéenne, Philologia (Sofia) 6 (1980), 3–19.

MIHAILOV, G.: siehe Beševliev, V./Mihailov, G.

MILLER, STELLA G.: The Tomb of Lyson and Kallikles: A Painted Macedonian Tomb, Mainz 1993.

MISPOULET, J.-B.: Note sur un diplôme militaire découvert en Thrace, concernant la flotte de Misène, du 9 février 71, CRAI 1912, 394–407.

MISSITZIS, LAMBROS: A Royal Decree of Alexander the Great on the Lands of Philippi, The Ancient World 12 (1985), 3–14.

MITCHELL, STEPHEN: Requisitioned Transport in the Roman Empire: A New Inscription from Pisidia, JRS 66 (1976), 106–131.

MOLTHAGEN, JOACHIM: Die ersten Konflikte der Christen in der griechisch-römischen Welt, Hist 40 (1991), 42–76.

MOMMSEN, TH.[EODOR]: Die Rechtsverhältnisse des Apostels Paulus, ZNW 2 (1901), 81–96.

MOMMSEN, THEODOR: Praetorium, Hermes 35 (1900), 437–442.

MOMMSEN, THEODOR: Römisches Strafrecht, Systematisches Handbuch der Deutschen Rechtswissenschaft 1,4, Leipzig 1899.

MOMMSEN, THEODOR: Schauspielerinschrift von Philippi, Hermes 3 (1869), 461–465.

MOMMSEN, THEODOR: Schauspielerinschrift von Philippi, Hermes 17 (1882), 495–496.

MORETTI, JEAN-CHARLES: Une vignette de traité à Delphes, BCH lll (1987), 157–166.

MORRIS, JOHN/ROXAN, MARGARET: The Witnesses to Roman Military *Diplomata,* Acta Archaeologica 28 (1977), 299–333.

MOUTERDE, R.: siehe Jalabert, L./Mouterde, R.

MOUTSOPOULOS, N.C.: Le bourg byzantin de Redina. Contribution à la topographie historique de Mygdonie, Balkan Studies 24 (1983), 3–18.

MOUTSOPOULOS, NICOLAS K.: «De via militari Romanorum». Mutatio, mansio e castra nella parte tracese della via Egnatia, in: Studi castellani in onore di Piero Gazzola, Vol. I, Rom 1979, 193–222.

MOUTSOPOULOS, N.K.: Les sgraffites du Pangaion, in: Εις μνήμην Π.Α. Μιχελή, hg. v. Ελληνική Εταιρεία Αισθητικής, Athen 1971, 482–489.

MÜHLENBROCK, STEFANIE: Hadrian in Alexandria Troas? Eine neue Inschrift, in: Neue Forschungen zu Neandria und Alexandria Troas, Asia Minor Studien 11, Bonn 1994, 193–195.

MÜLLER, DIETRAM: Topographischer Bildkommentar zu den Historien Herodots: Griechenland im Umfang des heutigen griechischen Staatsgebiets, Tübingen 1987.

MÜLLER, ULRICH B.: Der Brief des Paulus an die Philipper, ThHK 11/1, Leipzig 1993.

MÜLLER, ULRICH B.: Der Christushymnus Phil 2 6–11, ZNW 79 (1988), 17–44.

MÜLLER-WIENER, WOLFGANG: Bischofsresidenzen des 4.–7. Jhs. im östlichen Mittelmeer-Raum, Actes du XIᵉ congrès international d'archéologie chrétienne. Lyon, Vienne, Grenoble, Genève et Aoste (21–28 septembre 1986) I, SAC 41, Rom 1989, 651–709.

MUNRO, J. ARTHUR R.: Epigraphical Notes from Eastern Macedonia and Thrace, JHS 16 (1896), 313–322.

NICOLS, JOHN: On the Standard Size of the Ordo Decurionum, ZRG 105 (1988), 712–719.

NIEBUHR, KARL-WILHELM: Heidenapostel aus Israel. Die jüdische Identität des Paulus nach ihrer Darstellung in seinen Briefen, WUNT 62, Tübingen 1992.

NIELSEN, CHARLES M.: Polycarp und Marcion: A Note, TS 47 (1986), 297–299.

NIGDELIS, P.M.: Eine neue Familie aus Thessaloniki, ZPE 82 (1990), 209–212.

NILSSON, MARTIN P.: Das Rosenfest, in: ders.: Opuscula selecta linguis anglica, francogallica, germanica conscripta, Vol. I, Skrifter utgivna av Svenska Institutet i Athen II 1, Lund 1951, 311–329.

NILSSON, MARTIN P.: Geschichte der griechischen Religion. Erster Band: Die Religion Griechenlands bis auf die griechische Weltherrschaft; Zweiter Band: Die hellenistische und römische Zeit, HAW V 2, München ³1967 und ²1961.

NILSSON, MARTIN P.: The Dionysiac Mysteries of the Hellenistic and Roman Age, Lund 1957.

NOCK, A. D.: The Historical Importance of Cult-Associations, ClR 38 (1924), 105–109.

NOCK, ARTHUR DARBY: s. Roberts, Colin/Skeat, Theodore C./Nock, Arthur Darby.

NOLLÉ, JOHANNES: Grabepigramme und Reliefdarstellungen aus Kleinasien, ZPE 60 (1985), 117–135.

O'BRIEN, PETER T.: The Epistle to the Philippians. A Commentary on the Greek Text, The New International Greek Testament Commentary, Grand Rapids 1991.

OLSHAUSEN, ECKART: Art. Perge, KP IV, Sp. 631–632.

OPPERMANN, MANFRED: Historische Geographie Ostmakedoniens, Klio 65 (1983), 543–546.

OPPERMANN, MANFRED: Ikonographische Untersuchungen zur Weihplastik der thrakischen Gebiete in römischer Zeit, in: Dritter Internationaler Thrakologischer Kongreß (s. dort), Bd. II (1984), 244–254.

OPPERMANN, MANFRED: Thrakische und danubische Reitergötter und ihre Beziehungen zu Orientalischen Kulten, in: Die orientalischen Religionen im Römerreich (OrRR), hg. v. Maarten J. Vermaseren, EPRO 93, Leiden 1981, 510–536.

OSTER, JR., RICHARD E.: Use, Misuse and Neglect of Archaeological Evidence in Some Modern Works on 1Corinthians (1Cor 7,1–5; 8,10; 11,2–16; 12,14–26), ZNW 83 (1992), 52–73.

O'SULLIVAN, FIRMIN: The Egnatian Way, Newton Abbot/Harrisburg 1972.

O'TOOLE, ROBERT F.: Art. Philippian Jailor, The Anchor Bible Dictionary 5 (1992), 317–318.

O'TOOLE, ROBERT F.: Art. Slave Girl at Philippi, The Anchor Bible Dictionary 6 (1992), 57–58.

PALMER, ROBERT E.A.: Silvanus, Sylvester, and the Chair of St. Peter, PAPS 122 (1978), 222–247.

PANDERMALIS, DIMITRIOS: Inscriptions from Dion. Addenda et Corrigenda, in: Ancient Macedonian Studies in Honor of Charles F. Edson (s. dort), 283–294.

PAPASTAVRU, JOHANNES: Amphipolis. Geschichte und Prosopographie. Mit Beiträgen von C.F. Lehmann-Haupt und Arthur Stein, Klio.B 37, Leipzig 1936.

PAPAZOGLOU, FANOULA: Gouverneurs de Macédoine. A propos du second volume des Fasti, par Th. Sarikakis, Živa Antika. Antiquité vivante 29 (1979), 227–249.

PAPAZOGLOU, FANOULA: L. Vipstanus Messalla, Proconsul de Macédoine, ŽAnt 33 (1983), 5–11.

PAPAZOGLOU, FANOULA: Le territoire de la colonie de Philippes, BCH 106 (1982), 89–106.

PAPAZOGLOU, FANOULA: Les villes de macédoine à l'époque romaine, BCH Suppl. 16, Athen/Paris 1988.

PAPAZOGLOU, FANOULA: Notes d'épigraphie et de topographie macédoniennes, BCH 87 (1963), 517–544.

PAPAZOGLOU, FANOULA: Quelques aspects de l'histoire de la province Macédoine, ANRW II 7.1 (1979), 302–369.

PAPAZOGLOU, FANOULA: Sur l'emploi des deux ères dans les inscriptions grecques de Macédoine, Recueil des travaux de la Faculté de Philosophie 3 (1955), 15–28.

PÂRVAN, VASILE: Municipium Aurelium Durostorum, RFIC 52 (1924), 307–340.

PAULSEN, HENNING: Die Briefe des Ignatius von Antiochia und der Brief des Polykarp von Smyrna. Zweite, neubearbeitete Auflage der Auslegung von Walter Bauer, Die Apostolischen Väter II, HNT 18, Tübingen 1985.

PELEKANIDES, STYLIANOS: Excavations in Philippi, Balkan Studies 8,1 (1967), 123–126; wieder abgedruckt in: ders.: Studien zur frühchristlichen und byzantinischen Archäologie, IMXA 174, Thessaloniki 1977, 395–399 (danach hier zitiert).

PELEKANIDIS, S.: Kultprobleme im Apostel-Paulus-Oktogon von Philippi im Zusammenhang mit einem älteren Heroenkult, in: Atti del IX Congresso Internazionale di Archeologia Cristiana, Vol. II, Rom 1978, 393–397.

PERDRIZET, PAUL: Contribution à l'étude du macédonien, BCH 35 (1911), 120–131.

PERDRIZET, PAUL: Cultes et mythes du Pangée, Annales de l'est, publiées par la faculté des lettres de l'université de Nancy, 24ᵉ année, fascicule 1, Paris/Nancy 1910.

PERDRIZET, PAUL: De quelques monuments figurés du culte d'Athéna Ergané, in: Mélanges Perrot. Recueil de mémoires concernant l'archéologie classique, la littérature et l'histoire anciennes dédié à Georges Perrot ... . A l'occasion du 50ᵉ anniversaire de son entrée à l'École normale supérieure, Paris 1903, 259–267.

PERDRIZET, PAUL: Dizazelmis, REA 16 (1914), 399–404.

PERDRIZET, PAUL: Géta, roi des Édones, BCH 35 (1911), 108–119.

PERDRIZET, PAUL: Études amphipolitaines, BCH 46 (1922), 36–57.

PERDRIZET, PAUL: Inscriptions de Delphes, BCH 20 (1896), 466–496.

PERDRIZET, PAUL: Inscriptions de Philippes: Les Rosalies, BCH 24 (1900), 299–323.

PERDRIZET, PAUL: Le pont d'Amphipolis et la date du Rhésos, in: In memoria lui Vasile Pârvan, Bukarest 1934, 284–290.

PERDRIZET, PAUL: Mên, BCH 20 (1896), 55–106.

PERDRIZET, PAUL: Némésis [I], BCH 36 (1912), 248–274.

PERDRIZET, PAUL: Némésis [II], BCH 38 (1914), 89–100.

PERDRIZET, PAUL: Proxènes macédoniens à Delphes, BCH 21 (1897), 102–118.

PERDRIZET, PAUL: Rez. Wilhelm Dittenberger [Hg.]: Orientis graeci inscriptiones selectae, supplementum Sylloges inscriptionum graecarum, REA 6, (1904), 155–160.

PERDRIZET, PAUL: Rez. Wilhelm Dittenberger [Hg.]: Sylloge inscriptionum graecarum (2. Aufl.), REA 2 (1900), 259–268.

PERDRIZET, PAUL: Scaptésylé, Klio 10 (1910), 1–27.

PERDRIZET, PAUL: Sur l'action institoire, REA 4 (1902), 199–200.

PERDRIZET, PAUL: Trois inscriptions latines de Roumélie, BCH 24 (1900), 542–552.

PERDRIZET, PAUL: Voyage dans la Macédoine première [I], BCH 18 (1894), 416–445.

PERDRIZET, PAUL: Voyage dans la Macédoine première [II], BCH 19 (1895), 109–112.

PERDRIZET, PAUL: Voyage dans la Macédoine première [III], BCH 21 (1897), 514–543.

PERDRIZET, PAUL: Voyage dans la Macédoine première [IV], BCH 22 (1898), 335–353.

PERROT, G.: Daton, Néopolis, les ruines de Philippes, RAr 1,2 (1860), 45–52.67–77.

PESCH, RUDOLF: Die Apostelgeschichte. 1. Teilband: Apg 1–12; 2. Teilband: Apg 13–28, EKK V 1.2, Zürich/Einsiedeln/Köln/Neukirchen-Vluyn 1986.

PESCH, RUDOLF: Paulus und seine Lieblingsgemeinde. Paulus – neu gesehen. Drei Briefe an die Heiligen in Philippi, HerBü 1208, Freiburg/Basel/Wien 1985.

PETSAS, PH. M.: ΜΗΤΗΡ ΘΕΩΝ ΑΥΤΟΧΘΩΝ. Unpublished Manumission Inscriptions from Macedonia, in: Αρχαία Μακεδονία III (s. dort), 229–246.

PETSAS, PHOTIOS: Unpublished manumission inscriptions from Macedonia, in: Actes du VII⁰ congrès international d'épigraphie grecque et latine (s. dort), S. 438.

PFLAUM, H.-G.: Histoire et cultes de Thasos [Rez. von Dunant/Pouilloux: Recherches sur l'histoire et les cultes de Thasos II, s. dort], JS 1959, 75–88.

PFLAUM, H.-G.: Les carrières procuratoriennes équestres sous le haut-empire romain, Tome premier, Paris 1960.

PFOHL, GERHARD: Art. Grabinschrift I (griechische), RAC XII (1983), Sp. 467–514.

PICARD, CH.: Les dieux de la colonie de Philippes vers le Iᵉʳ siècle de notre ère, d'après les ex-voto rupestres, RHR 86 (1922), 117–201.

PICARD, CHARLES: Sur l'iconographie de Bendis, in: Serta Kazaroviana (s. dort), 26–34.

PICARD, CHARLES: Un texte nouveau de la correspondance entre Abgar d'Osroène et Jésus-Christ gravé sur une porte de ville, à Philippes (Macédoine), BCH 44 (1920), 41–69.

PICARD, CHARLES: siehe Avezou, Charles/Picard, Charles.

PICARD, CHARLES/AVEZOU, CHARLES: Le testament de la prêtresse thessalonicienne, BCH 38 (1914), 38–62.

PICARD, OLIVIER: Ανασκαφές της Γαλλικής Αρχαιολογικής Σχολής στο Θάσο το 1988, ΑΕΜΘ 2 (1988) [1991], 387–394.

PICARD, OLIVIER: Ανασκαφές της Γαλλικής Αρχαιολογικής Σχολής στη Θάσο κατά το 1989, ΑΕΜΘ 3 (1989) [1992], 499–506.

PICARD, OLIVIER: Images des dieux sur les monnaies grecques, MEFRA 103 (1991), 223–233.

PICARD, OLIVIER: Numismatique et iconographie: Le Cavalier macédonien, in: Iconographie classique et identités régionales, BCH Suppl. 14, Athen/Paris 1986, 67–76.

PICARD, O.[LIVIER]: Thasos dans le monde romain, in: The Greek Renaissance in the Roman

Empire. Papers from the Tenth British Museum Classical Colloquium, BICS Suppl. 55, London 1989, 174–179.

PICARD, OLIVIER: Thasos et Néapolis, in: Μνήμη Δ. Λαζαρίδη (s. dort), 541–548.

PIETRI, CHARLES: Art. Grabinschrift II (lateinisch), RAC XII (1983), Sp. 514–590.

PILHOFER, PETER: PRESBYTERON KREITTON. Der Altersbeweis der jüdischen und christlichen Apologeten und seine Vorgeschichte, WUNT 2/39, Tübingen 1990.

PLEKET, H.W.: An Aspect of the Emperor Cult: Imperial Mysteries, HThR 58 (1965), 331–347.

PLEKET, H.W.: Epigraphica. Vol. 1: Texts on the Economic History of the Greek World, TMUA 31, Leiden 1964.

PLEKET, H.W.: Religious History as the History of Mentality: The »Believer« as Servant of the Deity in the Greek World, in: Faith, Hope, and Worship (s. dort), 152–192.

PLEKET, HENRI WILLY: Wirtschaft, in: Europäische Wirtschafts- und Sozialgeschichte in der römischen Kaiserzeit (s. dort), 25–160.

PLÜMACHER, ECKHARD: Identitätsverlust und Identitätsgewinn. Studien zum Verhältnis von kaiserzeitlicher Stadt und frühem Christentum, Biblisch-Theologische Studien 11, Neukirchen-Vluyn 1987.

POLAND, FRANZ: Geschichte des griechischen Vereinswesens, Leipzig 1909 (Nachdr. Leipzig 1967).

PORTEFAIX, LILIAN: Sisters Rejoice. Paul's Letter to the Philippians and Luke-Acts as Seen by First-century Philippian Women, CB.NT 20, Uppsala 1988.

POUILLOUX, JEAN: Recherches sur l'histoire et les cultes de Thasos. I. De la fondation de la cité à 196 avant J.-C., Études Thasiennes 3, Paris 1954.

POUILLOUX, JEAN: s. Dunant, Christiane/Pouilloux, Jean.

PREMERSTEIN, A. V.: s. Ladek, Friedrich/Premerstein, A. v./Vulić, Nikola.

PRITCHETT, W. KENDRICK: Buried Bridges of the Via Egnatia, in: ders.: Studies in Ancient Greek Topography, Part VI, University of California Publications: Classical Studies 33, Berkeley 1989, Chapter XI, 123–125.

RAMSAY, W.M.: St. Paul the Traveller and the Roman Citizen, London ⁶1902.

RAMSAY, W.M.: The Philippians and Their Magistrates, JThS 1 (1900), 114–116.

RANKOV, N.B.: Singulares Legati Legionis: A Problem in the Interpretation of the Ti. Claudius Maximus Inscription from Philippi, ZPE 80 (1990), 165–175.

REINACH, S.: Inscriptions latines de Macédoine, BCH 8 (1884), 47–50.

REINACH, SALOMON: Chronique d'Orient, RAr 4 (1884), 76–102.

REINHOLD, MEYER: From Republic to Principate. An historical commentary on Cassius Dio's *Roman History,* Books 49–52 (36–29 B.C.), An historical commentary on Cassius Dio's *Roman History* 6, American Philological Association, Monograph Series 34, Atlanta 1988.

REINHOLD, MEYER: History of Purple as a Status Symbol in Antiquity, CollLat 116, Brüssel 1970.

REMPE, JOHANNES: De Rheso Thracum heroe, Commentatio philologa, quam consensu et auctoritate amplissimi philosophorum physicorumque in alma litterarum universitate Wilhelmia Westfala Monasteriensi ordinis ad summos in philosophia honores rite capessendos scripsit J. R., Münster 1927.

RENAUDIN, L.: [Un Habitat néolithique dans la Macédoine Iʳᵉ: La Toumba de Dikili-Tach,] CRAI 1923, 270–272.

RESTLE, MARCELL: s. Belke, Klaus/Restle, Marcell.

RIDER, GEORGES LE: The Coinage of Philip and the Pangaion Mines, in: Philip of Macedon, hg. v. Miltiades B. Hatzopoulos und Louisa D. Loukopoulos [lies: Loukopoulou], Athen 1980, 48–57.

RIDER, GEORGES LE: Trésor de monnaies trouvé à Thasos, BCH 80 (1956), 1–19.

RIESENFELD, HARALD: Unpoetische Hymnen im Neuen Testament? Zu Phil 2,1–11, in: Glaube und Gerechtigkeit. In memoriam Rafael Gyllenberg, Schriften der Finnischen Exegetischen Gesellschaft 38, Helsinki 1983, 155–168.

RIESNER, RAINER: s. Betz, Otto/Riesner, Rainer.

ROBERT, LOUIS: A travers l'Asie Mineure. Poètes et prosateurs, monnaies grecques, voyageurs et géographie, BEFAR 239, Athen/Paris 1980.

ROBERT, LOUIS: Epitaphe chrétienne de Cilicie copiée par Cockerell, in: ders.: Hellenica. Recueil d'épigraphie, de numismatique et d'antiquités grecques I, Paris 1940, 30–32.

ROBERT, LOUIS: Εὔλαιος, ἱστορία καὶ ἀνθρωπωνυμία, Επιστημονική Επετηρίς της Φιλοσοφικής Σχολής του Πανεπιστημίου Αθηνών 1962–63, 519–529 (Nachdr. in: ders.: Opera minora selecta II, Épigraphie et antiquités grecques, Amsterdam 1969, 977–987).

ROBERT, LOUIS: Hellenica V, Inscriptions de Philippes publiées par Mertzidès, Revue de Philologie 13 (1939), 136–150 (Nachdr. in: ders.: Opera minora selecta II, Amsterdam 1969, 1289–1303).

ROBERT, LOUIS: Inscriptions grecques, Istros. Revue roumaine d'archéologie et d'histoire ancienne 2 (1935–36), 1–20.

ROBERT, LOUIS: Les gladiateurs dans l'orient grec, BEHE.H 278, Paris 1940.

ROBERTS, COLIN/SKEAT, THEODORE C./NOCK, ARTHUR DARBY: The Gild of Zeus Hypsistos, HThR 29 (1936), 39–88.

ROGER, JACQUES: Inscriptions de la région du Strymon, RAr 24 (1945), 37–55.

ROGER, JACQUES: L'enceinte basse de Philippes, BCH 62 (1938), 20–41.

ROLOFF, JÜRGEN: Die Apostelgeschichte, NTD 5, Göttingen 1981.

ROMIOPOULOU, C.: Un nouveau milliaire de la Via Egnatia, BCH 98 (1974), 813–816 mit Abb. 1–2; wieder abgedruckt in: Θεσσαλονίκην Φιλίππου Βασίλισσαν (s. dort), 532–535 (danach hier zitiert).

ROXAN, MARGARET: s. Morris, John/Roxan, Margaret.

RUPPEL, WALTER: Politeuma. Bedeutungsgeschichte eines staatsrechtlichen Terminus, Ph 82 (1927), 268–312.433–454.

SAFFREY, H.D.: Un nouveau duovir à Antioche de Pisidie, Anatolian Studies 38 (1988), 67–69.

SALAČ, A.: Inscriptions du Pangée, de la région Drama-Cavalla et de Philippes, BCH 47 (1923), 49–96.

SALDITT-TRAPPMANN, REGINA: Tempel der ägyptischen Götter in Griechenland und an der Westküste Kleinasiens, EPRO 15, Leiden 1970.

SALOMIES, OLLI: s. Solin, Heikki/Salomies, Olli.

SALVIAT, FRANÇOIS: Une nouvelle loi thasienne: Institutions judiciaires et fêtes religieuses à la fin du IVᵉ siècle av. J.-C., BCH 82 (1958), 193–267.

SALVIAT, FRANÇOIS: Vignes et vins anciens de Maronée à Mendé, in: Μνήμη Δ. Λαζαρίδη (s. dort), 457–478.

SALVIAT, FRANÇOIS: Grandjean, Yves/Salviat, François.

SALVIAT, FRANÇOIS/SERVAIS, JEAN: Stèle indicatrice thasienne trouvée au sanctuaire d'Aliki, BCH 88 (1964), 267–287.

SAMSARIS, DIMITRIOS C.: La navigation dans l'ancien lac de Cercinitis d'après une inscription inédite trouvée dans le village actuel de Paralimnion de Serrès, Μακεδονικά 19 (1979), 420–423.

SAMSARIS, DIMITRIOS C.: La vallée du Bas-Strymon à l'époque impériale. Contribution épigraphique à la topographie, l'onomastique, l'histoire et aux cultes de la province romaine de Macédoine, Δωδώνη 18 (1989), 203–382.

SAMSARIS, DIMITRIOS C.: L'épigraphie et l'onomastique de la province romaine de Thrace. (Sa partie grecque actuelle), Δωδώνη 17,1 (1988), 93–108.

SAMSARIS, DIMITRIOS: Les Péoniens dans la vallée du Bas-Strymon, Klio 64 (1982), 339–351.

SAMSARIS, DIMITRIOS: Trois inscriptions inédites d'époque impériale trouvées à Serrès, Klio 65 (1983), 151–159.

SAMSARIS, DIMITRIOS C.: Une inscription grecque inédite de la région des Serrès mentionnant un nouveau nom de personne Thrace, Linguistique Balkanique 25,3 (1982), 43–45.

SAMSARIS, DIMITRIOS: Une inscription latine inédite trouvée près des frontières du territoire de la colonie de Philippes, Klio 67 (1985), 458–465.

SARIKAKIS, THÉODORE CHR.: Des soldats Macédoniens dans l'armée romaine, in: Αρχαία Μακεδονία II (s. dort), 431–464.

SCHALLER, BERNDT: Zum Textcharakter der Hiobzitate im paulinischen Schrifttum, ZNW 71 (1980), 21–26.

SCHENK, WOLFGANG: Die Philipperbriefe des Paulus. Kommentar, Stuttgart/Berlin/Köln/Mainz 1984.

SCHILLE, GOTTFRIED: Anfänge der Kirche. Erwägungen zur apostolischen Frühgeschichte, BEvTh 43, München 1966.

SCHINZ, WILHELM HEINRICH: Die christliche Gemeinde zu Philippi. Ein exegetischer Versuch, Zürich 1833.

SCHMIDT, JOHANNA: Art. Philippoi (Φίλιπποι), PRE XIX 2 (1938), Sp. 2206–2244.

SCHMITZ, OTTO: Zum Verständnis von Philipper 1,21, in: Neutestamentliche Studien. Georg Heinrici zu seinem 70. Geburtstag, UNT 6, Leipzig 1914, 155–169.

SCHNEIDER, GERHARD: Die Apostelgeschichte. I. Teil: Einleitung. Kommentar zu Kap. 1,1–8,40. II. Teil: Kommentar zu Kap. 9,1–28,31, HThK V 1.2, Freiburg/Basel/Wien 1980/1982.

SCHNEIDER, HANS-CHRISTIAN: Das Problem der Veteranenversorgung in der späteren römischen Republik, Diss. Münster 1974, Bonn 1977.

SCHNEIDER, KARL: Art. Praeco, PRE XXII 1 (1953), Sp. 1193–1199.

SCHOEDEL, WILLIAM R.: Polycarp, Martyrdom of Polycarp, Fragments of Papias, The Apostolic Fathers. A New Translation and Commentary, Volume 5, London/Toronto 1967.

SCHOEDEL, WILLIAM R.: Polycarp's Witness to Ignatius of Antioch, VigChr 41 (1987), 1–10.

SCHOTTROFF, LUISE: Lydia. Eine neue Qualität der Macht, in: Karin Walter [Hg.]: Zwischen Ohnmacht und Befreiung, Freiburg/Basel/Wien 1988, 148–154 (Nachdr.: Luise Schottroff: Befreiungserfahrungen. Studien zur Sozialgeschichte des Neuen Testaments, TB 82, München 1990, 305–309).

SCHULER, CARL: The Macedonian Politarchs, CP 55 (1960), 90–100.

SCHULTZE JENA, LEONHARD: Makedonien. Landschafts- und Kulturbilder, Jena 1927.

SCHÜTZ, EWALD/UNGER, HEINZ JOSEF: Wanderungen im Pangaion, Pangaion 2, Landshut 1981.

SCHÜTZ, EWALD: s. Unger, Heinz Josef/Schütz, Ewald.

SCHWANK, BENEDIKT: »Setze über nach Mazedonien und hilf uns!«. Reisenotizen zu Apg 16, 9–17,15, EuA 39 (1963), 399–416.

SCHWARTZ, DANIEL R.: The Accusation and the Accusers at Philippi (Acts 16, 20–21), Bib. 65 (1984), 357–363.

SCHWEIZER, EDUARD: Der zweite Thessalonicherbrief ein Philipperbrief?, ThZ 1 (1945), 99–105.

SERVAIS, JEAN: siehe Salviat, François/Servais, Jean.

SEURE, GEORGES: Un char thraco-macédonien, BCH 28 (1904), 210–237.

SÈVE, MICHEL: Philippes. II. Le Forum, BCH 103 (1979), 627–631.

SÈVE, MICHEL: Philippes. II. Le Forum, BCH 104 (1980), 712–716.

SÈVE, MICHEL: Philippes, BCH 105 (1981), 918–923.

SÈVE, MICHEL: Philippes, BCH 106 (1982), 651–653.

SÈVE, MICHEL: Philippes, BCH 107 (1983), 861–862.

SÈVE, MICHEL: Philippes, BCH 108 (1984), 868–869.

SÈVE, MICHEL: Philippes, BCH 109 (1985), 864–873.

SÈVE, MICHEL: Philippes, BCH 110 (1986), 789–790.

SÈVE, MICHEL: Philippes, BCH 111 (1987), S. 616.

SÈVE, MICHEL: Philippes, BCH 112 (1988), 725–727.

SÈVE, MICHEL: Philippes, BCH 113 (1989), 732–734.

SÈVE, MICHEL: Philippes, BCH 115 (1991), 711–712.

SÈVE, MICHEL: Philippes, BCH 116 (1992), S. 713.

SÈVE, MICHEL/WEBER, PATRICK: Le côté nord du forum de Philippes, BCH 110 (1986), 531–581.

SÈVE, MICHEL/WEBER, PATRICK: Un monument honorifique au forum de Philippes, BCH 112 (1988), 467–479.

SÈVE, MICHEL: siehe Feissel, Denis/Sève, Michel.

SFAMENI GASPARRO, GIULIA: Soteriology and Mystic Aspects in the Cult of Cybele and Attis, EPRO 103, Leiden 1985.

SHERWIN-WHITE, A.N.: Roman Society and Roman Law in the New Testament, The Sarum Lectures 1960–1961, Oxford 1963.

SKEAT, THEODORE C.: s. Roberts, Colin/Skeat, Theodore C./Nock, Arthur Darby.

SMITH III, JAMES DAVID: The Ignatian Long Recension and Christian Communities in Fourth Century Syrian Antioch, Harvard University Th. D. 1985/86.

SPEIDEL, MICHAEL: The Captor of Decebalus. A New Inscription from Philippi, JRS 60 (1970), 142–153.

SPITZLBERGER, GEORG: Das Pangaion und sein Bergbau im Altertum, in: Studien zur alten Geschichte. Siegfried Lauffer zum 70. Geburtstag, Historica 2, Rom 1986, 875–901.

STEGEMANN, WOLFGANG: War der Apostel Paulus ein römischer Bürger?, ZNW 78 (1987), 200–229.

STEGEMANN, WOLFGANG: Zwischen Synagoge und Obrigkeit. Zur historischen Situation der lukanischen Christen, FRLANT 152, Göttingen 1991.

STEINMETZ, PETER: Polykarp von Smyrna über die Gerechtigkeit, Hermes 100 (1972), 63–75.

STRATEN, F.T. VAN: Gifts for the Gods, in: Faith, Hope, and Worship (s. dort), 65–151.

STROBEL, AUGUST: Lukas der Antiochener, ZNW 49 (1958), 131–134.

STROBEL, KARL: Untersuchungen zu den Dakerkriegen Trajans. Studien zur Geschichte des mittleren und unteren Donauraumes in der Hohen Kaiserzeit, Antiquitas, Reihe I, 33, Bonn 1984.

STRUCK, ADOLF: Makedonische Fahrten. I. Chalkidike, Zur Kunde der Balkanhalbinsel. Reisen und Beobachtungen, Heft 4, Wien und Leipzig 1907.

STRUCK, ADOLF: Philippi, Deutsche Rundschau für Geographie und Statistik 23 (1901), 529–534.

STRZYGOWSKI, J.: Die Ruine von Philippi, ByZ 11 (1902), 473–490.

SUHL, ALFRED: Paulus und seine Briefe. Ein Beitrag zur paulinischen Chronologie, StNT 11, Gütersloh 1975.

SUSINI, GIANCARLO: Una nuova iscrizione legionaria a Filippi, Epig. 28 (1966) [1967], 147–148.

TAČEVA-HITOVA, MARGARITA: Dem Hypsistos geweihte Denkmäler in den Balkanländern. (Untersuchungen zur Geschichte der antiken Religionen, IV), Balkan Studies 19 (1978), 59–75.

TACHEVA-HITOVA, MARGARITA: Eastern Cults in Moesia Inferior and Thracia (5th Century BC – 4th Century AD), EPRO 95, Leiden 1983.

TAFEL, THEOPHILUS L.F.: De via militari Romanorum Egnatia, qua Illyricum, Macedonia et Thracia iungebantur, Dissertatio geographica, Tübingen 1842 (Nachdr. London 1972).

TAJRA, HARRY W.: The Trial of St. Paul. A Juridical Exegesis of the Second Half of the Acts of the Apostles, WUNT 2/35, Tübingen 1989.

TATAKI, ARGYRO B.: Ancient Beroea. Prosopography and Society, Μελετήματα 8, Athen 1988.

TATSCHEVA-HITOVA, MARGARITA: Dem Hypsistos geweihte Denkmäler in Thrakien. Untersuchungen zur Geschichte[8] der antiken Religionen, III., Thracia IV (s. dort), 271–301.

TAYLOR, LILY ROSS: The Voting Districts of the Roman Republic. The Thirty-Five Urban and Rural Tribes, PMAAR 20, Rom 1960.

TELLBE, MIKAEL: The Sociological Factors behind Philippians 3.1–11 and the Conflict at Philippi, JSNT 55 (1994), 97–121.

TOD, MARCUS N.: Macedonia. VI. Inscriptions, ABSA 23 (1918–1919), 67–97.

---

[8] Im Original irrtümlich »GEESCHICHTE«.

TOD, MARCUS N.: The Macedonian Era Reconsidered, in: Studies Presented to David Moore Robinson (s. dort), Band II, 382–397.

TOD, MARCUS N.: The Macedonian Era I, ABSA 23 (1918– 1919), 206–217.

TOD, MARCUS N.: The Macedonian Era II, ABSA 24 (1919–1921), 54–67.

TOMASCHEK, WILHELM: Zur Kunde der Hämus-Halbinsel. II. Die Handelswege im 12. Jahrhundert nach den Erkundigungen des Arabers Idrîsî, SAWW.PH 113, Wien 1886, 285–373.

TOUCHAIS, GILLES: Chronique des fouilles et découvertes archéologiques en Grèce en 1985, BCH 110 (1986), 671–761.

TOUCHAIS, GILLES: Chronique des fouilles et découvertes archéologiques en Grèce en 1986, BCH 111 (1987), 519–583.

TOUCHAIS, GILLES: Chronique des fouilles et découvertes archéologiques en Grèce en 1987, BCH 112 (1988), 611–696.

TOUCHAIS, GILLES: Chronique des fouilles et découvertes archéologiques en Grèce en 1988, BCH 113 (1989), 581–700.

TOURATSOGLOU, IOANNIS: Progress report on a »Corpus Imaginum Inscriptionum Graecarum Macedoniae« (CIIGM), in: Actes du VIIᵉ congrès international d'épigraphie grecque et latine (s. dort), 479–481.

TREBILCO, PAUL R.: Paul and Silas – »Servants of the Most High God« (Acts 16.16–18), JSNT 36 (1989), 51–73.

TREUIL, RENÉ: Dikili Tash. Village préhistorique de Macédoine orientale, Tome I: Fouilles de Jean Deshayes (1961–1975), Vol. 1, BCH Suppl. 24, Athen/Paris 1992.

TSITOURIDOU, A.[NNA]: Ένα ανάγλυφο από τους Φιλίππους με παραστάσεις από το ζωδιακό κύκλο, Actes du Xᵉ Congrès International d'Archéologie Chrétienne II, Rom/Thessaloniki 1984, 625–633.

ULANSEY, DAVID: The Origins of the Mithraic Mysteries. Cosmology and Salvation in the Ancient World, Oxford 1989.

ULONSKA, HERBERT: Gesetz und Beschneidung. Überlegungen zu einem paulinischen Ablösungskonflikt, in: Jesu Rede von Gott und ihre Nachgeschichte im frühen Christentum. Beiträge zur Verkündigung Jesu und zum Kerygma der Kirche (FS Willi Marxsen), Gütersloh 1989, 314–331.

UNGER, HEINZ JOSEF/SCHÜTZ, EWALD: Ein Gebirge und sein Bergbau: Mythos und Wirklichkeit, Pangaion 1, o.O. 1980.

UNGER, HEINZ JOSEF: s. Schütz, Ewald/Unger, Heinz Josef.

UNNIK, W.C. VAN: Die Anklage gegen die Apostel in Philippi (Apostelgeschichte xvi 20f), in: Mullus (FS Theodor Klauser), JAC.E 1, Münster 1964, 366–373 (Nachdr. in: ders.: Sparsa Collecta. The Collected Essays of W.C. van Unnik, Part One, NT.S XXIX, Leiden 1973, 374–385).

VATIN, CLAUDE: Lettre adressée à la cité de Philippes par les ambassadeurs auprès d'Alexandre, in: Πρακτικά του Η′ Διεθνούς Συνεδρίου Ελληνικής και Λατινικής Επιγραφικής, Τόμος Α′, Athen 1984, 259–270.

VATIN, CLAUDE: Une inscription inédite de Macédoine, BCH 86 (1962), 57–63.

VELIGIANNI, CHRISSOULA: Ein hellenistisches Ehrendekret aus Gazoros (Ostmakedonien), ZPE 51 (1983), 105–114.

VELIGIANNI, CHRISSOULA: Χάρις in den attischen Ehrendekreten der Klassischen Zeit und die Ergänzung in *IG* I³ 101, Z. 35–37, 51–52, The Ancient History Bulletin 3 (1989), 36–39.

VERSNEL, H.S.: Religious Mentality in Ancient Prayer, in: Faith, Hope, and Worship (s. dort), 1–64.

VIELHAUER, PHILIPP: Geschichte der urchristlichen Literatur. Einleitung in das Neue Testament, die Apokryphen und die Apostolischen Väter, Berlin/New York 1975 (durchg. Nachdr. 1978 u.ö.).

VILLEFOSSE, HÉRON DE: [ohne Titel], BSNAF 1897, 350–352.

VITTINGHOFF, FRIEDRICH: Gesellschaft, in: Europäische Wirtschafts- und Sozialgeschichte in der römischen Kaiserzeit (s. dort), 161–369.

VITTINGHOFF, FRIEDRICH: Römische Kolonisation und Bürgerrechtspolitik unter Caesar und Augustus, AAWLM.G 1951, Nr. 14, Wiesbaden 1952.

VOLLGRAFF, WILHELM: Remarques sur une épitaphe latine de Philippes en Macédoine, in: Hommages à Joseph Bidez et à Franz Cumont, CollLat 2, Brüssel o.J., 353–373.

VULIĆ, NIKOLA: s. Ladek, Friedrich/Premerstein, A. v./Vulić, Nikola.

WALBANK, FRANK WILLIAM: siehe Hammond, Nicholas Geoffrey Lemprière/Walbank, Frank William.

WATSON, DUANE F.: A Rhetorical Analysis of Philippians and Its Implications for the Unity Question, NT 30 (1988), 57–88.

WEBER, PATRICK: siehe Sève, Michel/Weber, Patrick.

WEINSTOCK, STEFAN: Divus Julius, Oxford 1971.

WEISER, ALFONS: Die Apostelgeschichte. Band 1: Kapitel 1–12; Band 2: Kapitel 13–28, ÖTK 5/1.2, Gütersloh und Würzburg 1981/1985.

WENGER, LEOPOLD: Über erste Berührungen des Christentums mit dem römischen Rechte, in: Miscellanea Giovanni Mercati, Volume V: Storia Ecclesiastica – Diritto, StT 125, Vatikanstadt 1946, 569–607.

WIKENHAUSER, ALFRED: Die Apostelgeschichte und ihr Geschichtswert, NTA 8, 3–5, Münster 1921.

WIKGREN, ALLEN P.: The Problem in Acts 16:12, in: New Testament Textual Criticism: Its Significance for Exegesis, Essays in Honour of Bruce M. Metzger, Oxford 1981, 171–178.

WILD, ROBERT A.: The Known Isis-Sarapis Sanctuaries of the Roman Period, ANRW II 17,4 (1984), 1739–1851.

WILHELM, ADOLF: Nachlese zu griechischen Inschriften, JÖAI 3 (1900), 40–62.

WITT, R.E.: Isis in the Graeco-Roman World, Ithaca, New York 1971.

WITT, REX: The Egyptian Cults in Ancient Macedonia, in: Ἀρχαία Μακεδονία [I], Thessaloniki 1970, 324–333.

WITT, REX: The Kabeiroi in Ancient Macedonia, in: Ἀρχαία Μακεδονία II, Thessaloniki 1977, 67–80, wieder abgedruckt in: Θεσσαλονίκην Φιλίππου Βασίλισσαν (s. dort), 964–977 (danach hier zitiert).

WOLFF, HARTMUT: Die Entwicklung der Veteranenprivilegien vom Beginn des 1. Jahrhunderts v. Chr. bis auf Konstantin d. Gr., in: Heer und Integrationspolitik (s. dort), 44–115.

WOLFF, HARTMUT: Makedonien, in: Europäische Wirtschafts- und Sozialgeschichte in der römischen Kaiserzeit (s. dort), 631–638.

ZAHN, THEODOR: Die Apostelgeschichte des Lucas. Zweite Hälfte Kap. 13–28, KNT V 2, Leipzig [3/4]1927.

ZAHRNT, MICHAEL: Vermeintliche Kolonien des Kaisers Hadrian, ZPE 71 (1988), 229–249.

ZARB, SERAPHINUS M.: De Iudaeorum προσευχή in Act XVI, 13, 16, Ang. 5 (1928), 91–108.

ZINGERLE, JOSEF: Phrygische Oertlichkeiten, Klio 21 (1927), 421–427.

ZINGERLE, JOSEF: Vermeintliche und verkannte Geographica, JÖAI 30 (1937), Beiblatt, Sp. 129–168.

Αβτζή, Γ.Κ.: Μακεδονικά τοπονύμια – το Ροδολίβος κ.α. τοπονύμια, Athen 1969.

Αθανασιάδης, Γιώργος: s. Σαμίου, Χρυσηΐς/Αθανασιάδης, Γιώργος.

Αθανασοπούλου-Πέννα, Βασιλική: Νομίσματα ανασκαφών Φιλίππων, ΑΔ 32 (1977) Α´ Μελέται [1982], 39–64.

Αλλαμανή-Σουρή, Βικτώρια: Ηρακλής Κυναγίδας και κυνηγοί. Νέα επιγραφικά στοιχεία από τη Βέροια, in: Αρχαία Μακεδονία V 1 (s. dort), 77–107.

Ανδρόνικος, Μανόλης: Η αρχαιολογική έρευνα στη Μακεδονία, ΑΕΜΘ 1 (1987), Thessaloniki 1988, 1–8.

Αρβανιτοπούλλου, Α.Σ.: Θεσσαλικαί επιγραφαί, ΑΕ 3 (1910), 331–382.

Άτσαλος, Βασίλης: Τα χειρόγραφα της Ιεράς Μονής της Κοσίνιτσας (ή Εικοσιφοίνισσας) του Παγγαίου, Δήμος Δράμας. Ιστορικό άρχειο. Σειρά δημοσιευμάτων 1, Δράμα 1990.

Αφθονίδης, Ιωάννης Δ.: Αρχαιολογικά Μακεδονίας, Παρνασσός. Περιοδικόν σύγραμμα του εν Αθήναις ομωνύμου συλλόγου 15 (1892), 463–464.

Βαβρίτσας, Ανδρέας Κ.: Επιγραφές από την αρχαία Έδεσσα, in: Αρχαία Μακεδονία IV (s. dort), 53–69.

Βάσης, Σπ.: Λατινική εκ Θράκης επιγραφή, Αθηνά. Σύγγραμμα Περιοδικόν της εν Αθήναις Επιστημονικής Εταιρείας 23 (1911), 145–150.

Βελένης, Γεώργιος Μ.: s. Γούναρης, Γεώργης Γ./Βελένης, Γεώργιος Μ.

Βοκοτοπούλου, Ιουλία Π.: Η επιγραφή των Καλινδοίων, in: Αρχαία Μακεδονία IV (s. dort), 87–114.

Γιαννόπουλος, Νικ. Ι.: Ανέκδοτοι αρχαίαι επιγραφαί Δράμας, Νεολόγου. Εβδομαδιαία επιθεώρησις, πολιτική, φιλολογική και επιστημονική, Konstantinopel, 19. April 1892, S. 410.

Γλαβίνας, Απόστολος Αθ.: Εγκύκλιος της Μητροπόλεως Θεσσαλονίκης υπέρ της ιεράς μονής Εικοσιφοινίσσης, Μακεδονικά 21 (1981), 351–372.

Γούναρης, Γεώργιος: Αι εορταστικαί επιγραφαί των ψηφιδωτών του τρούλλου του Αγ. Γεωργίου (Rotonda) Θεσσαλονίκης, Μακεδονικά 12 (1972), 201–227.

Γούναρης, Γεώργιος Γ.: Τα ευρήματα της νέας πανεπιστημιακής ανασκαφής στους Φιλίππους κατά το 1988, in: Χριστιανική Θεσσαλονίκη. Από του Αποστόλου Παύλου μέχρι και της Κωνσταντινείου εποχής, Β΄ επιστημονικό συμπόσιο, Thessaloniki 1990, 157–167.

Γούναρης, Γεώργιος: Τα ευρήματα της πανεπιστημιακής ανασκαφής Φιλίππων κατά το 1988, ΑΕΜΘ 2 (1988) [1991], 395–408.

Γούναρης, Γεώργιος Γ.: Το Βαλανείο και τα Βόρεια Προσκτίσματα του Οκταγώνου των Φιλίππων, Βιβλιοθήκη της εν Αθήναις Αρχαιολογικής Εταιρείας 112, Athen 1990.

Γούναρης, Γεώργιος: Χάλκινες πόρπες από το Οκτάγωνο των Φιλίππων και την κεντρική Μακεδονία, Βυζαντιακά 4 (1984), 47–59.

Γούναρης, Γεώργιος: Χάλκινο παλαιοχριστιανικό »σταθμίον« από τους Φιλίππους, Μακεδονικά 20 (1980), 209–217.

Γούναρης, Γεώργιος: Χάλκινο φορητό ηλιακό ωρολόγιο από τους Φιλίππους, ΑΕ 1978 [1980], 181–191.

Γούναρης, Γεώργιος Γ./Βελένης, Γεώργιος Μ.: Πανεπιστημιακή ανασκαφή Φιλίππων 1989, ΑΕΜΘ 3 (1989) [1992], 451–463.

Γούναρης, Γεώργιος/Βελένης, Γεώργιος: Πανεπιστημιακή ανασκαφή Φιλίππων, ΑΕΜΘ 4 (1990) [1993], 477–486.

Γούναρης, Γεώργιος/Βελένης, Γεώργιος: Πανεπιστημιακή ανασκαφή Φιλίππων 1991, ΑΕΜΘ 5 (1991) [1994], 409–424.

Γούσιος, Αστέριος Δ.: Η κατά το Παγγαίον χώρα. Λακκοβηκίων τοπογραφία, ήθη, έθιμα και γλώσσα, Leipzig [in Wahrheit Σέρρες] 1894.

Δήμιτσας, Μαργαρίτης Γ.: Αρχαία γεωγραφία της Μακεδονίας συνταχθείσα κατά τας πηγάς και τα βοηθήματα. Μέρος πρώτον: Χωρογραφία, Athen 1870.

Δήμιτσας, Μαργαρίτης Γ.: Αρχαία γεωγραφία τής Μακεδονίας συνταχθείσα κατά τας αρχαίας πηγάς και τα νεώτερα βοηθήματα. Μέρος δεύτερον: Τοπογραφία, Athen 1874 (Nachdr. in der Reihe Αρχείο Ιστορικών Μελετών als Nr. 2 in zwei Bänden, Thessaloniki 1988).

Δήμιτσας, Μαργαρίτης Γ.: Μακεδονίας αρχαιολογικά. Ανέκδοτοι επιγραφαί, BCH 4 (1880), 100–109.

Δήμιτσας, Μ.[αργαρίτης] Γ.: Της εν Μακεδονία Ηδωνίδος ανέκδοτοι επιγραφαί τρεις, Παρνασσός. Σύγγραμμα περιοδικόν 5 (1881), 222–226.

Δρούγου, Στέλλα: Βεργίνα: Ιερό Μητέρας των Θεών – Κυβέλης, ΑΕΜΘ 4 (1990) [1993], 5–20.

Δρούγου, Στέλλα: Διὶ Ὑψίστῳ. Η αναθηματική στήλη του Ζωίλου στην Έδεσσα, Egnatia II (1990), 45–71.

Ζήκος, Νικόλαος: Προανασκαφικές έρευνες στο Ροδολίβος και στην περιοχή του, Ορφέας (Δίμηνη έκδοση του Ομίλου Ορφέας Σερρών) 8–9 (1983), 3–31.

Ζούμπος, Αναστάσιος: Εξ' αφορμής της του Απ. Παύλου ρήσεως: «... τοῖς δὲ ἔμπροσθεν ἐπεκτεινόμενος» (Επιστ. Προς Φιλιππησίους 3,14), in: Η Καβάλα και η περιοχή της. Β' τοπικό συμπόσιο (s. dort), 49–52.

Θεοχαρίδης, Γεώργιος Ι.: Ιστορία της Μακεδονίας κατά τους μέσους χρόνους (285–1354), Μακεδονική Βιβλιοθήκη 55, Thessaloniki 1980.

Κανατσούλης, Δημ.: Από την ιδιωτικήν ζωήν ανθρώπων του λαού εις την αρχαίαν Μακεδονίαν, Μακεδονικά 14 (1974), 175–182.

Κανατσούλης, Δημήτριος: Η Θράκη κατά τους ρωμαϊκούς χρόνους (Provincia Thracia), Εθνική Βιβλιοθήκη 40, Thessaloniki 1979.

Κανατσούλης, Δ.: Η μακεδονική πόλις από της εμφανίσεώς της μέχρι των χρόνων του Μεγάλου Κωνσταντίνου, Μακεδονικά 4 (1955–1960), 232–314.

Κανατσούλης, Δ.: Η μακεδονική πόλις από της εμφανίσεώς της μέχρι των χρόνων του Μεγάλου Κωνσταντίνου (Συνέχεια εκ του τόμου Δ', σ. 314), Μακεδονικά 5 (1961–1963), 15–101.

Κανατσούλης, Δημ.: Η μακεδονική πόλις από της εμφανίσεώς της μέχρι των χρόνων του Μεγάλου Κωνσταντίνου (Συνέχεια εκ του τόμου Ε', σ. 101), Μακεδονικά 6 (1964–1965), 1–61.

Κανατσούλης, Δ.: Μακεδονική προσωπογραφία. (Από του 148 π.Χ. μέχρι των χρόνων του Μ. Κωνσταντίνου), Ελληνικά. Περιοδικόν σύγγραμμα Εταιρείας Μακεδονικών Σπουδών. Παράρτημα 8, Thessaloniki 1955 (mit einem Nachtrag: ders.: Συμπλήρωμα, Thessaloniki 1967).

Κανατσούλης, Δ.: Μακεδονική προσωπογραφία, Μακεδονικά 7 (1966/67), 158–199.

Κανατσούλης, Δ.: Οι Μακεδονιάρχαι του κοινού των Μακεδόνων και η κοινωνική θέσις αυτών εις τας μακεδονικάς πόλεις, Μακεδονικά 13 (1973), 1–37.

Κανατσούλης, Δ.: Το κοινόν των Μακεδόνων, Μακεδονικά 3 (1953–1955), 27–102.

Καραμπέρη, Μαριάννα: Θρακική επιτύμβια στήλη σε υστερορωμαϊκό τάφο στο Δαφνούδι Σερρών, ΑΑΑ 18 (1985) [1988], 165–172.

Καραμπέρη, Μαριάνα: Υστεροελληνιστική επιτύμβια στήλη σε ιδιωτική συλλογή των Σερρών, ΑΔ 37 (1982) Α' Μελέτες [1990], 203–218.

Κουκούλη, Χάϊδω: Ειδήσεις εξ ανατ. Μακεδονίας, ΑΑΑ 1 (1968), 248–250.

Κουκούλη, Χάϊδω: Ιερόν Θρακός Ήρωος Αυλωνείτου, ΑΑΑ 2 (1969), 191–194.

Κουκούλη-Χρυσανθάκη, Χάϊδω: Η Πρώιμη Εποχή του Σιδήρου στην Ανατολική Μακεδονία, in: Αρχαία Μακεδονία V 1 (s. dort), 679–735.

Κουκούλη-Χρυσανθάκη, Χάϊδω: Ο αρχαίος οικισμός της Δράμας και το Ιερό του Διονύσου, in: Η Δράμα και η Περιοχή της (s. dort), 67–107.

Κουκούλη-Χρυσανθάκη, Χάϊδω: Τα »μέταλλα« της Θασιακής Περαίας, in: Μνήμη Δ. Λαζαρίδη (s. dort), 493–532.

Κουκούλη-Χρυσανθάκη, Χάϊδω: Via Egnatia – Ακόντισμα, ΑΑΑ 5 (1972), 474–485.

Κουκούλη-Χρυσανθάκη, Χάϊδω/Μαλαμίδου, Δήμητρα: Το ιερό του Ήρωα Αυλωνείτη στο Παγγαίο, ΑΕΜΘ 3 (1989) [1992], 553–567.

Κουκούλη-Χρυσανθάκη, Χάϊδω/Μαλαμίδου, Δήμητρα: Το ιερό του ήρωα Αυλωνείτη στο Παγγαίο (II), ΑΕΜΘ 4 (1990) [1993], 503–511.

Κουρκουτίδου-Νικολαΐδου, Ευτυχία: Η ανασκαφή στη βασιλική του Μουσείου Φιλίππων, ΑΕΜΘ 2 (1988) [1991], 409–419.

Κουρκουτίδου-Νικολαΐδου, Ευτυχία: Η βασιλική του Μουσείου Φιλίππων. Τα βόρεια προσκτίσματα, ΑΕΜΘ 3 (1989) [1992], 465–473.

Κουρκουτίδου-Νικολαΐδου, Ευτυχία: Η θέση του διακονικού στη βασιλική του Μουσείου Φιλίππων, ΑΕΜΘ 5 (1991) [1994], 399–407.

Κουρκουτίδου-Νικολαΐδου, Ευτυχία: Ληνοί εις τας πηγάς Βοϊράνης, ΑΕ 1973 Χρονικά, 36–49.

Κουρκουτίδου-Νικολαΐδου, Ευτ.[υχία]: Οι δύο άμβωνες της βασιλικής του Μουσείου στους Φιλίππους, in: Αφιέρωμα στη μνήμη Στυλιανού Πελεκανίδη (s. dort), 197–212.

Κρανιώτη, Λυδία: Αρχαίος αγωγός στο Κεφαλάρι Δράμας, ΑΕΜΘ 3 (1989) [1992], 475–482.

Κωνσταντακοπούλου, Αγγελική: Ιστορική γεωγραφία της Μακεδονίας (4ος–6ος αιώνας), Διδακτορική διατριβή, Ioannina 1984.

Λαγογιάννη, Μαρία Π.: Πορτραίτα σε ταφικά μνημεία της Μακεδονίας κατά την περίοδο της Ρωμαιοκρατίας, Diss. Thessaloniki 1983.

Λαζαρίδης, Δ.: Αμφίπολις και Άργιλος, Ancient Greek Cities 13, Athen 1972.

Λαζαρίδης, Δημήτριος Ι.: Άρτεμις Οπιταΐς εξ επιγραφής της Νεαπόλεως, Μακεδονικά 2 (1941–1952), 263–265.

Λαζαρίδης, Δημήτριος: Κατάλογος στρατηγών Θράκης, ΑΕ 1953/54 [1955], 235–244.

Λαζαρίδης, Δημήτριος Ι.: Νεάπολις, Χριστούπολις, Καβάλα. Οδηγός Μουσείου Καβάλας, Athen 1969.

Λαζαρίδης, Δημήτριος Ι.: Οι Φίλιπποι, Thessaloniki 1956.

Λαζαρίδης, Δημήτριος: Φίλιπποι – Ρωμαϊκή αποικία, Ancient Greek Cities 20, Athen 1973.

Λαζαρίδης, Δημήτρης / Ρωμιοπούλου, Κατερίνα / Τουράτσογλου, Γιάννης: Ο Τύμβος της Νικήσιανης, Βιβλιοθήκη της εν Αθήναις Αρχαιολογικής Εταιρείας 121, Athen 1992.

Λαμπάκης, Γ.: Δοξάτο, Φίλιπποι, Νεάπολις (νυν Καβάλα), Ξάνθη, Άβδηρα, Δελτίον της Χριστιανικής Αρχαιολογικής Εταιρείας 6 (1906), 22–46.

Μακαρόνας, Χ.Ι.: Απολλωνία η Μυγδονική, in: Αρχαία Μακεδονία II (s. dort), 189–194.

Μακαρόνας, Χαράλαμπος Ι.: Επιστολή του βασιλέως Φιλίππου του Ε΄, ΑΕ 1934–1935, 117–127.

Μαλαμίδου, Δήμητρα: s. Κουκούλη-Χρυσανθάκη, Χάιδω/Μαλαμίδου, Δήμητρα.

Μέντζος, Αριστοτέλης: Ο επίσκοπος Δημήτριος και η οικοδομική του δραστηριότητα στους Φιλίππους, Εγνατία. Επιστημονική Επετηρίδα της Φιλοσοφικής Σχολής του Αριστοτελείου Πανεπιστημίου Θεσσαλονίκης, 23 Ι (1989), 195–205.

Μέντζος, Α.: s. Πελεκανίδου, Ε./Μέντζος, Α.

Μερτζίδης, Σταύρος: Αι χώραι του παρελθόντος και αι εσφαλμέναι τοποθετήσεις των. Έρευναι και μελέται τοπογραφικαί υπό αρχαιολογικό-γεωγραφικό-ιστορικήν έποψιν, Athen 1885.

Μερτζίδης, Σταύρος: Οι Φίλιπποι. Έρευναι και μελέται χωρογραφικαί υπό αρχαιολογικήν, γεωγραφικήν, ιστορικήν, θρησκευτικήν και εθνολογικήν έποψιν, Konstantinopel 1897.

Μουτσόπουλος, Ν.Κ.: Η θέση της Μυγδονικής Απολλωνίας και η παραλίμνια (;) χάραξη της Εγνατίας Οδού, in: Αρχαία Μακεδονία V 2 (s. dort), 999–1110.

Μουτσόπουλος, Νίκος Κ.: Τα ακιδογραφήματα του Παγγαίου, Athen 1969.

Μπακαλάκης, Γεώργιος: Ανασκαφή εν Καβάλα και τοις πέριξ, ΠΑΕ 1938 [1939], 75–102.

Μπακαλάκης, Γ.[εώργιος]: Αρχαία ευρήματα εκ Νέου Σκοπού (Σερρών), ΑΕ 1936, Αρχαιολογικά Χρονικά 14–19.

Μπακαλάκης, Γεώργιος: Εκ του ιερού της Παρθένου εν Νεάπολει (Καβάλα), ΑΕ 1938 [1940], 106–154.

Μπακαλάκης, Γ.[εώργιος]: Θρακικά ευχαριστήρια εις τον Δία, Θρακικά 6 (1935), 302–318.

Μπακαλάκης, Γ.[εώργιος]: Θρακικά χαράγματα εκ του παρά την Αμφίπολιν φράγματος του Στρυμόνος, Θρακικά 13 (1940), 5–32.

Μπακαλάκης, Γ.[εώργιος]: Μνημόσυνα, παράδοση και προσδοκία. (Από το χρονικό της εφορείας αρχαιοτήτων και του Μουσείου Καβάλας), in: Η Καβάλα και η περιοχή της. Α΄ τοπικό συμπόσιο (s. dort), 121–127.

Μπακαλάκης, Γεώργιος: Νεάπολις – Χριστούπολις – Καβάλα, ΑΕ 1936, 1–48.

Μπακαλάκης, Γ.[εώργιος]: Περί Αλμώπων και Αλμωπίας θεάς, Πρακτικά της Ακαδημίας Αθηνών 12 (1937), 484–488.

Μπακαλάκης, Γ.[εώργιος]: Το τοπωνύμιο Καβάλα, in: Η Καβάλα και η περιοχή της. Α' τοπικό συμπόσιο (s. dort), 129–132.

Μπακιρτζής, Αργύρης Ν.: Η εκκλησία του Αγίου Νικολάου στην Ελευθερούπολη (Πράβι), in: Αφιέρωμα στη μνήμη Στυλιανού Πελεκανίδη (s. dort), 271–309.

Μπακιρτζής, Χαράλαμπος: Ανασκαφή παλαιοχριστιανικής βασιλικής στα Κηπιά του Παγγαίου, ΑΕΜΘ 2 (1988) [1991], 433–441.

Μπακιρτζής, Χαράλαμπος: Δύο παλαιοχριστιανικές επιγραφές από τα Κηπιά Παγγαίου, in: Αφιέρωμα εις τον Κωνσταντίνον Βαβούσκον, Band 5, Thessaloniki 1992, 277–282.

Μπακιρτζής, Χαράλαμπος: Έκθεση παλαιοχριστιανικών αρχαιοτήτων στο Μουσείο Φιλίππων, ΑΑΑ 13 (1980) [1981/82], 90–98.

Μπακιρτζής, Χαράλαμπος: Η ημέρα μετά την καταστροφή στους Φιλίππους, in: Η καθημερινή ζωή στο Βυζάντιο, Πρακτικά του α' διεθνούς συμποσίου, Athen 1989, 695–710.

Μπακιρτζής, Χαράλαμπος: Το επισκοπείον των Φιλίππων, in: Η Καβάλα και η περιοχή της. Β' τοπικό συμπόσιο (s. dort), 149–157.

Ντάντης, Στυλιανός Π.: Απειλητικαί εκφράσεις εις τας ελληνικάς επιτύμβιους παλαιοχριστιανικάς επιγραφάς. Επιγραφική συμβολή εις την έρευναν πλευρών του παλαιοχριστιανικού βίου, Diss. Athen 1983.

Ντάντης, Στ. Π.: s. Πάλλας, Δ.Ι./Ντάντης, Στ. Π.

Πάλλας, Δ.Ι./Ντάντης, Στ. Π.: Επιγραφές από την Κόρινθο, ΑΕ 1977 [1979], 61–85.

Παντερμαλής, Δημήτρης: Δίον. Το χρονικό των ανασκαφών, Αρχαιολογία 33 (1989), 6–11.

Παντερμαλής, Δημήτριος: Λατρείες και ιερά του Δίου Πιερίας, in: Αρχαία Μακεδονία ΙΙ (s. dort), 331–342.

Παντερμαλής, Δημήτρης: Οι επιγραφές του Δίου, in: Πρακτικά του Η' Διεθνούς Συνεδρίου Ελληνικής και Λατινικής Επιγραφικής, Τόμος Α', Athen 1984, 271–277.

Παπαγεωργίου, Πέτρος Ν.: Αι Σέρραι και τα προάστεια, τα περί τας Σέρρας και η μονή Ιωάννου του Προδρόμου, ByZ 3 (1894), 225–329.

Παπαγεωργίου, Πέτρος Ν.: Ανάγλυφον μετά Θρακικών ονομάτων, Εστία Αθηνών 1893, 158–159.

Παπαδόπουλος Κεραμεύς, Α.: Αρχαιότητες και επιγραφαί της Θράκης συλλεγείσαι κατά το έτος 1885· προσετέθησαν και τινες επιγραφαί της Μακεδονίας, in: Ο εν Κωνσταντινουπόλει Ελληνικός Φιλολογικός Σύλλογος. Σύγγραμμα Περιοδικόν 17 (1882–83), Παράτημα, Konstantinopel 1886, 65–113.

Παπαζώης, Τριαντ. Δ.: Το Παγγαίο όρος, η Σκαπτή Ύλη και τα Πιερικά φρούρια Φάγρης-Περγάμου κατά την αρχαιότητα, Μελέτη ιστορική-γεωγραφική, Thessaloniki 1988.

Παπουτσάκης, Χρήστος Γ.: Νέες απόψεις για τις βραχογραφίες στο Μακεδονικό χώρο, in: Αρχαία Μακεδονία ΙΙ (s. dort), 359–370.

Πελεκανίδης, Στυλιανός[9]: Ανασκαφή Φιλίππων, ΠΑΕ 1958 [1965], 84–89.

Πελεκανίδης, Στυλιανός: Ανασκαφή Οκταγώνου Φιλίππων, ΠΑΕ 1959 [1965], 49–58.

Πελεκανίδης, Στυλιανός: Ανασκαφαί Οκταγώνου Φιλίππων, ΠΑΕ 1960 [1966], 76–94.

Πελεκανίδης, Στυλιανός: Ανασκαφή Οκταγώνου Φιλίππων, ΠΑΕ 1961 [1964], 69–80.

Πελεκανίδης, Στυλιανός: Ανασκαφαί Φιλίππων, ΠΑΕ 1962 [1966], 169–178.

Πελεκανίδης, Στυλιανός: Ανασκαφή Οκταγώνου Φιλίππων, ΠΑΕ 1963 [1966], 81–88.

Πελεκανίδης, Στυλιανός: Ανασκαφή Οκταγώνου Φιλίππων, ΠΑΕ 1964 [1966], 172–178.

Πελεκανίδης, Στυλιανός: Ανασκαφαί Οκταγώνου Φιλίππων, ΠΑΕ 1966 [1968], 47–58.

Πελεκανίδης, Στυλιανός: Ανασκαφαί Φιλίππων, ΠΑΕ 1967 [1969], 70–82.

Πελεκανίδης, Στυλιανός: Ανασκαφαί Φιλίππων, ΠΑΕ 1968 [1970], 72–79.

---

[9] Die Publikationen der Grabungen durch Πελεκανίδης sind abweichend vom sonstigen Verfahren nicht alphabetisch, sondern chronologisch angeordnet.

Πελεκανίδης, Στυλιανός: Ανασκαφαί Φιλίππων, ΠΑΕ 1969 [1971], 42–53.
Πελεκανίδης, Στυλιανός: Ανασκαφαί Φιλίππων, ΠΑΕ 1970 [1972], 55–65.
Πελεκανίδης, Στυλιανός: Ανασκαφαί Φιλίππων, ΠΑΕ 1971 [1973], 72–85.
Πελεκανίδης, Στυλιανός: Ανασκαφή Φιλίππων, ΠΑΕ 1972 [1974], 73–85.
Πελεκανίδης, Στυλιανός: Ανασκαφή Φιλίππων, ΠΑΕ 1973 [1975], 55–69.
Πελεκανίδης, Στυλιανός: Ανασκαφή Φιλίππων, ΠΑΕ 1974 [1976], 65–72.
Πελεκανίδης, Στυλιανός: Ανασκαφή Φιλίππων, ΠΑΕ 1975 [1977], 91–102.
Πελεκανίδης, Στυλιανός: Ανασκαφή Φιλίππων, ΠΑΕ 1976 [1978], 115–129.
Πελεκανίδης, Στυλιανός: Ανασκαφαί Φιλίππων, ΠΑΕ 1977 [1980], 66–74.
Πελεκανίδης, Στυλιανός: Ανασκαφή Φιλίππων, ΠΑΕ 1978 [1980], 64–72.
Πελεκανίδης, Στυλιανός: Ανασκαφή Φιλίππων, ΠΑΕ 1979 [1981], 90–99.
Ανασκαφή Φιλίππων υπό συνεργατών Στυλ. Πελεκανίδη[10], ΠΑΕ 1981 Α΄ [1983], 8-17.
Ανασκαφή Οκταγώνου Φιλίππων υπό συνεργατών Στυλ. Πελεκανίδη, ΠΑΕ 1982 [1984], 31–42.
Ανασκαφή Οκταγώνου Φιλίππων υπό συνεργατών Στυλ. Πελεκανίδη, ΠΑΕ 1983 Α΄ [1986], 30–34.
Πελεκανίδης, Στυλιανός: Η έξω των τειχών παλαιοχριστιανική βασιλική των Φιλίππων, ΑΕ 1955 (1961), 114–179; wieder abgedruckt in: ders.: Studien zur frühchristlichen und byzantinischen Archäologie, IMXA 174, Thessaloniki 1977, 333–394 (danach hier zitiert).
Πελεκανίδης, Στυλιανός: Οι Φίλιπποι και τα χριστιανικά μνημεία τους, in: Μακεδονία – Θεσσαλονίκη. Αφιέρωμα τεσσαρακονταετηρίδος, Thessaloniki 1980, 101–125.
Πελεκανίδης, Στυλιανός: Παλαιοχριστιανικός τάφος εν Φιλίπποις, in: Tortulae. Studien zu altchristlichen und byzantinischen Monumenten, RQ.S 30, Freiburg 1966, 223–228; wieder abgedruckt in: ders.: Studien zur frühchristlichen und byzantinischen Archäologie, IMXA 174, Thessaloniki 1977, 67–74 (danach hier zitiert).
Πελεκανίδης, Στυλιανός: Συμπεράσματα από την ανασκαφή του Οκταγώνου των Φιλίππων σχετικά με τα μνημεία και την τοπογραφία της πόλης, in: Η Καβάλα και η περιοχή της. Α΄ τοπικό συμπόσιο (s. dort), 149–158.
Πελεκανίδου, Έλλη Σ.: Η κατά την παράδοση φυλακή του Αποστόλου Παύλου στους Φιλίππους, in: Η Καβάλα και η περιοχή της. Α΄ τοπικό συμπόσιο (s. dort), 427–435.
Πελεκανίδου, Ε./Μέντζος, Α.: Οκτάγωνον Φιλίππων. Πρώτα συμπεράσματα μετά τις νεότερες έρευνες, in: Μνήμη Δ. Λαζαρίδη (s. dort), 597–607.
Πέννας, Χ.Ι.: Παλαιοχριστιανικές ταφές στους Φιλίππους, in: Η Καβάλα καί η περιοχή της. Α΄ τοπικό συμπόσιο (s. dort), 437–444.
Πέννας, Χαράλαμπος: Ταξιάρχες Δράμας, in: Η Δράμα καί η Περιοχή της (s. dort), 157–195.
Περιστέρη, Κατερίνα: Α΄ Ανασκαφική έρευνα στην Καλή Βρύση Δράμας, ΑΕΜΘ 5 (1991) [1994], 349–357.
Περιστέρη, Κατερίνα: Πρώτη ανασκαφική έρευνα στην «Ακρόπολη» Πλατανιάς Δράμας, ΑΕΜΘ 4 (1990) [1993], 469–476.
Πέτσας, Φώτιος Μ.: »Θράξ ιππεύς«, »Πρωτοβούλγαροι« και παράδειγμα προς αποφυγήν, Μακεδονικά 14 (1974), 387–392.
Πέτσας, Φώτιος Μ.: Λατινικαί επιγραφαί εκ Θεσσαλονίκης, ΑΕ 1950–1951, 52–79.
Πέτσας, Φώτιος: Μακεδονία και Μακεδόνες. (Μία άποψη), in: Αρχαία Μακεδονία ΙΙ (s. dort), 371–379.
Πέτσας, Φώτιος Μ.: Οι χρονολογημένες επιγραφές από το Ιερό της Μητρός Θεών Αυτόχθονος στη Λευκόπετρα, Πρακτικά του Η΄ Διεθνούς Συνεδρίου Ελληνικής και Λατινικής Επιγραφικής, Αθήνα, 3–9 Οκτωβρίου 1982, Τόμος Α΄, Athen 1984, 281–307.
Πέτσας, Φώτιος: Το σύνορο Μακεδονίας-Θράκης και το νόημά του, in: Η Καβάλα και η περιοχή της. Α΄ τοπικό συμπόσιο (s. dort), 159–167.

---

[10] Die Publikationen der Grabungen, die die Schüler von Πελεκανίδης im Oktogon durchführten, sind der Einfachheit halber unter seinem Namen eingeordnet.

Πέτσας, Φ.: Χρονικά Αρχαιολογικά, Μακεδονικά 7 (1966/67), 277–368.

Πέτσας, Φ.Μ.: Χρονικά Αρχαιολογικά 1966–1967, Μακεδονικά 9 (1969), 101–223.

Πέτσας, Φώτιος Μ.: Χρονικά Αρχαιολογικά 1968–1970, Μακεδονικά 14 (1974), 212–381.

Πέτσας, Φώτιος Μ.: Χρονικά Αρχαιολογικά 1968-1970 (συνέχεια), Μακεδονικά 15 (1975), 171–355.

Πολυχρονίδου-Λουκοπούλου, Λουΐζα: Colonia Claudia Aprensis: Μια ρωμαϊκή αποικία στη νοτιοανατολική Θράκη, in: Μνήμη Δ. Λαζαρίδη (s. dort), 701–715.

Πολυχρονίδου-Λουκοπούλου, Λουΐζα Δ.: Το ανατολικό σύνορο της επαρχίας Μακεδονίας πριν από την ίδρυση της επαρχίας Θράκης, in: Αρχαία Μακεδονία IV (s. dort), 485–496.

Πούλιος, Βασίλης: Ταφικός «θησαυρός» χάλκινων νομισμάτων 4ου αι. π.Χ. από το Άγιο Χριστόφορο Νομού Σερρών, ΑΔ 37 (1982) Α΄ Μελέτες [1990], 188–202.

Ρωμιοπούλου, Κατερίνα: siehe Λαζαρίδης, Δημήτρης/Ρωμιοπούλου, Κατερίνα/Τουράτσογλου, Γιάννης.

Σαμαρτζίδου, Σταυρούλα: Εγνατία οδός: Από τους Φιλίππους στη Νεάπολη, in: Μνήμη Δ. Λαζαρίδη (s. dort), 559–587.

Σαμαρτζίδου, Σταυρούλα: Ελληνιστικός Τάφος της Δράμας, in: Η Δράμα και η Περιοχή της (s. dort), 109–129.

Σαμίου, Χρυσηΐς/Αθανασιάδης, Γιώργος: Αρχαιολογικές και αναστηλωτικές εργασίες στο θέατρο των Φιλίππων, ΑΕΜΘ 1 (1987) [1988], 353–362.

Σαμσάρης, Δημήτρης Κ.: Ανέκδοτη ελληνική επιγραφή των αυτοκρατορικών χρόνων από την περιοχή των Σερρών, Μακεδονικά 23 (1983), 366–371.

Σαμσάρης, Δημήτρης Κ.: Ανέκδοτη ελληνική επιγραφή των αυτοκρατορικών χρόνων από την Τερπνή Νιγρίτας, Μακεδονικά 20 (1980), 1–8.

Σαμσάρης, Δημήτρης Κ.: Αρχαίο κάστρο και μεταλλουργείο σιδήρου κοντά στο σημερινό χωριό Ορεινή Σερρών, Μακεδονικά 19 (1979), 240–251.

Σαμσάρης, Δημήτρης Κ.: Ατομικές χορηγήσεις της Ρωμαϊκής πολιτείας (civitas Romana) και η διάδοσή της στη ρωμαϊκή επαρχία Μακεδονία, Μακεδονικά 26 (1987/88), 308–353.

Σαμσάρης, Δημ. Κ.: Ατομικές χορηγήσεις της Ρωμαϊκής πολιτείας (civitas Romana) και η διάδοσή της στη ρωμαϊκή επαρχία Μακεδονία. III. Το ανατολίκο τμήμα της επαρχίας, Μακεδονικά 28 (1991/92), 156–196.

Σαμσάρης, Δημήτρης Κ.: Η θέση της αρχαίας μακεδονικής κώμης Νίκης, Μακεδονικά 20 (1980), 487–489.

Σαμσάρης, Δημήτριος Κ.: Η κοινότης του Αγίου Πνεύματος Σερρών επί τουρκοκρατίας. Ιστορία – τοπογραφία – κοινοτικός βίος – γλωσσικά και ιστορικά μνημεία – ανέκδοτα έγγραφα, Thessaloniki 1971.

Σαμσάρης, Δημήτριος Κ.: Η λατρεία του «θράκα ιππέα» στην κάτω κοιλάδα του Στρυμόνα κατά τη ρωμαϊκή εποχή, in: ders.: Έρευνες στην ιστορία, την τοπογραφία και τις λατρείες των Ρωμαϊκών επαρχίων Μακεδονίας και Θράκης, Thessaloniki 1984, 43–57.

Σαμσάρης, Δημήτριος Κ.: Η πολιτογραφική πολιτική των Ρωμαίων αυτοκρατόρων και η διάδοση της Ρωμαϊκής πολιτείας στη ρωμαϊκή επαρχία Θράκη, in: ders.: Έρευνες στην ιστορία, την τοπογραφία και τις λατρείες των Ρωμαϊκών επαρχίων Μακεδονίας και Θράκης, Thessaloniki 1984, 131–302.

Σαμσάρης, Δημήτρης Κ.: Η ρωμαϊκή αποικία της Κασσάνδρειας (*Colonia Iulia Augusta Cassandrensis*), Δωδώνη 16,1 (1987), 353–437.

Σαμσάρης, Δημήτριος Κ.: Ιστορική γεωγραφία της Ανατολικής Μακεδονίας κατά την αρχαιότητα, Μακεδονική Βιβλιοθήκη 49, Thessaloniki 1976.

Σαμσάρης, Δημήτρης Κ.: Ο εξελληνισμός της Θράκης κατά την ελληνική και ρωμαϊκή αρχαιότητα, Διδακτορική διατριβή, Thessaloniki 1980.

Σαμσάρης, Δημήτρης Κ.: Οι επιγραφικές μαρτυρίες για τους θεσμούς της Δυτικής Μακεδονίας κατά τη ρωμαιοκρατία, Μακεδονικά 22 (1982), 295–308.

Σαμσάρης, Δημήτριος Κ.: Οι λατρείες στη Δυτική Μακεδονία κατά τη ρωμαϊκή εποχή, in: ders.: Έρευνες στην ιστορία, την τοπογραφία και τις λατρείες των Ρωμαϊκών επαρχιών Μακεδονίας και Θράκης, Thessaloniki 1984, 59–130.

Σαμσάρης, Δημήτρης Κ.: Οι Ρωμαίοι και η Χαλκιδική, Μακεδονικά 25 (1985/86), 33–46.

Σαμσάρης, Δημήτριος Κ.: Οι συνέπειες από τη ρωμαϊκή κατάκτηση και πολιτική στις ελληνικές αποικίες των παραλίων της Αιγαιακής Θράκης, in: ders.: Έρευνες στην ιστορία, την τοπογραφία και τις λατρείες των Ρωμαϊκών επαρχιών Μακεδονίας και Θράκης, Thessaloniki 1984, 15–29.

Σαμσάρης, Δημήτρης Κ.: Παρατηρήσεις στη γλώσσα των επιγραφών ρωμαϊκής εποχής της Δυτικής Μακεδονίας, Μακεδονικά 22 (1982), 485–491.

Σαμσάρης, Δημήτρης Κ.: PENNANA. Ένας ρωμαϊκός σταθμός (mutatio) της Εγνατίας οδού, Δωδώνη 15,1 (1986), 69–84.

Σαμσάρης, Δημήτρης Κ.: Τα ανθρωπωνύμια της Δυτικής Μακεδονίας κατά την ρωμαιοκρατία με βάση τις επιγραφικές μαρτυρίες, Μακεδονικά 22 (1982), 259–294.

Σαμσάρης, Δημήτρης Κ.: Το λατομείο μαρμάρου του αρχαίου Μονοίκου (;) του Οδομαντικού, Μακεδονικά 18 (1978), 226–240.

Σαμσάρης, Δημήτριος Κ.: Το οδικό δίκτυο της Ανατολικής Μακεδονίας από τα αρχαϊκά χρόνια ως τη ρωμαϊκή κατάκτηση, Μακεδονικά 14 (1974), 123–138.

Σαμσάρης, Δημήτριος Κ.: Τοπογραφικά προβλήματα της επικράτειας της ρωμαϊκής αποικίας των Φιλίππων – Τα πολίσματα Αγγίτης και Αδριανούπολη, in: ders.: Έρευνες στην ιστορία, την τοπογραφία και τις λατρείες των Ρωμαϊκών επαρχιών Μακεδονίας και Θράκης, Thessaloniki 1984, 31–41.

Σαρικάκης, Θεόδωρος Χ.: Ρωμαίοι Άρχοντες της επαρχίας Μακεδονίας, Μέρος Α': Από της ιδρύσεως της επαρχίας μέχρι των χρόνων του Αυγούστου (148–27 π.Χ.). Μέρος Β': Από του Αυγούστου μέχρι του Διοκλητιανού (27 π.Χ. – 284 μ.Χ.), Μακεδονική Βιβλιοθήκη 36 und 51, Thessaloniki 1971 und 1977.

Σισμανίδης, Κώστας Λ.: Τιμητικό ψήφισμα από το Καλαμωτό Λαγκαδά, ΑΕ 1983 [1985], 75–84.

Σπυρόπουλος, Ηλίας: Η Δράμα και η περιοχή της σκηνικό Αισχύλειας τετραλογίας, in: Η Δράμα και η περιοχή της (s. dort), 131–140.

Στράτης, Ευάγγελος Γ.: Η Δράμα και η Δράβησκος. Ιστορική και αρχαιολογική μελέτη, Σέρραι 1923 (?).

Τουρατσόγλου, Γιάννης: siehe Λαζαρίδης, Δημήτρης/Ρωμιοπούλου, Κατερίνα/Τουρατσόγλου, Γιάννης.

Τριανταφυλλίδης, Κώστας: Τα θρακικά κάστρα του νομού Δράμας, in: Μνήμη Δ. Λαζαρίδη (s. dort), 589–596.

Τριαντάφυλλος, Διαμαντής: Ανασκαφές στο φρούριο της Καλύβας, ΑΕΜΘ 2 (1988) [1991], 443–458.

Τριαντάφυλλος, Διαμαντής: Αρχαιολογικές εργασίες στην Παρανέστια περιοχή, ΑΕΜΘ 4 (1990) [1993], 627–637.

Τσεκουράκης, Δαμιανός: Η θέση της αρχαίας Σκαπτής Ύλης, Μακεδονικά 21 (1981), 76–92.

Φειδάς, Βλάσιος Ιω.: Η εκκλησία των Φιλίππων κατά τους τρεις πρώτους αιώες, in: Η Καβάλα και η περιοχή της. Β' τοπικό συμπόσιο (s. dort), 43–48.

Φιλιππίδης, Δημήτριος: Η Μακεδονία ιστορικώς, εθνολογικώς, γεωγραφικώς, στατιστικώς, Athen 1906.

Χατζηκυριακού, Γεώργιος: Σκέψεις και εντυπώσεις εκ περιοδείας ανά την Μακεδονίαν (1905–1906), ΙΜΧΑ 58, Thessaloniki ²1962 (1. Aufl. 1906).

Χιόνης, Κωνσταντίνος Ι.: Ιστορία της Καβάλας, Kavala 1968.

Χρυσόστομος, Παύλος: Δυτικομακεδονικά ευχαριστήρια στο Δία Ύψιστο, ΑΕΜΘ 5 (1991) [1994], 97–110.

Register

von Dagmar Labow

Die Register erfassen I Stellen, II Inschriften, III Orte und IV Namen und Sachen.

Das Stellenregister ist wie folgt gegliedert: Altes Testament, Neues Testament, Apostolische Väter, sonstige lateinische und griechische Autoren.

Das Inschriftenregister behandelt zunächst die Inschriften aus Philippi. Diese können nach Erscheinen von Band II dort nachgeschlagen werden. Im Anschluß daran folgen die übrigen Inschriften (nach dem Alphabet der benutzten Sammlungen).

Das Ortsregister bietet s.v. Philippi die einzelnen topographischen Informationen zur engeren Umgebung der Stadt selbst (z.B. Akropolis, Forum, Stadttor usw.).

Im Ortsregister beziehen sich kursiv gesetzte Seitenzahlen auf das Vorkommen in einer Karte (bzw. der zugehörigen Legende). Hochgestellte Ziffern beziehen sich auf die Numerierung in Karte 2 (s. dort); sie werden für die folgenden Karten 3ff. nicht noch einmal eigens angegeben.

Bei Textverweisen verweisen hochgestellte Ziffern auf die Anmerkungen.

I Stellen

II Inschriften

Entry	References
510/G213	53, 57[15], 61, 66, 225
512/L102	89[16], 115[6], 139[24], 145, 220
514/L246	139[31.33]
515/L155	139[35]
516/L653	139[30]
517/L176	139[24]
519/L245	139[24], 145
522/L210	142[12]
524/L103	88f., 92[21], 103[41], 138[17], 220
525/L104	92[1], 103[41], 138[17], 220
527/G208	8f., 66[45], 139[27]
528/G559	118[14], 242
529/L106	104, 145, 220
535/G207	104, 151[22]
543/G480	137[8]
544/G509	80[10]
558/L408	81[16]
559/L152	55, 61[25], 64, 67
562/L154	64
563/L514	64
568/G477	104, 220
580/G488	89, 95
581/L239	145
583/G557	144, 242
588/L236	144
591/G556	118[14], 242
594/G497	242
597/G211	104[47], 220
601/L230	58[18], 67
602/G647	31[93], 79, 139[36], 145, 150[19], 221[13]
612/G587	225
613/G228	242
614/L651	86
616/L227	96[17]
617/L118	96, 142[12]
618/G565	94[8], 96[15]
619/G499	96, 138[14]
620/L603	96
621/L604	96
622/G635	96
623/G636	96
625/G638	94[8], 96
628/L756	96
629/G757	96
630/G581	242
631/G582	242
632/G583	242
634/G032	242
636/G223	222
643/G762	55[9]
644/L602	86[5], 222
646/L035	43, 234, 238[11]
647/G036	104[48], 143
652/M192	178
653/M193	178
655/M195	178
657/M197	178
659/M140	178
660/M138	178
666/M201	104[48]
672/M655	104[48]
680/M663	179
685/M668	179
697/M580	10f., 43[135], 91, 177ff.[9], 237f.
698/M680	179[20]
700/L738	149[6], 159
701/L739	149[6], 159
702/L740	149[6], 159
703/L741	149[6], 159
705/L503	14[40]
711/G736	52[2], 58[20], 63, 160
747/G769	236
748/L703	257[4]
754/G707	87[10], 195[8]

AÉ

1929,161	112[79]

BÉ

1944	
215	145f.
1970	
352	184[10]
1988	
847	201, 203

CCET	94ff., 146[23]
I	
30	99, 146[24]
60	99, 146[24]
89	99, 146[24]
126	99
II 1	
31	99
186	99, 146[24]
201	99, 146[24]
376	99, 146[24]
410	99

II 2

477	100, 146[24]
486	99
490	99
545	99
627	99
647	99
657	99
658	99

IV

29	100, 146[24]
105	99

CIL

III	2[8], 2f., 3[11], 11, 225
VI 33998	124[19]

Δήμιτσας

923	185[12]

Feissel	3

IBulg
I²

77	99
78*ter*	99
162	99
289	99

II

705	99
764	99
804	99
845	99
868	99
1023	197[17]
2343	66[45]

IEph	8
424	235
1601	235

IG
II²

672	137[10]
775	137[11]
780	137[10]
838	137[10]
968	137[10]
1136	137[11]
1256	137[11]
1271	137[11]
1324	137[11]

IV 1

22	137[9]

IV 7

387	137[13]

IX 2

517	128[8]

IX 4

702	137[12]
744	137[12]
1299	137[12]

X 2,1	3[13], 35[105], 120f.[5]
62	184[11]
67	184[11], 186[17]
68	184[11]
71	184[11]
72	184f.[11]
260	40
291	176f., 179

XII 2

505	124[18]

IKor
VIII

1,80	196f.
1,81	196f.
3,138	196f.

Kazarow	94ff., 146[23]
359	99
437	99
589	99
631	99
729	99
730	99, 146[24]
842	99
953	99
954	99, 146[24]
975	99, 146[24]

Ριζάκης/

Τουράτσογλου	6
3	184[9]
7	184[9]
10	184[9]
16	184[9]
17	184[9]
21	184[9]
22	184[9]

III Orte

IV Namen und Sachen

Wissenschaftliche Untersuchungen zum Neuen Testament

Alphabetisches Verzeichnis
der ersten und zweiten Reihe

FRENSCHKOWSKI, MARCO: Offenbarung und Epiphanie. Band I 1995. *Band II/79.* – Band II 1996. *Band II/80.*

FREY, JÖRG: Eugen Drewermann und die biblische Exegese. 1995. *Band II/71.*

FRIDRICHSEN, ANTON: Exegetical Writings. Hrsg. von C. C. Caragounis und T. Fornberg. 1994. *Band 76.*

GARLINGTON, DON B.: The Obedience of Faith. 1991. *Band II/38.*

– Faith, Obedience and Perseverance. 1994. *Band 79.*

GARNET, PAUL: Salvation and Atonement in the Qumran Scrolls. 1977. *Band II/3.*

GRÄSSER, ERICH: Der Alte Bund im Neuen. 1985. *Band 35.*

GREEN, JOEL B.: The Death of Jesus. 1988. *Band II/33.*

GUNDRY VOLF, JUDITH M.: Paul and Perseverance. 1990. *Band II/37.*

HAFEMANN, SCOTT J.: Suffering and the Spirit. 1986. *Band II/19.*

– Paul, Moses, and the History of Israel. 1995. *Band 81.*

HECKEL, THEO K.: Der Innere Mensch. 1993. *Band II/53.*

HECKEL, ULRICH: Kraft in Schwachheit. 1993. *Band II/56.*

– siehe FELDMEIER.

– siehe HENGEL.

HEILIGENTHAL, ROMAN: Werke als Zeichen. 1983. *Band II/9.*

HEMER, COLIN J.: The Book of Acts in the Setting of Hellenistic History. 1989. *Band 49.*

HENGEL, MARTIN: Judentum und Hellenismus. 1969, [3]1988. *Band 10.*

– Die johanneische Frage. 1993. *Band 67.*

HENGEL, MARTIN und ULRICH HECKEL (Hrsg.): Paulus und das antike Judentum. 1991. *Band 58.*

HENGEL, MARTIN und HERMUT LÖHR (Hrsg.): Schriftauslegung. 1994. *Band 73.*

HENGEL, MARTIN und ANNA MARIA SCHWEMER (Hrsg.): Königsherrschaft Gottes und himmlischer Kult. 1991. *Band 55.*

– Die Septuaginta. 1994. *Band 72.*

HERRENBRÜCK, FRITZ: Jesus und die Zöllner. 1990. *Band II/41.*

HOFIUS, OTFRIED: Katapausis. 1970. *Band 11.*

– Der Vorhang vor dem Thron Gottes. 1972. *Band 14.*

– Der Christushymnus Philipper 2,6 – 11. 1976, [2]1991. *Band 17.*

– Paulusstudien. 1989, [2]1994. *Band 51.*

HOLTZ, TRAUGOTT: Geschichte und Theologie des Urchristentums. Hrsg. von Eckart Reinmuth und Christian Wolff. 1991. *Band 57.*

HOMMEL, HILDEBRECHT: Sebasmata. Band 1. 1983. *Band 31.* – Band 2. 1984. *Band 32.*

HVALVIK, REIDAR: The Struggle of Scripture and Covenant. 1996. *Band II/82.*

KÄHLER, CHRISTOPH: Jesu Gleichnisse als Poesie und Therapie. 1995. *Band 78.*

KAMLAH, EHRHARD: Die Form der katalogischen Paränese im Neuen Testament. 1964. *Band 7.*

KIM, SEYOON: The Origin of Paul's Gospel. 1981, [2]1984. *Band II/4.*

– »The ›Son of Man‹« as the Son of God. 1983. *Band 30.*

KLEINKNECHT, KARL TH.: Der leidende Gerechtfertigte. 1984, [2]1988. *Band II/13.*

KLINGHARDT, MATTHIAS: Gesetz und Volk Gottes. 1988. *Band II/32.*

KÖHLER, WOLF-DIETRICH: Rezeption des Matthäusevangeliums in der Zeit vor Irenäus. 1987. *Band II/24.*

KORN, MANFRED: Die Geschichte Jesu in veränderter Zeit. 1993. *Band II/51.*

KOSKENNIEMI, ERKKI: Apollonios von Tyana in der neutestamentlichen Exegese. 1994. *Band II/61.*

KRAUS, WOLFGANG: Das Volk Gottes. 1996. *Band 85.*

KUHN, KARL G.: Achtzehngebet und Vaterunser und der Reim. 1950. *Band 1.*

LAMPE, PETER: Die stadtrömischen Christen in den ersten beiden Jahrhunderten. 1987, [2]1989. *Band II/18.*

LIEU, SAMUEL N. C.: Manichaeism in the Later Roman Empire and Medieval China. 1992. *Band 63.*

LÖHR, HERMUT: siehe HENGEL.

LÖHR, WINRICH A.: Basilides und seine Schule. 1995. *Band 83.*

MAIER, GERHARD: Mensch und freier Wille. 1971. *Band 12.*
- Die Johannesoffenbarung und die Kirche. 1981. *Band 25.*
MARKSCHIES, CHRISTOPH: Valentinus Gnosticus? 1992. *Band 65.*
MARSHALL, PETER: Enmity in Corinth: Social Conventions in Paul's Relations with the Corinthians. 1987. *Band II/23.*
MEADE, DAVID G.: Pseudonymity and Canon. 1986. *Band 39.*
MEADORS, EDWARD P.: Jesus the Messianic Herald of Salvation. 1995. *Band II/72.*
MELL, ULRICH: Die »anderen« Winzer. 1994. *Band 77.*
MENGEL, BERTHOLD: Studien zum Philipperbrief. 1982. *Band II/8.*
MERKEL, HELMUT: Die Widersprüche zwischen den Evangelien. 1971. *Band 13.*
MERKLEIN, HELMUT: Studien zu Jesus und Paulus. 1987. *Band 43.*
METZLER, KARIN: Der griechische Begriff des Verzeihens. 1991. *Band II/44.*
NIEBUHR, KARL-WILHELM: Gesetz und Paränese. 1987. *Band II/28.*
- Heidenapostel aus Israel. 1992. *Band 63.*
NISSEN, ANDREAS: Gott und der Nächste im antiken Judentum. 1974. *Band 15.*
NOORMANN, ROLF: Irenäus als Paulusinterpret. 1994. *Band II/66.*
OKURE, TERESA: The Johannine Approach to Mission. 1988. *Band II/31.*
PARK, EUNG CHUN: The Mission Discourse in Matthew's Interpretation. 1995. *Band II/81.*
PHILONENKO, MARC (Hrsg.): Le Trône de Dieu. 1993. *Band 69.*
PILHOFER, PETER: Presbyteron Kreitton. 1990. *Band II/39.*
- Philippi. Band I 1995. *Band 84.*
PÖHLMANN, WOLFGANG: Der Verlorene Sohn und das Haus. 1993. *Band 68.*
PROBST, HERMANN: Paulus und der Brief. 1991. *Band II/45.*
RÄISÄNEN, HEIKKI: Paul and the Law. 1983, [2]1987. *Band 29.*
REHKOPF, FRIEDRICH: Die lukanische Sonderquelle. 1959. *Band 5.*
REIN, MATTHIAS: Die Heilung des Blindgeborenen. 1995. *Band II/73.*
REINMUTH, ECKART: Pseudo-Philo und Lukas. 1994. *Band 74.*
- siehe HOLTZ.
REISER, MARIUS: Syntax und Stil des Markusevangeliums. 1984. *Band II/11.*
RICHARDS, E. RANDOLPH: The Secretary in the Letters of Paul. 1991. *Band II/42.*
RIESNER, RAINER: Jesus als Lehrer. 1981, [3]1988. *Band II/7.*
- Die Frühzeit des Apostels Paulus. 1994. *Band 71.*
RISSI, MATHIAS: Die Theologie des Hebräerbriefs. 1987. *Band 41.*
RÖHSER, GÜNTER: Metaphorik und Personifikation der Sünde. 1987. *Band II/25.*
ROSE, CHRISTIAN: Die Wolke der Zeugen. 1994. *Band II/60.*
RÜGER, HANS PETER: Die Weisheitsschrift aus der Kairoer Geniza. 1991. *Band 53.*
SALZMANN, JORG CHRISTIAN: Lehren und Ermahnen. 1994. *Band II/59.*
SÄNGER, DIETER: Antikes Judentum und die Mysterien. 1980. *Band II/5.*
- Die Verkündigung des Gekreuzigten und Israel. 1994. *Band 75.*
SANDNES, KARL OLAV: Paul – One of the Prophets? 1991. *Band II/43.*
SATO, MIGAKU: Q und Prophetie. 1988. *Band II/29.*
SCHAPER, JOACHIM: Eschatology in the Greek Psalter. 1995. *Band II/76.*
SCHIMANOWSKI, GOTTFRIED: Weisheit und Messias. 1985. *Band II/17.*
SCHLICHTING, GÜNTER: Ein jüdisches Leben Jesu. 1982. *Band 24.*
SCHNABEL, ECKHARD J.: Law and Wisdom from Ben Sira to Paul. 1985. *Band II/16.*
SCHUTTER, WILLIAM L.: Hermeneutic and Composition in I Peter. 1989. *Band II/30.*
SCHWARTZ, DANIEL R.: Studies in the Jewish Background of Christianity. 1992. *Band 60.*
SCHWEMER, A. M.: siehe HENGEL.
SCOTT, JAMES M.: Adoption as Sons of God. 1992. *Band II/48.*
- Paul and the Nations. *Band 84.*

SIEGERT, FOLKER: Drei hellenistisch-jüdische Predigten. Teil 1 1980. *Band 20.* – Teil 2 1992. *Band 61.*

– Nag-Hammadi-Register. 1982. *Band 26.*

– Argumentation bei Paulus. 1985. *Band 34.*

– Philon von Alexandrien. 1988. *Band 46.*

SIMON, MARCEL: Le christianisme antique et son contexte religieux I/II. 1981. *Band 23.*

SNODGRASS, KLYNE: The Parable of the Wicked Tenants. 1983. *Band 27.*

SÖDING, THOMAS: siehe THÜSING.

SOMMER, URS: Die Passionsgeschichte des Markusevangeliums. 1993. *Band II/58.*

SPANGENBERG, VOLKER: Herrlichkeit des Neuen Bundes. 1993. *Band II/55.*

SPEYER, WOLFGANG: Frühes Christentum im antiken Strahlungsfeld. 1989. *Band 50.*

STADELMANN, HELGE: Ben Sira als Schriftgelehrter. 1980. *Band II/6.*

STROBEL, AUGUST: Die Stunde der Wahrheit. 1980. *Band 21.*

STUCKENBRUCK, LOREN: Angel Veneration and Christology. 1995. *Band II/70.*

STUHLMACHER, PETER (Hrsg.): Das Evangelium und die Evangelien. 1983. *Band 28.*

SUNG, CHONG-HYON: Vergebung der Sünden. 1993. *Band II/57.*

TAJRA, HARRY W.: The Trial of St. Paul. 1989. *Band II/35.*

– The Martyrdom of St. Paul. 1994. *Band II/67.*

THEISSEN, GERD: Studien zur Soziologie des Urchristentums. 1979, [3]1989. *Band 19.*

THORNTON, CLAUS-JÜRGEN: Der Zeuge des Zeugen. 1991. *Band 56.*

THÜSING, WILHELM: Studien zur neutestamentlichen Theologie. Hrsg. von Thomas Söding. 1995. *Band 82.*

TWELFTREE, GRAHAM: Jesus the Exorcist. 1993. *Band II/54.*

VISOTZKY, BURTON L.: Fathers of the World. 1995. *Band 80.*

WAGENER, ULRIKE: Die Ordnung des ›Hauses Gottes‹. 1994. *Band II/65.*

WEDDERBURN, A. J. M.: Baptism and Resurrection. 1987. *Band 44.*

WEGNER, UWE: Der Hauptmann von Kafarnaum. 1985. *Band II/14.*

WELCK, CHRISTIAN: Erzählte ›Zeichen‹. 1994. *Band II/69.*

WILSON, WALTER T.: Love without Pretense. 1991. *Band II/46.*

WOLFF, CHRISTIAN: siehe HOLTZ.

ZIMMERMANN, ALFRED E.: Die urchristlichen Lehrer. 1984, [2]1988. *Band II/12.*

Einen Gesamtkatalog erhalten Sie gern vom Verlag
J. C. B. Mohr (Paul Siebeck), Postfach 2040, D-72010 Tübingen

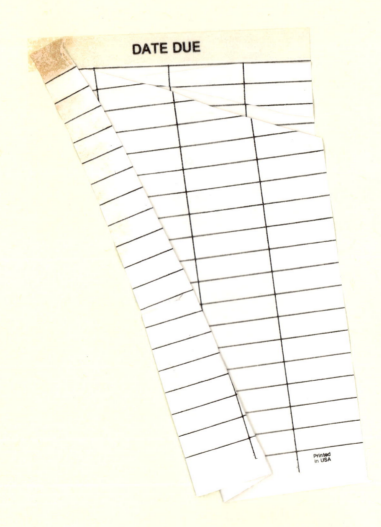

DATE DUE

Printed
in USA